기업법 I

[제2판]

기업법 Ⅰ

[제2판]

유주선 저

기업법은 기업의 경제적 생활관계 규율을 목적으로 하는 법률로 상법, 상행위법, 어음법, 수표법 등을 포괄한다. 빠르게 변화하고 있는 기업 환경을 이해하고 기업 활동과 조직에 관한 전문지식을 함양하기 위해서는 이러한 기업법의 기본 원리와 실무 능력을 익히는 것이 필수적이다. 이 책은 기업과 관련된 법률을 공부하고자 하는 학생들이 '기업법'이라는 학문을 쉽게 이해할 수 있도록 구성해보았다. 동시에 기업법학이 살아 있는 학문으로 존재하기 위해 판례 정보를 전달하는 것도 간과하지 않았다.

씨아이알

개정판 머리말

상법총칙·상행위 편으로 이루어졌던 『상법』이라는 책 제목을 변경하여, 2018년 8월 『기업법 I』로 발간한 지 벌써 3년이 지났다. 발간 후 책자에 반영되지 않았던 중요한 사항 몇 가지가 발견되었고, 시간이 지나면서 쌓였던 중요한 판례들을 소개할 필요성 때문에, 개정 작업을 하게 된 것이다. 본 저서에 담은 몇 가지 사항으로는 다음과 같은 것을 들 수 있다.

첫째, 민법상 무능력제도는 2011년 명칭이 제한능력자로 변경되어 2013년 7월부터 시행되고 있다. 본 개정으로 상법에 있는 무능력자 관련 특례 제도가 2018년에 상법에 반영되었다.

둘째, 유한회사와 주식회사에만 적용되었던 상호가등기제도가 유한책임회사로까지 확대 적용되었다.

금번 개정판에서는 이러한 사항을 보완하였고, 이 외에도 다양한 영역에서 판례 보강 작업이 이루어졌다.

상법총칙 부분에서는

첫째, 소멸시효와 관련된 새로운 판례를 보완하였다. 총칙에서 자주 등장하는 영역으로 눈여겨 보아야 할 대목이다.

둘째, 영업양도와 관련하여 상호속용 영역을 보완하였다. 그간 간과했던 판례 등을 삽입하였다.

상행위편 부분에서는

첫째, 대리상과 관련된 판례에 대한 해석을 가하였다. 판례만 소개했던 영역에서 독자의 이해를 돕고자 설명을 덧붙인 것이다.

둘째, 운송업과 금융리스업 관련 새로운 판례들을 보완하였다.

어음·수표법 부분에서는

첫째, 선의취득과 제권판결 관련 내용을 일부 보강하였다.

둘째, 중요한 의미가 있다고 판단되었음에도 불구하고 누락되었던 상환청구 관련 내용을 보완하였다.

『기업법 I』은 상법전 가운데 상법총칙과 상행위, 그리고 어음·수표법 영역을 포함한다. 세무사와 회계사를 준비하는 학생들을 위해서, 본 저서는 상법전의 체계를 잡고자 하는 차원에 역점을 두고 있고, 법원직 공무원이 되고자 하는 학생의 학습을 고려하였다.

　개정판은 기존의 발간본을 유지하면서 내용의 오류와 문맥의 모순을 바로잡는 데 역점을 두었고, 이 교정 작업은 서울시립대학교 대학원생 김주영 군이 많은 도움을 주었다. 이 자리를 빌려 감사한 마음을 전한다.

　출판의 어려움 속에서도 『기업법 I』 개정 발간작업에 힘을 실어준 씨아이알출판사 김성배 대표와 실무작업을 수행해 준 최장미 과장께 감사를 드린다.

2022년 8월

유주선 교수

머리말

대학에서 기업 관련 과목을 강의하다보니 학생들이 강의내용을 잘 이해하지 못할 수 있다는 점을 느꼈다. 고등학교를 마치고 바로 대학에 진학한 학생들이 대부분이고, 상거래를 접해보지 않아 기업 관련 법제에 대한 이해에 큰 애로점이 있는 것이다.

이번에 상법총칙·상행위법, 어음·수표법을 하나로 엮은 기업법 I을 출간하게 되었다. 애초에 기업 관련 법제를 하나로 통합해보고자 하는 마음이 있었으나, 항상 시간에 쫓기며 생활해야 하는 여건으로 완성하지 못하고 있었다. 하지만 필자가 재직하고 있는 학교의 교과목 편제가 기업법으로 변경되면서, 강의를 위해 더 이상은 물러날 수 없는 상황이 되었다. 이 책은 기업과 관련된 법률을 공부하고자 하는 학생들이 '기업법'이라는 학문을 쉽게 이해할 수 있도록 구성해보았다. 동시에 기업법학이 살아 있는 학문으로 존재하기 위해 판례 정보를 전달하는 것도 간과하지 않았다.

이 책을 집필함에 있어 다음과 같은 몇 가지 면을 고려하였다. 첫째, 상법총칙과 상행위 편 순서로 시작하고, 그다음에 어음과 수표에 관한 법률문제를 다루었다. 이는 상거래에 대한 기본을 익힌 후 유가증권을 이해시키는 것이 바람직하다는 면을 고려한 것이다. 둘째, 상법총칙과 상행위 편이 민법의 특별법규임을 고려하여 민법의 핵심적인 사항들을 비교적 상세하게 설명하고자 하였다. 이는 민법을 먼저 수강하지 않고 상법총칙이나 상행위 편을 우선 학습하는 학생들의 어려움을 해소하고자 하는 목적이 있다. 셋째, 상법총칙과 상행위법을 중심으로 설명하고 있지만, 추후 배워야 하는 회사법과 연관되는 사항에 대하여 관련 개념과 판례를 간략하게 설명해두었다. 이는 양자가 매우 긴밀하게 연관되어 있다는 점을 의미하며, 개인법적인 영역을 습득하게 되는 전자를 통하여, 이들과 단체법의 영역인 회사법의 학습방향을 가늠할 수 있도록 한 목적이 있다. 넷째, 어음·수표법 역시 민법의 특별규정이 상당수 존재한다는 점을 고려하여, 관련되는 부분에서 민법규정에 대한 사항을 설명하였다. 우리가 상법의 영역에서 다루고 있지만, 실제로 유가증권의 법률 분야를 이해하기 위해서는 민법의 이해가 급선무이다. 민법의 이해 없이는 어음과 수표 관련 법률을 이해하는 것은 매우 험난한 일이라 하겠다. 특히, 필자는 무미건조(trocken)하다고들 하는 어음·수표법을 흥미롭게 접근할 수 있도록 비교적 쉬운 내용으로 구성해보았다.

전체적인 틀은 강의를 하는 도중 틈틈이 집필하였고, 강의의 부담에서 벗어난 여름방학 초부터 보다 집중하여 작업할 수 있었다. 마지막 작업 일부는 더운 여름 날씨를 피해 캐나다 뉴펀들랜드 메모리얼 대학교에서 검토하게 되었는데, 이 대학 경영학과 박찬수 교수가 약 한 달간 이곳에 체류할 기회를 부여해준 것이다. 우리는 체류하는 동안 기업 관련 주제로 토론을 하고, 산보를 하기도 하면서 의미 있는 대화를 나누었다. 그의 배려와 대화에 감사의 마음을 전한다.

또한 출판업계의 어려움에도 이해를 떠나 양서를 제공하고자 하는 뜻이 확고한 씨아이알 출판사 김성배 대표와 본 작업에 심혈을 기울여준 최장미 님께도 감사를 표한다. 미처 손보지 못한 부족한 부분은 추후 보완 작업을 계속 해나갈 것이다.

2018년 8월

캐나다 뉴펀들랜드 메모리얼 대학교에서

유주선 교수

목차

제2편 상행위

제3편 어음·수표법

제1편
총 칙

제1장
상법 일반론

제1절 상법의 개념

I. 의의

상법을 학습하기 위해서는 상법이 무엇이고 어떠한 사항을 다루는 것인가를 인식해야 한다. 상법은 민법의 특별법에 해당한다. 민법의 특별법을 상법이라고 하는데, 여기서 특별하다고 하는 것이 무엇인지 궁금하다. 민법이 일반인을 대상으로 하는 법률적인 문제들을 다루고 있다면, 상인이라고 하는 특별한 대상에 대하여 적용하는 법이 상법이라고 할 수 있다. 상법을 학습하기 위해서는 상법을 이해하는 것이 선결과제이다. 우리는 상법 또는 상법학을 이해하기 위해서 '형식적 의의의 상법'과 '실질적 의의의 상법'을 구분하여 이해해야 할 필요성이 있다.

II. 상법의 의의

1. 형식적 의의의 상법

형식적 의의의 상법이란 제정법을 의미한다. 우리나라의 제정법인 상법은 1962년 1월 20일 법률 제1000호로 공포되어 1963년 1월 1일부터 시행되고 있는 성문법인 상법을 의미한다.

상법은 총 6편으로 이루어져 있다. 제1편 총칙(제1조~제45조), 제2편 상행위(제46조~제168조의12), 제3편 회사(제169조~제637조), 제4편 보험(제638조~제739조), 제5편 해상(제740조~제895조), 제6편 항공운송(제896조~제935조) 및 부칙으로 구성되어 있다.

상법의 총칙은 총 7장으로 이루어져 있다. 제1장 통칙규정에서 상법의 적용에 대하여 규정하고 있다. 상사에 관하여 상법에 규정이 없으면 상관습법에 의하고 상관습법이 없으면 민법의 규정에 의한다(제1조). 공법인 역시 특별한 규정이 없으면 상법이 적용된다(제2조). 당사자 중 그 1인의 행위가 상행위인 경우에는 모두에게 상법이 적용된다(제3조).

상법의 적용규정 후에는 상인에 대한 내용이 제2장에서 등장한다. 상인은 당연상인(제4조)과 의제상인(제5조)이 존재하고, 소상인이 존재한다(제9조). 무능력자가 영업을 하는 경우에 대하여는 상법 제6조, 제7조 및 제8조가 규정하고 있다. 상인에 대한 내용에 바로 이어서 상업사용인이 등장한다. 상업사용인은 상법상의 대리에 해당한다. 상인의 보조자의 한 측면을 담당하는 상업사용인은 독립성을 가지고 있지 않다고 하는 점에서, 상행위 편에서 등장하는 대리상, 중개상 및 위탁매매인과 차이를 보인다.

제3장 상업사용인으로서 대표적인 대리인은 지배인이다(제10조 이하). 포괄적인 대리권을 가지고 있는 지배인은 등기를 요한다(제13조). 지배인 외에도 부분적 포괄대리권을 가진 사용인(제15조)이나 물건판매점포의 사용인(제16조) 역시 상업사용인에 해당한다. 상업사용인은 본인의 이익을 침해하지 않도록 다양한 경업금지의무 등을 부담하게 된다(제17조).

제4장은 상호에 대한 내용이다. 상인은 자유롭게 자신의 성명이나 기타의 명칭을 사용하면서 상호를 정할 수 있다(제18조). 회사의 상호에는 반드시 회사의 형태에 대한 표시를 하여야 한다(제19조). 삼성전자가 주식회사라면 '삼성전자 주식회사'라는 표시를 하거나 '삼성전자(주)' 또는 (주)삼성전자 등으로 표시되어야 한다. 상호는 동일한 영업에는 단일한 상호를 사용하지 않으면 아니 된다(제21조). 주체를 오인시킬 만한 상호를 사용하는 것은 금지된다(제23조). 다른 사람에게 자기의 성명이나 상호를 대여한 자가 있다면, 그는 명의차용자와 연대하여 책임을 부담해야 한다(제24조). 상호는 양도가 가능하지만, 영업을 폐지하거나 영업과 함께 양도하는 경우에만 가능하다(제25조).

제5장은 상업장부에 대한 내용이다. 상인은 영업상의 재산 및 손익의 상황을 명백히 하기 위하여 회계장부와 대차대조표를 작성하여야 한다(제29조 제1항). 상업장부를 작성함에 있어서는 일반적으로 공정하고 타당한 회계관행에 따라야 한다(제29조). 회계장부는 거래와 기타 영업상의 재산에 영향이 있는 사항을 기재해야 한다(제30조). 법원은 신청이나 직

권으로 소송당사자에게 상업장부를 제출하는 명령을 내릴 수 있다(제32조). 상업장부와 영업에 관한 중요서류는 10년간 보존하도록 되어 있다(제33조).

제6장은 상업등기에 관한 내용이다. 이 법에 의하여 등기할 사항은 당사자의 신청에 의하여 영업소의 소재지를 관할하는 법원의 상업등기소에 등기하도록 하고 있다(제34조). 일반적인 경우 등기할 사항은 본점의 소재지에서 등기하게 된다. 그러나 다른 규정이 없는 경우라 한다면 지점의 소재지에서도 등기가 가능하다(제35조). 우리나라는 등기의 공시력을 인정하고 있다(제37조 제1항 참조). 그러므로 등기할 사항을 등기한 경우라 한다면 선의의 제3자에게도 대항할 수 있다. 반면에 등기할 사항을 등기하지 아니하면 선의의 제3자에게 대항할 수는 없는 것이다. 한편 등기의 공신력은 인정되지 않지만, 예외적으로 부실의 등기에 있어서는 공신력을 인정하고 있다(제39조). 등기할 사항에 있어서 변경이 있거나 소멸된 경우라 한다면 반드시 변경이나 소멸의 등기가 이루어져야 할 것이다(제40조).

제7장은 영업양도에 대한 규정이다. 총 5개의 규정으로 이루어져 있다. 영업양도인의 경업금지를 규정하는 내용(제41조)과 상호를 계속 사용하는 경우에 발생하는 법률적 문제와 계속 사용하지 않은 경우에 발생하는 법률문제를 규정하고 있다(제42조~제45조).

2. 실질적 의의의 상법

1) 의의

'실질적 의의의 상법'이라 함은 상법전의 유무나 그 내용에 관계없이 상법이 규율하는 생활관계의 실질 또는 내용에 의하여 파악된 통일적이며 체계적인 법역을 의미한다.[1] 실질적인 의미에서 상법을 이해하게 되면 상법전 이외에도 상사특별법, 상관습법 등이 상법에 포함된다. 은행법, 보험업법, 자본시장법 등 각종 기업에 관한 특별법령이 여기에 해당한다. '형식적 의의의 상법'의 이해만으로 우리는 상법학의 연구대상과 상법의 독자성을 이해하기 어려운 측면이 있다. '상법'이라는 이름으로 체계화할 수 있는 공통적 속성을 갖는 법규범을 찾아내는 작업이 필요하다. 그러므로 실질적 의의의 상법을 단순하게 표현하자면 "상(商)"에 관한 법이라고 말할 수 있을 것이다.[2]

---

1   정찬형, 상법강의(상), 제18판, 박영사, 2015, 3면.
2   이철송, 상법총칙·상행위, 제13판, 박영사, 2015, 4면.

2) 상의 개념

(1) 경제학적인 상

본래 商(commerce, Handel)이라고 하는 개념은 경제학에서 유래된 것으로 공급자와 수요자 사이에 재화의 이전을 매개하는 행위이다. 경제의 실체가 경제학적인 商에 한정되어 있었던 시대에는 법률적인 의미의 商 역시 이것에 한정되었다. 그러나 경제가 발전함에 따라 본래에 가지고 있던 개념에서 확대되는 경향이 나타났다. 즉, '商'과 직접적이나 간접적으로 관련되어 이를 보조하는 영업들이 발생하면서 다양한 영역의 법률적인 商이 나타나게 되었다.

(2) 법률적인 상

법률적인 商의 영역은 다양한 방면에서 발생하고 있다.[3] 첫째, 고유적인 商을 보조하는 商이 있다. 상품의 판매를 중개 또는 주선하는 중개업(상법 제46조 제11호)·대리상(상법 제46조 제10호)·위탁매매업(상법 제46조 제12호) 및 운송주선업(상법 제46조 제12호) 등이 여기에 해당한다. 또한 제조된 상품을 다른 장소로 이동하는 업무를 담당하는 물건운송업(상법 제46조 제13호), 상품을 거래할 때까지 보관하는 업무를 담당하는 창고업(상법 제46조 제14호), 상품의 매수자금 위한 수신이나 여신 등의 금융업(상법 제46조 제8호), 운송이나 보관 중인 상품의 위험을 담보하는 손해보험업(상법 제46조 제17호) 등도 고유 商을 보조하는 商에 해당한다. 둘째, 상품의 전환과는 다른 형태의 商을 들 수 있다. 예를 들면 물건을 운송하는 것이 아니라 사람을 운송하는 여객운송업(상법 제46조 제13호)과 제조된 물건에 대한 위험을 인수하는 것이 아니라 사람의 위험을 인수하는 역할을 하는 생명보험업(상법 제46조 제17호) 등이 대표적이다. 셋째, 제조된 물건을 전환하거나 물건이 아닌 사람에 대한 이동 또는 위험인수 등이 영역이 아닌 새로운 형태의 영역을 들 수 있다. 상품의 전환과 관련이 없는 제조와 관련된 가공이나 수선과 관련된 행위(상법 제46조 제3호), 임대업(상법 제46조 제2호), 전기나 전파 및 가스 등의 공급업(상법 제46조 제4호), 작업 또는 노무의 도급의 인수를 업으로 하는 건설업(상법 제46조 제5호), 출판이나 인쇄 또는 촬영에 관한 행위(상법 제46조 제6호), 광고나 통신 또는 정보에 관한 행위(상법 제46조 제7호) 및 공중접객업(상법 제46조 제9호) 등이 있다. 넷째, 상품의 전환과는 전혀 무관한 광물이

---

3 정찬형, 상법강의(상), 제18판, 박영사, 2015, 4면.

나 토석의 채취와 관련한 원시생산업의 일부(상법 제46조 제18호)가 포함된다.

3) 소결

연혁적인 면을 고찰해보면, 생산자와 소비자 사이의 상품이나 재화의 전환에 의미를 두는 경제학적인 商의 개념 대신, 이미 1807년의 프랑스 상법은 위탁매매업·대리상·운송업·은행업·보험업 등을 규율하는 규정을 두었으며, '상'과 관계가 없는 것으로 판단되는 연극업 역시 상법의 규율대상으로 하였다. 1897년 독일 신상법과 1911년 스위스 채무법은 상행위의 내용을 무시하고 영업의 형식과 규모에 의해 상인과 상업을 정하고, 회사가 어떤 사업을 하는가에 관계없이 모두 상법의 대상이 되도록 하였다. 이와 같이 상법의 규율대상은 매우 광범위하면서도 이질적인 생활관계를 포함하여 이해해야 할 필요성이 있고, 그런 측면에서 실질적 의의의 상법이란 상법을 이룩하게 하는 바탕이 되는 생활관계인 '商'이라는 개념을 통하여 법률상의 '商'에 공통점으로 규율하는 법을 의미한다고 할 것이다.

3. 실질적 의의의 상법의 분설

상법이 다루는 대상이 무엇인가에 대한 물음이 제기된다. 다양한 학자들의 견해들이 있지만, 계획적인 의도로 계속적으로 영리행위를 실현하는 독립된 경제적 단위인 '기업'이라는 개념을 상법의 규율대상인 법률사실을 통일적으로 파악하고자 하는 기업법설이 우리의 통설이다.

1) 기업에 관한 법

어떠한 자가 일정한 금액을 투자하여 특정의 사업을 수행하고 그 사업으로 인한 이익을 기초로 하여 영리성을 띠면서 그 사업을 계속적으로 하고자 한다. 이때 일정한 계획에 따라 계속적 의도를 가지고 영리의 목적으로 시장에 등장하는 독립된 경제적 단위체가 존재하게 되는데 이를 기업으로 정의할 수 있다.[4] 그러한 기업은 법률상 독립체로 취급되는 동시에 계속적·영리적인 경제단위의 형태를 띠게 된다. 상법은 이러한 기업에 관한 다양한 법률관계를 다루고 있다. 즉, 기업의 성립·변경·소멸, 기업의 인사·재무·결산들을 포함한 운영과 관리, 기업의 대외거래 등의 법률관계를 규율하는 법이다.

---

4 정동윤, 상법총칙·상행위법, 개정판, 법문사, 1996, 11면.

2) 사법의 영역

국가 구성원으로서의 생활관계를 규율하는 영역이 공법이라고 한다면, 사법은 사인간의 평등한 생활관계를 규율하는 영역이다. 상법은 사법 가운데 특히 기업에 관한 사법이라고 보아야 한다. 다만, 상법은 사법적 규율의 실효성을 확보하기 위하여 소송이나 벌칙 등의 공법적 규정을 일부 포함하고 있다.

3) 특별사법

개인의 일상·보통의 사적 생활관계를 규율하는 일반사법이 민법의 영역이라고 한다면, 상법은 기업을 중심으로 발생하는 생활관계를 규율하는 특별한 사법이다. 그러므로 회사·상호·상업장부·상호계산·영업양도 등과 같이 민법에 규정되어 있지 않은 다양한 제도를 규정하고 있다. 이러한 사항들은 기업에 특유한 독자적인 규정에 해당한다. 민법상의 일반 제도를 기업에 맞게 특수하게 변경한 규정으로는 상사유치권·상사보증·상사질권·상사매매·운송이나 창고에 관한 규정들이 있고, 민법상의 규정을 단순하게 수정한 규정으로는 상사이자·상사시효·상사대리·상사위임·상사계약의 성립 등이 있다. 위에서 언급한 규정들은 기업의 운용에 합당하도록 새로이 창설하거나 민법에 있는 규정을 보완하거나 수정하면서 특별하게 다시 상법에 규정하고 있다는 점에서 민법에 대한 특별사법에 해당한다고 하겠다.

III. 상법의 지위

1. 민법과 상법이 통일론

상법전이 민법전으로부터 독립하여 있어야 할 이유가 있는가에 대한 물음이다. 민법과 상법의 적용대상이 동일하다는 이유로 양자를 하나의 법체계로 통일시켜야 한다는 민·상 통일론이 제기되었다. 이는 민법이 점차적으로 상법의 규정들을 잠식하는 바람에 발생하는 민법의 상화(商化)현상에 발생한 것이라 하겠다. 이러한 논의는 프랑스에서 1804년에 민법이 제정되었고, 1807년 상법이 제정되어 상인의 계급법이었던 상법이 상사의 개념을 매개로 하여 널리 일반인에게 적용되었다는 점에서 그 발단이 되었다.[5] 상법 역시 민법을 바탕

---

5   김정호, 상법총칙·상행위법, 법문사, 2008, 9면.

으로 하여 적용됨에 따라 여러 가지 문제점이 발생할 수 있다.[6] 일반인 역시 경제생활을 하게 되는데, 이 경우 민법과 상법이라고 하는 두 개의 법이 분할하면서 적용해야 하는 경우에, 민사와 상사의 한계가 불분명하다고 한다면, 거래당사자가 예측하지 못한 불이익이 발생할 수 있을 것이다.[7] 유럽의 일련의 학자들이 이러한 입장을 견지하였고, 1911년 스위스 채무법·1929년 중화민국 민법·1942년 이탈리아 민법 등이 통일론을 받아들였다.

2. 민·상 통일론에 대한 비판

민법과 상법을 통일적으로 만들자는 입장에 대해서 다음과 같은 비판이 제기될 수 있다.

1) 각자 고유한 영역

통일론의 주장에 따르면, 민법과 상법의 분리는 중세기의 상인단체에 대한 계급에 의한 것이고 그런 측면에서 상법의 독립적인 존재는 그 의의가 있었다고 한다. 그러나 오늘날 상법상의 법률제도가 일반인의 모든 경제생활에 적용되므로 상법을 굳이 독립적으로 제정할 필요성이 없다는 것이다. 그러나 민법과 상법이 지향하는 바는 다르다. 전자가 일반인의 생활관계를 규율하고 있다고 한다면, 후자는 상사관계를 규율하고 있어, 각자 고유한 영역을 가지고 있다는 점에서 양자의 구분에 대한 실익이 존재한다.

2) 입법차이의 인정 필요성

통일론은, 원래 상법의 제정은 대상인을 보호하고자 하는 차원에서 유래된 것이라는 점을 근거로 하여 상법이 존재하게 되면 상인과 거래하는 일반인의 불이익이 발생하기 때문에 상법과 민법은 통일되어야 한다고 한다. 그러나 입법을 함에 있어서 특수한 이익이나 계급의 세력이 현실적으로 작용한다면, 그것은 법전의 통일 여부와 관계없이 모든 법에 그 영향을 미칠 것이기 때문에, 이러한 이유를 들어 민법과 상법을 통일하자는 주장은 논리의 비약에 해당한다고 하겠다.

---

6   이철송, 상법총칙·상행위법, 제13판, 박영사, 2015, 11면.
7   소멸시효의 예를 들 수 있다. 민사채권은 민법 제162조 제1항에 따라 10년의 시효기간으로 하고 있고, 상사채권은 상법 제64조에 따라 5년의 시효기간으로 하고 있다.

3) 유기적 관련성하에 발전모색

통일론은 민법과 상법의 분리가 사법이론의 통일적인 발전을 저해한다고 주장한다. 그러나 사법의 영역이라고 해서 구조와 정신이 서로 상이한 생활관계를 단순히 유사하다는 이유만으로 통일적으로 기술하고자 하는 발상은 바람직한 것이 아니다. 오히려 민법과 상법의 특유한 제도를 인정하면서 양자의 유기적 관련성을 가지고 조화로운 발전을 꾀하는 것이 합당한 방법이라 하겠다.

3. 상법과 회사법

1) 의의

상법과 회사법은 어떠한 관련을 가지고 있는가에 대한 물음이 제기될 수 있다. 우리 법체계에서 보면, 회사법은 상법의 영역 가운데 하나에 불과한 것으로 볼 여지가 있다. 이는 상법전의 형식에 기인하고 있다고 하겠다. 상법전은 제1편 총칙, 제2편 상행위를 두고, 제3편에 회사의 내용을 다루고 있다. 엄격하게 말하면, 제1편과 제2편은 상법의 영역에 해당한다고 한다면, 제3편은 회사법의 영역으로 구분해보아야 할 것이다. 이 점에서 상법과 회사법의 구분이 설명될 수 있다.

2) 회사법의 특징

(1) 영리성, 외관주의 및 영속성

상법총칙과 상행위법이 개인기업에 관한 법규의 총체를 의미한다고 한다면, 회사법은 공동기업에 관한 일반법에 해당한다. 그러므로 기업의 특수성을 고려하는 기술적인 규정이나 기업에 대한 감독과 통제를 규정하고 있는 은행법이나 보험업법 및 자본시장법 등은 회사법에 대하여 특별법적인 지위에 있다. 회사법은 공동기업의 주체인 회사에 관한 법의 영역이라는 점에서 상법의 중요한 일부에 해당한다. 그런 측면에서 회사법 역시 상법이 가지고 있는 특징인 영리성, 외관주의 등의 이념을 가지고 있으며, 회사의 경우 법인의 속성을 띠고 있다는 점에서 영속성에 있어서는 개인기업보다도 훨씬 더 강한 성향을 보여준다.

(2) 단체성

상법이 개인 상호 간의 대등한 관계를 정하는 개인법에 해당하는 것이라고 하면, 회사법은 회사라고 하는 단체에 관한 내용을 다루고 있다는 점에서 단체법의 영역에 해당한다. 단체는 내부적인 조직과 그 조직을 통한 의사형성을 위한 절차 등이 필요하다. 그러므로 회사법은 단체와 그 구성원과의 관계 및 단체와 그 활동의 기초인 기관과의 관계에 대한 규정으로 이루어져 있다. 개인법과는 달리 단체법적인 원리가 지배된다. 다수결의 원칙, 사원평등의 원칙, 법률관계의 획일적인 확정 등이 요구된다. 다만, 회사 또는 사원과 회사채권자와의 관계, 출자 지분, 주식 및 사채의 양도 등에 있어서는 일반적인 거래법적인 요소가 존재한다.

(3) 영리성

회사는 영리성을 위해 존재하는 이익단체에 해당한다. 그러므로 회사법은 친족이나 국가와 같은 공동사회적 단체에 관한 법의 영역인 민법이나 헌법과는 다른 성질을 가지고 있다. 다만, 개인기업의 영역을 다루는 상법이 개인의 영리성에 집중되고 있다고 한다면, 회사법은 영리성을 추구하는 점에서 상법과 동일하지만 회사는 개인적인 이익이 아닌 단체의 구성원 공동의 이익까지 도모해야 한다는 점에서 공동단체성을 가지고 있다고 하겠다.

4. 상법과 경제법

경제법이라 함은 국가가 국가경제 전체에 관한 특정 목적을 달성하기 위하여 사경제 부문에 대하여 가하는 공권력적 규제에 관한 법으로 정의할 수 있다. 국가가 특정한 목적을 위하여 경제를 통일적이거나 계획적으로 지도 또는 감독하기 위한 법이 바로 경제법의 영역에 해당하는 것으로 볼 수 있다. 경제법의 대표적인 법률로는 독점규제 및 공정거래에 관한 법률과 물가안정법 등을 들 수 있다. 동 법률들은 개개 경제주체의 이익을 초월하여 국민경제의 전체적인 조정을 도모하고 있다. 반면, 상법은 개별 경제주체 간의 이익을 사법적으로 조정하는 것을 그 이념으로 하고 있다는 점에서 경제법과 차이가 있다. 그러나 경제법도 직접 또는 간접적으로 기업을 대상으로 하고 있고, 상법 역시 점차 사회화 경향이 있다는 점에서 양법이 서로 간에 갖는 독자성은 점차 퇴색하고 궁극에는 통합될 것이라는 견해[8]도 있지만, 경제법은 국가경제의 총체적 발전을 위해 계약자유의 원칙과 같은 사경제질서에 국가경제 목적에서의 사법적 수정을 가하는 것을 내용으로 하고, 그 실현을 위해 벌칙

---

[8] 최기원·김동민, 상법학신론(상), 제20판, 박영사, 2014, 13면.

등 공권력적 제재를 수단으로 삼고 있다는 점에서 양자의 융합은 그리 간단한 것이 아니라 하겠다.[9]

5. 상법과 노동법

상법은 인적보조자인 상인의 대리인이 제3자와 법률행위를 하면서 발생하는 외부적 법률적인 문제를 규율하고자 하는 반면, 노동법은 외부적인 법률관계에 중점을 두는 것이 아니라 상인과 그 보조자 간의 내부관계에 중점을 둔다.[10] 상법은 외관주의를 바탕으로 하여 거래안전에 중점을 두는 반면 노동법은 경제적 약자인 피용자의 보호를 위하여 일반 민법의 원리를 수정하거나 근로계약에 대한 특별사법의 형성한다. 또한 단체협약제도를 통하여 근로자의 집단적 이익을 옹호하기도 한다. 상법과 노동법은 기업을 대상으로 하고 있다는 점에서 유사한 면이 있지만, 규율대상에 있어서 차이가 있고 지도이념이 상위하므로 양자가 교차될 법의 영역이 아니라 할 것이다.

6. 상법과 어음·수표법

원래 어음법과 수표법은 상인들 간의 관습법으로서 중세 상인의 신분법인 상인법의 일부에 해당하는 것이었다. 그런 측면에서 양법은 상법의 영역에 해당하는 것으로 볼 수 있다. 그러나 오늘날 어음과 수표는 상인의 자격을 전제하지 않는 일반제도로 발전하였고, 어음법과 수표법은 유가증권에 표창된 상사 중립적인 권리관계를 다루기 위한 것으로 상법과는 무관한 것이라 하겠다. 또한 상법의 원리를 성질상 어음이나 수표에 원용하는 것이 그리 용이하지도 않다. 다만, 어음과 수표가 상거래와 밀접하게 관련이 있다는 점에서 다른 영역에서보다 상법에서 다루는 것이 타당하다는 점을 고려하여 상법학의 일부로 취급하고 있다고 하겠다.

---

9   이철송, 상법총칙·상행위법, 제13판, 박영사, 2015, 14면.
10   김정호, 상법총칙·상행위법, 법문사, 2008, 12면.

제2절 상법의 역사

I. 의의

우리 상법은 일본 상법의 영향을 많이 받았고, 일본 상법은 프랑스와 독일의 상법을 많은 부분 수용하고 있다. 그러므로 여기에서는 프랑스와 독일 상법을 연혁적으로 고찰하는 동시에 일본 상법 역시 역사적인 면을 간략하게 고찰한다.

II. 프랑스

프랑스가 제정한 최초의 통일 상법전은 루이 14세 때 제정된 상사조례(1673년)와 해사조례(1681년)라고 볼 수 있다. 그러나 상사조례는 상인법에 해당하는 것으로서 계급법적 성격을 띠고 있었다. 1804년 민법 제정 후 1807년에 제정된 프랑스 상법이 근대적인 상법의 기원이라 할 수 있다. 이 법전은 국민의 모든 계층을 포괄하는 민법전이 별도로 존재함에도 불구하고 상에 관한 특별법전으로 제정된 것이다. 또한 동법전은 지금까지 상인계급을 위한 계급법적 입장을 버리고 상행위에 관한 특별법으로서의 입장을 취하였다는 점에서 그 의미가 있다. 오늘날 프랑스 상법전은 기본법으로서의 지위를 유지하고 있으며 다양한 특별법이 제정되었다.

III. 독일

1. 보통독일상법전

독일의 최초 상법은 프로이센에서 제정된 1794년 프로이센 일반란트법(제2편 제8장 이하)이다. 동법은 상법을 포함한 통일국법의 구실을 하였지만, 실제로 프로이센을 제외한 다른 독일 국가에는 적용되지 않았다. 1856년 연방의회는 독일의 모든 연방국가에 공통되는 상법전의 기초위원회를 구성할 것을 결의하였고, 당시 입법권이 없었던 연방의회는 이 위원회에서 1861년에 확정된 초안을 모든 주가 채택할 것을 권고하였다. 그 권고에 따라 거의 독일의 모든 주가 1861년부터 1867년에 걸쳐 시행법(ADHGB: Allgemeine Deutsche Handelsgetzbuch)으로 이를 주법으로 채택하게 되었다. 1871년 독일 제2제국이 성립되면서 독일 제국법(Reichsgesetz)이 되었다. '보통독일상법전'의 제정은 개별적으로 산재되어 있던 상사에 관한 법규가 비로소 통일을 보게 되었다는 점에서 그 의미가 있다. 또한 동법이 프랑스의 상법전을 바탕으로 하고 있지만, 프랑스법과는 달리 순수하게 사법적인 면을 규정하고 있다는 점에서 그 특징을 찾을 수 있다. 상법전은 제1편에 상인, 제2편은 상사회사, 제3편은 익명조합과 동업상사단체, 제4편은 상행위, 제5편은 해상을 그 내용으로 하고 있었다.

2. 독일제국상법전

1) 의의

보통독일상법전(ADHGB)인 독일 제국법은 민법전의 제정에 따른 조화의 필요성과 새로운 경제발전에의 적응을 위하여 개정이 불가피하게 되었다. 그 결과 1897년 5월 10일 독일제국상법전(HGB: Handelsgesetzbuch für das Deutsche Reich)이 성립하게 되었고, 민법전과 함께 1900년 1월 1일부터 시행하게 되었다. 독일제국상법전(HGB)을 신상법이라 하고, 보통독일상법전(ADHGB)을 구상법이라 하여 양자를 구분하고 있다.

2) 내용

독일 신상법(HGB)은 다음과 같은 특징을 가지고 있었다. 첫째, 종래 상법전에 있었던 민법규정을 민법으로 이전하고 상법전은 상법으로서의 특색을 더욱더 강화하였다. 둘째, 당시의 경제발전에 비추어 절대적, 객관적 상행위를 폐지하여 당시 프랑스상법전에서 비롯된 상사법주의를 버리고 새로운 의미의 상인법주의의 입장을 취하였다. 또한 상인의 범위를 확대하여 영업의 종류와 관계없이 모든 영업자를 상인으로 규정하여 상법의 적용을 받게 하였다. 이 경우 상인은 상업등기부에 등기하도록 함으로써 상인자격을 취득하게 되었다(독일 신상법 제2조). 당시 신상법은 당연상인, 형식사인, 의제상인 및 소상인으로 구분하고 있었다.

IV. 우리나라

1. 제정상법

제정상법은 그 체제에 있어서 의용상법의 틀을 수용하고 있었다. 의용상법은 총 4편으로 구성되어 있었다. 제1편 총칙은 제1장 법례, 제2장 상인, 제3장 상업등기, 제4장 상호, 제5장 상업장부, 제6장 상업사용인, 제7장 대리상 등 총 7개의 장으로 구성되어 있었다. 제2편은 회사, 제3편은 상행위, 제4편은 해상으로 구성되어 있었다. 제정상법은 의용상법의 틀을 받아들이는 동시에 약간의 체제를 달리하였다. 즉, 제정상법은 5개의 편을 마련하여 제1편 총칙, 제2편 상행위를 규정하였고, 제3편에는 회사, 제4편에는 보험, 제5편에는 해상을 두었다.

2. 주요 개정

상법의 주요 개정은 1984년과 1995년을 들 수 있다.

1) 1984년 개정사항

1984년 상법총칙에 대한 주요 개정내용은 다음과 같다. 첫째, 상업장부에서 재산목록을 삭제하고, 일기장을 회계장부로 바꾸어 상업장부의 종류를 회계장부와 대차대조표로 하였다. 또한 상업장부의 작성목적을 "영업상의 재산 및 손익의 상황을 명백"히 하고자 하였다(상법 제29조 제1항). 둘째, 상업장부의 작성에 대하여 "일반적으로 공정·타당한 회계관행"에 따르도록 하는 포괄적 규정을 두었다(상법 제29조 제2항). 셋째, 회계장부의 기재사항을 정비하고(상법 제30조 제1항), 대차대조표는 회계장부에 의하여 작성하도록 하였다(상법 제30조 제2항). 넷째, 자산평가에 있어서는 기업회계관행에 따라 원칙으로 원가주의를 따르도록 하였다(상법 제31조).

2) 1995년 개정사항

첫째, 상호의 가등기제도를 도입하였다. 회사가 본점을 이전하거나 상호와 목적을 변경하려 할 경우 또는 주식회사나 유한회사를 설립하고자 하는 경우에 상당한 시일이 걸린다는 점을 고려한 것이다. 즉, 다른 사람에 의한 상호등기에 의하여 그 상호의 사용이 방해받는 것을 방지하기 위한 제도이다.

둘째, 상업장부의 보존기간의 단축과 보존기간의 개선이다. 전표 또는 이와 유사한 서류는 그 보존기간을 5년으로 단축하였고, 보존방법도 마이크로필름 기타의 전산정보처리조직에 의하여 이를 보존할 수 있도록 개선하였다(상법 제33조 제1항, 제2항).

셋째, 상업등기 공고제도의 폐지이다. 법률에 규정은 존재하고 있었지만 지금까지 실질적으로 시행되고 있지 않은 면을 고려한 것이다.

넷째, 기본적 상행위의 수정과 추가를 들 수 있다. 제46조의 기본적 상행위 가운데 제8호 "대금·환금 기타의 금융거래"를 "수신·여신·환 기타의 금융거래"로 수정하였고, 제16호 "무진"을 "상호부금 기타 이와 유사한 행위"로 개정하였다. 그리고 경제활동의 변화에 따라 이미 중요한 영업행태로 자리 잡은 리스, 프랜차이즈, 팩토링을 제19호, 제20호, 제21호로 새롭게 기본적 상행위를 추가하였다.

다섯째, 매수인의 목적물보관·공탁의무를 규정한 상법 제70조 제1항과 제2항은 목적물의 인도장소가 매도인의 영업소 또는 주소와 동일한 경우에는 그 적용이 없음을 분명히 하였다.

여섯째, 대리상의 보상청구권과 영업비밀준수의무를 신설하였다. 대리상계약종료 후에도 본인이 계속하여 영업상의 이익을 얻고 있는 경우에 대리상에게 그에 따른 상당한 보수를 청구할 수 있도록 하였고, 이와 함께 본인의 영업상의 이익을 보호하기 위하여 대리상의 영업비밀준수의무를 신설하였다.

3) 2010년 주요 내용

2010년 상법총칙 편과 상행위 편의 일부내용에 대한 개정작업이 마무리되어 현재 효력을 발생하고 있다. 상법총칙에 금융리스, 가맹업 및 채권매입업 등이 기본적 상행위의 한 종류로서 명문으로 규정되어 있다. 그러한 신종 상행위의 거래가 활발하게 이루어지고 있음에도 불구하고, 그것에 대한 법률관계가 상법에 규정되어 있지 않고 약관에만 의존하여 계약당사자 간 분쟁의 가능성이 높았다. 금번 개정 상법은 이들의 신종 상행위에 대한 기본적인 법률관계를 명확히 규정하여, 계약관계가 정당하면서도 공평하도록 하고자 하였다.

전통적으로 공중접객업자에 대하여 로마법의 레셉튬의 책임(Receptunmhaftung)이라고 하는 매우 엄격한 책임을 인정하고 있었다.[11] 개정 전 상법에 따르면, 공중접객업자가 '불가항력'을 증명하지 아니하면, 그 손해를 배상해야 한다는 구조를 가지고 있었다. 그러나 이 엄격책임을 현대에도 인정하는 것은 다른 사업자와 형평이 맞지 않고 현실성도 없을 뿐만 아니라 공중접객업자와 객 사이의 발생할 수 있는 분쟁을 미연에 방지해야 할 필요성이 제

---

[11] 로마법에서 인정된 책임형태이다. 운송인이나 여관업자에게 수령한 운송물이나 휴대물의 멸실 또는 훼손에 대하여 고의나 과실이 없음을 증명하여도 수령(Receptum)했다는 사실에 의하여 법률상 당연히 결과책임을 인정하여 손해배상책임을 부담토록 하는 책임형태이다. 이기수·최병규, 상법총칙·상행위법(상법강의 I), 제7판, 박영사, 2010, 547면.

기되었다. 그 결과 공중접객업자의 책임을 일반 사업자의 책임수준인 과실책임으로 개정하게 된 것이다.[12] 그 결과 공중접객업자는 자기나 사용인의 무과실을 증명하면, 발생하는 책임을 면할 수 있게 되었다. 반면 입증책임의 부담을 공중접객업자에게 지어 고객보호에 소홀함이 없도록 하였다. 자산평가 원칙을 규정하고 있던 상법상 기업회계기준 등이 회계관행과 불일치하여 기업회계실무에 애로가 있었다. 2010년 상법의 자산평가 규정을 삭제함으로써 기업회계에 대한 상법의 관여를 최소화하고 기업이 준수해야 할 회계기준을 일원화하게 되었다.

상법 제46조 제22호를 신설하여, 신용카드·전자화폐 등을 이용한 지급결제업무의 인수를 기본적 상행위로 수용하였다. "지급결제"라 함은 경제주체들이 지급수단을 이용하여 거래당사자 간 채권·채무관계를 화폐적 가치의 이전을 통하여 청산하는 행위를 말한다.

제3절 상법의 이념

I. 의의

상법이 지향하는 바가 무엇인지 궁금하다. 기업생활관계 역시 일반적으로 민사적인 영역에서 이루어지는 부분이 있다. 그러나 상법은 상인 또는 기업조직과 그에 의한 거래를 원활하게 이루어지도록 하기 위한 목적을 가지고 있다. 상법이 추구하는 이념은 다음과 같이 설명할 수 있다.[13]

II. 영리활동의 자유

사람은 생존하는 동안 권리와 의무의 주체가 된다(민법 제3조). 이른바 자연인은 완전한 권리능력을 가지고 있는 권리주체로 존재하게 된다. 사회가 필요로 하는 재화나 용역을 공급하면서 이익을 창출하고자 하는 자는 사회적으로도 유익하고 절대적으로 필요한 존재라

---

12 최준선, 상법총칙·상행위법, 제7판, 삼영사, 2011, 384면.
13 이철송, 상법총칙·상행위, 제13판, 박영사, 2015, 17면 이하; 정찬형, 상법강의(상), 제18판, 박영사, 28면 이하; 상법의 특성을 설명한 것으로 이기수·최병규, 상법총칙·상행위법(상법강의 I), 제7판, 박영사, 2010, 19면 이하.

고 하겠다. 원칙적으로 영리활동을 하고자 하는 자들은 자유로운 능력을 발휘할 수 있어야 할 것이다. 우리 상법은 이 점을 고려하여 상인이 될 수 있는 자격을 특별하게 제한하고 있지 않다(상법 제6조 참조).

민법은 미성년자의 법률행위에 대하여 법정대리인의 동의를 얻도록 하고 있고(민법 제5조 제1항), 법정대리인의 동의를 얻지 아니한 경우에는 미성년자 자신이나 법정대리인이 취소할 수 있도록 하고 있다(민법 제5조 제2항, 민법 제140조). 상법은 미성년자나 한정치산자의 경우 법정대리인의 허락이 없어도 영업을 할 수 있다. 또 미성년자 자신이 영리활동을 하는 상인이 될 수 있다. 그러나 법정대리인의 허락이 있는 경우에는 그 행위를 취소하지 못한다(민법 제8조). 상법은 영업의 종류 역시 자유롭게 선택할 수 있도록 하고 있다.[14]

III. 영리활동의 유지

자연인은 사망함으로써 권리능력이 소멸하게 되고, 지속성이 유지될 수 없다. 자연인이 영리활동을 하는 경우도 마찬가지이다. 영리활동을 하는 자연인이 사망하게 되면, 영위하던 영리활동도 더 이상 유지되기는 어려운 것이다. 그러나 영업의 중단 없이 계속적으로 유지해야 할 필요성이 제기될 수 있다. 이 점을 고려하여 우리 상법은 영업양도를 인정하고 있다(상법 제41조).[15]

IV. 영리성 보장

영리적인 활동을 하고자 하는 자들에게 영리성을 인정해주지 않는다면 그 활동을 촉진시키는 데 아무런 동력을 주지 못하게 된다. 그러므로 상법은 영리성 보장을 명시적으로 인정하고 있다. 대표적인 예로 상인의 보수청구권(상법 제61조)을 들 수 있다. 상인의 이자청구권(상법 제55조) 역시 동일한 맥락을 가지고 있다.[16] 상호의 양도, 영업의 양도와 같이 기업

---

14 우리 상법은 회사의 성립에 대하여도 자유로운 보장을 인정하고 있다(상법 제172조). 일정한 요건만 갖추면 회사를 자유롭게 설립할 수 있는 준칙주의를 수용하여 회사설립을 촉진하고 있다는 점에서, 우리 상법은 기업이 탄생하는 것을 일조하고 있다.

15 회사법에도 영리활동의 지속성을 인정하고자 하는 면을 볼 수 있다. 상법 제229조는 '회사의 계속'제도를 예외적으로 인정하고 있다. 이는 일정한 경우 회사가 해산하게 될 상황을 예방하기 위한 것이다. 또한 기업이 경제적 여건의 변화에 탄력적으로 대응하여 생존할 수 있도록 하기 위하여 합병(상법 제174조), 분할(상법 제530조의2) 등 각종의 조직개편의 수단을 인정하고 있다.

16 회사법에 이러한 면이 나타나고 있다. 상법 제462조는 주식회사 출자자의 이익배당제도를 인정하고 있는데,

의 조직기구 자산의 환가를 통한 영리실현도 보장하고 있다(상법 제25조 제1항, 상법 제41조 제1항).

V. 거래의 신속성

상거래는 대량적·계속적·반복적인 면의 특징이 있다. 그러므로 그 거래가 편리하고 신속하게 행해져야 하며 그로 인한 법률관계가 신속하고 명확하게 종결되는 것이 중요하다. 상법은 기업활동의 편리하고 신속하게 하기 위한 다양한 내용들을 상행위 편에서 규정하고 있다. 상행위의 대리(상법 제48조), 상사계약의 청약의 효력(상법 제51조), 계약의 청약에 대한 상인의 승낙 여부의 통지의무(상법 제53조), 상사매매에 있어서 매도인의 공탁권과 자조매각권(상법 제67조), 확정기매매에 있어서 해제권(상법 제68조), 매수인의 목적물검사와 하자통지의무(상법 제69조), 일반상사채무의 단기소멸시효(상법 제64조), 특수상사채무의 단기시효(상법 제121조, 제122조, 제147조, 제166조) 및 유가증권의 경우의 구제수단의 신속화(상법 제65조, 민법 제521조) 등을 들 수 있다.

거래의 신속성과 함께 거래의 정형화를 논의할 수 있다. 상품의 매매나 운송, 임치, 은행, 신탁 또는 보험 등의 거래는 대량적이며 계속적인 면을 띠고 있다. 이때 계약의 정형화 내지 자주적 요식주의의 형태를 갖는 보통거래약관은 중요한 기능을 하게 된다. 상법은 이 점에 대하여 명시적으로 규정하고 있지는 않지만, 보통거래약관에 의한 계약조항의 정형화를 통하여 기업 활동을 원활하게 하고 신속하게 하며 기업경영을 확실하게 함으로써 기업을 유지하고 강화하고자 하는 면이 있다고 하겠다.

VI. 거래안전의 보장

1. 거래안전

상법은 총칙 제6장에 기업의 일반적인 공시방법을 위하여 상업등기제도를 인정하고 있다. 등기제도는 중요사항에 대하여 일반 공중에게 널리 알리는 기능을 하게 된다. 이에 대하여 상법은 미성년자·법정대리인의 영업(상법 제6조, 제8조 제1항), 지배인의 선임이나 해임(상법 제13조), 상호의 선정이나 변경 및 폐지(상법 제22조, 제25조 제2항, 제27조) 및

이는 기업활동의 동기를 부여하고 있다고 하겠다.

상호의 가등기(상법 제22조의2)의 경우에 등기를 요구하고 있다. 상법은 일정한 사항은 반드시 등기하게 하거나, 사법상의 불이익과 연계시켜 등기를 유도하고 있음을 알 수 있다. 법적으로 요구되는 등기사항이 등기되지 않으면 그 등기사항은 선의의 제3자에게 대항하지 못한다(상법 제37조). 등기, 즉 공시제도를 통하여 상법이 지향하고 있는 것은 거래의 안전이라고 하겠다.[17]

2. 외관주의

1) 의의

상거래는 주로 불특정 다수인 간에 행해지므로 당사자가 상대방에 대한 정확한 정보를 가지고 있지 않은 상태에서 외부에 나타난 사실만을 믿고 거래하는 경우가 빈번하다. 일반적인 거래에서 외관과 진실이 일치하지 않는 경우가 발생할 수 있다. 이러한 모습은 상법상의 거래에서 역시 발생이 가능하다. 그러나 대량적으로 거래가 이루어지고 거래당사자의 개성이 중요하지 않은 상법상의 거래에서 발생한다면, 거래의 상대방은 안심하고 거래를 할 수 없는 상황이 나타나게 된다. 진실에 반하는 외관이라 할지라도 일정한 요건을 갖추고 있다고 한다면 그 외관을 신뢰한 자를 보호하고자 하는 것을 신뢰의 원칙, 외관의 원칙이라고 한다.[18]

2) 총칙편

이는 상사거래에 있어서 거래의 안전을 도모하고자 하는 의도를 가지고 있다. 상법은 외관을 신뢰하고 거래하는 자를 보호하는 외관주의가 강하게 인정되고 있다. 상법 총칙에서 대표적인 예는 지배인의 대리권제한의 효력(상법 제11조 제3항), 표현지배인(상법 제14조), 물건판매점포의 사용인(상법 제16조), 명의대여자의 책임(제24조), 고의 또는 과실에 의한 부실등기의 공신력(상법 제39조), 상호를 속용하는 영업양수인의 책임 및 양도인의 채무자의 보호(상법 제42조, 제43조) 및 영업양도 시의 영업채무 인수의 광고를 한 양수인의 책임

---

17 회사법과 관련하여 우리 상법은 주식회사의 경우 주주총회의 의사록, 주주명부, 재무제표 등을 비치·공시하게 하여 기업 내용에 관한 다양한 정보를 제공하고 있다. 이는 다수의 이해관계자를 보호하고자 하는 의도가 있다.

18 자세히는 정찬형, 상법강의(상), 제18판, 박영사, 2015, 32면 이하.

(상법 제44조)을 들 수 있다.[19]

3) 상행위 편

상법총칙뿐만 아니라 상행위 편에서 거래의 안전에 대한 사항은 존재한다. 익명조합의 경우 상법은 익명조합원이 자기의 성명을 영업자의 상호 중에 사용할 것을 허락한 경우 그 익명조합원이 책임을 부담하도록 하고 있다(상법 제81조). 역시 외관주의 일면을 볼 수 있다. 공중접객업의 경우에도 그러한 면이 나타나고 있다. 고객이 고가물의 명시를 하지 아니하고 임치한 경우 그 물건의 멸실이나 훼손으로 인한 손해배상청구권을 제한하고 있다(상법 제153조). 고가물의 특칙은 운송주선인(상법 제124조)과 운송인(상법 제136조) 등에서도 동일하게 나타나고 있다.

3. 기업의 책임

상법은 기업 또는 기업관계자의 책임을 일반원칙에 비하여 강화하고 있다. 다수인이 상행위에 가담할 경우에 부담하는 연대책임(상법 제57조 제1항), 상사보증인의 연대책임(제57조 제2항)은 상사채무의 이행을 확보하기 위한 것이다. 또한 운송주선인·운송인·공중접객업자·창고업자의 책임을 가중하는 제도(상법 제115조, 제135조, 제138조 제1항)는 특수한 업종에 종사하는 상인의 책임을 가중한 예에 해당한다.[20]

제4절 상법의 법원

I. 의의

상법의 법원이라 함은 기업에 특유한 생활관계를 규율하는 법규범으로서의 상법의 존재형식을 의미한다. 이와 관련하여 고찰해보아야 할 규정이 바로 상법 제1조이다. 상법 제1조는 상사적용법규라는 제목으로, "상사에 관하여 본법에 규정이 없으면 상관습법에 의하고

---

19 주식회사의 경우 상법 제395조에 규정되어 있는 표현대표이사제도는 대표적인 외관주의 모습을 보여주고 있다.
20 주식회사의 경우 상법은 발기인·이사가 자본충실책임(제321조, 제428조)을 지고 엄격한 손해배상책임(제322조, 제399조, 제401조)을 지도록 하고 있는데, 이는 기업관계자의 책임을 가중한 것에 해당한다.

상관습법이 없으면 민법의 규정에 의한다."고 규정하고 있다. 동 규정과 관련하여 상법의 법원에 대한 종류와 동 규정이 가지고 있는 의미에 대한 논의가 있다.

II. 종류

1. 상사제정법

상사제정법으로는 우선적으로 상법을 들 수 있다. 1962년 1월 20일 법률 제1000호로 공포되고 1963년 1월 1일부터 시행된 법률로서 가장 중요한 상법의 법원에 해당한다. 둘째, 상법전의 시행에 필요한 부속법령으로 상법시행법, 상법의 일부규정의 시행에 관한 규정 등을 들 수 있다. 그 외에 자본시장법, 주식회사의 외부감사에 관한 법률, 상업등기법, 은행법, 보험업법, 채무자회생 및 파산에 관한 법률 등 다양한 특별법이 있다. 셋째, 상사조약과 국제법규 등이 있다. 헌법에 의하여 체결되고 공포된 조약과 일반적으로 승인된 국제법규 등은 국내법과 동일한 효력을 갖는다(헌법 제6조 제1항). 상사조약과 국제법규가 바로 상법의 법원이 되는 것이다.[21]

2. 상관습법

상관습법은 사실인 상관습과의 구별이 있어야 한다. 후자가 상거래에서 관행적으로 지켜지기는 하지만 아직 법적 확신을 얻지 못한 경우라 한다면, 전자는 상거래에서 장기간 되풀이되어 온 결과 거래계의 다수인에 의하여 법규범으로써 확신을 얻은 행위양식을 의미한다. 대법원은 이 점에 대하여 명시적으로 밝히고 있다.

> **대법원 1959. 5. 29. 선고 4291민상1 판결**
> "상사에 관하여 상법이 없으면 상관습법이 민법에 우선 적용됨은 상법 제1조의 명정한 바이므로 법의 효력을 가진 상관습은 당사자의 주장 여하에 불구하고 법원이 이를 적용하여야 하는 것이나, 사실적 상관습은 구민법 제91조(현행 민법 제106조)에 의하여 법률관계의 당사자가 그에 따를 의사로 한 경우에만 동 관습에 의하여 법률행위의 효력을 정할 수 있는 것인 즉, 동 관습은 당사자가 그 존재를 주장하고 또 그에 의할 의사로 한 행위임을 주장할 경우에만 이를 심사할 수 있는 것이다."

---

21 상사에 관한 대표적인 조약으로는 항공운송인의 책임제한을 주된 내용으로 하고 있는 헤이그조약이 있고, 상사국제법규로는 공동해손에 대한 York Antwerp Rule, 산업신용장에 관한 Lisbon Rule 등이 있다.

사실은 상관습은 법규범적 효력이 존재하지 않기 때문에 단지 법률행위의 효력을 정할 수 있는 기능으로 족하고, 상관습법은 성문법을 보충하는 효력을 가지고 있다. 상관습법만이 상법의 법원이 된다. 다만, 어떤 행위양식이 거래계의 법적 확신을 얻었는가에 대한 판단이 그리 간단한 것이 아니어서 양자를 구별하는 것은 쉬운 것이 아니다.

3. 상사자치법

자치법이라 함은 회사나 기타 단체가 그 조직과 구성원의 법률관계 및 대내외적 활동에 관하여 자주적으로 정한 규범을 말한다. 회사의 정관이 대표적인 예에 해당한다. 자치법은 단체의 기관이나 구성원을 구속하기 때문에 법규적 성질을 갖는 것으로 본다.[22] 그러므로 상사단체의 자치법은 상법의 법원이 된다. 한편, 정관의 수권에 의하여 작성되는 이사회규칙이나 한국거래소의 업무규정도 한국거래소의 정관의 세칙에 해당한다는 점에서 자치법규로 보아야 한다는 주장[23]이 있다.

4. 보통거래약관

1) 정의

보통거래약관이라 함은 다수인을 상대로 동종의 거래를 반복하는 경우에 그 거래를 위하여 미리 작성해놓은 정형적인 계약조건을 의미한다. 여기에서 사업자란 계약의 한쪽 당사자로서 상대 당사자에게 약관을 계약의 내용으로 할 것을 제안하는 자를 말하고, 고객이란 계약의 한쪽 당사자로서 사업자로부터 약관을 계약의 내용으로 할 것을 제안받은 자를 말한다.

2) 법적 성질

보통거래약관의 법적 성질을 어떻게 보아야 할 것인가에 대한 다툼이 있다. 두 가지 입장을 살펴보자.

---

22 이철송, 상법총칙·상행위, 제13판, 박영사, 2015, 37면.
23 정찬형, 상법강의(상), 제18판, 박영사, 2015, 42면.

(1) 의사설

의사설은 전통적인 법률행위에 입각하여 설명하고자 하는 입장이다. 전통적인 법률행위에 서 있기 때문에, 약관은 그 자체가 결코 법규범이 될 수 없다.[24] 이를 계약설이라고도 한다. 기업이 약관에 의한다는 점을 설명하고 또 그것을 소비자가 볼 수 있게 약관을 제시한 경우에 한하여 개별적인 계약의 내용을 구성하게 된다는 입장이다. 대법원과 다수설의 입장이다.

약관규제법은 명시적으로 이것을 밝히고 있다. 사업자는 약관의 명시 및 설명의 의무를 부과하고 있고, 이러한 의무를 위반한 경우에는 동 약관은 계약내용을 편입되지 못한다(약관규제법 제3조). 특히 보험과 관련된 판례에서 대법원은 지속적으로 보험약관에 대하여 의사설의 입장에서 판시하고 있다. 대법원은 "보통보험약관이 계약당사자에 대하여 구속력을 갖는 것은 그 자체가 법규범 또는 법규범적 성질을 가진 약관이기 때문이 아니라 보험계약 당사자 사이에서 계약내용에 포함시키기로 합의하였기 때문이라고 볼 것이다."라는 판결[25]과 "보통보험약관을 포함한 이른바 일반거래약관이 계약의 내용으로 되어 계약당사자에게 구속력을 갖게 되는 근거는 그 자체가 법규범 또는 법규범적 성질을 갖기 때문은 아니며, 계약당사자가 이를 계약의 내용으로 하기로 명시적 또는 묵시적 합의를 하였기 때문이라고 볼 것이다."라고 판시한 바 있다.

(2) 규범설

보통보험약관 그 자체가 독자적인 법원으로서 당사자의 의사에 관계없이 계약내용을 규율하는 규범으로서 구속력을 갖는다는 입장이다. 법규범설은 다시 다양한 견해로 구분된다. 약관은 당해 거래권에서 만든 자치법의 일종으로 구속력을 갖는다는 입장인 자치법설, 국가가 특정 기업에게 약관을 작성할 권한을 부여하였으므로 구속력을 갖는다는 입장인 수권설, 약관이 만들어진 거래권에서는 일반적으로 약관에 의해 계약을 체결한다는 관습법을 주장하기도 하고, 사실인 관습이 형성되어 있으므로 구속력을 갖는다는 입장 등이 있다.

---

24 대법원 1985. 11. 26. 선고 84다카2543 판결; 대법원 1986. 10. 14. 선고 84다카122 판결.
25 대법원 1986. 10. 14. 선고 84다카122 판결; 대법원 1991. 9. 10. 선고 91다20432 판결.

(3) 사견

약관규제법 제3조는 약관의 작성 및 설명의무를 규정하고 있다. 약관사용자인 사업자는 고객이 약관의 내용을 쉽게 알 수 있도록 작성해야 하고 표준화되고 체계화된 용어를 가지고 사용해야 한다(약관규제법 제3조 제1항). 사업자는 약관에 정해져 있는 중요한 내용을 고객이 이해할 수 있도록 설명해야 할 의무를 부담한다(약관규제법 제3조 제3항). 만약 사업자가 약관규제법에서 정하고 있는 약관작성의무와 설명의무를 위반하여 계약을 체결한 경우라면, 해당 약관을 계약의 내용으로 주장할 수 없도록 하고 있다. 이 점에서 본다면, 보통거래약관의 법적 성질은 명백하게 의사설, 즉 계약설의 입장에 있다.

5. 판례

성문법 체계를 가지고 있는 우리나라의 경우 판례가 법원에 해당하는가에 대한 다툼이 있다. 법원의 판결은 개별적·구체적 사건에 대한 법적 판단이므로 일반규범의 성격을 가지고 있지 않다. 특히 선판례구속의 원칙이 확립되지 않은 성문법체계에서는 판례에 일반적 구속력을 인정하지 않는다는 점에서 판례의 법원성을 인정하지 않는 입장[26]과 상사에 관한 법원의 판결이 성문법 또는 관습법에 대하여 수정적·창조적 작용을 하면 이에 대하여 법원성을 인정할 수 있다는 입장[27]이 있다. 판례법과 다른 체계와 다른 성문법 체계에서 판례의 법원성을 인정하기에는 무리가 있다고 하겠다.

6. 조리

사람들이 일반적으로 합리적이라 생각하며 공동생활에서 지켜져야 한다고 생각하는 원칙을 조리라고 한다. 우리 민법 제1조는 "민사에 관하여 법률에 규정이 없으면 관습법에 의하고 관습법이 없으면 조리에 의한다."고 규정하고 있다. 이를 근거로 하여 조리의 법원성을 인정하는 주장이 제기될 수 있지만, 조리는 법관이 재판을 함에 있어서 법이 흠결된 부분에 관하여 보충적 입법을 할 때에 근거로 하는 규범에 해당하는 것이지 법의 존재근거나 존재양식이 아니라는 주장[28]이 타당하다. 조리를 법원으로 보기에는 타당성이 떨어진다.

---

26 이철송, 상법총칙·상행위법, 제13판, 박영사, 2015, 59면.
27 정찬형, 상법강의(상), 제18판, 박영사, 2015, 47면.
28 이철송, 상법총칙·상행위법, 제13판, 박영사, 2015, 60면.

III. 법적용의 순서

상법 제1조는 제정법 우선주의를 제시하고 있다. 상법전이 상사에 관하여 제1순위의 규범으로 인정된다. 상법은 상법전 외에 상사특별법이 있고, 법률과 대등한 효력을 갖는 상사에 관한 조약과 국제법규가 있다. 상법과 상사특별법의 적용순서에 대하여는 특별법 우선의 원칙에 따라 상사특별법이 상법에 우선하여 적용된다. 조약과 국제법규는 특별법에 준하여 적용한다.

자치법은 관습법에 우선하여 적용하고 성문법에도 우선하여 적용되는 것이 통설이다. 다만, 성문법을 적용함에 있어 강행법규와 임의법규를 구분하여 적용하여야 한다. 자치법은 성문법규 가운데 강행법규에는 우선하여 적용될 수 없고, 다만 임의법규에는 우선 적용이 가능하다고 하겠다. 이는 민법의 경우에도 같은 측면으로 적용해야 할 것이다.[29] 이를 근거로 하여 제시되는 적용순서는 1) 상사특별법·조약·국제법규, 2) 상법 중 강행법규, 3) 민법 중 강행법규, 4) 자치법, 5) 관습법, 6) 상법 중 임의법규, 7) 민법 중 임의법규가 될 것이다.

제5절 상법의 효력

I. 시간적 효력

시간적 효력과 관련하여 두 가지 원칙이 적용된다. 첫째, 동 순위에 있는 수 개의 법규에 대하여는 '신법이 구법을 변경한다'는 원칙이다. 둘째, 특별법과 일반법과 같이 동 순위가 아닌 수 개의 법규에 대하여는 '일반적 신법은 특별적 구법을 변경하지 않는다'라는 원칙이다. 후자에 대하여 우리나라도 후자를 명시적으로 인정하고 있다. 즉, "상사에 관한 특별한 법령은 상법 시행 후에도 그 효력이 있다(상법 시행령 제3조)."

생활관계의 측면에서 구법시대에 발생한 생활관계가 신법하에서 문제될 경우가 발생할 수 있다. 사람은 행위 당시의 법률이 적용될 것을 예상하고 생활관계를 이루어나가므로 당사자들에게 예측가능성을 부여해주고 법정 안정성을 기하기 위해서 일반적으로 법률불소급의 원칙에 따라서 행위 당시의 법인 구법을 적용하는 것이 타당하다고 하겠다. 그러나

---

29 이철송, 상법총칙·상행위법, 제13판, 박영사, 2015, 62면 이하.

상법의 경우 신법이 일반적으로 진보적이고 합리적인 제도를 채용하게 된다. 또한 신법의 소급이 기득권을 침해하지 아니하고 당사자의 이익이 되며 법률관계를 통일하기 위하여 필요한 경우에는 소급효를 인정해야 할 필요성이 있다. 이 점에서 법률불소급의 원칙에 대한 예외가 인정된다.

II. 장소적 효력

국내거래를 다루는 상법은 우리나라의 국내법에 해당하므로 대한민국의 전 영토에 적용되는 것이 원칙이다. 다만, 국가와 국가 사이에 이루어지는 국제거래의 경우에는 국제법규에 의해 준거법이 결정된다. 이 경우 상법 적용의 장소적 효력이 제한되거나 연장될 수 있다.

III. 사람에 대한 효력

대한민국 국민 전원은 상거래의 경우에 상법이 적용되는 것이 원칙이다. 그러나 대한민국 국민과 외국인 사이의 상거래에 대하여는 국제사법이 준거법을 정하게 된다. 일반적으로 상인은 상법의 적용을 받게 된다. 다만, 규모가 작은 소상인의 경우에는 지배인, 상호, 상업장부 및 상업등기에 관한 규정의 적용을 배제하고 있다(상법 제9조).

IV. 사항에 대한 효력

상법은 상인을 중심으로 하는 법률관계에 관한 사항이 적용된다. 상행위에는 당사자 일방이 상인으로서 임하는 거래가 있고, 당사자 쌍방이 모두 상인으로서 거래하는 행위가 있다. 전자를 일방적 상행위라고 하고, 후자를 쌍방적 상행위라고 한다. 후자는 당연히 상법이 적용된다. 전자의 경우에 대하여는 상법이 명시적으로 규정하고 있다. 즉, 상법은 "당사자 중 그 1인의 행위가 상행위인 때에는 전원에 대하여 상법이 적용된다(제3조)."고 규정하고 있다. 이는 일방적 상행위라고 할지라도 그 행위는 상인에 의하여 주도되어 이루어진다는 점에서 쌍방적 상행위에 준하여 적용됨을 의미한다.

제2장
상 인

제1절 상인 개념의 입법주의

I. 서론

상법에서 상인에 대한 의미를 파악하는 것은 중요하다. 상인의 특성이나 그가 행하는 행위의 형식에 따라 상인을 정하는 방식이 있고, 상인이 하는 행위의 실질에 따라 상인이 정해지는 방식이 있다. 일반적으로 우리는 영업행위를 하는 자를 상인이라고 한다. 그렇다면 영업이란 무엇인지를 파악해야 할 것이다. 어떤 자가 생계를 위하여 길거리에서 고구마 장사를 하는 경우에, 그 자는 상인으로 보아야 하는지 궁금하다. 또는 고등학교를 졸업한 자가 경험삼아 길거리에서 고구마를 파는 행위를 하는 경우에, 그 자는 상인이라 할 수 있는가에 대하여도 살펴보아야 한다. 만약 양자 가운데 그 어떤 자가 상인이라면, 상인이 갖는 의미는 무엇인지를 인식해야 할 필요가 있다.

II. 상인의 의미

1. 의의

상인에 대한 정의를 내리고자 하는 시도가 이루어졌다. 어떤 행위를 하는 자의 특성이나 그가 행하는 행위의 형식에 따라 상인이라고 할 것인지 아닌지 판단하는 입장과 상인이라고 하는 자를 먼저 정함에 있어 특정한 행위를 하는 것으로 정하는 방법으로 나누어진다. 그리고 이 양자의 절충적인 입장이 있다. 상인이 하는 행위의 실질이 일반 민사행위와 다른 점을 전제로 하여 먼저 일정한 행위를 상행위로 정하고 그 행위를 하는 자를 상인으로 보는 방법이 실질주의의 입장이다. 반면에 상인이 하는 행위의 내용에 의존하지 않고 상인의 형식적 자격 또는 행위형식의 특성을 기준으로 하여 상인의 개념을 정하는 방법이 형식주의 입장이다.

실질적 의의의 상인은 기업적 생활관계에서의 권리와 의무의 귀속자를 가리킨다. 형식적 의의의 상인은 상인을 정하는 상법에서 그 적용범위와 한계를 명백히 해야 하므로 일정한 행위를 영업으로 하거나 일정한 방식으로 영업을 하는 자를 상인이라 하고 이들에게 상법을 적용한다.

2. 상인에 대한 입법주의

1) 실질주의(객관주의)

실질적으로 관찰하여 특정한 종류나 일정한 내용의 행위를 상행위라 하고 이러한 상행위를 하는 자를 상인이라 하는 주의를 실질주의라고 한다. 1807년 프랑스 상법은 중세의 계급법적 상법관에서 벗어나 일반 시민법으로 만들고자 상인 중심에서 상행위 중심으로 전환한 바 있다. 상행위의 개념을 먼저 정하고 그것으로부터 상인의 개념을 도출하는 방법이다. 행위의 주체와는 상관없이 순전히 행위의 객관적 성질에 의해 상행위의 개념을 정의하는 입법주의이므로 객관주의라 하며, 상행위법주의라고도 한다. 프랑스, 스페인 등이 이 방식을 취하고 있다.

실질주의는 상행위를 명시적으로 제한을 하게 되고, 그 행위를 하는 자만이 상인이 된다는 점에서 상인의 범위와 한계가 명확히 할 수 있는 장점이 있지만, 상행위의 종류와 내용이 고정되고 한정된 단점이 있다. 경제가 발전함에 따라 새로이 발생하는 상행위를 인정하기 위해서는 다시 새롭게 상행위를 인정해야 하는 절차가 필요하게 된다.

2) 형식주의(주관주의)

상행위의 내용에 의존하지 않고 상인의 형식적인 자격이나 행위형식의 기준으로 하여 상인 개념을 정하는 방식이 형식주의이다. 영업의 내용보다는 영업의 형식이나 방법을 중시하여 일정한 시설을 갖추고 영리목적으로 동종행위를 계속·반복적으로 하는 자를 상인으로 본다. 즉, 형식주의는 먼저 상인 개념을 결정하고, 그가 행하는 행위를 상행위로 보게 된다. 이러한 형식주의는 중세 도시국가 신분법적 사고에서 상인단체인 길드에 가입한 자만을 상인으로 보고 그들에 대하여 상법을 적용한 데서 유래한 것이다. 형식주의를 주관주의라고도 하며, 상인 개념을 먼저 정한 후 그 상인의 영업상 행위를 상행위로 정하므로 상인법주의라고도 한다. 대표적인 예로 스위스 채무법과 독일 현 상법을 들 수 있다. 스위스 채무법 제934조는 상업, 제조업, 기타 상인적 방법으로 영업을 하는 자는 자신의 상호를 등기함으로써 상인이 되도록 규정하여 주관주의 입장을 취하고 있고, 독일 역시 1998년 상법을 개정하여 무엇으로 하건 영업으로 하기만 하면 모두 상인으로 다루어 그들의 영업적 내지 보조적 상행위를 상법의 대상으로 삼고 있다. 독일 현재 상법은 1998년을 기점으로 하여 객관주의와 주관주의 형식의 상법의 모습에서 순수한 주관주의로 전환한 것이다.

주관주의는 먼저 상행위를 특정하지 않고 있기 때문에 새로이 발생하는 상행위의 형태를 가지고 상인 개념을 탄력적이면서 유연하게 적용할 수 있다는 점에서 장점이 있다. 그러나 상인의 범위와 한계를 정하기 어려운 단점도 제기된다.

3) 절충주의

실질주의와 형식주의를 절충해서 상인을 정하는 입법주의이다. 즉, 순수한 형식주의와 실질주의에서 발생하는 문제점을 보완하기 위하여 실질주의에 따라 상행위를 하는 자도 상인으로 하고, 동시에 형식주의에 따라 일정한 형식에 의해 행위하는 자도 상인으로 하는 입법태도이다. 1998년 개정 전 독일 상법과 일본 상법이 절충주의를 취하고 있고, 우리 상법 역시 절충주의를 택하고 있다.

3. 상법의 규정

1) 체계

상법 제4조(당연상인)나 제5조(의제상인) 둘 중 어느 조항에 의해 상인자격을 취득하든 법률의 적용에 있어 양자는 차이가 없다. 제4조의 당연상인이란 자기명의로 상법 제46조에 열거된 상행위를 하는 사람을 말한다. 상행위의 개념을 먼저 정하고 이 행위를 하는 자를 상인이라고 함으로써 실질주의에 가까운 입장이다. 이때에도 영업으로 할 때에만 상행위가 된다. 영리성 유무는 행위주체와 관련해 파악해야 하는데 다소 형식적 의미를 가미하여 실질적으로 당연상인 개념을 정한다. 제5조의 의제상인은 기업의 조직설비와 영업의 방법에 의해 상인의 개념을 정하는 것이다. 이는 형식주의에 기한 입법이다. 의제상인의 영업상 행위를 준상행위라고 한다. 준상행위에는 영업적 상행위에 관한 규정을 준용한다(상법 제66조).

2) 입법주의

우리 상법은 상인법주의와 상행위법주의를 모두 채택한 절충주의를 취하고 있다. 절대적 상행위의 존재를 부인하고 있고, 설비상인의 범위가 매우 넓으며 당연상인도 실질에 있어서는 여기에 포함된다고 볼 수 있으므로 상인법주의에 다소 가까운 절충주의라고 볼 수 있다.

제2절 당연상인

I. 의의

당연상인(Istkaufmann)이란 자기명의로 상행위를 하는 자이다(상법 제4조). 당연상인을 인식하기 위해서는 자기명의가 무엇을 의미하는 것인지와 상행위에 대한 개념을 이해해야 한다.

II. 자기명의

1. 원칙

자기명의란 상거래로 인하여 생긴 권리의무가 법적으로 귀속되는 주체가 해당 본인이 되는 것을 말한다. 따라서 누가 직접 영업행위를 담당하는가 하는 것은 상인 여부의 판단에 중요하지 않다. 가령 주식회사의 대외적 거래는 대표이사가 수행하지만 이때 상인이 되는 자는 대표이사가 아니라 회사이고, 또한 상인이 자신의 영업에 관여하지 않고 지배인이 모든 업무를 처리하더라도 그의 상인성은 영향을 받지 않는다. 그러므로 자기명의로 상행위를 하는 이상 타인의 계산으로 하더라도 상인이 되는 것에는 전혀 이상이 없다.

행정관청에 신고한 영업자와 상거래에서의 주체가 다른 경우를 종종 볼 수 있다. 그러나 누구의 '명의'이냐를 판단하는 것에 대하여 사법상의 권리의무의 귀속이 중요하므로 상거래에서의 주체가 바로 상인이 된다.

2. 예외

상법 제46조 단서는 "오로지 임금을 받을 목적으로 물건을 제조하거나 노무에 종사하는 자의 행위"는 상행위로 보지 않는다고 규정하고 있다. 임금을 받는다는 것은 특정인에게 고용되어 보수를 받는다는 의미가 아니라, 제조 또는 노무의 양에 따라 영세한 보수를 받는다는 것을 뜻한다. 이러한 행위를 하는 자도 그 나름대로 영리성을 가지고 계속적·반복적으로 제조 또는 노무를 제공하지만 지나친 영세성으로 인하여 기업성을 인정할 수 없기 때문에 상인의 범위에서 제외한 것이다. 그러나 그 적용범위와 한계를 정하기 어려운 점이 있다.

III. 상행위

상행위란 상법 제46조에서 정한 기본적 상행위와 특별법에서 상행위로 인정한 상행위를 말한다. 이러한 상행위는 제한적으로 열거되어 있으며 상인의 개념을 정의하는 기초가 된다. 기본적 상행위의 종류와 범위는 상법 제46조에 열거되어 있다. 절대적 상행위에 해당한다.

① 동산·부동산·유가증권 기타의 재산의 매매
② 동산·부동산·유가증권 기타의 재산의 임대차
③ 제조·가공 또는 수선에 관한 행위
④ 전기·전파·가스 또는 물의 공급에 관한 행위
⑤ 작업 또는 노무의 도급의 인수
⑥ 출판·인쇄 또는 촬영에 관한 행위
⑦ 광고·통신 또는 정보에 관한 행위
⑧ 수신·여신·환 기타의 금융거래

⑨ 공중이 이용하는 시설에 의한 거래

⑩ 상행위 대리의 인수

⑪ 중개에 관한 행위

⑫ 위탁매매 기타의 주선에 관한 행위

⑬ 운송의 인수

⑭ 임치의 인수

⑮ 신탁의 인수

⑯ 상호부금 기타 이와 유사한 행위

⑰ 보험

⑱ 광물 또는 토석의 채취에 관한 행위

⑲ 기계·시설 그 밖의 재산의 금융리스에 관한 행위

⑳ 상호·상표 등의 사용허락에 의한 영업에 관한 행위

㉑ 영업상 채권의 매입·회수 등에 관한 행위

㉒ 신용카드·전자화폐 등을 이용한 지급결제 업무의 인수

특별법에 해당하는 사항으로는 담보부사채신탁법에서 사채총액의 인수를 상행위로 보며(동법 제23조 제2항), 신탁법에서는 업으로 하는 신탁의 인수를 상행위로 보고 있다(동법 제4조). 양자는 특별법상의 기본적 상행위에 해당하는 것으로서 이를 하는 자는 당연상인에 해당한다.

원래 제46조 각 호의 행위를 기본적 상행위로 한 것은 이 행위들은 경험적으로 상인들의 주업으로 삼아왔던 것이므로 법상 상인의 영업으로 보기에 적합하다는 측면을 고려하여 입법화한 것이다. 상법 제46조에 대한 1995년 개정 상법에서 제8호 대금, 환금 기타의 금융거래를 수신·여신·환 기타의 금융거래로 고쳤고, 제16호는 무진을 상호부금 기타 이와 유사한 행위로 개정하였다. 그 이전에 없었던 제19호, 제20호 및 제21호를 추가하였다. 제19호 내지 제21호는 소위 리스, 프랜차이즈, 팩토링을 기본적 상행위로 추가한 것이다. 또한 2010년 5월 24일 제22호를 신설하여 지급결제 업무의 인수 사항에 대하여 상행위에 포함시켰다. 이들 영업행위가 우리 경제에서 차지하는 중요성을 고려할 때 이들을 기본적 상행위에 포함시켜 이들에게 상행위의 적출자로서의 지위를 인정한 것이다. 그러나 이에 대하여 우리가 세계에서 상행위를 가장 많이 열거하는 나라가 될 것이라고 비판하는 견해도 있다.

Ⅳ. 영업으로 할 것

상법 제46조에 열거된 행위를 영업으로 할 때에만 상행위로 된다. 영업으로 한다고 함은 영리를 목적으로 동종의 행위를 계속·반복하는 것을 말하며 이는 또한 대외적으로 인식될 수 있는 것이어야 한다. 먼저 영리의 목적이 있어야 하고, 계속성 및 영업의사에 대한 세부적인 분석이 필요하다.

1. 영리성

일정한 행위에 영리성이 인정되기 위해서는 무엇보다도 이익을 얻으려는 의도, 즉 영리의 목적이 있어야 한다. 따라서 단순히 자체경비의 충당을 목적으로 운영되는 공장, 조합원에게 필요한 물건을 염가로 제공할 것을 목적으로 하는 소비조합 등은 영업으로 한다고 할 수 없다. 또한 영리성이 없는 구내매점 등의 판매행위도 영업이라고 할 수 없다. 그러나 영리의 목적이 있는 한 이익 또는 손실의 유무, 이익의 사용목적은 영업성을 인정함에 있어 상관이 없다.

> **대법원 1998. 7. 10. 선고 98다10793 판결**
>
> 대법원은 상법 제46조 소정의 기본적 상행위에 대한 의미와 새마을금고가 회원에게 자금을 대출하는 행위가 상행위에 해당하는가에 대하여 판단하였다. 대법원은 "어느 행위가 상법 제46조 소정의 기본적 상행위에 해당하기 위하여는 영업으로 동조 각 호 소정의 행위를 하는 경우이어야 하고, 여기서 영업으로 한다고 함은 영리를 목적으로 동종의 행위를 계속 반복적으로 하는 것을 의미한다고 할 것인바,[1] 새마을금고법의 제반 규정에 의하면 새마을금고는 우리나라 고유의 상부상조 정신에 입각하여 자금의 조성 및 이용과 회원의 경제적·사회적·문화적 지위의 향상 및 지역사회개발을 통한 건전한 국민정신의 함양과 국가경제발전에 기여함을 목적으로 하는 비영리법인이므로 새마을금고가 금고의 회원에게 자금을 대출하는 행위는 일반적으로는 영리를 목적으로 하는 행위라고 보기 어렵다고 할 것이다.
>
> 그러나 당사자 쌍방에 대하여 모두 상행위가 되는 행위로 인한 채권뿐만 아니라 당사자 일방에 대하여만 상행위에 해당하는 행위로 인한 채권도 상법 제64조 소정의 5년의 소멸시효기간이 적용되는 상사채권에 해당하는 것이고 그 상행위에는 상법 제46조 각 호에 해당하는 기본적 상행위뿐만 아니라 상인이 영업을 위하여 하는 보조적 상행위도 포함되는 것이므로 새마을금고로부터 대출을 받은 회원이

---

1 대법원 1994. 4. 29. 선고 93다54842 판결.

상인으로서 그 영업을 위하여 대출을 받았다면 그 대출금채권은 상사채권이라고 보아야 할 것인바, 원심이 확정한 사실과 기록에 의하면, 원고로부터 대출을 받은 소외 천상수는 송죽휴게소를 운영하는 사람임을 알 수 있어 상인이라고 할 것이고, 상인인 천상수가 원고로부터 대출을 받았다면 특단의 사정이 없는 한 영업을 위하여 하는 것으로 추정되므로(상법 제47조 제2항) 천상수가 원고로부터 대출을 받은 것은 천상수에 대하여는 상행위에 해당되어 대출금채권의 변제기로부터 기산하면 이 사건 소제기 이전에 이미 5년의 상사시효기간이 경과되어 소멸되었다고 볼 여지가 충분하다."고 판시하고 있다.

대법원 2006. 2. 10. 선고 2004다70475 판결

대법원은 수산업협동조합이 상인에 해당하는가에 대하여 판단하였다. 김제수산업협동조합(이하 '김제수협'이라 한다)이 1992년 3월 3일 망 소외 1(이하 '망인'이라고 한다) 등의 연대보증 아래 소외 2에게 2천만 원을 대여한 사실이 있고, 망인은 1992년 12월 22일 사망함으로써 피고(선정당사자, 이하 '피고'라고만 한다) 및 선정자들(이하 '피고 등'이라고 한다)이 공동상속인이 된 사실이 있다. 김제수협은 2002년 10월 11일 위 대출금 채권을 원고에게 양도하였다. 피고는 김제수협이나 소외 2가 상인이므로 이 사건 대출금 채권의 소멸시효는 5년으로 보아야 한다고 주장하였다. 그러나 대법원은 "구 수산업협동조합법(1994. 12. 22. 법률 제4820호로 개정되기 전의 것)에 의하여 설립된 조합이 영위하는 사업은 조합원을 위하여 차별 없는 최대의 봉사를 함에 그 목적이 있을 뿐이고, 조합은 영리 또는 투기를 목적으로 하는 업무를 행하지 못하는 것이므로(제6조 제1항, 제2항), 김제수협을 상인으로 볼 수는 없다."고 판시하였다.

2. 계속성

상행위가 되기 위해서는 동종의 행위를 계속·반복하려는 의도가 있어야 한다. 따라서 1회적인 거래 또는 기회가 있을 때마다 행하는 반복적인 투기행위는 영업으로 하는 것으로 볼 수 없다. 그러나 박람회나 해수욕장에서 매점행위를 하는 것과 같이 영업기간을 장기간 요구하지 않고 단기간의 영업이라 할지라도 무방하다.

3. 대외적 인식

동종행위의 계속·반복은 대외적으로 인식될 수 있어야 한다. 이러한 대외적 인식을 '영업의사'로 표현하기도 한다.[2] 대외적인 인식은 모든 사람에게 표시되는 것을 요구하는 것은

---

2   정찬형, 상법강의(상), 제18판, 박영사, 2015, 57면.

아니고, 외부에서 영업의사를 인식할 수 있으면 된다. 그러므로 점포의 임차, 상업사용인의 고용 등을 통하여 개업준비행위를 일반인이 인식할 수 있으면 대외적 인식은 있는 것으로 볼 수 있다. 또한 계속성·반복성은 상인의 점포시설·홍보활동 등 외부적 표상을 통하여 객관적으로 인식되는 것으로 족하고, 실제로 계속되고 반복되었느냐의 여부는 중요하지 않다.

4. 자본적 계산방법

일정한 금액을 투자하여 특정한 사업을 수행하면서 그 사업으로 인한 수입과 비용을 독립적으로 인식하고 이를 기초로 투자의 기간손익을 판단하는 방법인 자본적 계산방법을 영업성에 포함해야 할 것인가에 대한 물음이 제기될 수 있다. 일본의 경우 이를 인정하고 있다.

대법원 1993. 6. 11. 선고 93다7181 판결

갑(피고)은 약 5,000평의 사과나무 과수원을 경영하면서 그중 약 2,000평의 사과나무에서 사과를 수확하고 있었다. 이들 대부분은 대도시의 사과판매상에 위탁하여 판매하였다. 즉, 갑은 매도인으로서 피고에 해당하고, 을은 매수인으로서 원고에 해당한다. 과일위탁매매인인(원고) 을은 피고 갑으로부터 매수한 약 20kg들이 사과 1,300상자를 해체하여 15kg들이 1,650상자로 다시 포장하던 중 537상자의 사과가 썩어 있었음을 발견하였다. 원고는 피고에게 하자담보책임을 묻자 피고는 원고가 상법 제69조가 정한 검사와 하자통지의무를 이행하지 아니하였음을 이유로 그러한 책임을 질 수 없다고 항변하였다. 세 가지 문제가 발생하였다. 첫째, 사과의 과심이 썩은 하자가 상법 제69조 제1항 소정의 "즉시 발견할 수 없는 하자"에 해당하는지 여부. 둘째, 약 5,000평의 사과나무 과수원을 경영하면서 그중 약 2,000평 부분의 사과나무에서 사과를 수확하여 대부분 대도시의 사과판매상에 위탁판매하는 자가 상인인지 여부. 셋째, 상인간의 매매 시 즉시검사와 하자통지의무를 규정한 상법 제69조는 당사자의 일방이 상인인 경우에도 적용되는지 여부에 대한 물음이 그것이다. 대법원은 "원심은, 피고는 자기 명의로 상법 소정의 상행위를 하거나 점포 기타 유사한 설비에 의하여 상인적 방법으로 영업을 하는 것이 아니어서 상인에 해당하지 아니한다는 이유로, 원고가 상법 제69조 소정의 매수인의 목적물의 검사와 하자통지의무를 해태하였다는 피고의 항변을 배척하였다." 그리고 "자기가 재배한 농산물을 매도하는 행위도 이를 영업으로 할 경우에는 상행위에 해당한다고 볼 수 있겠으나, 원심증인 김용해의 증언에 의하면, 피고는 약 5,000평의 사과나무 과수원을 경영하면서 그중 약 2,000평 부분의 사과나무에서 사과를 수확하여 이를 대부분 대도시의 사과판매상에 위탁판매한다는 것이어서 피고가 영업으로 사과를 판매하는 것으로는 볼 수 없으니 피고는 상인이 아니라고 할 것이고, 한편 매수인에게 즉시 목적물의 검사와 하자통지를 할 의무를 지우고 있는 상법 제69조의 규정은 상인간의 매매에 적용되는 것임이 그 문면에 의하여 명백하고, 소론과 같이 매수인이 상인인 한 매도인이 상인인지 여부를 불문하고 위 규정이 적용되어야 한다고 볼 여지는 없으므로 , 원심이 피고는 상인이 아니라고 판단한 데 이어 이 사건 매매에 관하여는 위 상법규정을 적용할 수 없다고 판단하였음은 옳고 거기에 위 법조에 관한 법리오해의 위법이 있다고 할 수 없을 뿐만 아니라 피고를 상인으로 본다고 하더라도, 원심이 채택한 증거에 의하면, 원고는 위 사과에 있는 숨은 하자를 발견하고 위 법조에서 정한 6개월 이내에 피고에게 위 하자를 통지하였음을 알 수 있으므로, 원고가 그 통지의무를 해태하였음을 전제로 하는 논지는 어느 모로 보나 이유가 없다."고 판시하고 있다.

제3절 의제상인

I. 의의

상법은 제46조의 기본적 상행위에 해당되지 아니하더라도 설비상인과 회사에 대하여 상인으로 인정하고 있다. 갑은 유명 연기인으로 텔레비전에서 연속극이나 토크쇼에 종종 출연하여 시청자들에게 높은 인지도를 가지고 있으며, 그 인기도 상당히 높은 것으로 알려져 있다. 일반인으로부터 인기를 얻은 그녀는 지인의 부탁을 받아 결혼하지 않은 남녀를 결혼에 성공하도록 하는 소개를 해주었다. 그러던 중 그녀를 찾는 사람이 많아지고 부탁한 사람으로부터 일정한 금액의 소개료를 받게 되었다. 이 경우 갑을 상인으로 보아야 할지 의문이 발생한다.

II. 설비상인

점포 기타 유사한 설비에 의하여 상인적 방법으로 영업을 하는 자는 상행위를 하지 아니하더라도 상인으로 보고 있다(상법 제5조 제1항).

1. 의의

설비상인이란 제46조 이외의 행위를 영업으로 하는 자를 말한다. 상법 제46조는 22개의 영역에 대하여 상행위를 인정하고 있다. 여기에 해당하지 않는 경우라면 상행위에 해당하지 않게 되고, 당연상인이 될 수 있는 여지는 차단되고 만다. 그러나 경제가 발전함에 따라 경영자문업, 결혼상담업, 연예인의 송출업, 흥행업 또는 컴퓨터소프트웨어 제작 등을 새로운 행위들이 영리활동과 관련하여 등장하고 있다. 특히 금융과 서비스업 부문에서 상인의 영역이 넓어져 가고 있다는 점에 유념해야 할 필요성이 있다.

2. 영업성

설비상인은 역시 제46조 각 호 이외의 행위를 영업으로 하여야 한다. 영업성은 당연상인의 경우와 마찬가지이다.

3. 상인적 방법

상인적 방법(in kaufmännischer Weise)이란 상법 제5조 제1항에 규정하고 있는 "점포 기타 유사한 설비에 의하여"라는 문언에서 그 의미를 파악할 수 있다. 일단 상인적 방법이란 '당연상인이 영업을 하는 것과 같은 방법'으로 영업을 하는 것을 뜻한다. 점포나 사무실과 같은 영업활동을 위한 고정적인 장소를 가지고, 상업사용인을 두고 상업장부를 작성하며, 대외적인 홍보활동을 하는 등 사회통념상 상인의 경영방법이라 생각되는 방법을 좇아 영업하는 것을 말한다.

대법원 1993. 9. 10. 선고 93다21705 판결

대법원이 낙찰계의 계불입금채권이 단기소멸시효의 대상이 되는지 여부와 계주가 여러 개의 계를 운영하여 가계를 꾸려온 경우의 계불입금채권의 성질에 대한 판단을 하였다. 대법원은 "원고가 계주로 운영한 3개의 낙찰계에 가입하여 계금을 수령한 피고 금금순과 그 연대보증인인 피고 서영수에 대하여 계불입금 합계 금 21,000,000원 중 변제받은 금 4,000,000원을 공제한 나머지 금 17,000,000원의 계불입금채권을 가지고 있다고 본 원심의 사실인정과 판단은 정당하여 수긍이 가고 거기에 소론이 주장하는 채증법칙 및 경험칙위배로 인한 사실오인의 위법은 없다."고 하면서 "민법 제163조 제1호 소정의 이자, 부양료, 급료, 사용료 기타 1년 이내의 기간으로 정한 금전의 지급을 목적으로 하는 채권이 1년 이내의 정기로 지급되는 채권을 가리키는 것임은 소론이 지적하는 바와 같으나, 같은 호 소정의 채권은 기본이 되는 정기금채권의 효과로서 매기에 생기는 채권임을 요하는 바, 이 사건 낙찰계는 계주의 개인사업으로 운영되는 상호신용금고법 제2조 소정의 상호신용계에 유사한 무명계약의 일종인데 이 사건과 같이 매월 낙찰받아 계금을 수령한 계원이 불입할 불입금을 공제한 나머지를 균등분할한 금액을 계불입금으로 불입하는 것은 계주로부터 대여 받은 금원에 해당하는 계금에 관한 원리금 변제의 성질을 가지고 있다고 새겨야 할 것이고, 따라서 계불입금채권은 채권관계가 일시에 발생하여 확정되고 변제방법에 있어서 매월 분할변제로 정하여진 것에 불과하여 기본이 되는 정기금채권에 기한 채권이라고 할 수 없기 때문에 3년의 소멸시효가 적용되는 채권이라고 할 수 없고, 계불입금채권을 원금부분과 이자부분으로 나누어 이자부분에 관하여만 3년의 소멸시효가 적용된다고 할 것도 아니라 할 것이니 위 계불입금채권이 민법 제163조 제1호 소정의 소멸시효가 완성하는 채권이라고 볼 수 없다고 한 원심의 판단은 정당하고 거기에 소론이 주장하는 소멸시효에 관한 법리오해의 위법은 없다." 고 하였다. 또한 "이 사건 낙찰계가 상호신용금고법상의 상호신용계와 유사한 무명계약으로서 원고가 이 사건 계를 비롯한 여러 개의 계를 운영하여 얻은 수입으로 가계를 꾸려왔다 할지라도 원고가 상인석 방법에 의한 영업으로 이 사건 계를 운영하였음을 인정할 아무런 자료가 없는 이 사건에 있어서 원고를 상법 제5조 제1항 소정의 의제상인이나 같은 법 제46조 제8호 소정의 대금, 환금 기타 금융거래를 영업으로 운영한 것에 해당한다고 볼 수는 없다 할 것"이므로 원고의 위 계불입금채권을 5년의 소멸시효가 적용되는 상사채권으로 볼 수 없다고 판단하였다.

III. 회사

상법 제5조 제2항은 회사는 상행위를 하지 아니하더라도 상인으로 보고 있다. 본조는 상행위 이외의 행위를 영업으로 하는 회사를 상인에 포함시켜 그의 거래를 상법에 적용하기 위한 목적을 가지고 있다. 상인으로서의 성격이 짙은 기업조직인 회사의 특징을 고려하여 입법화한 것이다.

제4절 소상인

상법 제9조는 소상인(Minderkaufmann)에 대하여 규정하고 있다. 영업규모가 영세하여 상법에서 규정하고 있는 내용 가운데 일부 규정의 적용을 소상인에게는 배제하고자 하는 것이다. 영업규모의 영세성에 대하여는 상법 시행령에 규정되어 있다. 시행령에 따르면, 자본금액이 1천만 원에 미달하는 상인으로서 회사가 아닌 자를 소상인으로 분류하고 있다(상법 시행령 제2조). 이는 사회의 경제규모에 따라 영업규모의 기준이 달라질 수 있으므로 시행령에 규정하게 된 것이다.

상법에서 규정하고 있는 사항 가운데 지배인·상호·상업장부·상업등기에 관한 규정은 소상인에 대하여 적용하지 아니하고 있다(제9조). 특히 이들 규정은 기업조직을 대외적으로 공시하기 위한 제도로써 상인이 그 관리를 위해 상당한 시간과 비용, 때로는 위험을 부담해야 하는 사항들이다. 소상인에게 있어서 이러한 비용부담은 영업규모에 비하여 비경제적인 면이 있다. 또한 상호권 보호에 관한 규정을 소상인에게도 적용하게 된다면, 그 결과 다른 상인들의 상호선정에 제약을 줄 수 있기 때문에 소상인에 대하여 배제해야 할 필요성이 있는 것이다.

제5절 우리 상법상 상인 개념의 개정방향

I. 2010년 상법총칙 개정의 문제점

1. 상인 개념 개정 누락

1962년 상법이 제정된 이후 우리 상법은 수차례 개정 작업을 하였다. 그동안 개정 내용은 주로 회사법 관련사항에 제한되었던 반면에, 2010년 개정된 상법총칙과 상행위 편은 상법 제정 당시 상당수 방치된 오류를 바로잡고, 여타 제도의 합리성을 높이기 위한 개선이 이루어진 것으로 평가하고 있다. 그러나 왜 상법총칙에서 가장 우선적으로 등장하는 동시에 상법상 중요한 의미를 가지고 있는 상인 개념에 대한 현대화 작업이 이루어지지 않았는가에 대해 상당한 의문이 든다.

2. 기본적 상행위의 증가

우리 상법은 상법 제4조를 통한 "자기명의"와 제46조에 열거되어 있는 "기본적 상행위"를 통하여 당연상인이라고 하는 개념을 도출해내고 있다. 상법 제46조를 보면, 1995년 개정상법에서 제8호 대금, 환금 기타의 금융거래를 수신·여신·환 기타의 금융거래로 수정하였고, 제16호 무진을 상호부금 기타 이와 유사항행위로 개정한 바 있다. 그리고 당시 존재하지 않았던 제19호부터 제21호를 추가하여 리스, 프랜차이즈 및 팩토링을 1995년 상법 개정 시 다시 기본적 상행위에 추가하더니, 2010년 상법을 개정하면서 다시 한번 자금결제업무의 인수에 대한 사항을 기본적 상행위로 수용하였다.

3. 문제점

우리 상법이 당연상인을 정의함에 있어, 상법 제46조에 규정되어 있는 22개의 기본적 상행위에 외에 얼마나 더 많은 기본적 상행위를 법전에 수용할 것인지가 궁금하다. 어떤 연유에서 해당되는 기본적 상행위를 최초로 받아들였는지에 대하여는 알 수 없지만, 경제생활의 변화에 따라 얼마나 더 많은 기본적 상행위가 우리 상법 제46조에 수용될지 모를 일이다. 시대상황에 따라, 새로 생기는 상행위가 당연상인과 연관되어 기본적 상행위로 지속적으로 받아들이게 된다면, 우리 상법전은 현재 22호의 상행위에서 50호, 아니 100호의 기본적 상행위를 인정하게 되는 묵직한 상법전을 구경하게 될 것이다. 이는 다른 국가에 볼 수 없는 진풍경이 연출될지도 모를 일이다.

II. 의제상인을 통한 상인 개념의 수정

개정 전 독일 상법 제1조 제1항과 제2항을 통하여 도출되는 "당연상인"의 개념은 독일 상법이 제정된 19세기 말 당시의 주요한 기업활동, 즉 재화전환의 매개행위 또는 이와 관련이 있는 행위를 중심으로 입법화된 것이라고 한다.[3] 주지하다시피 우리 상법은 일본 상법을 근간으로 하여 제정된 법률이고, 일본 상법에 커다란 영향을 미친 것은 독일의 구상법이다. 당연상인의 개념 역시 독일 상법의 체제가 우리에게 상당 부분 전해졌을 것이라는 점은 이론의 여지가 없다. 경제환경의 변화에 따라, 재화와 관련된 기본적 상행위에 다양한 서비스와 관련된 상행위를 수용하고 있는 것이 우리 상법의 변화모습이다.

독일 상법은 상인 개념에 대한 대전환을 이루었다. 현재 실정법에 따르면, 상사영업을 하는 자가 법률상 당연히 상인으로 인정되는 것이 아니고 '… 그 방법 또는 범위에 있어서 상인적 방법으로 설비된 영업조직을 필요로 하는 기업의 경우'에 상인자격이 인정된다.

기본적 상행위를 통한 당연상인의 개념하에 상인을 정의하고자 하는 방법의 한계가 우리의 현실에도 노출되고 있다.[4] 당연상인이라는 개념을 통하여 상인 개념의 인식은, 현재의 경제상황에 합리적인 인식방법이라 할 수 없다. 당연상인의 개념을 과감하게 수정하는 동시에, 의제상인의 개념에 우선적인 무게를 두고 상인 개념을 정립한 독일 상법의 입법태도를 진지하게 고려해볼 필요가 있다.

---

3   임중호, "1998년 개정 독일 상법에 있어서의 상인 개념의 개혁과 그의 상법적 의미", 법학논문집, 제23집, 중앙대학교법학연구소, 1998, 79면 이하.
4   김정호, 상법총칙·상행위법, 법문사, 2008, 48면 이하.

III. 소상인 개념의 실익 여부

1. 의의

영업규모가 영세한 소상인은 완전상인에 대비되는 개념이다. 자본금액이 1천만 원에 미달하는 상인으로서 회사에 해당하지 않는 자는 소상인에 해당하게 된다(상법 시행령 제2조). 상법이 소상인에 대하여 규모만을 기준으로 정하고 있기 때문에, 당연상인뿐만 아니라 의제상인에도 해당될 수 있다는 주장[5]이 있으나, "점포 기타 유사한 설비에 의하여 상인적 방법으로"라고 하는 의제상인의 경우, 상인적 방법이 되기 위해서는 "점포나 사무실과 같은 영업활동을 위한 고정적인 장소를 가지고, 상업사용인을 두고 상업장부를 작성하며 대외적인 홍보활동을 하는 등 사회통념상 상인의 경영방법이라 생각되는 방법을 좇아 영업을 하는 것"이 충족되어야 하는바, 실제로 의제상인에 대하여는 소상인 개념의 적용이 쉽지 않을 것이다.

2. 소상인 대신에 상인 또는 비상인

개정 전 독일 상법이 인정하고 있었던 방식과 마찬가지로 우리 상법 역시 기본적 상행위를 영업으로 하는 경우에만 완전상인의 자격을 취득하기도 하고, 또한 소상인이 될 수도 있다. 즉, 기본적 상행위 가운데 하나를 영업으로 하는 경우에, 상법 제9조에 의하여 소상인은 원칙적으로 상법의 적용을 받게 되고, 예외적으로 지배인, 상호, 상업장부와 상업등기에 대한 규정이 그에게 적용되지 않게 된다. 결국 그의 영업이 기본적 상행위 이외의 행위를 영업으로 하는 경우에는 소규모영업자는 소상인이 되지 못하고 비상인으로 취급받게 되는 것이다.

그러나 현실상 기본적 상행위만을 가지고 당연상인을 규정하는 방법이 한계를 노정하고 있는 이상, 기본적 상행위를 삭제하고 의제상인 개념의 방법을 통하여 상인 개념을 도출하게 된다면, 소상인이라고 하는 개념이 반드시 필요한가에 대한 의문점이 제기된다. "상인적 방법"으로 영업을 하는 자가 상인이라고 한다면, 굳이 소상인이라고 하는 개념은 사라지고, 독일 상법과 유사하게 우리 상법은 이제부터 소규모영업자는 상인이거나 아니면 상인이 아닌 자로 남게 될 것이다. 이는 기본적 상행위를 토대로 하여 개념화하는 당연상인의 개념을

---

5   이철송, 상법총칙·상행위법, 제13판, 박영사, 2015, 89면.

허용하지 않음에 따라 도출되는 하나의 결과라고 볼 수 있고, 이러한 결과는 상인 개념이 단순화되는 효과를 야기한다.

IV. 결론

독일은 1998년 상법을 개정하면서 기본적 상행위를 열거하는 전통적인 방식을 포기하고 그 대신에 상인적 방법으로 설비된 영업조직의 필요성이라는 여건을 상법상 상인 개념의 구성요소로 하고 있다. 그간의 복잡한 상인 개념의 정립방법을 통일적으로 기술하는 방법을 택한 것이다. 한정적으로 열거된 기본적 상행위를 중심으로 하여 상인 개념을 정립하던 전통적인 상인 개념의 정립방법과 결별하고 상인적 방법으로 설비된 영업조직의 필요성이라는 요건을 기초로 하여, 상인 개념을 정립하고자 하는 방법을 받아들인 독일의 경우 상인 개념을 현대화하여 새로운 기업환경에 대응하고자 하였다.

우리 상법은 제46조에서 기본적 상행위를 열거하는 현행의 방식을 수정해야 할 필요성을 주기적으로 제기되고 있다.[6] 당연상인과 의제상인을 구별하는 현행 상법의 태도는 단순한 입법기술적인 차원으로 독일 구상법의 방식을 우리가 일본을 통하여 받아들인 것에 불과하다. 그러므로 그러한 체제가 실무적인 분야에서 진정 의미가 있는가에 대한 회의감을 지울 수 없다. 이미 독일은 1998년 전통적인 당연상인을 정의함에 있어 기본적 상행위를 열거하는 방식을 폐지하고, 의제상인의 개념을 통한 상인 개념 방식으로 재편하여, 현실의 경제생활을 반영하고 있다. 우리 상법 역시 의제상인을 중심으로 하여 상인 개념을 다시 한번 정립하여, 상법의 현대화를 갖출 수 있는 깊이 있는 고민이 요구된다.

제6절 상인의 자격취득시기

I. 의의

자연인이 상인으로 존속하는 동안은 상법이 적용된다. 그러므로 언제 상인이 되고 언제 상인의 자격을 상실하게 되는가의 문제는 상법적용의 시간적 범위를 정하는 중요한 문제로

6　이미 당연상인을 통한 개념화에 대한 비판적 시각으로는 정희철, 상법학(상), 법문사, 1989, 70면 이하; 김정호, 상법총칙·상행위법, 법문사, 2008, 48면 이하.

등장하게 될 것이다. 자연인은 상법 제4조 및 제5조 제1항의 요건을 충족하게 되면 상인자격을 취득하게 되는 것이다. 상인자격이라 함은 자연인 또는 법인이 상법상의 일정한 요건을 구비하게 되면 상인의 지위를 취득할 수 있는 자격을 의미한다.

II. 취득시기

1. 학설의 다툼

1) 영업행위개시설

우리나라의 다수설은 영업행위를 개시한 때 상인자격을 취득한다고 본다. 이때 영업행위라 함은 영업의 목적 자체인 행위를 의미하는 것이 아니라 점포를 임차한다든가 영업자금의 차입, 상업사용인의 고용 등 그 준비행위를 의미한다고 한다.[7] 그러므로 이러한 입장을 취하게 되면 자연인이 영업의 준비행위를 통하여 '영업행위가 객관적으로 나타났을 때'에 상인자격을 취득하게 된다. 이때 영업의 준비행위는 보조적 상행위에 해당하게 된다.

2) 객관적 기업인식 가능한 영업의사 발생시설

'영업행위를 개시한 때'를 상인자격의 취득시기로 정하게 되면 그 취득시기가 매우 불명확하다는 점을 지적하면서 기업의 존재는 객관적인 경제현상이라는 점을 들면서 그 상인이 영위하는 기업이 '객관적으로 기업으로서 인식될 수 있는 조직이 갖추어졌을 때'에 상인자격이 취득되는 것으로 보아야 한다는 입장[8]이 있다. 즉, 기업의 존재를 객관적으로 인식하게 할 수 있을 정도의 영업의사가 나타났을 때에 상인자격을 취득하는 것으로 보아야 한다는 주장이다.

2. 판례의 입장

대법원은 개업준비행위는 반드시 상호등기, 개업광고, 간판부착 등에 의하여 영업의사를 일반적·대외적으로 표시할 필요는 없으나 점포구입·영업양수·상업사용인의 고용 등 그 준비행위의 성질로 보아 영업의사를 상대방이 객관적으로 인식할 수 있으면 당해 준비행위는 보조적 상행위라고 보고 있다.

---

7   이기수·최병규, 상법총칙·상행위법(상법강의 I), 제7판, 박영사, 2010, 93면.
8   정찬형, 상법강의(상), 제18판, 박영사, 2015, 73면.

대법원 1999. 1. 29. 선고 98다1584 판결

개업준비행위와 상인자격의 취득시기에 대한 사항을 다룬 대법원 사건이 있다. 대법원은 "영업의 목적인 기본적 상행위를 개시하기 전에 영업을 위한 준비행위를 하는 자는 영업으로 상행위를 할 의사를 실현하는 것이므로 그 준비행위를 한 때 상인자격을 취득함과 아울러 이 개업준비행위는 영업을 위한 행위로서 그의 최초의 보조적 상행위가 되는 것이고, 이와 같은 개업준비행위는 반드시 상호등기·개업광고·간판부착 등에 의하여 영업의사를 일반적·대외적으로 표시할 필요는 없으나 점포구입·영업양수·상업사용인의 고용 등 그 준비행위의 성질로 보아 영업의사를 상대방이 객관적으로 인식할 수 있으면 당해 준비행위는 보조적 상행위로서 여기에 상행위에 관한 상법의 규정이 적용된다."고 판시하고 있다. 또한 "원고는 부동산임대업을 개시할 목적으로 그 준비행위의 일환으로 당시 부동산임대업을 하고 있던 상인인 피고로부터 이 사건 건물을 매수한 사실을 알 수 있으므로, 원고의 위 매수행위는 보조적 상행위로서의 개업준비행위에 해당하고, 따라서 원고는 위 개업준비행위에 착수하였을 때 상인자격을 취득하였다."고 판시하였다.

대법원 2012. 4. 13. 선고 2011다104246 판결

피고는 1997년 8월 13일부터 대전 중구 목동 소재 건물의 일부를 임차하여 학원설비를 갖추고 학원생들로부터 수강료를 받으며 'ㅇㅇㅇㅇ입시학원'을 운영하여 온 사실, 피고는 ㅇㅇㅇㅇ입시학원을 폐업한 후 2000년 7월경 대전 중구 용두동에 '△△△△△△학원'을 설립하는 과정에서 그 영업준비자금으로 원고로부터 이 사건 대여금을 차용한 사실이 있다. 원고는 피고를 통하여 이러한 사정을 인식하고 있었고, 피고는 '△△△△△△학원' 설립 후 2001년 8월 31일까지 위 학원을 운영하였던 사안에서, 대법원은 "상법은 점포 기타 유사한 설비에 의하여 상인적 방법으로 영업을 하는 자는 상행위를 하지 아니하더라도 상인으로 보면서(제5조 제1항), 제5조 제1항에 의한 의제상인의 행위에 대하여 상사소멸시효 등 상행위에 관한 통칙 규정을 준용하도록 하고 있다(제66조). 한편 영업의 목적인 상행위를 개시하기 전에 영업을 위한 준비행위를 하는 자는 영업으로 상행위를 할 의사를 실현하는 것이므로 그 준비행위를 한 때 상인자격을 취득함과 아울러 개업준비행위는 영업을 위한 행위로서 그의 최초의 보조적 상행위가 되는 것이고, 이와 같은 개업준비행위는 반드시 상호등기·개업광고·간판부착 등에 의하여 영업의사를 일반적·대외적으로 표시할 필요는 없으나 점포구입·영업양수·상업사용인의 고용 등 그 준비행위의 성질로 보아 영업의사를 상대방이 객관적으로 인식할 수 있으면 당해 준비행위는 보조적 상행위로서 여기에 상행위에 관한 상법의 규정이 적용된다."고 하였다.[9] 그리고 "영업자금의 차입 행위는 행위 자체의 성질로 보아서는 영업의 목적인 상행위를 준비하는 행위라고 할 수 없지만, 행위자의 주관적 의사가 영업을 위한 준비행위이었고 상대방도 행위자의 설명 등에 의하여 그 행위가 영업을 위한 준비행위라는 점을 인식하였던 경우에는 상행위에 관한 상법의 규정이 적용된다."고 판시하고 있다.

---

9   대법원 1999. 1. 29. 선고 98다1584 판결.

대법원은 개업준비행위라고 하는 것이 반드시 상호등기·개업광고·간판부착 등에 의하여 영업의사를 일반적·대외적으로 표시할 필요까지는 없으나, 점포구입·영업양수·상업사용인의 고용 등 그 준비행위의 성질로 보아 영업의사를 상대방이 객관적으로 인식할 수 있다고 한다면, 당해 준비행위는 보조적 상행위로서 여기에 상행위에 관한 상법의 규정이 적용될 수 있음을 제시하고 있다. 한편, 또 다른 사건에서 대법원은 영업을 준비하는 행위가 보조적 상행위로서 상법의 적용을 받기 위해서는 행위를 하는 자 스스로 상인자격을 취득하는 것을 당연한 전제로 하는 것이므로, 어떠한 자가 자기명의로 상행위를 함으로써 상인자격을 취득하고자 준비하는 것이 아니라 다른 상인의 영업을 위한 준비행위를 하는 것에 불과하다면, 그 행위는 행위를 한 자의 보조적 상행위가 될 수 없다고 하였다.

대법원 2012. 7. 26. 선고 2011다43594 판결

회사 설립을 위하여 개인이 한 행위가 장래 설립될 회사가 상인이라는 이유만으로 당연히 그 개인의 상행위가 되어 상법 규정이 적용되는지 여부와 관련하여, 갑이 을 등과 함께 시각장애인용 인도블록을 제조하는 공장을 운영하기로 한 후 병에게서 사업자금을 차용하기 위하여 을이 병에게 부담하고 있던 채무를 연대보증하고 추가로 자금을 차용하여 그 합계 금액을 차용금액으로 하는 금전차용증서를 작성하였고, 그 후 시각장애인용 점자블록 제조 등을 목적으로 하는 정 주식회사를 설립하여 대표이사로 취임한 사안에서 대법원은 "갑은 직접 자신의 명의로 시각장애인용 인도블록 제조 공장이나 그에 관한 사업을 운영하기 위한 목적이 아니라 설립이 예정된 정 회사의 사업과 관련하여 필요한 자금을 마련하기 위해서 병에게서 금원을 차용하였다고 볼 수 있고, 이러한 사정만으로는 갑을 자기 명의로 시각장애인용 인도블록 사업을 하는 상인으로 볼 수 없으므로 정 회사의 행위가 아닌 갑의 차용행위를 보조적 상행위로서 개업준비행위 등에 해당한다고 볼 수 없음에도, 이와 달리 갑의 차용금채무가 상사채무로서 5년의 소멸시효가 적용된다고 본 원심판결에 법리오해 등의 위법이 있다."고 판시하였다.

대법원 2012. 11. 15. 선고 2012다47388 판결

영업자금의 차입 행위에 대하여 상행위에 관한 상법 규정이 적용되는 경우에 대하여 대법원은 "소외인은 이 사건 매매계약 체결 직후 원고와 사이에 그 계약금을 소비대차의 목적물로 할 것을 약정하는 이 사건 준소비대차계약을 체결함으로써 소비대차상의 채무인 이 사건 채무를 부담하게 되었고, 피고들은 이에 대하여 연대보증을 한 사실, 그 후 소외인과 피고들 등은 이 사건 부동산에서 모텔 건물 신축을 위한 기초공사를 진행하다가 원고의 요구로 이 사건 포기각서를 작성한 뒤 그 공사현장에서 철수한 사실을 알 수 있을 뿐, 나아가 소외인이 이 사건 채무를 부담하게 된 것이 장차 상인자격을 취득할 의사 아래 영업을 위한 준비행위로서 이루어진 것인지에 대하여는 아무런 입증이 없다."고 하면서, "영업의 목적인 상행위를 개시하기 전에 영업을 위한 준비행위를 하는 자는 영업으로 상행위를 할 의사를 실현하는 것이므로 그 준비행위를 한 때 상인자격을 취득함과 아울러 개업준비행위는 영업을 위한 행위로서 그의 최초의 보조적 상행위가 된다. 한편 영업자금의 차입 행위와 같이 행위 자체의 성질로 보아서는 영업의 목적인 상행위를 준비하는 행위라고 할 수 없지만, 행위자의 주관적 의사가 영업을 위한 준비행위였고 상대방도 행위자의 설명 등에 의하여 그 행위가 영업을 위한 준비행위라는 점을 인식하였던 경우에는 상행위에 관한 상법의 규정이 적용된다.[10] 그러나 이러한 준비행위가 보조적 상행위로서 상법의 적용을 받기 위해서는 그 행위를 하는 자가 장차 상인자격을 취득하는 것을 당연한 전제로 하므로, 그 행위자의 어떤 행위가 상인자격을 취득할 주관적 의사 아래 영업을 위한 준비행위로서 이루어진 것이라는 점에 대한 입증이 없다면 이는 그 행위자의 보조적 상행위라고 볼 수 없다."고 판시하였다.

제7절 전문 자유직업인의 상인 여부

I. 의의

상인이라 함은 형식적으로는 기업생활관계에서 발생하는 권리의무의 주체이고, 실제적으로는 기업에 내재하여 기업활동을 영위하는 자에 해당한다. 변호사나 법무사가 상인에 해당하는지 여부가 다툼이 되고 있다. 더 나아가 의사나 화가 또는 음악가가 상인인지 여부에 대하여도 논란이 될 수 있다. 의사가 상인이 아니라면, 환자를 입원시켜서 수입을 올리는 경우는 영업에 해당되지 않는다. 우선 변호사의 상인성 여부를 중심으로 하여 고찰한다.

II. 학설의 다툼

1. 부정설

우리나라의 다수설은 이들은 자기의 직업에 있어서 영업으로 상행위를 하는 것이 아니므로 상인이 아니라는 입장을 취하고 있다. 변호사나 법무사, 의사나 화가 등과 같은 자들의 영업활동은 점포 기타 유사한 설비에 의하여 활동을 하더라도 연혁적·공익적 이유에서 상인적 방법에 의한 영업으로 인정할 수 없다는 입장[11]과 이들이 실제 영리목적을 가지고 상

---

10 대법원 2012. 4. 13. 선고 2011다104246 판결.

법에 열거된 상행위를 한다고 할지라도 이것을 영업으로 볼 수 없다고 하거나[12] 변호사가 아니면 그 업무를 할 수 없는 경우 또는 변호사가 아니더라도 그 업무를 할 수 있지만 전혀 다른 결과가 나올 수 있는 경우 그 행위를 영업으로 볼 수 없다는 입장[13]이 있다.

2. 긍정설

의뢰인과의 사이에서 '위임사무의 수임'을 업으로 하는 변호사는 사적 직업인에 해당한다고 하면서 변호사의 상인성을 인정하는 입장[14]이 있다. 변호사의 위임사무의 수임은 특별한 사정이 없는 한 유상의 위임계약을 통해 이루어지며, 이러한 유상의 위임사무의 수임을 '업'으로 하고 있는 변호사의 업무는 영업으로 볼 수 있다는 것이다. 변호사의 업무는 상법 제46조의 기본적 상행위에는 해당하지 않지만 상법 제46조의 기본적 상행위 이외의 행위인 소송사건의 수임 등을 영업으로 하고 있고, 그 업무를 수행함에 있어 점포 기타 유사한 설비를 갖추고 사실상 영리를 목적으로 계속·반복적으로 상인적 방법으로 업무를 수행하고 있으므로 의제상인에 해당될 수 있다는 것이다.

III. 판례

대법원은 변호사의 상인성을 인정하지 않고 있고, 법무사에 대하여도 마찬가지의 결과를 제시하고 있다.

대법원 2007. 7. 26. 자2006마334 결정

변호사가 상법 제5조 제1항에서 정한 의제상인에 해당하는지 여부와 '상호'가 아닌 '명칭'을 등기하도록 하는 법무법인의 설립등기를 '상호' 등을 등기사항으로 하는 상법상 회사의 설립등기나 개인 상인의 상호등기와 동일시할 수 있는지 여부에 대하여 대법원 결정이 있었다. 대법원은 "변호사의 영리추구 활동을 엄격히 제한하고 그 직무에 관하여 고도의 공공성과 윤리성을 강조하는 변호사법의 여러 규정에 비추어 면, 위임인·위촉인과의 개별적 신뢰관계에 기초하여 개개 사건의 특성에 따라 전문적인 법률지식을 활용하여 소송에 관한 행위 및 행정처분의 청구에 관한 대리행위와 일반 법률사무를 수행

---

11   이기수·최병규, 상법총칙·상행위법(상법강의 I), 제7판, 박영사, 2010, 90면.
12   안강현, 상법총칙·상행위법, 박영사, 2008, 55면.
13   유진희, "상인 개념과 상인자격", 고시계, 1996. 9, 121면.
14   박경재, "변호사의 상인성", 법조, 제60권 제4호, 2011, 144면.

하는 변호사의 활동은, 간이·신속하고 외관을 중시하는 정형적인 영업활동을 벌이고, 자유로운 광고·선전활동을 통하여 영업의 활성화를 도모하며, 영업소의 설치 및 지배인 등 상업사용인의 선임, 익명조합, 대리상 등을 통하여 인적·물적 영업기반을 자유로이 확충하여 효율적인 방법으로 최대한의 영리를 추구하는 것이 허용되는 상인의 영업활동과는 본질적으로 차이가 있다 할 것이고, 변호사의 직무관련 활동과 그로 인하여 형성된 법률관계에 대하여 상인의 영업활동 및 그로 인한 형성된 법률관계와 동일하게 상법을 적용하지 않으면 아니 될 특별한 사회경제적 필요 내지 요청이 있다고 볼 수도 없다. 따라서 근래에 전문직업인의 직무 관련 활동이 점차 상업적 성향을 띄게 됨에 따라 사회적 인식도 일부 변화하여 변호사가 유상의 위임계약 등을 통하여 사실상 영리를 목적으로 그 직무를 행하는 것으로 보는 경향이 생겨나고, 소득세법이 변호사의 직무수행으로 인하여 발생한 수익을 같은 법 제19조 제1항 제11호가 규정하는 '사업서비스업에서 발생하는 소득'으로 보아 과세대상으로 삼고 있는 사정 등을 감안한다 하더라도, 위에서 본 변호사법의 여러 규정과 제반 사정을 참작하여 볼 때, 변호사를 상법 제5조 제1항이 규정하는 '상인적 방법에 의하여 영업을 하는 자'라고 볼 수는 없다 할 것이므로, 변호사는 의제상인에 해당하지 아니한다."고 하였다. 또한 법무법인 등과의 차별적 취급이 헌법상의 평등원칙 위반이라는 점에 대하여 "변호사가 변호사법 제40조에 의하여 그 직무를 조직적·전문적으로 행하기 위하여 설립한 법무법인은, 같은 법 제42조 제1호에 의하여 그 정관에 '상호'가 아닌 '명칭'을 기재하고, 같은 법 제43조 제2항 제1호에 의하여 그 설립등기시 '상호'가 아닌 '명칭'을 등기하도록 되어 있으므로, 이러한 법무법인의 설립등기를 '상호' 등을 등기사항으로 하는 상법상 회사의 설립등기나 개인 상인의 상호등기와 동일시할 수 없다. 따라서 법무법인에 대하여 상호등기를 허용하면서 변호사에게는 상호등기를 허용하지 아니하는 것이 헌법상 평등의 원칙에 위반된다는 재항고이유의 주장은 그 전제가 잘못된 것이므로, 더 나아가 살펴볼 필요 없이 받아들일 수 없다."고 하였다.

대법원 2008. 6. 26. 2007마996 결정

법무사가 상법 제5조 제1항의 의제상인에 해당할 수 있는지 여부와 이에 따라 법무사의 상호등기가 허용되는지 여부와 관련하여 대법원은 "법무사법에서 규정하고 있는 법무사의 목적, 업무 내용, 자격 및 선발제도, 등록제도, 사무소의 설치와 명칭, 소속, 보수, 직무상 의무와 책임 및 징계제도, 감독제도 등에 관한 여러 규정을 살펴보면, 법무사에 대하여는 법령에 의하여 상당한 정도로 그 영리추구 활동이 제한됨과 아울러 직무의 공공성이 요구되고 있는 것으로 보아야 할 것이고, 이와 같은 제약하에서의 법무사의 활동은 간이·신속하고 외관을 중시하는 전형적인 영업활동을 벌이고, 자유로운 광고·선전활동을 통하여 영업의 활성화를 도모하며, 영업소의 설치 및 지배인 등 상업사용인의 선임, 익명조합, 대리상 등을 통하여 인적·물적 영업기반을 자유로이 확충하여 효율적인 방법으로 최대한의 영리를 추구하는 것이 허용되는 상인의 영업활동과는 본질적인 차이가 있다 할 것이고, 나아가 법무사의 직무 관련 활동과 그로 인하여 형성된 법률관계에 대하여 상인의 영업활동 및 그로 인하여 형성된 법률관계와 동일하게 상법을 적용하지 않으면 안 될 특별한 사회·경제적 필요 내지 요청이 있다고 볼 수도 없다. 그렇다면 법무사를 상법 제5조 제1항이 규정하는 '상인적 방법에 의하여 영업을 하는 자'라고 볼 수는 없을 것이므로, 같은 취지에서 법무사인 원고가 위 상인임을 전제로 하는 이 사건 상호등기의 신청을 각하한 등기관의 처분이 정당하다고 본 원심의 결정은 정당하고, 법무사 합동법인의 경우 법무사법 제33조 이하에서 그 명칭의 등기를 허용하고 있다거나, 상호의 등기를 허용하는 다른 일부 전문 직종에서 관계 법령에 공익적 목적의 제한규정을 두고 있는 경우가 있다고 하는 사정만으로 부당한 차별에 해당하여 위법하다고 볼 수는 없다."고 하였다.

대법원 2011. 4. 22. 선고 2011마110 결정

대법원은 상법 제5조 제1항에 정한 '상인적 방법에 의하여 영업을 하는 자'에 변호사가 해당하는지 여부를 판단하였다. 동시에 변호사 갑이 을과의 소송대리 위임계약에 따라 성공보수금 지급을 구하는 소를 제기한 사안에서, 대법원은 성공보수금 지급채무가 민법 제467조 제2항 단서에서 의미하는 '영업에 관한 채무'라거나 혹은 갑의 변호사 사무소가 위 조항에서 의미하는 '영업소'라고 볼 수는 없고, 이때 을의 이행채무는 지참채무로서 갑의 주소지 관할법원에 관할권이 있다고 하였다.

대법원은 "원심은, 변호사인 재항고인이 상대방과의 소송대리 위임계약에 따라 그 성공보수금의 지급을 구하는 소를 재항고인의 주소지 관할법원인 서울동부지방법원에 제기한 데 대하여, 위 약정금 소송은 재항고인이 그 영업에 관하여 발생한 채권의 변제를 구하는 것임이 분명하고, 민법 제467조 제2항 본문은 특정물인도 이외의 채무변제는 채권자의 현주소에서 해야 한다고 규정하고 그 단서는 영업에 관한 채무변제는 채권자의 현영업소에서 해야 한다고 규정하고 있으므로, 위 약정금 채무의 의무이행지를 관할하는 법원은 서울동부지방법원이 아니라 재항고인의 영업소(변호사 사무소를 의미하는 것으로 보인다) 관할법원인 서울중앙지방법원이라고 하여, 상대방의 보통재판적이 있는 제주지방법원으로 이송한 제1심결정은 정당하다고 판단하였다. 그러나 변호사의 영리추구 활동을 엄격히 제한하고 그 직무에 관하여 고도의 공공성과 윤리성을 강조하는 변호사법의 여러 규정에 비추어보면, 위임인·위촉인과의 개별적 신뢰관계에 기초하여 개개 사건의 특성에 따라 전문적인 법률지식을 활용하여 소송에 관한 행위 등에 관한 대리행위와 일반 법률사무를 수행하는 변호사의 활동은, 간이·신속하고 외관을 중시하는 정형적인 영업활동을 벌이고, 자유로운 광고·선전활동을 통하여 영업의 활성화를 도모하며, 영업소의 설치 및 지배인 등 상업사용인의 선임, 익명조합, 대리상 등을 통하여 인적·물적 영업기반을 자유로이 확충하여 효율적인 방법으로 최대한의 영리를 추구하는 것이 허용되는 상인의 영업활동과는 본질적으로 차이가 있고, 변호사의 직무 관련 활동과 그로 인하여 형성된 법률관계에 대하여 상인의 영업활동 및 그로 인한 형성된 법률관계와 동일하게 상법을 적용하지 않으면 아니 될 특별한 사회경제적 필요 내지 요청이 있다고 볼 수도 없으므로, 변호사는 상법 제5조 제1항이 규정하는 '상인적 방법에 의하여 영업을 하는 자'라고 볼 수 없다. 따라서 이 사건 성공보수금 지급채무가 민법 제467조 제2항 단서에서 의미하는 '영업에 관한 채무'라거나 혹은 재항고인의 변호사 사무소가 위 조항에서 의미하는 '영업소'라고 볼 수는 없고, 이 사건에서 상대방의 이행채무는 지참채무로서 재항고인의 주소지 관할법원인 서울동부지방법원에 관할권이 있다고 할 것이므로, 결국 원심의 위와 같은 판단에는 민사소송법 제8조의 의무이행지에 관한 법리를 오해한 위법이 있다."고 판단하였다.

제3장
상업사용인

제1절 상업사용인의 개념

I. 의의

영리를 목적으로 특정한 행위를 하거나 일정한 설비를 상인적 방법으로 영업하는 상인들은 영업의 규모가 커짐에 따라, 상인 혼자서는 그 영업을 할 수 없는 상황에 직면하게 된다. 이때 상인은 일정한 사람을 통하여 보조를 받고자 한다. 상인을 그 자신이 일정한 자에게 지시와 명령을 통하는 종속적인 방법으로 보조자의 협력을 얻고자 하기도 하고, 경제적인 측면을 고려하여 비종속적인 방법을 통하여 보조자의 협력을 얻는 방법을 고려하게 된다. 본 장에서는 비독립적인 상인의 보조자로서 상업사용인에 대해 고찰하고자 한다. 대표적인 상업사용인으로는 지배인을 들 수 있다. 그 외에도 부분적 포괄대리권을 가진 상업사용인 및 물건판매점포사용인이 있다.

II. 영업보조자의 구분

상인을 보조하는 자로는 상인으로부터 독립된 지위에서 보수를 받고 상인을 지원해주는 자와 특정한 상인에 종속되어 계속적으로 지배와 감독에 따라 보조하는 자가 있다. 양자는 모두 상인을 보조하는 자라는 점에서 동일하지만, 그 성질상 차이가 있다.

1. 상인과 독립된 지위에서 보수를 받고 보조하는 자

대리상(상법 제87조), 중개인(상법 제93조), 위탁매매인(상법 제101조), 운송주선인(상법 제114조)과 같이 타인의 상거래에 조력함을 주된 영업내용으로 하는 독립된 상인으로서 상행위 편에서 그 거래를 규율하고 있다.

2. 비독립적 지위에서 보수를 받고 보조하는 자

동 보조자에 관한 법률관계는 두 가지 측면으로 구분할 수 있다. 하나는 상인과 피용자 간의 고용관계의 측면이고, 다른 하나는 피용자가 상인을 보조하는 업무의 일환으로 상인을 대리하여 제3자와 거래하였을 때 생기는 대리와 관련된 대리관계의 측면이다. 전자에서 의미하는 고용관계는 민법 고용계약에 관한 규정(민법 제655조 이하)이 적용될 것이고, 더 나아가 노동법적인 측면이 고려될 것이다. 피용자의 대리행위를 다루는 후자는 기본적으로 민법의 대리제도에 의해 규율된다. 상거래의 대리는 원칙적으로 민법상의 대리가 적용된다. 그러나 상거래의 안전을 위해 부분적으로 민사대리와는 다른 법 원리를 필요로 한다. 상법은 제10조 이하에서 상업사용인에 관한 규정을 두어 영업거래에 관한 피용자의 대리관계를 규정하고 있다. 여기에 규정된 사항은 민법의 대리관계에 대한 특칙으로서의 효력을 가지므로, 그 범위 내에서 민법의 대리에 관한 규정의 적용이 배제된다.

III. 상업사용인의 의의

상법 제1편 제3장은 상업사용인에 대한 내용을 다루고 있다. 상법에서 의미하는 상업사용인(Handlungsgehilfe)이란 "특정한 상인에 종속하여 대외적인 영업상의 업무에 종사하는 자"를 말한다. 상인에 종속한다고 하는 것은 영업주의 지휘와 감독에 따라야 하는 것이다. 상업사용인은 상법상의 대리인에 해당한다. 즉, 상업사용인은 대외적인 영업활동을 보조하는 역할을 한다. 그러므로 영업활동의 대외관계에서 내부적인 업무를 종사하면서 영업상 대리권을 가지고 있지 않다고 한다면, 원칙적으로 그 자는 상업사용인에 해당하지 않는 것으로 보아야 할 것이다. 상업사용인은 상인의 영업활동을 보조하는 자에 해당하기 때문에 자연인에 제한하는 것이 타당하다. 상업사용인으로는 지배인(상법 제10조 이하), 부분적 포괄대리권을 사용인(상법 제15조) 및 물건판매점포사용인(상법 제16조) 등이 있다. 상업사용인에 관한 규정들은 상업사용인의 영업상 대리권에 관련된 내용이 주된 사항들이고, 단지 1개의 조문을 두고 대내적 고용관계를 규정하고 있다(상법 제17조).

IV. 상업사용인의 특징

상업사용인의 가장 큰 특징은 상인에 대하여 종속성을 갖는다는 점이다. 종속성이라 함은 상인과 상명·하복의 관계에 있는 동시에 상업사용인 자신이 독립적인 영업활동을 할 수 없다는 것을 의미한다. 이 점이 상행위 편에서 등장하는 대리상이나 중개상, 위탁매매인과 차이를 보여준다. 이들은 기본적으로 독립적인 지위에서 상인을 보조하는 역할을 한다.

상업사용인의 경우 상인과의 고용관계가 전제되어야 하는가에 대한 물음이 제기될 수 있다. 일반적으로 상인과 상업사용인은 고용관계를 통하여 상업사용인이 제3자와 법률행위를 하는 것이라 하겠지만, 반드시 고용관계가 전제되는 것은 아니다. 그러한 예는 물건판매점포사용인에서 흔히 볼 수 있다. 상업사용인이 법적인 의미는 대리라는 측면을 고려해보았을 때, 상법이 규정하고자 하는 바는 상업사용인의 법률행위를 본인인 상인에게 귀속시켜 상업사용인의 거래상대방을 보호하고자 하는 면이 강하다고 하겠다.

V. 상업사용인의 종류

상법은 상업사용인에 대하여 지배인과 부분적 포괄대리권을 가진 사용인 및 물건판매점포사용인을 규정하고 있다. 영업주에 갈음하여 영업에 관한 재판상 또는 재판 외 모든 권한을 가지고 있는 자가 지배인이다(상법 제10조). 상인은 지배인을 단독으로 선임할 수도 있지만, 지배인의 권한남용을 방지하기 위하여 수인의 지배인을 선임할 수 있는데, 이때 공동지배인이 등장할 수 있다(상법 제12조). 지배인이 아니면서 지배인으로 인정될 만한 명칭을 사용하는 자가 있다면, 그 자는 지배인과 동일한 권한으로 인정될 수 있다(상법 제14조). 이를 표현지배인이라 한다. 부분적 포괄대리권을 가진 사용인은 영업의 특정한 종류 또는 특정한 사항에 대한 위임을 받은 자에 해당한다(상법 제15조). 반면, 물건판매점포사용인은 물건을 판매하는 모든 권한을 가지고 있는 자다(상법 제16조).

제2절 상업사용인의 대리권

I. 상업사용인의 대리권의 특성(민법과 비교하여)

상업사용인의 대리권은 기본적으로 민법상의 대리권과 원리를 같이 하나, 종류별로 제10조 이하의 특칙이 적용되는 외에 다음과 같은 공통적인 특색이 있다. 대리제도라 함은 대리인이 본인을 위하여 법률행위를 하거나 의사표시를 수령함으로써 법률효과가 직접 본인에게 발생하도록 하는 제도를 의미한다(민법 제114조 이하).

1. 포괄성

민사대리인의 대리권은 통상 특정한 행위 또는 일정범위 행위로 한정된다. 대리권은 법정대리권과 임의대리권으로 구분될 수 있는데, 상업사용인의 대리권의 포괄성에 대하여는 임의대리와 비교하는 데 의미가 있다.

1) 민법상 법정대리

법정대리가 성립하는 경우는 1) 본인에 대하여 일정한 지위에 있는 자가 당연이 대리인이 되는 경우(친권자: 민법 제911조, 제920조, 후견인: 민법 제932조), 2) 본인 이외의 일정한 지정권자의 지정으로 대리인이 되는 경우(지정후견인: 민법 제931조, 지정유언집행자: 민법 제1093조, 제1094조), 3) 법원의 선임에 의하여 대리인이 되는 경우(부재자재산관리인: 민법 제23조, 제24조, 상속재산관리인(민법 제1053조 등)이 있다. 법정대리권의 범위는 각각의 법률에 의하여 정해진다.

2) 민법상 임의대리

임의대리는 그것을 수여하는 본인의 행위, 즉 본인의 의사에 의한 대리권수여행위에 의하여 발생하게 된다. 이른바 수권행위를 통한 방법이다. 그러므로 임의대리권의 범위는 수권행위에 의하여 정해지게 된다. 본인은 일정한 사항을 한정하거나 일정범위의 사항에 관하여 포괄적으로 또는 특정한 상대방을 한정하거나 제한을 통하여 대리권을 수여할 수 있다.

3) 상업사용인의 대리권

반면에 상업사용인의 대리권은 사용인의 종류별로 정도의 차이는 있으나 법상 포괄적으로 주어짐이 특색이다. 즉, 지배인은 '영업전부'에 관해, 부분적 포괄대리권을 가진 사용인은 '수권된 영업부분'에 관해, 그리고 물건판매점포사용인은 '물건판매'에 관해 각각 포괄적인 대리권이 있는 것으로 인정된다.

2. 계속성

1) 민법상의 대리

민법상의 대리인은 보통 본인에 의하여 일정한 범위에 해당하는 내용을 수여받게 된다. 그런 측면에서 민사대리인은 지속적인 대리권을 행사할 수 있는 권한이 주어지는 것이 아니라 그때그때에 따라 일시적 또는 일회적으로 대리권을 행사할 수 있도록 대리권이 주어진다.

2) 상업사용인의 대리

상업사용인의 대리권은 영업이 지속되는 한, 또한 종임사유가 생기지 않는 한 존속된다. 즉, 영업주인 본인에 의하여 대리권을 수여받으면, 특별한 사유가 발생하지 않는 한, 상업사용인의 대리권은 계속성을 띠게 된다.

3. 정형성

상업사용인은 영업주인 상인에 의하여 선임된다. 그러나 그 권한은 상법의 규정에 의하여 정형적으로 주어지게 된다(상법 제11조 제1항). 그런 측면에서 상법상의 대리인으로서 상업사용인은 수권행위를 통하여 대리권의 내용이 주어진다는 측면에서는 임의대리의 성격을 가지고 있고, 그 권한범위는 법에 의하여 주어진다는 측면에서 법정대리와 유사한 면이 있다.

상업사용인의 대리권은 영업주의 영업에 관한 것이기 때문에 그 성질상 일반적으로 영업과 관련이 없는 신분행위와 같은 사항이라든가, 성질상 대리와 친하지 아니하는 서명이나 선서 또는 영업의 폐지나 양도 등의 처분행위는 제외된다. 대법원 역시 다음과 같이 판시하였다.[1] 대법원은 "일반적으로 상업사용인은 상인의 영업범위 내에 속하는 일에 관하여 그

---

[1]   대법원 1984. 7. 10. 선고 84다카424·425 판결.

상인을 대리할 수 있고 영업과 관계없는 일에 관하여는 특별한 수권이 없는 한 대리권이 없는 것이므로 상업사용인이 권한 없이 상인의 영업과 관계없는 일에 관하여 상인의 행위를 대행한 경우에 특별한 수권이 있다고 믿을 만한 사정이 없는 한 상업사용인이라는 이유만으로 그 대리권이 있는 것으로 믿을 만한 정당한 이유가 있다고 보기 어렵다."고 판시한 바 있다.

4. 특칙 적용

상업사용인의 대리권은 상사대리 일반에 관한 특칙(상법 제48조∼제50조)의 적용을 받으므로 대리의 방식에 있어 비현명주의가 적용된다. 그리고 본인이 사망하더라도 대리권이 소멸하지 아니한다. 대리권 소멸 부분에 대하여는 후술하기로 한다.

1) 민법의 경우

민법은 대리의 방식에 대하여 현명주의를 취하고 있다. 대리인이 본인을 위한 것임을 표시한 법률행위는 직접 본인에게 효력이 발생하도록 하고 있다(민법 제114조 제1항). 이와 관련하여 대법원은 "일방 당사자가 대리인을 통하여 계약을 체결하는 경우에 있어서 계약의 상대방이 대리인을 통하여 본인과 사이에 계약을 체결하려는 의사가 일치하였다면 대리인의 대리권 존부 문제와는 무관하게 상대방과 본인이 그 계약의 당사자이다."라고 판시하였다.[2] 이 사안은 대리인을 통하여 계약을 체결하는 경우 계약 당사자가 확정되는 것을 의미한다.

만약 본인을 위한 것임을 표시하지 아니하면 그 의사표시는 자기 자신, 즉 대리인을 위하여 표시한 것으로 보게 된다(민법 제115조 제1항). 그러나 상대방이 대리인으로서 한 것임을 알았거나 알 수 있었을 때에는 본인에 대하여 효력이 있다(민법 제115조 제1항 단서). 민법 제115조와 관련하여 대법원은 "갑이 부동산을 농업협동조합중앙회에 담보로 제공함에 있어 을에게 그에 관한 대리권을 주었다면 을이 근저당권설정계약을 체결함에 있어 그 피담보채무를 동업관계의 채무로 특정하지 아니하고 또 대리관계를 표시함이 없이 마치 자신이 갑 본인인 양 행세하였다 하더라도 위 근저당권설정계약은 대리인인 을이 그의 권한 범

---

2   대법원 2003. 12. 12. 선고 2003다44059 판결.

위 안에서 한 것인 양 그 효력은 본인인 갑에게 미친다."고 판시하였다.[3]

2) 상법상의 대리

상법상의 대리는 민법상의 대리와 구별된다. 상행위의 대리인이 본인을 위한 것임을 표시하지 아니하여도 그 행위는 본인에 대하여 효력이 있다(상법 제48조). 즉 상법상의 대리는 비현명주의를 따르고 있다. 상법 제48조의 입법취지는 민법상의 대리보다 상행위의 대리가 신속하면서도 간단하게 이행이 이루어지도록 하고자 함이다. 또한 상대방이 알 수도 없는 상황에서 본인에게 책임을 묻는 것이 타당한가에 대하여 의문이 제기되는 바도 있지만, 상행위로 인한 채권이 이행을 확실하게 하기 위하여, 민법과 다른 특별규칙을 둔 것이다.[4]

제3절 상업사용인의 의무

I. 의의

상법 제17조는 상업사용인의 의무에 대한 내용을 규정하고 있다. 상업사용인은 영업주의 허락을 받지 아니하고 자기 또는 제3자의 계산으로 영업주의 영업부류에 속하는 거래를 하지 못한다(상법 제17조 제1항 전단). 이는 상업사용인의 경업금지의무에 해당된다. 상업사용인은 다른 회사의 무한책임사원이나 이사 또는 다른 상인의 사용인이 될 수 없다(상법 제17조 제1항 후단). 경업금지의무와 달리, 이를 구체적으로 풀이하면 이는 상업사용인의 겸직금지의무에 해당한다. 상인은 민법상의 거래와 달리 다른 상인과의 경쟁관계에 있다. 상업사용인은 그러한 상인을 보조하는 역할을 해야 하는데, 자신의 지위를 이용하여 상인의 이익을 침해하는 경우가 발생할 수 있다. 본인의 이익침해를 예방하고, 상업사용인 자신의 업무에 대한 집중력 분산을 방지하기 위하여, 상법은 겸직금지의무를 규정하고 있는 것이다. 이 양자를 포괄하여 광의의 경업금지의무로 지칭할 수 있다.

3　대법원 1987. 6. 23. 선고 86다카1411 판결.
4　이기수·최병규, 상법총칙·상행위법(상법강의 I), 제7판, 박영사, 2010, 278면.

II. 유래

상업사용인의 경업금지나 금직금지는 영업주와 사용인 사이의 법률관계를 다루는 것이 므로 일반적으로 보면 상법의 영역이 아니라 고용관계의 영역으로 볼 수 있다. 그러나 독일 상법은 제59조 내지 제83조 상업사용인 규정들에서 상업사용인의 경업금지의무, 사용자의 보호의무 등 노동법적 내용들을 규정하고 있다. 한편, 독일 상법은 제48조 내지 제58조에 서 '지배권과 상사대리권'이라는 제목하에 영업주와 그 대리인 간의 상사대리관계를 규정하 고 있다. 즉, 독일 상법은 상업대리인과 상업사용인을 구분하고 있다. 양자가 모두 상인에 의하여 고용되었다는 점은 공통적인 것이라 하겠지만, 상업대리인의 경우 상인을 대리한다 는 측면에서 바라보는 관점이라 한다면, 상업사용인의 경우는 상인에게 고용되었다는 측면 에서 바라보고 있다고 하겠다. 독일과 달리, 일본은 상업사용인과 상업대리인을 구분하지 않고 '상업사용인'으로 통일하여 사용하고 있다.[5] 독일 상법과 일본 상법을 고려하여 우리 상법이 상업사용인의 경업금지의무와 겸직금지의무를 수용한 것이라 하겠다.

III. 내용

독일의 경우 대리권의 유무에 관계없이 모든 상인의 상업사용인에 대하여 경업피지의무 를 부담하고 있다. 반면, 우리 상법은 제17조에서 상업사용인에 대하여 경업금지와 금직금 지를 부과하고 있다. 우리 상법에서 상업사용인은 지배인, 부분적 포괄대리권을 가진 사용 인 및 물건판매점포사용인을 뜻한다. 지배인과 부분적 포괄대리권을 가진 사용인은 상법상 의 대리관계를 충족하고 있지만, 물건판매점포사용인은 반드시 대리관계를 요구하는 것은 아니다. 그런 측면에서 보았을 때 물건판매점포사용인은 상업사용인에 해당되기는 하지만, 상법 제17조에서 의미하는 경업금지의무나 금직금지의무는 요구되는 것이 아니다. 그러나 해석론상 상업사용인에 해당하므로 경업금지의무 및 겸직금직의무를 부담하는 것으로 보 아야 한다. 우리나라와 달리 일본은 지배인에 대하여만 경업금지의무를 부과하고 있고, 부 분적 포괄대리권을 가진 사용인에 대하여는 같은 규정을 두고 있지 않다는 점에 유의해야 할 필요가 있다.

---

5   곽관훈, "부분적 포괄대리권을 가진 상업사용인의 법적 쟁점", 한국경영법률학회 추계공동학술대회 자료집, 2013, 59면 이하.

IV. 경업금지의무

1. 내용

상업사용인은 영업주의 허락 없이는 자기 또는 제3자의 계산으로 영업주의 영업부류에 속하는 거래를 할 수 없다. 계산이란 경제적 효과가 귀속되는 것을 의미한다. 그러므로 자기의 계산은 자기의 경제적 이익으로 귀속되는 것을 의미하고, 제3자의 계산이라 함은 제3가가 경제적 이익을 받는 것을 의미한다고 하겠다. 영업부류에 속하는 거래라고 하는 것은 현재의 영업내용에 국한되는 것으로 보지 않고 사실상 영업주의 영리활동의 대상이 되는 것은 모두 포함되는 것으로 보아야 한다. 다만, 법문이 동종의 영업부류라고 하지 않고 있기 때문에, 동종의 영업에 제한해서 해석될 필요는 없다. 이 점에서 대리상의 경업금지의무와 차이가 있다(상법 제89조 참조).

2. 손해배상책임과 계약의 해지권

상업사용인이 경업금지 위반으로 인하여 영업주의 손해가 발생하게 되면, 상인은 상업사용인에 대하여 손해배상책임을 물을 수 있고(상법 제17조 제3항 후단), 동시에 계약을 해지할 수 있다(상법 제17조 제3항 전단).

3. 개입권

1) 기능

동시에 상인은 개입권을 행사할 수 있다(상법 제17조 제2항). 상업사용인이 경업을 한 경우에 인정되는 상인의 권리이다. 경업금지를 위반하여 상업사용인이 거래한 경우에 그 거래는 자기의 계산으로 한 것인 때에는 이를 영업주의 계산으로 한 것으로 볼 수 있고, 제3자의 계산으로 한 것인 때에는 사용인에 대하여 영업주는 이로 인한 이득을 청구할 수 있다.

2) 제척기간

개입권은 형성권에 해당하고, 개입권의 행사는 영업주가 거래를 안 날로부터 2주간을 경과하거나 그 거래가 있는 날로부터 1년을 경과하면 소멸하게 된다. 이는 제척기간에 해당한다. 상업사용인의 지위에 대한 불안감을 해소하기 위한 목적을 가지고 있다. 독일 상법은 영업주의 개입권과 손해배상청구권의 양자택일로 하고 있지만, 우리의 경우 손해배상책임을 묻는 것과 개입권 행사는 양자 사이에 아무런 영향을 주지 못한다.

4. 겸직금지의무

상업사용인은 영업주의 허락을 취득하지 아니하고 다른 회사의 무한책임사원이나 이사 또는 다른 상인의 사용인이 되지 못한다(상법 제17조 제1항 후단). 겸직제한의무에는 개입권 규정이 적용되지 않지만, 상업사용인이 겸직금지의무를 위반한 경우에 영업주는 손해배상책임을 물을 수 있고 계약해지권을 행사할 수 있다.

제4절 지배인

I. 의의

상업사용인 가운데 대표적인 자가 바로 지배인(Prokurist)이다. 지배인은 상법상 대리인에 해당한다. 대리인은 대리권을 가지고 있다. 민법상 대리권의 범위와 상법상 대리권의 범위에 대한 구분의 필요성이 있다. 지배인이란 영업주(상인)에 갈음하여 영업에 관한 재판상 또는 재판 외의 모든 행위를 할 수 있는 권한을 가진 상업사용인이다(상법 제11조 제1항). 지배인의 포괄적 대리권을 강학상 지배권(Prokura)이라 한다.

II. 지배권

1. 권한의 포괄성과 정형성

지배인의 대리권(지배권)은 수권행위에 의하여 부여된다는 의미에서는 임의대리에 해당하지만, 그 범위는 "그 영업에 관한 모든 재판상·재판 외의 행위"에 미친다는 점(상법 제11조 제1항)에서는 정형성과 포괄성을 갖는다.

민법상 대리권의 범위는 구체적·개별적으로 정하여지나 지배권의 범위는 이와 같이 그 영업에 관한 영업전반에 걸치며(포괄성), 민법상 대리권의 범위는 본인의 의사에 의하여 정하여지나 지배권의 범위는 상법의 규정에 의하여 정하여지는 법정의 효력이다(정형성).

지배권의 이러한 포괄·정형적인 성질은 거래의 안전이라는 기업활동의 특질에 기인하는데, 이로 인하여 지배인과 거래하는 상대방은 대리권의 유무·광협을 개별적으로 조사할 필요가 없게 된다.

지배인은 그 권한이 영업 전부에 미친다는 점에서 권한이 가장 큰 상업사용인이며, 영업의 일부분에 한정하여 대리권을 갖는 '부분적 포괄대리권을 가진 사용인', 그리고 점포에서 물건판매의 대리권만 의제되는 '물건판매점포의 사용인'과 다르다.

2. 불가제한성

지배인의 대리권은 그 범위가 객관적으로 법률에 의하여 정형화되어 있으므로 거래의 안전을 위하여 그 획일성이 요구된다. 즉, 영업주가 그 대리권에 대하여 거래의 금액·종류·시기·장소 등에 관하여 개별적으로 제한하더라도, 그 위반은 대내적으로 해임 또는 손해배상청구의 사유가 되는 데 그치고, 대외적으로 선의의 제3자에게 대항할 수 없다(상법 제11조 제3항). 즉, 지배인의 대리권은 제한될 수 없는 것이 아니라 그 제한을 선의의 제3자에게 대항하지 못한다는 의미에서 불가제한성을 갖는다.

대법원 1997. 8. 26. 선고 96다36753 판결

대법원은 "영업주가 지배인의 대리권 제한 사실을 들어 대항할 수 있는 제3자의 범위와 제3자의 악의·중과실에 대한 주장 및 입증책임과 관련하여 대법원은 "지배인의 어떤 행위가 그 객관적 성질에 비추어 영업주의 영업에 관한 행위로 판단되는 경우에 지배인이 영업주가 정한 대리권에 관한 제한 규정에 위반하여 한 행위에 대하여는 제3자가 위 대리권의 제한 사실을 알고 있었던 경우뿐만 아니라 알지 못한 데에 중대한 과실이 있는 경우에도 영업주는 그러한 사유를 들어 상대방에게 대항할 수 있다고 할 것이고, 이러한 제3자의 악의 또는 중대한 과실에 대한 주장·입증책임은 영업주가 부담한다."고 판시하고 있다.

3. 명칭

지배인인지 여부는 그 권한의 실질에 의해 판단되므로 지배인이란 명칭은 그 요건이 아니다. 실제 거래계에서는 지배인이란 명칭보다는 영업부장·지점장·영업소장 등과 같이 기업 내에서의 계선상의 직위를 아울러 표시하는 명칭을 하고 있다.

4. 지배인과 대표이사

1) 동일성

지배인과 대표이사는 영업에 관하여 재판상 또는 재판 외 모든 행위를 할 수 있다는 포괄적인 권한을 가지고 있다는 점에서 흡사하다. 주식회사에서는 양자 모두 이사회에서 선임된다는 점에서 같다.

2) 차이점

개인법상 적용되는 지배인과 단체법이 적용되는 대표이사는 다음과 같은 차이점이 있다.

첫째, 지배인은 개인법상 대리의 법리가 적용되고, 대표이사는 단체법상 고유한 대표권에 해당되는 동시에 회사의 기관에 해당한다.

둘째, 지배인의 권한은 특정 영업소에 제한하여 행사할 수 있는 것에 비하여, 대표이사는 회사의 영업전반에 대하여 권한을 행사할 수 있다.

셋째, 지배인의 임기는 제한이 없는 것이나, 대표이사의 임기는 제한이 있다.

넷째, 지배인은 다른 종류의 영업에도 겸직이 금지되지만 대표이사는 동종영업에만 금지된다.

다섯째, 지배인이 불법행위로 인한 영업주에 대한 손해배상책임을 부담하는 경우에 민법이 적용되는 것임에 반해, 대표이사의 불법행위로 인한 손해배상책임은 상법이 적용된다.

5. 지점과 지배인

기업이 그 영업범위를 지역적으로 확장하고자 지점·영업소·출장소 등의 명칭으로 별개의 영업장을 개설하고 아울러 지점장·영업소장 등의 명칭으로 그 영업장의 책임자를 두는 일이 많다. 이 경우 그 책임자를 지배인으로 볼 것이냐는 것은 그 영업장의 업무내용을 가지고 판단해야 한다. 판례는 이 경우 지점이 일정한 범위 내에서 독립된 영업적 중심을 형성하고 본점으로부터 독립하여 영업을 계속할 수 있는 조직을 갖추고 있을 경우에 한하여 그 지점의 장을 지배인으로 볼 수 있다고 한다.[6]

---

6   대법원 1967. 9. 26. 선고 67다1333 판결.

III. 선임과 종임

1. 선임권자

지배인을 선임할 수 있는 자는 "상인과 그 대리인"이다(상법 제10조). 대리인 가운데 법정대리인만이 지배인을 선임할 수 있다는 견해[7]가 있다. 상법 제11조 제2항이 상인의 가장 광범위한 대리권을 가진 임의대리인인 지배인조차 다른 지배인을 선임할 수 없기 때문에, 이때의 대리인은 법정대리인에 한하는 것을 보아야 한다는 것이다. 실제로 독일 상법 제48조 제1항은 이를 명문으로 규정하고 있다. 그러나 독일 상법과 같은 명문 규정이 존재하지 아니하고, 지배인의 선임행위를 일반 법률행위와 차별할 수 없다는 점에서, 영업주는 자신의 임의대리인에게 지배인의 선임권을 수여하여 지배인을 선임할 수 있다고 보는 입장[8]이 타당하다고 하겠다. 다만, 지배인은 영업주의 특별한 수권이 없이는 다른 지배인을 선임하지 못한다(상법 제11조 제2항의 반대해석).

미성년자 또는 한정치산자는 법정대리인의 허락을 얻어 영업을 할 경우(상법 제6조) 영업에 관하여는 능력자와 동일하게 본다(민법 제8조 제1항). 그러나 법정대리인의 허락을 받아 영업을 하는 경우, 미성년자 또는 한정치산자는 법정대리인의 동의 없이 단독으로 지배인을 선임할 수 있다.

2. 선임행위의 성질

지배인의 선임행위는 그 기초적 내부관계인 고용과는 구별되어야 한다. 상인이 현재 자기의 사용인이 아닌 자를 지배인으로 임용할 경우에는 사용인으로서 고용하는 행위와 지배인으로 선임하는 행위가 합체되어 이루어지지만, 현재 사용인인 자를 지배인으로 임용한다면 지배인의 선임행위만 하게 된다.

'위임계약적 요소가 있는 임용계약'이라는 견해[9]와 '대리권수여계약'이라는 견해[10]가 있다. 하지만 이와 같이 계약으로 본다면 지배인선임을 위해서는 영업주의 의사표시 외에 지배인의 의사표시도 요구된다. 그러므로 지배인의 의사표시의 흠결, 하자, 무능력 등의 사유

---

7   정동윤, 상법총칙·상행위법, 법문사, 1996, 110면.
8   정찬형, 상법총칙·상행위법, 제18판, 박영사, 2015, 84면.
9   정동윤, 상법총칙·상행위법, 법문사, 1996, 111면.
10   정찬형, 상법강의(상), 제18판, 박영사, 2015, 85면.

가 있을 때에는 지배인으로서의 지위취득의 효력 자체가 문제되고, 나아가서 지배인이 한 대리행위의 하자로 연결되므로 거래상대방에게 불측의 손해를 줄 수 있다. 지배인의 선임은 지배인에게 대외적인 자격과 권한을 줄 뿐이고 의무나 책임을 부담시키는 것이 아니므로, 지배인의 승낙을 요하게 할 필요가 없다. 그러므로 지배인의 선임행위는 지배인의 수령을 요하는 영업주의 단독행위라고 보는 입장[11]이 타당하다고 하겠다.

지배인을 선임하고자 하는 경우에 방식은 제한이 없다. 그러므로 명시적이든 묵시적이든 상관이 없고, 서면이든 구두이든 무방하다. 지배인을 선임함에 있어 지배인이라고 하는 명칭을 할 필요는 없다. 단지 상법 제11조 제1항의 지배권이 부여된 자라고 한다면, 그 자는 지배인이라 할 것이다.

3. 종임

지배인의 대리권은 대리권의 소멸에 관한 민법의 일반원칙에 따라 소멸한다. 지배인의 사망, 성년후견의 개시 또는 파산(민법 제127조 제2호)에 의해 소멸하며, 지배인선임의 원인된 법률관계인 고용계약의 종료에 의해서 소멸한다(민법 제128조 본문). 하지만 상사대리의 특칙이 적용되어 민법에서와 달리 본인(영업주)의 사망이 지배권의 소멸사유가 되지 않는다(상법 제50조, 민법 제127조 제1호 참조).

민법 제127조

개정 전	개정 후
(대리권의 소멸사유) 대리권은 다음 각 호의 사유로 소멸한다. 1. 본인의 사망 2. 대리인의 사망, 금치산 또는 파산	(대리권의 소멸사유) 대리권은 다음 각 호의 어느 하나에 해당하는 사유가 있으면 소멸된다. 1. 본인의 사망 2. 대리인의 사망, 성년후견의 개시 또는 파산

4. 등기

지배인의 선임과 종임은 등기사항이다(상법 제13조). 즉, 지배인의 선임이나 종임의 사실이 있는 경우에는 영업주(상인)이 이를 등기하여야 하는데, 영업주가 이를 등기하지 아니하

---

11 이철송, 상법총칙·상행위법, 제13판, 박영사, 2015, 114면 이하.

면 영업주는 이로써 선의의 제3자에게 대항할 수 없다(상법 제37조 제1항). 이러한 지배인의 등기는 대항요건에 불과하므로, 지배인은 선임의 사실만으로 즉시 상법에 규정된 지배권을 취득한다.

IV. 대리권의 범위

1. 영업소별 범위

상인은 지배인을 선임하여 본점 또는 지점에서 영업하게 할 수 있으므로(상법 제10조), 지배인의 대리권은 본점 또는 각 지점별로 단위화되어 있다고 할 수 있다. 즉, 영업주는 본점 또는 지점별로 지배인을 따로 두어 각 점의 영역을 관장하게 할 수 있다. 이 경우 각 지배인의 대리권은 각 영업소별로 한정된다. 그렇지 않고 1인의 지배인으로 하여금 본·지점의 영업 전부를 관장하게 하거나, 본점과 각 지점에 각기 지배인을 두고 별도로 본·지점의 영업 전부를 통할하는 지배인(총지배인)을 또 둘 수도 있다.

2. 영업에 관한 행위

지배인은 영업에 관한 모든 행위를 할 수 있다(상법 제11조 제1항). "영업에 관한 행위"란 영업의 목적이 되는 행위뿐 아니라, 영업을 위하여 직접·간접으로 필요한 모든 행위를 말한다. 그리하여 영업주가 일상적으로 하는 영업부류에 속하는 거래는 지배권의 본령에 속하는 것이고, 점원 기타 지배인 아닌 상업사용인의 선임과 해임은 영업을 위하여 필요한 행위이다(상법 제11조 제2항). 또 영업상 필요한 자금의 차입이나 대여, 어음·수표의 발행도 지배인의 권한에 속한다.

지배인의 대리권은 영업주의 영업에 관한 것으로 제한된다. 그러므로 그 성질상 영업과 관련이 없는 신분행위에 해당하거나 성질상 대리에 친하지 않는 선서나 서명 등의 행위 또는 영업의 폐지나 양도 등의 처분행위는 지배인의 대리권의 범위를 벗어나는 것이라 하겠다.

대법원 1984. 7. 10. 선고 84다카424, 84다카425 판결

상업사용인이라는 사실만으로 상인의 영업과 관계없는 일에 관하여 상인의 행위를 대리할 권한이 있다고 믿을 만한 정당한 사유가 되는지 여부에 대하여 대법원은 "피고 회사의 상업사용인인 소외 (갑)이 원고로부터 자신이 매수한 부동산 대금의 지급을 위하여 자기명의의 어음을 발행하고 그 어음금의 지급을 보하는 뜻으로 여기에 피고 명의의 배서를 대행한 경우, 피고 회사가 그 상업사용인인 위 (갑) 개인의 토지매매대금채무의 변제를 담보하는 일은 피고 회사의 영업범위 내에 속하는 일이라고 볼 수 없으므로 위 배서에 관한 득별수권이 있었다고 믿을 만한 사정이 없는 한 위 (갑)이 피고 회사의 지점장으로서 피고회사 명의로 영업을 하고 있다는 사실만으로 동인에게 위와 같은 피고 회사의 배서를 대행할 권한이 있는 것으로 믿을 만한 정당한 사유가 있다고 보기 어렵다."고 적시하고 있다.

특정한 행위가 영업에 관한 것인지 여부는 행위의 객관적 성질에 따라 정할 문제이고, 지배인의 주관적 의도는 고려할 필요가 없다. 그러므로 지배인이 자신의 이익을 위하여 거래를 하였더라도 행위의 성질상 영업주의 영업범위에 속하는 것이라면 지배인이 영업주를 위하여 대리행위를 한 것으로 보아야 한다.[12] 그러나 거래의 상대방이 지배인이나 제3자의 이익을 위한 것임을 알았다면 영업주는 신의칙 내지는 권리남용금지의 원칙에 의해 이 사실을 가지고 상대방에게 대항할 수 있다.[13]

대법원 1987. 3. 24. 선고 86다카2073 판결

지배인의 행위가 영업주의 영업에 관한 것인지 여부의 판단방법과 지배인의 행위가 그 대리권에 관한 제한을 위반한 것이라는 이유로 상대방에게 대항할 수 있는 경우에 대하여 대법원은 판시하고 있다. 원고가 1985년 2월 5일 피고의 반포남지점 지점장실에서 그 지점장 이한규의 입회아래 백오현에게 원고소유의 원심판시 부동산을 대금 150,000,000원에 매도하는 내용의 계약을 체결하는 한편, 위 이한규는 피고를 대리하여 그 자리에서 백오현과 사이에 위 부동산을 담보로 제공받고 금 150,000,000원을 대출하여 주기로 약정하면서, 위 이한규는 원고 및 백오현과 사이에 백오현에게 대출하기로 한 위 금원을 백오현이 원고에게 지급할 위 부동산매매대금으로 그 달 20일까지 원고에게 직접 지급하되 그 구체적인 지급방법으로 원고가 그 자리에서 위 지점에 개설한 원고명의의 보통예금계좌에 위 금원을 입금시켜 주기로 약정한 사안에서 대법원은 "지배인의 어떤 행위가 영업주의 영업에 관한 것인가의 여부는 지배인의 행위당시의 주관적 의사와는 관계없이 그 행위의 객관적 성질에 따라

---

12 대법원 1968. 3. 5. 선고 67다2297 판결.
13 대법원 1987. 3. 24. 선고 86다카2073 판결.

추상적으로 판단되어야 할 것인바, 피고는 국민은행법 제18조 제1항 제4호의 규정에 의하여 자금의 대출을 그 업무의 하나로 하고 있고, 위 반포남지점의 지점장인 이한규는 피고의 지배인으로서 위 지점의 영업에 관한 포괄적인 대리권을 가진다 할 것이므로 위 인정과 같이 이한규가 원고 및 백오현과의 합의에 따라 백오현에게 대출하기로 한 금원을 원고에게 직접 지급하기로 약정한 것은 피고의 업무의 하나인 '자금의 대출'에 부수되는 행위로서 피고의 업무 내지 이한규가 위 지점장으로서 가지는 대리권의 범위에 속한다 할 것이고, 따라서 이한규가 한 위 약정은 그 객관적, 추상적 성질에 비추어 피고의 영업에 관한 것이라고 할 것이다. 다만, 지배인의 어떤 행위가 그 객관적 성질에 비추어 영업주의 영업에 관한 행위로 판단되는 경우에도 지배인이 자기 또는 제3자의 이익을 위하여 또는 그 대리권에 관한 제한에 위반하여 한 행위에 대하여는 그 상대방이 악의인 경우에 한하여 영업주는 그러한 사유를 들어 상대방에게 대항할 수 있다."고 판시하고 있다.

3. 대리권의 제한

지배인의 대리권은 포괄적인 권한에 해당한다. 그러나 영업주는 상업사용인이 행사할 수 있는 권한에 대하여 거래의 종류라든가 금액, 시기 또는 장소에 대한 제한을 가할 수 있다. 그러나 영업주가 지배인을 선임하고 자유롭게 그 권한을 제한하고자 한다면, 상법이 지배인의 권한을 정형화시켜 거래의 안전과 거래의 신속을 보장하고자 하는 취지를 몰각할 수 있다는 점에서 선의의 제3자에게는 대항할 수 없도록 하였다(상법 제11조 제3항). 선의라 함은 거래상대방이 지배인의 대리권이 제한되어 있음을 알지 못함을 의미하고, 중과실이 있는 경우라면 악의와 마찬가지로 보호받지 못한다고 보아야 한다.

제5절 공동지배인

I. 의의

상법은 상인이 수인의 지배인에게 공동으로 대리권을 행사할 수 있도록 하고 있다(상법 제12조). 상법은 공동지배인제도(Gesamtprokuristen)를 인정함으로써, 상인으로 수여받은 대리권의 남용이나 오용으로 인하여 발생할 수 있는 불이익을 방지하고자 한다.

지배인의 권한이 포괄적이기 때문에 영업주가 이를 견제할 수단이 없다면 기업의 운명을 지배인의 의지에 놓이고 영업주의 위험부담이 상당히 크다고 볼 수 있다. 지배인이 항상 영업상의 전권에 상응하는 능력을 갖추고 있으리라는 보장도 없다. 또한 영업주에 의하여 지배권을 제한할 수도 있지만, 이는 악의의 제3자에게만 대항이 가능하다. 그러나 악의에 대한 증명이 용이하지 않아 적절한 견제수단이 되지 못한다. 공동지배인제도를 둠으로써 지배인의 경솔·불성실·독주를 견제하는 한편 그 능력을 보충하는 수단으로 이용하고 있다.

II. 요건

공동지배인이 되기 위해서는 2인 이상의 지배인이 있어야 한다. 공동지배인 형태는 다양하게 발생할 수 있다. 첫째, 지배인 전원으로만 대리행위를 할 수 있도록 하는 방안, 둘째, 3인 이상의 지배인을 공동지배인으로 하되 이 중 2인 이상을 공동으로 대리하게 하는 방안, 셋째, 3인 이상의 지배인 가운데 특정의 지배인과 다른 한 지배인으로 묶는 방안이다. 수인의 지배인을 공동지배인으로 하려면 이에 대한 영업주의 의사표시가 있어야 한다. 수인의 지배인이 선임된 경우 특별한 사정이 없는 한 각자 지배인이 지배권을 갖는 것으로 본다(민법 제119조 본문). 지배인은 등기를 요하는 것과 마찬가지로 공동지배인 역시 지배인으로 대리권을 행사하는 한 본점 또는 지점소재지에서 등기하여야 한다(상법 제13조 전단). 물론 변경하는 경우에도 마찬가지이다(상법 제40조). 등기할 사항을 등기하지 아니하면 선의의 제3자에게 대항할 수 없다(상법 제37조 제1항). 공동지배인제도는 주식회사의 공동대표이사와 유사한 면을 볼 수 있다.

대법원 1989. 5. 23. 선고 89다카3677 판결

대법원은 "주식회사에 있어서의 공동대표제도는 대외 관계에서 수인의 대표이사가 공동으로만 대표권을 행사할 수 있게 하여 업무집행의 통일성을 확보하고, 대표권 행사의 신중을 기함과 아울러 대표이사 상호 간의 견제에 의하여 대표권의 남용 내지는 오용을 방지하여 회사의 이익을 도모하려는 데 그 취지가 있으므로 공동대표이사의 1인이 그 대표권의 행사를 특정사항에 관하여 개별적으로 다른 공동대표이사에게 위임함은 별론으로 하고, 일반적·포괄적으로 위임함은 허용되지 아니한다."고 하였다.

제6절 표현지배인

I. 의의

상법에서 표현, 외관 또는 신뢰라는 용어는 매우 중요한 의미를 갖는다. 상거래에서 공시된 사실이 진실과 일치하지 않는 경우, 공시된 사실을 믿고 어떤 행위를 하거나 하지 않는 자를 보호할 필요가 있다. 독일법에서는 '외관주의(Rechtsscheintheorie)'와 영미법에서 의미하는 '표시에 의한 금반언(estoppel be representation)'은 우리나라에서 인정되는 외관원칙과 일맥상통한 개념이다. 우리 상법은 "본점 또는 지점의 본부장, 지점장, 그 밖에 지배인으로 인정될 만한 명칭을 사용하는 자는 본점 또는 지점의 지배인과 동일한 권한이 있는 것으로 본다. 그러나 재판상의 행위에 관하여는 그러하지 아니하다."고 규정하고 있다(제14조). 이를 표현지배인이라고 한다. 이는 지배권을 가지고 있는 지배인이 아니면서 본점 또는 지점의 영업주임자, 즉 영업책임자를 나타내는 명칭을 가진 상업사용인을 의미한다.

II. 표현지배인의 요건

상법 제14조에서 인정되고 있는 표현지배인이 되기 위해서는 다음과 같은 요건이 필요하다.

1. 지배인으로 인정될 만한 명칭

상법의 법문에 따르면, 표현지배인이 되기 위하여 본점 또는 지점의 본부장, 지점장, 그 밖의 지배인으로 인정될 만한 명칭이 부여되었어야 한다. 상법에서 말하는 "본부장, 지점장, 그 밖에 지배인으로 인정될 만한 명칭"이 표현지배인에 해당하는가에 대하여는 일반적인 사회통념에 의하여 결정되어야 한다. 영업주임 등 그 명칭이 영업소의 영업책임자임을 나타내는 것이어야 하고, 그러한 명칭으로는 지점장·지사장 등이 여기에 해당한다. 그러나 은행의 지점차장·지점장대리 등의 명칭은 차장·지점장대리 등의 문구 자체가 사회 통념상 영업의 주임자인 명칭으로 인정하지 않고 있다. 다만, 지사장 또는 영업소장 등이 표현지배인으로 인정될 수 있을 것인가에 대한 물음이 제기될 수 있는데, 대법원은 보험회사의 영업소장에 대하여 표현지배인을 인정하고 있지 않다.

2. 명칭의 부여방법

명칭은 명시적인 방법뿐만 아니라, 묵시적 방법에 의할 수도 있다. 그러나 임의로 명칭을 참칭한 경우에는 영업주가 책임을 부담하지 않는 것이 원칙이다. 표현지배인과 관련된 것이 아니라 표현대표이사와 관련된 사항이지만, 대법원은 이와 유사하게 판단하고 있다.[14] 대법원은 "회사가 표현대표자의 행위에 대하여 책임을 지는 것은 표현대표자의 명칭 사용을 명시 또는 묵시적으로 승인한 경우에만 한하고 임의로 명칭을 참칭한 자의 행위에 대하여는 회사가 그러한 사실을 알지 못하고, 또 제지하지 못한 점에 과실이 있다 하더라도 회사가 책임을 지는 것은 아니다."라고 판시하고 있다.

3. 실질적인 영업소

1) 학설의 다툼

영업소는 상인이 영업활동의 중심이 되는 일정한 장소를 의미한다. 표현지배인이 그러한 명칭을 사용하는 영업은 어느 정도의 영업소 형식을 갖추고 있어야 표현지배인으로 인정될

---

14 대법원 1975. 5. 27. 선고 74다1366 판결.

수 있는 영업소로 볼 수 있을 것인가의 문제가 제기될 수 있다. 거래의 안전을 위하여 영업소로서의 외관만 갖추고 있다고 한다면 충분하고 그 실질을 갖출 것까지 요구할 필요는 없다는 형식설[15]과 본점 또는 지점의 실체를 가지고 어느 성도 독립적으로 영업활동을 할 수 있는 영업소로서의 실질을 갖추고 있어야 한다는 실질설[16]이 있다.

2) 판례의 입장

대법원은 영업소가 실질적으로 영업활동을 할 수 있는 정도의 형식을 갖추고 있을 것을 요구하는 실질설의 입장에서 지속적으로 판단하고 있다.

대법원 1978. 12. 13. 선고 78다1567 판결

본점·지점의 제한적·보조적 사무만 처리하는 영업소의 소장을 표현지배인으로 볼 수 있는지 여부와 관련하여 대법원은 "피고회사는 보험업법의 규제를 받는 보험사업자로서 보험계약의 체결, 보험료의 영수 및 보험금의 지급을 그 기본적 업무로 하고 있음이 분명하며 피고회사 부산영업소의 업무내용은 본점 또는 지점의 지휘감독아래 보험의 모집, 보험료의 집금과 송금, 보험계약의 보전 및 유지관리, 보험모집인의 인사관리 및 교육 출장소의 관리감독 기타 본·지점으로부터 위임받은 사항으로 되어 있음이 또한 뚜렷하므로 이에 의하면 위 부산영업소는 피고회사의 기본적 업무를 독립하여 처리할 수는 없고 다만 본·지점의 지휘 감독아래 기계적으로 제한된 보조적 사무만을 처리하는 것으로 밖에 볼 수 없으니 이는 상법상의 영업소인 본점·지점에 준하는 영업장소라고 볼 수 없어 부산영업소 권영진을 위 법조에서 말하는 표현지배인이라고 볼 수 없다."고 하면서, "상법 제14조 제1항 본문에 본점 또는 지점의 영업주임 기타 유사한 명칭을 가진 사용인은 본점 또는 지점의 지배인과 동일한 권한이 있는 것으로 본다고 하여 표현지배인을 규정하고 있는데, 표현지배인으로서 본조를 적용하려면 당해 사용인의 근무 장소가 상법상의 영업소인 '본점 또는 지점'의 실체를 가지고 어느 정도 독립적으로 영업활동을 할 수 있는 것임을 요한다."고 판시하고 있다.

표현지배인에 관한 규정이 적용되기 위해서는 사용인의 근무 장소가 상법상 지점으로서의 실체를 구비하여야 하는 정도와 관련하여서 대법원은 "어떤 영업장소가 상법상 지점으로서의 실체를 구비하였다고 하려면 그 영업장소가 본점 또는 지점의 지휘·감독 아래 기계

---

15 임홍근, 상법총칙, 법문사, 1986, 231면.
16 정동윤, 상법총칙·상행위법, 개정판, 법문사, 1996, 129면 이하; 정찬형, 상법강의(상), 제18판, 박영사, 2015, 92면.

적으로 제한된 보조적 사무만을 처리하는 것이 아니라, 일정한 범위 내에서 본점 또는 지점으로부터 독립하여 독자적으로 영업활동에 관한 결정을 하고 대외적으로 거래를 할 수 있는 조직을 갖추어야 한다."고 판시하고 있다.

대법원 1998. 8. 21. 선고 97다6707 판결

표현지배인의 성립요건인 사용인의 근무장소가 지점으로서의 실체를 갖추었는지 여부의 판단 기준과 관련하여 대법원은 "피고 회사 부산 분실은 그 판시와 같은 인적 조직을 갖추고, 부산 일원의 약국 등에 피고 회사가 제조한 약품을 판매하고 그 대금을 수금하며 거래처에서 수금한 약속어음 등을 할인하여 피고 회사에 입금시키는 등의 업무를 담당하여 온 사실을 인정한 다음, 위 부산 분실은 피고 회사 부산지점으로서의 실체를 구비한 것으로 판단하였다. 상법 제14조 제1항 소정의 표현지배인에 관한 규정이 적용되기 위하여는 당해 사용인의 근무장소가 상법상 지점으로서의 실체를 구비하여야 하고, 어떠한 영업장소가 상법상 지점으로서의 실체를 구비하였다고 하려면 그 영업장소가 본점 또는 지점의 지휘·감독 아래 기계적으로 제한된 보조적 사무만을 처리하는 것이 아니라, 일정한 범위 내에서 본점 또는 지점으로부터 독립하여 독자적으로 영업활동에 관한 결정을 하고 대외적인 거래를 할 수 있는 조직을 갖추어야 할 것인바, 기록에 의하여 살펴보면, 원심은 이러한 법리에 따라 위 부산 분실이 본점으로부터 어느 정도 독립하여 독자적으로 약품의 판매 여부에 관한 결정을 하고 그 결정에 따라 판매행위를 하는 등 영업활동을 하여 왔다는 전제하에 위와 같이 판단한 것으로 보이므로, 원심의 사실인정과 판단은 정당한 것으로 여겨지고, 거기에 상고이유의 주장과 같이 채증법칙에 위배하여 사실을 잘못 인정하였거나 표현지배인의 성립요건으로서의 지점의 실체에 관한 법리오해의 위법이 있다고 할 수 없다."고 판시하였다.

---

4. 상대방의 선의

표현지배인 제도는 외관존중의 이념 내지는 금반언의 법리에 따라 외관을 믿고 거래한 선의의 상대방을 보호하고자 하는 데 그 기본이념이 있다. 상법 제14조 역시 상대방이 악의인 경우에는 표현지배인을 인정하고 있지 않다. 선의의 대상과 관련하여 법률행위에 있어서 대리권이 없다는 것을 알지 못했어야 한다는 주장이 있다.[17] 이 주장은 표현적 명칭을 사용한 사용인이 문제된 거래에 관하여 대리권이 있느냐에 관하여 선의나 악의를 따지는 입장이다. 이 입장에 따른다면, 거래상대방이 표현적 명칭을 사용하는 자가 지배인이 아님

---

17 최기원·김동민, 상법학신론(상), 제20판, 박영사, 2014, 82면.

을 알았다 하더라도 당해 거래에 대하여 대리권을 가지고 있다고 믿었다면 상법 제14조 제1
항의 직용대상이 된다. 반면 통설에 따르면 법률행위에 대리권이 없음을 모르는 것으로 보
지 말고 표현(지배인)이므로 지배인이 아니라는 점을 모른 것으로 보아야 한다.[18]

상대방의 선의·악의는 영업주에 갈음하여 거래하는 자와 거래를 시작한 시점을 기준으
로 하여 판단하여야 한다. 악의의 유무를 판단하는 시기는 거래상대방이 표현지배인과 거
래를 한 때 또는 어음에 대하여는 그 어음을 취득한 때를 기준으로 하여야 한다. 악의에
대한 입증책임은 영업주에게 있다.

III. 법적 효과

표현지배인의 요건이 충족되면 비록 지배인이 아니라 할지라도 진정한 지배인으로 인정
된다. 실제 지배인이 아닌 표현지배인의 법률행위에 대하여 영업주는 상대방에 대하여 책
임을 부담하게 된다. 표현지배인의 행위에 대하여 영업주가 그 책임을 부담하는 것은 지배
인이 아닌 자의 행위에 대하여 책임을 지는 것이다. 이 점에서 진정한 지배인의 경우 영업
주가 지배인의 권한을 제한한 경우에, 지배인이 그 지배권을 위반하여 한 행위에 대하여
영업주가 책임을 지는 경우(상법 제11조 제3항)와 차이가 있다.

제7절 부분적 포괄대리권을 가진 상업사용인

I. 의의

영업에 관한 재판상 또는 재판 외의 모든 권한을 가지고 있는 지배인과 달리, 부분적 포
괄대리권을 가진 상업사용인(Handlungsbevollmächtigte)은 영업주의 영업의 특정한 종류
또는 특정한 사항에 관하여 재판 외의 모든 행위를 할 수 있는 자에 해당한다. 실제로 회사
의 차장, 과장, 계장이나 대리 등의 명칭을 가진 자가 여기에 해당한다. 상법 제15조 제1항
은 부분적 포괄대리권을 가진 사용인을 규정하고 있다. 영업의 특정한 종류 또는 특정한
사항에 대하여 위임을 받은 사용인을 부분적 포괄대리권을 가진 상업사용인이라 한다. 대

---

18 임홍근, 상법총칙, 법문사, 1986, 233면; 이기수·최병규, 상법총칙·상행위법(상법강의 I), 제7판, 박영사,
2010, 126면.

법원에 따르면, "일반적으로 증권회사의 지점장대리는 그 명칭 자체로부터 상위직의 시용인의 존재를 추측할 수 있게 하는 것이므로 상법 제14조 소정의 영업주임 기타 이에 유사한 명칭을 가진 사용인이라고 할 수는 없고, 단지 같은 법 제15조 소정의 영업의 특정한 종류 또는 특정한 사항에 대한 위임을 받은 사용인으로서 그 업무에 관한 부분적 포괄대리권을 가진 사용인으로 봄이 타당하다."고 판단하였다.[19]

II. 선임과 종임

상인과 그 대리인 또는 지배인이 부분적 포괄대리권을 가진 상업사용인을 선임한다. 부분적 포괄대리권을 가진 상업사용인 역시 상업사용인에 대한 선임행위는 지배인의 선임행위와 같이 '영업주의 단독행위'로 본다.[20] 상법 제15조 법문에 "… 위임을 받은 사용인은 …"에서 위임이라는 용어는 민법 제680조 이하에서 말하는 위임계약을 의미하는 것이 아니라 "영업의 특정한 종류 또는 특정한 사항에 대한 수권"을 의미하는 것으로 이해해야 할 것이다. 선임행위는 묵시적으로도 가능하다.

종임은 지배인의 종임에 준한다. 지배인의 경우 선임과 종임은 등기사항이지만(상법 제13조 참조), 부분적 포괄대리권을 가진 상업사용인의 선임과 종임은 등기사항이 아니다.

III. 법문상 특정 영업의 범위

지배인은 영업주를 갈음하여 그 영업에 관한 재판상 또는 재판 외의 모든 행위를 할 수 있는 반면에, 부분적 포괄대리권을 가진 상업사용인은 영업주로부터 위임을 받은 영업의 특정한 종류 또는 사항에 관하여 재판 외의 모든 행위를 할 수 있는 권한을 가지고 있다. 자동차운송사업을 경영하는 피고회사의 사업과장인 소외 갑이 피고회사의 본래의 영업목적인 운송사업에 속하는 범위 내의 사항에 대한 위임을 받은 사용인이라면 위 갑은 본조 소정의 사용인으로서 그 회사의 운송업에 관한 재판 외의 모든 행위를 할 수 있는 권한을 가진 자이므로 그 권한 내의 행위인 물품매입행위에 대하여는 피고회사는 대금지급책임을 부담하는 것으로 보아야 할 것이다.[21]

---

19 대법원 1994. 1. 28. 선고 93다49303 판결.
20 이철송, 상법총칙·상행위법, 제13판, 박영사, 2015, 136면.
21 대법원 1974. 6. 11. 선고 74다492 판결.

대법원 1989. 8. 8. 선고 88다카23742 판결

대법원은 회사의 영업부장과 과장대리가 부분적 포괄대리권을 가진 사용인에 해당하는지 여부와 부분직 포괄대리권을 가진 사용인의 대리권한 밖의 행위와 영업주인 회사의 책임에 대한 사항을 판단하였다. "피고 회사의 영업5부장인 김종훈과 농수산과 과장대리인 안재호가 이 사건 입고보관증 발행 당시 거래선 선정 및 계약체결, 담보설정, 어물구매, 어물판매, 어물재고의 관리 등의 업무에 종사하고 있었다면 비록 상무, 사장 등의 결재를 받아 위 업무를 시행하였다 하더라도 상법 제15조 소정의 "영업의 특정한 종류 또는 특정한 사항에 대한 위임을 받은 사용인"으로서 위 업무에 관한 부분적 포괄대리권을 가진 사용인이라 할 것이나, 피고 회사의 채무부담행위에 해당하는 이 사건 담보제공약정은 위 대리권의 범위에 속한다고 볼 수 없으므로 피고 회사가 본인으로서 책임을 지려면 부분적 포괄대리권을 가진 위 상업사용인들과 거래한 원고회사가 그 상업사용인들에게 그 권한이 있다고 믿을 만한 정당한 이유가 있어야 할 것인데, 기록에 의하면 원고회사가 위 담보제공을 받음에 있어 피고 회사의 위 상업사용인들에게 그러한 권한이 있다고 믿을 만한 정당한 이유가 있다고 인정하기 어려우므로 그 효력이 피고 회사에게 미치지 아니한다."라고 판시하고 있다.

대법원 1990. 1. 23. 선고 88다카3250 판결

주식회사 경리부장의 자금차용행위가 상법 제15조 소정의 부분적 포괄대리에 해당하는지 여부와 관련하여 대법원은 "일반적으로 주식회사의 경리부장은 경상자금의 수입과 지출, 은행거래, 경리장부의 작성 및 관리 등 경리사무 일체에 관하여 그 권한을 위임받은 것으로 봄이 타당하고 그 지위나 직책, 회사에 미치는 영향, 특히 회사의 자금차입을 위하여 이사회의 결의를 요하는 등의 사정에 비추어보면 특별한 사정이 없는 한 독자적인 자금차용은 회사로부터 위임되어 있지 않다고 보아야 할 것이므로 경리부장에게 자금차용에 관한 상법 제15조 부분적 포괄대리권이 있다고 할 수 없다."고 판시하면서 회사의 경리부장은 경리사무 일체에 관하여 그 권한을 위임받은 것으로 봄이 타당하고, 자금차입에 관한 부분적 포괄대리권은 가지고 있지 않은 것으로 판단하였다.

IV. 지배인과 부분적 포괄대리권을 가진 사용인의 차이

1. 동일성

부분적 포괄대리권을 가진 상업사용인의 대리권은 지배인이 행사하는 지배권과 유사한 범위를 가지고 있다. 부분적 포괄대리권을 가진 상업사용인의 대리권은 '특정한 사항에 관하여 포괄성과 정형성을 가지고 있다는 점'과 '대리권을 제한하는 경우에도 이를 선의의 제3자에게 대항하지 못하는 불가제한성'을 갖는다는 점에서 동일성을 갖는다. 그런 점에서 법정대리의 속성도 가지고 있으면서, 임의대리의 속성도 가지고 있다고 하겠다.

2. 차이점

지배인과 달리 부분적 포괄대리권을 가진 상업사용인은 다음과 같은 차이점이 있다. 부분적 포괄대리권은 특정사항에 대하여만 포괄성과 정형성을 갖는다(상법 제15조 제1항 전단). 둘째, 부분적 포괄대리권을 가진 사용인은 재판 외 행위에 관하여만 대리권이 부여된다는 점을 들 수 있다. 셋째, 지배인은 부분적 포괄대리권을 가진 사용인을 선임할 수 있지만(상법 제11조 제1항), 부분적 포괄대리권을 가진 사용인은 동일한 사용인을 선임할 수 없다. 넷째, 부분적 포괄대리권을 가진 사용인의 경우 등기를 요구하고 있지 않다.

특히 "영업의 전반에 대하여 대리권을 행사할 수 있는 지배인의 지배권과 달리, 부분적 포괄대리권을 가진 상업사용인"은 영업의 특정한 종류 또는 판매라든가 구매 혹은 융자 등 특정한 사항에 대하여만 대리권을 행사할 수 있다는 점에서 차이점이 있다.

V. 부분적 포괄대리권을 가진 상업사용인 여부

대법원 2009. 5. 28. 선고 2007다20440·20457 판결

원고는 1994년 11월경부터 피고로부터 비디오폰 등 각종 통신기기를 공급받아왔는데, 1999년 10월경부터는 피고의 영업부직원인 소외인을 통하여서만 피고와 거래를 하면서 원고가 매월 수시로 소외인에게 물품을 주문하여 이를 공급받고 다음 달 초에 소외인이 원고에게 공급한 물품의 종류와 수량 및 대금을 기재한 피고의 거래원장을 제시하면 원고가 이를 확인한 후 그 대금을 현금 또는 어음 등으로 결제하는 방식으로 거래를 하여 온 사실, 그런데 소외인은 2000년경 원고에게 물품대금을 선불로 지급하여 주면 구입 수량의 일정비율을 무상으로 공급하여 주겠다고 제의하였고, 원고가 이를 승낙하여 그 무렵부터 원고와 소외인 사이에 수시로 무상거래를 수반한 선급금 거래가 이루어져온 사실, 이러한 거래방식에 따라 소외인이 원고에게 제시한 거래 원장에는 유상거래 내역만이 기재되고 무상공급분은 포함되지 아니하였고 다만 세금계산서는 무상공급 수량이 포함된 전체 공급물량에 대한 것이 교부된 사실, 소외인은 당초 피고의 영업부 주임으로 원고에 대한 영업을 담당하였는데 원고와의 거래량이 늘어남에 따라 2002년 계장을 거쳐 2003년경 팀장으로 승진한 사실, 피고는 2000년경부터 2003년 5월경까지 사이에 이루어진 이러한 방식의 거래에 대하여 별다른 이의를 제기한 바가 없는 사실 등을 알 수 있다. 대법원은 "소외인은 피고의 영업부직원으로서 주임, 계장 및 팀장이라는 이름으로 원고와 계속하여 거래를 하여 오면서 물품의 공급과 대금의 회수 등을 전담하여 온 점에서 상법 제15조 소정의 영업의 특정된 사항에 대한 위임을 받은 사용인으로서 그 업무에 관한 부분적 포괄대리권을 가진 상업사용인으로 봄이 타당하고 그 업무의 범위 속에는 판매계약을 체결하고, 상품 및 대금을 수수, 감액하며, 지급을 유예하는 등 상품매매에 수반해서 발생하는 모든 영업상의 행위에 대해 영업주를 대리하는 권한이 포함된다."고 판시하였다. 동 판례가 갖는 의미는 "상법 제15조에 의하여 부분적 포괄대리권을 가진 상업사용인은 그가 수여받은 영업의 특정한 종류 또는 특정한 사항에 관한 재판 외의 모든 행위를 할 수 있으므로 개개의 행위에 대하여 영업주로부터 별도의 수권이 필요 없으나, 어떠한 행위가 위임받은 영업의 특정한 종류 또는 사항에 속하는가는 당해 영업의 규모와 성격, 거래행위의 형태 및 계속 반복 여부, 사용인의 직책명, 전체적인 업무분장 등 여러 사정을 고려 해서 거래통념에 따라 객관적으로 판단하여야 한다."는 '부분적 포괄대리권을 가진 상업사용인'의 행 위가 위임받은 영업의 특정한 종류 또는 사항에 속하는지 여부의 판단 기준을 정해준 것이라 하겠다.

대법원 1987. 6. 23. 선고 86다카1418 판결

대법원은 "원고회사 강남지점에서 피고은행 압구정동지점에 위 지점장 명의의 보통예금계좌 이외에 별도로 원고회사 강남지점 이규식 명의로 보통예금계좌를 개설하고 그 보통예금거래를 하여 왔다 할지 라도 이는 위 이규식에게 동인 명의의 예금계좌에서 예금을 인출할 수 있는 권한을 수여한 것에 지나지 아니하고 위와 같은 사실로 인하여 위 이규식이 위 지점장 명의의 예금계좌에서의 예금인출권한까지를 수여한 것으로는 볼 수 없다. 그리고 위 이규식이 원고회사 강남지점의 자금과장이라는 명칭을 가지고 있다 하여 대외적으로 위 이규식이 원고회사의 모든 예금을 인출할 권한이 부여된 자라고 볼 수도 없 다."고 하면서, "회사지점에서 자금과장으로 호칭되고 지점장 바로 다음 직위에 있으며, 그가 위 지점장 명의로 은행지점에 개설된 회사의 보통예금계좌에서 예금을 인출하거나 또는 이에 입금한 사실이 있다 고 하여, 예금을 인출할 수 있는 권한을 포괄하여 위임받은 상업사용인이라 할 수 없다."고 판시하였다.

대법원 2007. 8. 23. 선고 2007다23425 판결

대법원이 부분적 포괄대리권을 가진 사용인에 해당하기 위해서는 그 업무 내용에 영업주를 대리하 여 법률행위를 하는 것이 당연히 포함되어 있어야 하는지 여부에 대하여 판단하였다. 대법원은 "이 사건 매매계약 당시 피고 강남지사 영업2팀의 팀장은 소외 2이고, 소외 1은 피고 강남지사의 영업2팀 에서 과장으로 불리며 근무하던 3급 사원으로서, 피고의 거래처를 정기적으로 방문하여 거래처의 새로 운 통신수요를 파악하고 이에 맞는 통신서비스를 제안하여, 그에 따라 거래처가 새로운 통신서비스의 제공을 원하는 경우 이에 관한 사항을 사업추진보고서로 작성하여 영업2팀장인 소외 2에게 보고하는 업무를 담당하였을 뿐, 스스로 피고를 대리하여 영업과 관련된 계약을 체결할 권한을 가지지는 않았던 사실, 피고의 2003년 당시 영업계약관리기준에 의하면 영업팀장인 소외 2도 1,000만 원 이상의 거래 시에는 담당임원이나 대표이사의 결재를 받아야 계약을 체결할 수 있도록 되어 있는 사실 등을 인정한 다음, 이와 같은 인정 사실에 나타나는 여러 사정들에 비추어보면 소외 1이 피고의 영업에 관하여 부분 적 포괄대리권을 갖는 사용인이라고 보기 어렵다고 판단하여, 소외 1이 피고의 부분적 포괄대리권을 갖는 사용인이라는 원고의 주장을 배척하였다." 즉, 대법원은 상법 제15조의 부분적 포괄대리권을 가진 상업사용인이 되기 위해서는 그 사용인의 업무내용이 영업주를 대리하여 법률행위를 하는 것이 당연히 포함되어 있어야 하고, 만약 피고를 대리하여 영업과 관련된 계약을 체결할 권한이 없는 영업팀에서 근무하는 과장의 경우 부분적 포괄대리권을 가진 상업사용인에 해당하지 않음을 명확히 밝히고 있다.

VI. 표현대리와 사용자배상법리를 통한 책임

1. 표현대리에 의한 책임

1) 표현대리

부분적 포괄대리권을 가진 상업사용인의 책임문제는 표현대리에 의한 책임문제와 관련성을 갖게 된다. 부분적 포괄대리권을 가진 상업사용인이 특정한 영업이나 특정된 사항에 속하지 않는 행위를 한 경우에 본인에게 책임을 물을 수 있는 방법으로 표현대리에 의한 책임을 부담시킬 수 있는 여지가 제공되는 것이다.

2) 판례

대법원 역시 "이 경우에 민법상의 표현대리의 법리에 의하여 그 상업사용인과 거래한 상대방이 그 상업사용인에게 그 권한이 있다고 믿을 만한 정당한 이유가 있다면 상업사용인에 대한 특정 행위에 대하여 영업주가 책임을 부담해야 한다."고 판시하고 있다.[22] 또 다른 판례에서 대법원은 "피고의 소외 1 이사가 부분적 포괄대리권을 가진 상업사용인으로서 그 권한에 기하여 이아이디비의 원고에 대한 이 사건 물품대금채무를 보증하였다는 원고의 주장에 대하여, 피고의 소외 1 이사가 이 사건 전산개발장비 구매와 관련된 실무를 총괄하는 상업사용인의 지위에 있었다고 하더라도 회사에 새로운 채무부담을 발생시키는 지급보증행위는 그의 권한에 속하지 아니할 뿐만 아니라, 소외 1 이사가 원고에 대한 이아이디비의 이 사건 물품대금채무를 보증하였다거나, 원고가 위 소외 1 이사가 피고로부터 원고에 대한 물품대금채무의 보증에 관한 권한을 수여받았다고 믿을 만한 정당한 이유가 있다고 인정하기도 어렵다."고 하면서 "전산개발장비 구매와 관련된 실무를 총괄하는 상업사용인의 지위에 있는 자가 회사에 새로운 채무부담을 발생시키는 지급보증행위를 하는 것은 부분적 포괄대리권을 가진 상업사용인의 권한에 속하지 아니하므로, 영업주가 책임을 지기 위해서는 민법상의 표현대리의 법리에 의하여 그 상업사용인과 거래한 상대방이 그 상업사용인에게 그 권한이 있다고 믿을 만한 정당한 이유가 있어야 한다."고 판시하고 있다.[23]

---

22 대법원 1997. 7. 27. 선고 99다12932 판결.
23 대법원 2006. 6. 10. 선고 2006다13117 판결.

2. 사용자배상책임

1) 개념

사용자책임이라 함은 어떤 사업을 위하여 타인을 사용하는 자는 피용자가 그 사업의 집행에 관하여 제3자에게 가한 불법행위로 인한 손해를 배상할 책임을 의미한다(민법 제756조 제1항 본문). 사용자책임은 민법이 규정하는 특수적 불법행위의 일종이다. 근대법은 자기의 과실에 대해서만 책임을 진다고 하는 자기책임, 과실책임의 원칙을 취하는 것이 원칙이지만, 사용자책임은 타인의 불법행위에 관하여 책임을 지고 자기의 직접적인 과실이 없이도 책임을 진다. 다만, 사용자는 피용자의 선임 및 그 사무감독에 상당한 주의를 한 때, 또는 상당한 주의를 하여도 손해가 있을 경우에는 책임을 면한다(제756조 제1항 단서). 또한 사용자가 책임을 부담한 때에는 피용자에 대하여 구상권을 사용할 수 있다(제756조 제3항). 이러한 점에서는 보상책임 또는 기업책임의 원리가 약화되었다고 볼 수 있다. 사용자에 갈음하여 그 사무를 감독하는 자도 사용자와 같은 책임을 진다(제756조 제2항).

2) 판례

대법원 1990. 1. 23. 선고 88다카3250 판결

책임문제와 관련하여 "원고은행의 직원이 대부담당 사무계통을 통하여 적법한 피고 회사의 차금요청이 있었는가를 확인하는 등 원고은행 소정의 대출절차를 밟았더라면 피고 회사의 경리부장에게 대리권이 있는지의 여부를 알 수 있었던 경우에는 비록 위 은행직원이 피고 회사의 경리부장에게 자금차용에 관한 대리권이 있었다고 믿었더라도 거기에는 위와 같은 주의를 다하지 아니한 과실이 있었다고 할 것이어서 결국 원고은행으로서는 피고 회사에게 표현대리 책임을 물을 수 없다."고 하면서 책임을 인정하지 않았지만, "피고 회사의 자금을 횡령하여 사채거래를 해온 그 회사 경리부장에게 원고은행의 직원이 무자원으로 자기앞수표를 발행하여 그 경리부장이 거래하는 사채업자의 여직원에게 교부하고, 위 경리부장이 자기의 개인자금을 관리하기 위하여 피고 회사의 이름으로 원고은행의 다른 지점에 구좌를 개설하여 이용하다가 대표이사의 도장을 위조하여 개인신고를 한 보통예금구좌에 무 자원으로 전금하여 주는 등의 방법으로 대출하였다고 하더라도, 위 은행직원이 위 경리부장과의 사적인 거래를 위한 것이라기보다는 직무에 관하여 피고 회사에게 전과 같은 방법으로 잠시 금융의 편의를 제공하여 준다는 의사로 한 것이라면, 위 원고은행 직원은 피고 회사의 경리부장에게 자금차용에 관한 대리권이 있었던 것으로 믿고 이 사건 자기앞수표 발행 등을 하였던 것으로 보아야 할 것이고 피고 회사의 경리부장으로서 은행거래, 유가증권의 할인 등에 의한 회사자금조달 등의 사무를 집행하는 자의 이 사건 차금행위는 외형상 그의 사무집행에 관하여 이루어진 것이라 할 것이므로 피고 회사는 위 경리부장의 사용자로서 그로 인하여 원고은행이 입은 손해를 배상할 의무가 있다."라고 하면서 사용자의 책임을 인정하였다.

3. 민법상 표현대리책임

1) 의의

대리인에게 정당한 대리권이 없음에도 불구하고 대리권이 있는 것과 같은 외관이 존재하는 경우 본인에게 책임을 귀속시키는 경우가 발생한다. 외관의 존재 외에도 본인이 어느 정도의 원인을 제공하고 상대방이 무권대리인을 정당한 대리인으로 신뢰하여 법률관계를 형성하고, 거래상대방이 선의인 경우에 본인에게 책임을 부담하도록 하는 표현대리가 인정된다. 표현대리는 대리권수여에 의한 표현대리(민법 제125조), 권한을 넘은 표현대리(민법 제126조) 및 대리권소멸 후의 표현대리(민법 제129조)가 있다.

2) 형태

(1) 민법 제125조

민법 제125조의 표현대리가 성립하기 위해서는 첫째, 대리권수여의 표시가 있어야 한다. 둘째, 표시된 대리권 범위 내에서의 대리행위이어야 한다. 셋째, 표시의 통지를 받은 상대방과의 대리행위일 것을 요구한다. 넷째, 상대방의 선의·무과실일 것을 요구한다.

(2) 민법 제126조

민법 제126조가 적용되기 위해서는 기본대리권이 존재해야 한다. 또한 권한을 넘은 표현대리의 존재 및 정당한 이유의 존재를 요건으로 한다. 민법 제125조와는 기본대리권의 존재와 대리권한을 넘은 대리행위 등에서 차이가 있다.

(3) 민법 제129조

대리권소멸 후의 표현대리가 적용되기 위해서는 대리인이, 이전에는 대리권을 가지고 있었지만 대리행위를 하는 때에는 그 대리권이 소멸하여 대리권이 존재하지 말아야 한다. 상대방은 선의·무과실이어야 한다.

3) 효과

표현대리가 적용되면, 대리인의 법률행위는 본인에 대하여 책임을 귀속시키게 된다. 본인이 책임을 부담해야 하는 것이다.

제8절 물건판매점포의 사용인

I. 의의

상업사용인 가운데 물건을 판매하는 점포의 사용인은 그 판매에 관한 모든 권한을 가지고 있다(상법 제16조). 동 규정은 외관법리에 따라 판매에 관한 권한이 있는 것으로 믿은 제3자을 보호하고자 하는 데에 목적이 있다. '물건판매점포사용인'을 '의제상업사용인'이라고도 한다. 영업주의 수권에 관계없이 대리권이 있는 것으로 의제하기 때문에, 의류를 만들기만 하는 사람이라 할지라도 점포 내에서 물건을 파는 행위를 하였다면, 그는 물건판매점포사용인에 해당할 수 있게 된다. 그러므로 실제로 물건판매에 관한 대리권을 가지고 있지 않은 경우라도 제3자에 대하여 물건판매에 관한 대리권을 가진 것과 같은 외관이 존재하면, 거래의 안전을 위하여 물건판매에 관한 대리권을 인정할 수 있다.

II. 선임과 종임

지배인이나 부분적 포괄대리권을 가진 상업사용인과 달리 물건판매점포사용인은 그 자신에게 대리권이 없는 경우에도 대리권이 있는 것으로 의제하므로, 그 선임에 있어서 대리권의 수권행위가 존재하지 않아도 된다. 원칙적으로 영업주와 물건판매점포사용인 사이에는 고용계약이 존재해야 하나, 영업주의 가족의 경우와 같이 고용계약이 없는 경우에도 거래의 안정을 위하여 물건판매점포사용인에 관한 상법의 규정이 적용되어야 한다.

상법 제16조 제1항 법문을 보면 "사용인"이라는 용어가 있지만, 이는 대리권이 있는 상업사용인만을 의미하는 것이 아니라 '점포 내에서 물건을 판매할 권한이 있는 것 같은 외관을 가진 자'로 확대 해석이 필요하다고 하겠다. 선임에 있어서 고용계약이 존재하는 경우 물건판매점포사용인은 고용계약의 종임사유에 의하여 종료될 것이다. 그러나 부분적 포괄대리권을 가진 상업사용인과 마찬가지로 등기를 요하지 않기 때문에, 물건판매점포사용인의 선임과 종임의 문제는 상법 제16조의 적용에 큰 의미를 부여하지 못한다.

III. 적용범위

1. 장소적 제한

상법 제16조는 점포에서의 물건판매가 외관을 구성하기 때문에, 물건을 판매하는 '점포'

의 사용인에 대하여 적용된다. 그러므로 특별한 수권이 없다면 그 점포 외에서 대금을 수령할 권한이 물건판매점포사용인에게 존재하지 않는다. 1978년 7월 13일 대법원은 물건판매점포사용인에 대한 사건을 다루었다. '원고와 이 사건 물품매매거래를 하였던 소외 이영철은 물건을 판매하는 점포의 사용인이 아니라 피고 회사 대구지점의 외무사원이었으며, 이 사건 거래물품은 점포 내에 있었던 것도 아니었고 또 거래행위도 점포 밖에서 이루어진' 사안에서, 대법원은 "상사회사 지점의 외무사원은 상법 제16조 소정의 물건판매점포의 사용인이 아니므로 위 회사를 대리하여 물품을 판매하거나 또는 물품대금의 선금을 받을 권한이 있다고 할 수 없고, 위 외무사원이 점포 밖에서 그 사무집행에 관한 물품거래행위로 인하여 타인에게 손해를 입힌 경우에는 위 회사는 사용자의 배상책임을 면할 수 없다."고 하면서, 제3자가 물품거래행위로 인하여 손해를 입은 경우에 물건판매점포사용인을 인정하지는 않았지만, 민법 제756조에 따른 사용자책임으로 배상을 받을 수 있음을 판시한 바 있다.[24]

2. 업무적 제한

상법 제16조는 물건의 '판매'에 관해서만 그 권한이 있는 것으로 의제하고 있다. 물건을 구입하거나, 영업자금을 차입하거나, 점포를 대여하는 행위 등은 물건판매에 해당하지 않는 것이 일반적이다. 그러므로 그의 제한범위 내의 행위로 볼 수 없다. 판매에 관한 행위란 현실적인 판매 자체에 관한 행위만을 의미하는 것이 아니라, 외상판매·할인판매·교환 등과 같이 통상 판매와 관련되는 모든 행위를 의미한다.

대법원 1971. 3. 30. 선고 71다65 판결

대법원은 "상법 제16조의 물건판매점포의 사용인은 특별한 수권사실이 없는 한 그 점포 외에서의 대금영수권한이 있다고 볼 수 없으므로, 그의 퇴직사실을 모르고 점포 외에서 그에게 외상대금을 지급하였다 하더라도 민법 제129조의 표현대리가 성립할 수는 없다."고 판시하였다.

---

[24] 대법원 1976. 7. 13. 선고 76다860 판결.

3. 선의

악의의 제3자에게 물건판매점포사용인의 대리권은 적용되지 않는다(상법 제16조 제2항). 사용인에게 물건을 판매할 수 있는 권한이 존재하지 않음을 알고 있는 경우가 바로 여기에 해당한다. 외관법리하에 거래의 안전을 목적으로 하고 있다는 점에서 악의의 제3자에게 적용되어서는 아니 될 것이다.

제4장
상 호

제1절 상호와 상호권

I. 의의

　기업생활에서 자신의 기업을 타인에게 나타내기 위하여 상호를 사용하게 된다. 상호는 일정한 상인이 그 기업의 동일성을 인식하기 위한 편의성을 제공하기도 하지만, 오늘날에는 재산적인 가치가 있는 것으로 인정되고 있다. 상호는 상인의 영업상의 명칭으로서 상인의 명성과 신용의 표적이 되고 있다. 상인은 부정의 목적이 없는 한 자유로이 상호를 선정할 수 있다. 또한 타인의 방해를 받음이 없이 상호를 사용할 수 있는 권리가 인정된다. 상법에서 인정하고 있는 상호권에 따라 타인이 부정한 목적으로 자신의 영업으로 오인할 수 있는 상호를 사용하는 경우에는 그 사용을 폐지하도록 청구할 수 있다. 어떤 상인이 특정한 상호를 사용하여 영업을 하고 있었고, 다른 사람에게 양도를 했고 그 자가 유사한 상호를 가지고 다시 영업을 개시하고 그 상호를 등기한 후 또다시 이를 제3자에게 양도한 경우, 미등기상호와 등기상호가 충돌하게 되는 상황이 발생할 수 있다. 미등기상호권자가 등기상호권자에게 그 상호의 사용폐지와 등기말소를 청구할 수 있느냐 하는 문제 등을 고찰해볼 필요가 있다.

II. 상호의 의미와 그 선정

1. 상호의 의미

상호는 특정한 상인이 영위하는 기업의 동일성을 인식하기 위한 편의적 동기에서 창안된 것이다. 자연인의 성명이 그 자신의 성명을 가지고 다른 사람과 구별하는 것과 마찬가지로 상인 역시 기업생활에서 자신을 나타내기 위하여 상호를 사용한다. 자연인이 그 자신의 성명을 가시고 상호를 사용한 경우에, 그 자신이 사망하면 그 상호 역시 소멸하는 것이 일반적일 것이다. 그러나 자연인의 단체가 결합하여 하나의 법인을 성립하게 되고, 그 법인에 대하여 고유한 명칭을 부여하게 되면, 비록 그 자연인이 사망한다고 할지라도 그 법인의 명칭은 소멸하지 않고 지속적으로 남아 있게 된다. 이와 같이 상인이 기업거래에서 장기간 사용된 상호를 사용하게 되면 그 상인의 누적된 신용과 명성을 동반하게 되는 기능을 하게 된다. 이제 상호는 한 자연인의 인격적인 가치를 부여하는 동시에 경제적인 가치를 부여하는 기능을 동반하게 될 것이다.

2. 상호의 선정

1) 입법정책

상호를 선정함에 있어서 두 가지 입법주의가 있다. 상호가 영업주 또는 영업내용 등을 부여하는 것이라고 한다면, 반드시 실제와 부합해야 한다는 상호진실주의가 있다. 상호진실주의를 도입하게 되면, 영업양도 시 상인이 사용하고 있는 상호는 계속하여 사용하지 못하게 된다. 프랑스법은 상호진실주의를 취하고 있다. 반면, 상인은 언제든지 영업의 실제와 관계없이 자유롭게 상호를 선정하고 또 승계할 수 있는 입법주의가 상호자유주의이다. 영미법계가 취하고 있는 태도이다.

2) 독일 상법

독일은 '상인이 새로이 상호를 선정하는 경우에는 상호진실주의에 의해 영업의 실제와 일치할 것을 요구'하는 상호진실주의를 택하고 있었다. 즉, 자연인인 상인의 상호는 상인의 성 및 하나 이상의 이름을 표시해야 하고 있었다(상법 제18조 제1항). 그러나 1998년 상법 개정 시 상인이 개명하거나 영업의 양도 또는 상속이 이루어지나 회사에서 사원의 입·퇴사가 있는 경우에는 상호의 계속사용을 허용하도록 하였다(현 독일 상법 제21조, 제22조, 제

24조). 이는 일종의 절충주의의 모습이라 하겠다. 또한, 합명회사의 상호는 1인 이상의 무한책임사원의 이름과 회사임을 표시하는 문자를 사용해야 하며(상법 제19조 제1항 제2문), 주식회사의 상호에는 업종과 주식회사라는 문자를 표시하며(주식법 제4조), 유한회사의 상호는 업종 또는 사원의 이름으로 표시하도록 하고 있었던 사항(유한회사법 제4조)을 변경하였다. 이는 상호진실주의 대신에 상호자유주의를 택한 모습을 보여준다.

3) 우리 상법

(1) 원칙

우리나라는 상호자유주의를 택하고 있다. 상법 제18조는 상인에게 자신의 성명이나 기타의 명칭을 가지고 자유롭게 상호를 선정할 수 있음을 규정하고 있다. 다만, 거래상대방을 보호하고 건전한 거래질서를 유지하기 위하여 몇 가지 제한을 두고 있다.

(2) 제한

동일한 영업에는 하나의 상호를 사용하여야 한다(상법 제21조 제1항). 다만, 수 개의 영업이 동일한 상호를 사용하는 것은 허용한다. 동일한 영업에 수 개의 상호가 등기가 되었다 하더라도 이 규정에 위반한 것이라 하겠다.[1] 지점의 상호에는 본점과의 종속관계를 표시하여야 한다(상법 제21조 제2항).

회사의 상호에는 그 종류에 따라 회사형태의 문자를 사용해야만 한다(상법 제19조). 회사는 종류별로 사원의 책임이 다른 모습을 띠고 있고, 거래상대방이 부담하는 거래의 위험 역시 달리 발생한다. 회사의 명칭사용으로 인하여 거래상대방은 그 사원의 책임이나 조직형태를 알 수 있게 된다는 점에서, 회사의 상호표시를 강제하는 것은 의미가 있다고 하겠다.

회사상호를 부당하게 사용하는 것은 금지된다(상법 제20조). 즉, 회사가 아니면 상호에 회사임을 표시하는 문자를 사용해서는 아니 된다. 이를 위반한 자는 200만 원 이하의 과태료에 처한다(상법 제28조). 이는 회사가 아닌 형태를 가지고 있으면서 회사라는 명칭을 사용하여 영업규모와 신용을 과장하여 거래상대방에게 발생할 수 있는 피해를 예방하기 위한 목적을 가지고 있다.

---

1   제주지법 1998. 4. 23. 97가합3244 판결 : 확정.

III. 상호권

1. 의의

상인이 사용하는 상호권(Firmenrecht)은 상인이 특정한 상호를 사용할 수 있는 권리를 말한다. 상호권의 법적 성질에 대하여는 학설이 나누어져 있다. 첫째, 상호가 영업상 상인을 나타내는 명칭이라는 점을 중시하여 인격권이라고 보는 입장이 있다. 둘째, 상호의 경제적 가치와 기능에 중점을 두어 재산권으로 보는 입장이 있다. 셋째, 상호는 명예와 신용을 갖는다는 점에서 인격권적 성질이 있고, 상인에게 경제적 이익을 부여하고 양도가 가능하다는 점을 고려하여 재산권적 성질도 가지고 있는 점을 들어 인격권적 성질을 가지고 있는 재산권으로 보는 입장이 있다. 상호권은 한편으로는 인격권을 가지고 있고, 또 다른 한편으로는 재산권적 성질을 가지고 있다는 점에서 세 번째 입장이 타당하다.

2. 종류

1) 상호사용권

상인은 자유로이 그 상호를 선정하여(상법 제18조) 타인의 방해를 받음이 없이 이를 사용하는 권리를 상호사용권이라 한다. 상호사용권은 부정의 목적이 없는 한 타인이 등기한 상호라 할지라도 여전히 그 상호의 사용을 계속할 수 있다. 이 권리는 상호를 자유로이 선정·사용할 수 있는 적극적 상호권에 해당한다. 일체의 거래행위에서 기업이 상호를 자유로이 사용할 수 있을 뿐만 아니라, 광고나 간판·상품 또는 서류 등의 사실행위에도 상호를 자유롭게 기재하여 사용할 수 있다.

2) 상호전용권

상호전용권은 타인이 부정한 목적으로 자기가 사용하는 상호와 동일 또는 유사상호를 사용하는 경우 그 사용의 폐지를 청구할 수 있는 권리로서 소극적 상호권에 해당한다. 이 상호전용권은 상호등기의 유무를 묻지 않고 상호사용권이 침해된 경우에 상호사용권자가 행사하는 권리로서 다음과 같은 권리행사가 가능하다.

(1) 상호사용폐지청구권
상호전용권자는 자기의 영업으로 오인할 수 있는 상호를 타인이 부정한 목적으로 사용하는 경우에 그 폐지를 청구할 수 있다(상법 제23조 제1항). 상호자유주의의 결과로서 고의로 신용 있는 상인의 상호를 남용하여 일반 공중을 속이는 폐단을 바로 잡고 또 상인의 이익을 보호하고자 하는 데 있다.

(2) 등기말소청구권

상호전용권자는 타인이 자기의 영업으로 오인할 수 있는 상호를 사용하는 경우에 그것의 폐지청구를 할 수 있다. 하지만 타인이 부정목적으로 사용한 상호를 등기한 경우에 그것의 말소를 청구할 수 있느냐는 의문이다. 원래 상호사용폐지청구권은 상호의 등기 여부와는 상관없이 인정되는 것이므로 그 사용폐지의 효과를 완전히 하고 그 권리침해를 막기 위해서는 등기의 말소도 사용폐지에 포함되는 것으로 보아야 한다. 상법 제27조는 "상호폐지의 경우에 2주간 안에 상호를 등기한 자가 폐지등기를 하지 아니하는 때에는 이해관계인은 그 등기의 말소를 청구할 수 있다."라고 규정하고 있는데, 동 규정은 이것을 뒷받침하고 있다. 그러므로 미등기상호권자도 타인이 부정의 목적으로 자기의 상호와 동일 또는 유사한 상호를 등기하여 사용하고 있는 경우에, 상호의 사용폐지는 물론 그 등기의 말소도 아울러 청구할 수 있다.

(3) 손해배상 및 신용회복청구권

상호권자는 부정한 목적으로 동일·유사상호를 사용하는 자에 대하여 그 부정사용으로 인하여 영업상의 이익의 침해를 받아 손해를 입은 경우에는 그 손해의 배상을 청구할 수 있다(상법 제23조 제3항, 부정경쟁방지법 제5조). 이 손해배상청구권은 상호권자가 타인의 상호사용폐지(상법 제23조 제2항) 또는 상호등기말소청구권(상법 제27조)[2]에 영향을 받지 않는다. 그리고 상호권자는 타인이 부정목적으로 상호를 사용함으로써 영업상의 신용을 훼손당한 경우에는 손해배상청구를 대신하여 또는 그와 함께 상호의 부정사용자에 대하여 그 신용회복에 필요한 조치(가령 사과광고 등)를 취하도록 하는 신용회복청구권을 행사할 수 있다(부정경쟁방지법 제6조).

---

2 상법 제27조(상호등기의 말소청구) 상호를 변경 또는 폐지한 경우에 2주간 내에 그 상호를 등기한 자가 변경 또는 폐지의 등기를 하지 아니한 때에는 이해관계인은 그 등기의 말소를 청구할 수 있다.

제2절 주체를 오인시킬 상호의 사용금지

I. 의의

상호자유주의에 의하여 상인은 상호를 자유롭게 선정하여 사용할 수 있는 권리가 인정된다. 또한 상호자유주의에 따라 타인이 부정한 목적으로 자신의 영업으로 오인할 수 있는 상호를 사용할 경우에, 이를 배척할 수 있는 상호전용권이 상인에게 인정된다. 상법 제23조 제1항은 부정한 목적으로 타인의 영업으로 오인할 수 있는 상호사용을 금지하고 있다. 그리고 제2항과 제3항은 제1항을 위반한 경우에 상호권자나 또는 오인으로 인하여 손해를 받을 염려가 있는 자는 상호사용폐지청구권과 손해배상청구권 행사를 가능하도록 하고 있다.

II. 오인할 수 있는 상호

1. 유사상호와 부정목적

자기의 영업으로 오인할 수 있는 상호란 동일 또는 확연히 구별할 수 없는 상호를 의미한다(비송절차법 제164조 참조). 상호의 동일성과 유사성은 거래의 관념에 따라 객관적으로 결정할 문제인데 상호 자체를 비교하여 그 전체에서 받는 인상이 비슷하여 일반거래에서 영업을 혼동하거나 오인할 우려가 있는 상호는 동일 또는 유사상호라 할 수 있다. 한편, 부정목적이란 자기의 영업을 타인의 영업으로 혼동·오인시키는 목적을 말한다. 다시 말하면 타인이 그 상호에 의하여 누리고 있는 명성·신용 또는 경제적 이익 등을 자기의 영업에 이용하고자 하는 의도를 가지고 타인의 상호를 사용하는 것을 뜻한다. '부정목적'의 유무는 사실인정의 문제이다.

2. 판례

1) 긍정한 사례

> **대법원 1964. 4. 28. 선고 63다811 판결**
>
> 대법원은 "'뉴서울사장'이라는 상호 옆에 혹은 아래에 작은 글자로 "전 허바허바 개칭"이라고 기재할 것 같으면 이것은 채권자가 등기한 "허바허바 사장"이라는 상호를 사용한 것으로 볼 것이며 원판결이 이 점에 관하여 채무자의 상호 간판 "뉴서울사장"의 위 또는 아래와 옆에 작은 글씨로 "전 허바허바 개칭" 또는 "허버허바 사장 개칭"이라고 덧붙여서 사용한 것은 비록 작은 글씨라 할지라도 같은 서울

특별시 내에서 같은 사진영업을 하면서 다른 사람의 등기한 상호를 1958년 이래 사용하고 있는 것은 부정한 목적으로 다른 사람의 영업으로 오인할 수 있는 상호를 사용하고 있는 것이라 할 것이다."라고 판시하였다.

2) 부정한 사례

대법원 1993. 7. 13. 선고 92다49492 판결

대법원은 "피신청인의 상호인 "서울 고려당"은 그 요부가 "고려당"에 있고, 간이신속을 존중하는 거래계에서는 간략히 특징적인 부분인 "고려당"으로 호칭될 것이므로 그 경우 신청인의 상호인 "고려당"과 동일하여 양자는 오인, 혼동의 우려가 있어 서로 유사한 상호로 봄이 상당하고, 신청인의 "고려당"이라는 상호가 1959년 7월 21일 등기되었으므로 피신청인이 그와 유사한 위 상호를 동일한 시에서 동종영업을 위하여 사용하는 이상 상법 제23조 제4항에 의하여 피신청인에게 부정한 목적이 있다고 일응 추정된다 할 것이나, 거시증거에 의하면, 신청외 망 김동환이 1944년 서울 종로 2가에서 "고려당"이라는 상호 및 상표로 양과자 제조, 판매업을 개시하여 1945년 9월 1일 위 상호로 영업감찰을 받은 이래 같은 업체를 경영하여 오던 중 1971년 10월 1일 그의 후손들에 의하여 "주식회사 고려당"이 설립된 사실, 위 회사는 40년이 지난 지금까지 동일한 상표와 상호로 같은 영업을 계속해 오면서 상표인 "고려당"이란 표장을 선전해왔으며, 매출액도 1990년에 23,000,000,000원, 1991년에는 27,000,000,000원이나 되고 전국적으로 250여개의 판매대리점 및 직영점을 가지고 있어 일반수요자들에게 "고려당"은 위 회사의 상호 및 제품에 사용되는 상표인 것으로 널리 인식되기에 이른 사실, 피신청인은 1991년 8월 1일 위 회사와 위 회사 제품의 마산대리점 계약을 체결함에 있어(피신청인은 1990년 11월 1일 위 회사와 위 수탁판매계약을 체결하여 위 회사의 분점개설, 상호 및 상표의 사용권을 가지는 신청외 고려당판매주식회사와 판매대리점계약을 체결하였다가 위 두 회사가 합병함에 따라 다시 계약을 체결하였다) 위 회사의 상표인 "고려당"을 상품에 관한 광고, 간판 등에 사용할 수 있는 권리도 취득한 사실, 이에 피신청인은 위 회사 마산대리점을 개점, 운영함에 있어 위 회사의 연혁과 그 관계를 표시하기 위하여 "SINCE 1945 신용의 양과 서울 고려당 마산분점"이라는 간판을 사용한 사실, 신청인과 피신청인은 모두 같은 마산시에서 제과점을 경영하고 있으나 신청인은 합포구 창동에, 피신청인은 회원구 양덕동에 제과점이 위치하여 비교적 원거리에 있는 사실이 인정되며 위 인정사실에 비추어보면 피신청인은 위 회사의 명성과 신용을 믿고 위 회사 등과 마산판매대리점계약을 체결한 자로서 위 회사의 "고려당"이란 상호를 간판에 내세운 것으로 인정될 뿐 신청인의 상호인 마산의 "고려당"이 가지는 신용 또는 경제적 가치를 자신의 영업에 이용하고자 하는 의도는 없었다고 봄이 상당하므로 피신청인이 부정한 목적으로 신청인의 상호와 동일한 상호를 사용함을 전제로 한 이 사건 신청인은 이유 없다."는 취지로 상법 제23조 제1항의 부정한 목적이 없다고 판단하고 있다.

<h2>대법원 1995. 9. 29. 선고 94다31365 판결</h2>

대법원은 "부정한 목적이란 '어느 명칭을 자기의 상호로 사용함으로써 일반인으로 하여금 자기의 영업을 그 명칭에 의하여 표시된 타인의 영업으로 오인시키려고 하는 의도'를 말하는바, 원심이 적법하게 인정한 바와 같이 피고 회사는 1984년 법인설립이래 경남 지역에서 자신의 등기된 상호의 주요 부분인 '동성'이라는 이름으로 아파트공사를 시작하여 그 지역에서 주지성을 확보한 이래 서울에 지점을 설치하고 수도권 지역에 사업을 확장하면서도 일관되게 '동성'이라는 이름을 계속 사용하여 아파트건설업을 하여 온 반면, 원고 회사는 당초 등기된 상호인 '동성종합건설'과는 전혀 관계없는 '상아'라는 이름으로 1978년경부터 10년이 넘는 장기간을 아파트 건설업을 하여 옴으로써 일반인에게 '상아'아파트를 건설하는 회사로서 널리 알려져 오다가 1990년경부터서야 비로소 아파트 건설에 '동성'이라는 이름을 사용하기 시작한 점, 원고 회사가 피혁제품의 제조 판매를 사업목적으로 하는 주식회사 동성을 흡수 합병한 1986년 이래 1990년경부터 위와 같이 아파트에 '동성'이라는 이름을 사용하기 시작한 때까지는 원고 회사의 주력 업종은 피혁 부분의 사업이었던 점, 원·피고 회사의 건설공사 도급한도액 순위가 피고 회사가 서울 등 수도권지역에서 본격적인 건설사업을 벌이기 시작한 1991년도에는 원고 회사 151위, 피고 회사 152위로 비슷하였으나 그 후부터는 오히려 피고 회사가 앞선 점 등에 비추어보면 피고에게 원고의 명칭과 동일 유사한 명칭을 사용하여 일반인으로 하여금 자기의 영업을 원고의 영업으로 오인시키려고 하는 의도가 있었다고 보기는 어렵다 할 것이므로 위의 부정한 목적이 있다는 추정은 깨어졌다고 봄이 상당할 것이다."고 하면서, 상법 제23조 제1항 및 제4항 소정의, 부정한 목적이 없다고 판시하고 있다.

<h2>대법원 1996. 10. 15. 선고 96다24637 판결</h2>

대법원은 "상법 제23조 제1항에서는 누구든지 부정한 목적으로 타인의 영업으로 오인할 수 있는 상호를 사용하지 못한다고 규정하고 있는바, 이 경우 타인의 영업으로 오인할 수 있는 상호는 그 타인의 영업과 동종영업에 사용되는 상호만을 한정하는 것은 아니고, 각 영업의 성질이나 내용, 영업방법, 수요자 층 등에서 서로 밀접한 관련을 가지고 있는 경우로서, 일반수요자들이 양 업무의 주체가 서로 관련이 있는 것으로 생각하거나 또는 그 타인의 상호가 현저하게 널리 알려져 있어 일반수요자들로부터 기업의 명성으로 인하여 절대적인 신뢰를 획득한 경우에는 영업의 종류와 관계없이 일반수요자로 하여금 영업주체에 대하여 오인·혼동시킬 염려가 있는 것에 해당한다."고 판시하였다. "…'합동공업사'라는 등록상호로 자동차정비업을 하던 갑이 '합동특수레카'라는 상호를 추가로 등록하여 자동차견인업을 함께 하고 있는 상황에서 을이 같은 시에서 자동차견인업을 시작하면서 '충주합동레카'라는 상호로 등록하였음에도 실제는 등록상호를 사용하지 아니하고 '합동레카'라는 상호를 사용한 경우, 자동차정비업과 자동차견인업은 영업의 종류가 서로 다르고 그 영업의 성질과 내용이 서로 달라서 비교적 서비스의 품위에 있어서 관련성이 적은 점, 자동차를 견인할 경우 견인장소를 차량소유자가 지정할 수 있는 점, 운수관련업계에서 '합동'이라는 용어가 일반적으로 널리 사용되고 있어 그 식별력이 그다지 크지 아니한 점, 갑과 을측의 신뢰관계, 갑도 자동차정비업과 함께 자동차견인작업을 하면서

별도의 견인업등록을 한 점, 을이 자동차정비업을 하고 있지 아니한 점과 을의 영업방법이나 그 기간 등을 고려할 때, 양 상호 중의 요부인 '합동'이 동일하다 하더라도 을이 상법 제23조 제1항의 '부정한 목적'으로 상호를 사용하였다고 할 수 없다."고 판시하고 있다. 특히, 대법원이 '타인의 영업으로 오인할 수 있는 상호'가 반드시 동종영업에만 국한되는 것이 아님을 밝히고 있다는 점에서 그 의미가 있다고 하겠다.

대법원 1976. 2. 24. 선고 73다1238 판결

원고는 의약품의 제조 및 판매업과 그에 대한 부대업무 등을 목적으로 설립된 법인체이다. 약사법에 따른다면, 원고는 약국을 개설할 수 없고, 일반 복용자를 상대로 의약품의 조제 또는 판매가 금지되어 있다(약사법 제35조 제1항 단서, 제38조, 약사법 시행규칙 제27조 제1항). 피고인 약국개설자는 의약품을 조제하고 판매는 하되 도매는 할 수 없도록 되어 있다(약사법 제38조, 약사법 시행규칙 제27조 제2항). 이와 관련하여 대법원은 "원고와 피고는 그 영업의 종류, 범위는 물론이거니와 그를 위한 시설과 규모 등 그 영업의 양상을 달리할 것이라고 하여야 할 것은 물론, 특히 원고와 피고는 서로 그 고객을 달리하고 있게 되므로 원고의 일반 고객이 원고회사의 근처도 아닌 수원에 개설된 피고 경영의 '수원보령약국'이 서울에 있는 원고 '보령제약주식회사'의 영업으로 혼동 오인하게 된다는 것은 좀처럼 있을 수 없을 것이므로 단지 그 상호에 '보령'이라는 것이 공통된다고 해서 다른 특별한 사정도 없이 곧 피고의 위 약국을 원고 회사의 영업으로 인한 오인 혼동케 할 염려가 있다고 단정할 수 없다."고 판단하였다.

3. 입증책임

미등기 상호의 경우에는 상호권자는 상호전용권에 기하여 부정한 목적으로 타인의 영업으로 오인할 수 있는 상호를 사용하고 있다는 점을 증명하여 타인의 부정한 상호사용을 배척해야 한다. 타인의 상호사용을 배척하고자 한다면, 상호권자 자신이 입증해야 한다는 의미이다. 그러나 등기상호의 경우에는, 타인이 등기한 상호를 부정한 목적으로 사용하는 것으로 추정한다(상법 제23조 제4항).

4. 등기의 기능

1) 의의

개인 상인의 상호는 상대적 등기사항으로서 그 등기가 강제되는 것은 아니다.[3] 그러므로 상호권자는 등기를 할 수도 있고, 등기를 하지 않을 수도 있다. 그렇다면 등기 전후에 따라

---

3 독일 상법 제25조는 자연인, 법인에게 모두 상호를 등기하도록 하고 있다. 상호의 법률관계를 간명하게 처리할 수 있는 이점이 있다. 입법론으로 고려해볼 수 있다.

상호권의 범위에 차이가 발생하는가에 대한 의문이 제기된다. 우선 등기 전 상호권자는 상호사용권만을 가지고 있지만, 등기 후에는 상호사용권과 상호전용권 둘 다 사용할 수 있다는 주장도 제기될 수 있다. 그러나 상호권자는 등기와 관계없이 상호사용권과 상호전용권을 가지고 있다고 보아야 할 것이다. 권리내용에 있어서 등기상호가 미등기상호보다 더 우월한 지위를 갖는 것이 아니다. 그렇다면 등기를 한 자와 등기를 하지 않은 자의 차이가 무엇인지를 파악해볼 필요가 있다. 우리 상법은 이 점을 명시적으로 규정하고 있다. 등기상호의 경우에는 타인이 사용할 때에 부정목적이 추정되도록 하고 있다(상법 제23조 제4항). 다만, 등기상호권자는 상호전용권이 보다 더 강화된다는 점에서 차이점이 있다.

2) 근거

상법 제23조 제2항은 "부정한 목적으로 타인의 영업으로 오인할 수 있는 상호를 사용하는 자가 있는 경우에 이로 인하여 손해를 받을 염려가 있는 자 또는 상호를 등기한 자는 그 폐지를 청구할 수 있다."라고 규정하고 있다. 이는 우리 상법이 미등기상호권자에게도 상호폐지청구권을 인정하고 있음을 알 수 있다. 서울고등법원 역시 미등기상호에 대해서, "미등기상호권자의 상호와 동일 유사한 상호를 등기하여 사용하거나 미등기인 상태에서 사용하는 경우 그 상호의 사용이 부정한 목적에서 사용되는 경우에는 그 미등기상호권자에게 부정한 상호사용의 폐지 및 상호등기말소청구권이 인정된다."고 판시하고 있다. 상호권자가 상호사용권뿐만 아니라 상호전용권을 가지고 있음을 알 수 있다.[4] "타인이 등기한 상호는 동일한 특별시·광역시·시·군에서 동종영업의 상호로 등기하지 못한다(상법 제22조, 비송절차법 제164조)."는 규정이 있지만, 동일 또는 유사상호의 등기를 금지하고 있는 규정은 등기법상의 효력에 관한 것이지, 등기에 의하여 비로소 상호전용권이 생겨나는 것은 아니라 할 것이다.

3) 추정의 의미

추정은 입증책임을 전환하는 기능을 한다. 입증책임이 전환된다고 하는 의미는 증명에 대한 책임이 타인에게 전가되고, 그 타인이 자신에게 부정한 목적이 없었다고 하는 점을

---

4   서울고법 1977. 5. 26. 76나3276 판결.

증명해야 한다. 그러므로 상호를 등기한 자는 동종 영업을 하는 타인이 동일한 서울특별시 등에서 유사상호를 사용할 경우에 그의 '부정한 목적'을 증명할 필요가 없이 상호의 폐지와 손해배상청구권을 행사할 수 있게 된다.

4) 상호사용의 범위

상호의 사용이란 계약과 같은 법률행위상의 사용뿐 아니라 간판·광고·포장지에 기재하는 등 사실상의 사용까지 포함한다.

III. 영업양도계약의 무효 이후, 상호를 계속 사용하는 양수인에게 상호사용 금지청구의 가능 여부

1. 사실관계

원고와 피고 B 주식회사(이하 '피고 회사'라 한다)는 경매부동산 정보제공서비스업무 등을 목적으로 하는 법인이고, 피고 C는 피고 회사의 사내이사이자, 대표이사인 G의 아들이다. 원고(당시 원고의 상호는 피고회사의 상호와 같은 '굿옥션 주식회사'였다)의 대표이사이던 H은 2007. 8. 13. I(2010. 8. 30.까지 피고 회사의 대표이사였으며, G의 처이자, 피고 C의 모친이다)에게 원고의 유·무형재산 일체 등과 원고의 주식 65%를 21억 7,500만 원에 매도하는 법인 주권 및 자산매매계약을 체결하였다. I와 G은 원고를 계속 운영할 경우 원고에 대한 다른 업체의 손해배상청구등으로 말미암아 우발채무가 계속적으로 발생할 것을 우려하여, 2007. 8. 20. H와 I가 원고의 법인 주권 및 자산매매계약 중 주식 매수 부분을 포기하고 새로운 법인을 설립하여 원고의 자산을 신설법인 명의로 양수하되, 다만 새로 설립하는 법인의 상호로 굿옥션 주식회사를 그대로 사용하기로 하고 이를 위하여 원고는 상호를 변경하기로 하였다. 원고는 2007. 8. 30. 현재의 상호인 '주식회사 바이하우스'로 상호를 변경하였고, I는 같은 날 경매부동산 정보제공서비스업 등을 목적으로 하는 피고 회사를 설립하여 대표이사가 되었으며, 그 무렵 피고회사는 원고의 인터넷 경매정보 데이터베이스 일체 등 원고의 유·무형자산 일체를 인수받아 현재까지 경매부동산 정보제공업에 종사하고 있다. 원고는 2013. 3. 6. 위 법인 주권 및 자산매매계약이 무효이고, 피고회사가 사용하는 상호에 대한 상호권자가 원고임을 내세우며, 피고들을 상대로 상표 및 상호사용금지 등을 구하는 이 사건 소를 제기하였다.

2. 대법원의 판단: 대법원 2021. 7. 15. 선고 2016다25393 판결

"주식회사의 대표이사와 상대방이 체결한 자산매매계약 등에 따라 동 회사가 사용하는 상호 '굿옥션'과 같은 명칭의 다른 주식회사가 설립되어 원래 회사의 유·무형 자산 일체를 인수받아 영업을 시작하였고, 원래 회사가 같은 명칭의 회사에 이전한 도메인이름은 또 다른 제3자 앞으로 등록이전되어 같은 명칭의 회사가 사용하고 있는데, 그 후 주주총회 특별 결의 없이 체결한 위 계약이 무효라는 취지의 판결이 선고·확정되었으나, 같은 명칭의 회사가 위 상호와 도메인이름을 계속 사용하고 있는 사안에서, 상호 '굿옥션'의 권리자인 원래 회사는 위 도메인이름에 대해 정당한 권원이 있고, 제3자는 원래 회사가 위 도메인이름을 사용하여 영업하는 것을 방해하려는 부정한 목적으로 도메인이름을 자신의 명의로 등록이 전하였다고 볼 여지가 있으며, 한편 같은 명칭의 회사는 위 도메인이름을 자신의 인터넷 웹사이트 주소로 사용함으로써 원래 회사의 도메인이름에 관한 권리를 사실상 침해하고 있거나 침해할 우려가 있고, 나아가 같은 명칭의 회사는 상호 '굿옥션'을 계속 사용함으로써 자신의 영업을 원래 회사의 영업으로 오인하게 하여 원래 회사에 손해를 가하고 자신은 부당한 이득을 얻으려는 부정한 목적이 있었다고 볼 여지가 있다."

제3절 명의대여자의 책임

I. 의의

명의차용은 사회적으로 또는 특정 영업 분야에서 명성과 신용을 가지고 있는 자의 이름을 빌어 영업을 하는 경우에 발생하게 된다. 명의대여자는 다른 사람에게 자기의 성명이나 상호를 영업에 사용토록 허락하는 것이다. 상법은 명의대여자에게 법정책임을 규정하고 있다. 그 이유는 상거래에서 거래안전의 목적을 도모하고자 한 것이다. 명의대여자에게 표현대리의 책임을 묻는 방법도 모색되고, 면허사업을 대여하는 경우에 금지하고 있는 명의대여가 위법에 해당하여 명의대여자의 불법행위책임이 발생할 수 있다. 그러나 우리 상법은 법정책임으로 규정하여 상거래의 신속과 거래안전 및 거래상대방을 보다 더 보호하고자 한다.

상법 제24조는 "타인에게 자기의 성명 또는 상호를 사용하여 영업을 할 것을 허락한 자는 자기를 영업주로 오인하여 거래한 제3자에 대하여 그 타인과 연대하여 변제할 책임이 있다."

고 규정하고 있다. 이러한 명의대여자의 책임은 독일법상 외관이론(Rechtsscheintheorie) 및 영미법상 금반언(estoppel)의 법리에 따라 외관에 믿고 거래한 자를 보호하고자 하고, 간접적으로 상호진실주의의 요청에 부응하기 위한 것이다. 그러므로 진실과 외관이 부합하지 아니하는 경우에, 표현적 사실에 대한 신뢰를 보호하는 상법의 외관주의의 이념이 어떻게 반영될 것인가의 문제가 발생할 수 있다.

II. 명의대여

1. 개념

명의대여라 함은 넓은 의미로는 어떤 자가 자기의 성명 또는 상호를 사용하여 영업을 할 것을 타인에게 허락하는 것을 말하며(상법 제24조) 이것을 간판대여라고 한다. 한편, 타인의 명의대여에 의하여 그 명의를 허용하는 것을 명의차용이라고 한다. 이것의 본래의 의미는 거래소의 거래원(중개인)이 그 영업명의를 거래원이 아닌 자에게 빌려주어 그 이름으로 거래소에서 거래를 하게 하는 상관습에서 유래하는 것이다. 일반적으로 면허(허가)사업에 있어서 영업자는 일정한 자격을 갖추어 행정관청에 면허 또는 허가를 얻고, 등록을 필요로 하는 경우에는 그 관청에 등록을 하여야 한다. 면허(허가) 또는 등록을 갖추지 아니한 자가 그 영업을 영위하기 위해서는 자격 있는 자로부터 그 명의를 빌리지 않으면 안 된다.

2. 실례

약사나 한약사가 되기 위해서는 보건복지부장관의 면허를 받아야 한다(약사법 제3조 제1항, 제4조 제1항). 면허가 없는 자는 약사 또는 한약사의 명칭을 사용할 수 없으며(약사법 제3조 제3항, 제4조 제3항), 또 이를 어기면 형사처벌의 대상이 된다(약사법 제94조 제1항). 약사면허증은 다른 사람에게 대여가 금지된다(약사법 제6조 제3항). '면허증의 대여'라 함은 다른 사람이 그 면허증을 이용하여 그 면허증의 명의자인 약사인 것처럼 행세하면서 약사에 관한 업무를 하려는 것을 알면서도 그 면허증 자체를 대여하는 것을 의미한다. 약사법상 금지된 면허증을 대여하게 되면 형사처벌을 받게 된다. 명의대여에 대하여 실정법은 금지하고 있다. 이에 따라 명의대여는 탈법적인 수단으로 이용되기는 하나 이는 사법상의 효력과는 별개의 문제이다.

3. 영업 임대

명의대여는 타인의 명성이나 신용을 이용하여 상인이 영업을 하기 위한 것이므로 상법상 명의대여라고 할 때에는 타인에게 자기의 명의로 영업을 하게 한 모든 경우에 해당한다. 명의대여는 단순한 영업의 임대차와는 구별되어야 한다. 영업의 임대차는 경제적 조직체로서 영업자체가 그 대상이 되나, 명의대여에 있어서는 영업 자체가 아니라 임대인의 법률상의 명의가 문제이다.

III. 명의대여자의 책임

상법 제24조는 외관을 믿고 거래한 선의의 제3자를 보호하기 위하여 이른바 명의대여자의 책임을 법정하고 있다. 명의대여자의 책임이 인정되기 위해서는 다음과 같은 요건이 충족되어야 한다.

1. 성명 또는 상호의 사용허락

명의대여자의 책임은 타인에게 자기의 성명 또는 상호를 사용하여 영업을 할 것을 허락한 경우에 생긴다.

1) 상호의 임대차

상호는 상인의 영업상의 명칭으로서 상인의 신용의 기초가 되어 영업과 밀접한 연관을 가진다. 그리하여 상법 제25조는 "상호는 영업을 폐지하거나 영업과 함께 하는 경우에 한하여 이를 양도할 수 있다."라고 규정하고 있다. 이것은 상호의 임대차의 경우에도 유추 적용된다(독일 상법 제22조 제2항 참조). 그러므로 상법상 상호의 임대차는 영업과 함께 하는 경우에 한하여 인정되며, 영업의 임대인이 상호를 함께 임대한 경우에 제3자가 임대인을 영업주라고 오인하여 거래한 때에는 그 임대인은 임차인의 영업상의 행위로 인한 책임을 지게 된다.[5]

---

5   갑이 용당정미소라는 상호로 경영하던 정미소를 을에게 임대하고 을이 같은 상호를 그대로 사용하면서 그 정미소를 경영할 경우 을이 그 정미소를 경영하는 동안에 병으로부터 백미를 보관하고 보관전표를 발행하였고, 그때에 병이 갑을 영업주로 오인하였다는 사실이 인정된다면 갑은 그 백미보관으로 인한 책임을 면할 수 없다〈대법원 1967. 10. 25. 선고 66다2362 판결〉.

2) 성명 또는 상호의 사용허락

성명 또는 상호의 사용허락은 첫째, 허가 또는 등록사업에 있어서 그 자격을 갖춘 자가 자기의 명의를 빌려주어 허가 또는 등록하도록 한 다음 임차인이 스스로 영업주로서 영업을 하도록 하는 경우를 들 수 있다.[6] 이것은 탈법행위나 당사자 사이에 있어서는 무효이나 거래의 안전을 위하여 표현적 사실을 존중하지 않으면 안 된다. 둘째, 상호권자가 스스로 영업을 하면서 타인으로 하여금 그 명의로 영업을 하도록 하는 경우이다. 이 경우에는 자기의 상호에 지점·출장소 또는 영업소 등의 명칭을 붙여 사용하도록 하는 경우이다.[7]

아무튼 명의대여인의 영업이라고 오인할 정도의 외관이 있는 명칭을 사용하여 영업을 하도록 허락한 경우에는 바로 그 성명 또는 상호의 사용을 허락한 것으로 된다. 상호의 사용허락은 명시적이든 묵시적이든 묻지 않는다.[8] 다만, 상호사용의 묵시적 허락은 타인이 자기의 영업으로 오인할 수 있는 상호를 사용하는 경우에 그 사실을 알면서 그것의 사용폐지(상법 제23조 참조)를 청구하지 아니하고 묵인하는 것만으로는 부족하고, 그러한 상호사용자에게 그 명의사용을 묵인하고 자기의 영업의 일부를 대행시키는 등 부수적 행위를 한 경우에 인정되는 것으로 보아야 할 것이다.

2. 영업주로서의 오인

명의대여자의 책임은 거래상대방이 외관에 나타난 사실에 따라 명의대여자의 영업으로 오인하여 거래한 경우에 인정된다. 그러므로 명의차용인의 거래상대방이 명의대여자에게 그 영업상의 책임을 묻기 위해서는 그 영업을 명의대여자의 영업으로 오인하였을 것을 전제로 한다. 그러므로 거래상대방이 명의대여의 사실을 알면서 명의차용인과 거래를 한 경우에는 그 거래관계에서 생긴 손해에 대하여 명의대여자에게 책임을 물을 수

---

6   약사면허나 건축사면허 등의 차용 등이 여기에 해당될 수 있다.

7   대한여행사 외국부국제항공권판매처라는 간판으로 항공권판매행위를 대행 또는 대리하게 한 경우에는 대한여행사가 자기상호를 사용하여 영업을 할 것을 허락한 자에 해당한다〈대법원 1957. 6. 27. 4290민상178 판결〉. 대한통운주식회사 학교출장소라는 이름으로 대한통운의 사업에 대행한 것을 허락한 자는 그 사업을 대행한 자 또는 그 피용자가 그 사업에 관하여서 한 법률행위에 관하여 제3자에게 책임을 부담한다〈대법원 1970. 9. 29. 선고 70다1703 판결〉.

8   상호의 묵시적 대여자의 책임을 인정하기 위해서는 영업주가 자기의 성명 또는 상호를 사용하는 것을 알고 이를 저지하지 않거나 자기의 성명 또는 상호를 사용하는 것을 묵인한 사실 및 제3자가 타인의 성명 또는 상호를 사용하는 자를 영업주로 오인하여 거래를 한 사실이 인정되어야 한다〈대법원 1982. 12. 28. 선고 82다카887 판결〉.

는 없다.[9]

거래상대방이 명의차용인의 영업을 명의대여자의 영업으로 오인하였느냐 아니냐는 하나의 사실문제에 속하는 것으로 구체적인 사건에서 이를 다루어야 하는 것이나, 제3자가 중대한 과실로 그것을 오인한 경우에 명의대여자는 그 책임을 지지 않는다. 왜냐하면 상법 제24조의 규정은 간판대여에 의한 표현적인 영업주와 거래를 한 제3자의 신뢰를 보호하고자 하는 것이므로 그 신뢰는 객관적 기초를 가지는 것이어야 함은 물론 각각 구체적 사정에 따라 일반적으로 그 외관을 믿은 것이 객관적으로 보아 적당하지 아니한 경우에까지 거래상대방을 보호할 필요는 없기 때문이다.

3. 책임의 범위와 성질

1) 책임의 범위

상법 제24조에 의하면 명의대여자는 자기를 영업주로 오인하여 거래한 제3자에 대하여 그 타인과 연대하여 변제할 책임을 진다. 그러므로 명의대여자가 거래상대방에 대하여 지는 책임의 범위는 명의차용인의 영업상의 거래와 관련하여 생긴 채무에 한하고, 명의차용인의 불법행위 등으로 인한 채무나 단순한 개인적인 채무와 같이 거래관계 이외의 원인에서 생긴 채무에 대하여는 그 책임을 지지 않는다.

2) 책임의 성질

명의대여에 의한 영업에 있어서 그 영업의 주체는 명의차용인이다. 따라서 거래주체인 명의차용인은 명의대여자가 제3자에 대한 책임을 지는 경우에도 그 책임이 면제되는 것이 아니라, 양자는 연대하여 변제할 책임이 있다(상법 제24조). 명의대여자의 책임은 명의차용인의 책임과 부진정연대채무관계에 있고, 명의대여자가 제3자에게 그 채무를 이행한 때에는 명의대여자는 명의차용인에게 구상권을 행사할 수 있다.

---

9 해상운송인이 명의대여의 사실을 알면서 명의차용인과 운송계약을 체결하고 선적 전에 선하증권을 발행함으로써 손해를 입은 경우에 그 손해에 대하여 명의대여자는 아무런 책임이 없다〈대법원 1974. 9. 10. 선고 74다 457 판결〉.

IV. 명의대여자의 책임과 관련된 판례

1. 책임의 긍정

대법원 1976. 9. 28. 선고 77다955 판결

대법원은 "대한통운주식회사가 소외인 동 회사 신탁진출장소 운영에 관한 계약을 체결하고 출장소장으로 임명하여 현장에서 자기의 상호를 사용하여 그의 목적사업인 운송업을 하도록 하여 왔다면, 위 회사는 특별한 사정이 없는 한 그 사업에 관하여 자기가 책임을 부담할 지위에 있음을 표시한 것이라 볼 수 있으므로 상법 제24조의 명의대여자의 책임에 따라 위 회사를 영업주로 오인하고 거래한 제3자에 대하여 소외인이 부담한 대여금채무를 지급할 의무가 있다."고 판시하였다.

대법원 1977. 7. 26. 선고 77다797 판결

대법원은 "원고는 소외 최갑수에게 이 사건 물건을 외상으로 판매하였던 것인데, 동 최갑수의 피고회사로부터 피고회사가 사용하고 있는 대지와 사무실의 일부를 임차하여 피고회사와는 별도의 자동차정비사업을 경영하고 있었던 사람으로서 피고회사의 임직원도 아니므로 원고가 피고회사에 대하여 이 사건 물품을 판매하였음을 전제로 한 본소청구는 그 이유가 없고, 또 원심이 배척하는 동기들 이외에는 피고회사가 위 최갑수로 하여금 그 상호를 사용하여 대외적인 거래를 할 것을 허락하였거나 이를 알고서도 그대로 묵인한 사실이 있다고도 인정되지 않는다고 판시하여 원고의 이 점에 관한 주장도 그 이유가 없다고 하였다." 그러나 대법원은 "피고회사의 사업과 위 최갑수의 사업이 비록 내용적으로 별개의 업체에 속한다고 하더라도 이 사건 변론취지에 의하면 위 최갑수는 과거에 피고회사에서 상무라는 이름으로 근무한 바 있고, 근자에는 피고회사의 상무이사라는 명함을 가지고 행세하는 사람으로서 그가 경영한다는 자동차정비사업을 피고회사가 경영하는 사업과 일치하고 있음을 알 수 있고, 이와 같은 자동차정비사업을 교통부장관의 허가가 있어야 하는데 그는 이러한 허가를 가지고 있지 않았고 피고회사와 다른 어떤 상호나 영업간판도 가지고 있지 않음이 명백한데 원심이 인정하고 있는 바와 같이 피고회사가 위와 같은 최갑수에게 피고회사의 영업장소에서 또 같은 사무실 내에서 같은 사업을 경영할 수 있도록 허용하여 왔다는 것이라면, 피고회사는 위 최갑수의 사업에 관하여 피고회사의 자동차정비사업에 관한 허가와 피고회사의 상호 밑에서 그 영업을 할 것을 허락했다고 볼 여지가 없지 않아 원고가 위 최갑수의 영업이 피고회사의 영업과는 별개의 업체에 속함을 알면서도 그와 거래를 한 것이라고 인정될 자료가 없는 한 피고회사는 상법 제24조 소저의 명의대여자로서 책임을 면하기가 어렵다고 할 것이다."고 판시하였다.

대법원 1985. 2. 26. 선고 83다카1018 판결

대법원은 "공사의 수급인이 타인에게 그 공사를 하도급 주어 그 타인으로 하여금 공사를 시행케 함에 있어 대외관계에 있어서는 그 하수급인을 수급인의 공사현장에 파견한 현장소장인 양 표시하여 행동하게 하였다면, 수급인은 상법상의 명의대여자로서 책임을 면할 수 없다."고 판시하였다.

대법원 1988. 2. 9. 선고 87다카1304 판결

대법원은 "농약판매등록명의자가 그 등록명의를 대여하였다거나 그 명의로 등록할 것을 다른 사람에게 허락하였다면, 농약의 판매업에 관한 한 등록명의자 스스로 영업주라는 것을 나타낸 것이라 할 것이므로 본조에 의한 명의대여자로서 농약거래로 인하여 생긴 채무를 변제할 책임이 있다."고 판시하였다.

대법원 1996. 5. 10. 선고 95다50462 판결

대법원은 "타인에게 어떤 사업에 관하여 자기의 명의를 사용할 것을 허용한 경우에 그 사업이 내부관계에 있어서는 타인의 사업이고 명의자의 고용인이 아니라 하더라도 외부에 대한 관계에 있어서는 그 사업이 명의자의 사업이고 또 그 타인은 명의자의 종업원임을 표명한 것과 다름이 없으므로, 명의사용을 허가받은 사람이 업무수행을 함에 있어 고의 또는 과실로 다른 사람에게 손해를 끼쳤다면 명의사용을 허가한 사람은 민법 제756조에 의하여 그 손해를 배상할 책임이 있으며, 그 명의대여로 인한 사용관계의 여부는 실제적으로 지휘·감독할 지위에 있었느냐 여부를 기준으로 결정하여야 한다."고 판시하였다.

대법원 2001. 6. 1. 선고 2001다18476 판결

대법원은 "타인에게 어떤 사업에 관하여 자기의 명의를 사용할 것을 허용한 경우에 그 사업이 내부적으로는 그 타인과 명의자가 이를 공동운영하는 관계로 그 타인이 명의자의 고용인이 아니라 하더라도 외부적으로는 그 타인이 명의자의 고용인임을 표명한 것과 다름이 없으므로, 명의사용을 허가받은 사람이 업무수행을 함에 있어 고의 또는 과실로 다른 사람에게 손해를 끼쳤다면 명의사용을 허가한 사람은 민법 제756조 제1항에 의하여 그 손해를 배상할 책임이 있다."고 판시하였다.

2. 책임의 부정

대법원 1978. 6. 27. 선고 78다864 판결

대법원은 "타인 간의 거래에 있어 단지 세무회계상의 필요로 자기의 납세번호증을 이용하게 한 사실 만으로서는 그 거래에 관한 대리권을 수여하였음을 표시하였거나 또는 자기의 명의(상호)를 대여하였다고 보기 어렵다."고 판단하였다.

대법원 1982. 12. 28. 선고 82다카887 판결

대법원은 "묵시적 명의대여자의 책임을 인정하기 위해서는 영업주가 자기의 성명 또는 상호를 타인이 사용하는 것을 이를 저지하지 아니하거나 자기의 성명 또는 상호를 타인이 사용함을 묵인한 사실 및 제3자가 타인의 성명 또는 상호를 사용하는 자를 영업주로 오인하여 거래를 한 사실이 인정되어야 할 것인바, 자기의 사업을 위하여 영업주로 오인하여 거래를 한 사실이 인정되어야 할 것인바, 자기의 사업을 위하여 피고의 상점·전화·창고 등을 사용한 사실은 있으나 원고와의 이 건 거래를 위하여 피고의 상호를 사용한 사실은 없고, 다만 피고 소유의 창고를 2회에 걸쳐 사용한 사실이 있을 뿐이라는 것이고, 그 밖에 거시증거들은 이 건 거래관계와는 직접 관련이 없는 것 들이다. 그렇다면 그 거시의 증거들만으로는 피고가 그 상호를 소외 이봉찬에게 묵시적으로 대여하여 원고는 위 소외인이 피고가 경영하는 동남무선의 영업주로 오인하여 거래하였다고 단정하기에 미흡하다."고 판시하였다.

대법원 1989. 10. 10. 선고 88다카8354 판결

대법원은 "원고가 피고회사 전주 완주군 농업기계 대리점이란 명칭을 사용한 김선호로부터 이 사건 농기구를 매수하였고, 피고회사가 그와 같은 명칭을 사용하는 것을 위 김선호에게 허락하거나 묵인하였다 하더라도 피고회사에게 상법상 명의대여자로서의 책임을 물을 수는 없다 할 것이다."라고 하면서, "일반거래에 있어서 실질적인 법률관계는 대리상·특약점 또는 위탁매매업 등이면서도 두루 대리점이란 명칭으로 통용되고 있는 것 외에도 타인의 상호 아래 대리점이란 명칭을 붙인 경우는 그 아래 지점·영업소·출장소 등을 붙인 경우와는 달리 타인의 영업을 종속적으로 표시하는 부가부분이라고 보기 어렵다."는 이유를 제시하였다.

제4절 상호 관련 기타사항

I. 상호의 가등기

1. 의의

가등기제도는 원래 소유권 등 부동산에 대한 권리의 설정, 이전, 변경 또는 소멸의 청구권을 보전하기 위한 목적으로 사용한다. 부동산등기의 일종으로 그 등기에는 순위보존의 효력을 부여한다(부동산등기법 제3조). 상호의 가등기제도는 상호를 적기에 확보할 필요성에 따라 도입된 제도이다. 상법은 회사설립 시, 상호 또는 목적변경 시, 또는 본점 이전 시에 그에 필요한 절차를 밟고 있는 동안 타인이 상호를 가로채는 것을 방지하고 상호권을 확보할 수 있도록 상호의 가등기제도를 도입하였다.

2. 적용 대상

상호의 가등기제도는 개인상호에는 적용되지 않는다. 상법 제22조의2가 명확히 그것을 말해주고 있다. 자연인 상호의 경우 상법이 등기를 강제하고 있지 않는 것뿐만 아니라 등기와 관계없이 상호권을 행사할 수 있기 때문이다.

3. 가등기 사항

1) 유한책임회사, 주식회사, 유한회사의 설립 시

회사설립 시 가등기를 신청할 수 있는 회사는 유한책임회사, 유한회사와 주식회사이다 (상법 제22조의2 제1항). 회사설립이 장기간 소요될 수 있는 점을 고려한 것이라 하겠다. 회사설립이라 함은 신설합병, 회사분할 및 주식의 포괄적 이전에 의하여 회사를 신설하는 경우를 포함한다. 합명회사나 합자회사의 경우는 그 설립절차가 단순하여 장기간을 요하지 않는다는 점을 고려하여 설립 시 가등기제도를 인정하고 있지 않다.

2) 상호, 목적 변경 시

상호나 목적, 또는 상호와 목적을 변경하고자 하는 모든 회사는 상호의 가등기를 신청할 수 있다(상법 제22조의2 제2항). 이 경우 정관변경이 필요하고, 정관변경은 장기간의 시일 이 요구된다. 이는 제3자가 변경할 상호를 미리 정할 수 있다는 점을 고려한 것이다. 주식회 사의 정관변경은 주주총회의 결의를 요하고 있고, 총회일 2주간 전에 주주에게 소집통지를 해야 한다(상법 제363조 제1항). 이 경우 변경하고자 하는 상호나 사업목적이 외부로 노출 될 가능성이 높다는 점에서, 다른 회사보다도 주식회사가 상호가등기제도에 대한 이용실익 이 있다.

3) 본점 이전 시

모든 회사는 본점을 이전하고자 하는 경우에 상호의 가등기제도를 이용할 수 있다(상법 제22조의2 제3항). 기존의 상호에 관하여 본점소재지를 이전하는 경우, 상호권을 취득하는 것과 같다. 그러므로 타인과 상호등기에 대한 경합이 발생할 수 있는 것이다. 이를 방지하 기 위하여 모든 회사에 대하여 상호의 가등기제도를 인정한 것이다.

4. 가등기의 효과

상호의 가등기를 하게 되면 등기상호권자와 마찬가지로 사전등기배척권을 행사할 수 있 다. 그러므로 가등기한 상호는 동일한 특별시·광역시·시·군에서 동종영업의 상호로 등기 하지 못한다(상법 제22조의2 제4항).

II. 상호의 양도

1. 양도가능성

상호권의 법적 성질을 인격권으로 본다면 양도의 가능성을 발생하지 못할 것이다. 그러나 상호권은 재산권적인 성질을 가지고 있기 때문에 양도가능성이 발생한다. 특히, 상호권을 인격권적 성질을 가지고 있는 재산권으로 인정하게 되면 이 권리의 양도는 자연스럽게 인정될 수 있게 된다. 상법 제25조가 이 점을 명확하게 규정하고 있다. 다만, 상법은 상호는 양도할 수 있지만, 영업을 폐지하거나 영업과 함께하는 경우에만 가능하도록 하고 있다.

2. 영업의 폐지하는 경우

영업의 폐지라 함은 사실상 영업을 중단함을 의미한다. 그러므로 영업의 폐지는 정식으로 영업폐지에 필요한 행정절차를 밟아 폐업하는 경우 한하지 아니하고 사실상 폐업하는 경우도 영업폐지에 해당한다.[10] 상호는 상인의 신용이 축적되어 형성된 영업재산에 해당한다. 영업을 폐지하는 경우에는 상인이 사용하던 상호의 가치를 활용할 가능성을 부여해줄 필요성이 있다. 그리하여 영업을 폐지하는 경우에는 영업과 분리하여 상호를 양도할 수 있도록 하고 있다(상법 제25조 제1항).

3. 영업과 함께 하는 경우

상호의 양도는 양도인과 양수인 사이의 청약과 승낙의 의사표시에 의한 낙성계약이다. 또한 형식을 요구하지 않는 불요식계약이다. 다만, 등기는 대항요건에 해당한다. 상인은 자신의 영업을 양도하면서 그 양수인에게 상호를 양도할 수 있도록 한다. 일반적으로 상호와 영업과 동일체로 이전되고 또 그 동일체가 유지되는 것은 일반인에 있어서 신뢰를 위반하는 것이 아니기 때문에 금지할 이유가 없다고 하겠다.

---

10 대법원 1988. 1. 19. 선고 87다카1295 판결.

III. 상호불사용의 효과

상호를 등기한 자가 일정한 기간 동안 상호를 사용하지 않으면 폐지한 것으로 본다(상법 제26조). 상호의 사용에는 사실상의 사용을 포함하는 것으로 보아야 할 것이다. 일정한 기간이라 함은 등기를 하고 상호를 사용해야 할 자가 정당한 이유 없이 2년간 상호사용을 하지 않는 경우를 말한다.

IV. 상호등기의 말소청구

상호를 변경하거나 폐지한 경우에는 2주간 내에 그 상호를 등기한 자는 변경 또는 폐지의 등기를 해야 한다. 개인이 사용하는 상호는 상대적 등기사항에 해당한다. 그러나 개인의 상호라 할지라도 등기기 이루어진 경우라 한다면, 그 등기한 상호의 변경이나 폐지는 절대적 등기사항이다. 만약 상호를 변경이나 폐지한 경우에 2주간에 변경이나 폐지의 등기가 이행되지 아니한 경우에는, 이해관계인이 그 등기의 말소를 청구할 수 있도록 한다.

제5장
상업장부

제1절 상업장부의 의의

기업의 운영은 영리를 목적으로 성립된다. 영리단체로서 기업은 기업 자체 재산의 상태와 손실과 이익을 파악하고 있어야만 한다. 재산상태와 영업손실의 파악은 영업성적에 대한 적절한 평가를 전제로 한다. 적절한 평가를 통한 명확한 인식만이 경영에 대한 합리화를 꾀할 수 있다. 재산상태와 손익을 파악하는 기술적 행위를 기업회계제도라 하고, 기업회계제도를 위한 도구로서 등장하는 것이 상업장부이다.[1] 상업장부의 대표적인 것으로서는 회계장부 및 대차대조표가 있다. 양자는 상인이 영업상의 재산이나 손익의 상황을 명백하게 해주는 기업회계제도에 있어서 필수불가결한 매개에 해당한다(상법 제29조 제1항).[2] 주식회사의 주주명부(상법 제352조), 사채원부(상법 제488조), 주주총회의사록(상법 제373조), 중개인의 일기장(상법 제97조 제1항) 등은 법률상 작성해야 하지만, 재산이나 손익의 상황

1　기업회계의 일반적인 사항에 대하여는 이기수·최병규, 상법총칙·상행위법(상법강의 I), 제7판, 박영사, 2010, 180면 이하.

2　회계장부란 거래와 기타 영업재산에 영향이 있는 사항을 기재하는 장부를 말하고(상법 제30조 제1항), 일정 시점에 있어서의 기업의 재산과 자본·부채의 상태를 파악하기 위하여 양자를 구분하여 대조시킨 열람표가 대차대조표이다.

을 기록하기 위하여 작성하는 것이 아니라는 점에서 상업장부에 해당하지 않는다.

상업장부의 작성자는 상인 그 자신이고, 회사인 경우에는 회사가 그 작성 의무자이다. 실제로 상업사용인이나 이사가 상업장부를 작성한다고 할지라도 상법상 작성주체는 상인 그 자신이다. 다만, 우리 상법은 소상인에게 상업장부의 작성을 강제화하고 있지 않다(상법 제9조). 상법은 상인이 상업장부를 작성하지 않았다고 하여 책임이나 벌칙규정을 담고 있지 않다. 다만, 회사의 경우에 상업장부의 작성을 게을리하거나 부실의 기재를 한 경우에는 이사의 손해배상책임이 발생한다(상법 제399조, 제401조, 제567조). 또한 업무집행사원이나 이사, 감사, 검사인, 청산인 또는 지배인 등에 대한 벌칙규정이 존재할 뿐이다(상법 제635조 제1항 제9호).

제2절 상업장부의 종류

I. 회계장부

1. 개념

재산상태의 변동을 기록하는 장부로서 회계장부가 있다. 회계장부는 상인이 거래와 기타 영업상의 재산에 영향이 되는 모든 사항을 기재하는 장부이다(상법 제30조 제1항). 회계장부는 특정한 장부가 있는 것이 아니라, 거래와 기타 재산에 영향이 있는 사항이 기재된 장부를 의미한다. 그런 측면에서 상인이 작성하는 일기장, 분개장 및 원장 등은 회계장부에 해당한다. 일기장은 거래의 전말을 발생 순으로 기재하는 장부에 해당한다. 분개장은 일기장에 기재된 일일거래를 내용별로 분류, 적당한 계정과목을 설치하고 대변과 차변으로 나누어 기재하는 장부에 해당하며, 원장은 분개장에 설정된 계정과목에 관해 각 구좌를 설정하고 그 구좌별로 매일의 거래를 정리하여 기재하는 장부에 해당한다.

2. 기재사항·작성방법

회계장부에는 영업상의 재산 및 손익을 명백하게 하기 위한 일상의 거래 기타 영업재산에 영향을 미치는 모든 사항을 기재해야 한다(상법 제30조 제1항). 주된 기재사항은 법률행위가 될 것이다. 그러나 재산에 영향이 있는 사항이라고 한다면 채무불이행이나 불법행위로 인한 손해배상, 화재나 수해 또는 도난으로 인한 재산손실 등도 기재해야 한다. 회계장부의 작성은 "일반적으로 공정·타당한 회계관행(상법 제29조 제2항)"에 따라야 한다.

II. 대차대조표

1. 개념

일정시점에 있어서 기업의 재산과 자본·부채의 상태를 파악하기 위하여 자산과 부채를 구분하여 비교한 일람표를 대차대조표라고 한다. 회계장부를 특정시점을 기준으로 하여 마감하고 동일한 종류에 속하는 금액을 합산하여 하나의 항목으로 분류한다. 자산에 속하는 것을 차변에 두고, 자본과 부채에 속하는 것을 대변에 구분·기재하여 비교하는 것이 대차대조표이다. 대차대조표는 작성시기와 목적에 따라 통상대차대조표와 비상대차대조표로 구분된다. 통상대차대조표는 영업의 계속을 전제로 하여 개업 시 또는 회사성립 시에 작성하는 개업대차대조표와 매년 1회 또는 결산기에 작성하는 결산대차대조표가 있다(상법 제30조 제2항). 반면, 비상대차대조표는 회사의 청산이나 합병 등의 경우에 작성하게 된다(상법 제247조 제1항, 제256조 제1항).

2. 기재사항·작성방법

작성자는 개인상인인 경우에는 영업주가 하여야 하고, 주식회사를 포함한 회사의 경우에는 대표이사 또는 업무집행자이다. 상법은 기재사항에 대하여 아무런 규정을 두고 있지 않다. 그러므로 대차대조표는 "일반적으로 공정·타당한 회계관행"에 의하여 작성하면 된다(상법 제29조 제2항). 다만, 상법은 대차대조표를 회계장부에 의하여 작성하고 작성자가 기명날인 또는 서명하도록 하고 있다(상법 제30조 제2항).

제3절 상업장부의 공시·보존·제출

I. 공시

회사가 작성하는 상업장부는 일정한 절차에 따라 공시하게 된다. 주식회사와 유한회사의 경우 이사회의 승인, 감사의 감사, 주주총회나 사원총회의 승인이라는 절차를 거쳐야 한다

(상법 제447조, 제447조의3, 제449조, 제579조 제2항, 제583조). 합명회사나 합자회사는 상법에 특별하게 명시하고 있지 않다. 그러나 총사원 또는 업무집행의 과반수 결의가 있어야 하는 것으로 해석한다(상법 제200조, 제201조, 제269조 등 참조). 또한 일정규모 이상의 대형의 주식회사는 '주식회사의 외부감사에 관한 법률'에 따라 외부감사인의 감사를 받아야 한다(외감법 제2조).

II. 보존

상인은 상업장부와 영업에 관한 중요서류를 10년간 보존해야 한다(상법 제33조 제1항 본문). 상업장부가 법률관계에서 있어서 중요한 자료가 증거서류로서 기능을 한다는 점에서 보전을 강제하게 하고, 10년이라는 기간은 일반채권의 소멸시효가 10년이라는 점을 고려한 것이다. 다만, 전표 또는 이와 유사한 서류는 5년간 이를 보존하도록 하고 있다(상법 제33조 제1항 단서). 전표는 현금이나 물품의 개별적인 출납을 증명하는 것에 해당한다. 상업장부에 비하여 중요성이 낮다는 점에서 그 기간을 단축하고 있다. 상법은 상업장부의 보존기간에 대하여 그 장부를 폐쇄한 날로부터 기산하도록 하고 있다(상법 제33조 제2항). 영업에 관한 중요서류는 작성일로부터 기산하고, 타인으로부터 교부받은 서류는 수령일로부터 기산하게 된다. 장부와 서류는 마이크로필름 기타의 전산정보처리조직에 의하여 이를 보존할 수 있다. 상인들의 거래가 활발하면 보관해야 할 서류가 많아, 그 보관에 대한 비용부담을 고려한 것이라 하겠다. 장부와 서류를 보존하는 경우 그 보존방법 기타 필요한 사항은 시행령으로 정하도록 하고 있다(상법 제33조 제4항).

제4절 공정·타당한 회계관행

I. 원칙

상법은 거래계의 수요에 의해 생성되는 회계관행의 규범성만을 규정하고 있다. 상법이 세부적인 내용을 제시하지 않은 것은 방대한 회계기법을 모두 수용하기 어렵다는 점을 고려한 것도 있지만, 신속하게 발전하고 있는 회계기술을 사법으로 기술하는 것은 바람직하지 않다는 점을 고려한 것이다.

II. 의미

1. 의의

우리 상법이 인정하고 있는 '일반적으로 공정·타당한 회계관행'이라는 의미는 미국의 '일반적으로 인정된 회계원칙(generally accepted accounting principles)'이나 독일의 '합당한 회계에 관한 기본원칙(Grundsätze ordnungsgemäßer Buchführung)'과 유사한 면이 있다. 우리나라가 구체적인 회계원칙을 규정하지 않았다는 것은 기업회계의 주체에게 자율성을 확대해주는 의미를 주기도 하지만, 그 내용이 추상적임에 따라 기업회계를 불안정하게 만드는 요인이 되기도 한다.

2. 공정·타당

공정은 기업의 재정상태 내지는 경영성적을 명확하게 나타내고자 하는 상업장부의 목적을 달성할 수 있을 정도로 합리적인 것이면 되고, 타당은 업종이나 사업의 규모 등 기업의 활동과 거래의 성적에 적합한 것으로 이해하면 될 것이다.

3. 일반적

상법상 '일반적으로 공정·타당한'에서 '일반적'이라 함은 공정성과 타당성이 일반적으로 받아들여져야 한다는 의미이다. 달리 표현하면, 그러한 사항들이 회계의 이용주체 간에 보편적으로 받아들여져야 함을 뜻한다. 공정성과 타당성에 이르지 못한 것은 회계원칙이라 할 수 없을 것이고, 공정성과 타당성에 이른 경우에만 회계이론이나 원칙으로서 기능을 갖는 것이며, 이것이 바로 이용주체들이 일반적으로 받아들일 수 있는 것이라 하겠다.

4. 회계 관행

어떠한 원칙이 일정한 기간 동안 계속 사용함에 따라 그것을 사용하는 자들 사이에 하나의 규범으로 발전하기 시작한다. 회계 역시 마찬가지이다. 회계에 관한 원칙이 시간이 지남에 따라 하나의 규범의식으로 발전한 것을 회계관행으로 정의할 수 있다.

제6장
상업등기의 공시력과 공신력

제1절 등기의 의의

I. 의의

기업의 공시는 해당 기업의 경쟁력을 의미한다. 공시라 함은 기업의 법률관계 및 사실관계를 일정한 범위의 이해관계인 또는 일반인에게 알리는 것을 말한다. 그러므로 기업의 중요한 기밀사항이 아니라고 한다면 원만한 대외적인 거래와 이해관계인을 보호하기 위하여 기업의 법률관계라든가 일정한 사실관계를 알려주어야 할 필요성이 있다. 예를 들면, 상법은 지배인에 대하여 등기를 강제하고 있다(상법 제13조). 상인의 대리인인 지배인을 등기하도록 하는 것은 정당한 대리인에게 대리권이 수여되었고, 그 대리권을 수여받은 거래상대방이 지배인과 법률행위를 함으로써 본인인 상인에게 해당 법률행위를 귀속시킬 수 있는 기회를 제공하게 된다.

우리나라는 등기에 있어서 공시력을 인정하고 있다. 그러나 등기된 대로 효력이 발생한다고 하는 공신력에 대하여는 인정하고 있지 않다. 등기된 사항을 믿고 거래한 자에게 아무런 효력을 발생시키지 않는다고 하면, 즉 등기의 공신력을 인정하지 않는다면, 어느 누구도 등기를 신뢰하고자 하지 않을 것이다. 상법은 예외적으로 부실등기에 대하여 공신력을 인정하고 있다(상법 제39조).

II. 등기사항

상법은 등기해야 할 사항과 등기할 수 있는 사항을 구분하여 규정하고 있다. 상법은 중요한 권리와 의무에 관한 사항에 해당하거나 책임의 귀속에 관한 사항 등은 등기를 강제하고 있다. 지배인에 대하여는 등기가 강제되어 있다(상법 제13조). 개인상호의 경우 등기가 강제되어 있지 않지만, 회사의 상호는 반드시 등기되어야 한다. 미성년자가 법정대리인의 허가를 얻어 영업을 하는 경우에 등기가 강제되어 있다(상법 제6조). 또한 법정대리인이 무능력자를 위하여 영업을 하는 경우 등기가 이행되어야 한다(상법 제8조).

III. 절대적 등기사항과 상대적 등기사항

반드시 등기해야 할 사항을 절대적 등기사항이라고 한다. 절대적 등기사항에 대하여 등기가 이행되지 않은 경우 선의의 제3자에게 대항할 수 없다(상법 제37조). 반면에 상대적 등기사항은 등기를 할 것인가 아닌가의 여부를 기업이 결정하는 사항을 의미한다. 그러나 상대적 등기사항은 일단 등기가 이루어지게 되면, 그 사항의 변경이나 소멸은 절대적 등기사항으로 효력을 발생하게 된다(상법 제40조).

IV. 설정적 등기사항

창설적 등기사항과 설정적 등기사항은 구분될 필요가 있다. 등기에 의하여 법률관계가 창설되는 기능을 하는 것이 창설적 등기사항이라고 한다면, 설정적 등기사항은 이미 법률관계는 발생되었지만 등기를 통하여 새로운 법률관계가 형성되는 결과를 초래하게 된다. 대표적인 예로 지배인의 등기와 상호의 등기를 들 수 있다. 지배인은 상인의 수권행위를 통하여 대리인 지위를 갖게 된다. 등기를 하지 않았다고 하더라도 상인의 수권행위가 있다면, 대리인의 지위에는 변동이 없다. 다만, 등기를 함으로써 선의의 제3자에게 대항할 수 있는 새로운 법률관계를 창설하게 된다. 개인 상호의 등기도 마찬가지이다. 상호는 등기가 강제되어 있지 않지만, 상호를 등기하게 되면, 그 등기가 입증책임의 전환을 발생시킴으로써 새로운 법률관계가 창설하게 된다. 창설적 등기는 전부 설정적 등기이지만, 설정적 등기 중에는 창설적 등기가 아닌 것도 있다. 결국, 설정적 등기는 창설적 등기를 포함하는 개념으로 볼 수 있다.

제2절 상업등기

I. 개념

상업등기라 함은 상법의 규정에 의하여 상업등기부에 하는 등기(상법 제34조)로서 상인의 영업에 관한 일정한 사항을 공시하여 거래의 원활과 안전을 꾀하고자 하는 제도이다. 따라서 상법이 예정하는 등기라도 선박등기와 같이 특별법에 의하여 상업등기부에 하지 않는 것은 상업등기가 아니다(선박법 제8조 제4항). 또한 상법에 따른 것이 아닌 부동산등기법에 따른 부동산등기나 민법 또는 특별법에 따라 설립하는 법인의 등기는 상업등기가 아니라 하겠다. 한편, 소상인에게는 상업등기에 관한 규정이 적용되지 아니한다(상법 제9조).

II. 연혁

상업등기제도는 중세 이탈리아의 상인단체명부에서 비롯하여 상사거래관계의 원활과 확실성의 보장을 요구하는 기업조직의 원리와 공시주의의 요청에 따라 근대 상법에 도입된 것이다. 물론 상인이 그 영업상의 비밀을 유지하기 위하여 기업 내용의 공시를 피하는 것이 유리한 경우가 있으나 일반대중의 이해관계에 있는 일정한 사항은 이를 일반에게 공시하는 것이 거래의 안전을 위하여 필요할 뿐 아니라, 상인의 신용을 유지하기 위하여도 이익이 된다. 특히 공시한 사항을 선의의 제3자에 대해서까지도 대항할 수 있게 하면 상인의 편익은 더욱 커지게 되어 현대의 상거래에서 법적 안정을 위하여 상업등기제도의 효용성은 높아지고 있다.

III. 기능

1. 정보제공

기업의 공시제도 가운데 가장 중요한 것이 바로 상업등기제도라고 할 수 있다. 상업등기는 일반인의 열람이 가능한 상업등기부라는 공부에 일정한 기업의 내용을 기재하는 것이다. 공시에는 두 가지 방법이 있다. 일정한 정보를 특정의 이해관계인에게 직접 전달하는 방법을 직접적인 공시방법이라고 한다면, 정보를 필요로 하는 자가 능동적으로 정보에 접근하여 획득할 수 있는 상태를 제공하는 것을 간접적 공시방법이라 한다. 상업등기는 간접적 공시방법의 하나에 해당한다. 상업등기는 상법총칙이나 상행위 편에서보다도 회사 편에서 매우 중요한 기능을 하고 있음을 알 수 있다. 기업에 관한 각종 공시제도는 상업등기제도 이외에 회사가 반드시 이행하여야 하는 공고사항(상법 제289조 제3항, 제449조 제3항 등), 재무제표 등의 열람제도 또는 그 등본·사본교부청구제도(상법제448조 제2항) 등이 있다.

2. 거래의 안전

상법이 공시제도를 강조하는 것은 무엇보다도 거래의 안전을 도모하고자 하는 데에 있다. 구체적으로 기업 측과 그 기업과 거래하는 거래싱대방의 입장을 고려하여 고찰하게 되면, 기업은 공시를 통하여 그 기업의 기초·책임관계 등을 공시함으로써 기업의 사회적 신용을 증대시키고, 기업경영의 건전화 내지 합리화를 촉진시키는 기회를 부여한다. 더 나아가 기업이 공시제도를 준수함으로써 제3자에게 대항할 수 있는 혜택을 누릴 수 있다.

3. 예측가능성

반면 기업과 거래하는 상대방에게 있어 공시제도가 갖는 의미는 예측가능성에서 찾을 수 있다. 기업의 조직이나 책임관계 등 거래상 필요한 여러 가지 사항을 미리 알게 되어 기업과의 거래관계에서 생기는 법률적 및 경제적 효과를 미리 예측할 수 있도록 하는 기능을 부여한다. 주식회사의 대표이사는 등기에 의하여 공시된다(상법 제317조 제2항 제9호). 그러므로 대표이사의 변경이 있을 때에는 변경등기를 해야만 한다(상법 제40조).

IV. 절차

상업등기에 대한 신청은 상인이나 관공서의 신청에 따라 행하여진다(상업등기법 제34조). 등기의 신청은 소정사항을 기재하고 신청인 또는 그 대리인이 기명날인한 서면에 의한다(상업등기법 제19조 제1항). 다만, 전자문서로 신청한 경우에는 전자서명으로 갈음한다. 한편, 등기관의 과실로 인하여 등기에 착오가 발생하였거나 탈루가 생긴 경우에는 직권으로 등기의 경정을 할 수 있다(상업등기법 제76조 제2항). 또한 등기가 해당 등기소의 관할에 속하지 않는 사항이 등기가 이루어지는 등 법상 허용될 수 없는 등기가 이루어진 경우에는 등기관이 직권으로 등기를 말소할 수 있다(상업등기법 제80조, 제81조).

V. 등기관의 심사권

1. 의의

등기는 공무원에 의하여 이루어진다. 등기공무원은 상업등기의 신청이 있으면 그 접수번호와 순서에 따라 등기를 하게 된다. 등기의 신청사항이 진실에 반하느냐 아니냐에 대한 등기공무원의 심사권이 문제되는데, 등기공무원의 심사권에 관하여 형식적 심사주의와 실질적 심사주의로 구분된다.

2. 학설의 다툼

1) 형식적 심사주의

등기공무원은 신청사항이 법정등기사항이냐 관할사건이냐, 신청인이 적법한 신청인 또는 대리인이냐, 법정의 방식을 갖추고 있느냐 아니냐는 등 형식적 요건을 조사할 직무와 권한을 갖는 것을 형식적 심사주의라고 한다. 형식적 심사주의를 주장하는 이유는 첫째, 등기관은 단순한 기록관이지 법관이 아니므로 등기사항의 실체적 진실성을 심사할 수 없다는 점을 든다. 둘째, 상업등기는 성질상 진실된 사실의 기재가 아니고 신청된 내용을 기재하는 점을 든다. 셋째, 실질적 심사주의에 의하면 등기가 지연될 수 있는 우려가 발생한다는 점이다. 넷째, 상업등기의 내용에 대하여 원칙적으로 공신력이 인정되지 않으므로 그 실체적 진실성까지 심사할 필요가 없다는 점을 들고 있다.

2) 실질적 심사주의

실질적 심사주의는 형식적 심사는 물론 신청사항의 실질적 진실 여부까지도 조사할 직무와 권한이 있다고 하는 입장이다. 그 이유로는 첫째, 등기제도의 목적은 원래 객관적 진실을 공시하는 데 있다는 점을 든다. 둘째, 비송사건의 경우에도 법원은 직권으로 사실의 탐지와 필요하다고 인정하는 증거를 조사하여야 하는데(비송절차법 제11조), 이는 상업등기의 관할도 법원인 점에서(상업등기법 제3조) 등기관에게도 동일하게 적용되어야 하는 점이다. 셋째, 등기관은 등기를 한 후 그 등기에 착오가 있거나 빠진 것이 있음을 발견한 때에는 이를 직권으로 경정할 수 있는 점(상업등기법 제76조 제2항) 등을 들고 있다.

3) 절충주의

형식적 심사주의와 실질적 심사주의가 결합된 학설이 절충주의이다. 수정실질심사설과 수정형식심사설이 있다. 전자는 등기사항을 실질심사주의에 입각하여 등기관은 심사를 해야 하지만, 진실에 대한 의문에 없는 경우에는 굳이 심사할 이유가 없고, 이를 이유로 등기 절차를 지연하는 것은 안 된다는 입장이다.[1] 후자는 원칙상 형식주의에 따르지만, 신청사항에 대한 의심이 발생하는 경우에는 실질심사를 해야 한다는 입장이다.[2]

우리나라의 경우 등기공무원이 그 신청사항이 진실한 것이냐 아니냐를 심사한다는 것은 거의 불가능한 것이므로 원칙적으로 형식적 심사주의에 따르고, 의심이 있거나 탈루된 것이 있음을 발견한 때에는 이를 경정할 수 있는 규정을 본다면 실질적 심사주의도 띠고 있다.

3. 판례의 입장

대법원은 기본적으로 형식심사주의를 채택하고 있다. 부동산등기에 대하여 대법원은 두 번에 걸쳐 등기공무원의 형식심사권만을 인정하고 있고, 상업등기에 관해서도 동일한 입장을 견지하고 있다.

대법원 1989. 3. 38. 선고 87다카2470 판결

"소외 1이 위조하여 등기소에 제출한 소외 김광수의 등기권리증은 첫째로, 거기에 기재된 등기 접수번호가 등기원부에 등재되어 있는 소외 김광수 명의로의 소유권이전등기 접수번호와 다르고, 둘째로, 거기에 기재된 등기접수일자는 1983년 1월 10일인데도 이례적으로 접수번호는 벌써 28524호까지 나간 것으로 되어 있었고, 셋째로, 거기에 찍힌 등기소장 직인의 인영은 평소 사용하던 인장의 인영과 다르고, 넷째로, 등기필증의 이면과 매도증서 전면사이의 간인이 없이 단지 매도증서의 표면에만 간인의 흔적이 있을 뿐이었으며, 또한 소외 김광수의 위조된 인감증명서에는 이례적으로 검인이 찍혀 있어, 이를 수리한 등기공무원으로서는 위 등기권리증의 기재를 등기부와 대조해보거나 그 등기권리증에 기재되거나 찍힌 간인과 직인의 인영 및 위 인감증명서의 형태를 조금이라도 눈여겨보았더라면 이들 서류가 위조된 것임을 쉽사리 알아낼 수 있었을 것임에도 불구하고 이를 간과한 과실이 있다."고 하면서 대법원은 "등기공무원은 등기신청에 대하여 실체법상의 권리관계와 일치하는 여부를 심사할 실질적 심사권한은 없고 오직 신청서류와 등기부에 의하여 등기요건에 합당하는 여부를 심사할 형식적 심사권한 밖에 없으나, 등기공무원으로서의 통상의 주의를 기울이면 제출된 등기권리증 등이 진정하게 작성된 것이 아님을 식별할 수 있음에도 불구하고 이를 간과하였다면 이는 그 형식적 심사권한을 행사함에 있어서 지켜야 할 주의의무를 위반한 것이다."라고 판시하였다.

---

1   정찬형, 상법강의(상), 제18판, 박영사, 2015, 150면.
2   정동윤, 상법(상), 법문사, 2003, 98면.

대법원 1995. 1. 20. 자 94마535 결정

등기공무원이 등기신청에 대하여 실질적 심사권한이 있는지 여부와 관련하여, 대법원은 "부산 동구 수정동 산 17의 2 임야 5,107㎡ 중 장양옥 지분 5분의 1(이하 이 사건 부동산이라 한다)은 본래 장양옥이 1936년 6월 26일 불하받고 그 명의로 지분이전등기를 경료한 그의 소유인 사실, 장양옥은 1950년 3월 16일 사망하였고, 그 장남인 장지태는 1945년 9월 20일 이미 사망하여 장세문(1928년 9월 14일생)이 1950년 3월 8일 장지태의 사후양자로 입적한 후 호주상속하였다가 1962년 4월 4일 34세의 나이로 직계비속 없이 사망한 사실, 장지태는 처인 문소봉 외에 장정순 및 망 장정화, 망 장정암 등 딸 셋을 남겼고, 장세문의 아버지는 장양옥의 차남인 장지욱인데 그 역시 처인 정흥술과 아들, 딸들을 남긴 사실, 재항고인은 문소봉이 1991년 1월 1일 사망하자, 그 공동상속인인 장정순과 망 장정화, 망 장정암의 대습상속인들을 피고로 하여, 이 사건 부동산을 문소봉으로부터 1987년 8월 20일 매수하였다고 주장하면서 그 매매를 원인으로 한 소유권이전등기청구 소송을 제기하여 1992년 7월 22일 의제자백에 의한 승소판결을 받았고, 그 무렵 판결이 확정된 사실, 재항고인은 위 판결을 등기원인 증명서류로 하여 1993년 10월 14일 부산진등기소에 소유권이전등기신청을 하였으나, 등기공무원은 장세문의 친부모의 생존 여부에 관한 소명이 없다는 이유로 부동산등기법 제55조 제7호, 제8호에 의하여 신청을 각하하였고, 제1심법원도 그 이의신청을 기각한 사실이 인정되는바, 원심은 양자인 장세문이 직계비속 없이 사망하였으므로 그 직계존속인 양부모와 친부모는 동순위의 공동상속인이 되는데, 장세문의 친부모가 생존하는지 여부가 불명하다면 상속인과 상속지분을 확정할 수 없으므로 이전등기신청을 수리할 수 없고, 원래 등기공무원은 등기신청에 대하여 실체법상의 권리관계와 일치하는지 여부를 심사할 실질적 심사권한은 없는 것이다."라고 하면서, "등기공무원은 등기신청에 대하여 실체법상의 권리관계와 일치하는 여부를 심사할 실질적 심사권한은 없고 오직 신청서 및 그 첨부서류와 등기부에 의하여 등기요건에 합당하는지 여부를 심사할 형식적 심사권한 밖에는 없다."고 판시하고 있다.

대법원 2008. 12. 15. 자 2007마1154 결정

등기공무원의 상업등기 심사권에 대하여 대법원은 "원칙적으로 등기공무원은 등기신청에 대하여 실체법상의 권리관계와 일치하는지 여부를 심사할 심사권한은 없고 오직 신청서 및 그 첨부서류와 등기부에 의하여 등기요건에 합당하는지 여부를 심사할 형식적 심사권한밖에는 없다."고 판단하고 있다. 더 나아가 "등기관이 법 제159조 제10호에 의하여 등기할 사항에 관하여 무효 또는 취소의 원인이 있는지 여부를 심사할 권한이 있다고 하여도 그 심사방법에 있어서는 등기부 및 신청서와 법령에서 그 등기의 신청에 관하여 요구하는 각종 첨부서류만에 의하여 그 가운데 나타난 사실관계를 기초로 판단하여야 하고, 그 밖에 다른 서면의 제출을 받거나 그 외의 방법에 의해 사실관계의 진부를 조사할 수는 없다."고 판단하였다.

제3절 상업등기와 공시력

I. 공시의 원칙

1. 의의

물권은 채권과는 다른 다양한 특징을 갖고 있다.[3] 우선 물권은 특정한 물권을 직접 지배한다는 성질로부터 물권의 절대성이 나온다. 물권의 절대성이라 함은 '물권을 가지는 자는 그 물권을 누구에 대하여도 주장할 수 있다'는 점과 '물권이 누구의 침해로부터도 보호된다'는 점을 의미한다. 그 외에도 물권은 확정적·개별적인 물건에 관하여만 성립할 수 있다고 하는 특정성과 전형적인 재산권으로서 양도성의 성질을 갖는다. 한편 절대적 지배권을 갖고 있는 물권에 관한 법인 물권법은 다양한 원칙이 제시된다.

2. 물권법정주의

물권의 종류와 내용을 민법 기타의 법률이 정하는 것에 한하여 인정되며, 그 밖의 물권을 자유로이 창설하는 것을 금하게 하고 있다. 이를 물권법정주의라고 하는데, 우리 민법 제185조가 그것을 규정하고 있다.[4] 물권법은 채권법과는 달리, 계약자유의 원칙이 인정되지 않으며 물권의 정형은 확정적인 것이다. 근대법이 물권법정주의를 인정하게 된 이유는 봉건시대에 복잡하고 혼란하였던 지배관계를 단순화하고자 한 면과 공시의 원칙을 관철하고자 측면이 있다.[5]

3. 공시의 원칙

1) 개념

추상적으로 어떠한 물권이 존재할 수 있는가를 예견가능하게 하는 물권법정주의 외에, 실제로 존재하는 개개의 물건의 존재를 외부로부터 인식하게 할 수 있도록 하는 원칙이 바로 공시의 원칙(Grundsatz der Offenkundigkeit)이다. 물권의 변동은 언제나 외부에서 인식할 수 있는 어떤 표상(공시방법)을 수반하여야 하고, 그러한 공시방법을 갖추지 않는다면

---

3   물권의 성질에 대하여는 이영준, 물권법, 박영사, 2004, 9면.
4   민법 제185조(물권의 종류) 물권은 법률 또는 관습법에 의하는 외에는 임의로 창설하지 못한다.
5   이 점에 대하여는 곽윤직, 물권법, 박영사, 1990, 28면.

물권의 변동은 부인되는 효과를 갖게 된다.[6] 이와 같이 공시의 원칙을 인정하는 이유는, 배타성과 독점적인 지배권을 갖는 물권은 그 소재를 제3자가 쉽게 알 수 있는 방법을 사용하여야 하여, 제3자에게 발생하게 되는 불측의 손해를 예방하여 거래안전을 보호하고자 하는 것이다.

법률행위로 인한 물권변동이 당사자의 의사표시만으로 물권변동이 발생하느냐, 아니면 당사자의 의사표시 이외에 등기라는 공시방법을 갖추어야만 효력이 발생하느냐에 따라 각국의 입법이 달리하고 있다.

2) 형식주의

형식주의란 물권변동을 목적으로 하는 당사자의 의사표시, 즉 물권행위만으로 일어나지 않고 등기나 인도의 공시방법까지 갖추어야 당사자 및 제3자에 대한 관계에서 물권변동이 일어난다는 입법주의이다. 이를 성립요건주의라고도 한다.[7] 거래안전을 도모하기 위하여 물권변동을 제3자도 명확히 인식할 수 있도록 하는 입법태도로 독일과 우리 민법이 취하고 있다. 형식주의에 의하면 물권행위는 공시방법과 결합되어 있어서 당사자 사이의 대내관계이든 제3자와의 관계인 대외관계이든 소유자는 1인이라는 소유권의 절대적 귀속을 가져오므로 의사주의에서와 같은 물권변동의 효과가 달리 적용되는 일이 없게 된다.[8]

독일 민법상 물권변동을 목적으로 하는 의사표시, 즉 물권행위는 채권발생을 목적으로 채권계약(Vertrag)과 구별하여 물권적 합의(Einigung)라고 한다. 그리고 물권적 합의(Einigung) 중에서도 "동산소유권이전의 합의"를 "Auflassung"이라고 하는데, "부동산소유권이전의 합의"는 반드시 일정한 방식을 갖추어야 하고 조건과 기한을 붙일 수 없도록 하고 있다(독일 민법 제925조 제2항). 독일 민법상 부동산물권변동은 물권적 합의 이외에 등기를 하여야 한다(제873조, 제925조 BGB).[9]

---

6 갑으로부터 을에게 물권이 이전되려면, 그 이전을 이전등기나 인도와 같은 공시를 하여야 한다. 만약 그러한 공시를 하지 않는다면 물권에 대한 이전의 효과는 발생하지 않는다. 갑이 을에게 물권을 이전하더라도 그 공시를 필요로 하지 않는다면, 등기나 점유가 현재 갑에게 있다는 사실에 기하여 갑을 권리자라고 믿고서 물권을 거래한 제3자 병은 그의 신뢰를 보호받지 못하고 예측하지 않은 손실을 받게 되기 때문이다.

7 김상묵, "부동산등기제도의 문제점과 개선방안", 법학연구, 제26집, 2007, 119면.

8 곽윤직, 물권법, 박영사, 2007, 35면; 김상용, 물권법, 법문사, 2006, 89면.

9 강태원, "부동산등기의 공신력에 관한 일고찰", 연세대학교 연세법학연구 창간호, 1990, 357면 이하.

3) 의사주의

의사주의란 물권변동을 목적으로 하는 의사표시, 즉 물권행위가 있으면 물권변동이 일어나고 그 외에 어떠한 공시방법도 필요로 하지 않는 입법주의이다. 의사주의에 의하면, 공시방법을 갖추지 않았다 하더라도 당사자 사이에서 물권변동은 발생한다. 그러나 공시방법을 갖추지 않는 한, 그 물권변동을 제3자에게 대항할 수 없다.[10] 등기나 인도는 제3자에 대한 대항요건이기 때문에 대항요건주의라고도 한다. 프랑스와 일본 민법이 이를 취하고 있다.

프랑스 민법은 소유권은 "채권의 효력으로" 이전하고(동법 제711조), 물건을 인도할 채무는 "당사자의 합의만에 의하여" 완성되며 채권자를 소유자로 만든다고 규정하고 있다(동법 제1138조). 그 결과 프랑스 법제에서는 첫째, 물권변동을 일으키는 의사표시와 채권을 발생시키는 의사표시는 구별되지 않는다. 둘째, 물권변동은 별도의 공시방법을 필요로 하지 않고 당사자의 의사표시만으로 일어나게 된다. 셋째, 하나의 법률행위로 채권의 발생과 물권변동 양자를 모두 일어나게 하는 것도 가능하다. 오히려 보통의 경우 물권행위는 채권행위에 흡수되어 있다. 따라서 물권행위의 독자성이 인정되지 않는다.[11] 넷째, 물권행위의 독자성이 인정되지 않으므로 물권행위의 효력을 원인관계(즉, 채권행위)로부터 절단되느냐 않느냐의 문제(즉, 물권행위의 무인성)도 일어나지 않는다.[12]

의사주의에서 물권변동의 효력은 당사자의 의사표시만으로 발생하므로 제3자는 물권변동의 사실을 쉽게 알 수 없어서 불측의 손해를 입을 염려가 있다. 따라서 거래의 안전을 위하여 프랑스 민법은 동산물권변동에는 공신의 원칙을 인정하고(동법 제1141조, 제2279조) 부동산 물권변동에는 공시방법, 즉 등기를 갖추어야만 제3자에게 대항할 수 있도록 하고 있다.[13]

---

10 임이택·최승영, "부동산 등기의 공신력에 관한 고찰", 부동산학보, 제7집, 2000, 204면 이하.

11 이은영, "물권행위에 관한 연구", 외법논집, 제4집, 한국외국어대학교 법학논집, 1997, 303면. 물권행위의 독자성이란 물권행위가 원인행위인 채권행위로부터 독립하여 별개의 행위로서 행해진다는 것을 말한다. 물권행위의 독자성을 인정하기 위한 전제로서 물권행위와 구별되는 독자의 법률행위로서 물권행위가 존재하며 그 효력으로 물권변동이 발생하게 된다. 그러므로 물권행위의 독자성이론은 물권변동을 위하여 채권행위 외에 물권행위라는 또 하나의 법률행위가 반드시 있어야 한다.

12 곽윤직, 물권법, 박영사, 1990, 85면. 물권행위는 채권계약의 이행행위로서 행하여진다. 채권행위가 먼저 행하여지고, 그 이행으로서 물권행위가 따로 독립하여 행하지는 때에 그 원인행위인 채권행위가 존재하지 않거나 무효 혹은 취소, 해제되는 경우에, 그 채권행위를 원인으로 하여 따로 행하여진 물권행위도 무효가 되어 물권변동은 없었던 것으로 보느냐가 문제된다. 물권행위의 효력은 그 원인인 채권행위의 부존재, 무효, 취소, 해제 등으로 당연히 그 영향을 받는다고 하는 것이 물권행위의 유인론이고, 물권행위의 효력은 그 원인이 되는 채권행위의 운명에 의하여 아무런 영향도 받지 않으며, 물권행위의 효력은 원인관계와 법률상 단절 내지 절연되어 있다고 하는 것이 물권행위의 무인론이다.

13 김상용, 물권법, 법문사, 2006, 89면 이하. 프랑스 법제는 부동산 물권변동과 관련하여 대내관계인 당사자 사이의 법률관계에서는 의사표시만으로 효력을 발생하도록 하고, 대외관계에서는 제3자에 대한 법률관계에서

4) 소결

프랑스가 인정하고 있는 의사주의에 따르면 물권변동과 관련하여 등기를 필요로 하지 않기 때문에 물권거래의 신속을 기할 수 있다는 장점이 있다. 그러나 물권변동의 발생 시기를 명확하게 정하기 어려워 제3자가 외부에서 인식하기 어렵다는 점과 거래의 안전을 해친다는 단점이 있다. 의사주의와 달리 독일이 인정하고 있는 형식주의에 따르면, 법률관계가 분열하지 않고 일원화되어 법률관계가 명확하다는 점을 들 수 있다. 법률관계의 명확성은 거래의 안전에 도움을 주게 된다. 하지만 등기절차의 불편을 초래할 수 있다는 단점이 제기된다.

우리 민법 제188조와 제186조는 물권변동에 관하여 규정하고 있다. 동 규정에 의하면, 소유권의 이전은 법률행위적인 요소인 물권적 합의 외에 사실적 요소로서 동산의 경우에는 점유의 이전, 그리고 부동산의 경우에는 이전등기라고 하는 공시방법으로 하여야 효력이 있다. 이러한 공시방법을 통하여 소유권이전이 외부로부터 인식 가능하게 되고, 거래의 안전이 확보되는 것이다. 물권은 대세권으로 물권의 존재와 물권변동을 제3자에게 공시하는 것이 필요하다. 따라서 물권관계가 상대적으로 나누어져 법률관계를 복잡하게 하는 의사주의보다는 물권관계를 명료하게 하고 물권에 대한 거래의 안전을 도모하는 형식주의가 보다 더 타당한 입법이라 하겠다.

II. 상업등기의 공시력

1. 상법 제37조

1) 등기 전

상법 제37조 제1항은 "등기할 사항은 이를 등기하지 아니하면 선의의 제3자에게 대항하지 못한다."라고 규정하고 있다. 이것은 등기사항의 성립 내지는 존재를 전제로 하여 그 등기의 전후에 따라 법적 효과를 달리함으로써 등기를 한 자와 제3자의 이익의 조화를 꾀하고 있다. 상법은 등기사항을 등기 전에는 선의의 제3자에게는 대항하지 못하도록 하고 있는데, 이것을 상업등기의 소극적 공시력(Negative Publizität)이라 한다. 이것은 바로 제3자

는 공시방법을 갖추도록 하고 있는 것이다. 이와 같은 측면에서 프랑스 법제는 당사자의 의사를 존중한다는 입장에서 의사주의 혹은 대항요건주의라고 하는 것이다.

를 보호하기 위한 것이다. 선의라 함은 문제된 등기할 사실관계의 존재를 알지 못함을 의미한다. 예를 들면 해임된 지배인과 거래한 제3자의 경우 해임된 사실을 알지 못했음을 뜻한다. 법문상 과실의 유무는 규정된 바 없다. 그러므로 경과실이 있는 선의의 제3자가 보호됨은 당연하고, 중과실이 있는 선의까지 보호함은 형평에 어긋나므로 악의와 같이 다루어야 할 것이다.

2) 등기 후

등기 후에는 악의의 제3자는 물론 선의의 제3자에 대하여도 등기사항으로써 대항할 수 있다. 이것을 등기의 적극적 공시력(Positive Publizität)이라 한다. 일정한 등기사항이 성립 또는 존재하여 이를 등기한 때에는 제3자도 당연히 그 사실을 아는 것으로 의제되어 제3자가 정당한 사유로 이를 알지 못하였음을 입증하지 못하는 한, 그 등기로써 대항할 수 있다(상법 제37조 제2항 참조). 등기를 한 상인의 이익을 보호하고자 하는 목적이 있다.

3) 정당한 사유

우리 상법 제37조 제2항은 등기기 이루어진 후라도 제3자가 정당한 사유가 있다고 한다면 선의의 제3자에게 대항할 수 없다고 규정하고 있다. 이 점에서 본다면 독일의 판례나 우리나라의 실정법은 유사한 면이 있다고 하겠다. 다만, 정당한 사유는 특정인의 주관적 사유가 아니라 객관적 사유만을 의미한다. 그러므로 천재지변이나 기타 객관적 사정으로 인하여 등기부를 열람할 수 없는 등 공시를 위한 공공적 시설의 이용에 장애가 생긴 경우에 해당하는 것으로 보아야 하고, 신병 등 개인적인 사정은 정당한 사유로 볼 수 없다.

2. 독일의 경우

1) 공시

우리나라가 소극적 공시와 적극적 공시를 구분하고 명시적으로 규정하고 있는 것에 반하여, 독일 상법은 우리와 달리 소극적 공시와 적극적 공시를 합하여 소극적 공시로 사용하고 있다(독일 상법 제15조 제1항, 제2항 제1문). 독일 상법 제15조 제3항은 등기사항과 공고내용이 상위할 때에는 선의의 제3자는 공고된 바에 따라 법률관계를 주장할 수 있음을 규정하고 있다. 이를 적극적 공시라고 한다. 등기부가 침묵한 사실을 신뢰한 자를 보호하기 위한 것이 소극적 공시의 원칙이라고 한다면, 등기부가 말하는 바를 신뢰한 자를 보호하기 위한 것이 적극적 공시의 원칙이라 하여, 우리나라가 해석하는 방식과는 다른 모습을 보여주고 있다.

2) 판례

독일 대법원은 1975년 12월 1일 판결에서, 상법 제37조 제1항(독일 상법 제15조 제1항)에 의한 제3자의 신뢰보호는 상업등기부상의 기재내용을 주장하는 자가 등기부를 실제로 열람하지 아니하였다 할지라도 가능하다고 판단한 바 있다. 선의의 제3자를 보다 더 넓게 보호하고자 하는 측면이 있다.

III. 상법 제37조 제2항의 제3자

대법원 1978. 12. 26. 선고 78누167 판결

조세부과처분의 주체인 국가가 상법 제37조 소정의 '제3자'에 포함되는지 여부와 관련하여, 대법원은 "상법 제37조에 '등기할 사항은 등기와 공고 후가 아니면 선의의 제3자에게 대항할 수 없다.'고 하는 법문에서 제3자라 함은 대등한 지위에서 하는 보통의 거래관계의 상대방을 말한다 할 것이므로 조세권에 기하여 조세의 부과처분을 하는 경우의 국가는 여기에 규정된 제3자라 할 수 없다."고 판시하고 있다.

대법원 1978. 12. 26. 선고 90누4235 판결

대법원은 "국세기본법 제39조 제1호에 의하여 법인의 무한책임사원에게 제2차 납세의무를 부과시키기 위하여는 체납국세의 납세의무 성립일 현재 실질적으로 무한책임사원으로서 그 법인의 운영에 관여할 수 있는 위치에 있음을 요하고, 단지 형식상으로 법인의 등기부상 무한책임사원으로 등재되어 있다는 사유만으로 곧 무한책임사원으로서 납세의무를 부과시킬 수 없다 할 것이고, 상법 제37조의 '등기할 사항은 등기와 공고 후가 아니면 선의의 제3자에게 대항할 수 없다'는 제3자라 함은 대등한 지위에서 하는 보통의 거래관계의 상대방을 말한다 할 것이고, 조세권에 기하여 조세의 부과처분을 하는 경우의 국가는 여기에 규정된 제3자라 할 수 없다고 해석된다."고 판단하고 있다.

제4절 상업등기와 공신력

I. 의의

물권은 채권과 달라서 독점적이고 배타적인 지배권이므로 제3자가 그 존재를 명백히 인식할 수 있는 공시의 방법이 마련되어야 한다. 물권의 존재를 추측케 하는 표상, 즉 공시방법을 신뢰하여 거래한 자가 있는 경우에 비록 그 공시방법이 진실한 권리관계에 일치하고 있지 않더라도 마치 그 공시된 대로의 권리가 존재하는 것처럼 다루어서, 그 자의 신뢰를 보호하여주어야 한다는 것이 공신의 원칙(Grundsatz des öffentlichen Glaubens)이다.

소유권이전등기가 무효인 매매계약에 의하여 경료된 경우에 등기명의인은 소유자가 아니다. 만약 양수인이 등기명의인을 소유자라 믿고 매매물을 양수하였다 할지라도, 그는 무권리자로부터 권리를 취득한 것이 되므로 소유권자가 될 수 없게 된다. 물론 양수인은 유효한 권리를 취득하고자 한다면, 등기가 실체적 권리관계에 부합하는지의 여부를 언제나 심사하여 매매계약을 체결해야만 할 것이다. 그러나 그것은 용이한 것이 아니다.

물권의 존재는 일정한 징표에 의하여 외부에 알려야 한다는 것이 공시의 원칙이고, 공시의 원칙으로부터 추정적 효력(Vermutungswirkung)이 발생한다. 추정적 효력으로부터 발생하는 징표를 진정한 것으로 알았고, 비록 표상되는 권리가 존재하지 않았다 하더라도 그것을 믿고 거래한 상대방을 보호해야 할 필요성 때문에 공신의 원칙이 발생하게 되는 것이다. 공신의 원칙을 인정하게 되면, 무엇보다도 등기와 실체적 권리관계가 불일치할 때에 등기를 신뢰한 사람에게 등기된 대로의 권리취득을 인정하고 진정한 권리자는 권리를 상실하게 된다. 결국 부동산거래 상대방을 보호하고자 하는 의미에서 거래안전에 더 역점을 두고 있는 태도라 할 것이다.

II. 독일의 부동산공신력

1. 공신력의 연혁

서양의 역사를 보면 로마법과 게르만법은 각기 공신력의 인정에 대한 태도를 달리하고 있다.[14] 로마법에서는 "누구도 자기가 가지는 것 이상의 권리를 남에게 줄 수 없다." 또는 "내 물건을 발견한 곳에서 나는 그것을 다시 찾는다."는 원칙을 취하였기 때문에 공신의 원칙을 인정하지 않았다. 즉 거래안전보다 진정한 권리자를 보호하고자 하였다. 그러나 게르만법에서는 "자기가 믿음을 둔 곳에서 그 믿음을 다시 찾아야 한다(Wo man seinen Glauben gelassen hat, da muss man ihn suchen)." 또는 "손이 손을 지켜야 한다(Hand wahre Hand)."라는 원칙을 인정함으로써, 외관을 인정하면서 거래의 안전을 보호하고자 하였기 때문에 현재의 독일의 실정법에서 공신의 원칙이 인정된 것이다.

중세(약 13세기) 이후 공신력 인정의 과정을 살펴보면 근대적 등기제도의 시초였던 도시장부에서는 부동산에 관한 행위의 유형마다 각각 다른 장부를 만들었다. 상속에 관하여는 상속장부(Erdbuch), 담보권설정을 위해서는 부동산담보권장부(Pfandbuch)가 작성되었다. 이러한 근대적 등기제도는 로마법의 계수에 의하여 그 발전이 주춤하게 된다. 그러나

---

14 곽윤직, 물권법, 박영사, 1990, 52면.

부동산의 거래안전을 보호하고 부동산신용에 있어서의 저당권의 보호라는 요청에 의하여 1794년 프로이센 일반주법에서는 저당권에 관하여 등기에 공신력을 부여하게 되었다. 그 후 1872년 프로이센의 소유권취득법에서 부동산소유권에 대해서뿐만 아니라 그 밖의 모든 부동산물권에 대하여 등기의 공신력을 인정하게 되었다.

2. 공신력의 기능

부동산의 거래는 등기라고 하는 특수한 방법으로 부동산에 관한 물권을 공시하는 제도를 가지고 있다. 우리나라와 달리, 독일 민법 제892조와 제893조는 명백하게 등기의 공신력을 인정하는 규정을 두고 있다. 그러므로 부동산거래와 관련하여 중대한 소송문제의 발생여지가 매우 작다. 다툼의 여지가 없는 또 하나의 이유는, 독일에서는 부진정한 등기부를 신뢰한 제3자가 선의로 취득할 가능성 때문에 등기공무원이 매우 세심하게 주의를 기울이고 있다는 점이다.[15] 독일에서 등기공무원은 등기절차법상의 적법성 여부는 물론이거니와 등기신청의 실질적 이유 내지 원인의 존부와 효력까지도 심사하는 '실질적 등기심사권'을 갖기 때문에 등기부가 부진정하게 기재될 가능성이 거의 없다. 그리고 만약 진정하게 등기되어 있지 않다면 이를 빠른 시간 내에 정정해야만 한다. 이는 선의취득의 가능성 때문에 일반적으로 진정한 등기가 강제되는 것이라 할 것이다.[16] 독일에서 등기부는 단지 형식상의 등기부가 아니다. 만약 형식적으로 등기부를 이용하게 한다면, 등기업무에 소비하는 막대한 재정 및 작업을 정당화할 수 없다. 따라서 이에 상응하는 등기의 공신력을 부여하고 있는 것이다.

3. 공신력 인정요건

형식주의를 취하고 있는 독일에서 부동산등기의 공신력을 인정하기 위해서는 다음과 같은 요건을 전제하고 있다.[17] 첫째, 등기가 진정하지 않고 그러한 등기부의 부당성에 대한 이의등기가 되어 있지 않아야 한다. 둘째, 법률행위로 인한 부동산 물권변동이어야 하고 '법률행위에 의하지 않은 물권변동'[18]은 공신의 원칙이 적용되지 않는다. 셋째, 부동산물권

---

15 Bauer, Lehrbuch des Sachenrechts, 11. Aufl. 1981, S. 198.
16 김상명·김상찬, "부동산거래사고의 방지방안에 관한 연구", 법학연구, 제18집, 2005. 6, 470면.
17 정옥태, "부동산등기의 공신력에 관한 연구", 서울대학교대학원 법학박사학위논문, 1987, 19면 이하.
18 우리 민법 제187조(등기를 요하지 아니하는 부동산물권) 상속, 고용징수, 판결, 경매 기타 법률의 규정에 의한 부동산에 관한 물권의 취득은 등기를 요하지 아니한다. 그러나 등기를 하지 아니하면 이를 처분하지 못한다.

의 취득자가 등기부에 정당하지 않음을 알지 못하여야 한다. 넷째, 부동산등기의 공신력은 등기되어 있는 권리를 처분하든가 또한 그 권리로부터 생기는 청구권을 처분하는 경우여야 하고, 그러한 처분행위가 유효한 경우에만 적용된다.

그 외에도 목적물에 대한 표시의 기재가 정확해야 하고, 아울러 물권변동이 있으면 누락되지 않고 등기부에 기재하여 진실과 부합하는 등기가 되도록 하고 있다.[19] 독일에서는 무권리자의 등기가 기재되지 않도록 등기부를 정비하고 있으며, 등기절차를 신중히 하고자 등기공무원에게 실질적 심사권을 부여하고 있다.[20] 물론 실질적 심사주의가 등기절차가 지연되고 부동산의 원활한 거래를 저해한다는 단점이 있지만, 독일에서 부동산의 공신력을 인정하면서 등기에 있어서 실질적 심사권을 인정하고 있는 것이다.

실질적심사권과 관련하여 고려해야 할 사항이 바로 등기원인에 대한 공증문제이다.[21] 독일에서 부동산거래는 그 중요성이나 복잡성으로 인하여 공증인이라는 법률전문가를 두고 있다. 법률전문가를 통한 등기원인의 공증제도는 부동산의 매매계약의 체결에 있어서 명확성과 안전성을 담보하고 더 나아가 계약의 신속성을 제공하게 하게 된다.

4. 공신력의 근거

독일 민법은 제873조 이하에 부동산물권에 관한 일반규정을 규정하고 있다. 우선 민법 제873조 제1항에 따르면, "부동산 소유권을 양도하거나 부동산에 권리를 설정하거나 또는 그 권리를 양도하거나 그 권리에 부담을 설정함에는, 법률에 다른 정함이 없는 한, 권리변동에 관한 권리자와 상대방의 합의 및 부동산등기부에의 권리변경의 등기를 요한다."라고 정하고 있다. 독일 민법 제873조의 법률행위에 의한 물권변동은 당사자의 물권적 합의(Einigung)와 등기부에의 등기(Eintragung)를 요하는 것이 원칙이다. 그리고 토지소유권의 이전과 관련하여 매매, 증여 등의 채권계약은 공정증서를 작성하여야 하고(동법 제313조 BGB), 당사자 쌍방 또는 그 대리인이 일정한 관할관청(이른바 공증인) 앞에서 토지소유권이전의 합의(Auflassung)를 하여야 한다(동법 제925조 BGB). 이러한 의미에서 Auflassung은 요식행위이나, 그 밖의 부동산에 관한 물권적 합의(Einigung)는 원칙적으로 무방식이

---

19 김증한, 물권법, 박영사, 1981, 38면.
20 곽윤직, 물권법, 박영사, 1991, 58면 이하.
21 곽윤직, "등기원인증서의 공증", 법학, 제27권 2·3호, 서울대학교 법학연구소, 1986, 1면.

다.[22] 물권적 합의(Auflassung)을 받은 공증인은 물권적 합의(Auflassung)을 수령하였음을 증명하는 공정증서를 작성하여야 한다(동법 제29조 GBO).

독일 민법 제892조[23]와 제893조[24]는 부동산에 대한 선의취득을 규정하고 있고, 제932조[25] 이하에서는 동산에 대한 선의취득을 인정하고 있다. 그리고 민법 제891조는 등기의 추정력을 인정하고 있다. 동조는 소송상 입증책임의 문제로서 등기의 진정을 다투는 자가 이를 입증해야 한다는 의미를 갖는다. 결국 법률행위에 의한 부동산 물권변동의 취득자가 진정한 권리자를 알지 못하고 또한 등기의 부진정에 대한 이의등기가 되어 있지 않는 한 등기의 기재는 진정한 것으로 간주되는 것이다.[26] 반면에 제892조와 제893조는 부동산에 대한 공신력을 인정하고 있는 규정으로서 무권리자로부터 부동산을 취득하였다 할지라도 그 등기의 진정하지 않음을 알고 있지 않다면 유효하게 그 권리를 취득하게 되고 반증에 의하여도 이에 반하는 주장을 할 수 없게 된다.[27]

III. 부동산공신의 원칙 관련 고려사항

부동산은 우리 인간생활에 있어서 반드시 소유해야 할 필요는 없지만, 소유권으로서 갖

---

22 곽윤직, 물권법, 박영사, 1991, 71면. 우리 민법은 이러한 독일 민법과 달리 부동산소유권이전의 합의에도 어떠한 방식을 요구하고 있지 않으며, 따라서 모든 물권행위는 '불요식행위'라고 할 수 있다. 그러나 계약자유의 한 내용으로서 방식의 자유가 있으므로, 당사자가 서면에 의한 작성 등 일정한 방식에 따라서 물권행위를 할 수 있음은 당연하다고 할 것이다.

23 독일 민법 제892조(부동산등기부의 공신력) (1) 부동산물권 또는 그러한 권리에 대한 권리를 법률행위에 의하여 취득한 사람을 위하여서 부동산등기부의 내용은 정당한 것으로 본다. 그러나 그 정당함에 대한 이의가 등기되어 있거나 또는 취득자가 그 정당하지 아니함을 알았을 경우에는 그러하지 아니하다. 권리자가 부동산등기부에 등기된 권리의 처분에 관하여 특정인을 위하여 제한을 받는 때에는 그 제한은, 그것이 부동산등기부로부터 바로 인지될 수 있거나 취득자가 이를 알았던 때에 한하여 그에 대하여 효력이 있다. (2) 권리의 취득에 등기를 요하는 경우에 취득자가 제1항의 사실을 알았는지에 관하여는 등기의 신청을 한 때, 또는 제873조에 의하여 권리취득에 필요한 합의가 등기 후에 비로소 행하여진 경우에는 합의를 한 때가 기준이 된다.

24 독일 민법 제893조(등기명의인과의 법률행위) 부동산등기부에 권리자로 등기되어 있는 사람에게 그 권리에 기하여 급부가 실행된 경우 또는 그와 다른 사람 간에 그 권리에 관하여 제892조에 해당되지 아니하는 법률행위가 행하여진 경우에 대하여는 제892조가 준용된다.

25 독일 민법 제932조I(무권리자로부터의 선의취득) (1) 물건이 양도인에 속하지 아니한 경우에도 양수인은 제929조에 따라 행하여진 양도에 의하여 소유자가 된다. 다만 그가 동조에 의하여 소유권을 취득하였을 시점에서 선의가 아닌 때에는 그러하지 아니하다. 그러나 이는 제929조 제2문의 경우에는 양수인이 양도인으로부터 점유를 취득하였을 때에만 적용된다. (2) 물건이 양도인에 속하지 아니함을 알았거나 중과실로 인하여 알지 못한 때에는 양수인은 선의가 아니다.

26 곽윤직, "부동산 물권변동에 있어서의 공신의 원칙에 관하여", 법학, 제1권 제1호, 서울대학교출판부, 1959, 152면 이하.

27 Bauer, Lehrbuch des Sachenrechts, 11. Aufl. 1981, S. 197.

는 사회적 측면의 중요성과 부동산을 양도나 매매 등의 거래를 통한 경제적 측면 또한 간과할 수 없다. 독일의 실정법이 부동산등기의 공신력을 인정하고 있는 반면에, 우리 민법은 등기의 공신력을 인정한다는 규정을 가지고 있지 않은 동시에, 공신력을 부정하는 규정도 존재하지 않다.

1. 거래안전에 우선하는 진정 권리자 보호

오늘날 부동산 거래는 복잡하기는 하지만 자주 행하여지고 또 신속성을 요구한다. 그러나 부동산거래 시에 매수인이 진실한 권리자이냐 아니냐를 일일이 조사하는 것은 그리 용이한 일이 아니다. 그러므로 주로 권리의 표상을 신뢰하여 매수한 자를 보호함으로써 거래의 신속과 안전을 도모해야 할 필요성이 있다[28]는 주장이 제기될 수 있다. 물론 진실한 권리관계가 존재하는 것같이 보이는 외형이 있고 그것을 신뢰한 자를 보호하려고 하는 공신의 원칙은 비단 물권법의 영역에만 존재하는 것이 아니다.[29]

그러나 물권의 존재를 추측하게 하는 표상, 즉 점유나 등기를 신뢰하고 거래를 한 자에게, 비록 그 표상이 진실한 권리관계와 일치하지 않다고 할지라도 그 표상대로의 권리취득을 인정하여 이를 보호하고자 한다면 여러 가지 고려해야 할 사항이 있다. 무엇보다도 우리나라는 등기공무원이 실질적인 심사권을 갖고 있지 않다는 점이다. 그리고 부실등기로 인하여 손실이 발생했을 경우를 대비하는 국가보상제도의 완비가 이루어지지 않고 있다는 점이다.[30] 독일에서 인정하고 있는 등기의 공신력이 물권변동에 있어서 거래의 안전이라고 하는 원칙은 지켜줄 수 있지만, 그 반면에 진정한 권리자는 이미 획득한 권리를 박탈당하게 되는 현상이 발생하게 되는 것이다.

2. 등기공무원의 형식적 심사권

등기제도에 관한 법률로서 가장 기본이 되는 법률은 우리 민법과 부동산등기법이다. 등

---

28 강태원, "부동산등기의 공신력에 관한 일고찰", 연세법학연구, 연세대학교 연세법학연구회 창간호, 1990, 345면; 김용한, "공시의 원칙과 공신의 원칙", 고시계, 1987년 12월 호, 125면; 임이택·최승영, "부동산 등기의 공신력에 관한 고찰", 부동산학보, 제17집, 2000, 201면.

29 우리 민법 제125조상의 표현대리와 채권의 준점유자, 영수증소지자 또는 증권적 채권의 소지인에 대한 변제 (제470조, 제471조, 제518조, 제524조) 등이 그 예이다.

30 김현태, 신물권법(상), 일조각, 1981, 97면.

기신청이 있으면 등기공무원은 등기신청서류를 심사한 후 신청에 따르는 등기를 할 것인지, 아니면 신청을 각하할 것인지를 결정하여야 한다. 등기관의 심사권에 관하여는, 등기절차상의 적법성 문제만 심사하는 것을 형식적 심사와 등기신청의 실질적 이유 내지 원인의 존부와 효력까지 심사하게 하는 실질적 심사주의가 있다. 형식적 심사주의하에서는 등기절차가 신속히 처리되기는 하지만, 허위등기의 위험과 등기제도를 통한 목적달성의 어려움이 단점으로 지적된다. 반면에 실질적 심사주의는 등기와 실질관계의 일치를 꾀할 수 있어 등기제도에 대한 높은 신뢰성을 유지하는 장점이 있으나 등기절차가 지연된다는 결함이 있다.

　등기신청과 관련하여 부동산등기법 제55조는 신청을 각하하여야 할 사유를 14가지로 나열하고 있다. 그리고 동법은 심사의 범위에 관한 일반적인 규정이 없고, 어떠한 경우에 등기관이 등기신청을 부적법한 것으로서 각하할 수 있는가에 관하여도 단지 한정적으로 나열하고 있으며 그 심사의 방법 또한 서면심리를 원칙으로 하고 있다. 또한 실체법상의 사항에 관하여도 그 실질적 진정성 여부에 관하여 단지 외형적·소극적 판단에 그치고 있다. 결국 우리 부동산등기법상 등기관은 등기신청의 실질적 원인관계의 존부와 그 효력에 관한 적극적인 심사를 할 권한이 주어져 있지 않고, 단지 등기신청에 관한 사항을 형식적·외형적·창구적 그리고 소극적으로 심사할 권한만을 가지고 있다는 점에서 형식적 심사주의를 취하고 있다고 할 것이다.

IV. 상업등기의 공신력

1. 의의

　상업등기는 등기사항의 진실을 전제로 하여 그 효력이 인정되는 것이므로 그 기초인 사실이 존재하지 않으면 그 등기는 무효라고 보아야 할 것이다. 왜냐하면 상업등기는 등기사항에 대한 확보적 효력을 가질 뿐이지 적극적으로 공신력이 인정되지 아니하고, 그 등기의 내용과 사실이 일치하지 아니할 때에는 그 효력이 생기지 않기 때문이다. 대법원 역시 공신력을 원칙적으로 인정하지 않고 있다.

2. 판례의 입장

1) 쟁점사항

　대법원은 두 가지 쟁점에 대하여 다음과 같이 설시하고 있다. 첫째, "합자회사의 성립 후에 신입사원이 입사하여 사원으로서의 지위를 취득하기 위해서는 정관변경을 요하고 따라서 총사원의 동의를 얻어야 하지만, 정관변경은 회사의 내부관계에서는 총사원의 동의만으로 그 효력을 발생하는 것이므로 신입사원은 총사원의 동의가 있으면 정관인 서면의 경정이나 등기부에의 기재를 기다리지 않고 그 동의가 있는 시점에 곧바로 사원으로서의 지위를 취득한다."는 점과 둘째, "회사등기에는 공신력이 인정되지 아니하므로, 합자회사의 사원 지분등기가 불실등기인 경우 그 불실등기를 믿고 합자회사 사원의 지분을 양수하였다 하여 그 지분을 양수한 것으로는 될 수 없다."고 판시하였다.[31]

2) 대법원 입장

대법원 1996. 10. 29. 선고 96다19321 판결

"이 사건 회사는 유일한 무한책임사원인 김장식의 사망으로 해산되었으나, 유한책임사원인 김형준과 김형민 전원이 신청인과 김형웅 및 김형준의 지분환급청구권을 출자의 목적으로 하여 그들을 무한책임사원으로 받아들여 회사를 계속하기로 합의함으로써, 신청인과 김형웅 및 김형준은 각 무한책임사원으로서의 지위를 취득하였다고 할 것이다. 나아가 그 지분에 관하여 보면, 신청인과 김형웅 및 김형준은 그들이 상속재산분할협의에 의하여 취득한 지분환급청구권을 그대로 출자의 목적으로 하기로 하였으므로, 신청인과 김형웅은 무한책임사원으로서 각 13,935,000원의 지분을, 김형준은 무한책임사원으로서 18,580,000원의 지분을 각 가지게 되었는데, 한편 김형준은 종전에 유한책임사원으로서 26,900,000원의 지분을 가지고 있었으므로, 김형준의 무한책임사원으로서의 지분은 45,480,000원이 된다고 할 것이다. 그러므로 신청인이 정관이나 등기부에 무한책임사원으로 등재되었는지의 여부와는 관계없이 무한책임사원으로서의 지위를 취득하였다고 본 원심의 판단은 정당하고 원심판결에 논하는 바와 같은 법리오해의 위법이 있다고 볼 수 없으며, 회사등기에는 공신력이 인정되지 아니하므로 피신청인들이 불실등기를 믿고 김형준과 김형민의 지분을 양수하였다고 하여 회사 사원들의 지분을 전부 양수한 것으로는 될 수 없는 것이다."라고 판시하고 있다.

3. 부실등기와 공신력

1) 의의

우리나라에서 공신의 원칙이 지켜지지 않으면, 이해관계인의 등기에 대한 신뢰가 약해져 상업등기제도의 의의는 없어지게 될 것이다. 그러므로 상법은 공신의 원칙을 인정하지 않

---

[31] 대법원 1996. 10. 29. 선고 96다19321 판결.

지만, 예외적으로 부실등기에 대하여는 공신의 원칙에 대한 필요성이 제기되었다. 그 결과 상법 제39조는 "고의 또는 과실로 인하여 사실과 상위한 사항을 등기한 자는 그 상위를 선의의 제3자에게 대항하지 못한다."라고 규정함으로써 부실등기의 공신력을 인정하고 있다. 등기신청인의 고의 또는 과실에 의한 부실등기를 믿고 거래한 선의의 제3자를 보호하기 위한 목적을 가지고 있다.

2) 부실등기한 자

(1) 등기신청권자의 과실 여부

'부실등기를 한 자'라 함은 스스로 허위의 사실을 등기한 자는 물론 이미 한 등기가 허위임을 알면서 이를 방치한 자도 포함된다. 그러므로 부실등기가 있는 경우에는 당사자는 그 등기에 자신의 고의 또는 과실이 없었다는 것과 제3자가 악의라는 것을 입증하지 못하는 한 부실등기에 의하여 구속을 받게 된다. 그러나 제3자가 등기신청권자의 인장 등을 도용, 서류를 위조하여 등기한 경우 당사자에게 과실이 있는 때에 상법 제39조를 적용할 것이냐는 다툼이 벌어질 수 있다.

대법원 1975. 5. 27. 선고 74다1366 판결

대한지업주식회사는 창립당시 소외 나용균이 대표이사로 선임되고 1955년 4월 10일 중임되었다가 1963년 6월 26일 퇴임하고 그날 소외 1이 대표이사로 선임되어 1966년 2월 26일과 1970년 3월 1일에 각 중임된 것으로 등기되어 본건 계쟁부동산에 관하여 원고 앞으로 소유권이전등기가 경료된 1970년 11월 24일 당시에도 위 소외 1이 대표이사로 등기되어 있었던 사실과 위 소외 회사는 창립 후 1955년 경부터 영업의 부진으로 사실상 휴업상태에 들어가 임직원들이 출근도 하지 아니하게 되고 모든 회사 관계인들이 회사에 대하여 무관심하게 되었으며 대표이사의 직인 등도 회사 사무실에 보관되어 있던 중 위 소외 회사의 감사인 소외 2가 대표이사의 직인을 도용하여 1963년 6월 26일에 위 소외 회사의 임시주주총회가 개최되어 소외 1 등 4인이 이사로 선임되고 같은 날 이사회에서 위 소외 1이 대표이사로 선임된 것처럼 임시주주총회 의사록과 이사회 회의록을 위조하는 한편 이를 사용하여 주식회사 변경등기를 신청함으로서 위 소외 1이 소외 회사의 대표이사로 등기되어 내려온 사실이 있다. 대법원은 "상법 제39조에 의하면 고의 또는 과실로 인하여 사실과 상위한 사항을 등기한 자는 그 상위를 선의의 제3자에게 대항하지 못한다고 규정되어 있는바 이러한 부실등기는 적법한 대표이사의 등기신청에 기한 등기가 아니라 하더라도 이와 비견되는 정도의 회사 책임에 기한 신청으로 등기된 경우이거나 또는 이미 이루어진 부실등기의 존속에 관하여 회사에서 이를 알고도 묵인한 경우에 비견되는 중대한 과실이 있는 경우도 이에 포함되는 것으로 해석해야 할 것인데 본건 부실등기는 소외 2등이 부실등기를 하도록 위 소외 회사의 주주와 대표이사 및 이사들이 6년여에 걸쳐 회사를 방치한 것과 특히 대표이사인 위 나용균이 대표이사의 인장보관상태를 한 번도 점검하지 아니하고 방치하였으며 또 신상법의 시행으로 인하여 상법 시행법 제11조에 의하여 1963년 1월 1일부터 6개월 내에 신 상법에 따른 새로운 등기를 위한 이사회나 주주총회의 개회까지도 하지 않은 잘못이 원인이 되었다 할 것이고 부실등기가 경료된 후에도 원고가 본건 부동산을 매수한 1969년 12월 27일까지 무려 6년간 그 상태가 계속되어 오는 동안 회사등기부상 두 차례의 이사 및 대표이사의 중임등기 등 회사변경등기가 있었고 위 소외 1이 위 소외 회사의 대표자로서 소외 3을 상대로 형사고소, 민사제소 등 1년여에 걸친 쟁송까지 벌였음에도 이를 발견하지 못하고 있었던 점은 그 과실의 정도가 극히 크다고 하지 않을 수 없고, 이와 같은 부실등기 및 그 등기상태의 존속에 있어서의 위 소외 회사의 과실은 그 자신이 부실등기를 하고 또 부실등기를 묵인한 경우에 비견할 수 있는 정도의 중대한 과실이라 볼 것이므로 위 소외 회사는 상법 제39조에 의하여 등기의 상위로서 선의의 제3자인 원고에게 대항할 수 없다."고 한 원심의 판단에 대하여, 대법원은 "상법 제39조는 고의나 과실로 스스로 사실과 상위한 내용의 등기신청을 함으로써 부실의 사실을 등기하게 한 자는 그 부실등기임을 내세워 선의의 제3자에게 대항할 수 없다는 취지로서 등기신청권자 아닌 제3자가 문서위조 등의 방법으로 등기신청권자의 명의를 도용하여 부실등기를 경료한 것과 같은 경우에는 비록 그 제3자가 명의를 도용하여 등기신청을 함에 있어 등기신청권자에게 과실이 있다 하여도 이로서 곧 등기신청권자 자신이 고의나 과실로 사실과 상위한 등기를 신청한 것과 동일시 할 수는 없는 것이고, 또 이미 경료되어 있는 부실등기를 등기신청권자가 알면서 이를 방치한 것이 아니고 이를 알지 못하여 부실등기 상태가 존속된 경우에는 비록 등기신청권자에게 부실등기 상태를 발견하여 이를 시정하지 못한 점에 있어서 과실이 있다 하여도 역시 이로서 곧 스스로 사실과 상위한 등기를 신청한 것과 동일시할 수 없는 법리라 할 것이므로 등기신청권자 아닌 제3자의 문서위조 등의 방법으로 이루어진 부실등기에 있어서는 등기신청권자에게 그 부실등기의 경료 및 존속에 있어서 그 정도가 어떠하건 과실이 있다는 사유만 가지고는 상법 제39조를 적용하여 선의의 제3자에게 대항할 수 없다고 볼 수는 없다."고 판시하였다.

(2) 허위로 외관창출 후 부실등기

회사의 상당한 지분을 가진 주주가 허위의 주주총회결의 등의 외관을 만들어 부실등기를 마친 경우에, 회사에 상법 제39조에 의한 부실등기 책임을 물을 수 있는지에 대한 물음이 제기되었다. 대법원은 "등기신청권자에 대하여 상법 제39조에 의한 불실등기(부실등기) 책임을 묻기 위하여는 원칙적으로 그 등기가 등기신청권자에 의하여 마쳐진 것임을 요하지만, 등기신청권자가 스스로 등기를 하지 아니하였다 하더라도 그 등기가 이루어지는 데 관여하거나 그 불실등기의 존재를 알고 있음에도 이를 시정하지 않고 방치하는 등 등기신청권자의 고의 또는 과실로 불실등기를 한 것과 동일시할 수 있는 특별한 사정이 있는 경우에는 그 등기신청권자에 대하여 상법 제39조에 의한 불실등기 책임을 물을 수 있다."는 판결이 있다.

대법원 2008. 7. 24. 선고 2006다24100 판결

"원고 회사는 당초 소외 1과 소외 2가 50 : 50으로 원고 회사에 대한 지분을 보유하기로 하고 설립한 주식회사로서, 당초 원고 회사의 주주명부에는 소외 2의 아들인 소외 3이 30%, 소외 2의 딸인 소외 4가 20%를 각 보유하고, 소외 1이 20%, 소외 1의 자부인 소외 5가 30%의 지분을 각 보유하고 있는 것으로 기재되어 있었고, 설립 당시 소외 1의 자부인 소외 5가 원고 회사의 대표이사로 선임되어 그 선임등기가 마쳐진 사실, 소외 2는 2002년 9월 13일 원고 회사의 주주명부를 변조하고 개최하지도 않은 임시주주총회의 의사록을 허위로 작성하여 소외 6을 대표이사로 선임하는 주주총회결의의 외관을 현출시키고 이에 기하여 소외 6의 대표이사 선임등기를 마친 사실, 위 주주총회결의에 대하여는 2004. 6. 29. 서울중앙지방법원 2003가합70220호로 부존재확인판결이 선고되고 그 무렵 위 판결은 확정된 사실, 피고는 위 주주총회결의 부존재확인판결이 내려지기 전인 2002년 10월 7일경 원고 회사의 대표이사로 자처하는 소외 6과 사이에 원고 회사 소유의 부동산에 관하여 채무자를 원고 회사, 채권자를 피고로 하는 근저당권설정계약을 체결하고 그에 기하여 근저당권설정등기를 경료한 후 원고 회사에 대한 대출금 명목으로 소외 6에게 2,000만 원을 교부한 사실 등이 있다. 대법원은 "소외 6을 원고 회사의 대표이사로 선임하는 데 대한 원고 회사의 주주총회결의 또는 이사회결의와 같은 내부 의사결정은 전혀 존재하지 아니하였고, 원고 회사의 적법한 대표이사가 소외 2의 위와 같은 행위에 관여하거나 소외 6의 대표이사 선임등기의 존재를 알고도 이를 묵인·방치하였다고 인정할 만한 자료를 찾아볼 수 없는 이 사건에서, 소외 2가 그 아들, 딸을 통하여 원고 회사 발행 주식의 50%에 상당하는 권리를 행사할 수 있었다는 사정만으로는 사실과 다른 소외 6의 대표이사 선임등기를 원고 회사가 한 등기와 동일시할 수 있는 특별한 사정이 있다고 보아 원고 회사가 소외 6과 피고와 사이에 체결된 근저당권설정계약에 대하여 상법 제39조에 의한 불실등기 책임을 져야 한다고 할 수는 없다."고 판시하였다.

---

(3) 주주총회 취소와 부실등기

부실등기와 관련하여, "이사 선임의 주주총회결의에 대한 취소판결이 확정되어 그 결의가 소급하여 무효가 된다고 하더라도 그 선임 결의가 취소되는 대표이사와 거래한 상대방은 동조의 적용 내지 유추적용에 의하여 보호될 수 있으며, 주식회사의 법인등기의 경우 회사는 대표자를 통하여 등기를 신청하지만, 등기신청권자는 법인 자체이므로 취소되는 주주총회결의에 의하여 이사로 선임된 대표이사가 마친 이사 선임 등기는 동조의 '부실등기'에 해당된다."고 한 대법원 판결이 있다.

대법원 2004. 2. 27. 선고 2002다19797 판결

이 사건 주주총회에서 선임된 이사들에 의하여 대표이사로 선임된 최일권은 당일 법인등기부에 같은 내용의 등기를 함으로써 법인등기부상으로는 그 이후부터 주주총회 취소판결이 확정될 때까지 원고 회사의 대표이사로 등재된 사실이 있다. 거래상대방인 노충량은 당시 법인등기부상 원고 회사의 대표이사로 등재된 최일권과 근저당권설정계약을 체결하고 그에 기하여 근저당권설정등기를 경료한 사실이 있고, 노충량을 비롯한 피고들은 이 사건 주주총회결의 취소판결이 확정될 때까지는 최일권이 원고 회사의 적법한 대표이사가 아니라는 사정을 전혀 알지 못하였던 사실이 있다. 이에 대하여 대법원은 "원고 회사는 상법 제39조의 법리에 따라 원고 회사와 노충량과 체결된 근저당권설정계약과 근저당권설정등기 및 이에 터 잡은 모든 거래행위에 대하여 책임을 져야 할 것이다."라고 판시하고 있다.

(4) 부실등기의 주체

부실등기의 고의 또는 과실의 주체를 누구로 해야 되는가에 대한 물음이 제기될 수 있다. 합명회사에 있어서 상법 제39조 소정의 부실등기에 대한 고의 또는 과실의 유무에 대한 기준에 대한 문제이다.

대법원 1981. 1. 27. 선고 79다1618, 1619 판결

대법원은 "소외 박흥덕은 피고 회사의 불법 대표사원으로서 당시 피고 회사의 적법한 대표권이 없었다고 판단하고, 나아가 원고들의 주장, 즉 위 박흥덕이 불법 대표사원으로 등기되었다 하더라도 이는 피고 회사의 유일한 업무집행 사원인 소외 2의 고의로 인하여 사실과 상위된 사항을 등기한데 기인한 것으로서 그를 적법한 대표사원으로 믿고, 매수한 선의의 제3자인 원고들의 선대 등에 대항할 수 없다는 주장에 대하여 원심이 전단(논지 제1점)에서 인정한 바와 같이 피고 회사의 대표사원으로 등기된 위 박흥덕과 원고들의 선대 등과의 간에 원고주장과 같은 매매가 있었다는 사실을 인정할 수 없을 뿐 아니라, 가사 원고 주장과 같은 매매가 있었다고 가정하더라도 상법 제39조 소정의 불실등기에 있어서의 고의 과실은 피고 합명회사의 대표사원인 소외 임병기를 기준으로 그 고의 과실의 유무를 결정하여야 한다 할 것이고, 피고 회사의 정관에 대표사원 유고시는 사원이 업무집행을 할 수 있게 되어 있다 하여 동인을 표준으로 하여 결정할 수는 없다 할 것이며, 위 임병기는 당시 행방불명 상태에 있었으므로 동 불실등기를 피고의 책임으로 돌릴 수 없다."고 하면서 "합명회사에 있어서 상법 제39조 소정의 부실등기에 대한 고의 과실의 유무는 대표사원의 유고로 회사정관에 따라 업무를 집행하는 사원이 있다고 하더라도 그 사원을 기준으로 해서는 아니 되고, 그 대표사원을 기준으로 판정하여야 한다."고 판시하였다.

제5절 상업등기의 기타 효력

상업등기의 일반적 효력으로서는 공시력만이 인정되고 있고, 공신력은 인정되지 않는 것이 원칙이지만 상법 제39조에 따라 예외적으로 부실등기의 공신력을 인정하고 있다. 상업등기는 그 외에도 다양한 효력을 발생한다.

I. 창설적 효력

등기의 창설적 효력이라 함은 등기를 통하여 새로운 법률관계를 생성시키는 것을 말한다. 대표적인 사례는 법인의 성립등기이다(상법 제172조). 인적인 결합체는 결합 그 자체로는 하나의 독립된 법인을 성립시키지 못한다. 그러나 등기를 하게 되면, 자연인이 독립성을 갖는 것과 마찬가지로 새로운 하나의 인으로서 법인이 탄생하게 되는 것이다. 회사가 다른 회사와 결합하는 합병에서도 등기의 창설적 효력을 보여준다. 합병으로 인하여 설립되는 회사는 그 본점 소재지에서 등기를 함으로써 그 효력이 발생하는 것이다(상법 제234조, 제530조 제2항, 제603조).

II. 보완적 효력

비록 법률관계의 하자가 존재하고 있었다 할지라도 등기를 하게 되면 그 법률관계의 하자가 치유되어, 등기가 그 하자를 보완하는 역할을 하는 것을 등기의 보완적 효력이라고 한다. 주식을 인수한 자는 주식청약서의 흠결을 이유로 하여 그 인수의 무효를 주장할 수 있는 것이 원칙이다. 또한 사기, 강박 또는 착오를 이유로 하여 그 인수를 취소할 수도 있다. 그러나 등기가 되어 회사가 성립되면 그 인수의 무효나 취소할 수 없게 된다(상법 제320조 제1항). 등기가 기 발생되었던 흠결을 치유하는 기능을 하게 되는 것이다.

III. 면책적 효력

등기는 창설적 효력이나 보완적 효력 외에도 법률행위를 허용하도록 하거나 또는 등기를 통하여 책임을 면하게 하는 결과를 초래하기도 한다. 합명회사의 경우 사원이 회사를 퇴사하더라도 책임관계로부터 일정한 기간 동안 다른 사원과 동일한 책임을 부담해야 한다(상법 제225조). 면책이 되기 위해서는 퇴사등기 후 2년이 지나야 책임을 면할 수 있다. 이와 같이 등기가 면책의 근거를 제공함을 알 수 있다. 책임을 면하도록 하는 역할도 한다. 합명회사의 사원의 책임은 본점소재지에서 해산등기를 한 후 5년이 경과하면 소멸한다(상법 제267조).

제7장
영업양도

제1절 영업과 영업양도

I. 의의

영업양도는 상법이 지향하고 이념 가운데 기업의 유지성과 관련이 있다. 기업을 운영하는 자가 더 이상 유지하고 싶은 마음이 없거나, 질병으로 사망한 경우 운영되었던 기업은 소멸의 절차를 밟아 사라지게 된다. 그러나 영업양도를 인정하게 되면, 양수인이 당해 분야의 영업을 경영함에 있어서 아무것도 없는 무의 상태에서 출발하지 않고 유기적으로 조직화된 수익의 원천으로서 기능적 재산을 이전 받아 양도인이 하던 것과 같은 영업적 활동을 지속적으로 하게 되는 장점이 있다.

II. 영업

영업은 주관적 의미의 영업과 객관적 의미의 영업으로 구분된다. 영업주체인 상인이 수행하는 영리활동을 주관적 의미의 영업이라고 한다면, 객관적 의미의 영업이라 함은 상인이 추구하는 영리적 목적을 위해 결합시킨 조직적 재산의 총체를 말한다. 영리적 목적을 위해 결합시킨 조직적 재산은 무엇은 의미하는지 살펴볼 필요가 있는데, 그 범위는 광범위한 개념으로 파악하는 것이 타당하다. '영업용 재산'을 포함하여 '재산적인 가치 있는 사실관계' 등도 객관적 의미의 영업의 대상에 해당하는 것으로 보는 것이 타당하다. 이와 같이 구분한다면, 동산이나 부동산 등의 유형의 재산이나 특허권 등을 포함한 무형의 재산이 영업용 재산에 해당한다. '재산적인 가치 있는 사실관계'란 영업의 노하우, 고객관계 등이 포함될 것이다.

III. 영업양도

1. 개념

영업양도(Unternehmensübertragung)를 어떻게 정의를 내릴 것인가에 대한 다툼이 있다. 우리 상법은 영업양도에 대하여 정의를 하지 않고 있다. 다수설은 영업재산양도설의 입장에서 영업양도를 이해하고 있다. 영업재산양도설에 따르면, 일정한 영업목적을 위하여 조직화된 단순한 물건 또는 권리뿐만 아니라 재산적 가치 있는 사실관계도 포함하는 유기적 조직체로서의 기능적 재산의 이전을 목적으로 하는 처분계약을 영업양도라 정의한다. 대법원은 "일정한 영업목적에 의하여 조직화된 총체, 즉 인적·물적 조직을 그 동일성을 유지하면서 일체로서 이전하는 것"을 영업양도라고 제시하고 있다.[1] 또한 슈퍼마켓의 매장시설과 비품 및 재고상품 일체를 매수한 것이 영업양도에 해당하는가에 대한 다툼과 관련하여 대법원은 "상법 제42조에서 말하는 영업이란 일정한 영업목적에 의하여 조직화된 유기적 일체로서의 기능적 재산을 뜻하는 바, 여기서 말하는 유기적 일체로서의 기능적 재산이란 영업을 구성하는 유형·무형의 재산과 경제적 가치를 갖는 사실관계가 서로 유기적으로 결합하여 수익의 원천으로 기능한다는 것과 이와 같이 유기적으로 결합한 수익의 원천으로서의 기능적 재산이 마치 하나의 재화와 같이 거래의 객체가 된다는 것을 뜻한다 할 것이므로, 영업양도가 있다고 볼 수 있는지의 여부는 양수인이 당해 분야의 영업을 경영함에 있어서 무로부터 출발하지 않고 유기적으로 조직화된 수익의 원천으로서의 기능적 재산을 이전받아 양도인이 하던 것과 같은 영업적 활동을 계속하고 있다고 볼 수 있는지의 여부에 따라 판단되어야 한다."고 하였다.[2]

---

1   대법원 1997. 4. 25. 선고 96누19314 판결.
2   대법원 1997. 11. 25. 선고 97다35085 판결.

2. 영업양도 성립 여부

영업양도가 이루어졌는가에 대하여는 대법원은 "단지 어떠한 영업재산이 어느 정도로 이전되어 있는가에 의하여 결정되어야 하는 것이 아니고, 거기에 종래의 영업조직이 유지되어 그 조직이 전부 또는 중요한 일부로서 가능할 수 있는가에 의하여 결정되어야 하므로, 영업재산의 일부를 유보한 채 영업시설을 양도했어도 그 양도한 부분만으로도 종래의 조직이 유지되어 있다고 사회관념상 인정되면 그것을 영업양도라 볼 것이지만, 영업재산의 전부를 양도했어도 그 조직을 해체하여 양도했다면 영업양도로 볼 수 없다."고 판단하고 있다.[3]

제2절 영업양도계약

I. 당사자

영업양도의 당사자 가운데 양도인은 상인이어야 한다. 그러나 양수인은 반드시 상인일 필요는 없다. 회사가 상인이라는 측면에서 회사도 양도인이 될 수 있다. 영업양도는 자연인 상호 간, 회사 상호 간 또는 자연인과 회사 간에 행해질 수 있다. 대법원은 양도인이 상인이 아닌 경우에 영업양도의 규정을 적용할 수 있는가에 대하여 다루었다. 대법원은 "상법상의 영업양도에 관한 규정은 양도인이 상인이 아닌 경우에는 적용할 수 없고, 또 농업협동조합법 제5조 제2항에 의하면 동 조합은 영리나 투기사업을 하지 못하게 되어 있으므로 동 조합을 상인이라 할 수 없고, 따라서 동 조합이 도정공장을 양도했다 하더라도 동 조합은 양수인에 대하여 상법 제41조에 의한 경업금지의무는 없다."고 판단하고 있다.[4]

II. 양도의 대상

영업양도는 영업전부가 반드시 양도되어야 하는 것은 아니다. 유기적 일체로서의 기능적 재산이라고 인정되는 한 영업의 일부를 양도의 대상으로 할 수 있다(상법 제374조 제1항 제1호). 대법원은 "상법 제41조 제1항의 영업이란 일정한 영업 목적에 의하여 조직화된 유

---

3   대법원 2003. 5. 30. 선고 2002다23826 판결.
4   대법원 1969. 3. 25. 선고 68다1560 판결.

기적 일체로서의 기능적 재산을 말하고, 여기서 말하는 유기적 일체로서의 기능적 재산이란 영업을 구성하는 유형·무형의 재산과 경제적 가치를 갖는 사실관계가 서로 유기적으로 결합하여 수익의 원천으로 기능한다는 것과, 이와 같이 유기적으로 결합한 수익의 원천으로서의 기능적 재산이 마치 하나의 재화와 같이 거래의 객체가 된다는 것을 뜻하는 것이므로, 영업양도를 하였다고 볼 수 있는지의 여부는 양수인이 유기적으로 조직화된 수익의 원천으로서의 기능적 재산을 이전받아 양도인이 하던 것과 같은 영업적 활동을 계속하고 있다고 볼 수 있는지 여부에 따라 판단하여야 한다."고 판단하면서, "영업양도의 판단기준은 인계·인수할 종업원이나 노하우, 거래처 등이 존재하지 아니하는 소규모 자영업의 경우에도 동일하게 적용되는 것"이라고 하였다.[5]

III. 영업양도의 법적 효과

1. 계약당사자

영업양도계약은 영업에 속하는 재산을 이전할 것을 목적으로 하는 하나의 채권계약에 해당한다.[6] 계약이 성립하면 양도인은 양수인에 대하여 영업에 속하는 각개의 재산을 이전할 의무를 부담해야 한다. 양수인은 영업양도에 따른 재산을 이전받은 대가로 양수대금을 지급해야 한다. 만약 양수대금을 금전으로 지급하고자 하는 경우 매매계약과 유사하지만(민법 제563조, 민법 제568조 참조), 금전이 아닌 다른 자산이 주어질 때에는 교환과 유사하다(민법 제596조 이하). 그러나 개개의 자산의 이전을 목적으로 하는 것이 아니므로 매매나 교환과 차이가 있다.[7]

2. 영업재산의 이전의무

양도인은 영업재산에 대하여 양도를 전후하여 영업의 동일성이 유지되도록 포괄적으로 이전해야 할 의무가 있다. 영업의 동일성을 해하지 않는 범위 내에서 당사자의 합의에 따라 일부 자산을 배제한 양도가 가능하다. 특별하게 합의되지 아니한 사항에 있어서는, 영업에 속하는 일체의 재산을 이전하는 것으로 추정한다.

---

5   대법원 2008. 4. 11. 선고 2007다89722 판결.
6   대법원 1991. 10. 8. 선고 92다22018·22025 판결; 대법원 2005. 2. 22. 선고 2005다602 판결.
7   이철송, 상법총칙·상행위법, 제13판, 박영사, 2015, 277면 이하.

1) 이전을 위한 요건

영업재산이 이전되기 위해서는 이행행위로서 물권행위가 이루어져야 한다. 동산에 있어서는 인도(민법 제188조)가 행하여져야만 하고, 부동산 및 상호에 있어서는 등기(민법 제186조, 상법 제25조 제2항)가 이루어져야 한다. 특허권이나 상표권에 있어서는 등록(특허법 제101조: 특허권 및 전용실시권의 등록의 효력, 상표법 제100조: 전용사용권·통상사용권 등의 등록의 효력)이 이루어져야 하고, 지명채권은 채무자에 대한 통지 또는 그 승낙(민법 제450조)이 있어야 한다.

대법원 1991. 10. 8. 선고 91다22018 판결

"특수화물자동차운송사업자인 소외 화성특수화물합명회사가 1984년 8월 9일 판시 트랙터와 트레일러 각 1대를 피고에게 매도하였으나(다만 그 소유명의는 소외회사에 지입해두기로 하였다.) 피고의 중도금지급불이행으로 같은 해 9월 중순경 위 소외회사가 위 매매계약을 해제하였으며, 한편 위 소외회사는 1987년 6월 10일 원고에게 특수화물자동차운송사업과 위 차량들을 포함한 사업공용차량 일체를 양도하고 그 인가를 받은 사실과 위 차량에 관하여 원고 앞으로의 소유권이전등록까지 경료한 사실을 적법히 확정한 다음, 소외회사의 위 매매계약해제로 인하여 발생하는 피고에 대한 원상회복청구권을 원고가 당연히 승계하였다는 원고의 주장에 대하여, (1) 원고와 위 소외회사 사이의 위 1987년 6월 10일자 계약이 영업양도라 하더라도 영업양도는 채권계약이므로 양도인이 재산이전의무를 이행함에 있어서는 상속이나 회사의 합병의 경우와 같이 포괄적 승계가 인정되지 않고 특정승계의 방법에 의하여 재산의 종류에 따라 개별적으로 이전행위를 하여야 할 것인바, 위 매매계약해제에 따른 원상회복청구권은 지명채권이므로 그 양도에는 양도인(소외회사)의 채무자(피고)에 대한 통지나 채무자의 승낙이 있어야 채무자인 피고에게 대항할 수 있는데, 그와 같은 대항요건을 갖추었음에 대한 원고의 주장, 입증이 없으므로, 원고로서는 위 영업양수를 이유로 피고에게 원상회복청구권을 주장할 수 없고, (2) 또한 자동차운송사업의 양도양수와 그 인가로 인한 효과는 자동차운송사업법 제28조 제4항에 규정한 바와 같이 양수인이 면허 또는 등록에 기인한 권리의무를 승계하는 것일 뿐이어서, 자동차운송사업의 양도양수로 동 사업의 면허 또는 등록에 기인한 권리의무의 이전이 있다고 하여 동 사업에 공용되던 차량과 관련한 제3자에 대한 권리의무까지 당연히 승계된다고는 할 수 없다."고 하면서 대법원은 "영업양도는 채권계약이므로 양도인이 재산이전의무를 이행함에 있어서는 상속이나 회사의 합병의 경우와 같이 포괄적 승계가 인정되지 않고 특정승계인의 방법에 의하여 재산의 종류에 따라 개별적으로 이전행위를 하여야 할 것인바, 그 이전에 있어 양도인의 제3자에 대한 매매계약해제에 따른 원상회복청구권은 지명채권이므로 그 양도에는 양도인의 채무자에 대한 통지나 채무자의 승낙이 있어야 채무자에게 대항할 수 있다."고 판시하고 있다.

2) 고용관계의 이전 여부

영업양도와 관련하여 문제가 될 수 있는 사항이 종업원의 고용에 대한 승계 여부이다. 종업원은 영업의 인적 시설을 이루고 있으므로 특별한 합의가 존재하지 않는 한 고용관계는 승계된다고 보아야 할 것이다. 대법원 역시 그러한 사항을 언급하고 있다.

대법원 1991. 8. 9. 선고 91다15225 판결

"소외 주식회사 동진은 소외 주식회사 선경에 노무용역을 제공할 목적으로 1987년 2월 19일 설립된 회사로서 그 사무실은 위 주식회사 선경의 건물의 일부를 무상으로 빌려 사용하고 있었으며, 그 사업의 내용도 위 주식회사 선경제품의 포장, 운반, 청소작업 등 위 주식회사 선경에서 필요로 하는 단순노무에 소요되는 인력을 공급하는 것으로 위 주식회사 선경 소속의 근로자들과 같은 작업장에서 같은 내용의 작업을 하면서 위 주식회사 선경 소속 직원의 작업지시를 받기도 하는 사실, 1988년 5월 초경위 주식회사 동진이 폐업하기에 이르자 그로 인한 종업원들의 실직 및 위 주식회사 선경 측의 조업중단을 우려하여 위 두 회사 사이에서 주식회사 선경이 위 주식회사 동진의 비품 등 전 자산을 금 15,000,000원으로 평가하여 전 종업원과 함께 인수하면서 전 종업원에 대한 그때까지의 퇴직금 채무도 함께 인수하고, 위 주식회사 동진의 위 주식회사 선경에 대한 채권과 상계하기로 한 사실, 위 주식회사 선경은 천안공장의 주임이던 피고 안동국으로 하여금 태윤실업이라는 상호로, 경비실장이던 피고 유갑선으로 하여금 선우기업이라는 상호로, 업무과장이던 피고 김용으로 하여금 경안기업이라는 상호로 비법인 노무용역체를 설립하고 각 사업자등록을 마치게 한 후 위 주식회사 동진이 해 오던 위 주식회사 선경의 노무용역 제공업무의 각 일부씩을 나누어 맡게 하였고, 위 주식회사 동진에 소속되었던 약 200명의 근로자들 거의 대부분도 종전의 직급, 임금 수준대로 피고들에게 계속 고용되어 종전과 같은 내용의 근로를 계속하였으며, 위 주식회사 동진이 사용하던 사무실 및 비품 등도 피고들이 일부씩 나누어 사용하고 있는 사실, 피고들은 피고 김용의 주도하에 경리, 노무관리 등을 공동으로 수행하고 있으며 위 주식회사 동진에 근무하다가 피고들에게 고용되어 계속 근무하는 근로자들에 대하여 위 주식회사 동진에 입사한 때로부터 계속 근로를 인정하여 그에 따른 상여금 또는 퇴직금을 지급하여 온 사실을 인정하고 나서, 위 주식회사 동진과 피고들 사이에 명시적인 영업양도의 합의는 없었으나 피고들이 위 주식회사 동진의 사무실과 영업시설물을 인수 사용하고 그 영업의 내용도 위 주식회사 선경에 대한 노무제공으로서 전혀 동일하며, 위 회사 소속 근로자들을 종전의 직급, 임금수준 상태대로 그 퇴직금까지 포함하여 인수하여 계속 근로를 인정하여 주고 그에 따른 상여금 또는 퇴직금을 지급하여 온 점에 비추어볼 때, 피고들이 공동하여 위 주식회사 동진의 영업 일체를 포괄적으로 양수한 것으로 보아야 할 것이고, 피고들은 공동양수인으로서 위 주식회사 동진의 피용인인 원고에 대하여 연대하여 이 사건 임금 지급채무가 있다."고 판시하였다.

3) 영업의 일부양도 시 근로계약관계 포괄적 승계

대법원이 영업의 일부양도에 있어 그 대상된 영업에 종사하는 전종업원에 대한 근로계약관계가 합의에 의해 포괄적으로 승계된 것으로 보았다.

대법원 1991. 11. 12. 선고 91다12806 판결

원심은 "소외 주식회사 한전보수공단(이하 '소외공단'이라 한다)은 한국전력공사의 발전 설비보수를 위주로 영업을 계속해 오다가 1981년 12월 31일 소외 한국중공업주식회사(이하 '한국중공업'이라 한다)에 흡수합병되었는데, 다시 전력설비보수전문화를 위하여 피고회사가 1984년 3월 27일 설립되어 1984년 3월 31일 위 한국중공업으로부터 발전설비보수영업부분을 양수받아 위 영업을 계속하고 있는 사실은 당사자 사이에 다툼이 없고, 그 거시 증거에 의하면 원고는 1978년 5월 14일 위 소외공단에 입사하여 근무하다가 한국중공업이 1981년 12월 31일 위 소외공단을 흡수합병함에 따라 동일자로 위 소외공단을 퇴직하고 입사일로부터 1981년 12월 31일까지의 퇴직금으로서 금 3,027,289원을 수령한 다음 1982년 1월 1일 위 한국중공업에 다시 입사하는 형식을 거쳐 위 한국중공업에서 근무해온 사실, 그 뒤 1984년 3월 31일 피고회사가 위 한국중공업으로부터 발전설비보수영업부분을 양수함에 따라 원고는 같은 날짜로 위 한국중공업을 퇴직하고 1982년 1월 1일부터 1984년 3월 31일까지의 퇴직금만으로써 금 1,420,159원을 수령한 다음 1984년 4월 1일부터 피고회사에서 근무하다가 1988년 11월 14일 피고회사를 정년퇴직하고 1984년 4월 1일부터 1988년 11월 14일까지의 퇴직금 7,681,119원을 수령한 사실을 인정할 수 있다고 한 후, 원고가 피고회사는 당초의 소외공단의 재산과 채권, 채무 및 근로계약관계에 대하여 위 소외공단을 합병한 한국중공업을 거쳐 모두 포괄적으로 승계한 것이므로 원고가 비록 합병과 영업양도과정에서 입사와 퇴직의 형식을 취하고 퇴직금까지 수령하였으나 실제로는 소외공단에서 피고회사에 이르기까지 중단함이 없이 계속하여 근무한 것이므로 피고회사의 규정에 따라 소외공단에 입사한 1978월 5월14일부터 피고회사를 퇴직한 10년 6개월간의 퇴직금으로서 금 19,653,506원 중 이미 지급받은 금 12,128,558원을 공제한 금 7,524,948원의 지급을 구한다고 주장한 데에 대하여, 피고회사가 위 소외공단의 근로계약관계를 위 소외공단을 흡수합병한 위 한국중공업을 거쳐 포괄적으로 승계하였다는 위 원고 주장을 인정할 증거가 없고, 오히려 피고회사가 위 한국중공업으로부터 발전설비보수 영업부분만을 양수한 사실과 그 거시 증거를 종합하면 피고회사는 위 한국중공업으로부터 앞서 본 발전설비보수영업을 양수함에 있어서 위 한국중공업의 발전설비보수영업, 위 영업에 관련된 모든 자산, 부채 및 관련계약, 채권채무, 그리고 위 영업에 종사하는 전종업원 및 이에 대한 한국중공업의 모든 권리의무 등을 포괄적으로 양수하되(위 양·수도계약 제1조) 다만 종업원의 퇴직금산정기간의 경우에는 위 한국중공업의 재직기간은 피고회사의 근속년수에 산입하지 않기로 약정(위 양수·도계약 제9조 제3항 단서)한 사실을 인정할 수 있으므로, 원고는 1984년 3월 31일 한국중공업을 퇴직하고 퇴직금을 수령함으로써 위 한국중공업과의 근로계약관계는 종료하였으며 1984년 4월 1일 피고회사에 인사발령됨과 동시에 피고회사와는 새로운 근로계약이 시작되었다."고 판시하였으나, 대법원은 "소외공단은 한국중공업에 흡수합병되었다는 것이므로 소외공단의 모든 권리의무는 포괄적으로 한국중공업에게 승계되었음이 명백하며, 또 피고회사는 한국중공업으로부터 그 영업의 일부인 발전설비보수영업부분만을 양수하였으나 그 영업에 관련된 모든 자산과 부채 및 관련계약, 채권과 채무 그리고 위 영업에 종사하는 전종업원 및 이에 대한 한국중공업의 권리의무 등을 포괄적으로 양수하기로 합의하고 이에 따라 원고 등 종업원은 계속 근무하여 왔다는 것이므로, 한국중공업과 원고 등 종업원 사이의 근로계약관계는 위 합의에 따라 포괄적으로 피고회사에 승계된 것으로 보아야 하고 원심판시와 같이 원고가 위 합병이나 영업양도 시에 퇴직금을 수령하였다는 사실만으로 이때에 위 회사와의 근로계약관계는 종료되고 피고회사와의 새로운 근로계약관계가 시작되었다고 볼 것이 아니다."라고 판시하면서 "영업양도 시 그 영업의 일부만을 양수하였으나 그 영업에 관련된 모든 자산과 부채 및 관련계약, 채권과 채무 그리고 위 영업에 종사하는 전종업원 및 이에 대한 양도회사의 권리의무 등을 포괄적으로 양수하기로 합의하고 이에 따라 그 종업원들이 계속 근무하여 왔다면 양도회사와 그 종업원 사이의 근로계약관계는 위 합의에 따라 포괄적으로 양수회사에 승계된 것으로 보아야 한다."고 하였다.

4) 영업양도와 근로관계의 승계대상 제외에 대한 특약의 효력

대법원은 영업양도 당사자 사이에 근로관계의 일부를 승계의 대상에서 제외하기로 한 특약의 효력에 대한 사항을 다루었다.

대법원 1994. 6. 28. 선고 93다33173 판결

원심은 "원고는 1986년 2월 17일 소외 주식회사 세화에 입사하여 근무하던 중 1988년 2월 8일 상사 폭행 등의 이유로 해고당하자 부당노동행위구제신청을 하여 1988년 3월 10일 위 해고처분은 부당노동행위에 해당되어 무효이므로 소외 회사는 원고를 원직에 복직시키고 해고기간 중의 임금 상당액을 지급하라는 구제명령을 받았고, 소외 회사는 이에 불복하여 재심신청을 하였다가 1988년 7월 28일 이를 취하하여 위 구제명령은 그대로 확정된 사실, 그런데도 소외 회사는 원고를 복직시키지 아니한 채 1990년 11월 1일 소외 회사의 영업을 피고에게 양도하면서 피고와 당시 소외 회사에 근무하고 있던 종업원 중 70명만을 승계한다고 약정하며 원고는 이에 포함시키지 않은 사실을 인정한 다음, 원고가 영업양도 당시 소외 회사에 현실적으로 복직되지 않고 있었다 하더라도 위 해고처분의 무효로 소외 회사의 근로자로서의 지위에 있었고, 따라서 동일성을 유지한 소외 회사의 영업양도로 인하여 소외 회사의 원고에 대한 근로관계는 피고에게 포괄적으로 이전되었다 할 것이므로 원고의 소외 회사에 대한 근로자로서의 지위는 특별한 사정이 없는 한 피고에게 그대로 승계되었다 할 것이고, 소외 회사와 피고간의 종업원 인계에 관한 약정을 피고가 원고를 인수하지 않는다는 특약으로 본다고 하더라도 영업양도에 의하여 영업이 이전되는 경우 양수인 단독으로 또는 양수인과 양도인이 합의하여 특정 근로자의 인수를 거절하는 것은 그 근로자에 대한 해고의 일종이라 할 것이고, 따라서 그 해고가 유효하기 위하여는 근로기준법 제27조 제1항 소정의 정당한 사유가 있어야 할 것인데, 영업양도 자체로 인한 해고는 정당한 해고사유에 해당하지 않는다."고 판단하고 있다. 대법원은 "영업이 포괄적으로 양도되면 반대의 특약이 없는 한 양도인과 근로자 간의 근로관계도 원칙적으로 양수인에게 포괄적으로 승계된다."고 하면서, "영업양도 당사자 사이에 근로관계의 일부를 승계의 대상에서 제외하기로 하는 특약이 있는 경우에는 그에 따라 근로관계의 승계가 이루어지지 않을 수 있으나, 그러한 특약은 실질적으로 해고나 다름이 없으므로, 근로기준법 제27조 제1항 소정의 정당한 이유가 있어야 유효하며, 영업양도 그 자체만을 사유로 삼아 근로자를 해고하는 것은 정당한 이유가 있는 경우에 해당한다고 볼 수 없다."고 판시하고 있다.

5) 영업양도 시 근로자가 퇴직금을 지급받고 퇴직 및 재입사의 형식을 거친 경우

대법원이 영업양도 시 근로자가 퇴직금을 지급받은 후 퇴직을 한 후, 다시 재입사 형식을 거쳐 근로활동을 하는 경우에, 계속근로관계의 단절 여부를 판단하였다.

대법원 2001. 11. 13. 선고 2000다18608 판결

"소외 대우전자 주식회사(이하 '대우전자'라고만 한다)는 1983년 1월경 소외 대한전선 주식회사(이하 '대한전선'이라고만 한다)의 전자부문을 인수하였는데, 이에 따라 1977년 8월 3일 대한전선에 입사하여 전기영업부에서 애프터서비스 기사로 근무하던 원고는 1983년 2월 28일자로 대한전선을 사직하면서 대한전선으로부터 퇴직금을 정산 받고, 다음 날부터 대우전자의 애프터서비스 기사로 근무한 사실, 원고는 위와 같이 대우전자에서 애프터서비스 기사로 근무하던 중, 1986년 4월 1일 주식회사 대우(이하 '대우'라고만 한다)의 판매관리2부로 부서를 옮겨 1986년 5월 28일부터 같은 대우그룹의 계열사인 소외 이수화학공업 주식회사(이하 '이수화학'이라고만 한다)의 가전제품 판매부문에 파견되어 서부지사의 대림동지점 지점장으로 근무하였는데, 피고 회사는 1987년 6월 3일 가전제품의 도매업을 목적으로 설립한 대우그룹의 계열회사로서 유통판매업무를 영위하기 위하여 1987년 6월 30일 이수화학과의 사이에 이수화학의 가전제품, 악기 등 판매부문의 자산과 영업상의 권리, 의무 일체를 양수하기로 하는 영업양도계약을 체결하였으며, 위 영업양도계약에 따라서 이수화학 및 대우전자의 가전제품 판매부문에 근무하던 근로자들은 모두 위 영업양도계약일인 1987년 6월 30일자로 이수화학 및 대우전자에서 퇴사하고 그 다음 날 피고 회사에 입사한 사실, 원고는 피고 회사가 위와 같이 이수화학 가전제품 판매부문을 영업양수할 당시인 1987년 6월 30일 이수화학 소속 근로자들과 함께 피고 회사로 소속을 옮기기 위하여 당시 소속하여 있던 대우를 퇴직하면서 퇴직금으로 금 2,026,930원을 수령하고 그 다음 날짜로 피고 회사와 근로계약을 체결하고 입사하는 형식을 취하였으나 계속 위 대림지점의 지점장으로 근무하다가 1996년 6월 30일 피고 회사에서 퇴직한 사안"에서 대법원은 "영업양도의 경우에는 특단의 사정이 없는 한 근로자들의 근로관계 역시 양수인에 의하여 계속적으로 승계되는 것으로, 영업양도 시 퇴직금을 수령하였다는 사실만으로 전 회사와의 근로관계가 종료되고 인수한 회사와 새로운 근로관계가 시작되었다고 볼 것은 아니고 다만, 근로자가 자의에 의하여 사직서를 제출하고 퇴직금을 지급받았다면 계속근로의 단절에 동의한 것으로 볼 여지가 있지만, 이와 달리 회사의 경영방침에 따른 일방적 결정으로 퇴직 및 재입사의 형식을 거친 것이라면 퇴직금을 지급받았더라도 계속근로관계는 단절되지 않는 것이다."라고 판단하였다.

제3절 양도인의 경업금지의무

I. 약정이 없는 경우

1. 법적 성질

상법 제41조는 영업을 양도한 자에 대하여 일정한 범위에서 동종영업을 금지하고 있다. 영업을 양도한 자가 인근지역에서 다시 동종의 영업을 하게 된다면, 양수인과 경쟁관계를 이루게 되고 양수인은 양도인으로부터 누릴 수 있는 독점적 지위를 상실할 우려가 있다. 타인의 영업을 양수한 양수인은 양수한 아무런 보람이 없기 때문에, 상법은 이를 금지하고 있다. 영업양도계약에 양도인의 경업금지의무가 묵시적으로 포함되어 있다고 보는 계약설[8]과 법률에 의하여 정책적으로 인정된 의무로 보는 정책설이 있다.[9] 헌법재판소는 계약설의 입장에서 상법 제41조를 바라보고 있다.

헌법재판소 1996. 10. 4. 선고 94헌가5 결정

"경업금지의무는 당사자 간의 특정한 약정이 없는 경우에 영업양도의 본질로부터 법이 당사자의 의사의 보완·해석규정으로 둔 것이라 할 수 있다. 즉 경업금지의무를 약정하는 것이 당사자의 합리적인 의사라고 보는 것이다. 이 사건 규정은 이러한 합리적인 당사자의 의사가 명확히 약정되어 있지 않은 경우를 대비한 의사보충규정이라고 할 수 있다."

---

8   이철송, 상법총칙·상행위법, 제13판, 박영사, 2015, 286면.
9   정찬형, 상법강의(상), 제18판, 박영사, 2015, 178면.

2. 동종영업과 금지기간

법문에서 동종영업이란 동일한 영업이라는 뜻이 아니라 널리 양도한 영업과 경쟁관계 또는 대체관계가 있는 영업을 의미한다. 영업양도인은 다른 약정이 없는 한 10년간 동일한 서울특별시·광역시·시·군과 인접한 서울특별시·광역시·시·군에서 동종영업을 하지 못하도록 하고 있다(상법 제41조 제1항). 다만, 당사자의 특약에 의하여 금지기간을 배제하거나 경감할 수는 있다. 영업양도인의 경업금지의무가 양수인을 보호하는 것이므로, 양수인이 양도인과 기간에 대한 합의가 있다면 배제나 경감을 하더라도 상관이 없다는 의미이다.

II. 약정이 있는 경우

지나치게 장기로 경업을 하지 못하도록 하는 것은 개인의 자유를 극도로 구속할 수 있다. 이점을 고려하여 상법은 경업금지의무의 기간을 20년을 초과하지 아니하는 범위 내에서 효력이 있도록 하고 있다(제41조 제2항). 그러므로 20년을 초과하는 기간을 정했을 경우에는 20년까지만 경업피지의무를 부담하면 된다.

금지지역에 대하여 상법은 동일한 서울특별시·광역시·시·군과 인접한 서울특별시·광역시·시·군으로 정하고 있다. "동일한 서울특별시…"뿐 아니라 "인접한 서울특별시…"라고 한 이유는 경계선 한쪽 지역에서 영업을 양도하고 바로 다른 지역에서 영업하는 것을 금지하고자 한 뜻이 있다.

III. 의무위반의 효과

영업양도인이 상법 제41조를 위반하여 경업을 한 경우라면, 양수인은 양도인에 대하여 손해배상책임을 요구할 수 있다. 경업피지의무를 계약상 의무를 본다면, 발생하는 손해배상책임은 채무불이행책임에 해당하는 것으로 보아야 할 것이다(민법 제390조). 또한 양도인이 경업금지의무를 위반한 경우 양수인은 양도인의 비용으로 그 위반사항을 제거하고 장래에 대한 적당한 처분을 법원에 청구할 수 있는 권리가 있다(민법 제389조 제3항).[10]

---

10 정찬형, 상법강의(상), 제18판, 박영사, 2015, 177면.

IV. 헌법재판소 판결

상법 제41조와 관련한 위헌법률심판에 관한 내용을 고찰할 필요가 있다. 헌법재판소는 여러 가지 이유를 제시하면서 상법 제41조에 대하여 합헌성을 인정하였다.

1. 사건의 개요 및 심판의 대상

〈헌법재판소 1996. 10. 4. 선고 94헌가5 결정〉

1) 사건의 개요

관련사건의 원고 오○길은 1991년 5월 7일 피고 전○인으로부터 서울 성동구 □□동 330 소재 피고 ○○상협 주식회사의 알루미늄휠 서울지역 판매대리점 영업을 양수하였는바, 피고 전○인이 다음 해인 1992년 1월 초순경 서울 동대문구 ○○동 218의 46에 한국타이어 장안대리점을 개설하고 위 ○○상협 주식회사로부터 알루미늄휠을 공급받아 공장도가격 이하로 판매하자 원고 오○길은 서울지방법원 북부지원에 위 피고들을 상대로 구 상법 (1984. 4. 10. 법률 제3724호로 개정되고, 1994. 12. 22. 법률 제4796호로 개정되기 전의 것, 이하 "상법"이라 한다) 제41조 제1항 소정의 영업양도인의 경업금지의무위반으로 인한 손해배상청구의 소를 제기하였다. 이에 피고 전○인이 상법 제41조 제1항에 대한 위헌제청 신청(위 법원 94카기124)을 하자 위 법원이 이를 받아들여 1994. 4. 22. 이 사건 위헌제청 결정을 한 것이다.

2) 위헌심판 제청결정이유의 요지

이 사건 심판대상 조항은 영업양도와 관련한 상거래질서유지와 영업양수인의 보호라는 공공복리를 위하여 영업양도인의 경업행위를 일정한 범위 내에서 금지함으로써 그의 직업 선택의 자유를 제한하고 있는바, 공공복리를 위하여 직업선택의 자유를 제한하는 경우라도 가능한 한 헌법상 보장된 국민의 기본권을 최소한 침해하는 방법을 선택함으로써 자유로운 경제활동을 보장하여야 할 것이다. 그런데 이 사건 심판대상 조항은 경업금지구역을 인구 수에 따라 구분되는 동일한 서울특별시·직할시·시·읍·면과 인접 서울특별시·직할시·시 ·읍·면으로 정하면서 자본금·매출액·종업원수 등으로 구분할 수 있는 양도영업의 규모에 관하여는 아무런 구분을 하지 아니함으로써 서울특별시에서 구멍가게 영업을 양도한 경우 와 같이 영업의 규모와 지역에 따라서는 그 제한의 정도가 비례의 원칙 및 평등권에 어긋나는 경우가 있을 수 있어 위헌의 의심이 있다.

2. 결정요지

1) 영업양도인의 경업가능성은 영업의 종류 및 영업지 등에 따라 다양하게 나타날 수 있어 경업금지구역과 기간을 세분한다는 것이 입법기술상 쉽지 아니할 뿐 아니라, 구 상법(1984. 4. 10. 법률 제3724호로 개정되고 1994. 12. 22. 법률 제4796호로 개정되기 전의 것) 제41조 제1항은 그에 반하는 특약을 인정하고 있고 그 위반에 대한 처벌규정을 두고 있지 않으며 경업과 손해 사이에 상당인과관계가 있어야만 손해배상을 청구할 수 있어서 일률적인 경업금지구역 및 기간의 설정에서 오는 불합리성이 완화되고 있는 점 등에 비추어 입법재량권의 한계를 벗어나 직업선택의 자유를 과잉침해한 것으로 볼 수 없다.

2) 면단위에서 영업양도계약을 체결하는 당사자들의 거래환경과 대도시에서의 그것은 질적으로 다른 것이며, 일반적으로 거래당사자들은 그러한 각자의 거래환경을 염두에 두고 계약체결에 임하는 것이므로, 면단위에서 행해진 영업양도행위와 서울특별시에서 행해진 영업양도행위는 그 대상업종이 같은 종류라 하여도 이들을 같은 기준점에 놓고 판단할 수는 없는 것이다. 그렇다면 달리 다른 기준점이 쉽게 책정될 수 없는 한 이 사건 규정으로 인하여 서울특별시와 같은 대규모 지역이 다른 면 등의 소규모 지역에 비해 같은 종류의 영업양도인에게 더 불리하다 하더라도, 그 이유만으로 바로 입법자에게 이 사건 규정의 입법에 있어서 자의성이 있다고 할 수 없다.

제4절 영업양도 관련 이해관계자 보호

I. 의의

영업양도는 양도인과 양수인 사이의 채권계약을 통하여 발생하고, 그것에 대한 법적효과는 계약당사자 사이의 문제로 국한될 수 있다. 하지만 영업상의 채권자와 채무자 등 이해관계자의 관계 속에서 영업양도계약이 발생할 수 있다. 그러므로 상법은 영업양도계약에서 양도인의 영업상 채권자와 채무자를 보호하기 위한 여러 가지 방안을 마련하고 있다.

II. 실정법상 개요

우리 상법은 제7장에 영업양도를 규정하고 있다. 상법 제41조는 영업양도인의 경업금지에 대하여 규정하고 있고, 경업금지와 관련된 이해관계자를 보호하기 위한 내용을 상법 제42조 이하 제45조에 규정하고 있다. 양도인의 경업금지의무가 대내적인 법률적 관계를 다루고 있다고 한다면, 상법 제42조 이하는 대외적인 법률관계를 규정하고 있다. 즉, 영업양도가 있은 후에 양도인의 채권자와 채무자를 보호하기 위하여 영업양수인에게 일정한 의무를 부과한 내용을 다루고 있다. 영업양도의 대외관계에 관한 사항은 양수인이 양도인의 상호를 계속 사용하는지 여부에 따라 구별된다.

III. 이해관계자 보호

영업상 채권자 및 영업상 채무자와 양수인과의 법률관계는 영업양도의 대외관계에 해당한다. 이는 양도인의 채권자와 양수인과의 관계와, 양도인의 채무자와 양수인과의 관계로 구분된다. 두 사안에 대하여 양수인이 양도인의 상호를 계속 사용하는 경우와 계속 사용하지 않는 경우로 구분하여 설명이 가능하다. 우리 상법은 양도인의 채권자 및 채무자를 보호하기 위하여 규정을 특별히 정하고 있다.

IV. 양수인과 양도인의 영업상 채권자

1. 양수인의 양도인 상호 속용의 경우

1) 의의

양수인이 양도인의 영업을 양수하였음에도 불구하고 양도인의 채권자에 대한 채무를 인수하지 않았고, 또 양수인이 양도인의 상호를 계속 사용하고 있는 상황이 발생할 수 있다. 이런 상황에서 영업양도가 이루어지면, 양도인의 채권자는 영업양도의 사실을 알지 못하고 양도인의 채권자가 자력이 있는 동안 채권을 회수할 수 있는 기회를 잃게 된다. 또한 양수인은 양도인의 상호를 계속 사용하는 경우라면, 양도인의 채권자에 대하여 양도인의 채무를 인수한 것과 같은 외관을 야기하게 된다. 발생할 수 있는 다툼을 예방하기 위하여 상법은 입법으로 문제를 해결하고자 한다.

2) 양수인 책임 인정

상법은 양수인이 상호를 속용하는 경우에는 양도인의 영업이 지속되는 것과 같은 외관을 야기한 것에 대한 책임을 물어 양수인은 양도인의 채무에 대한 책임을 인정한다(상법 제42조 제1항). 따라서 양수인이 채권자에 대한 양도인의 채무를 인수하지 않았다 하더라도, 비록 양수인이 그것을 입증한다고 하더라도, 양수인은 양도인의 채권자에 대하여 양도인의 채무를 변제해야 한다.

3) 양수인 책임 면제

양수인이 양도인으로부터 영업양도 후 지체 없이 양도인의 채권자에 대한 채무에 대하여 책임이 없음을 등기하거나, 양도인과 양수인이 지체 없이 양도인의 채권자에 대하여 그 뜻을 통지한 경우라 한다면, 양수인은 양도인의 채권자에 대하여 변제책임이 없다(상법 제42조 제2항).

4) 영업표지 또는 옥호를 속용한 경우 적용 여부

영업양수인이 자신의 상호를 그대로 보유·사용하면서 영업양도인의 상호를 자신의 영업 명칭 내지 영업 표지로서 속용하고 있는 사안에 대하여 대법원은 다음과 같은 판단을 하였다.

대법원 2009. 1. 15. 선고 2007다17123 판결

"소외 1 주식회사의 대표이사이던 소외 2가 실질적으로 피고의 대표자로서 활동하였을 뿐만 아니라, 소외 1 주식회사와 피고의 대표이사 및 이사, 감사, 주주 등이 소외 2의 부모이거나 누나 및 그 배우자들인 점, 피고가 소외 1 주식회사의 영업장소와 동일한 영업장소에서 위 회사의 기존 거래처를 기반으로 위 회사가 하던 것과 같은 포장이사업 등의 영업활동을 계속하고 있는 점, 소외 1 주식회사와 피고 사이에 소외 1 주식회사가 임차한 목적물의 사용, 관리에 관한 업무를 피고에게 위임하는 내용의 합의 각서가 작성되기도 한 점, 피고의 인터넷 홈페이지에서 상호가 소외 1 주식회사에서 피고로 변경된 것으로 게재하고 있고, 피고의 직원 또한 이와 같은 내용으로 진술하고 있으며, 피고의 인터넷 홈페이지에서 검색되는 전국 지점은 소외 1 주식회사의 전국 지점과 같은 점, 피고가 사용하는 '이비즈ㅁㅁ'이라는 상호와 소외 1 주식회사의 'ㅁㅁ익스프레스'라는 상호는 공통적으로 'ㅁㅁ'이라는 명칭을 사용하고 있을 뿐 아니라, 피고의 등기부상의 정식 상호는 '피고 주식회사'이지만 전화 안내나 인터넷 홈페이지에는 '□□', '□□익스프레스'를 사용하여 자신을 칭하였고, '□□', '□□익스프레스'에 관한 서비스표권(원심은 '상호'라고 하였으나 '서비스표권'의 오기로 보인다)의 존속기간이 만료되자 피고의 명의로 '□□', '□□익스프레스'로 구성된 서비스표(원심은 '상호'라고 하였으나 '서비스표'의 오기로 보인다)를 출원하여 각 서비스표 등록을 받은 점 등 여러 사정에 비추어보면, 비록 형식상 피고와 소외 1 주식회사 사이에 명시적인 영업양도 약정이 없었다고 하더라도, 실질적으로는 소외 1 주식회사의 대표이사 겸 피고의 실질적 대표인 소외 2에 의하여 피고가 소외 1 주식회사의 영업을 양수"한 사례에서 대법원은 "상호를 속용하는 영업양수인의 책임을 정하고 있는 상법 제42조 제1항의 취지에 비추어보면, 상호를 속용하는 영업양수인에게 책임을 묻기 위해서는 상호속용의 원인관계가 무엇인지에 관하여 제한을 둘 필요는 없고 상호속용이라는 사실관계가 있으면 충분하다. 따라서 상호의 양도 또는 사용허락이 있는 경우는 물론 그에 관한 합의가 무효 또는 취소된 경우라거나 상호를 무단 사용하는 경우도 상법 제42조 제1항의 상호속용에 포함된다. 나아가 영업양도인이 자기의 상호를 동시에 영업 자체의 명칭 내지 영업 표지로서도 사용하여 왔는데, 영업양수인이 자신의 상호를 그대로 보유·사용하면서 영업양도인의 상호를 자신의 영업 명칭 내지 영업 표지로서 속용하고 있는 경우에는 영업상의 채권자가 영업주체의 교체나 채무승계 여부 등을 용이하게 알 수 없다는 점에서 일반적인 상호속용의 경우와 다를 바 없으므로, 이러한 경우도 상법 제42조 제1항의 상호속용에 포함된다."고 판시하고 있다.

즉, 영업양도인이 자기의 상호를 동시에 영업 자체의 명칭 내지 영업 표지로서도 사용하여 왔는데, 영업양수인이 자신의 상호를 그대로 보유·사용하면서 영업양도인의 상호를 자신의 영업 명칭 내지 영업 표지로서 속용하고 있는 경우에는 영업상의 채권자가 영업주체의 교체나 채무승계 여부 등을 용이하게 알 수 없다는 점에서 일반적인 상호속용의 경우와 다를 바 없다는 것이다.

또 다른 사안에서 대법원은 "소외 회사로부터 이 사건 교육시설의 영업을 양도받아 그 명칭인 '서울종합예술원'이라는 명칭을 사용하여 같은 영업을 계속한 피고에 대하여" 영업양수인이 상호 자체가 아닌 옥호(屋號, 작은 상점이나 소규모 술집이나 음식점 등을 표시하기 위해 사용하는 이름) 또는 영업표지를 속용하는 경우에도 상법 제42조 제1항이 유추 적용된다고 판시하였다.

> ## 대법원 2010. 9. 30. 선고 2010다35138 판결
>
> 대법원은 "상호를 속용하는 영업양수인의 책임을 정하고 있는 상법 제42조 제1항은, 일반적으로 영업상의 채권자의 채무자에 대한 신용은 채무자의 영업재산에 의하여 실질적으로 담보되어 있는 것이 대부분인데도 실제 영업의 양도가 이루어지면서 채무의 승계가 제외된 경우에는 영업상의 채권자의 채권이 영업재산과 분리되게 되어 채권자를 해치게 되는 일이 일어나므로 영업상의 채권자에게 채권추구의 기회를 상실시키는 것과 같은 영업양도의 방법, 즉 채무를 승계하지 않았음에도 불구하고 상호를 속용함으로써 영업양도의 사실이 대외적으로 판명되기 어려운 방법 또는 영업양도에도 불구하고 채무의 승계가 이루어지지 않은 사실이 대외적으로 판명되기 어려운 방법 등이 채용된 경우에 양수인에게도 변제의 책임을 지우기 위하여 마련된 규정이라고 해석된다. 따라서 양수인에 의하여 속용되는 명칭이 상호 자체가 아닌 옥호 또는 영업표지인 때에도 그것이 영업주체를 나타내는 것으로 사용되는 경우에는 영업상의 채권자가 영업주체의 교체나 채무승계 여부 등을 용이하게 알 수 없다는 점에서 일반적인 상호속용의 경우와 다를 바 없으므로, 양수인은 특별한 사정이 없는 한 상법 제42조 제1항의 유추적용에 의하여 그 채무를 부담한다."고 하였다.

여기서 상호속용이라 함은 동일한 상호를 계속해서 사용하는 것을 말한다. 동일성의 판단기준은 상법 제23조(주체를 오인시킬 상호의 사용금지)에 비하여 동일성의 정도가 높아야 한다. 동일성의 판단기준에 대해 판례는 영업양도 전후의 상호가 주요 부분에 있어서 공통되면 충분하다고 한다.[11] 또한 '삼정장여관'과 '삼정호텔',[12] '남성사'와 '남성정밀공업주식회사',[13] '주식회사 파주레미콘'과 '파주콘크리트 주식회사'[14]는 동일한 상호로 보았다.

5) 양도인의 영업으로 인한 제3자의 채권

상법 제42조 이하에서 발생하는 영업양도인의 채무는 영업으로 인하여 생긴 채무이어야 한다. 대법원 역시 상호를 속용하는 영업양수인의 책임에 관한 상법 제42조 제1항 소정의 "양도인의 영업으로 인한 제3자의 채권"의 의미에 대하여 다음과 같이 판시하고 있다.

---

11   대법원 1998. 4. 14. 선고 96다8826 판결.
12   대법원 1989. 12. 26. 선고 88다카10128 판결.
13   대법원 1989. 3. 28. 선고 88다카12100 판결.
14   대법원 1998. 4. 14. 선고 96다8826 판결.

"상법 제42조 제1항은 영업양수인이 양도인의 상호를 계속 사용하는 경우에는 양도인의 영업으로 인한 제3자의 채권에 대하여 양수인도 변제할 책임이 있다고 규정하고 있고, 이때 양도인의 영업으로 인한 채무란, 영업상의 활동에 관하여 발생한 채무를 말하는 것으로서(대법원 1989. 3. 28. 선고 88다카12100 판결 참조), 양도인이 주식회사인 경우에는 회사에게 사적인 생활이 존재하지 아니한 관계로 주식회사의 명의로 한 행위는 반증이 없는 한 일단 회사의 영업을 위하여 하는 행위로 추정되며(대법원 1967. 10. 31. 선고 67다2064 판결 참조), 따라서 그로 인하여 회사가 부담하는 채무도 영업으로 인한 채무로 추정된다고 할 것이지만, 반증에 의하여 그 채무가 영업으로 인한 채무가 아니라는 점이 밝혀지는 경우 그러한 추정은 복멸될 수 있을 것이다."

2. 양수인의 양도인 상호 불사용

1) 원칙

양수인이 양도인의 영업을 양수하였다 하더라도 상호를 계속사용하지 않는 경우가 있다. 이 경우에는 영업양도의 외관이 뚜렷하므로 이를 대비하지 못한 양도인의 채권자를 보호할 필요가 없다. 따라서 양수인은 양도인의 채권자에 대한 승낙을 받아, 양도인의 채권자에 대한 채무를 인수하지 않는 한, 원칙적으로 양도인의 채권자에 대한 채무를 변제할 책임이 없다(민법 제454조).

2) 예외

양수인이 양도인의 상호를 사용하지 않는 경우에는 양수인의 책임이 면제되지만, 양수인이 양도인의 채권자에 대한 채무를 인수하지 않았음에도 불구하고, 마치 양수인이 양도인의 채권자에 대하여 채무를 인수할 것처럼 광고한 경우가 있다. 이 경우 양수인 그 자신이 채무인수의 외관을 야기한 것이므로, 예외적으로 양수인도 양도인의 채권자에 대하여 변제할 책임이 있다(상법 제44조).

3. 책임의 소멸

양수인이 양도인의 상호를 계속 사용한다 할지라도, 양도인의 채권자에 대한 채무는 영업양도 후 또는 광고 후 2년을 경과하면 소멸한다(상법 제45조). 상법이 일정한 기간을 두고 소멸하도록 한 것은 양도인 개인의 채무라기보다는 영업상의 채무라는 점을 고려한 것이고, 법률관계를 양수인에게 집약시켜 단순화하고자 하는 면이 있다. 그 후에는 양수인의 책임만이 존재한다. 이 기간은 제척기간이므로 중단이나 정지가 있을 수 없다.

V. 양수인과 양도인의 영업상 채무자

1. 양수인의 양도인의 상호 계속사용

1) 의의

양수인이 양도인의 영업을 인수하였음에도 불구하고 양도인의 채무자에 대한 채권을 양수하지 않았음에도 불구하고, 또 양수인이 양도인의 상호를 계속 사용하고 있다면, 양도인의 채무자의 입장에서는 영업양도의 사실을 알지 못할 수가 있다. 양도인이 채권양도의 외관을 야기했다고 볼 수 있고, 양도인의 채무자는 양수인에게 양도인의 채무를 변제하는 수가 발생할 수 있다. 채권이 양도되지 않았음에도 불구하고 양도인의 채무자가 양수인에게 양도되지 않은 것을 모른 채, 양도인에 대한 채무를 양수인에게 변제한 경우, 양도인의 채무자를 보호할 필요가 있다.

2) 변제 효과

만약 양도인의 채무자가 선의이면서 중대한 과실 없이 양수인에게 양도인의 채무를 변제한 경우라 한다면, 변제의 효력이 있도록 하는 것이 타당할 것이다. 상법은 이 점을 고려하여 채무의 변제를 인정하고 있다(상법 제43조). 양도인의 채무자가 영업양도의 사실에 대하여는 알고 있었지만, 양수인이 양도인의 채무자에 대한 채권을 양수한 것으로 믿고, 이점에 대하여 선의이고 과실이 없다고 한다면, 만약 양도인의 채무자가 양수인에게 변제한 경우에 그 변제는 유효하게 된다. 법적 근거는 민법상 채권의 준점유자에 대한 변제의 법리(민법 제470조)가 제시된다.[15]

---

15 대법원 2006. 1. 13. 선고 2003다54599 판결. 대법원이 민법 제470조에 규정된 '채권의 준점유자'의 의미 및 행위자가 채권자의 대리인이라고 하면서 채권을 행사하는 경우에도 '채권의 준점유자'에 해당하는지 여부와 관련하여, 예금주의 대리인이라고 주장하는 자가 예금주의 통장과 인감을 소지하고 예금반환청구를 한 경우, 은행이 예금청구서에 나타난 인영과 비밀번호를 신고된 것과 대조 확인하는 외에 주민등록증을 통하여 예금주와 청구인의 호주가 동일인이라는 점까지 확인하여 예금을 지급하였다면 이는 채권의 준점유자에 대한 변제로서 유효하다고 하였다.

2. 양수인의 양도인의 상호 불속용

양수인이 양도인의 영업을 양수하였다 하더라도 상호를 계속 사용하지 않는 경우에는 영업양도의 외관이 뚜렷하다. 영업양도는 있었지만 채권양도가 없다고 한다면, 비록 채무자가 자신의 채무를 양수인에게 변제했다고 할지라도 그 변제의 효력은 없다. 특별히 양도인의 채무자를 보호할 필요가 없는 것이다. 따라서 이 경우에는 민법 채권양도의 일반원리를 통하여 적용하는 것이 바람직하다. 양수인이 양도인의 채권을 양수하지 않는 한, 양도인의 채무자가 양수인에게 채무를 이행하여 면책될 수는 없다.

3. 책임의 소멸

양도인이 그의 채무자에 대한 채권을 양수인에게 양도하지 않았으면서, 마치 이를 양도한 것처럼 광고하거나, 또는 양도인의 채무자에게 통지한 경우라 한다면, 양도인의 채무자를 보호할 필요가 있다. 양도인의 채무자가 양수인에게 선의이며 중대한 과실 없이 변제를 한 경우라면, 양도인 채무자의 변제는 효력이 있고, 그의 책임은 없다.

제2편
상행위

제1장
상행위 일반론

제1절 서론

I. 상행위법과 상행위

상법총칙이 개인상인이 영업활동을 원활히 하고 확실히 수행하기 위한 대내적 법률관계와 대외적 법률관계 및 상인이 영업활동을 위해 요구되는 상업장부나 상업등기 등의 문제를 다루고 있다고 한다면, 상행위법은 영리목적의 달성을 위하여 상대방과 행하게 되는 법률관계를 합리적으로 규율하고 있다. 상행위법은 상법 제46조의 각 호에 해당하는 기본적 상행위 가운데 경제생활을 함에 있어서 매우 중요한 기능을 담당하는 몇 가지 영역을 할애하여 그들의 법률관계를 다루고 있다.

II. 상행위법의 체계

상법 제2편 상행위는 총14장으로 구성되어 있다. 제1장에는 상행위 편에 공통적으로 적용되는 규정인 통칙(제46조~제66조)이 있다. 우선 기본적 상행위(제46조)와 보조적 상행위(제47조)의 개념을 규정하고 있고, 통칙의 규정이 의제상인의 행위에 준용함을 규정하고 있다(제66조). 그 밖에 상거래의 특징을 고려하여 민법의 특별규칙을 정하여 상행위에 적용할 수 있도록 하고 있다. 제2장에는 민법상의 매매와 다른 상사매매에 관한 내용을 규정하고 있다(제67조~제71조). 민법에서 적용하는 것과 다른 특별한 규칙이 적용되도록 하고 있다는 점에서 상사매매의 특칙이라 하겠다. 제3장은 상사채권의 특수한 소멸사유에 관하여 상호계산을 규정하고 있다(제72조~제77조). 제4장과 제4장의2는 익명조합(제78조~제86조)과 합자조합(제86조의2~제86조의9)에 관한 규정이다. 사실 조합은 단체법의 영역에 해당한다. 익명조합과 합자조합이 단체법의 영역에 해당하기 때문에 단체법의 영역인 상법 제3편 회사의 영역에 규정하는 방안을 모색해볼 수 있겠지만, 동 조합들이 법인이 아니라는 사고에서 회사의 영역에 담기에는 어려움이 있었을 것이다. 그렇다고 하여 개인상인의 영업활동과 관계가 있는 총칙의 영역에 담기에도 역시 무리가 있다는 점을 고려하여, 부득이하게 상행위 편에 자리를 잡을 것이라 하겠다. 비록 익명조합과 합자조합이 상행위 편에 위치하고 있다고 할지라도, 이들은 모두 단체법의 영역에서 벗어날 수 없고 다양한 회사를 이해하기 위해서라도 조합에 대한 이해는 가볍게 여겨서는 아니 된다.

제5장 내지 제14장은 개별적인 상행위와 관련된 내용을 규정하고 있다. 제5장은 대리상(제87조~제92조의3)과 제6장 중개업(제93조~제100조), 제7장 위탁매매업(제101조~제113조) 등은 상행위 편에서 매우 중요한 영역에 해당한다. 물건에 대한 장소적 이동에 중요한 역할을 하는 제8장 운송주선업(제114조~제124조), 제9장 운송업(제125조~제150조)이나 일반이 이용하는 시설에 의한 거래를 영업으로 하는 제10장 공중접객업(제151조~제154조), 제11장 창고업(제155조~제168조), 제12장 금융리스업(제168조의2~제168조의5), 제13장 가맹업(제168조의6~제168조의10), 제14장 채권매입업(제168조의11~제168조의12) 등이 규정되어 있다. 특히, 신종 상행위를 규정하고 있는 제12장 내지 제14장은 세부적인 법률관계를 완벽하게 규정하고 있지는 않지만, 약관을 통하여 해결하고자 하는 방안이 한계가 있음을 직시하고, 실정법에 규정하게 된 것은 의미 있는 발전을 한 것이라 하겠다.

III. 상행위법의 특색

1. 유상성

민법상 위임계약에서 위임은 무상이 원칙이고(민법 제686조), 금전소비대차계약의 경우도 무이자가 원칙이다(민법 제600조). 민법이 일반인을 대상으로 하여 법률관계를 규정하고 있기 때문에 무상의 특징을 갖고 있다. 반면, 상법은 상인의 기업활동을 전제로 하고 있다. 기업의 활동은 기본적으로 영리를 추구하는 모습이다. 상인의 활동에서 영리적인 면이 배제된다면 상인의 활동에 대한 동인은 사라지고 말 것이다. 이 점을 고려하여 상법은 상인의 보수청구권을 행사할 수 있음을 규정하고 있고(상법 제61조), 상인 간의 금전소비대차계약에서도 이자의 약정이 없다고 할지라도 법정이자가 발생한다(상법 제55조 제1항). 기타 금전을 체당하는 경우(상법 제55조 제2항)나 상사법정이율(상법 제54조)에서 상법의 유상의 성질을 엿볼 수 있다.

2. 신속성

민사적인 거래의 경우 개별적이면서 일시적인 특징을 갖는다. 이 점을 고려하여 민법은 "승낙기간을 정한 계약의 청약의 경우 청약자가 그 기간 내에 승낙의 통지를 받지 못한 때에는 그 효력을 상실한다."고 규정하고 있다(민법 제528조 제1항). 반면, '대화자 간의 청약의 구속력'을 규정하고 있는 상법 제51조는 "대화자 간 계약의 청약은 상대방이 즉시 승낙하지 아니한 때에는 그 효력을 잃는다."고 규정하고 있고, '청약에 대한 낙부통지의무'를 규정하고 있는 상법 제53조는 "상인이 상시 거래관계에 있는 자로부터 그 영업부류에 속한 계약의 청약을 받은 때에는 지체 없이 낙부의 통지를 발송하여야 하고, 이를 해태하는 때에는 승낙한 것으로 본다."고 규정하고 있다. 민법과 달리, 상거래가 집단적이면서 반복적으로 이루어지고 있다는 점을 고려한 상법의 신속성을 엿볼 수 있다. 그 외에도 상법은 일반적인 단기소멸시효를 5년으로 정하고 있지만(상법 제64조 제1문), 다른 법령에 이보다 다른 단기의 시효를 규정하고 있는 경우에는 그 규정이 적용되도록 함으로써(상법 제64조 제2문), 운송주선인이나 운송인 등의 손해배상책임의 단기소멸시효가 적용되도록 하고 있다(상법 제121조, 제147조).

3. 정형성

민사거래의 경우 특정한 상대방과 개별적으로 거래를 하는 것이 일반적이다. 그리고 그 거래는 일회적인 것이 특징이다. 반면, 상거래는 그 거래방식이 불특정 다수를 대상으로 하여 계속적, 반복적 면과 신속성의 특징을 갖는다. 이러한 속성 때문에 상거래 계약은 일반적으로 보통거래약관이라는 정형적 형태를 사용하게 된다. 사용자에 의하여 일방적으로 작성되는 보통거래약관은 약관규제법에 의한 통제를 받게 된다.

4. 사적 자치의 강화

사법의 영역으로서 민법은 사적자치를 보장하고 있다. 그러나 일부의 규정을 보면 사적자치에 대한 배제를 규정하고 있는 모습도 있다. 예를 들면, 민법 제339조는 질권설정자는 채무변제기전의 계약으로서 질권자에게 변제에 갈음하여 질물의 소유권을 취득하게 하거나 법률에 의한 정한 방법에 의하지 아니하고 질물을 처분하지 못하도록 하면서, 유질계약을 금지하고 있다. 반면, 상법은 유질계약을 허용하고 있다. 이 점에서 상행위를 규정하고 있는 법률이 민법보다 더 사적자치원칙이 적용되는 모습을 볼 수 있다. 상행위를 하는 당사자들은 대부분 합리적인 판단과 행동을 할 수 있다는 점과 양자가 대등한 능력을 갖추고 있다는 점을 고려한 것이다. 반면, 상법총칙이나 회사법의 경우 개인의 상인이나 단체를 다루는 회사의 법률관계가 획일적으로 적용되어야 한다는 점에서 대부분 강행규정의 모습을 보여주고 있다.

IV. 상행위의 개념과 종류

1. 개념

상법은 상행위에 대한 개념을 정의하고 있지 않다. 다만, 상법은 제46조상 제1호 내지 제22호에 해당하는 행위를 영업으로 하는 경우를 기본적 상행위로 정의하고 있고, 상법 제47조에서 상인이 영업을 위하여 하는 행위를 보조적 상행위라 하여 상행위의 일부로 보고 있다. 두 규정을 근거로 하여 상행위를 개념화시킨다면, 상행위는 "영업으로 또는 영업을 위하여 하는 행위이다."라고 정의할 수 있다.[1] 여기서 영업은 최소한 다음 두 가지 조건이 충족되어야 할 것이다.[2] 첫째, 영리를 목적으로 하는 동종행위의 반복이 있어야 한다. 이를 영업성이라고도 한다. 영업성은 영리성이 있어야 하고, 계속성이 있어야 하며 영업의사가 발현되어야 한다. 둘째, 기업성이 있어야 한다. 상법 제46조 각 호가 오직 임금을 목적으로 제조하거나 노무에 종사하는 자의 행위는 기업성을 인정할 수 없을 것이다.

2. 상행위의 종류

1) 기본적 상행위

기본적 상행위의 종류와 범위는 상법 제46조에 열거되어 있으며 이는 절대적 상행위에 해당한다.

---

[1] 이철송, 상법총칙·상행위법, 제13판, 박영사, 2015, 316면.
[2] 정찬형, 상법강의(상), 제18판, 박영사, 2015, 56면 이하.

(1) 동산·부동산·유가증권 기타의 재산의 매매

매매는 모든 상거래의 기본이 되는 행위이다. 이익을 얻으려는 의사로서 매도행위와 매수행위를 포함하는 것이 매매에 해당한다. 매매의 목적물은 동산이나 부동산 유가증권이 대상이 된다. 동산이나 부동산은 민법에 의하여 정해지고(민법 제99조), 유가증권은 유가증권법에서 정하여진다. 기타의 재산이라 함은 상호권, 상표권 또는 특허권 등 지적재산권을 포함하여 광업권이나 어업권 등도 포함된다.

(2) 동산·부동산·유가증권 기타의 재산의 임대차

상법 제46조 제1호와 대상은 동일하다, 그러나 제1호가 목적물에 대한 소유권의 이전을 의미하는 매매인 반면에, 임대차는 대상의 이용권을 영업의 대상으로 하고 있다는 점에서 차이가 있다.

(3) 제조·가공 또는 수선에 관한 행위

제조는 원재료에 일정한 공법을 사용하여 새로운 용도를 가진 물건을 만드는 작업에 해당하고, 가공은 원재료의 동일성을 유지하면서 그 효용을 증가시키는 작업이다. 수선이라 함은 원재료의 효용을 회복시켜주는 작업을 의미한다. 주의해야 할 사항은 제조나 가공 또는 수선 그 자체는 사실행위에 해당하고, 그 행위를 인수하는 것이 상행위가 된다는 점이다. 즉, 인수한다고 함은 대가를 받고 상대방이 원하는 제조나 가공 또는 수선해주기로 약정하는 것을 의미한다.

(4) 전기·전파·가스 또는 물의 공급에 관한 행위

전기사업이나 전파사업, 가스사업 또는 수도사업 등과 같이 전기나 전파, 가스 또는 물 등의 계속적인 공급을 인수하는 행위가 여기에 해당한다. 법적 성질은 매매계약일수도 있지만, 도급계약이나 임대차계약 등과 결합한 혼합계약인 경우가 많다.

(5) 작업 또는 노무의 도급의 인수

작업의 도급의 인수라 함은 건물이나 교량, 도로 등과 같이 부동산 또는 선박에 관한 공사를 인수하는 행위를 말하고, 철도부설이나 가옥 등의 건축 등이 여기에 해당한다. 노무의 도급의 인수라 함은 노무자의 공급을 인수하는 것을 말하고, 인력송출업이나 토목사업 등이 대표적인 사례에 해당한다.

(6) 출판·인쇄 또는 촬영에 관한 행위

출판이라 함은 인쇄한 문서나 도화를 판매하는 행위를 말하고, 인쇄한 인쇄기계 등에 의하여 문서나 도화를 제작하는 것을 말하며, 촬영이란 사진촬영 등을 인수하는 행위를 말한다. 출판, 인쇄 또는 촬영을 인수하는 행위가 바로 상행위에 해당한다.

(7) 광고·통신 또는 정보에 관한 행위

광고라 함은 소비자의 수요를 자극하기 위하여 널리 선전이나 홍보하는 행위를 말하고, 통신은 각종의 뉴스나 서신을 제공 또는 송달하는 행위를 말한다. 한편, 정보에 관한 행위는 신용조사나 정보관리 또는 신용평가 등의 행위를 말한다. 상행위가 되기 위해서는 이러한 행위의 인수가 있어야 한다.

(8) 수신·여신·환 기타의 금융거래

수신이라 함은 타인으로부터 금전을 수취하는 행위를 말하고, 여신은 가지고 있던 자금을 타인에게 대여하는 행위를 말하며, 환은 이종화폐간의 교환을 의미한다. 한편, 기타의 금융거래란 금전의 수신이나 여신 또는 환 이외의 금전의 가치이동을 내용으로 하는 거래를 말하는 것으로 어음할인이나 금전대차의 보증 등을 뜻한다.

(9) 공중이 이용하는 시설에 의한 거래

일반 공중의 이용에 적합한 물적이나 인적 설비를 갖추고 이것을 이용시키는 행위를 의미한다. 숙박업, 카페, 음식장, 미용실 및 극장 등이 여기에 속한다. 병원이나 도서관, 독서실 등도 여기에 포함되는가 여부에 대하여, 이를 영업으로 하면 상행위에 해당하는 것으로 볼 수 있다.[3]

(10) 상행위 대리의 인수

체약대리상(상법 제87조)과 같이 상업사용인이 아닌 독립된 상인이 특정상인을 위하여 계속적으로 상행위를 대리하는 것을 인수하는 행위가 여기에 속한다.

---

3   정찬형, 상법강의(상), 제18판, 박영사, 2015, 61면.

(11) 중개에 관한 행위

중개상(상법 제93조)이나 중개대리상(상법 제87조)과 같이 타인 간의 법률행위의 중개를 인수하는 행위는 상행위에 해당한다.

(12) 위탁매매 기타의 주선에 관한 행위

위탁매매는 자기명의로써 타인의 계산으로 거래하는 간접대리의 대표적인 것에 해당한다. 자기명의란 주선인이 법률상 그 행위의 권리의무의 주체가 되고, 타인계산이라 함은 경제적 효과가 위탁인에게 귀속하게 되는 것을 말한다. 이 간접대리를 인수하는 것을 상행위라고 한다. 위탁매매업(상법 제101조), 준위탁매매인(상법 제113조) 및 운송주선인(상법 제114조)가 있다.

(13) 운송의 인수

운송이란 물건이나 사람의 장소적 이동을 말한다. 운송행위 그 자체는 사실행위에 해당한다. 운송의 인수란 물건이나 사람의 운송을 인수하는 행위를 말한다.

(14) 임치의 인수

타인을 위하여 물건이나 유가증권을 보관하는 것을 인수하는 행위이다. 창고업자의 업무행위가 대표적인 사례에 해당하고, 주차장의 업무행위도 여기에 해당한다.

(15) 신탁의 인수

신탁이란 위탁자와 수탁자와의 신임관계에 기하여 위탁자가 수탁자에게 특정의 재산을 이전하거나 담보권의 설정 또는 그 밖의 처분을 하고, 수탁자로 하여금 수익자의 이익 또는 특정의 목적을 위하여 그 재산의 관리, 처분, 운용, 개발 또는 그 밖의 신탁 목적의 달성을 위하여 필요한 행위를 하게 하는 법률관계를 말한다(신탁법 제2조). 수탁자의 입장에서 체결하는 신탁계약이 바로 신탁의 인수에 해당하고, 이것이 상행위가 된다.

(16) 상호부금 기타 이와 유사한 행위

상호부금이라 함은 일정한 기간을 설정하여 고객으로 하여금 정기적으로 금전을 납부하게 하고 기간의 중간 또는 만기에 고객에게 일정한 금전을 급부할 것을 약정하는 수·여신의 혼합거래를 말하고, 기타 이와 유사한 행위란 상호저축은행이 영위하는 신용계업무를 들 수 있다. 신용계업무라 함은 일정한 계좌수와 기간 및 금액을 정하고 정기적으로 계금을 납입하게 하여 계좌마다 추첨이나 입찰 등의 방법에 의하여 계원에게 금전의 급부를 약정하여 행하는 수·여신 거래를 말한다.

(17) 보험

보험이란 동일한 위험을 가진 위험공동체가 단체를 형성하고 일정한 기간을 정하여 기금을 축적하고 단체의 구성원이 사고를 낭한 경우에 일정한 남액이나 기타의 급여를 지급하는 것을 말한다. 보험은 상호보험, 국민건강보험, 사회보험 및 영리보험 등이 있는데, 여기서 보험은 영리보험만을 의미한다.

(18) 광물 또는 토석의 채취에 관한 행위

광업, 채석업, 채토업의 업무행위가 여기에 해당한다. 그러나 광물이나 토석의 채취행위는 사실행위에 해당하기 때문에 상행위에 해당하지 않지만, 채취한 광물이나 토석을 판매하는 행위가 상행위에 해당한다.

(19) 기계·시설 그 밖의 재산의 금융리스에 관한 행위

과거에는 물융이란 용어를 사용했는데, 2010년 상법 개정 시 "금융리스"라는 용어로 변경되었다. 금융리스이용자가 선정한 기계, 시설, 그 밖의 재산을 제3자로부터 취득하거나 대여 받아 금융리스이용자에게 이용하게 하는 영업을 하는 금융리스라고 하며, 이에 관한 행위는 상행위가 된다.

(20) 상호·상표 등의 사용허락에 의한 영업에 관한 행위

가맹업자의 업무행위를 말한다. 가맹업이라 함은 가맹업자가 가맹상에 대하여 자기의 상호나 상표 등을 사용하여 영업할 것을 허락함과 동시에 자기가 지정하는 품질기준이나 영업방식에 따라 영업할 것을 약정하고, 이에 대하여 가맹상은 가맹업자에 대하여 일정한 사용료를 지급하기로 하는 계약적인 채권계약관계를 말한다.

(21) 영업상 채권의 매입·회수 등에 관한 행위

채권매입업자에 관한 행위이다. 채권매입업이라 함은 거래기업(client)이 물건이나 유가증권의 판매, 용역의 제공 등에 의하여 취득하였거나 취득할 영업상의 채권을 채권매입업자가 매입하여 회수할 것을 인수하는 것을 말한다.

(22) 신용카드·전자화폐 등을 이용한 지급결제 업무의 인수

지급결제라 함은 경제주체들이 지급수단을 이용하여 거래당사자 간 채권·채무관계를 화폐적 가치의 이전을 통하여 청산하는 행위를 말한다. 이 청산하는 행위는 사실행위에 해당하고, 그러한 업무를 인수하는 행위가 상행위가 된다.

2) 보조적 상행위

(1) 의의

보조적 상행위에 대하여는 상법 제47조가 규정하고 있다. 영업으로 하는 행위가 기본적 상행위나 준상행위라고 한다면(상법 제46조), 영업을 위하여 하는 상인의 행위는 보조적 상행위가 된다. 보조적 상행위 역시 상행위에 해당하므로, 보조적 상행위로 인하여 발생한 채권이나 채무는 상법이 적용된다. 보조적 상행위는 부속적 상행위 또는 부수적 상행위라고도 한다.

(2) 범위

보조적 상행위는 기본적 상행위 또는 준상행위의 수행에 직접적으로 기여하는 행위가 있을 수 있고, 영업 전체를 원활하게 수행하기 위하여 필요한 행위일 수도 있다. '영업을 위하여 하는 행위'라 함은 '영업과 관련된 모든 재산법적인 행위'를 의미한다. 영업을 위하여 하는 행위에 대한 판단은 행위의 객관적인 성질에 따라 판단한다.

상인이 금원을 차용한 행위가 영업을 위하여 한 것으로 추정된다고 본 대법원 판례가 있다.

> **대법원 1993. 10. 26. 선고 92다55008 판결**
>
> 대법원은 "피고가 1979년 1월 15일 한림산업사라는 상호로 사업자등록을 하고 서울 중구 충무로 1가 24의 28에서 단추, 버클 등의 제조 및 판매를 주로 하는 사업을 개시한 이래 원고로부터 이 사건 금원을 차용할 당시에도 이를 계속하고 있던 상인으로서 원고로부터 위 금원을 차용하면서 원고에게 위 상호 및 그 업종과 사무실 및 공장의 소재지가 인쇄된 피고의 명함을 교부해주었고, 또한 이 사건 약속어음의 피고의 배서부분에 기명날인을 함에 있어 피고의 표시를 "한림산업사 대표 강병호"라고 기재하여 주었다면 피고의 위 금원차용행위는 특별한 사정이 없는 한 상인인 피고가 그의 영업을 위하여 한 것으로 추정된다."고 판시하고 있다.

금전 대여를 영업으로 하지 않는 상인의 금전 대여행위를 상행위로 볼 수 있는지 여부에 대하여 대법원은 다음과 같이 판시하였다.

대법원 2008. 12. 11. 선고 2006다54378 판결

원심은 "음식점을 영위하는 원고가 1997년 7월 24알 피고에게 2,000만 원을 변제기는 1997년 9월 25일로 정하여, 1997년 12월 9일경 1,000만 원을 변제기는 1998년 3월 5일로 정하여 각 고율의 이자로 대여하고, 피고는 위 날짜에 위 각 금원을 소외인에게 고율의 이자로 재차 대여한 사실을 인정한 다음, 원고와 피고 사이에 상호 고율의 이자소득을 얻기 위한 목적으로 행하여진 위 금전대여행위를 가리켜 원고 또는 피고가 '영업으로' 내지 '영업을 위하여' 하는 상행위라고 볼 수 없다는 이유로, 원고 의 위 대여금채권이 5년의 상사소멸시효가 완성되어 소멸되었다고 주장하는 피고의 항변을 배척하였 다." 그러나 대법원은 "음식점업을 영위하는 상인인 원고가 부동산중개업을 영위하는 상인인 피고에 게 합계 3,000만 원의 금원을 고율의 이자로 대여한 행위는 반증이 없는 한 상법 제47조 제2항에 의하 여 영업을 위하여 하는 것으로 추정되고, 원심이 설시한 바와 같은 위 금전대여행위가 원고와 피고 사이에 상호 고율의 이자소득을 얻기 위한 목적으로 행하여졌다는 사정만으로는 위 추정이 번복된다 고 볼 수 없으므로, 원고가 위 추정을 번복할 만한 증명책임을 다하지 못하는 한 원고의 피고에 대한 위 금전대여행위는 상행위로 보아야 할 것이다."라고 판시하였다.

대한석탄공사가 피용자와 체결한 근로계약에 따른 퇴직금 채무의 성질과 관련하여 대법 원은 상업사용인을 고용한 것은 보조적 상행위에 해당하는 것으로 판단하고 있다.

대법원 1976. 6. 22. 선고 76다28 판결

대법원은 "피고는 상사회사는 아니라 하여도 광물채취에 관한 행위를 영업으로 하는 상인의 성질을 띤 법인이라 할 것이며 피고가 원고들 및 망 송일성과 체결한 근로계약은 피고가 그의 영업을 위하여 한 보조적 상행위이므로 그 보조적 상행위에 따른 퇴직금채무는 상사채무"임을 밝히고 있다.

상인이 사업자금을 조달하기 위하여 계에 가입한 경우 계주가 위 상인에 대하여 갖는 계 불임금채권은 성질과 관련하여 대법원은 상사채권에 해당함을 밝히고 있다.

3) 보조적 상행위의 상법 적용

영업의 목적인 기본적 상행위를 개시하기 전에 영업을 위한 준비행위를 하는 자는 영업으로 상행위를 할 의사를 실현하는 것이므로 그 준비행위를 한 때 상인자격을 취득하는 것으로 보아야 할 것이다.[4] 아울러 이 개업준비행위는 영업을 위한 행위로서 그의 최초의 보조적 상행위가 되는 것이고, 이와 같은 개업준비행위는 반드시 상호등기·개업광고·간판부착 등에 의하여 영업의사를 일반적·대외적으로 표시할 필요는 없으나 점포구입·영업양수·상업사용인의 고용 등 그 준비행위의 성질로 보아 영업의사를 상대방이 객관적으로 인식할 수 있으면 당해 준비행위는 보조적 상행위로서 여기에 상행위에 관한 상법의 규정이 적용된다고 보는 것이 타당하다고 하겠다.

4) 불법행위의 보조적 상행위 여부

선박소유자의 불법행위로 인한 손해배상청구권에 상법상의 소멸시효 규정이 적용되는지 여부에 대하여 대법원이 판단하였다.

---

[4]   대법원 1999. 1. 29. 선고 98다1589 판결.

소멸시효가 완성되어 소멸하였다는 항변에 대하여 상법 제121조 제3항에는 같은 조 제1항, 제2항의 단기소멸시효에 관한 규정은 운송인이나 그 사용인이 악의인 경우에는 적용되지 아니한다고 규정되어 있고, 운송인인 피고가 본건 선박의 침몰과 그로 인한 운송물의 멸실사실을 알고 있었으므로, 악의의 운송인에 해당되어, 위 단기소멸시효는 적용되지 아니하고 일반상사 채권에 관한 5년의 소멸시효가 적용되는바, 본건 청구가 본건 운송물을 인도할 날로부터 5년을 경과하지 아니하였으니 피고의 시효 항변은 이유 없다 하여 배척하였다. 그러나 대법원은 "상법 제812조에 의하여 준용되는 같은 법 제121조 제1항, 제2항의 단기소멸시효의 규정은 운송인의 운송계약상의 채무불이행으로 인한 손해배상청구에만 적용되고 일반 불법행위로 인한 손해배상청구에는 적용되지 아니하는 것이고, 또한 상법 제64조의 일반상사시효 역시 상행위로 인한 채권에만 적용되고 상행위 아닌 불법행위로 인한 손해배상채권에는 적용되지 아니하는 것이라 할 것인바,[5] 원심이 그 판시와 같이 피고에 대하여 불법행위로 인한 손해배상책임을 인정하고 있는 이상, 그 소멸시효는 민법 제766조의 불법행위채권에 관한 소멸시효(3년) 규정이 적용되어야 할 것이고 운송인의 운송계약상의 채무불이행책임에 관한 상법 제121조 제1, 2항의 단기소멸시효의 규정이나 같은 법 제64조의 상사채권에 관한 소멸시효 규정은 적용되지 아니한다."고 판시하고 있다.

사실행위나 불법행위도 보조적 상행위의 범위에 포함되지 않는다고 보는 것이 대법원의 입장이고, 상인의 신분행위나 공법상의 행위 역시 보조적 상행위가 될 수 없다고 보아야 할 것이다.

5) 준상행위

상법 제66조는 준상행위를 규정하고 있다. 설비상인이나 민사회사 등 의제상인이 영업으로 하는 행위를 준상행위라 한다. 의제상인이 영업으로 하여야 상행위가 되고 상법의 적용을 받는다는 점에서, 준상행위는 상대적 상행위가 된다.

6) 상대적 상행위와 절대적 상행위

(1) 상대적 상행위

상법 제46조 각 호의 행위들은 영업으로 할 경우에만 상행위가 된다. 그런 측면에서 상대적 상행위에 해당한다. 상대적 상행위에는 당연상인이 영업으로 하는 상행위인 기본적 상

---

[5]　대법원 1983. 3. 22. 선고 82다카1533 판결; 대법원 1977. 12. 13. 선고 75다107 판결.

행위, 의제상인이 영업으로 하는 행위인 준상행위 및 상인이 영업을 위하여 하는 상행위인 보조적 상행위를 들 수 있다.

(2) 절대적 상행위

영업으로 하는지에 관계없이 행위 자체에 상행위성이 인정되는 경우가 있는데, 이를 절대적 상행위라 한다. 담보부사채신탁법은 사채모집의 위탁회사나 신탁업자가 아닌 제3자가 사채의 총액을 인수할 수 있도록 하고 있다. 제3자는 상인이 아니라 할지라도, 또 영업으로 하지 않더라도 사채의 총액을 인수하는 것에 대하여 상행위성을 인정하고 있다. 이점에서 담보사채신탁법상 사채총액의 인수는 절대적 상행위에 해당한다.

7) 일방적 상행위와 쌍방적 상행위

거래당사자 중 일방에 대해서만 상행위가 되는 행위, 즉 상인과 비상인간의 거래행위를 일방적 상행위라 하고, 쌍방에 대하여 상행위가 되는 행위를 쌍방적 상행위라고 한다. 쌍방적 상행위는 상인과 상인 사이의 거래를 의미한다. 거래당사자가 모두 상인이든, 당사자 중 일방만이 상인이든 상법의 적용에는 차이가 없는 것이 원칙이다. 그러나 상사유치권(상법 제58조), 상사매매의 규정들(제67조~제71조) 및 상호계산의 규정들(제72~제77조)을 적용하고자 하는 경우에는, 쌍방 모두 상인임을 요한다.

제2절 상행위법의 특칙

I. 민법총칙에 대한 특칙

1. 상행위의 대리

1) 대리의 방식

(1) 원칙

원래 대리인이 대리행위를 할 때에는 상대방에 대하여 그 행위가 본인을 위한 것임을 표시하여야 한다. 이를 현명주의라고 한다(현명주의: 민법 제114조 본문). 만약 이를 표시하지 아니하고 대리행위를 한 때에는, 그 의사표시는 대리인 자신을 위한 것으로 본다(민법 제114조 제1항).

(2) 예외

상법은 민법에서 인정되고 있는 현명의 원칙을 수용하고 있지 않다. 즉 상행위의 대리인이 대리행위를 함에 있어서는 본인을 위한 것임을 표시하지 아니한다 할지라도, 그 행위는 본인에 대하여 효력이 있도록 하고 있다(상법 제48조 본문). 상인의 사용인이 본인을 대리하여 거래상대방과 거래하면서 본인의 대리인 자격을 가지고 법률행위를 한다고 하는 것을 밝히지 아니하더라도 그 거래는 본인과 거래상대방 사이에 계약은 발생하게 된다.

상법이 민법의 현명주의에 대한 예외로서 비현명주의의 특칙을 두고 있다. 상인의 영업행위는 통상 그 상업사용인에 의해 행해지므로 상대방이 대리관계를 숙지하고 있는 경우가 많다. 또한 상거래의 내용이 보통 비개성적이라서 이행 여부가 중요할 뿐이고, 당사자가 누구여하는 것은 특히 중요한 뜻을 갖지 않는다. 그리하여 대량적·반복적으로 이루어지는 상거래에서는 거래의 신속을 위해 대리의사를 밝히는 번거로움을 생략하는 예가 많으므로, 이러한 실정을 존중하여 거래안전의 보호측면에서, 상법은 이 특칙을 마련한 것이다. 한편, 상업사용인이 영업주의 영업범위에 속한 거래를 자신을 위해 하는 수도 있는데, 이 경우에도 상대방은 영업주를 거래상대방으로 믿고 거래하는 것이 보통이므로 그 신뢰를 보호하고자 하는 뜻도 있다.

(3) 조합의 간명한 대리방식 인정

민법상 조합은 2인 이상이 상호출자하여 공동사업을 경영할 것을 약정함으로써 그 효력이 생기는 인적 결합이다(민법 제703조). 민법상 조합에서 조합의 대외적인 법률행위는 조합원 전원의 이름으로 하거나 조합대리의 방식으로 하여야 한다. 조합대리의 경우 업무집행의 대리권이 있는 것으로 추정되는 업무집행조합도 조합채무의 원인이 되는 법률행위를 함에 있어서는 본인에 해당하는 조합원 전원의 성명을 제시하거나 적어도 상대방이 알 수 있을 정도로 조합을 표시해야 하는 것이 원칙이다. 그러므로 현명주의 원칙에 따른다면, 조합은 법인격이 없으므로 조합원 전원의 이름으로 현명하고 조합대표가 대리하여야 할 것이다. 그러나 대법원은 조합원 전원을 현명하는 것은 실무상 어려움이 있으므로, "상대방이 조합원들의 법률행위임을 알 수 있을 정도로 조합명칭을 표시하고 조합대표가 의사표시를 하면 조합대리로서 족하다."라고 하면서 간명한 대리방식을 인정하였다.[6]

---

6   대법원 1970. 8. 31. 선고 70다1360 판결.

(4) 조합의 비현명 원칙 인정

민법상 조합의 법률행위가 상행위일 경우에는 조합의 명칭을 현명하지 않았다 할지라도 조합대리가 인정될 수 있음을 인정한 판례가 있다. 대법원은 조합의 대리인이 조합에게 상행위가 되는 법률행위를 하면서 조합을 위한 것임을 표시하지 않은 경우, 그 효력이 조합원 전원에게 미치는지 여부에 대하여 판단하였다.

> **대법원 2009. 1. 30. 선고 2008다79340 판결**
>
> 대법원은 "소외인은 피고와 동업하기로 한 이 사건 골재현장의 터파기 및 부지 평탄작업에 투입된 중장비 등에 사용할 목적으로 원고로부터 유류를 공급받았다는 것인데, 이와 같이 소외인이 이 사건 골재현장에 필요한 유류를 공급받은 행위는 골재생산업을 영위하는 상인인 피고와 소외인을 조합원으로 한 조합이 그 영업을 위하여 하는 행위로서 상법 제47조 제1항 소정의 보조적 상행위에 해당한다고 볼 여지가 충분히 있다고 할 것이고, 그렇다면 소외인이 원고로부터 이 사건 골재현장에 필요한 유류를 공급받음에 있어 원고에 대하여 조합을 위한 것임을 표시하지 아니하였다고 하더라도 상법 제48조에 따라 그 유류공급계약의 효력은 본인인 조합원 전원에게 미친다고 할 것이므로, 피고는 조합원 중 1인으로서 원고와 소외인 사이의 유류공급계약에 따른 채무를 부담한다고 보아야 할 것"이라고 하면서, "민법상 조합의 경우 법인격이 없어 조합 자체가 본인이 될 수 없으므로, 이른바 조합대리에 있어서는 본인에 해당하는 모든 조합원을 위한 것임을 표시하여야 하나, 반드시 조합원 전원의 성명을 제시할 필요는 없고, 상대방이 알 수 있을 정도로 조합을 표시하는 것으로 충분하다고 할 것이다. 그리고 상법 제48조는 "상행위의 대리인이 본인을 위한 것임을 표시하지 아니하여도 그 행위는 본인에 대하여 효력이 있다."고 규정하고 있으므로, 조합대리에 있어서도 그 법률행위가 조합에게 상행위가 되는 경우에는 조합을 위한 것임을 표시하지 않았다고 하더라도 그 법률행위의 효력은 본인인 조합원 전원에게 미친다."고 판시하고 있다.

2) 본인의 사망과 대리권

(1) 민법상 대리

민법상 대리관계는 본인과 대리인 사이의 개인적 신뢰관계를 바탕으로 하고 있다. 그러므로 본인이 사망하면 대리인의 대리권은 소멸한다(민법 제127조 제1호).

(2) 상법상 대리

상행위의 위임에 의한 대리권은 본인이 사망하더라도 소멸하지 아니한다(상법 제50조). 민법과 달리 상법은 경제적 생활체로서 기업이 기업으로 존속하는 한 대리인에 의한 기업활동의 효력이 확보해주어야 하고, 계속적인 거래를 하고자 하는 제3자를 보호하기 위한 목적을 달성하기 위하여 본인의 사망이 대리권의 존속에 영향을 미치지 않도록 하고 있다. 대리권을 수여한 본인이 사망하게 되면, 대리인은 본인을 상속한 상속인의 대리인이 되고, 상속인에 의한 새로운 수권을 요하지 아니한다. 그러므로 상인이 지배인을 선임한 후 그 자가 사망하더라도 지배인의 영업행위는 계속 유효하게 되고, 상인의 상속인에게 그 효과 가 귀속된다. 물론, 상속인이 수권행위를 철회할 수 있는 것은 당연하다.

2. 수임인의 권한

1) 민법의 경우

민법은 위임계약과 관련하여, 수임인은 "위임의 본지에 따라 선량한 관리자의 주의"를 가지고 위임사무를 처리하여야 한다(민법 제681조). 민법이 위임인의 본지에 반하지 않으면서 선관주의의무를 부담해야 함을 규정하고 있다.

2) 상법의 경우

민법과 달리 상법은 상행위의 위임을 받은 자는 위임의 본지에 반하지 아니한 범위 내에서 위임을 받지 않았다 할지라도 일정한 행위를 할 수 있음을 규정하고 있다(상법 제49조). 물품의 매수를 위임받은 자가 물품을 매수한 후, 가격이 폭락할 상황이 발생할 수 있다. 이 경우 상법은 위임인의 손실을 경감하기 위하여 다시 급히 매각해야 할 필요성이 제기되는데, 이 경우를 상정하여 입법된 규정이 바로 상법 제49조라고 한다.

3) 양자의 해석

입법형식을 본다면, 상법 제49조는 민법 제681조에 대한 특칙의 형식을 띠고 있다. 그런 측면에서 양자를 유기적으로 해석을 해야 할 필요성이 있다. 민법 제681조는 "수임인은 위임의 본지에 따른 선량한 관리자의 주의로써 위임사무를 처리하여야 한다."고 규정하고 있다. 민법상 수임인의 위임사무는 기본적으로 위임인과 수임인의 내부관계에 한정하고 있는 것으로 볼 수 있다. 그 사무를 행함에 있어서 위임인은 선관주의의무를 부담해야 한다. 반면, 상법 제49조의 상행위의 위임을 받은 자는, 법문이 밝히고 있는 바와 같이, 선관주의의무를 부담하도록 하는 것 대신에 위임의 본지를 받지 아니한 범위 내에서는 위임을 받지 않은 행위도 가능하다는 점을 분명히 하고 있다. 이 점에서 본다면, 상법 제49조가 민법 제681조를 단지 주의적으로 규정한 것에 불과하다는 해석은 설득력이 떨어진다. 민법의 영역과 비교하여 상행위의 위임을 받은 자에게 포괄적인 권한을 부여하여 수임인의 탄력적인 운용을 인정하고자 하는 입법자의 뜻이 있다. 민법규정에 의하더라도 수임인은 사정변경에 처하여 임기의 필요한 조치를 할 수 있다는 해석이 가능하다는 주장[7]과 상법 제49조가 민법 제681조의 해석을 통해 허용되는 범위를 넘어서까지 수임인의 권한을 인정한다면, 본인의 지위가 불안하게 된다는 주장[8]이 있지만, 상법 제49조 법문이 "위임의 본지를 반하지 아니한 범위"라고 적시하고 있는 것을 보건대, 본인의 이익을 침해하는 행위를 금지하고자 하는 의도는 충분히 고려되고 있다고 하겠다.

3. 소멸시효

1) 민법의 경우

사실상태가 오랫동안 계속된 경우에 그 상태가 진실한 권리관계에 합치되지 않더라도 그 사실상태로 권리관계를 인정해야 할 필요성이 있다. 이를 시효라고 한다.[9] 우리 민법은 소멸시효에 대하여 규정하고 있다(제162조~제184조). 권리자가 법률상 그의 권리를 행사할 수 있음에도 불구하고, 일정한 기간 계속하여 권리를 행사하지 않으면 그 권리를 소멸케 하는 민법상 채권의 소멸시효에 대하여 그 기간을 10년으로 하고 있다. 다만, 채권의 종류에 따라 소멸시효기간을 3년으로 하기도 하고(민법 제163조), 1년으로 정한 것도 있다(민법 제164조).

2) 상법의 경우

(1) 일반적인 경우

민법상 채권의 소멸시효는 일반적으로 10년이지만(민법 제162조 제1항), 상행위로 인한 채권의 소멸시효는 원칙적으로 5년이다(상법 제64조 본문). 상인은 다수인을 상대로 반복적으로 거래관계를 맺으므로 법률관계를 신속히 종결시켜주기 위하여 민사채권에 비해 단

---

7   정찬형, 상법강의(상), 제18판, 박영사, 2015, 206면.
8   이철송, 상법총칙·상행위법, 제13판, 박영사, 2015, 335면.
9   이영준, 민법총칙, 박영사, 2007, 782면.

기의 소멸시효를 둔 것이다.

(2) 회사에 대한 노임채권에 관하여 준소비대차계약이 체결된 경우

대법원은 회사의 노임채권에 대하여 준소비대차계약이 체결된 경우 소멸시효기간에 대한 판단을 하였다.

대법원 1981. 12. 22. 선고 80다1363 판결

대법원은 원고와 피고들 사이에 준소비대차 계약이 체결된 사실과 1974년 1월 중순경 당시 피고회사의 대표이사이던 소외 한충석이 원고들에 대한 채무를 승인한 사실을 각 인정하면서, "민법 제164조 제3호 소정의 단기소멸시효의 적용을 받는 노임채권이라고 채권자인 원고와 채무자인 피고회사 사이에 위 노임채권에 관하여 준소비대차의 약정이 있었다면 동 준소비대차계약은 상인인 피고회사가 영업을 위하여 한 상행위로 추정함이 상당하고, 이에 의하여 새로이 발생한 채권은 상사채권으로서 5년의 상사시효의 적용을 받게 된다."고 판시하였다.

---

(3) 일방적 상행위

당사자 중 1인의 행위가 상행위인 때에는 전원에 대하여 상법을 적용한다(상법 제3조). 대법원은 "당사자 쌍방에 대하여 모두 상행위가 되는 행위로 인한 채권뿐만 아니라 당사자 일방에 대하여만 상행위에 해당하는 행위로 인한 채권도 상법 제64조 소정의 5년의 소멸시효기간이 적용되는 상사채권에 해당하고 그 상행위에는 상법 제46조 각 호에 해당하는 기본적 상행위뿐만 아니라 상인이 영업을 위하여 하는 보조적 상행위도 포함된다."고 하면서, "새마을금고가 상인인 회원에게 자금을 대출한 경우, 상인의 행위는 특별한 사정이 없는 한 영업을 위하여 하는 것으로 추정되므로 그 대출금채권은 상사채권으로서 5년의 소멸시효기간이 적용된다."고 판시하였다.[10] 또한 "회사는 상행위를 하지 아니하더라도 상인으로 보고, 상인이 영업을 위하여 하는 행위는 상행위로 보며(상법 제5조 제2항, 제1항, 제47조 제1항), 그 상행위에는 상법 제46조 각 호에 해당하는 기본적 상행위뿐만 아니라 상인이 영업을 위하여 하는 보조적 상행위도 포함된다(대법원 2000. 5. 12. 선고 98다23195 판결 등 참조). 또한 상법 제3조에 따라 당사자 중 그 1인의 행위가 상행위인 때에는 전원에 대하

---

10 대법원 1998. 7. 10. 선고 98다10793 판결.

여 상법이 적용되므로, 당사자의 일방이 수인인 경우에 그중 1인에게만 상행위가 되더라도 전원에 대하여 상법이 적용된다고 해석된다."고 판시한 바 있다.[11]

대법원 2005. 5. 27. 선고 2005다7863 판결

일방적 상행위 또는 보조적 상행위로 인한 채권도 상법 제64조에 정한 상사소멸시효가 적용되는 상사채권에 해당하는지 여부에 대하여 대법원은 "당사자 쌍방에 대하여 모두 상행위가 되는 행위로 인한 채권뿐만 아니라 당사자 일방에 대하여만 상행위에 해당하는 행위로 인한 채권도 상법 제64조 소정의 5년의 소멸시효기간이 적용되는 상사채권에 해당하고, 그 상행위에는 상법 제46조 각 호에 해당하는 기본적 상행위뿐만 아니라 상인이 영업을 위하여 하는 보조적 상행위도 포함된다. 새마을금고가 상인인 회원에게 자금을 대출한 경우, 상인의 행위는 특별한 사정이 없는 한 영업을 위하여 하는 것으로 추정되므로 그 대출금채권은 상사채권으로서 5년의 소멸시효기간이 적용된다."고 판시하였다.

---

(4) 보조적 상행위로 인한 채권

상인이 영업을 위하여 한 행위, 즉 보조적 상행위(제47조 제1항)로 인한 채권도 상사시효에 걸린다. 상인의 행위는 영업을 위하여 한 행위, 즉 보조적 상행위로 추정된다(상법 제47조 제2항). 따라서 상인의 차입, 대여, 보증, 준소비대차 약정, 기타 지급약정 등은 영업을 위한 것이라는 추정이 반박되지 않으면, 단기의 시효(예: 민법상 3년 또는 1년의 단기소멸시효)가 적용되지 않는 한 상사시효가 적용된다. 다만 최근 대법원은 보조적 상행위에 해당하는 계약의 위반으로 인한 손해배상채권의 경우에도 법률관계를 신속하게 해결할 필요성이 인정되지 않는다면 10년의 민사시효가 적용된다. 대법원은 일부의 사례에서 상사시효를 인정한 바 있고, 또 다른 사례에서는 부정하였다. 상사시효를 인정한 사례는 다음과 같다.

근로계약이나 단체협약이 보조적 상행위에 해당함을 이유로, 단체협약에 기한 근로자의 유족들의 회사에 대한 위로금채권에 5년의 상사소멸시효기간이 적용된다. 단체협약은 상인인 회사가 영업을 위하여 체결한 것이므로, 단체협약에 따라 근로자의 유가족이 회사에 대해 가지는 위로금채권도 상사시효가 적용된다고 판시한 것이다.[12] 대법원은 "대한석탄공사는 상사회사는 아니라 하여도 광물채취에 관한 행위를 영업으로 하는 상인의 성질을 띤 법인이라 할 것이며 위 공사가 피용자들과 체결한 근로계약은 그의 영업을 위한 보조적 상행

---

11 대법원 2014. 4. 10. 선고 2013다68207 판결.
12 대법원 2006. 4. 27. 선고 2006다1381 판결.

위이므로 그 보조적 상행위에 따른 퇴직금채무는 상사채무이다."라고 하면서, 퇴직금채무의 경우에도 동일하게 적용하였다.[13]

상사시효를 부정한 사례는 다음과 같다.

대법원은 "공공용지로 협의취득한 토지 지하에 폐기물이 매립되었음을 이유로 매수인인 한국토지공사가 매도인에게 하자담보에 기한 손해배상청구권을 행사하는 경우, 동 공사가 '공익사업을 위한 토지 등의 취득 및 보상에 관한 법률'에 따라 택지개발사업 지구 내의 토지를 매수한 행위는 상행위에 해당하지 않아 상법 제64조가 적용되지 않고, 동 공사가 위 토지에 관하여 소유권이전등기를 마친 때부터 민법 제162조 제1항에 따른 10년의 소멸시효가 진행된다"고 판시하였다(2017다265389).[14]

대법원은 "부당이득반환청구권이라도 그것이 상행위인 계약에 기초하여 이루어진 급부 자체의 반환을 구하는 것으로서, 그 채권의 발생 경위나 원인, 당사자의 지위와 관계 등에 비추어 그 법률관계를 상거래 관계와 같은 정도로 신속하게 해결할 필요성이 있는 경우 등에는 5년의 소멸시효를 정한 상법 제64조가 적용된다. 그러나 이와 달리 부당이득반환청구권의 내용이 급부 자체의 반환을 구하는 것이 아니거나, 위와 같은 신속한 해결 필요성이 인정되지 않는 경우라면 특별한 사정이 없는 한 상법 제64조는 적용되지 않고 10년의 민사 소멸시효기간이 적용된다."고 판시하였다.[15] 회사의 이익의 배당이나 중간배당을 회사가 획득한 이익을 내부적으로 주주에게 분배하는 행위로 상행위가 아닌 단순한 내부행위로 판단하여 상행위로 보지 않았고, 위법배당에 따른 부당이득반환청구권도 단기시효를 적용할 만큼 신속하게 해결할 필요성이 있는 경우로 보지 않고 민법상의 채권의 소멸시효가 적용된다고 본 것으로 평가할 수 있다. 한편, 대법원은 "근로계약상 보호의무 위반에 따른 근로자의 손해배상청구권은 특별한 사정이 없는 한 10년의 민사 소멸시효기간이 적용된다고 봄이 타당하다."고 판단하고 있다.[16]

(5) 단기시효의 적용

상법이나 다른 법령에 상사시효보다 단기의 시효가 있는 때에는 그 단기시효를 적용하고

---

13 대법원 1976. 6. 22. 선고 76다28 판결.
14 대법원 2020. 5. 28. 선고 2017다265389 판결.
15 대법원 2021. 6. 24. 선고 2020다208621 판결.
16 대법원 2021. 8. 19. 선고 2018다270876 판결: 대법원 2005. 11. 10. 선고 2004다22742 판결.

5년의 상사시효는 적용하지 아니한다(상법 제64조 단서). 상법에 보다 단기의 시효를 규정한 예로서, 운송주선인·물건운송인·여객운송인·창고업자의 손해배상책임의 시효를 1년으로 하고 있고(상법 제121조, 제147조, 제166조), 이들의 채권의 시효도 1년(상법 제122조, 제147조, 제167조), 공중접객업자의 손해배상책임은 6월로 하고 있다(상법 제154조 제1항).

대법원 1991. 12. 10. 선고 91다17092 판결

은행이 그 영업행위로서 한 대출금에 대한 변제기 이후의 지연손해금 채권이 민법 제163조 제1호 소정의 단기소멸시효의 대상에 해당하는지 여부에 대하여 대법원이 판단하였다. 대법원은 "은행이 그 영업행위로써 한 대출금에 대한 변제기 이후의 지연손해금은 민법 제163조 제1항 소정의 1년 이내의 기간으로 정한 금전지급을 목적으로 하는 채권이라고 할 수 없으므로 3년의 단기소멸시효로 소멸되는 채권에 해당한다고 할 수 없다."고 하였다.

대법원 2000. 2. 11. 선고 99다53292 판결

농업협동조합이 민법 제163조 제6호 소정의 '상인'에 해당하는지 여부와 관련하여 단기소멸시효가 적용되는가에 대한 대법원 판결이 있다. 대법원은 "피고가 1993년 3월 초순경 원고 조합이 운영하는 농산물집하장에 찾아가 그 소장인 소외 김인구와 사이에 피고가 위 집하장 등의 중매인으로서 원고 조합과 거래를 하기로 하는 약정을 맺은 다음 원심 공동피고 최충길을 현지 대리인으로 선정하고 위 집하장에서의 물품매수 등을 위임하여, 위 최충길이 1993년 3월 11일부터 같은 해 5월 4일까지 위 집하장에서 피고의 명의로 합계 금 103,569,150원 상당의 토마토 등의 물품을 경락받아 피고에게 보내 준 사실"을 인정하면서, "농업협동조합에 의하여 설립된 조합이 영위하는 사업의 목적은 조합원을 위하여 차별 없는 최대의 봉사를 함에 있을 뿐 영리를 목적으로 하는 것이 아니므로, 동 조합이 그 사업의 일환으로 조합원이 생산하는 물자의 판매사업을 한다 하여도 동 조합을 상인이라 할 수는 없고, 따라서 그 물자의 판매대금채권은 3년의 단기소멸시효가 적용되는 민법 제163조 제6호 소정의 상인이 판매하는 상품의 대가에 해당하지 아니한다."고 판시하였다.

II. 민법 채권법에 대한 특칙(상)

1. 법정이율

1) 민법의 경우

민법 제379조는 법정이율에 대한 내용을 "이자 있는 채권의 이율은 다른 법률의 규정이나 당사자의 약정이 없으면 연 5분으로 한다."라고 규정하고 있다. 이미 발생한 이자에 관하여 채무자의 이행지체가 있으면, 그 이자에 지연손해금을 부담하는 것이 타당한가에 대하여, 이를 긍정한 대법원 판례가 있다.

대법원 1996. 9. 20. 선고 96다25302 판결

대법원은 "원고는 위 1991년 11월 8일 원심 판시와 같은 준소비대차계약이 체결되었다고 주장하여, 위 합산 원본 및 이에 대한 1995년 7월 25일까지의 이자를 합한 금액과 이에 대한 소장송달 다음 날부터 완제일까지 연 2할 5푼의 비율에 의한 지연손해금의 지급을 구하고 있는바, 이미 발생한 이자에 관하여 채무자가 이행을 지체한 경우에는 그 이자에 대한 지연손해금을 청구할 수 있다."고 설시하고 있다.

---

2) 상법의 경우

(1) 의의

상법 제54조는 상사법정이율에 대하여, "상행위로 인한 채무의 법정이율은 연 6분으로 한다."고 규정하고 있다. 민법상 법정이율과 달리 상법의 법정이율을 높게 규정한 이유는 기업거래에서 자금의 수요가 크다는 점과 자금이용을 통한 큰 이익이 발생할 수 있다는 점을 고려한 것이라 하겠다.

(2) 불법행위에 대한 적용 여부

상행위로 인한 채무가 아닌 불법행위로 인한 손해배상채무에도 상법 제54조가 적용되는가에 대한 다툼이 있었다. 대법원은 상사채무와 그 채무의 채무불이행 채무 등에만 상법 제54조가 적용됨을 밝히는 동시에 불법행위로 인한 손해배상채무는 동법의 적용대상이 아님을 분명히 하고 있다.

대법원 2004. 3. 26. 선고 2003다34045 판결

"상법 제54조의 상사법정이율은 상행위로 인한 채무나 이와 동일성을 가진 채무에 관하여 적용되는 것이고, 상행위가 아닌 불법행위로 인한 손해배상채무에는 적용되지 아니하므로,[17] 원심이 이 사건 손해배상금 원금인 그 대출원금 상당액에 대하여 민사 법정이율인 연 5푼이 아닌 상사법정이율인 연 6푼의 법정이자를 가산한 데에는 위 법리를 오해한 위법이 있고, 이는 판결에 영향을 미쳤음이 분명하다."

---

17 대법원 1985. 5. 28. 선고 84다카966 판결.

(3) 약정이자 지급 청구 시 법정이자 지급청구 가능 여부

상인 간에서 금전소비대차가 있었음을 주장하면서 약정이자의 지급을 구하는 청구에 상사법정이자의 지급을 구하는 취지가 포함되었다고 볼 것인지 여부에 대한 대법원 판결이 있다.

대법원 2007. 3. 15. 선고 2006다73072 판결

대법원은 "상법 제55조에 의하면 상인 간에서 금전의 소비대차를 한 때에는 대주는 법정이자를 청구할 수 있는 것이고, 상인 간에서 금전소비대차가 있었음을 주장하면서 약정이자의 지급을 구하는 청구에는 약정 이자율이 인정되지 않더라도 상법 소정의 법정이자의 지급을 구하는 취지가 포함되어 있다고 보아야 할 것이다."라고 하면서 "원심판결 이유에 의하면 원심은 회사인 원고가 회사인 피고에게 1,861,000,000원의 대여금채권을 가지고 있음을 인정한 다음 위 대여금에 대하여 연 10%의 비율에 의한 약정이자 및 지연손해금의 지급을 구하는 원고의 청구에 대하여 이자 지급약정이 체결되었음을 인정할 증거가 없다는 이유로 이를 배척하고, 다만 이 사건 소장 송달 다음 날 이후의 지연손해금 청구만을 인용하였다. 그러나 앞서 본 법리에 비추어볼 때 "원고의 위 이자지급 청구에는 상법 소정의 법정이자의 지급을 구하는 취지도 포함되어 있다고 보아야 할 것이므로 원심으로서는 원고와 피고 사이에 이자 지급약정이 체결되었음이 인정되지 않는다 하더라도 곧바로 원고의 이자 지급 청구를 배척할 것이 아니라 원고의 법정이자 청구에 대하여도 판단하였어야 할 것이다."라는 점을 설시하고 있다.

(4) 영리법인의 지체상금채무에 대한 상사 법정이자 부담 여부

영리법인인 주택건설업자의 입주지연에 따른 지체상금채무에 대하여 상사법정이율을 적용하여야 하는지 여부가 문제되었다. 대법원에 따르면, 상사법정이율이 적용되어야 한다.

대법원 2000. 10. 27. 선고 99다10189 판결

대법원은 "주택건설사업 등을 목적으로 하는 영리법인인 주택건설업자의 아파트분양계약은 그의 영업을 위하여 하는 상행위라 할 것이고, 당사자 쌍방에 대하여 모두 상행위가 되는 행위로 인한 채권뿐만 아니라 당사자 일방에 대하여만 상행위가 되는 행위로 인한 채권도 상사법정이율이 적용되는 상사채권에 해당한다고 할 것인바, 그 주택건설업자의 아파트 입주 지연에 따른 지체상금은 상행위인 분양계약의 불이행으로 인한 손해배상채권으로서 그 지연손해금에 대하여도 상법 제54조 소정의 연 6푼의 상사법정이율을 적용하여야 한다."고 판시하고 있다.

2. 채무의 차이

1) 민법의 경우

수인의 채무자가 있는 경우 민법은 분할채무를 인정하고 있다(민법 제408조). 즉, 민법은 '분할채권채무관계'라는 제목하에 "채권자나 채무자가 수인인 경우에 특별한 의사표시가 없으면 각 채권자 또는 각 채무자는 균등한 비율로 권리가 있고 의무를 부담한다."고 하면서, 각 채무자의 균등비율의 채무부담을 규정하고 있디.

2) 상법의 경우

(1) 의의

상법은 연대채무를 인정하고 있다. 상법은 "수인이 그 1인 또는 전원에게 상행위가 되는 행위로 인하여 채무를 부담한 때에는 연대하여 변제할 책임이 있다."고 규정하고 있다(제57조 제1항). 민법과 달리 상법이 수인의 법률행위에 있어서 그 1인이나 전원에게 상행위가 되는 경우에 발생하는 채무를 연대채무로 정한 이유는 무엇보다도 상거래에서 발생하는 채무의 이행을 확실하게 하고자 하는 목적이 있다. 이는 거래의 안전에 기여하게 된다.

(2) 공동경영자로서 상행위가 되는 행위로 인하여 부담하게 된 채무

대법원 1991. 3. 27. 선고 90다7173 판결

"이 사건 선박부품의 주문과정, 그 후의 부품납품 및 대금결제 등 일련의 과정에 비추어볼 때 원고가 납품한 위 선박부품이 사실상 위 박경조 개인소유의 선박수리에 사용되었다 하더라도 원고는 위 선박부품을 주문받을 당시 현대수산을 대표하는 위 박경조의 지시를 받은 위 현대수산 공무과 차장이던 위 위창만이 평소와 같이 이 사건 선박부품 주문에 관하여도 현대수산으로부터 적법한 권한을 수여받은 것으로 믿을 만한 정당한 사유가 있었다고 볼 것이어서 원고가 위 위창만으로부터 위 선박부품을 주문받아 위 현대수산이 주문하는 것으로 믿고 현대수산 주거래 철공소인 삼원선박공업사에 이를 납품한 이상 위 현대수산을 공동 경영하는 위 박경조와 피고는 현대수산이 부담하게 되는 영업상 채무인 위 선박부품대금채무에 관하여 연대하여 책임을 부담하여야 한다."고 하면서, "피고와 위 박경조는 공동경영자로서 상법 제57조에 따른 상행위가 되는 행위로 인하여 위 물품대금채무를 부담한 것이므로 이들이 이를 연대하여 부담할 책임이 있다."고 판시하고 있다.

(3) 공동사업의 경우

대법원 2001. 11. 13. 선고 2001다55574 판결

"송명재와 피고들은 1993년경부터 … 각자 쌀 소매업을 하여 오다가, 1996년 12월경부터 송명재의 제안에 따라 도매상인 원고로부터 쌀을 공동구매하여 각자의 점포에서 판매한 다음 그 대금을 송명재에게 송금하고 송명재는 이를 원고에게 지급하는 방법으로 거래를 한 사실, 송명재와 피고들은 처음에는 원고로부터 공동구매한 20kg 단위로 포장된 쌀을 피고 정경민의 점포에서 일괄 배송 받아 분배하다가, 그 후 일시 각자의 점포에서 직접 배송받기도 하였으며, 1997년 2월경 한반도농산이라는 상호로 쌀 보관 및 포장공장을 설립하여 원고로부터 공급받은 쌀을 20kg 이하의 단위로 포장한 후 각자의 점포에서 판매하기로 합의하여 포장공장의 설립에 소요되는 비용조로 각자 금 1,000만 원 내지 금 2,000만 원씩을 부담하여 포장공장을 설립한 사실, 그 후 송명재와 피고 박병철은 피고들을 대표하여 위와 같이 설립된 한반도농산의 업무를 집행하면서 원고로부터 공급받은 쌀을 '한반도농산'이라는 상호 내지 상표가 찍힌 비닐포장지에 넣어 각자의 점포에 배송하였고, 피고들은 이와 같이 배송 받은 쌀을 각자의 점포에서 판매한 후 그 대금을 송명재 또는 피고 박병철에게 송금하여 원고에게 지급되도록 한 사실, 송명재와 피고들은 '한반도농산 사장단'이라는 호칭을 사용하기도 하였고, 그들이 사용한 비닐포장지에는 각자 운영하는 점포명(즉, 만덕점, 구서점, 문현점 등)을 기재함으로써 마치 부산지역 전체에 대리점 형태의 체인망을 구성하고 있는 것처럼 광고하기도 한 사실을 인정하면서", 대법원은 "피고들과 송명재가 '쌀 도매업자인 원고로부터 저렴한 가격으로 공동으로 쌀을 구매하여 한반도농산에서 20kg 이하의 단위로 포장하여 각 조합원의 쌀 판매업체에 배송하는 사업'은 상인들인 피고들 및 송명재의 공동사업으로서 민법상 조합에 해당한다고 할 것이므로, 송명재 또는 피고 박병철이 동업체인 조합의 업무집행자로서 원고로부터 쌀을 구입함으로 인한 쌀 구입대금채무는 조합원 전원을 위한 상행위로 인하여 부담하게 된 조합채무로서, 다른 조합원들인 피고들도 상법 제57조 제1항에 의하여 쌀 구입대금채무에 대하여 연대책임을 진다."고 판시하고 있다.

상기 판결에서 대법원은 '쌀을 공동구매하여 동일상표로 포장·판매하는 민법상 조합에서, 조합의 업무집행을 위해 업무집행조합원이 쌀을 구입함으로 인한 쌀 구입대금채무는 조합원 전원을 위한 상행위로 인하여 부담하게 된 조합채무이므로, 다른 조합원들도 연대책임을 진다.'고 판단하였다.

(4) 조합채무의 경우

조합채무가 조합원 전원을 위하여 상행위가 되는 행위로 인하여 부담하게 된 것인 경우 조합원들이 연대책임을 부담하는가에 대한 물음이 제기되었다.

대법원 1991. 11. 22. 선고 91다20705 판결

"피고가 제1심 공동피고 주길성, 소외 김만권 등과 함께 1983년 6월 2일 판시와 같은 '보광쇼핑센타'라는 상가건물의 건축 및 그 점포 분양 등 사업을 공동으로 경영하기로 약정하고 그 동업 대표자로 선정된 사실, 이에 따라 피고가 1984년 1월 15일 원고에게 위 상가건물 내의 1층 107호 점포를 대금 85,428,000원에 분양 매도하고, 원고로부터 그 대금 일부로 합계 금 39,899,800원을 수령한 사실, 그후 원고와 피고는 1984년 8월 15일 판시와 같은 사정에 의하여 위 분양계약을 합의해제하면서 그 원상회복으로 피고가 원고에게 위 수령대금액 중 금 36,735,800원을 반환지급하기로 약정한 사실 등을 인정하고, 이에 터 잡아 피고는 상행위인 위 상가분양사업의 동업자들인 위 주길성, 김만권 등과 연대하여 원고에게 위 약정한 금 36,735,800원 및 이에 대한 지연손해금을 지급할 의무가 있다."대법원은 "조합의 채권자가 조합원에 대하여 조합재산에 의한 공동책임을 묻는 것이 아니라 각 조합원의 개인적 책임에 기하여 당해 채권을 행사하는 경우에는 조합원 각자를 상대로 하여 그 이행의 소를 제기할 수 있고, 한편 그 조합채무가 특히 조합원 전원을 위하여 상행위가 되는 행위로 인하여 부담하게 된 것이라면 그 채무에 관하여 조합원들에 대하여 상법 제57조 제1항을 적용하여 연대책임을 인정함이 마땅하다."고 판시하였다.

또 다른 사안에서 대법원은 "영농조합법인이 제품생산을 위해 계란을 구매한 경우 그 대금채무는 위 법인의 조합원 전원을 위하여 상행위가 되는 행위로 인하여 부담한 것이므로 조합원들은 연대하여 물품대금을 지급할 의무가 있다."고 판시하였다.[18]

공동이행방식의 공동수급체는 민법상 조합의 성질을 가지는데, 조합의 채무는 조합원의 채무로서 특별한 사정이 없는 한 조합채권자는 각 조합원에 대하여 지분의 비율에 따라 또는 균일적으로 권리를 행사할 수 있지만, 조합채무가 조합원 전원을 위하여 상행위가 되는 행위로 인하여 부담하게 된 것이라면 상법 제57조 제1항을 적용하여 조합원들의 연대책임을 인정함이 타당하므로, 공동수급체의 구성원들이 상인인 경우 탈퇴한 조합원에 대하여 잔존 조합원들이 탈퇴 당시의 조합재산상태에 따라 탈퇴 조합원의 지분을 환급할 의무는 구성원 전원의 상행위에 따라 부담한 채무로서 공동수급체의 구성원들인 잔존 조합원들은 연대하여 탈퇴한 조합원에게 지분환급의무를 이행할 책임이 있다.

한편, 공동이행방식의 공동수급체의 구성원들이 상인인 경우, 잔존 조합원들이 연대하여 탈퇴한 조합원에게 지분환급의무를 이행할 책임이 있는지 여부와 관련하여 대법원은 다음

---

18 대법원 2018. 4. 12. 선고 2016다39897 판결.

과 같은 판결을 하였다.

즉, 상인으로 구성된 조합에서 탈퇴한 조합원에 대한 잔존조합원들의 지분환급의무도 연대책임 관계에 있다는 것이다.

3. 보증의 차이

1) 민법의 경우

민법 제437조는 "채권자가 보증인에게 채무의 이행을 청구한 때에는 보증인은 주채무자의 변제자력이 있는 사실 및 그 집행이 용이할 것을 증명하여 먼저 주채무자에게 청구할 것과 그 재산에 대하여 집행할 것을 항변할 수 있다."고 하면서 일반보증을 규정하고 있다. 본 규정을 통하여, 일반보증은 최고와 검색의 항변권을 행사할 수 있게 된다. 다만, 연대보증이 인정되지 않는 것은 아니다(민법 제437조 단서). 한편, 보증인이 여러 명이 있는 경우라면, 그 보증인은 각자 균등한 비율로 보증채무를 부담하게 된다(민법 제439조). 민법은 원칙적으로 분할채무를 인정하고 있다.

2) 상법의 경우

(1) 의의

민법이 분할채무를 원칙으로 하고 있는 것에 반하여 상법은 연대책임을 원칙으로 하고 있다. 상법은 "보증인이 있는 경우에 그 보증이 상행위이거나 주채무가 상행위로 인한 것인 때에는 주채무자와 보증인은 연대하여 변제책임이 있음"을 규정하고 있다(상법 제57조 제2항).

법문에서 '보증인의 상행위'이라 함은 은행이 지급보증을 하는 경우를 들 수 있고, "주채무가 상행위로 인한 것"이라 함은 상인이 은행으로부터 대출을 받는 경우를 들 수 있다. 연대채무를 상법이 인정하고 있는 이유는 상거래에서 발생하는 채무의 확실한 이행과 거래의 안전을 도모하기 위한 것이다. 상법 제57조 제2항에 따라 연대채무가 발생하게 되면, 보증채무에서 인정되는 최고와 검색의 항변권이 배제되고, 분별의 이익도 행사할 수 없게 된다.

(2) 도급계약에서 보증인의 책임범위

민간공사 도급계약에서 수급인의 보증인이 계약해제에 따른 선급금 반환의무에 대하여도 보증책임을 지는지 여부에 대하여 다툼이 있었다.

대법원 2012. 5. 24. 선고 2011다109586 판결

대법원은 "제1심 공동피고 주식회사 중일기업(이하 '중일기업'이라 한다)은 2007년 10월 11일 제일건설 주식회사(이하 '제일건설'이라 한다)로부터 광명소하 A-1 BL 아파트 건설공사 3공구 기계 설비공사를 계약금액 2,228,718,416원에 도급받는 내용의 도급계약을 체결한 사실, 위 도급계약서 제6조에는 원사업자인 제일건설이 수급인 중일기업에 계약체결 후 15일 이내에 선급금 398,718,416원을 지급한다는 내용이 포함되어 있었는데, 피고는 위 도급계약서에 수급인보증인으로 기명·날인한 사실, 한편 위 도급계약서에는 중일기업이 선급금을 받고자 하는 경우에는 보증보험증권 등을 제일건설에 제출하도록 규정된 사실, 이에 중일기업은 2007년 12월 18일 원고와 피보험자는 제일건설, 보험가입금액은 398,718,420원, 보험기간은 2007년 12월 17일부터 2009년 5월 8일까지, 주계약은 위 기계 설비공사로 하여 선급금 보증보험계약을 체결하고 그 증권을 발급받아 이를 제일건설에 제출하고 선급금을 지급받은 사실, 이후 중일기업의 부도로 위 기계 설비공사가 중단되자 원고는 2009년 4월 30일 제일건설에 보험금으로 선급금 중 기성 금액 3,000,000원을 공제한 395,718,410원을 지급한 사실 등을 알 수 있다."고 하면서, "피고가 선급금 부분에 대하여 책임이 없다는 등의 단서 조항이 없이 수급인에게 선급금을 지급한다는 내용이 기재된 도급계약서에 수급인의 보증인으로 기명·날인하였고, 중일기업이 제일건설에 부담하는 채무는 상행위로 인한 채무라 할 것이므로 보증인은 연대하여 변제할 책임이 있다는 점(상법 제47조, 제57조 제2항)을 더하여, 피고는 선급금 반환채무까지 포함하여 연대보증한 것으로 봄이 상당하다."고 판시하고 있다.

---

4. 상사채무 이행장소

1) 민법의 경우

민법은 채무의 변제장소에 대한 몇 가지 내용을 규정하고 있다. 채무의 성질 또는 당사자의 의사표시로 채무의 변제장소를 정한 경우에는 '그 채무의 성질에 따라 장해지는 장소'에서 채무이행이 이루어지거나 '당사자가 약정한 장소'에서 변제하면 된다(민법 제467조 제1항 전단). 특정물을 인도하는 경우에는 채권성립 당시에 그 물건이 있던 장소가 변제장소가 된다(민법 제467조 제1항 후단). 특정물 이외의 변제장소는 채권자의 현주소로 하기 때문에(민법 제467조 제2항), 지참채무가 된다.

2) 상법의 경우

민법과 달리 상법은 상사채무의 이행장소에 대하여 규정하고 있지 않고, 단지 '지점거래의 채무이행장소'만을 규정하고 있다(상법 제56조). 상법에 특별한 규칙이 존재하지 않는다면 민법의 규정이 적용되기 때문에, 상사채무의 이행장소에 대하여는 민법의 규정이 적용되는 것으로 보아야 할 것이다. 다만, 상법은 "채권자의 지점에서의 거래로 인한 채무이행의 장소가 그 행위의 성질 또는 당사자의 의사표시에 의하여 특정되지 아니한 경우 특정물 인도 외의 채무이행은 그 지점을 이행장소로 본다."고 규정하고 있으므로, 민법이 채권자의 현주소를 이행장소로 보는 것과 달리 상법은 그 거래가 있었던 채권자의 지점이 채무에 대한 변제이행의 장소가 되어야 한다.

5. 채무이행 시기

민법은 채무이행의 시기에 대하여 특별히 규정하고 있는 바가 없고, 거래관행이나 신의칙에 따라 정하는 것으로 해석한다. 반면, 상법은 "법령 또는 관습에 의하여 영업시간이 정하여져 있는 때에는 채무의 이행 또는 이행의 청구는 그 기간 내에 하여야 함"을 규정하고 있다. 상법에서 의미를 부여할 수 있는 사항은 '채무의 이행이나 이행의 청구가 영업시간 내'로 제한되어 있다는 점이다.[19] 만약 채권자가 영업시간 외에 이행을 청구하거나 채무자가 영업시간 외에 이행을 하고자 하는 경우라면, 상법 제63조를 근거로 하여 채무자는 그 이행을 거절할 수 있고, 채권자는 이를 수령해야 할 의무가 없음을 주장할 수 있게 된다.

---

[19] 정찬형, 상법강의(상), 제18판, 박영사, 2015, 221면.

III. 민법 채권법에 대한 특칙(하)

1. 대화자 간 계약의 성립시기

1) 민법의 경우

민법은 대화자 간의 계약의 성립시기에 대하여는 명시적인 규정을 두고 있지 않지만, 청약의 효력은 대화가 계속되는 동안 존속하는 것으로 보고, 민법 제111조 제1항을 근거로 하여 승낙의 의사표시가 도달한 때에 그 효력이 발생하는 것으로 해석한다.[20] 다만, 민법은 대화자와 격지자를 구별하지 아니하고 "승낙기간을 정한 경우"와 "승낙기간을 정하지 않은 경우"로 구분하여 계약의 성립시기를 정하고 있다. 승낙기간을 정한 경우에는 그 기간 내에 도달한 때에 계약이 성립하고(민법 제528조 제1항), 승낙기간을 정하지 않은 경우에는 상당기간 내에 승낙의 의사표시가 도달하는 때에 계약이 성립한다(민법 제529조).

2) 상법의 경우

상법은 대화자간의 청약의 효력에 대하여 "상대방이 즉시 승낙하지 아니하면 그 효력이 잃는다."는 점을 명시적으로 밝히고 있다(상법 제51조).[21] 상법은 즉시 승낙을 요하고 만약 승낙이 없다면 그 효력을 상실하도록 하여 청약단계에서 거래관계의 신속하게 종결하고자 한다.

민법에 따르면 대화자 간에도 승낙기간을 정하여 청약할 수도 있을 것이다. 이 경우 승낙기간 내에 승낙의 의사표시가 도달한 때 그 계약이 성립하게 될 것이다(민법 제528조 제1항). 그러나 상법의 경우는 제51조에 따라 대화자 간에 계약이 성립되기 위해서는 즉시 승낙이 요구된다. 이 점에서 양자는 차이가 있다고 하겠다. 또한 민법의 경우 대화자 간에 승낙을 정하지 않고 청약을 한 때에는 상당한 기간 내에 승낙이 도달하여 계약이 성립하게 될 것이다(민법 제529조). 반면, 상법은 즉시 승낙이 있어야 계약이 성립하는 것으로 하고 있다. 이 점에서 양자는 차이가 발견된다. 그러나 이와 같은 상황은 표현상의 차이는 외견상 보이지만, 결론에 있어서는 동일한 결과를 야기할 수 있을 것이다.

---

[20] 곽윤직, 채권각론, 박영사, 1992, 68면.

[21] 2010년 개정 상법 전 제52조는 '격지자간의 청약의 구속력'이라는 제목하에 "격지자간의 계약의 청약은 승낙기간이 없으면 상대방이 상당한 기간 내에 승낙의 통지를 발송하지 아니한 때에는 그 효력을 잃는다(제1항)."고 규정하면서 "민법 제530조(지연된 승낙과 새 청약)의 규정은 전항의 규정에 준용한다."고 규정하고 있었다. 2010년 개정 시 동 규정을 삭제하였다.

2. 낙부통지의무

1) 민법의 경우

민법상 청약철회는 임의로 하지 못하는 것이 일반적이다. 민법 제527조가 이를 명시적으로 규정하고 있으며, 청약의 구속력이라고 한다. 청약의 구속력을 인정하고 있는 이유는 거래상대방을 보호하고자 하는 면이 있다. 청약자가 청약의 의사표시를 임의로 철회할 수 없다는 점에서 이는 청약자의 의무에 해당한다. 한편, 민법은 청약의 상대방에게 그 청약에 대한 승낙이나 부인의 통지를 요구하고 있지 않기 때문에, 굳이 청약의 상대방은 청약자에게 낙부에 대한 통지를 해야 할 의무가 없다.

2) 상법의 경우

(1) 의의

민법과 달리, 상법은 청약수령자의 낙부통지의무를 부과하고 있다. 상인이 상시 거래관계에 있는 자로부터 그 영업부류에 속한 계약의 청약을 받은 때에는 지체 없이 낙부의 통지를 발송하도록 하고 있다(상법 제53조). 낙부통지의무가 적용되기 위해서는 청약자가 상시 거래관계에 있는 자이고, 청약을 받는 자는 상인이어야 한다. '상시 거래관계'가 있다고 하고 말은 '과거부터 거래관계가 있어 왔고, 현재도 거래를 하고 있으며 장래에도 거래가 계속될 것이 예상되는 경우'를 의미한다. 청약의 내용은 상인의 영업부류에 속한 사항이어야 한다.

청약자가 미리 정한 기간 내에 이의를 하지 아니하면 승낙한 것으로 간주한다는 뜻을 청약 시 표시한 경우에, 이러한 사항이 상대방을 구속하는가에 대하여, 대법원은 이 경우 상대방을 구속할 수 없다고 판시하였다.

> **대법원 1999. 1. 29. 선고 98다48903 판결**
>
> 대법원은 "민법 제527조, 제528조 제1항 및 상법 제52조의 규정에 의하면, 각기 다른 보험회사의 보험에 가입한 피보험차량들이 일으킨 교통사고로 제3의 피해자가 손해를 입어 어느 한 보험회사가 손해 전액을 배상한 경우에 그 보험회사가 함께 손해배상책임을 부담하는 다른 피보험차량의 운행자나 그 보험회사와 사이에 쌍방의 손해분담비율에 관하여 화해계약을 체결하기 위한 청약을 함에 있어서도 그 청약은 원칙적으로 철회하지 못하는 것이다. 그러나 청약 시 승낙기간을 정한 경우에는 그 승낙기간, 그렇지 아니한 경우에는 상당한 기간이 도과하면 그 청약은 실효되고, 이때의 상당한 기간은 청약이 상대방에게 도달하여 상대방이 그 내용을 받아들일지 여부를 결정하여 회신을 함에 필요한

기간을 가리키는 것으로, 이는 구체적인 경우에 청약과 승낙의 방법, 계약 내용의 중요도, 거래상의 관행 등의 여러 사정을 고려하여 객관적으로 정하여지는 것이라고 할 수 있다. 그리고 청약이 상시거래관계에 있는 자 사이에 그 영업부류에 속한 계약에 관하여 이루어진 것이어서 상법 제53조가 적용될 수 있는 경우가 아니라면, 청약의 상대방에게 청약을 받아들일 것인지 여부에 관하여 회답할 의무가 있는 것은 아니므로, 청약자가 미리 정한 기간 내에 이의를 하지 아니하면 승낙한 것으로 간주한다는 뜻을 청약 시 표시하였다고 하더라도 이는 상대방을 구속하지 아니하고 그 기간은 경우에 따라 단지 승낙기간을 정하는 의미를 가질 수 있을 뿐이다."라고 판시하고 있다.

(2) 취지

민법과 달리, 상법이 청약수령자에게 낙부통지의무를 부과하고 있는 것은, 일정한 거래관계에 있으면서 종종 유사한 계약을 반복하는 경우에 있어서 상거래의 신속을 도모하고, 상시거래관계에 있는 자의 신뢰를 보호하고자 하는 목적이 있다.

(3) 효과

상인이 낙부통지를 게을리하면 청약을 승낙한 것으로 본다(상법 제53조 제2문). 상법에서 규정하고 있는 승낙의제의 효과는 의사표시에 의한 승낙과 동일하다고 하겠다. 다만, 청약이 사기에 의한 경우나 청약의 내용에 관하여 착오가 있을 때에는 거절통지의 해태로 인한 승낙을 취소할 수 있다.

(4) 합의가능성

상인의 낙부통지의무는 이를 배제하는 특약이나 상관습이 있는 때에는 그 적용이 배제될 수 있고, 청약의 내용이 지금까지 계속 이루어져온 거래의 내용과 현저하게 다른 경우 또는 거래의 성질로 보아 계약체결 자체가 고도의 위험부담을 수반할 경우에는 이를 적용할 수 없다고 보아야 할 것이다.

연대보증인 제외 요청에 대하여 금융기관이 승낙 여부의 통지를 하지 않았다 하여 그 요청을 승낙한 것으로 볼 수 있는가에 대한 다툼이 있었다.

대법원은 "통상의 금융거래에 있어서 연대보증인에서 제외시켜 달라는 채무자 측의 요청은, 채권자인 금융기관의 입장에서 볼 때 이미 다른 확실한 물적·인적 담보가 확보되어 있다거나 또는 그 연대보증에 대신할 만한 충분한 담보가 새로이 제공된다는 등의 특별한 사정이 없는 한 그에 대한 승낙이 당연히 예상된다고 할 수는 없기 때문에, 위와 같은 특별한 사정이 없는 연대보증인 제외 요청에 대하여 금융기관이 승낙 여부의 통지를 하지 않았다고 하여 금융기관이 그 요청을 승낙한 것으로 볼 수는 없다."고 판시하였다.

3. 물건보관의무

1) 민법의 경우

민법은 청약을 하는 자가 청약의 의사표시와 함께 물건을 송부하였다면, 상대방은 청약을 거절한다고 할지라도 그 물건을 보관해야 할 의무가 있는 것은 아니다. 다만, 상대방이 이를 보관한다면, 이 경우 사무관리가 된다(민법 제734조).[22]

2) 상법의 경우

(1) 의의

상법은 상인이 그 영업부류에 속한 계약의 청약을 받은 경우에 견품 기타 물건을 받은 때에는 그 청약을 거절한 때에도 청약자의 비용으로 그 물건을 보관하여야 한다(상법 제60조 본문). 그러나 물건의 가액이 보관의 비용을 상환하기에 부족하거나 보관으로 인하여 손해를 받을 염려가 있는 때에는 반드시 보관해야 하는 것은 아니다(상법 제60조 단서).

(2) 요건

청약을 받는 자는 상인이어야 하고, 그 영업부류에 속하는 계약의 청약을 받아야 한다. 견품 또는 기타 물건을 받은 경우에 한하며, 그 물건의 가격이 보관비용을 상환하기에 부족하거나 보관으로 인하여 손해를 받을 염려가 있는 경우에 해당되지 말아야 한다(상법 제60조 단서).

---

22 대법원 1997. 10. 10. 선고 97다26326 판결. 대법원은 사무관리가 성립하기 위해서는 "우선 그 사무가 타인의 사무이고 타인을 위하여 사무를 처리하는 의사, 즉 관리의 사실상의 이익을 타인에게 귀속시키려는 의사가 있어야 함은 물론 나아가 그 사무의 처리가 본인에게 불리하거나 본인의 의사에 반한다는 것이 명백하지 아니할 것을 요한다."고 판시하고 있다.

(3) 취지

상거래에서는 청약자가 상대방으로 하여금 목적물의 성상·품질·내용 등을 살펴보게 할 목적으로 또는 상시거래관계가 있는 때에는 승낙을 기대하고 목적물의 전부 또는 일부를 보내는 경우도 있고, 청약을 받은 상대방의 입장에서도 견품 등을 통하여 계약의 내용을 신뢰할 수도 있다는 점을 고려하여 이러한 의무를 규정한 것이다. 상법에서 규정하고 있는 청약수령자의 물품보관의무는 물건을 송부한 청약자에게 물건의 멸실·훼손에 대한 위험부담을 덜어주고, 나아가 상거래의 안전과 신속을 도모함에 기여하게 된다.

(4) 비용부담

청약을 받은 자는 비록 청약을 거절한다고 할지라도 상인의 지위를 가진 자가 물건을 수령한 경우에는 선관주의의무를 부담해야 하고, 그 물건을 보관해야 한다. 다만, 보관비용은 청약자의 부담으로 한다. 그러나 보관에 따른 보수를 청구할 권리는 없는 것으로 본다. 만약 물건보관의무를 이행하지 않아 청약자에게 손해가 발생하였다면, 물건을 수령한 자는 손해배상책임으로부터 자유롭지 못하다.

(5) 비용의 범위

대법원 1996. 7. 12. 선고 95다41161 판결

물건보관의무와 관련하여, 대법원은 "상법 제60조는 상거래에 있어 청약을 받은 상인에게 일정한 범위 내에서 청약과 동시에 송부 받은 견품 등 물건에 관하여 그 청약을 거절하는 경우라도 이를 반송할 때까지 보관 의무를 지움과 아울러 그 보관에 따르는 비용의 상환을 구할 수 있음을 정한 규정으로서 그 송부받은 물건의 현상이나 가치를 반송할 때까지 계속 유지, 보존하는 데 드는 보관비용의 상환에 관한 규정일 뿐 그 물건이 보관된 장소의 사용이익 상당의 손해의 배상에 관한 규정은 아니다."라고 하면서 "기계의 점유자가 그 기계장치를 계속 사용함에 따라 마모되거나 손상된 부품을 교체하거나 수리하는 데에 소요된 비용은 통상의 필요비에 해당하고, 그러한 통상의 필요비는 점유자가 과실을 취득하면 회복자로부터 그 상환을 구할 수 없다."고 판시하였다.

4. 상인의 임치의무

1) 민법의 경우

민법 제695조는 수치인의 주의의무에 대한 내용을 규정하고 있다. "보수 없이 임치를 받은 자는 임치물을 자기재산과 동일한 주의로 보관해야 한다."라는 민법 규정을 보건대, 민법은 임치에 대하여 무상을 원칙으로 하고 있다. 다만, 당사자의 특별한 약정을 통하여 유상이 불가능한 것은 아니다(민법 제701조, 제686조).[23]

2) 상법의 경우

상법 제62조는 "상인이 그 영업범위 내에서 물건의 임치를 받은 때에는 보수를 받지 아니하는 경우에도 선량한 관리자의 주의의무를 부담해야 한다."고 규정하고 있다. 상인이 상대방의 신뢰를 받고 거래를 하며 일반적으로 일정한 재능과 자력을 가졌음을 고려하여, 민법의 무상수치인이 '자기재산과 동일한 보관의무'만 하면 족하도록 한 것에 비하여, 상법은 '선량한 관리자의 주의의무를 부담하도록 함'으로써, 상사임치의 경우 주의의무를 가중시키고 있다.

5. 상인의 보수청구권

1) 민법의 경우

민법은 위임계약에서 수임인은 특별한 약정이 없으면 위임인에 대하여 보수를 청구하지 못하도록 하고 있다(민법 제686조 제1항). 임치계약에서 수치인의 경우에도 동일한 사항이 적용된다(민법 제701조). 그러나 사무관리에 있어서는 "관리자가 본인을 위하여 필요비 또는 유익비를 지출한 때에는 본인에 대하여 그 상환을 청구할 수 있다."고 규정되어 있다(민법 제739조 제1항).

2) 상법의 경우

(1) 의의

상법은 이러한 민법에 대한 특별한 규칙을 정하고 있다. 상법은 "상인이 그 영업범위 내에서 타인을 위하여 행위를 한 때에는 이에 대하여 상당한 보수를 청구할 수 있다."고 규정하고 있다(상법 제61조). 특약이 없는 경우에도 상인의 보수청구권을 인정하고 있다. 또한

---

23 무상수치인이 자기의 재산과 동일한 주의로 임치물 보관의무가 있다고 한다면, 유상수치인은 선량한 관리자의 주의로 임치물을 보관해야 한다. 구체적으로 본다면, 유상수치인은 추상적 경과실에 대하여 책임을 부담해야 하나, 무상수치인의 경우 구체적인 경과실의 경우에만 책임을 부담한다는 점에서 양자의 차이점을 발견할 수 있다. 무상수치인의 주의의무가 경감되어 있음을 물론이다. 곽윤직, 채권각론, 박영사, 1992, 464면.

상인이 그 영업범위 내에서 타인을 위하여 금전을 체당한 경우라면, 법정이자를 청구할 수 있도록 하여 상인의 영리성을 보장하고 있다.

(2) 요건

보수청구권을 갖는 자, 즉 행위를 하는 자는 상인이어야 한다. 그러나 그 상대방이 반드시 상인일 필요는 없다. 민사중개인 역시 상인에 해당하므로(상법 제4조, 제46조 제11호), 영업범위 내에서 타인을 위하여 행위를 한다면, 특약이 없더라도 소개를 부탁한 상대방에 대한 상당한 보수청구권의 행사가 가능할 것이다.[24]

(3) 해석

상법 제61조 법문에서 말하는 '영업범위 내'에 해석문제가 발생할 수 있다. '영업범위 내'라 함은 상인 영업으로 하는 상행위를 포괄적인 개념으로 이해해야 할 것이다. 그러므로 기본적 상행위뿐만 아니라, 영업을 위하여 하는 상행위인 '보조적 상행위'도 포함되는 것으로 본다. '타인을 위하여'라 함은 '타인의 이익을 위하여'라는 의미로 이해한다. 그러므로 부동산소개업자가 부동산매매를 소개하여 계약이 성립하였다 하더라도 매도인의 이익을 위하여 행위한 사실이 인정되지 않는 한 그는 보수청구권을 갖지 못한다고 보아야 할 것이다.[25] '행위'는 거래의 대리나 보증 등 법률행위 외에 거래의 중개나 물건의 보관 등의 사실행위 등이 포함된다. 그 행위를 하게 된 원인이 위임(민법 제686조 제1항), 임치(민법 제701조) 등과 같은 계약상의 의무에 의하여 발생한 것이든, 또는 의무 없이 이행된 것(민법 제734조 사무관리에 관한 사항)이라도 상관이 없다.

(4) 효과

상대방의 승낙을 요하지 않고 당연히 상인은 보수청구권을 행사할 수 있다. 보수의 '상당성'은 거래의 관행, 사회의 통념, 상인의 노력 정도, 타인의 이익범위 등에 따라 개별적으로 결정된다.

---

24 대법원 1968. 7. 24. 선고 68다955 판결.
25 대법원 1977. 11. 22. 선고 77다1889 판결.

6. 법정이자청구권

1) 민법의 경우

소비대차계약의 경우에 민법은 "당사자 일방이 금전 기타 대체물의 소유권을 상대방에게 이전할 것을 약정하고 상대방은 그와 같은 종류, 품질 및 수량으로 반환할 것을 약정함으로 써 그 효력이 발생한다."고 하면서, 당사자 사이에 특약이 없는 한 이자를 지급하지 않는 것을 원칙으로 하고 있다(민법 제598조). 물론, 이자 있는 소비대차는 차주가 목적물의 인도를 받은 때로부터 이자를 계산하여야 하며, 차주가 그 책임 있는 사유로 수령을 지체할 때에는 대주가 이행을 제공한 때로부터 이자를 계산하여야 한다(민법 제600조).

2) 상법의 경우

(1) 의의

상법은 특칙을 규정하고 있다. 상인 사이에 금전의 소비대차를 한 때에는 대주는 법정이 자를 청구할 수 있다(상법 제55조 제1항). 상법은 당사자 간에 이자의 약정에 상관없이 대주에게 법정이자청구권을 인정하고 있는 것이다. 동 규정은 금전을 운용하여 영리를 실현하는 상인의 특징을 고려하여 마련한 규정이라 하겠다.

(2) 상사법정이자의 지급청구 포함 여부

상인 간에서 금전소비대차가 있었음을 주장하면서 약정이자의 지급을 구하는 청구에 상사법정이자의 지급을 구하는 취지가 포함되었다고 볼 것인지 여부에 대한 다툼이 있었다.

> **대법원 2007. 3. 15. 선고 2006다73072 판결**
> "원심은 회사인 원고가 회사인 피고에게 1,861,000,000원의 대여금채권을 가지고 있음을 인정한 다음 위 대여금에 대하여 연 10%의 비율에 의한 약정이자 및 지연손해금의 지급을 구하는 원고의 청구에 대하여 이자 지급약정이 체결되었음을 인정할 증거가 없다는 이유로 이를 배척하고, 다만 이 사건 소장 송달 다음 날 이후의 지연손해금 청구만을 인용하였다." 그러나 대법원은 "원고의 위 이자지급 청구에는 상법 소정의 법정이자의 지급을 구하는 취지도 포함되어 있다고 보아야 할 것이므로 원심으로서는 원고와 피고 사이에 이자 지급약정이 체결되었음이 인정되지 않는다 하더라도 곧바로 원고의 이자 지급 청구를 배척할 것이 아니라 원고의 법정이자 청구에 대하여도 판단하였어야 할 것이다. 원심판결에는 이 점에 관한 판단유탈로 인하여 재판에 영향을 미친 위법이 있다."고 판시한 바 있다.

7. 체당금의 이자청구

1) 민법상 의의

체당이란 금전소비대차가 아니면서 널리 타인의 채무의 변제로서 금전을 지출하는 것을 의미한다. 민법상 위임계약의 경우 수임인이 위임사무의 처리에 관하여 필요비를 지출한 때에는 위임인에 대하여 지출한 날 이후의 이자를 청구할 수 있다(민법 제688조 제1항). 수임인에게 체당금에 대한 법정이자청구권을 인정하고 있다. 임치의 경우도 동일하다(민법 제701조). 반면, 사무관리의 경우에는 관리자가 본인을 위하여 필요비 또는 유익비를 지출한 때에는 본인에 대하여 그 상환을 청구할 수 있다(민법 제739조 제1항). 관리자에게 체당금에 대한 법정이자청구권을 수용하고 있지 않다.

2) 상법의 경우

상법 제55조 제2항은 "상인이 그 영업범위 내에서 타인을 위하여 금전을 체당한 때에는 체당한 날 이후의 법정이자를 청구할 수 있다."고 규정하고 있다. 상인 간의 금전체당의 경우에 체당금에 대한 이자청구권을 법으로 규정하고 있는 것이다. 상인의 영리성을 보장하기 위한 목적을 가지고 있다고 하겠다. 체당을 하게 된 원인에는 위임, 임치 및 사무관리 등에서 발생한다. 위임과 임치의 경우에는 민법에서도 체당금에 대한 법정이자청구권이 인정되고 있다. 그러한 측면에서 상법 제55조 제2항은 특별한 의미를 부여할 수는 없다. 그러나 그러한 권리가 인정되지 않는 사무관리 등에서 상법 제55조 제2항의 특칙적용은 실익이 있게 된다.

Ⅳ. 민법 물권법에 대한 특칙

1. 유질계약의 허용

1) 민법상 유질계약

(1) 개념

유질계약이라 함은 질권설정자가 질권설정계약과 동시에 또는 채무변제기 전의 계약으로서 변제에 갈음하여 질권자에게 질물의 소유권을 취득하게 하거나 기타 법률에서 정한 방법에 의하지 아니하고 질물을 처분케 하는 약정을 하는 것을 말한다. 민법은 이 유질계약을 금지하고 있다. 민법에서는 질권설정 당시의 계약 또는 채무변제기 전의 계약으로 변제에 갈음하여 질권자에게 질물의 소유권을 취득하게 하거나 기타 법률이 정한 방법에 의하지 아니하고 질물을 처분할 것을 약정할 수 없다(민법 제339조).

(2) 취지

유질계약을 허용하면, 궁박한 상태에 있는 채무자가 자금의 융통을 위하여 고가물의 입질을 강요당하여 폭리행위의 희생물이 될 우려가 있다. 그러므로 유질계약을 금지하고 있는 것이다. 채무변제기 전의 유질계약을 금지하지만, 변제기 후의 유질계약은 일종의 대물변제로서 유효하다. 금지에 해당하는 유질계약의 효력은 당연무효이다. 민법 제339조는 강행규정이므로 당사자의 합의로도 이를 배제할 수 없다.

2) 상법상 유질계약

유질계약의 금지는 전당포영업법 및 상법에 예외규정이 있다. 상인은 어느 정도의 경제력을 갖고 경제인으로서의 합리적 판단을 통해 스스로를 보호할 수 있는 능력을 구비하고 있다. 그러므로 민법에서와 같이 법의 후견적 기능은 필요하지 않다. 오히려 유질계약을 허용하게 되면 상인의 금융거래에서 신속과 편익을 제고하는 기능도 하게 된다. 그러한 측면을 고려하여 상법은 상행위로 인하여 생긴 채권을 담보하기 위해 설정한 질권에 대해서는 유질계약을 허용하고 있다(상법 제59조).

2. 상사유치권

1) 의의

상법 제58조에서는 민법상의 유치권(민법 제320조)과 별도로 상사유치권에 관한 규정을 두고 있다(상법 제58조). 양자는 그 목적과 기능을 크게 달리한다. 민법상 유치권은 그 기원을 로마법의 악의의 항변에서 유래한다. 로마법상의 악의의 항변 또는 인도거절권은 채권적인 급부거절권과 물권적인 유치권의 두 가지 방향으로 발전하였다. 프랑스 민법은 전자의 채택하였고, 프로이센일반란트법, 일본 민법, 스위스 민법, 우리 민법은 후자의 예를 채택하였다. 반면, 상법상의 유치권은 상거래채권의 신속하고 편리한 담보방법으로써 발달한 것으로 중세 이탈리아 상업도시의 상관습에서 유래한 것이다.

(1) 민법상 유치권

민법상 유치권은 타인의 물건이나 유가증권을 점유하고 있는 자가 그 물건 또는 유가증권에 관하여 발생한 채권의 변제를 받을 때까지 그 물건 또는 유가증권을 유치하는 권리이다(민법 제320조 이하). 민법상 유치권은 그 물건에 관해서 생기게 된 채권에 대해서 법률상 당연히 생기는 법정담보물권이다. 유치권은 목적물을 유치함으로써 채무자의 변제를 간접적으로 강제하는 본체적 효력으로 하는 권리에 해당한다. 유치권이 성립하려면 첫째, 채권사가 타인의 물건·유가증권을 점유해야 한다. 둘째, 채권이 물건 또는 유가증권에 관하여 발생해야 한다. 즉, 견련관계가 있을 것을 요한다. 셋째, 점유가 불법행위에 의하지 않아야 한다. 넷째, 채권이 변제기에 있어야 한다.

(2) 상법상 유치권

상법 제58조는 "상인 간의 상행위로 인한 채권이 변제기에 있는 때에는 채권자는 변제를 받을 때까지 그 채무자에 대한 상행위로 인하여 자기가 점유하고 있는 채무자 소유의 물건 또는 유가증권을 유치할 수 있다."고 규정하고 있다. 계속성·반복성이라고 하는 특성을 가지고 있는 상거래가 거래당사자 간에 확고한 신용과 그 신용을 확보하는 수단으로서 적절한 담보방식이 필요하다.

일회적이면서 개별적인 특성으로 인하여 민법의 담보방법은 요건과 절차가 비교적 엄격한 면이 있기 때문에 상거래의 신용을 확보하는 수단으로는 적합하지 않다.[26] 한편, 담보방법에 있어서 민법상의 유치권은 취득에 번거로움도 없고 별도의 비용도 소요되는 것도 아니지만, 목적물과 피담보채권의 견련성이 요구되는 등의 제약이 있어 역시 상거래의 담보수단으로는 적절치 않은 점이 있다.[27] 그러므로 상법은 상인 간의 거래에서 신속하고 편리한 방법으로 담보를 취득하게 하기 위한 목적에서 상사유치권을 두게 된 것이다.[28]

---

26 상품을 매매할 때마다 외상채권을 담보하기 위하여 저당권이나 질권을 설정한다면, 거래의 신속을 기할 수 없을 뿐 아니라 담보설정비용도 필요하고 담보로 제공된 자산은 가치가 동결되어 채무자의 영업활동에 활용될 수 없게 되는 비경제도 따른다.

27 이철송, 상법총칙·상행위법, 제13판, 박영사, 2015, 342면.

28 이기수·최병규, 상법총칙·상행위법(상법강의 I), 제7판, 박영사, 2010, 290면.

2) 요건

(1) 법문 내용

상인 간의 상행위로 인한 채권이 변제기에 있는 때에는 채권자는 그 변제를 받을 때까지 그 채무자에 대한 상행위로 인하여 자기가 점유하고 있는 채무자 소유의 물건 또는 유가증권을 유치할 수 있다(상법 제58조 본문). 그러나 당사자 간에 다른 약정이 있으면 그러하지 아니하다(상법 제58조 단서). 민법상의 유치권(제320조)은 피담보채권과 유치물의 견련성을 요구하고 있지만, 상법상의 유치권은 견련성을 요구하고 있지 않다는 점에서 차이가 있다. 상사유치권이 "채권담보의 수단"임을 알 수 있다.

(2) 상인으로서 계약당사자

상사유치권은 채권자와 채무자가 모두 상인인 경우에 한해 성립할 수 있다. 이는 법에서 명문으로 요구하는 바이다(상법 제58조 본문). 그러므로 은행과 상인이 아닌 고객, 영업주와 그 상업사용인, 주식회사와 그 이사 등 사이에는 일반상사유치권이 성립될 수 없다. 상사유치권은 상시 거래관계에 있는 상인 간의 담보취득의 가능성을 확대해주기 위한 것이므로, 상인과 비상인 간에는 그러한 필요성이 많지 않다고 하겠다.

(3) 피담보채권 요건

피담보채권이 되기 위해서는 첫째, 상행위로 인한 채권이어야 한다. 피담보채권은 당사자 쌍방을 위한 상행위가 되는 행위인 쌍방적 행위에 의하여 발생되어야 한다(상법 제59조 본문). 그러므로 채권자와 채무자가 모두 상인이더라도 채권의 발생원인이 쌍방에 대해 상행위가 아닌 때는 물론, 어느 일방에 대해서만 상행위인 때에도 상사유치권이 성립하지 아니한다. 상사유치권은 상거래의 신속을 유지하면서 편리한 담보방법을 마련해주려는 상사유치권제도의 이 법 취지와 무관한 거래관계이기 때문이다. 상행위가 기본적 상행위냐 보조적 상행위냐는 묻지 않는다. 한편, 유치목적물에 관하여 생긴 채권만이 피담보채권이 되는 민사유치권과 차이점이 있다. 둘째, 피담보채권은 유치물의 경매대금에서 변제될 수 있는 것이어야 한다. 원칙적으로 금전채권이면 된다. 처음부터 반드시 금전채권일 필요는 없다. 금전채권으로 변환될 수 있는 채권이면 가능한 것으로 본다. 셋째, 채권의 변제기가 도래한 때에 유치권을 행사할 수 있다. 다만, 유치물의 점유를 취득할 때에는 변제기에 있지 않아도 무방하다.

(4) 목적물(유치물)

민법상의 유치권은 피담보채권과 견련성 있는 물건이라면 누구의 소유이냐를 묻지 않고 성립할 수 있다. 그러나 상사유치권은 채무자 소유의 물건 또는 유가증권에 대해서만 성립할 수 있다. 민사유치권은 대물적 권리로서 목적물의 소유권을 따지지 않는다. 피담보채권과 목적물 간에 견련성이 있는 경우란 피담보채권이 목적물의 가치에 혼융되어 있는 경우이다. 예컨대, 세탁소가 고객의 양복을 수리하여 수리비채권을 갖고 있다고 하자. 이때 양복의 가치는 수리 전의 가치를 초과하게 되는데 그 초과분은 바로 세탁소의 수리행위에 의해 만들어진 것이고 바로 이것을 계량화한 것이 수리비채권인 것이다.

상사유치권은 피담보채권과 목적물의 견련성을 요하지 않고, 채무자의 소유물에 한정되어 있다. 목적물이 채무자의 소유이어야 함은 유치권의 성립요건에 해당하고, 존속요건에 속하는 것은 아니다. 그러므로 유치권이 성립한 후에 채무자가 목적물을 타인에게 양도한다 할지라도 채권자는 유치권을 잃는 것은 아니다.

유치물은 물건 또는 유가증권에 한한다. 이 점은 민법상의 유치권과 차이가 없다(민법 제320조 제1항). 유치권의 목적물은 채무자에 대한 상행위로 인하여 채권자가 점유하고 있는 물건·유가증권이어야 한다. 법문에 규정되어 있는 "상행위로 인하여"라는 의미는 점유 취득행위가 상행위이어야 한다는 뜻이 아니라, 점유취득의 원인행위가 상행위이어야 한다는 것이다.[29]

민법상의 유치권이 성립하기 위하여는 피담보채권이 채권자가 점유하는 목적물에 관하여 생긴 것이어야 한다(민법 제320조 제1항). 이를 개별적 견련성이라 할 수 있다. 상사유치권은 민법에서 인정되고 있는 개별적 견련성을 요하지 않고, 목적물이 채무자의 소유물이라는 사실만 있으면 된다. 채권자가 거래상 점유하게 된 채무자의 소유물 일반에 대해서 필요할 때마다 기동성 있게 유치권을 취득하게 하기 위한 의도가 있고, 상사유치권이 가지고 있는 대표적인 특징이라 하겠다.

(5) 상사유치권자의 소유권자에 대한 대항 여부

상사유치권은 채무자의 소유물에 한하여 성립될 수 있다. 목적물이 채무자의 소유이어야 함은 유치권의 성립요건이지만 존속요건은 아니다. 그러므로 유치권이 성립한 후에 채무자

---

29 채무자가 채권자에게 목적물을 임치한 경우라면 그 임치행위가 상행위이어야 하는 것이다.

가 목적물을 타인에게 양도하더라도 채권자는 유치권을 잃지 않는다. 하지만 다음과 같은 사례는 반드시 그렇지 않음을 보여준다. 채무자 소유의 부동산에 관하여 이미 선행저당권이 설정되어 있는 상태에서 채권자의 상사유치권이 성립한 경우, 상사유치권자가 선행저당권자 또는 선행저당권에 기한 임의경매절차에서 부동산을 취득한 매수인에 대한 관계에서 상사유치권으로 대항할 수 있는지 여부에 대한 다툼이 발생할 수 있다.

> ### 대법원 2013. 2. 28. 선고 2010다57350 판결
>
> 대법원은 "상사유치권은 민사유치권과 달리 피담보채권이 '목적물에 관하여' 생긴 것일 필요는 없지만 유치권의 대상이 되는 물건은 '채무자 소유'일 것으로 제한되어 있다(상법 제58조, 민법 제320조 제1항 참조). 이와 같이 상사유치권의 대상이 되는 목적물을 '채무자 소유의 물건'에 한정하는 취지는, 상사유치권의 경우에는 목적물과 피담보채권 사이의 견련관계가 완화됨으로써 피담보채권이 목적물에 대한 공익비용적 성질을 가지지 않아도 되므로 피담보채권이 유치권자와 채무자 사이에 발생하는 모든 상사채권으로 무한정 확장될 수 있고, 그로 인하여 이미 제3자가 목적물에 관하여 확보한 권리를 침해할 우려가 있어 상사유치권의 성립범위 또는 상사유치권으로 대항할 수 있는 범위를 제한한 것으로 볼 수 있다. 즉 상사유치권이 채무자 소유의 물건에 대해서만 성립한다는 것은, 상사유치권은 성립 당시 채무자가 목적물에 대하여 보유하고 있는 담보가치만을 대상으로 하는 제한물권이라는 의미를 담고 있다 할 것이고, 따라서 유치권 성립 당시에 이미 목적물에 대하여 제3자가 권리자인 제한물권이 설정되어 있다면, 상사유치권은 그와 같이 제한된 채무자의 소유권에 기초하여 성립할 뿐이고, 기존의 제한물권이 확보하고 있는 담보가치를 사후적으로 침탈하지는 못한다고 보아야 한다. 그러므로 채무자 소유의 부동산에 관하여 이미 선행(선행)저당권이 설정되어 있는 상태에서 채권자의 상사유치권이 성립한 경우, 상사유치권자는 채무자 및 그 이후 채무자로부터 부동산을 양수하거나 제한물권을 설정받는 자에 대해서는 대항할 수 있지만, 선행저당권자 또는 선행저당권에 기한 임의경매절차에서 부동산을 취득한 매수인에 대한 관계에서는 상사유치권으로 대항할 수 없다."고 판시하였다.

즉, 채무자 소유의 부동산에 이미 선행저당권이 설정되어 있는 상태에서 채권자의 상사유치권이 성립한 경우라면, 상사유치권자는 선행저당권자나 선행저당권에 기한 임의경매절차에서 부동산을 취득한 매수인에 대하여는 상사유치권 주장이 불가능하다는 것이다.

3) 유치권배제의 특약

상사유치권의 요건이 충족되면 채권자는 당연히 상법상의 유치권을 행사할 수 있다. 그러나 당사자가 특별한 약정을 통하여 이를 배제하는 것도 가능하다(상법 제58조 단서). 특

약은 묵시의 의사표시로도 가능하다.

4) 유치권의 효력

상법은 유치권의 효력에 관해서 채권자가 채권의 변제를 받을 때까지 목적물을 유치할 수 있다는 사항만을 규정하고 있다(상법 제58조 본문). 나머지 사항에 대해서는 민법상의 유치권에 관한 규정을 준용한다(상법 제1조, 민법 제320조 이하). 민법 규정에 따라 채권자는 채권을 변제받기 위해 유치물을 경매할 수 있다(민법 제322조 제1항). 유치권에 대해서는 우선변제권은 인정되지 않으나, 채권자는 채권의 변제가 없는 한 경락인에 대해 유치물의 인도를 거부할 수 있으므로 실질적으로 우선변제권을 갖는 것과 같은 효과를 누릴 수 있다.

V. 유가증권

1. 의의

상법은 유가증권과 관련하여 단 하나의 조문을 가지고 있다. 상법 제65조는 "금전의 지급청구권, 물건 또는 유가증권의 인도청구권이나 사원의 지위를 표시하는 유가증권에 대하여는 다른 법률에 특별한 규정이 없으면 민법 제508조부터 제525조까지의 규정을 적용하는 외에 어음법 제12조 제1항 및 제2항을 준용한다."(제1항)고 규정하고 있고, "제1항의 유가증권은 제356조의2 제1항의 전자등록기관의 전자등록부에 등록하여 발행할 수 있다. 이 경우 제356조의2 제2항부터 제4항까지의 규정을 준용한다."고 규정하고 있다. 상법 제65조는 유가증권에 대한 통칙 규정에 해당한다.

2. 유가증권의 개념

유가증권이라 함은 '유가(가치가 있다)'와 '증권(증서)'이 결합된 용어이다. 좀 더 자세히 살펴보면 '유가'는 경제적으로 일정한 가치가 있다는 것을, 법적으로는 권리를 의미하고, '증권'은 이러한 권리와 결합된 하나의 증서를 뜻한다.[30] 이를 토대로 유가증권을 정의하자면 "재산적 가치가 있는 사권을 표창한 증권"이라고 할 수 있다.[31] 하지만 이러한 정의조차가 명확하지

---

30 김정호, 어음·수표법, 법문사, 2010, 1면.
31 이철송, 어음·수표법, 제12판, 박영사, 2012, 18면.

않다는 비판이 제기됨에 따라 "사법상 증권의 소지를 조건으로 그 이용이 가능한 사권을 표창한 증권"이 바로 유가증권이라고 이해하는 것이 보다 더 설득력이 있다고 하겠다.[32]

3. 유가증권의 기능

1) 의의

유가증권이 갖는 기능은 다양하다. 부동산이나 동산 등 현물이나 또는 현금과 달리, 유가증권은 여타 재산을 보유함에 있어서 새로운 방식에 해당한다. 현물이나 현금이 그것에 대한 가시적인 면을 가지고 직접 그 대상을 소유하고 있다고 한다면, 유가증권은 직접적으로 그 재산을 소유하고 있지 않으면서 단지 서면을 통하여, 자신의 권리를 행사할 수 있다는 점에서 차이를 보인다.

유가증권은 현물에 대한 유통을 촉진시키는 기능을 가지고 있는 동시에 자산의 가치를 개발하는 데 기여하게 된다. 특히 유가증권은 권리는 있지만 현재 행사할 수 없는 잠자고 있는 권리를, 현재 행사할 수 있도록 하는 기능을 가지고 있다는 점에 '정태적 권리의 동태화'라는 용어를 사용한다.[33]

2) 기능

유가증권의 기능은 일반적인 지명채권과의 양도에 대한 구별을 통하여 그 기능을 살펴볼 수 있다.[34]

(1) 채권양도의 경우

채권자가 특정되어 있으면서 그 채권의 행사를 위하여 별도의 증서의 작성이나 교부를 요구하지 않는 채권이 바로 지명채권이다. 채권은 양도할 수 있는 것이 원칙이다(민법 제449조 제1항 본문). 그러나 채권의 성질이 양도를 허용하지 않는 경우에 해당하거나(민법 제449조 제1항 단서), 당사자가 반대의 의사를 표시한 경우(민법 제449조 제2항), 또는 법률 규정을 통한 양도금지에 해당하는 경우에는 양도를 할 수 없다.

---

32 이기수·최병규, 어음·수표법(상법강의 III), 제7판, 박영사, 2009, 3면.
33 이철송, 어음·수표법, 제12판, 박영사, 2012, 20면.
34 이기수·최병규, 어음·수표법(상법강의 III), 제7판, 박영사, 2009, 3면.

지명채권의 양도에 있어서 양도인은 채무자에게 통지하거나 채무자로부터 승낙을 받아야 한다. 만약 그렇지 아니하다면 채무자 또는 기타 제3자에게 양도를 주장하지 못한다(민법 제450조 제1항). 이는 채무자에 대한 유효한 대항요건에 해당한다. 한편 양도인이 채무자에게 양도통지를 한 경우에는 증서로 일자를 확정해야 하며, 이 확정일자 있는 증서로서 양수인은 다른 이해관계인에 대하여 대항할 수 있게 된다.

(2) 유가증권의 경우

유가증권은 무형의 권리를 증권화하여 그 권리의 유통성을 높이고자 하는 데 그 목적이 있다. 그러므로 채권양도에 있어서 요구하고 있는 절차상의 요건이 존재한다면, 유가증권의 유통성은 그 의미가 퇴색되고 말 것이다. 유통성을 보다 더 확보하기 위하여 유가증권은 지명채권의 양도절차와 달리, 그 권리의 양도절차를 간이하게 하고 있다. 지명채권의 양도방법과 달리, 유가증권은 민법에서 요구하고 있는 양도방법을 배제하고 있는 동시에 지시증권의 경우 배서를 통하여, 무기명증권의 경우 교부라는 단순한 방식에 의하여 유통의 활성화를 도모하고 있다. 결국 유가증권은 양도에 있어서, 유통성을 저해하는 민법에서 규정하고 있는 요건들을 배제함으로써 유가증권 본래의 목적인 유통성을 강화시키는 기능을 가지고 있다고 할 것이다.

3) 자격수여적 효력

채권의 행사에 있어서 유가증권을 가지고 있는 자와 유가증권을 가지고 있지 않은 자는 상당한 차이를 나타낸다. 채권을 가지고 있는 자가 자신의 권리를 행사하고자 한다면, 그는 자신의 권리를 입증함으로써 권리행사가 가능하게 될 것이다. 그러나 유가증권을 소지하고 있는 자라고 한다면, 증권의 소지인을 적법한 권리자로 추정하게 되므로, 그 자신이 스스로 권리자라고 하는 사실을 증명할 필요가 없이 권리를 행사할 수 있다. 즉, 유가증권의 소지자는 일반채권의 행사하는 자와 달리 자신의 권리주장에 있어서 보다 더 용이하게 행사할 수 있는 기능이 주어진다. 이를 유가증권의 자격수여적 효력이라고 한다. 자격수여적 효과로 유가증권상의 채무자는 유가증권을 소지하고 있는 자에게 악의나 중대한 과실 없이 증권상의 채무를 이행하게 되면, 비록 유가증권상의 권리자가 실질적인 무권리자에 해당한다고 할지라도, 그가 이행한 채무는 이행의 효과를 발생시키게 된다. 즉, 채무의 이행으로서 면책의 결과를 가져오게 된다.

4) 선의취득

(1) 민법의 경우

동산을 점유하고 있는 자를 권리자로 믿고서 평온, 공연하게 동산을 양수한 자가 선의이며 무과실로 거래한 자는 그 동산에 대한 권리를 무권리자로부터 원시취득을 인정하고 있는 제도가 바로 선의취득이다(민법 제249조). 이 제도는 거래의 안전과 신속을 위하여 동산의 거래에서 있어서 민법이 공신력을 인정하고 있는 한 단면을 볼 수 있다. 그러나 민법은 도품이나 유실물의 경우 원칙적으로 선의취득의 대상에서 제외하고 있는 등 비교적 그 요건이 엄격한 편이다(민법 제250조).[35]

(2) 유가증권의 경우

유가증권의 경우(특히 어음과 수표의 경우)에 민법의 규정을 적용하게 된다면, 유가증권이 가지고 있는 유통성의 기능은 크게 발휘될 수 없게 된다. 그러므로 유가증권에 의하여 권리자로 추정되는 경우에는, 민법상의 사례에서 소지자가 무권리자였다고 할지라도, 악의나 중대한 과실이 증명되지 않는 한 선의취득이 인정되며, 민법과 달리 도품이나 유실물의 경우에도 선의취득을 인정하고 있다(어음법 제16조 제2항, 수표법 제21조). 민법과 달리 선의취득의 효과를 보다 더 완화하여 유통성을 강화하고 있는 모습을 볼 수 있다. 유가증권은 선의취득이 인정됨은 물론 동산의 선의취득 보다도 그 요건을 완화하여 규정하고 있는 것을 볼 수 있다(민법 제514조, 상법 제359조, 어음법 제16조 2항, 수표법 제21조).

5) 인적 항변의 절단

(1) 민법의 경우

민법은 채무자가 이의를 보류하지 아니하고 민법 제450조의 승낙을 한 때에는 양도인에게 대항할 수 있는 사유로써 양수인에 대항하지 못하도록 하고 있다(민법 제451조). 민법 제451조를 반대해석하게 되면, 지명채권을 양도하는 경우, 원칙상 채무자는 양도인이자 채

---

[35] 대법원 1998. 6. 12. 선고 98다6800 판결. 동 판례에서 대법원은 동산 선의취득제도에 대하여 다음과 같이 동 제도에 대한 취지 및 효과에 대하여 "민법 제249조의 동산 선의취득제도는 동산을 점유하는 자의 권리외관을 중시하여 이를 신뢰한 자의 소유권 취득을 인정하고 지정한 소유자의 추급을 방지함으로써 거래의 안전을 확보하기 위하여 법이 마련한 제도이므로, 위 법조 소정의 요건이 구비되어 동산을 선의취득한 자는 권리를 취득하는 반면 종전 소유자는 소유권을 상실하게 되는 법률효과가 법률의 규정에 의하여 발생되므로, 선의취득자가 임의로 이와 같은 선의취득 효과를 거부하고 종전 소유자에게 동산을 반환받아갈 것을 요구할 수 없다."고 설시하고 있다.

권자에 대하여 가지고 있던 항변권을 가지고 양수인에게 대항할 수 있음을 알 수 있다.[36]

(2) 유가증권의 경우

유가증권, 특히 어음과 수표의 경우 어음이나 수표채무자들이 종전의 소지인에 대하여 인적 관계로 인하여 가지고 있던 항변권이 있는 경우 현재의 소지인에 대하여 대항하지 못하도록 하고 있다(어음법 제17조, 수표법 제22조). 어음이나 수표를 소지하고 있는 자는 자신에게 양도하는 자가 어음이나 수표에 대하여 가지고 있던 형식적 자격만을 조사하도록 하여 소지자가 완전한 권리를 행사하도록 하고 있는 것이다. 다만, 일정한 유가증권인 경우에는 양수인이 그 채무자를 해할 것을 알고 증권을 취득한 경우에는 그러하지 아니한다(각 조문의 단서).

4. 유가증권의 종류

유가증권은 다양한 방법으로 분류할 수 있다.[37] 다음과 같은 분류방법을 통하여 우리 실생활에서 다양하게 활용되고 있는 유가증권에 대하여 보다 구체적으로 이해하고자 한다.

1) 설권증권 · 비설권증권

증서상 화체될 권리가 증서의 작성으로 성립되는지 여부에 따른 분류이다. 설권증권이라 함은 증권의 작성에 의해 그 표창된 권리가 비로소 발생하는 증권을 말한다. 어음과 수표가 대표적이다. 비설권증권은 선언증권이라고 하는데, 이미 존재하는 권리를 표창할 뿐 권리의 발생과는 무관하다. 그러나 권리행사와 권리의 이전을 위하여 사용된다. 화물상환증, 선하증권 등은 대표적인 선언증권에 해당한다.

---

36 채무자가 채권양도에 대하여 이의를 보류하지 아니하지 않고 승낙하였다는 사정이 없거나 이의를 보류 없이 승낙하였다 하더라도 양수인에게 악의 또는 중대한 과실이 있는 경우, 승낙 당시 이미 상계를 할 수 있는 원인이 있었고 그 후 상계적상이 생기면 채무자는 양수인에 대하여 상계로 대항할 수 있는지 여부에 대하여, "채권양도에 있어서 채무자가 양도인에게 이의를 보류하지 아니하고 승낙을 하였다는 사정이 없거나 또는 이의를 보류하지 아니하고 승낙을 하였더라도 양수인이 악의 또는 중과실의 경우에 해당하는 한, 채무자의 승낙 당시까지 양도인에 대하여 생긴 사유로써 양수인에게 대항할 수 있었던 경우에는 아직 상계적상에 있지 아니하였다 하더라도 그 후에 상계적상이 생기면 채무자는 양수인에 대하여 상계로 대항할 수 있다〈대법원 1999. 8. 20. 선고 99다8039 판결〉.

37 김정호, 어음 · 수표법, 법문사, 2010, 10면 이하; 이철송, 어음 · 수표법, 제12판, 박영사, 2012, 21면 이하.

2) 기명증권·지시증권·무기명증권

증권상 권리자를 지정하는 방식에 따른 분류이다. 기명증권은 증권에 권리자가 될 자가 특별히 지정되어 있는 유가증권이다. 기명증권은 유통의 목적으로 발행되는 것이 아니다. 지시증권은 증권상 권리자로 지정된 자 또는 그가 지시하는 자에게 증권상의 채무를 이행하는 증권이다. 원래 유가증권은 권리의 유통을 위해 발생한 것이므로 대부분 지시증권에 해당한다(상법 제130조, 어음법 제11조 제1항). 무기명증권이란 증권의 정당한 소지인에게 증권상의 채무를 이행하도록 하는 증권이다. 승차권이라든가 영화 입장권 등이 여기에 속한다. 무기명증권은 지시증권과 더불어 대표적인 유통증권에 해당한다. 특히 무기명증권은 단순히 증권의 소지만으로 증권상의 권리자가 되므로 성질상 지시증권보다 더 유통이 원활하다. 또한 지시증권과 마찬가지로 유통성 확보를 위하여 선의취득과 항변의 절단을 법적으로 인정하고 있다(민법 제524조, 제514조, 제515조).

3) 문언증권·비문언증권

증권에 화체된 권리가 증권에 기재된 문언으로 구체화되는가에 따른 분류이다. 증권에 기재된 대로 권리가 발현되는 증권이 문언증권이라고 한다면, 기재된 문언과 상관없이 증권상의 권리가 발생하는 것이 비문언증권이다. 전자의 대표적인 예를 어음과 수표라고 한다면, 후자의 대표적인 것은 주권이다.

4) 채권증권·물권증권·사원권증권

증권에 화체된 권리가 어떤 내용이냐에 따른 분류이다. 채권증권은 일정금액의 지급을 청구(예: 어음이나 수표 등)하거나 특정한 물건의 인도를 청구하는 채권(예: 화물상환증)을 표창하는 증권이고, 물권증권은 물권을 표창하는 증권(독일의 경우: 저당증권)에 해당하며, 사원권증권은 회사 사원의 지위를 표창하는 증권(예: 주권)에 해당한다.

5) 유인증권·무인증권

증권발행의 원인을 제공했던 법률관계와 유가증권상의 권리의 관련성 유무에 따른 분류이다. 유인증권은 요인증권이라고 하는데, 요인증권이라 함은 유가증권의 작성에 일정한 원인관계를 필요로 하며, 원인관계의 효력이 증권상의 권리에도 그 영향을 미치는 증권을 의미한다. 반면 무인증권은 증권의 작성에 원인관계가 반드시 요구되는 것이 아니라 원인관계의 효력이 증권상의 권리에 영향을 미치지 않는 증권을 의미한다. 전자의 대표적인 것으로는 화물상환증이나 선하증권 등을 들 수 있고, 후자의 대표적인 것으로는 어음과 수표가 있다.

6) 완전유가증권·불완전유가증권

유가증권과 그 표창된 권리가 얼마나 밀접한가에 따른 분류방법이다. 권리의 발생이나 행사, 이전 등이 증권에 의하여 이루어지는 것이 완전유가증권이라고 한다면, 권리의 발생이나 행사 또는 이전 가운에 일부가 증권에 의하여 이루어진 것을 불완전증권이라고 한다. 어음과 수표가 대표적 전자라고 한다면, 주권은 대표적 후자이다.

5. 실정법상 유가증권

유가증권에 대하여 우리나라는 통일된 성문법체계를 가지고 있지 않고, 개별적인 법률에서 해당되는 유가증권에 대한 사항들이 규정되어 있다. 유가증권의 대표적인 어음과 수표의 경우 어음법과 수표법이라고 하는 독립적인 법률에서 규정하고 있다. 주권에 대하여는 상법 제355조 내지 제360조에서, 그리고 사채에 대하여 상법 제478조 내지 제480조에서 규정되어 있는바, 회사법의 영역에서 다루어지고 있다. 반면 화물상환증이나 선하증권은 상행위 편에 규정되어 있는데, 화물상환증의 경우는 상법 제128조 내지 제133조에서, 선하증권의 경우는 상법 제813조 내지 제820조에서, 창고증권의 경우는 상법 제156조 내제 제159조에서 규정되어 있다. 한편 민법에도 유가증권에 관한 사항이 규정되어 있다. 지시증권은 민법 제508조 내지 제522조, 무기명증권에 대하여는 제523조 내지 제526조에서 규정되어 있음을 알 수 있다.

제3절 상사매매

I. 의의

상법에 규정된 상사매매에 관한 규정은 총 5개의 조문이다. 상사매매에 관한 상법의 특칙은 모두 상인 간의 매매에 적용된다. 상법이 정하고 있는 상사매매의 특칙이 적용되기 위해서는 다음과 같은 요건이 적용되어야 한다. 첫째, 당사자 쌍방이 상인이어야 한다. 둘째, 상인 간의 매매는 당사자 쌍방에게 모두 상행위가 되는 매매이어야 한다. 셋째, 상사매매에 관한 상법상 특칙규정은 임의규정이므로 당사자 간에 다른 특약이 존재하지 않아야 한다.

II. 매도인의 목적물의 공탁·경매권

1. 민법의 경우

1) 공탁권

민법은 채권일반에 대하여 채권자가 수령을 지체하고 있는 경우에 채무자는 목적물을 공탁할 수 있음을 규정하고 있다(민법 제487조). 채무자가 공탁권을 행사하기 위해서는 채권자인 매수인이 목적물을 수령하지 않거나, 그 매수인이 목적물을 수령할 수 없는 상황이어야 하거나 또는 채무자인 매도인이 과실 없이 매수인인 채권자를 알 수 없는 경우에 해당되어야 한다. 공탁자는 지체 없이 채권자에게 공탁통지를 하여야 한다(민법 제488조 제3항).

2) 경매권

민법은 채무자에게 공탁권 외에도 경매권을 행사할 수 있음을 규정하고 있다(민법 제490조). 경매권이 행사되기 위해서는 목적물이 공탁에 적당하지 않는 경우, 목적물이 멸실 또는 훼손될 염려가 있는 경우, 또는 공탁에 과다한 비용을 요하는 경우에 해당되어야 한다. 세 가지 사항 가운데 그중 한 가지 이유가 발생해야 하는 것 외에 법원의 허가를 득해야 한다. 물론 경매권 행사 대신에 시가로 방매하여 대금을 공탁할 수 있는 권리도 있다.

2. 상법의 경우

1) 체계

상법은 매도인의 목적물에 대한 공탁 및 경매권을 규정하고 있다(상법 제67조). 상인 간의 매매에 있어서 매수인이 목적물의 수령을 거부하거나 이를 수령할 수 없는 때에는 매도인은 그 물건을 공탁하거나 상당한 기간을 정하여 최고한 후 경매할 수 있다. 매도인이 목적물을 공탁한 경우에는 지체 없이 매수인에 대하여 통지를 발송하여야 한다(상법 제67조 제1항 제2문). 이는 민법과 큰 차이가 없다.

2) 공탁권

공탁요건에 있어서 민법의 규정이나 상법의 규정은 큰 차이가 없다. 상법은 "상인 간의 거래에 있어서 매수인이 목적물의 수령을 거부하거나 이를 수령할 수 없는 때"에는 매도인은 목적물을 공탁할 수 있도록 하고 있다(상법 제67조 제1항). 다만, 민법은 "채권자가 변제를 받지 아니하거나 받을 수 없는 때"라고 표현하고 있다. 민법 제487조는 변제자가 과실 없이 채권자를 알 수 없는 경우에도 공탁할 수 있음을 규정하고 있다. 상법은 이 같은 규정이 없지만, 매도인이 과실 없이 매수인을 알지 못하는 경우에는 민법을 적용하여 당연히 공탁할 수 있다고 해석해야 할 것이다.[38]

민법상 공탁자가 공탁한 후 채권자에게 가능한 빠른 시기에 공탁통지의무를 부과하고 있는 것과 같이, 상법 역시 매도인이 지체 없이 매수인에게 공탁통지를 발송하도록 하고 있다(상법 제67조 제1항 제2문). 이 점에서 민법과 상법은 큰 차이가 없다.

3) 경매권

(1) 요건

상사매매에 있어서 매도인의 목적물에 대한 경매요건은 민법에서 요구하고 있는 채무자(매도인)의 경매요건이 필요한 것이 아니다. 단지 공탁요건만 있으면 충분하다. 따라서 목적물이 공탁에 적합한 경우 등에는 법원의 허가를 득하지 않고 경매가 가능하다. 매도인의 경매권을 자조매각권이라고도 한다. 다만, 매도인이 경매권을 행사하기 위하여는 매수인에게 상당한 기간을 정하여 '수령을 최고'하여야 한다(상법 제67조 제1항 제1문 후단). 그러나 수령최고도 매수인에 대하여 최고할 수 없거나 목적물이 멸실 또는 훼손될 염려가 있는 경우에는 반드시 해야 하는 것은 아니다(상법 제67조 제2항).

(2) 목적물

공탁의 목적물은 변제의 목적물인 금전이 유가증권 기타의 물건이면 가능할 것이다. 동산의 경우 특정물이나 불특정물 모두 목적물에 해당될 수 있을 것이다. 그러나 목적물에 부동산이 포함될 수 있는 것인가에 대하여는 다툼이 제기될 수 있다. 공탁물보관자가 공탁자의 협력 없이 부동산에 관한 일체의 본권 및 점유를 채권자에게 이전할 수 있게 한다는

---

38 정찬형, 상법강의(상), 제18판, 박영사, 2015, 226면; 안강현, 상법총칙·상행위법, 제5판, 박영사, 2014, 218면.

것은 기술상 곤란할 뿐만 아니라 부동산의 공탁을 인정하여야 할 사회경제상의 필요도 없다는 점에서 공탁의 대상에서 부동산을 인정할 수 없다는 입장[39]도 있지만, 오늘날은 부동산도 상품화되어가는 경향이 있고 부동산 거래에서도 매도인의 신속한 자금회수를 보장해 줄 필요가 있다는 점에서 인정의 실익이 있다는 주장[40]도 있다.

(3) 효과

공탁의 경우와 마찬가지로 지체 없이 매수인에게 통지해야 한다. 다만, 매도인이 목적물을 경매한 경우에는 그 대금에서 경매비용을 공제한 잔액을 공탁하여야 하나, 그 대금의 전부나 일부를 매매대금에 충당할 수도 있다(상법 제67조 제3항). 이를 변제충당권이라 한다.

III. 확정기매매의 해제

1. 민법의 경우

민법상 정기행위란 계약의 성질 또는 당사자의 의사표시에 의하여 일정한 시일 또는 일정한 기간 내에 이행하지 아니하면 계약의 목적을 달성할 수 없는 행위를 의미한다. 민법 제544조는 "당사자 일방이 그 채무를 이행하지 아니한 경우에 상대방은 상당한 기간을 정하여 그 이행을 최고하고 그 기간 내에 이행하지 아니한 때에는 계약을 해제할 수 있다." 채무불이행 시 채권자는 최고 후 계약해제권을 행사할 수 있음을 규정하고 있다. 그러나 정기행위의 경우에는 최고가 필요하지 않다. 민법 제545조는 '정기행위와 해제'라는 제목하에 "계약의 성질 또는 당사자의 의사표시에 의하여 일정한 시일 또는 일정한 기간 내에 이행하지 아니하면 계약의 목적을 달성할 수 없을 경우에 당사자 일방이 그 시기에 이행하지 아니한 때에는 상대방은 전조의 최고를 하지 아니하고 계약의 해제권을 행사할 수 있음"을 규정하고 있다.

---

39 최기원·김동민, 상법학신론(상), 제20판, 박영사, 2014, 234면.
40 이철송, 상법총칙·상행위법, 제13판, 박영사, 2015, 383면; 이기수·최병규, 상법총칙·상행위법(상법강의 I), 제7판, 박영사, 2010, 341면.

2. 상법의 경우

1) 체계

상법은 확정기매매의 해제에 관하여 규정하고 있다(상법 제68조). 상인 간의 매매에 있어서 매매의 성질 또는 당사자의 의사표시에 의하여 일정한 목적 또는 일정한 기간 내에 이행하지 아니하면 계약의 목적을 달성할 수 없는 경우에 당사자의 일방이 이행시기를 경과한 때에는 상대방은 즉시 그 이행을 청구하지 아니하면 계약을 해제한 것으로 본다. 민법과 달리, 확정기매매의 경우 채무자의 채무이행이 늦어지면 채권자 입장에서는 이행을 수령한다고 할지라도 실익이 없다는 점을 고려하여 해제권 행사도 요구하지 않는 해제권 의제조항을 둔 것이라 하겠다.

2) 취지

민법과 달리, 상법의 확정기매매에서 해제의제규정은 매수인이 해제의 의사표시를 하는 번거로움과 그 증명에 대한 부담 없이 해제의 효과를 주장할 수 있다는 점에서 의미가 있다.[41]

확정기매매의 경우 매수인은 발생된 법률관계를 신속하게 종결하고 새로운 대체수단을 강구할 수 있는 가능성을 갖게 된다. 매도인 측에서도 유리한 점이 없는 것은 아니다. 해제 여부가 불분명한 상태에서 매도인은 장기간 목적물을 보관해야 하는 불편함이 발생할 수 있는데, 해제의제조항은 법률관계를 신속하게 종결시킴으로써 매도인의 손해를 덜어주는 역할도 있다.

3) 요건

상법 제68조가 적용되기 위해서는 첫째, 상인 간의 상행위인 매매에 해당하는 사안이어야 한다. 둘째, 일정시기 또는 일정기간 내에 이행되지 아니하면 계약의 목적을 달성할 수 없는 매매계약에 해당되는 것이어야 한다. 셋째, 정해진 기간에 이행해야 할 채무를 채무자가 이행하지 말았어야 한다. 넷째, 채권자의 이행청구가 없어야 한다. 만약 이행청구가 있다고 한다면, 계약해제는 의제되지 않게 된다.

---

41 이철송, 상법총칙·상행위법, 제13판, 박영사, 2015, 385면

4) 적용 여부

(1) 상인 간 선물환계약

선물환계약에 기한 채권의 법적 성질이 무엇인가에 대하여 대법원이 다루었다.

대법원 2003. 4. 8. 선고 2001다38593 판결

대법원은 "선물환계약이란 장래의 일정기일 또는 기간 내에 일정금액, 일정종류의 외환을 일정환율로써 교부할 것을 약정하는 계약으로서 그에 기한 채권은 금전채권이므로 그 당사자들은 민법 제397조 제2항에 의하여 계약불이행에 대하여 과실 없음을 들어 항변할 수 없다."고 하면서 "상인 사이에 이루어진 선물환계약은 그 약정 결제일에 즈음하여 생길 수 있는 환율변동의 위험(이른바, 환리스크)을 회피하기 위하여 체결되는 것으로서 그 성질상 그 약정 결제일에 이행되지 않으면 계약의 목적을 달성할 수 없는 상법 제68조 소정의 확정기매매라 할 것이고, 그 계약 불이행으로 인한 손해배상액의 산정에 관한 미화 1$당 원화의 환율은, 그 계약이 약정결제일 전에 이미 해제되었다는 등의 특수한 사정이 없는 이상, 원래 약정되었던 결제일 당시의 환율을 기준으로 하여야 한다."고 판시하고 있다.

---

(2) 확정기매매의 판단기준

대법원은 목적물의 가격 변동성, 매매계약을 체결한 목적 및 그러한 사정을 상대방이 알고 있었는지 여부, 매매대금의 결제 방법 등과 더불어 이른바 시아이에프(C.I.F.) 약관과 같이 선적기간의 표시가 불가결하고 중요한 약관이 있는지 여부, 계약 당사자 사이에 종전에 계약이 체결되어 이행된 방식, 당해 매매계약에서의 구체적인 이행 상황 등을 종합하여 확정기매매를 판단하고 있다.

대법원 1995. 5. 26. 선고 93다61543 판결

대법원은 "국제해상매매계약에 있어서 이른바 시아이에프(C.I.F.) 약관이 있는 경우에 매도인은 목적물을 계약 소정의 목적지까지 운송하기 위하여 운송계약을 체결하고 약정된 일자 또는 기간 내에 선적항의 본선상에 물품을 인도하여야 하고, 그 운송에 관한 선하증권 및 보험증권, 상품송장 등의 서류를 매수인(신용장이 개설된 경우에는 신용장개설은행)에게 교부하고 그 대금을 청구할 수 있는 것으로서, 이 경우에 선하증권상의 선적기일은 원칙적으로 계약상의 선적기일과 부합하여야 하는 것이므로, 이러한 시아이에프 매매계약에 있어서 선적기간의 표기는 불가결하고 중요한 계약요건이 되며, 더욱이 매매의 목적물이 매매 당시 가격변동이 심한 원자재이고, 매수인은 수출입을 주된 업무로 하는 종합상사로서 전매를 목적으로 하여 매매계약을 체결한 경우에는 보통 수입상은 수입원자재의 재고량, 수요·공급상황, 국제 및 국내의 가격동향, 선적지로부터 양륙지까지의 물품의 항해일수 등을 감안하여 가장 유리한 시점에 물품이

수입항에 도착되도록 수출상과 교섭하여 선적기일을 정하는 것이므로 선적기일에 관한 약정은 계약상 특히 중요한 의미를 가지며, 선적이 늦어지는 경우에는 사정에 따라서는 매수인이 손해를 볼 우려가 있으며, 또 매매대금은 매도인을 수익자로 하는 신용장을 개설하는 방법에 의하여 결제하기로 하였으면, 매도인으로서는 계약상 내지 신용장상의 선적기간 내에 목적물이 선적되었다는 기재가 있는 선하증권을 신용장개설은행에 제시하여야만 은행으로부터 그 대금을 지급받을 수 있다는 등의 사정을 종합하여, 원자재매매계약이 그 성질 또는 당사자의 의사표시에 의하여 약정된 선적기간 내에 선적되지 아니하면 계약의 목적을 달성할 수 없는 상법 제68조 소정의 이른바 확정기매매에 해당한다."고 판시하였다.

대법원 2009. 7. 9. 선고 2009다15565 판결

대법원은 "이 사건 계약의 목적물이 가격변동이 심한 상태에 있는 원자재이고, 매수인인 원고는 원자재의 국제 중개무역을 하는 회사로 전매를 위하여 페로몰리브덴을 구매하게 된 것이며, 피고 역시 중국으로부터 페로몰리브덴을 수입하여 원고에게 전매하여야 하는 것을 전제로 이 사건 계약을 체결한 것임을 알 수 있는데, 이러한 계약에 있어서는 이행기의 결정이 가격의 결정과 불가분의 관계에 있을 정도로 중요한 의미를 가지며, 이행이 늦어지는 경우에는 사정에 따라서는 어느 일방이 큰 손해를 볼 우려가 있으며 원·피고 모두 이러한 사정은 잘 알고 있었다고 보이는 사정을 종합하면, 이 사건 계약은 그 성질상 또는 당사자의 의사표시에 의하여 약정된 이행기 내에 이행되지 아니하면 계약의 목적을 달성할 수 없는 상법 제68조가 말하는 확정기매매에 해당한다."고 판시하였다.

5) 효과

민법상 정기행위는 이행기 경과의 경우 해제권만이 발생하기 때문에 해제의 의사표시를 요하지만, 상법상 확정기매매의 계약은 해제의 효력이 발생하기 때문에 해제의 의사표시를 요하지 않고 당연히 해제의 효력이 발생하게 된다. 확정기매매 계약이 해제되면 그 계약은 소급하여 효력을 잃게 되어 각 당사자는 그 상대방에 대하여 원상회복의무가 있고(민법 제548조, 제549조), 채무자는 상대방에 대하여 손해배상책임을 부담한다(민법 제551조).

IV. 매수인의 검사·통지의무

1. 의의

계약에 의해 급부한 목적물의 권리 또는 물건의 하자에 대한 책임을 부담하는 것이 바로 담보책임이다. 담보책임은 매도인의 담보책임을 기본으로 하여 유상계약에 준용하도록 하고 있다(민법 제567조). 그 외 증여, 도급, 소비대차 및 사용대차 등에도 별도의 규정을 두고 있다. 매도인의 담보책임은 당사자 사이의 공평을 기하고자 하는 신의성실의 원칙에 입각한 제도이다. 법정책임이고 무과실책임이다. 상법 제69조는 매수인에게 검사·통지에 관한 의무를 부담하도록 하고 있다. 동조가 적용되기 위해서는 매도인과 매수인이 모두 상인이어야 한다. 동 규정이 가지고 있는 입법취지, 적용되기 위한 구체적인 요건과 효과가 검토되어야 한다.

2. 매수인의 목적물 검사와 하자통지의무

1) 민법의 경우

(1) 담보책임의 형태

민법의 담보책임은 다음 네 가지 형태로 분류할 수 있다.[42] 첫째, 권리의 하자에 대한 담보책임이다(민법 제569조 내지 제577조). 둘째, 물건의 하자에 대한 담보책임이다(민법 제580조 내지 제582조). 셋째, 채권의 매도인의 담보책임(민법 제579조)이다. 넷째, 경매에 있어서 담보책임이다(민법 제678조, 제580조 제2항). 상법과 관련하여 민법의 담보책임 가운데 권리의 하자에 대한 담보책임과 물건의 하자에 대한 담보책임의 검토가 의미를 갖게 된다. 그러므로 두 형태에 대하여 조금 더 검토하기로 한다.

(2) 권리의 하자에 대한 담보책임

권리의 하자에 대한 담보책임은 첫째, 재산권의 전부 또는 일부가 타인에게 속하는 경우(민법 제569조 내지 제573조). 둘째, 재산권의 일부가 전혀 존재하지 않는 경우(민법 제574조). 셋째, 재산권이 타인의 권리에 의하여 제한을 받는 경우(민법 제575조 내지 제577조) 등으로 구분될 수 있다. 두 번째 경우의 재산권의 일부가 전혀 존재하지 않는 경우라 함은 목적물의 수량부족 또는 일부멸실의 경우를 들 수 있고, 세 번째 경우의 재산권이 타인의 권리에 의하여 제한을 받는 경우라 함은 용익물권이나 담보물권에 의하여 제한을 받는 경우라 하겠다.

(3) 물건의 하자에 대한 담보책임

물건의 하자에 대한 담보책임은 '특정물매매에 있어서의 하자담보책임'(민법 제580조)과 종류매매인 '불특정물매매에 있어서의 하자담보책임'(민법 제581조 내지 제582조)이 있다.

---

42 정찬형, 상법강의(상), 제18판, 박영사, 2015, 230면 이하.

(4) 법적 효과

① 목적물 수량부족의 경우

수량을 지정한 매매의 목적물이 부족한 경우에 매수인이 선의라면, 그는 원칙적으로 '대금감액청구권'과 '손해배상청구권'을 행사할 수 있다(민법 제574조, 제572조 제1항, 제3항). 그리고 만약 계약 당시에 잔존하는 것만으로는 매수인이 목적물을 매수하지 않았으리라는 사정이 있는 때에는 '계약해제권'과 '손해배상청구권'을 행사할 수 있다(민법 제574조, 제572조 제2항, 제3항). 이러한 권리를 행사하고자 하는 선의의 매수인은 수량부족이라는 사실을 안 날로부터 '1년 내'에 행사하여야 한다(민법 제574조, 제573조).[43]

② 매도인의 하자담보책임

매도인의 하자담보책임은 특정물의 경우와 불특정물의 경우로 구분할 수 있다.

특정물에 하자가 있는 경우에 선의·무과실의 매수인은, 목적물의 하자로 인하여 매매의 목적을 달성할 수 없는 경우에는 계약해제권과 손해배상청구권을 행사할 수 있다(민법 제580조 제1항 본문, 제575조 제1항 본문). 그러나 목적물의 하자에도 불구하고 매매의 목적을 달성할 수 있는 경우에는 손해배상청구권만을 행사할 수 있다(민법 제580조 제1항 본문, 제575조 제1항 단서). 이때 매수인의 권리는 그 사실을 안 날로부터 6월 내에 행사하여야 한다(민법 제582조).

불특정물에 하자가 있는 경우는 특정물의 경우와 큰 차이가 없지만, 이 경우 매수인은 계약해제권 또는 손해배상청구권 대신에 '하자 없는 물건'을 청구할 수 있는 권리행사가 가능하다(민법 제581조 제2항). 매수인의 권리행사 기간은 특정물의 경우와 같이 6개월 내에 행사하면 된다.

(5) 상법과의 연관성

상법 제69조는 민법의 하자담보책임 가운데 '권리의 하자에 대한 담보책임으로서 목적물의 수량부족에 대한 매도인의 담보책임'과 물건의 하자에 대한 매도인의 담보책임'과 관련이 있다.

---

43 이 경우 매도인의 담보책임은 특정물의 매매에 관해서만 적용된다고 한다. 곽윤직, 채권각론, 박영사, 1992, 215면.

2) 상법의 경우

(1) 규정

① 목적물의 검사와 하자통지의무

상법 제69조에 의하면, 상인 간의 매매에 있어서 매수인이 목적물을 수령한 때에는 지체 없이 이를 검사하여야 하며 목적물의 하자 또는 수량의 부족을 발견한 때에는 즉시 매도인에게 그 통지를 발송하여야 한다. 이 통지를 발송하지 않은 때에는 그 하자 또는 수량부족에 의한 계약해제, 대금감액 또는 손해배상을 청구하지 못한다(상법 제69조 제1항 전단). 이때 매매의 목적물에 즉시 발견할 수 없는 하자가 있는 경우에는 매수인은 6월 내에 이를 발견하여 통지하면 된다(상법 제69조 제1항 후단). 발견할 수 없는 하자가 있을 경우에는 그 검사기간을 6개월로 연장하고 있음을 알 수 있다. 매도인이 악의인 경우에는 동 규정의 적용가능성은 없다(상법 제69조 제2항).

② 합의 가능성

동 규정은 임의규정이다. 그러므로 당사자의 합의로 동 규정의 적용을 배제할 수 있다. 대법원은 '상법 제69조 제1항은 민법상의 매도인의 담보책임에 대한 특칙으로 전문적 지식을 가진 매수인에게 신속한 검사와 통지의 의무를 부과함으로써 상거래를 신속하게 결말짓도록 하기 위한 규정으로서 그 성질상 임의규정으로 보아야 할 것이고 따라서 당사자 간의 약정에 의하여 이와 달리 정할 수 있다.'고 판시하고 있다.

> **대법원 2008. 5. 15. 선고 2008다3671 판결**
>
> 원심은, "피고는 이 사건 가구들을 원고가 지정하는 장소에 인도만 하면 되므로 원고가 피고를 상대로 가구들의 하자를 원인으로 한 손해배상을 구하기 위해서는 상법 제69조 제1항에 의하여 원고가 목적물을 수령한 때에 지체 없이 이를 검사하여야 하고, 하자를 발견한 경우에는 즉시 피고에게 그 통지를 발송하지 아니하면 이로 인한 손해배상을 청구하지 못하며, 목적물에 즉시 발견할 수 없는 하자가 있는 경우에 6월내에 이를 발견한 때에도 같다고 판시한 다음, 피고가 이 사건 가구들 중 일부를 잘못 제작하여 원고에게 인도한 사실과 판시 증거만으로는 원고가 이 사건 가구들을 인도받은 다음 즉시 발견할 수 없는 하자가 있었다고 보기 부족하다고 판단하면서 원고의 이 사건 가구들의 하자로 인한 수리대금 42,727,100원의 청구를 배척하였다."
>
> "그러나 원심이 채용한 증거에 의하면, 원고와 피고 사이에 체결된 이 사건 계약서 제12조는 어떠한 경우라도 품질상의 하자로 판명되면 피고는 지체 없이 대체 납품하여야 하며 이로 인해 발생한 원고의

손해는 피고가 부담하도록 규정하고 있고, 제15조는 피고는 계약목적물의 준공 후 36개월간 품질 및 성능을 보증하며, 제품 자체의 결함 또는 원고가 요구하는 물품의 사양에 맞지 않는 제품으로 인해 발생한 하자에 대하여는 보증기간 경과 후라도 피고가 책임을 부담하도록 규정하고 있으며, 제23조는 피고의 납품불이행, 하자발생 등으로 인한 손해는 피고가 별도로 배상하도록 규정하고 있음을 알 수 있는바, 이러한 약정의 취지는 상법 제69조 제1항과 달리 위 조항에 따른 목적물 수령 시 검사의무와 즉시 하자통지의무를 이행하지 않더라도 원고가 피고에게 이 사건 가구의 하자로 인한 손해배상을 구할 수 있도록 한 것이라고 볼 것이다."

그럼에도 불구하고, 대법원에 따르면 "원심은 피고가 납품한 이 사건 가구들의 하자로 인하여 원고에게 수리대금 42,727,100원의 손해가 실제로 발생하였는지 여부 및 피고에게 그 하자로 인한 손해배상책임이 있는지 여부에 대하여 좀 더 심리하여 보지 아니한 채 위 상법의 규정을 들어 원고의 이 사건 가구들 하자로 인한 수리대금청구를 배척하였는바, 이러한 원심의 조치에는 상법 제69조 제1항에 관한 법리오해 및 심리미진의 위법이 있고 이는 판결에 영향을 미쳤다고 하지 않을 수 없다."고 하였다.

(2) 취지

민법에 의하면 매수인은 선의일 경우 그 사실을 안 날로부터 1년 또는 6월 내에 경우에 따라 계약을 해제하거나 대금감액 또는 손해배상을 청구하면 된다(민법 제573조, 제575조 및 제582조). 그러나 민법의 원칙을 전문적 지식을 갖춘 상인들 간의 매매에 적용한다면, 장기간 매도인을 불확정한 상태에 두게 되는 불합리한 점과 신속한 종결을 요하는 상거래의 이념과 합치되지 않는다. 또한 매수인으로 하여금 주어진 기간 중 가격변동을 지켜보고 유리한 시기에 책임을 묻게 되면 매수인에게는 이익이 되지만 매도인에게는 손실이 발생하여 양자의 불공평을 야기할 수 있고, 매도인이 적기에 하자 있는 물건을 처분하여 손실을 줄일 수 있는 기회를 상실하게 되며, 상당기간이 경과한 후 매수인의 사용 중에 새로이 생긴 하자를 가지고 다툼이 발생하는 경우에 증명에 대한 다툼의 문제가 발생할 수 있다.[44] 상사매매에 있어서는 매수인도 전문적 지식을 갖는 상인이기 때문에, 상법 제69조에 따라 매수인의 의무를 부과하도록 함으로써 거래를 신속히 종결시키는 동시에 매도인을 보호하고자 하는 의도가 있다고 하겠다.

---

44 이철송, 상법총칙·상행위법, 제13판, 박영사, 2015, 388면.

(3) 연혁

이러한 매수인의 의무는 게르만 고유법의 '매수인이 의무를 진다'는 원칙에서 유래한 독일법(독일 상법 제377조)의 매수인의 검사·통지의무를 계수한 것이다. 이 의무는 그 불이행으로 바로 매수인의 배상책임을 발생시키지 않으므로 직접의무가 아니라 간접의무에 속한다.

(4) 요건

① 당사자

법률행위의 당사자는 상인 간에 상행위로서 행해진 매매이어야 한다. 그러므로 당사자의 일방만이 상인인 경우에는 상법 제69조가 적용되지 않는다. 그 매매는 당사자 쌍방에 상행위가 되어야 하고, 보조적 상행위이어도 상관이 없다.

대법원 1993. 6. 11. 선고 93다7174 판결

대법원은 "자기가 재배한 농산물을 매도하는 행위도 이를 영업으로 할 경우에는 상행위에 해당한다고 볼 수 있겠으나, 원심 증인 김용해의 증언에 의하면, 피고는 약 5,000평의 사과나무 과수원을 경영하면서 그중 약 2,000평 부분의 사과나무에서 사과를 수확하여 이를 대부분 대도시의 사과판매상에 위탁판매한다는 것이어서 피고가 영업으로 사과를 판매하는 것으로는 볼 수 없으니 피고는 상인이 아니라고 할 것이고, 한편 매수인에게 즉시 목적물의 검사와 하자통지를 할 의무를 지우고 있는 상법 제69조의 규정은 상인 간의 매매에 적용되는 것임이 그 문면에 의하여 명백하고, 소론과 같이 매수인이 상인인 한 매도인이 상인인지 여부를 불문하고 위 규정이 적용되어야 한다고 볼 여지는 없다."고 판시하고 있다.

---

② 매매계약

제조물공급계약 가운데 매매의 성질이 약한 반면 도급의 성질이 강한 경우는 원칙적으로 본조가 적용되지 않고, 임대차계약도 적용되지 않는다.

대법원 1987. 7. 21. 선고 86다카2446 판결

"피고는 율무, 들깨, 코코아, 맛우유 등 국산차를 제조하여 자동포장기계를 이용, 타처에서 주문에 의하여 구입한 자동포장지를 도안된 형태에 따라 절단하여 1회용 포장지로 만들어 그 안에 위 국산차를 적정량으로 넣고 포장하여 시중에 판매하는 회사이고, 원고는 위와 같은 자동포장지를 제조하여 수요자에게 공급판매하는 회사로서, 원·피고 사이에 그 판시와 같이 원고가 국산차를 포장하기 위한 자동포장지를 피고가 제시한 도안과 규격에 따라(위 자동포장기계는 일정한 규격으로만 포장지를 절단할 수 있고, 그 규격이

초과되면 그 초과된 규격에 따라 자동조절되지 아니하여 올바로 절단할 수 없다) 제작하여 피고에게 공급 판매하기로 약정하고, 원고가 자신 재료를 사용하여 판시와 같은 자동포장지를 제작하여 피고에게 공급하였던 바, 피고는 위 포장지를 인도받고 즉시 그 하자유무에 관하여 검사하지 아니한 채 보관하다가 2개월 가까이 경과하고서야 위 자동포장기계로 위 포장지에 포장하는 작업을 하다가 위 포장지는 그 세로규격이 원고의 제작상 잘못으로 각 포장지마다 피고가 요구한 규격보다 1.5 내지 2밀리미터 초과하여 피고소유의 위 자동포장기계로서는 그 포장지를 올바르게 절단할 수 없고, 따라서 위 포장지 전량이 사용할 수 없게 되었음을 발견하고 그때 무렵 위와 같은 사실을 원고에게 통지한 사안"에서, 대법원은 "당사자의 일방이 상대방의 주문에 따라서 자기의 소유에 속하는 재료를 사용하여 만든 물건을 공급할 것을 약정하고 이에 대하여 상대방이 대가를 지급하기로 약정하는 이른바 제작물공급계약은 그 제작의 측면에서는 도급의 성질이 있고 공급의 측면에서는 매매의 성질이 있다. 이러한 계약은 대체로 매매와 도급의 성질을 함께 가지고 있는 것으로서 이를 어떤 법에 따라 규율할 것인가에 관하여는 민법 등에 특별한 규정이 없는바, 계약에 의하여 제작 공급하여야 할 물건이 대체물인 경우에는 매매로 보아서 매매에 관한 규정이 적용된다고 하여도 무방할 것이나, 이와는 달리 그 물건이 특정의 주문자의 수요를 만족시키기 위한 불대체물인 경우에는 당해 물건의 공급과 함께 그 제작이 계약의 주목적이 되어 도급의 성질을 강하게 띠고 있다 할 것이므로 이 경우에도 매매에 관한 규정이 당연히 적용된다고 할 수는 없을 것이다."라고 판시하였다.

대법원 1995. 7. 14. 선고 94다38342 판결

"건물 일부의 임대차계약을 체결함에 있어 임차인이 건물면적의 일정한 수량이 있는 것으로 믿고 계약을 체결하였고, 임대인도 그 일정 수량이 있는 것으로 명시적 또는 묵시적으로 표시하였으며, 또한 임대차보증금과 월임료 등도 그 수량을 기초로 하여 정하여진 경우에는, 그 임대차는 수량을 지정한 임대차라고 봄이 타당하다."고 하면서, 대법원은 "상사매매에 관한 상법 제69조는, 민법의 매매에 관한 규정이 민법 제567조에 의하여 매매 이외의 유상계약에 준용되는 것과 달리, 상법에 아무런 규정이 없는 이상 상인간의 수량을 지정한 건물의 임대차계약에 준용될 수 없다."고 판시하고 있다.

다만, 독일은 상사매매의 적용대상을 우리나라에서 적용하는 것보다 광범위하게 적용하고 있다. 독일 상법 제381조는 물건의 판매뿐만 아니라 유가증권의 매매에도 적용된다는 사실과 기업인이 공급받은 원료로 불대체물을 제작하는 경우에도 상사매매가 적용된다는 사실을 명시적으로 밝히고 있다.[45] 만약 독일 상법의 기준에서 본다면, 우리의 판례도 지금

---

45 독일 상법 제381조(유가증권의 매매, 제작물공급계약) (1) 상품매매에 대하여 적용되는 상사매매의 규정들은 유가증권의 매매에도 적용된다. (2) 제조 또는 생산되어야 할 동산의 인도를 목적으로 하는 계약에 대하여도 상사매매를 규정하고 있는 본장이 적용된다. 한편, 독일 민법 제651조는 도급계약과 유사한 계약의 경우에 매매계약을 준용하도록 하고 있다.

보다 적용범위가 확대될 가능성이 있다고 하겠다.

③ 목적물 수령

매수인이 목적물을 수령하였어야 한다. 수령이라 함은 매도인이 매매계약의 이행으로서 목적물을 인도하고 매수인이 이를 현실적으로 수령하여 검사할 수 있는 상태에 있는 것을 가리킨다. 따라서 화물상환증, 창고증권 또는 선하증권의 교부를 받는 것으로는 충분하지 않다. 목적물은 특정물이든 불특정물이든 상관이 없다.

④ 하자 또는 수량부족

목적물에 하자 또는 수량의 부족이 있어야 한다. 하자는 물건의 하자를 말하며 권리의 하자는 포함되지 않는다. 목적물의 하자는 목적물의 성질, 형상, 효용, 가치 등의 약정된 통상의 표준에 도달하지 못하였음을 뜻한다. 하자가 있는 경우로는 수개의 물품이 그 전체로서 비로소 완전하게 작용하는 때의 일부의 흠결, 견품매매의 경우 현물이 견품보다 품질이 좋지 못한 때 등을 들 수 있다. 그러나 장기간의 경과에 의한 변색은 하자가 아니다. 목적물과 전혀 다른 물건이 급부되거나 수량의 초과가 있는 경우에는 매수인은 이 의무를 부담하지 않는다.

⑤ 매도인의 선의

매도인이 악의가 아니어야 한다(제69조 제2항). 악의는 매도인이 목적물의 인도 당시에 하자 또는 수량의 부족이 있음을 알고 있는 것을 의미한다. 그러나 해의 및 하자 또는 수량의 부족을 속인다고 하는 사해의 의사가 있어야 하는 것은 아니다.

(5) 검사·하자통지의무의 내용
① 검사

목적물의 검사는 지체 없이 하여야 한다. 검사 이외의 다른 방법으로 하자 또는 수량부족을 알고 이를 통지기간 내에 통지한 때에는 매도인에 대한 권리를 행사할 수 있고 검사의무의 위반만이 독립하여 문제로 되지는 않는다. 지체 없는 검사 여부, 정도, 방법은 통상의 거래관행을 기준으로 하여 그 목적물의 취급을 영업으로 하는 상인이 하자 또는 수량의 부족을 발견하기에 상당하다고 인정되는 통상의 주의로써 상당한 기간 내에 행하여졌는가에 의하여 판단하여야 한다. 검사의 비용은 매수인이 부담한다. 검사기간은 목적물의 수령 시로부터 개시된다.

② 통지

하자·수량의 부족을 발견한 경우에는 즉시 매도인에게 이를 통지하여야 한다. '즉시'란 "가급적 신속하게"라는 의미이다. 약간의 시간적 유예도 허용되지 않는다는 의미는 아니라 하겠다. 통상의 거래관행을 고려하여 지체 없이 통지하면 된다.

> **대법원 1999. 1. 29. 선고 98다1584 판결**
>
> 대법원은 "매매의 목적물에 상인에게 통상 요구되는 객관적인 주의의무를 다하여도 즉시 발견할 수 없는 하자가 있는 경우에도 매수인은 6월내에 그 하자를 발견하여 지체 없이 이를 통지하지 아니하면 매수인은 과실의 유무를 불문하고 매도인에게 하자담보책임을 물을 수 없다고 해석함이 상당하다."고 하면서, "원고가 피고로부터 이 사건 건물에 대한 점유를 이전받은 날부터 6월내에 피고에게 이 사건 건물에 대한 하자를 발견하여 즉시 통지하지 아니한 사실을 자인하고 있어, 비록 이 사건 건물의 하자가 원고 주장과 같이 그 성질상 점유이전일부터 6월내에 도저히 발견할 수 없었던 것이었다고 하더라도, 원고는 상법 제69조 제1항이 정한 6월의 기간이 경과됨으로써 이 사건 손해배상청구권을 행사할 수 없다."고 판시하였다.

이 규정상의 통지는 매도인에게 이후의 대책(하자 없는 물건과 교환하여야 할 것인가, 아니면 하자 없는 것이라고 주장하여 증거보전을 해야 할 것인가, 기타 임의처분을 해야 할 것인가)을 강구할 기회를 신속하게 제공하기 위한 것이다. 그렇기 때문에 통지의 내용은 매도인이 그 개요를 알 수 있는 정도의 구체적인 것이어야 한다. 따라서 단순히 하자가 있다는 통지를 하는 것으로는 부족하다.

③ 입증책임

매매목적물의 하자 또는 수량의 부족의 검사 및 통지의 사실은 매수인이 입증책임을 진다.

대법원 1990. 12. 21. 선고 90다카28498 판결

"원심은, 원고가 피고(반소원고, 이 뒤에는 피고라고 약칭한다)와 간에 피고가 제조한 인삼탕을 담아 판매할 300밀리리터들이 유리병을 제조하여 공급하기로 약정하고, 1986년 8월 1일부터 10월 21일까지 세 차례에 걸쳐 유리병 20,022개를 제조하여 피고에게 매도한 사실, 피고는 1986년 11월 28일 위와 같이 원고로부터 공급받은 유리병 20,022개 중 13,000개를 불량품이라는 이유로 원고에게 반환하고, 나머지 유리병 중 5,000개에 인삼탕액을 담아 1986년 12월 9일경 중화민국 소재 하백기업유한공사에게 그 인삼탕을 병당 미화 1달라 99센트씩에 수출하였는데, 그 유리병들의 입구표면이 균일하게 가공되어 있지 아니한 하자로 말미암아 병뚜껑과 병입구가 제대로 밀봉되지 아니함으로써, 인삼탕이 중화민국으로 운송되는 도중에 유리병에 담겨 있던 인삼탕액이 밖으로 새어나와 모두 변질된 사실, 이로 인하여 피고는 수입상으로부터 지급받았던 인삼탕의 수출대금(미화 9,950달라)을 모두 반환하여 그 만큼의 손해를 입은 사실을 인정하였다."

대법원은 "상인간의 매매에 있어서는 매수인의 매매목적물에 대한 검사와 하자통지의무를 매수인이 매도인에 대하여 매매목적물에 관한 하자담보책임을 묻기 위한 전제요건으로 삼고 있음이 분명하므로, 그와 같은 하자담보책임의 전제요건, 즉 매수인이 목적물을 수령한 때에 지체 없이 그 목적물을 검사하여 즉시 매도인에게 그 하자를 통지한 사실, 만약 매매의 목적물에 즉시 발견할 수 없는 하자가 있는 경우에는 6월내에 이를 발견하여 즉시 통지한 사실 등에 관한 입증책임은 매수인에게 있다."고 판시하였다.

(6) 이행·위반의 효과

① 위반의 경우

위반 시 하자나 수량부족을 이유로 계약을 해제하거나 대금감액 또는 손해배상을 청구할 수 없다. 이 의무위반을 이유로 매수인이 손해배상책임을 부담하는 것은 아니다. 따라서 이 의무를 불완전의무 또는 책무라고 한다.

② 이행의 경우

의무이행의 경우에 매수인은 민법의 일반원칙에 따라 권리를 행사하게 된다. 따라서 특정물에 하자가 있는 경우에는 매매계약의 목적을 달성할 수 없는 경우에 한하여 계약해제권을 행사할 수 있고, 기타의 경우에는 손해배상청구권을 행사할 수 있다(민법 제580조 제1항, 제575조 제1항). 그러나 대금의 감액은 청구할 수 없다.

불특정물에 하자가 있는 경우에는 계약을 해제할 수 있는 권리를 행사할 수 있거나 손해배상청구권 또는 하자 없는 물건과의 교환을 청구할 수 있다(민법 제581조). 목적물이 수량부족의 경우에는 대금감액청구권 외에 잔존부족만이면 매수인이 이를 매수하지 않았을 때에는 계약해제와 동시에 손해배상을 청구할 수 있다.

(7) 6개월 후에야 나타나는 하자의 경우

① 학설

매매목적물에 6개월 내에 발견할 수 없는 하자가 있는 경우에 6개월 내에 통지를 하지 아니하더라도 담보책임을 물을 수 있는지가 문제된다. 이에 대하여 견해가 다투어지고 있다.

매수인이 목적물을 수령한 후 6월 이내에 발견할 수 없었던 하자는 6월 이후라도 이를 발견하여 즉시 통지하면 권리를 잃지 않는다는 견해[46]와 상법 제69조는 상거래의 신속한 완료와 활성화를 도모하기 위한 특칙이라는 점을 고려하여 6월 이후에 발견한 하자에 대하여는 매도인이 담보책임을 면하도록 하는 데 그 입법취지가 있다는 점을 고려하여, 6월 이후에 한 통지에는 매도인에게 담보책임을 물을 수 없다는 견해[47]가 대립하고 있다.

② 판례

기간을 제한을 두지 않고 있는 독일 상법 제377조 제3항과 비교하여 우리 상법은 6월이라고 하는 기간을 명시적으로 두고 있다. 상거래 특성상 신속한 거래를 고려한 현행법을 엄격하게 해석하는 입장을 취한다면, 부정설이 타당하다. 대법원은 부정설의 입장을 취하고 있다.

> **대법원 1999. 1. 29. 선고 98다1584 판결**
> "매매의 목적물에 상인에게 통상 요구되는 객관적인 주의의무를 다하여도 즉시 발견할 수 없는 하자가 있는 경우에도 매수인은 6월 내에 그 하자를 발견하여 지체 없이 이를 통지하지 아니하면 매수인은 과실의 유무를 불문하고 매도인에게 하자담보책임을 물을 수 없다고 해석함이 상당하다."

---

46 이철송, 상법총칙·상행위법, 제13판, 박영사, 2015, 394면.
47 임홍근, 상법총칙·상행위, 법문사, 2001, 511면; 최기원·김동민, 상법학신론(상), 제20판, 박영사, 2014, 241면.

③ 사견

상법 제69조가 상사매매의 경우에 매도인을 보호하고자 하는 면이 있는 것은 사실이다. 그러한 면을 고려하여 6월 이후에 발견한 하자에 대하여 매도인의 담보책임을 배제해야 한다는 주장은 타당성이 있다. 그러나 6월 내에 발견할 수 없는 하자가 있는 경우까지 상법 제69조를 적용한다면 물건의 성질에 따라서는 매도인의 담보책임 자체를 면제하는 것과 같다는 점에서 부당하다는 입장[48]은 설득력이 없는 것은 아니라 하겠다. 독일 상법 제377조 제3항이 기간을 명시적으로 규정하지 않고 해석론에 맡겨 놓은 이유를 생각해볼 필요가 있다.[49] 동 규정이 매도인을 보호하고자 하는 면이 강한 것은 사실이지만, 매수인의 이익을 희생시키면서까지 매도인을 과도하게 보호할 필요는 없다고 할 것이다. 그런 측면에서 본다면, 우리 상법 제69조 제1항 단서에서 6월을 지정하는 것은 바람직한 것은 아니라 할 것이고, 단서의 삭제 필요성이 있다고 하겠다.

V. 매수인의 보관·공탁의무

1. 의의

상거래의 매매에 있어서 매수인은 인도 받은 물건 또는 수량을 초과한 물건 등은 보관 또는 공탁해야 할 의무를 부담하도록 하고 있다. 인도받은 물건에 대하여 보관 또는 공탁의무를 부담토록 하는 것은 매도인의 이익을 보호하기 위함이다. 이는 매도인에게 반송의 비

---

48 이철송, 상법총칙·상행위법, 제13판, 박영사, 2015, 393면, 395면.
49 독일 상법 제377조 (3) 하자가 나중에 발견될 경우에는, 발견 후 통지는 지체 없이 이루어져야 한다. 그렇지 않은 경우에는 그 물건의 하자를 고려하여 수용한 것으로 본다.

용, 위험의 경감 및 전매의 기회를 부여하기 위함이다. 민법과 달리 규정하고 있는 상사매매에 있어서 매수인이 보관의무와 공탁의무를 부담하도록 하고 있다.

2. 민법의 경우

민법상의 담보책임에 대한 원칙은 민법 제548조에 규정되어 있다. 민법에서 매매 목적물의 하자 또는 수량부족으로 인하여 매수인이 매도인의 담보책임을 물어 매매계약을 해제한 경우에는, 각 당사자는 원상회복의 의무가 있다(민법 제548조 제1항 본문). 이 경우 매수인은 매도인의 비용으로 매도인에게 해당 목적물을 반환하면 된다. 다만, 제3자의 권리를 해하지 못한다(민법 제548조 제1항 단서).[50]

상법상 인정되고 있는 매수인의 보관의무·공탁의무에 대한 내용은 민법에 규정되어 있지 않다. 그러나 매수인은 매도인에게 매도인의 비용으로 상위한 물건이나 수량을 초과한 물건을 반환하면 되는 것으로 해석된다.[51]

3. 상법의 경우

1) 내용

계약해제 후 원상회복을 위해 목적물을 매수인이 매도인에게 반환해야 하는 민법을 적용하게 된다면, 매도인은 목적지의 소재지에서 선매할 기회를 상실하게 되고, 과중한 운반비를 부담해야 할 뿐만 아니라 운송 중 손상이나 분실의 위험성이 뒤따르게 된다. 이러한 면을 고려하여 상법은 민법과 달리 매수인에게 상인 간의 매매에 있어서 계약을 해제한 때에 매도인의 비용으로 매매의 목적물을 보관 또는 공탁하도록 하고 있다(상법 제70조 제1항). 인도받은 물건 또는 수량이 초과한 물건에 대한 매수인의 보관의무와 공탁의무를 통하여 매도인의 이익을 보호하고자 한다. 다만, 목적물이 멸실 또는 훼손될 염려가 있는 때에는 법원의 허가를 얻어 경매하여 그 대가를 보관 또는 공탁하여야 한다(상법 제70조 제1항 제2문). 또한 매수인이 인도받은 물건이 매매목적물과 다르거나 수량을 초과한 때에도, 그 필

---

50 대법원 2000. 9. 5. 선고 2000다16169 판결. 제1항 단서 제3자의 의미에 대하여, 대법원은 "그 해제된 계약으로부터 생긴 법률적 효과를 기초로 하여 새로운 이해관계를 자졌을 뿐 아니라 등기·인도 등으로 완전한 권리를 취득한 자를 말하는 것이고, 해제에 의하여 소멸되는 계약상의 채권을 양도받은 양수인이나 그 채권의 가압류채권자는 이에 포함되지 않는다."고 보고 있다.

51 정찬형, 상법강의(상), 제18판, 박영사, 2015, 235면.

요성은 동일하다는 면을 고려하여 상법 제70조를 통하여 문제를 해결하고 있다(상법 제71조).

2) 요건

매수인의 보관의무와 공탁의무가 발생하기 위해서는 상사매매에 관한 특별규정의 적용요건 이외에도 다음과 같은 사항이 존재해야 한다.

(1) 상법 제70조 및 제71조 요건

매수인이 목적물을 수령한 후 매매의 목적물의 하자 또는 수량부족으로 인하여 매매계약을 해제하는 경우(상법 제69조 제1항) 또는 매수인이 매매의 목적물과 상위하거나 수량을 초과한 목적물을 수령한 경우(상법 제71조)에 상법 제70조가 적용된다.

상법 제71조의 경우 매도인이 매수인에게 인도한 물건이 매매의 목적물과 상위하거나 수량이 부족한 경우에 그 상위나 초과한 부분에 대하여 매수인의 보관의무가 발생한다. 그러나 만약 계약당사자가 상인이면서 상행위를 하는 경우에, 다른 장소에 교부된 물건에 대하여 매수인이 이의를 제기한 경우라 한다면 그는 일시적인(einstweilig) 보관의무를 부담하는 것으로 볼 수 있을 것이다. 독일 상법은 이 점을 명시적으로 규정하고 있다.[52]

(2) 상법 제70조 제3항, 제71조

매도인의 영업소와 목적물의 인도장소가 동일한 특별시·광역시·시·군에 있는 때에는 매도인이 즉시 적절한 조치를 취할 수 있다는 점에서, 본조가 적용되지 않는다. 동조가 매매목적물에 대한 매도인의 관리 및 지배가 어려운 상황을 고려한 규정임을 알 수 있다.

(3) 상법 제69조 제2항

매도인의 선의가 존재해야 한다. 매도인이 목적물의 하자 또는 수량부족으로 인한 해제사유 또는 매매의 목적물과 상위하거나 수량을 초과하여 물건을 인도한 사실을 알지 못하였어야 한다.

---

52 § 379 (Einstweilig Aufbewharung, Notverkauf) HGB (1) Ist der Kauf für beide Teile ein Handelsgeschäft, so ist der Käufer, wenn er die ihm von einem anderen Orte bersendete Ware beanstandet, verpflichtet, für ihre einstweilige Aufbewahrung zu sorgen. (2) 생략.

4. 의무의 내용

1) 보관과 공탁

계약의 일부만 해제하는 경우에는 해제한 부분, 수량이 초과한 경우에는 초과하는 부분만 공탁하면 된다. 보관 또는 공탁은 매수인이 임의로 선택할 수 있으며 공탁에 특별한 요건을 요구하지 않는다. 매수인은 상인이므로 목적물에 대하여 선관주의의무를 진다고 해석되므로, 매수인은 목적물의 성질에 따라 알맞은 방법으로 보관하여야 한다(상법 제62조 유추 적용).

반드시 본인이 보관해야 할 필요는 없다. 창고업자 등을 통하여 임치하는 것도 가능하다. 어떤 방법을 선택하였건 간에 매도인이 보관비용을 부담한다. 보관기간은 매도인이 목적물에 대하여 적절한 조치를 착수하는 데 소요되는 기간이라고 해석하는 것이 타당하다.

매수인이 목적물을 보관한 경우에 상인인 지위에서 상법 제61조에 따른 보수청구권을 행사할 수 있는가에 대한 물음이 제기될 수 있다. 보관은 매수인이 직접 할 필요는 없고, 상법이 보관 또는 공탁은 매도인의 부담으로 하고 있기 때문에(제70조 제1항 본문), 매수인이 보관한 경우에는 매도인에 대하여 상당한 보수를 청구할 수 있다는 입장[53]과 본조의 규정은 법률에 의하여 인정되는 의무이므로 상법 제61조의 적용대상이 아니라는 주장[54]이 맞서고 있다. 매수인이 상인으로서 목적물 보관의무와 공탁의무가 법정의무에 해당하는 것은 맞지만, 상법이 상인에게 그 영업범위 내에서 보수를 청구할 수 있도록 한 것은 타인을 위하여 행위를 한 경우에만 해당한다. 매수인의 보관행위나 공탁행위를 통하여 매도인을 위한 행위를 하였다고 한다면, 비록 그것이 법정의무에 해당한다고 할지라도 매수인이 상인으로서 노고를 한 대가에 대하여는 반대급부가 주어져야 할 것이다.

2) 경매

상법 제70조 제1항 단서는 "그 목적물이 멸실 또는 훼손될 염려가 있는 때에는 법원의 허가를 얻어 경매하여 그 대가를 보관 또는 공탁하여야 한다."라고 규정하고 있다. 이러한 경매를 '긴급매각'이라고 한다. 상법 제67조 제1항은 매도인에게 공탁과 경매 중 임의로 선

---

53 이기수·최병규, 상법총칙·상행위법(상법강의 I), 제7판, 박영사, 2010, 198면; 최기원·김동민, 상법학신론(상), 제20판, 박영사, 2014, 247면.
54 정찬형, 상법강의(상), 제18판, 박영사, 2015, 237면; 이철송, 상법총칙·상행위법, 제13판, 박영사, 2015, 397면.

택할 권리를 부여하고 있는 반면에, 제70조 제1항 단서는 경매를 2차적인 수단으로 규정하고 있다. 본 조항이 목적물의 보관에 중심을 두고, 그것이 합당하지 않을 경우에 차선의 방법으로 경매권을 부여하고 있는 것이다. '목적물이 멸실 또는 훼손될 염려가 있을 때'라 함은 장기간 보관하면 부패할 염려가 있거나 보관 중 목적물이 파괴되는 등 보관에 적절하지 아니한 경우를 의미한다. 한편, 매수인은 경매를 한 경우에 매도인에게 지체 없이 그 통지를 발송하지 않으면 아니 된다(발신주의)(상법 제70조 제2항, 제71조).

5. 효과

매수인이 목적물의 보관, 공탁의무를 위반한 경우에는, 발생한 손해에 대하여 배상책임을 부담한다. 또한 목적물이 멸실 또는 훼손될 염려가 없는데도 불구하고, 매수인이 경매를 한 경우라면 이 또한 의무를 위반한 경우에 해당되므로 손해배상책임을 부담한다. 상법 제70조 제1항 단서에 따라, 목적물이 멸실 또는 훼손될 염려가 있는 때에 매수인은 경매를 하지 않으면 아니 된다. 이러한 의무를 위반하여 손해가 발생하였다고 한다면, 이 경우 역시 매수인은 손해배상책임으로부터 벗어날 수 없다.

제4절 상호계산

I. 의의

일정기간 내에 있어서 채권이나 채무의 총액을 일괄하여 상계하고 그 잔액을 지급하도록 한다면, 기업 활동의 결제에 대한 간편함과 경영활동의 신속성을 제공해줄 것이다. 이 점을 고려하여 상법은 상호계산제도를 마련하고 있다. 상법 제72조는 상호계산을 명시적으로 규정하여, "상인 간 또는 상인과 비상인 간에 상시 거래관계가 있는 경우에 일정한 기간의 거래로 인한 채권채무의 총액에 관하여 상계하고 그 잔액을 지급할 것을 약정함으로써 그 효력이 생긴다."고 규정하고 있다. 상호계산은 13세기 초 이탈리아의 여러 도시에서 은행거래 시 관습법으로 발달한 것으로 알려지고 있다. 처음에는 부기기술로 이용되어왔고, 독일은 상법 제355조 이하에서 상호계산에 관한 내용을 규정하고 있다. 독일 상법을 계수하여 우리 상법은 제72조 내지 제77조에 상호계산을 규정하고 있다.

II. 민법의 경우

1. 상계의 개념

　민법은 상계에 관한 규정을 두고 있다. 상계(Aufrechnung)라 함은 채권자와 채무자가 서로 동종의 채권·채무를 가지는 경우에 채무자의 일방적 의사표시에 의하여 그 채권·채무를 대등액에서 소멸시키는 것을 말한다. 상계는 채권자와 채무자가 서로 청구하고 이행하는 번거로움을 덜어주는 역할을 하게 된다. 또한 어느 일방이 파산 등 자력이 악화된 경우에 다른 일방이 불이익을 입는 불공평한 결과를 방지하여 담보작용을 하기도 한다. 상계는 단독행위이며, 특수한 채권소멸원인이다.

2. 분류

　상계에 있어서 상계를 하는 자의 채권을 자동채권 또는 능동채권, 상계를 당하는 자의 채권을 수동채권이라고 한다. 또한 소송물로 주장된 채권을 소구채권, 상대방의 상계할 수 있는 채권을 반대채권이라고 한다.

3. 요건

　상계가 유효하기 위하여는 채권·채무가 상계적상(민법 제492조)에 있어야 한다. 곧 자동채권과 수동채권은 상계자와 피상계자 사이의 채권이어야 하고, 상계되는 양 채권은 동종의 목적을 가져야 한다. 자동채권은 반드시 변제기에 있어야 하며, 채권의 성질이 상계를 허용하는 것이어야 한다.

III. 상법의 경우

1. 의의

　상법 제72조 내지 제77조는 상호계산에 관한 내용을 규정하고 있다. 상호계산은 양 당사자의 합의에 의한 하나의 계약에 해당한다. 당사자 쌍방의 채권·채무를 대등액의 범위에서 소멸시킨다는 점에서 민법의 상계(민법 제492조)와 유사한 면이 있다. 그러나 민법의 상계는 개별적 채권·채무를 소멸시키는 것에 불과하지만 상법의 상호계산은 일정기간에 걸쳐 발생한 채권·채무를 포괄적으로 소멸시킨다는 점에서 차이가 있다.

2. 요건

1) 당사자

상호계산의 당사자는 상법 제72조가 '상인 간 또는 상인과 비상인 간'으로 명시적으로 표시하는 바와 같이 최소한 적어도 한 당사자는 상인이어야 한다. 기업 활동과 관련이 없는 민사 상호계산의 경우에 대하여도 상법상 상호계산에 관한 규정을 유추하여 적용해야 한다는 입장[55]이 있지만, 이는 지나치게 확장하여 해석한 것으로서 입법자의 의도를 간과하고 있는 해석방법이다.

2) 거래의 계속성

양 당사자는 일회성에 그치지 아니하고 항상 계속하여 서로 채권·채무를 생기게 하는 거래관계가 유지되어야 한다. 주로 도매상과 소매상 사이의 거래와 보험회사와 보험회사의 대리점 사이의 거래에서 많이 볼 수 있다.

3) 일정한 기간

상호계산에서 총액상계의 대상이 되는 것은 '일정기간 내의 거래에서 생기는 채권·채무'이다. 이를 상호계산기간이라고 하는데, 다른 약정이 없는 한 6월로 하고 있다(상법 제74조). 그러므로 당사자 간의 특약으로 거래가 있을 때마다 상계하기로 하는 계약은 가능하다. 이를 단계적 상호계산계약이라고 한다.

4) 거래행위

상법 제72조 법문은 '일정한 기간의 거래로 인한 채권채무의 총액에 관하여 상계하고 그 잔액을 지급할 것'이라는 용어를 사용하고 있다. '상호계산에 의하여 결제되는 채권·채무'를 상호계산능력이라고 한다.[56] 법문 용어를 통하여 알 수 있는 것은 거래로 인한 채권이어야 한다. 그러므로 거래에 의하지 않는 불법행위나 사실관리 등에 의하여 발생한 채권·채무는 해당사항이 없다.

55　정동윤, 상법총칙·상행위법, 개정판, 법문사, 1996, 363면.
56　정찬형, 상법강의(상), 제18판, 박영사, 2015, 247면.

5) 금전채권

상호계산의 대상이 되는 것은 금전채권에 한정된다. 금전채권에 해당하기는 하지만 어음 기타 유가증권상의 채권·채무는 상호계산능력이 없다(상법 제73조). 상법 제73조가 그것을 명시적으로 밝히고 있다.

3. 법적 성질

상계는 단독행위에 해당하지만, 채권자와 채무자 사이에 상계계약을 할 수도 있다. 상계계약에 대하여는 상계의 요건이나 상계의 금지는 원칙적으로 적용되지 않는다고 본다. 상호계산은 상계계약의 대표적인 것에 해당한다(상법 제72조). 계약으로서 법적 성질에 관하여 다양한 견해가 있지만, 간이결제를 위한 목적으로 하여 상법에서 인정된 특수한 낙성계약으로 보는 것이 타당하다.

4. 효력

1) 소극적 효력

(1) 원칙

소극적 효력이라 함은 상호계산기간 중의 각 채권·채무에 대한 효력을 말한다. 소극적 효력에는 상호계산 불가분의 원칙이 적용된다. 상호계산 불가분의 원칙이라 함은 '한번 상호계산에 계입된 채권은 독립성을 상실하고 정지 상태에 놓이며 상호계산에서 제거하지 못함'을 의미한다. 그러므로 상호계산에 계입된 채권·채무는 당사자가 임의로 계산으로부터 제거할 수 없는 것이 원칙이다.

(2) 예외

상법은 상호계산불가분의 원칙에 대한 예외를 규정하고 있다. 상법은 "어음 기타의 상업증권으로 인한 채권·채무를 상호계산에 계입한 경우에는 그 증권채무자가 변제하지 인한 때에는 당사자는 그 채무의 항목을 상호계산에서 제거할 수 있다(상법 제73조)."고 하면서 동 원칙에 대한 예외를 명시적으로 제시하고 있다.

2) 적극적 효력

적극적 효력이라 함은 상호계산기간이 만료됨으로써 생기는 효력을 말한다.

(1) 잔액채권의 성립

상호계산기간이 경과하면 기간 중에 생긴 채권·채무는 상계되어 소멸하고 그 결과 잔액채권(Saldoforderung)이 성립한다. 잔액채권의 성립시점과 관련하여 다툼이 있다. 기간경과 후에 당사자가 계산서를 승인(상법 제75조)해야만 잔액채권이 성립하는 것으로 보는 입장[57]이 있지만, 잔액채권의 성립과 계산서의 승인은 구별되어야 한다는 주장[58]이 제기되고 있다. 후자의 입장에 따르면, 상호계산계약을 체결할 때에는 기간 중의 채권·채무를 상계하고 잔액채권을 성립시킬 의사가 포함되어 있으며, 또 '잔액'이라는 것이 성질상 어떤 의사표시에 의하여 만들어지는 것이 아니고 객관적인 수치의 가감에 의해 산출되는 것이므로 상호계산기간이 경과하면 자동적 계산의 결과로 발생하는 것이라고 한다.

(2) 계산서 승인의 효력

상호계산기간이 종료하면 당사자는 계산서를 작성하여 이를 승인하는 절차를 밟게 된다. 일반적으로 당사자 일방이 기재한 서면을 타방 당사자에게 제시하고 그 자가 동의하는 방식을 취하게 된다. 계산서 승인은 새로운 무인적 채권을 발생시키게 된다.

당사자가 채권·채무의 각 항목을 기재한 계산서를 승인한 경우에는 각 항목에 대하여 이의를 제기할 수 없다(상법 제75조). "각 항목에 대하여 이의를 제기하지 못한다."는 법문의 뜻은 '채권·채무의 액을 다투지 못한다는 의미를 포함하며, 또한 매매 등 그 발생원인이 되는 행위가 무효나 취소 등으로 채권이 존재하지 않게 되더라도 이를 주장하지 못한다'는 의미로 해석되어야 한다.[59] 기간의 경과로 성립된 유인적인 잔액채권(kausale Saldoforderung)이 상호계산의 승인에 의하여 무인적인 잔액채권(abstrakte Saldoforderung)으로 변한다는 사실을 유념할 필요가 있다.[60]

---

57 최기원·김동민, 상법학강의(상), 제20판, 박영사, 2014, 255면. 독일 판례도 그러한 입장을 취한 바 있다. BGHZ 93, 307 (314).
58 김정호, 상법총칙·상행위법, 법문사, 2008, 245면; 이기수·최병규, 상법총칙·상행위법(상법강의 I), 제7판, 박영사, 2010, 373면; 이철송, 상법총칙·상행위법, 제13판, 박영사, 2015, 413면.
59 이철송, 상법총칙·상행위법, 제13판, 박영사, 2015, 415면.
60 독일 판례가 이를 지지하고 있다. BGH WM 1972, 283 (285).

(3) 착오나 탈루의 경우

승인으로 확정된 잔액채권에 대한 변경은 허용되지 않는 것이 원칙이다. 그러나 우리 상법은 "착오나 탈루가 있는 경우에는 그러하지 아니하다(상법 제75조 단서)."라고 하여, 마치 계산서승인 이후에도 이의제기가 가능한 것과 같은 형식을 취하고 있다. 법문의 해석과 관련하여, 승인행위 그 자체의 효력을 다투어 잔액채권 자체의 성립에 이의를 제기할 수 있다는 '승인행위무효설'[61]과 승인행위는 취소할 수 없고 이의를 제기하여 부당이득반환을 청구할 수 있을 뿐이라는 '부당이득청구권설'[62]이 대립하고 있다. 무인적 채무승인의 성격을 갖는 계산서승인에서 계산서작성 시 발생한 액수의 착오나 계입채권의 누락이 있다 하여 이로써 무인적 채무승인 자체의 효력을 사후적으로 다투게 하려는 취지는 아닌 것이라는 입장에서 전자의 입장은 설득력이 떨어진다. 그러나 승인행위 자체의 효력에는 영향이 없고 부당이득을 이유로 하여 이득반환청구권을 행사할 수 있다고 하지만, 부당이득청구권을 행사하고자 한다면 승인행위의 효력에 영향이 있어야 한다. 만약 승인행위의 효력이 없다고 한다면 부당이득의 요건인 '법률상 원인 없이'라는 요건이 충족되는 것이 아니므로, 후자의 입장 역시 무리가 없는 것은 아니다.

5. 종료

상호계산은 종속기간의 만료 기타 계약의 일반적인 종료원인에 의하여 종료한다. 당사자는 언제든지 상호계산을 해지할 수 있다(상법 제77조). 상호계산계약을 해지한 경우에는 즉시 계산을 폐쇄하고 잔액지급청구권을 행사할 수 있다(상법 제77조 단서). 상호계산은 상시 거래관계가 있는 자들 사이의 결제방식에 해당하는 것이므로, 거래관계가 종료되면 상호계산 역시 종료되는 것으로 보아야 한다. 한편, 일방의 파산이나 회생절차가 개시되는 경우에도 종료하게 된다(채무자 회생 및 파산에 관한 법률 제125조 제1항, 제343조 제1항).

---

61 정희철, 상법학(상), 박영사, 1989, 169면.
62 김정호, 상법총칙·상행위법, 법문사, 2008, 250면; 최기원·김동민, 상법학강의(상), 제20판, 박영사, 2014, 256면.

제2장
익명조합과 합자조합

제1절 익명조합

I. 의의

익명조합(匿名組合, Stille Gesellschaft)을 어느 영역에서 다루는 것이 타당한가에 대한 궁금함이 항상 있다.

'익명'조합에서 익명은 '숨어 있는 자'라는 의미이다. 갑과 을이 동업을 하기로 하였다. 갑은 전면에 나서서 영업행위를 하고 싶은 마음이 없다. 또한 영업에 능력이 있는 것도 아니다. 단지 재산이 많이 있고, 그 재산을 증식하고 싶은 마음뿐이다. 반면에 을은 가지고 있는 재산은 없지만 영업에 대한 능력이 뛰어나다. 이 양자가 결합한 것이 바로 익명조합의 모습이다. 익명조합은 조합이라는 의미에서 보았을 때 단체법의 영역에서 다루는 것도 하나의 방법일 수 있다. 특히, 2인 이상이 법인이 아니면서 공동으로 사업을 하고자 한다면 민법상 조합(Gesellschaft bürgerliches Rechts)이나 익명조합(Stille Gesellschaft) 모두 이용가능성이 있다.

독일 상법은 상거래를 하는 단체(Handelsgesellschaften)로서 합명조합(offene Handelsgesellschaft)과 합자조합(Kommanditgesellschaft)에 대한 법률적인 관계를 규정한 후에

익명조합과 관련된 내용을 규정하고 있다. 유념해야 할 사항은 우리 상법은 회사 편에 합명회사와 합자회사와 독일 상법에서 인정하고 있는 합명조합과 합자조합은 유사한 점도 있지만 상호 차이점이 있다는 점을 간과해서는 아니 된다. 우리나라에서 합명회사와 합자회사는 법인으로서 회사에 해당한다. 하지만 독일의 합명조합과 합자조합은 상거래를 하는 면에서는 우리의 회사형태와 유사하지만 법인으로서 유한회사는 유한회사법에, 주식회사는 주식회사법에 규정되어 있었다. 그렇지만 합명조합과 합자조합은 상법에 규정되고 있다. 익명조합 역시 인적인 결합이라는 측면에서는 단체법의 영역으로 볼 수 있지만, 익명조합원은 법률거래의 당사자로 등장하지 않고 다만 영업자가 상인의 지위를 가지고 전면에 등장한다는 측면에서 상법의 영역에 있는 것은 그리 이상한 것은 아니라 하겠다.

II. 익명조합의 이해

1. 연혁

익명조합과 합자조합은 10세기경 지중해 연안에서 널리 유행하였던 'commanda'에 기원을 두고 있다. 'commannda'는 원래 '위탁'이라는 의미를 가지고 있다. 이 코만다(commannda)는 commendator(자본가)가 tractor(영업자)에게 상품이나 자금을 제공하여 영업자의 이름으로 해외무역을 영위하도록 하고 그 보수로서 일정한 이익을 분배하는 형태를 띠고 있었다. 나중에는 영업만을 담당하던 기업가 자신이 자본 일부를 출연하는 경우도 발생하기도 하였다. 이러한 형태가 변화·발전하면서 자본가가 공동영업자로서 외부에 드러나는 형태로 분화하기도 하고(합자조합의 형태), 자본가가 내부에 드러나지 않으면서 대외적으로 영업자가 권리와 의무의 주체로 등장하게 되는 형태(익명조합의 형태)로 발전하게 되었다.

2. 비교

1) 민법상 조합

민법상 조합과 익명조합은 2인 이상이 결합한다는 측면에서 유사한 면이 있다. 그러나 민법상 조합은 조합원 전부가 조합채무를 부담해야 하는 무한책임의 특징을 가지고 있고(민법 제712조), 각 조합원의 출자와 조합활동으로 취득한 재산이 '합유'라고 하는 형태로 조합원 전원에게 공동으로 귀속하게 된다.[1] 한편, 민법상 조합은 특정영업을 하고 싶지만 제한된 위험만을 부담하고자 하는 자에게는 용이하지 않은 면이 있고, 조합원이 각자가 업무집행을 해야 하기 때문에(민법 제706조 제1항) 영업운영에 있어서 기동력이 떨어질 수 있다는 단점도 있다. 그러나 익명조합은 자본은 제공하되 경영에 대하여는 일정한 자, 이른바 영업에 능력을 가지고 있는 영업자에게 일임하는 조직형태이다. 이는 영리성의 성질을 띠는 익명조합이 민법상 조합의 단점을 두루 보완할 수 있는 형태에 해당한다.

2) 합자조합 및 합자회사

역사적인 기원을 보면 합자조합과 익명조합의 출발점은 동일하다. 영업에 참여하지 않은 채 제한적으로 출자한 자본만으로 책임을 부담하는 자본가와 대외적으로 영업만을 담당하면서 법률행위의 귀속주체로 등장하게 되는 영업자의 결합구조에서 유사한 면이 있는 것이다. 한편, 우리나라는 합자조합과 달리 합자회사도 상법에 규정되어 있다. 양자는 모두 유한책임사원과 무한책임사원의 결합이라는 측면에서는 동일하지만, 전자는 조합에 해당하고 후자는 법인에 해당한다는 측면에서 차이가 있다.

익명조합은 2인 이상의 결합이기는 하지만 대외적·법률적으로 영업자만이 상인으로 등장하는 모습을 띠고 있다고 한다면, 합자조합이나 합자회사는 모든 사원이 지분을 가지고 조직하는 인적 단체의 모습을 갖게 된다. 양자는 전자는 법인이 아니고 후자는 법인의 형태를 띠고 있다는 점에서만 차이가 있지, 모두 독립성을 가지고 있지 않다는 측면에서는 동일한 면이 있다. 또한 익명조합에서 익명조합원은 영업자의 채권자에 대하여 출자한 것 이상에 대하여 책임을 부담하지 않지만, 합자조합이나 합자회사의 경우 유한책임사원은 조합이나 회사의 채권자에 대하여, 비록 그 책임이 제한된 것이기는 하지만 직접책임을 부담하는 경우가 발생할 수 있다. 그런 측면에서 본다면, 익명조합은 익명조합원과 영업자의 계약의 형태를 가진 개인법적·거래법적 모습이라고 한다면, 합자조합이나 합자회사는 단체법적·조직법적인 모습을 가지고 있다.

---

1   민법상 조합의 재산형태인 합유는 전체로서의 조합재산에 대하여 지분을 가지며, 지분은 합유물 전부에 미친다. 또한 지분을 처분하는 경우에는 전원의 동의가 요구된다. 반면, 총유는 법인이 아닌 사단의 사원이 집합체로서 소유하는 형태로서, 공유나 합의와 같은 지분 개념이 없다. 총유관계는 법인 아닌 사단의 정관 기타의 규약에 의해 규율되나, 그의 정한 바가 없으면 총유물의 관리 및 처분은 사원총회의 결의에 의하여, 각 사원은 정관 기타 규약에 따라 총유물의 사용·수익할 수 있다.

III. 익명조합의 요소

1. 계약당사자

익명조합계약은 당사자 일방이 상대방 영업을 위하여 출자하고 상대방은 그 영업으로 인한 이익을 분배할 것을 약정하는 계약을 말한다(상법 제78조). 영업을 하는 당사자를 영업자라 하고, 출자를 하는 자를 익명조합원이라 하고, 반드시 양 당사자가 존재해야 한다. 익명조합원은 출자의무를 부담해야 하고, 영업자는 '영업을 할 의무'를 부담한다. 영업으로 인한 이익을 분배하는 계약이 바로 익명조합이다. 익명조합원은 약정한 출자를 해야 하고, 영업자의 출자와 노력이 결합되어 이익이 창출된다. 창출된 이익은 양 당사자가 약정한 바에 따라 분배를 하게 된다.

2. 자격요건

일방 당사자에 여러 사람이 있을 수 있지만 조합과 달리 여러 당사자가 독립해 있을 수는 없다. 이 점은 민법상 조합과 차이가 있다. 영업자는 상인임이 원칙이지만 장차 상인이 될 것을 전제로 한 익명조합계약도 유효하다. 익명조합원의 자격에는 아무 제한이 없으며 자연인임을 요하지 않는다. 법인도 가능하며, 상인이든 비상인이든 상관이 없다.

3. 이익의 분배

1) 영업으로 인한 이익분배

익명조합이라 함은 당사자의 일방이 상대방의 영업을 위하여 출자하고 상대방은 그 영업으로 인한 이익을 분배할 것을 약정하는 것을 의미한다(상법 제78조). 법문에서 알 수 있듯이, 익명조합에서 익명조합원은 영업자의 영업을 위하여 출자를 해야 하고, 영업자는 익명조합원에게 영업으로 인한 이익을 분배해야 한다. 익명조합에서 이익의 분배는 가장 중요한 요인에 해당한다. 이익의 분배는 영업의 성과에 따라 지급되는 것이므로 불확정적인 것에 해당한다. 그러므로 영업결과에 관계없이 일정액을 정기적으로 지급하기로 하는 약정은 소비대차계약에 해당될 수 있지만 익명조합계약에 해당되는 것은 아니라 하겠다. 또한 매출액의 일부를 무조건 지급하는 것을 약정하는 것은 익명조합계약에 해당될 수 없다. 다만, 손실의 분담은 필수적인 요소에 해당되는 것은 아니므로 이를 배제하는 합의도 가능하다.

2) 정기적인 이익금 지급 약정의 경우

대법원은 영업성적의 성과에 관계없이 일정한 이익금을 지급하기로 한 약정에 대하여 익명조합계약에 해당되지 않음을 판시하고 있다.

대법원 1962. 12. 27. 선고 62다660 판결

"원고는 본 건 형광등 공장에 300,000원을 출자하고 위 장순태는 영업성적 여하에 불구하고 영업이익금에서 매월 금 18,000원을 매월 20일 원고에게 지급한다는 익명조합계약을 하고 … 본 건 계약은 영업성적 여하를 불구하고 출자금의 월 6푼에 해당하는 이익금을 지급하기로 특약"한 사안에서, 대법원은 "당사자의 일방이 상대방의 영업을 위하여 출자를 하는 경우라 할지라도 그 영업에서 이익이 난 여부를 따지지 않고 상대방이 정기적으로 일정한 금액을 지급하기로 약정한 경우에는 가령 이익이라는 명칭을 사용하였다 하더라도 그것은 상법상의 익명조합 계약이라고 할 수 없는 것이다."라고 판시하고 있다.

대법원 1983. 5. 10. 선고 81다650 판결

대법원은 "피고와 소외 수배죽이 양명호라는 상호의 중국음식점을 동업하기로 하는 동업계약을 체결함에 있어 그 출자의무로서 피고는 그 소유의 빌딩 4층과 5층 건평 611.84평을 영업장으로 제공하고, 영업장 시설물 및 기물도 설치하며, 이에 따르는 제세금, 전기료, 수도료 등 비용과 시설물의 개수 및 보수를 책임지기로 하고, 이에 대하여 위 소외인은 위 양명호를 경영하는 데 필요한 모든 인력 및 재료를 제공하고 그에 따르는 인건비, 재료비 기타 사무실경상비 등을 책임지기로 하며, 위 영업의 운송에 있어서는 위 소외인이 대표하여 경영에 필요한 제3자와의 거래 및 영업명의 기타 영업에 부수되는 행위를 하고 그 권리의무를 위 소외인이 부담하기로 하며, 이익분배에 관하여는 피고가 매일 매상금액 중 50퍼센트에 해당하는 금액을 위 소외인으로부터 받아 그중 30퍼센트에 해당하는 금액을 임대료와 사용료로 충당하고 20퍼센트에 해당하는 금액은 제세금, 예치금으로 보관하여 납부하되 과부족이 있을 때에는 그 시기를 현재로 하여 정산하기로 각 약정하였으며… 사실이 위와 같다면 피고와 소외 수배죽 사이의 위 동업관계는 중국음식점 양명호의 경영을 공동사업으로 하고, 또 이익이 난 여부를 묻지 아니하고 매일 매상액 중 일정한 금액의 지급을 약정한 점 등에서 상법상의 익명조합이라고 할 수 없다."고 판시하였다.

영업자는 이익분배의무를 부담하게 되는데, "영업자가 이익의 유무에 불문하고 매월 일정액을 익명조합원에게 지급하도록 약정한 경우"에 익명조합계약이 될 수 있는가에 대한 물음[2]

---

2 대법원 1962. 12. 27. 선고 62다660 판결; 대법원 1983. 5. 10. 선고 81다650 판결. 대법원은 "당사자의 일방이 상대방의 영업을 위하여 출자를 하는 경우라 할지라도 그 영업에서 이익이 난 여부를 따지지 않고 상대방이 정기적으로 일정한 금액을 지급하기로 약정한 경우에는 가령 이익이라는 명칭을 사용하였다 하더라도 그것은 상법상의 익명조합계약이라고 할 수 없다."고 판단하고 있다.

이 제기된다. 그러나 "영업으로 인한 이익을 분배한다."는 상법 제78조를 보건대, 이익의 유무를 불문하고 매월 일정액을 익명조합원에게 지급한다는 약정은 소비대차계약은 되겠지만 익명조합계약은 될 수 없다.

IV. 익명조합계약의 성질

익명조합은 낙성·불요식의 계약이다. 그러므로 익명조합원의 출자는 익명조합계약의 성립요건에 해당하지 아니한다. 익명조합계약은 '유상·쌍무계약'에 해당한다. 그 결과 익명조합원의 출자에 대하여는 민법의 매매에 관한 규정이 준용된다(민법 제536조 내지 제538조, 제567조). 민법상의 조합이나 소비대차계약과 그 성질을 달리하는 상법상 인정된 특수계약이다. 이는 상인의 영업을 위한 행위 혹은 영업을 위한 준비행위이므로 '보조적 상행위'가된다.

V. 효력

1. 당사자 간

상법의 규정은 원칙적으로 임의규정이기 때문에 당사자는 반대의 약정을 할 수 있다.

1) 익명조합원

(1) 출자

출자의 대상은 당사자의 약정에 의하여 정한다. 금전일 수도 있고 현물일 수도 있으며 소유권일 수도 있고 사용권일 수도 있다. 그러나 노무나 신용은 출자의 대상으로 삼지 못한다(상법 제86조, 제272조). 출자의 시기와 방법도 당사자가 약정한 바에 따른다. 이행시기에 관한 약정이 없는 경우에는 영업자가 익명조합원에게 이행을 최고한 때에 이행을 하여야 한다(민법 제387조 제2항). 출자한 목적물에 하자가 있는 때에는 익명조합원은 하자담보책임을 진다(민법 제567조).

(2) 영업수행금지

익명조합원은 영업을 수행하지 못하고(상법 제86조, 제278조), 그 결과 익명조합원은 영업자의 행위에 관하여 제3자에 대하여 권리나 의무가 없다(상법 제80조).

(3) 감시권

익명조합원은 일정범위에서 영업을 감시할 감시권이 있다. 익명조합원은 영업시간 내에 한하여 영업에 관한 회계장부, 대차대조표 기타의 서류를 열람할 수 있고 업무와 재산상태를 검사할 수 있으며 중요한 사유가 있을 때에는 언제든지 법원의 허가를 얻어 위 서류의 열람과 검사를 할 수 있다(상법 제86조, 제277조).

2) 영업자

영업자는 영업을 수행하는 것을 주된 목적으로 하기 때문에, 특별히 출자라고 하는 것이 없다. 영업자는 노무나 신용의 출자도 가능하므로 금전 기타 재산적 가치가 있는 권리의 출자가 반드시 요구되는 것은 아니다.

(1) 영업수행의무

익명조합계약의 본지에 반하지 않는 범위 내에서 선량한 관리자의 주의로써 영업을 수행하여야 하고 임의로 영업을 양도 기타 처분하거나 정지할 수 없다.

(2) 영업수행의 명의

영업을 위하여 자기의 명의로 법률행위를 하여야 한다. 그 결과 거래로 인한 권리의무는 영업자에게 귀속한다.

(3) 경업금지의무

영업자는 영업을 담당하기 때문에서 선관주의의무의 하나로서 경업금지의무를 부담해야 한다.

2. 출자재산의 귀속

1) 영업자의 재산

익명조합원이 출자한 금전 기타 재산은 법률상 영업자의 재산으로 본다(상법 제79조). 익명조합계약은 채권계약에 불과하므로 익명조합원이 인도나 등기 등 물권변동에 필요한 요건을 갖추었을 때 비로소 그 재산은 영업자에게 귀속한다(민법 제186조, 제188조). 인도나 등기 등에 의하여 익명조합원의 출자재산이 영업자의 재산으로 귀속하게 되고, 영업수행 중 파산하게 되면 영업재산은 파산재단에 귀속하게 된다. 이 경우 익명조합원은 파산재단에 대하여 파산채권자의 지위가 된다.

2) 영업자의 횡령죄 여부

(1) 횡령죄 부정

익명조합원이 출자한 재산은 외부적으로 영업자의 재산으로 인정되기 때문에, 대법원은 내부적으로 익명조합원의 재산을 영업자가 사석으로 사용하였다 하너라도 형법상 횡령죄를 물을 수 없다고 판시한다.

> **대법원 1971. 12. 28. 선고 71도2032 판결**
>
> 대법원은 "피고인의 원판시 지분상당 금액의 횡령 사실에 있어 대상이 되는 피고인과 피해자 공소외인과 간의 이 사건 카프테리아 영업의 동업관계는 익명조합의 관계에 있다고 한 것으로 보겠는데 (그 익명조합원은 피해자 공소외인이라고 본 취지) 이렇다면 이 카프테리아 영업에 대한 익명조합원이 상대방의 영업을 위하여 출자한 금전 기타의 재산은 상대방인 영업자의 재산으로 되는 것이어서 영업자는 타인의 재물을 보관하는 자의 입장에 있는 것이 아닌즉, 그 영업의 이익금을 함부로 자기 용도에 소비하였다 하여도 타인의 재물을 횡령하는 범죄로 될 수는 없다."고 판시하고 있다.

(2) 횡령죄 인정

실질적으로 피해자가 단독으로 운영하여 오던 사업장이어서 그 사업장의 재산은 피해자의 단독 소유라고 할 것임에도, 익명조합관계의 영업자의 지위에 있다고 주장하면서 사업장의 재산의 반환을 거부한 사안에서, 대법원은 횡령죄의 성립을 인정하고 있다.

> **대법원 2009. 4. 23. 선고 2007도9924 판결**
>
> 대법원은 "그 채택 증거에 의하여 인정되는 다음과 같은 사정, 즉 ① 피해자가 2004년 8월 2일 'ㅇㅇ지게차'라는 상호로 이 사건 사업을 시작할 당시 자신의 명의로 사업자등록을 마쳤던 점, ② 피해자는 당시 ㅁㅁ지게차에서 근무하고 있었던 관계로 따로 동종의 사업체를 운영하고 있다는 사실이 알려지게 되면 업계에 좋지 않은 평판이 생길 것을 우려하여 2004년 12월 22일 이 사건 사업의 상호를 'ㅇㅇ전동지게차'로 변경하고 그에 관한 사업자등록을 피고인의 명의로 마친 것으로 보이는 점, ③ 피해자는 이 사건 사업을 창설하는 데 필요한 자금을 전적으로 부담하였고, 그 사업장 내의 지게차를 비롯하여 업무용 화물차, 핸드폰, 사무실 컴퓨터 등 각종 비품도 대부분 피해자가 구입하였던 점, ④

피고인은 피해자로부터 2004년 9월경 120만 원, 2004년 10월경부터 2005년 8월경까지 사이에 매월 150만 원, 2005년 9월경부터 2006년 3월경까지 사이에 매월 200만 원을 정기적으로 송금 받았고, 그 외에 명절이나 휴가 무렵에도 돈을 송금 받았던 점, ⑤ 피고인은 위 사업의 운영에 소요된 경비를 피해자에게 청구하여 피해자로부터 지급받았던 점, ⑥ 위 사업장의 업무용 예금계좌가 모두 피고인의 명의로 개설되어 있었으나, 위 예금계좌의 관리는 전적으로 피해자가 하였고, 나아가 거래처에 대한 자금집행 역시 피해자가 담당하였던 점, ⑦ 피고인은 정기적으로 업무실적표를 작성하여 피해자에게 건네주었고, 피해자는 피고인으로부터 건네받은 위 업무실적표를 기초로 하여 수입·지출내역서, 결산 보고서 등 각종 회계장부를 작성하였던 점, ⑧ 피해자가 위 사업에 관한 부가가치세를 신고하고, 각종 세금도 납부하였던 점, ⑨ 이 사건 사업은 2005년 8월경부터 그 동안의 누적된 적자를 만회하고 전체 적으로 흑자로 전환되었음에도 피고인과 피해자가 위 사업장에서 발생한 이익금을 정산한 사실은 없는 것으로 보이는 점, ⑩ 피고인 스스로도 위 사업장을 설립하고 운영하는 과정에서 피해자와 사이에 동업계약서 등 동업지분에 관한 서류를 작성한 사실이 없고, 이익금을 정산한 사실도 없다는 취지로 진술하고 있는 점 등을 종합하여 보면, 위 사업은 실질적으로 피해자가 단독으로 운영하여 온 것으로 봄이 상당하고, 따라서 위 사업장의 재산은 피해자의 단독 소유라고 할 것이므로, 피고인이 익명조합 관계의 영업자의 지위에 있다고 주장하는 등 위 사업이 자신의 것이라고 주장하며 이 사건 지게차 등에 관한 피해자의 반환요구를 거부한 것은 업무상횡령죄를 구성한다."고 판단하였다.

3. 내적 조합과 익명조합

어떠한 법률관계가 이른바 '내적 조합'에 해당되고, 또 어떠한 법률관계가 '익명조합'에 해당하는지에 대하여 대법원이 판단기준을 제시하였다.

대법원 2011. 11. 24. 선고 2010도5014 판결

"피해자 공소외 1과 피고인은 2002년 9월경 양주시 백석읍 오산리 소재 3필지의 토지(이하 '이 사건 토지'라 한다)를 매수하여 이를 전매한 후 그 전매이익금을 정산하기로 약정한 사실, 피고인은 2002년 11월경 피해자가 조달한 금원 등을 합하여 이 사건 토지를 매수하였으나 그 소유권이전등기는 자신과 공소외 2, 3의 명의로 경료한 사실, 피해자는 이 사건 토지 매수와 그 전매를 피고인에게 전적으로 일임하였고 그에 따라 토지를 매수하는 과정에 전혀 관여하지 않았을 뿐만 아니라 피고인이 2007년 4월경 위 토지를 매도할 때에도 전혀 관여하지 아니한 사실 등을 알 수 있는바, 사정이 이와 같다면 비록 피해자가 이 사건 토지의 전매차익을 얻을 목적으로 일정 금원을 출자하였다고 하더라도 이후 업무감시권 등에 근거하여 업무집행에 관여한 바도 전혀 없을 뿐만 아니라 피고인이 아무런 제한 없이 그 재산을 처분할 수 있었음이 분명하므로, 피해자와 피고인 사이의 약정은 조합 또는 내적 조합에 해당하는 것이 아니라 익명조합과 유사한 무명계약에 해당하는 것으로 보아야 할 것이다. 원심판결의 이유 설시에 미흡한 부분이 없지 아니하나, 피고인이 타인의 재물을 보관하는 자의 지위에 있지 않다고 보아 횡령죄의 성립을 부정한 것은 그 결론에 있어서는 정당하므로, 거기에 상고이유에서 주장하는 바와 같이 횡령죄의 성립에 관한 법리를 오해한 위법이 있다고 할 수 없다."라고 하면서 대법원은 "조합재산은 조합원의 합유에 속하는 것이므로 조합원 중 한 사람이 조합재산의 처분으로 얻은 대금을 임의로 소비하였다면 횡령죄의 죄책을 면할 수 없고, 이러한 법리는 내부적으로는 조합관계에 있지만 대외적으로는 조합관계가 드러나지 않는 이른바 내적 조합의 경우에도 마찬가지이다. 그러나 이러한 조합 또는 내적 조합과는 달리 익명조합의 경우에는 익명조합원이 영업을 위하여 출자한 금전 기타의 재산은 상대편인 영업자의 재산으로 되는 것이므로 그 영업자는 타인의 재물을 보관하는 자의 지위에 있지 않고 따라서 영업자가 영업이익금 등을 임의로 소비하였다고 하더라도 횡령죄가 성립할 수는 없다. 한편 어떠한 법률관계가 내적 조합에 해당하는지 아니면 익명조합에 해당하는지는, 당사자들의 내부관계에 있어서 공동사업이 있는지, 조합원이 업무검사권 등을 가지고 조합의 업무에 관여하였는지, 재산의 처분 또는 변경에 전원의 동의가 필요한지 등을 모두 종합하여 판단하여야 할 것이다."라고 판시하였다.

4. 손익의 분배

1) 손익의 개념

영업자는 익명조합원에게 영업으로 인한 이익을 분배할 의무를 부담하지만, 익명조합원은 영업자에게 영업으로 인한 손실을 분담할 의무를 부담하는 것은 아니다. 익명조합에서는 회사와 같은 자본금이 존재하지 않으므로 익명조합에서 손익은 영업연도 초부터 영업연도 말 사이에 재산의 증·감액이 손익을 의미한다.

2) 이익의 분배

이익유무의 기준은 '매 영업연도'를 기준으로 한다(상법 제86조, 제277조 참조). 다른 특약이 없으면 영업연도는 1년으로 하게 되고(상법 제30조 제2항 전단), 영업연도 말의 대차대조표에 의하여 이익의 유무가 확정된다(상법 제30조 제2항).

이익의 분배비율은 당사자 간의 약정이 있는 때에는 그에 따르지만 그러한 것이 없는 때에는 출자액의 비율에 의한다(민법 제711조 제1항). 출자액은 익명조합원의 출자재산과 영업자가 제공한 영업재산 및 그 노무 등을 종합적으로 고려하여 결정한다.

3) 손실의 분담

손실의 분담은 익명조합계약의 절대요건은 아니지만 당사자가 반대의 특약을 하지 않는한 익명조합원도 출자의 비율에 따라 손실을 분담한다. 당사자가 손실분담비율을 따로 정할 수 있지만 이익의 분배율만을 정한 경우에도 그 비율은 손실분담률과 공통된 것이라고 추정한다(민법 제711조 제2항). 익명조합원의 출자가 손실로 인하여 감소된 때에는 반대의 특약이 없는 한 그 손실을 전보한 후가 아니면 이익배당을 청구하지 못한다(상법 제82조 제1항). 손실이 발생한 경우에도 익명조합원의 출자액이 그만큼 감소될 뿐이고 익명조합원이 이를 전보할 의무가 있는 것은 아니다. 손실이 증가되어 익명조합원이 분담할 손실이 출자액을 초과한 경우에도 익명조합원은 이미 받은 이익을 반환하거나 추가출자를 할 의무가 없다(상법 제82조 제2항, 제3항).

Ⅵ. 익명조합과 제3자 간의 효력

익명조합은 영업자와 익명조합원 내부관계이므로 제3자는 이에 의하여 아무런 영향을 받지 않는 것이 원칙이다.

1. 영업자의 위치

영업자만이 권리의무의 주체가 되고 제3자에 대하여 책임을 진다. 영업자가 제3자에 대하여 권리의무의 주체가 되고 책임을 지는 이유는 그가 익명조합의 영업자이기 때문이 아니라, 제3자와 법률행위를 할 때에 권리의무의 주체로 행동했고 상대방이 이를 믿었기 때문이다.

2. 익명조합원의 지위

1) 원칙

익명조합원은 영업자의 행위로 인하여 제3자에 대하여 권리나 의무가 있을 수 없다(상법 제80조). 그러므로 익명조합원은 영업자의 행위에 대하여 원칙적으로 책임을 부담하지 않는다.

2) 예외

(1) 업무집행이나 대표행위

익명조합원은 업무집행이나 대표행위를 할 수 없는 것이 원칙이다(상법 제86조, 제278조). 이를 위반하여 익명조합원이 영업수행에 참가하는 경우에는 익명조합원과 영업자는 상대방에 대하여 연대하여 변제할 책임이 발생하게 된다(상법 제57조).

(2) 성명이나 상호 사용허락

익명조합원이 자기의 성명을 영업자의 상호 중에 이용하거나 자기의 상호를 영업자의 상호로 사용할 것을 허락한 때에는 외관주의 원칙에 의하여 그 사용 이후의 채무에 대하여 영업자와 연대하여 배상할 책임이 있다(상법 제81조). 이는 외관책임의 예이며, 제24조의 명의대여자의 책임을 익명조합의 경우에 구체화한 것이다.

(3) 명의대여자 책임과 비교

상법 제24조는 명의대여자의 책임을 규정하고 있다. 상법 제24조와는 달리, 상법 제81조는 상대방이 익명조합원을 영업자로 오인할 것이 요건으로 요구되지는 않는다는 점에서 차이가 있다. 적극적으로 오인하지 않은 경우에도 이 규정이 적용될 수 있다. 다만, 상대방이 익명조합원임을 안 경우에 익명조합원은 책임을 지지 않는다.

VII. 익명조합의 종료

1. 계약의 해지

1) 일반적 종료사유

익명조합은 상법상 인정되는 특수계약에 해당한다. 그러므로 계약의 일반적인 종료사유에 따라 익명조합계약은 소멸하게 된다. 조합의 존속기간을 정한 경우라고 한다면, 이 존속기간의 만료로 인하여 익명조합계약은 종료한다. 상대방이 채무를 이행하지 않은 경우에는 채무불이행을 원인으로 하여 계약을 해지할 수 있다(민법 제543조).

2) 상법상 해지사유

상법은 다음 두 가지 경우에 익명조합계약을 해지할 수 있도록 하고 있다. 첫째, 조합계약으로 조합의 존속기간을 정하지 아니하거나 어느 당사자의 종신까지 존속할 것을 약정한 경우에, 조합의 계속적 성질을 고려하여 각 당사자는 영업연도 말에 계약을 해지할 수 있다 (상법 제83조 제1항 본문). 다만, 이 경우 6개월 전에 상대방에게 예고하여야 한다(상법 제83조 제1항 단서). 이 기간을 해지예고기간이라고 한다. 둘째, 조합의 존속기간의 약정 여부와 관계없이, 익명조합원이 출자의무를 이행하지 않거나 영업자가 이익분배를 이행하지 않는 것과 같은 부득이한 사유가 발생하는 경우라면, 각 당사자는 언제든지 조합계약을 해지할 수 있다(상법 제83조 제2항).

3) 익명조합원의 채권자 해지권 여부

합명회사나 합자회사 등 인적회사의 경우 사원의 지분을 압류한 채권자는 영업연도 말에 그 사원을 퇴사시킬 수 있는 제도를 인정하고 있고, 6월의 예고기간을 두고 있다(상법 제224조, 제269조). 그러나 명시적인 규정이 존재하지 않기 때문에, 익명조합원의 채권자에게는 익명조합계약의 해지권이 없다는 주장[3]이 있지만, 익명조합원이 그의 채무를 이행하지 않기 위하여 자신의 전 재산을 영업자에게 출연함으로써 익명조합원의 채권자를 해하게 할 수 가능성이 있다. 인적회사에 적용하고 있는 사원의 채권자에게 사원퇴사제도를 고려하여, 익명조합에도 익명조합원채권자의 계약해지권을 인정할 실익은 충분히 있다고 하겠다. 다만, 익명조합에 동 규정의 유추 적용가능성이 제기될 수 있으나 거래의 안전에 부정적인 면을 야기할 수 있기 때문에, 익명조합에 준용조항을 두는 방식이나 명시적인 규정을 두어 입법하는 방안을 모색하는 것이 타당하다. 독일 상법은 전자의 방식을 따르고 있다.[4]

독일 상법 제234조는 익명조합의 해지와 익명조합원의 사망에 대한 내용을 규정하고 있다. 제1항을 보면, "사원들 중 한 명이나 익명조합원의 채권자를 통하여 해지의 경우에 상법 제132조, 제134조 및 제135조를 준용한다."고 규정하고 있다. 특히 상법 제135조가 중요한 의미를 가지고 있는데, 합명회사 사원의 채권자가 해지권을 행사할 수 있음을 규정하고 있다. 결론적으로 본다면, 합명회사 사원의 채권자가 계약을 해지할 수 있는 사항을 익명조

---

3 정찬형, 상법강의(상), 제18판, 박영사, 2015, 264면; 이기수·최병규, 상법총칙·상행위법(상법강의 I), 제7판, 박영사, 2010, 110면.

4 § 234 (Kündigung der gesellschaft; Tod des stillen Gesellschafters) (1) Auf der Kündigung der Gesellschaft durch einen der Gesellschafter oder durch einen Gläubiger des stillen Gesellschafters finden die Vorschriften der §§ 132, 134 und 135 entsprechende Anwendung. 독일 상법 제135조는 우리 상법 제224조와 유사한 규정이다.

합에 준용하고 있음을 알 수 있다.

2. 계약의 종료

상법은 다음과 같은 사유가 발생하면 조합계약이 종료됨을 규정하고 있다.

1) 영업의 폐지 또는 양도

익명조합원이 영업자의 영업에 출자하는 것이므로 영업을 폐지하거나 양도하게 되면 익명조합계약은 당연히 종료하게 된다(상법 제84조 제1호). 더 이상 익명조합의 목적을 달성할 수 없는 경우이다.

2) 영업자의 사망 또는 성년후견 개시

익명조합에서 익명조합원이 금전 등의 출자를 하는 것은 영업자의 신용에 근거한 것이다. 만약 영업자가 사망하게 되거나, 성년후견이 개시되면 영업의 수행은 불가능하다(상법 제84조 제2호). 그러므로 영업자가 사망하거나 영업자의 성년후견의 경우에는 조합계약이 종료되는 것으로 하고 있다. 다만, 영업자가 사망한 경우에 그 상속인이 영업을 하는 것으로 하는 특별약정이 있다거나 성년후견이 개시된 경우 그 법정대리인으로 영업을 한다는 특별약정이 있다면, 조합계약은 지속될 수 있을 것이다. 그러나 익명조합원의 사망이나 금치산은 종료사유에 해당하지 않는다는 점에 유념할 필요가 있다.

3) 영업자 또는 익명조합원의 파산

영업자가 파산한 경우에는 영업을 할 수 없는 경우에 해당하고, 익명조합원이 파산한 경우에는 출자를 회수해야 하므로 익명조합이 지속될 수 없다. 조합계약은 당연히 종료하게 된다.

3. 종료의 효과

조합계약이 종료하면 영업자는 익명조합원에게 그 출자의 가액을 반환해야 한다(상법 제85조 본문). 그러나 출자가 손실로 인하여 감소된 때에는 그 잔액을 반환하면 된다(상법 제85조 단서). 만약 종료 당시에 출자의 반환과 별도로 이익이 남아 있다고 한다면, 그 이익도 반환해야 한다. 법문은 출자를 반환하는 것이 아니라 출자의 가액을 반환하는 것으로 하고 있다. 출자를 한 재산은 영업자의 재산으로 귀속된 것이고, 현물출자를 한 경우에도 금전으로 평가한 금액을 반환해야 한다.

VIII. 부연

어떤 한 영화사가 투자자들로부터 직접 돈을 모아 제작비를 마련하기 위하여 '익명조합' 방식을 채택한 것에 대하여 논란이 있었다. 관련 제도나 감시 장치가 거의 없어 제도상 허점이 있다는 우려가 있었던 것이다. 그 영화사는 제작비 19억 5천만 원에 해당하는 영화 제작비를 '익명조합'의 방식으로 조달하는 데 성공했다. 처음으로 시도하는 것이었지만, 영화가 잘 되기만 한다면 큰 배분을 받을 수 있다는 점에서 조기에 모집이 마감되었다. 투자자가 20% 정도의 투자 리스크만 지고 수익 배분은 무한대로 약정할 수 있다는 점 때문에, 투자자들이 상당한 매력을 가질 수밖에 없다는 평가가 있었다.

본래 이 영화사는 간접투자방식인 인터넷 펀드를 추진하고자 하였다. 간접투자는 투자자가 증권시장을 통하여 직접 증권에 투자하는 직접투자의 상대 개념이다. 간접투자는 금융기관이 예금 등의 형식으로 투자가 위탁한 자금을 기업에 대부하거나 증권에 투자하는 것을 말한다. 투자자는 금융기관의 대규모 거래의 이점과 분산투자 및 전문성을 활용할 수 있다. 그러나 간접투자는 자본시장과 금융투자업에 관한 법률(이하 '자본시장법'이라 한다)의 적용을 받아야 한다. 자본시장법은 자본시장의 공정성·신뢰성·효율성을 높여 국민경제의 발전에 이바지함을 목적으로 2007년 8월 3일 제정되어 2009년 2월 4일부터 시행 중인 우리나라 자본시장 기본법이다. 자본시장법은 종전의 증권거래법, 선물거래법, 간접투자자산운용업법, 신탁업법, 종합금융회사에 관한 법률, 증권선물거래소법의 6개 법을 폐지·통합하여 하나의 법체계로 개편한 법률이다. 자본시장법의 적용을 피하기 위하여 공모를 통한 익명조합 방식으로 방향을 전환하였다고 한다.

익명조합은 투자자와 영업자 사이의 사적인 계약에 해당한다. 투자자가 영화사에 직접 투자하는 형태이기 때문에, 엄격한 감독과 통제를 받아야 하는 자본시장법의 적용을 받지 않게 된다. 펀드와 성격은 비슷하지만, 국가가 익명조합방식에 대하여는 규제를 한다거나 감독할 방법이 없다. 자금을 모집하기 위하여 비슷한 방식이 여기저기에서 발생할 경우 자칫 악용의 문제에 대한 우려도 제기된다. 또한 자산운용업계와의 형평성 문제도 제기될 수 있다. 영화와 뮤지컬 등에 투자를 유치하기 위하여 엔터테인먼트펀드를 추진했던 한 자산 운용사는 투자자들의 투자 외면으로 중도에 포기하였다. 금융당국의 감시와 감독을 받아야 하는 동시에, 투자자 보호에도 소홀히 할 수 없는 입장이기 때문에 많은 어려움이 있다는 것이다. 그러나 유념해야 할 사항은 익명조합과 간접투자는 규제에 있어서 상당한 차이가 있다. 익명조합은 투자자와 영업자의 사적인 계약을 통한 자금유치가 수월한 반면에 간접적인 투자를 통하여 자금을 유치하는 방안은 근본적으로 자본시장법의 규제를 받아야 한다는 점에서 자유로운 모집활동에 장애가 있다.

제2절 합자조합

I. 의의

2인 이상이 출자하여 공동사업을 할 것을 약정하는 것을 조합이라고 하고, 그 조합의 대표적인 것은 민법상 조합이다(민법 제703조). 합자조합이라 함은 조합의 업무집행자로서 조합의 채무에 대하여 무한책임을 부담하는 조합원과 출자가액을 한도로 하여 유한책임을 부담하는 조합원이 상호출자하여 공동사업을 영위할 것을 약정함으로써 성립하는 상법상의 조합을 말한다(상법 제86조의2). 합자조합은 조합이라고 하는 점에서는 민법상 조합과 유사하다. 그러나 비영리조직과 달리 영업조직에 해당한다는 점에서 상법에 일정한 규칙을 마련한 것이다. 조합원 전원이 무한책임을 부담하는 민법상 조합과 달리 합자조합은 조합 채무에 대하여 무한책임을 부담하는 사원과 유한책임을 부담하는 유한책임사원으로 구성된다. 무한책임사원만이 업무집행을 담당하는 것이 원칙이다.

II. 기능

시대가 발전함에 따라 제조업 중심사회에서 지식기반 경제체제로 산업구조의 개편이 이루어지고 있다. 물적 자산의 중요성에서 인적 자원이 보다 더 중시되는 사회로 변모하고 있는 모습이다. 인적 자산의 중요성이 높아짐에 따라 인적 자산을 적절히 수용할 수 있는 공동기업형태에 대한 수요가 증가하게 되었다. 기업의 설립이나 운용 및 해산과 관련하여 사적자치를 폭넓게 인정하면서도 유한책임이 인정되는 기업형태의 필요성이 제기되었던 것이다.

민법상 조합은 모든 조합원이 조합채무에 대하여 무한책임을 부담해야 하는 문제점이 있고, 합자회사는 무한책임사원과 유한책임사원이 결합되어 있기는 하지만 법인의 형태를 가지고 있는 동시에 유한책임사원이 회사의 경영에 참여할 수 없는 한계가 있었다. 이러한 점을 고려하여 합자조합을 도입하게 된 것이다. 합자조합은 법인격을 부여하지 않고, 사적 자치를 많이 인정하여 자유로운 운용을 도모하고 있다. 합자조합은 특히 자본시장법상 사모투자전문회사에 적합한 기업형태로 등장할 가능성이 높다고 하겠다.

III. 합자조합의 설립

1. 당사자

합자조합은 무한책임조합원과 유한책임조합원으로 구성된다. 합자조합은 당사 간의 계약 만에 의하여 설립된다는 점에서 법적 성질의 조합이다. 그런 측면에서 합자조합은 민법상 조합이나 상법상의 익명조합과도 유사한 측면이 있다. 합자조합은 유상계약이며 요식계약에 해당한다. 상법 제173조는 회사는 다른 회사의 무한책임사원이 될 수 없음을 규정하고 있다. 합자조합은 회사가 아니기 때문에 다른 회사의 무한책임사원이 되는 것에 아무런 방해를 받지 않을 뿐만 아니라 다른 회사 역시 합자회사의 무한책임사원이 되는 것에 제한이 없다. 또한 합자조합의 유한책임사원에 대한 자격을 제한하고 있지 않기 때문에, 자연인은 물론이거니와 영리법인인 회사 또는 비영리법인도 사원이 되는 것에 아무 상관이 없다.

2. 계약사항

상법은 계약사항에 대하여 법으로 정하고 있다. 이는 업무집행이나 구성원들의 법적 지위 등은 제3자와의 법률관계에 있어서도 중요한 의미를 갖기 때문이다. 다음과 같이 법에서 정한 사항을 기재한 조합계약에는 조합원 전원의 기명날인이나 서명을 요구하고 있다 (상법 제86조의3).

1. 목적: 합자조합의 목적이라 함은 조합이 수행할 공동사업을 말한다. 합자조합은 상법상의 영업조직에 해당한다. 상법 제86조의2의 법문에서 제시하는 바와 같이 '공동사업의 경영'이라는 용어는 상법에서 말하는 '영업'을 의미한다. 그러므로 목적은 '영업'과 관련되는 사항이어야 한다.

2. 명칭: 명칭은 조합이 영업에 사용하는 중요한 의미를 갖는다. 상법은 계약사항에 명칭을 기재하도록 하고 있다. 다만, 합자회사가 '합자회사'임을 표시하는 문자를 반드시 기재하도록 하고 있음에 반하여, 합자조합은 이를 강제화하고 있지 않다. 그러므로 합자조합이 "합자조합"이라는 문자를 반드시 사용할 필요는 없다. 혹자는 이를 입법의 불비라고 하면서, 명문의 규정이 없다고 할지라도 상호에 '합자조합'임을 표시해야 한다는 주장도 있지만,[5] 법인이 아닌 조합에 대하여 반드시 '조합'이라는 표시를 해야 할 필요는 없다고 하겠다.

3. 업무집행조합원의 성명 또는 상호, 주소 및 주민등록번호

4. 유한책임조합원의 성명 또는 상호, 주소 및 주민등록번호

5. 주된 영업소의 소재지

6. 조합원의 출자에 관한 사항

7. 조합원에 대한 손익분배에 관한 사항

8. 유한책임조합원의 지분의 양도에 관한 사항

9. 둘 이상의 업무집행조합원이 공동으로 합자조합의 업무를 집행하거나 대리할 것을 정한 경우에는 그 규정

10. 업무집행조합원 중 일부 업무집행조합원만 합자조합의 업무를 집행하거나 대리할 것을 정한 경우에는 그 규정

11. 조합의 해산 시 잔여재산 분배에 관한 사항

12. 조합의 존속기간이나 그 밖의 해산사유에 관한 사항

13. 조합계약의 효력발생일

3. 등기

업무집행조합원은 합자조합 설립 후 2주 내에 조합의 주된 영업소의 소재지에서 등기해야 한다. 등기는 합자조합의 설립요건은 아니다. 그러나 제3자의 이해에 영향을 미칠 수 있는 사항에 대하여는 등기를 요하고 있다. 등기해야 할 사항은 다음과 같다.

5　이철송, 상법총칙·상행위법, 제13판, 박영사, 2015, 435면.

1. 목적

2. 명칭

3. 업무집행조합원의 성명 또는 상호, 주소 및 주민등록번호

4. 유한책임조합원의 성명 또는 상호, 주소 및 주민등록번호. 다만, 이 경우에는 유한책임조합원이 업무를 집행하는 경우에 한정한다.

5. 주된 영업소의 소재지

6. 둘 이상의 업무집행조합원이 공동으로 합자조합의 업무를 집행하거나 대리할 것을 정한 경우에는 그 규정

7. 업무집행조합원 중 일부 업무집행조합원만 합자조합의 업무를 집행하거나 대리할 것을 정한 경우에는 그 규정

8. 조합의 존속기간이나 그 밖의 해산사유에 관한 사항

9. 조합계약의 효력발생일

IV. 내부관계

1. 업무집행

1) 업무집행권한

상법 제86조의5는 합자조합의 업무집행권에 관한 내용을 규정하고 있다. 무한책임조합원만이 업무집행권을 가지고 있다고 보아야 할 것이나, 상법은 유한책임조합원이 업무집행을 할 수 있는 권한을 암시하고 있다(상법 제86조의4 제1항).

2) 업무집행방법

업무집행조합원 각자가 업무를 집행하고 대리할 권리와 의무가 있다(상법 제86조의5 제1항). 각자집행이 원칙이다. 그러나 둘 이상의 업무집행조합원이 있을 경우에 조합계약에 다른 정함이 없으면 그 각 업무집행조합원의 업무집행에 관한 행위에 대하여 다른 업무집행조합원의 이의가 있는 경우에는 그 행위를 중지하고 업무집행조합원 과반수의 결의에 따라야 한다(상법 제86조의5 제3항). 다만, 조합계약에 따라 달리 정할 수 있음은 물론이다. 둘 이상의 업무집행조합원이 공동으로 업무집행을 할 수도 있다(상법 제86조의3 제9호).

3) 업무집행의 범위

업무집행을 하는 업무집행조합원의 업무범위에 대하여는 상법이 규정한 바가 없다. 합자조합에 관하여 이 법 또는 조합계약에 다른 규정이 없으면 민법 중 조합의 규정을 준용해야 할 것이다(상법 제86조의8 제4항). 조합의 업무집행은 조합원의 과반수로 결정하는 것이 원칙이지만(민법 제706조 제2항), 조합의 통상사무는 각 조합원 또는 각 업무집행자가 전행할 수 있다(민법 제706조 제3항 본문).

4) 권리와 의무

업무집행을 하는 업무집행조합원은 업무집행권을 행사함에 있어 선관주의의무를 부담한다(상법 제86조의5 제2항). 조합원이 조합의 업무를 처리하는 것은 타인의 사무처리를 위임받는 것과 같다는 점에서 업무집행조합원의 선관주의의무는 당연한 것이다.

업무집행을 하지 않는 유한책임조합원은 업무집행조합원의 업무집행에 대한 감시를 할 수 있는 권한이 있다. 합자회사에서 유한책임사원에게 감시권을 부여하는 것과 같은 감시권을 합자조합의 유한책임조합원에 대하여 준용하고 있다(상법 제86조의8 제3항, 제277조).

5) 직무집행정지 및 직무대행자

합자조합의 업무집행조합원의 업무집행을 정지하거나 직무대행자를 선임하는 가처분을 하거나 그 가처분을 변경·취소하는 경우에는 본점 및 지점이 있는 곳의 등기소에서 이를 등기하여야 한다(상법 제86조의8 제2항, 제183조의2). 직무대행자는 가처분명령에 다른 정함이 있거나 법원의 허가를 얻은 경우 외에는 합자조합의 통상업무에 속하지 아니한 행위를 하지 못한다(상법 제86조의8 제2항, 제200조의2 제1항).

2. 출자와 손익분배

합자회사의 유한책임사원은 신용이나 노무를 출자의 목적으로 하지 못한다(상법 제272조). 이 제한은 합자조합의 유한책임조합원에게도 준용하고 있다(상법 제86조의8 제3항). 조합원의 손해분배에 관해서는 구체적으로 정하지 않고 있다. 다만, 조합계약에 조합원에 대한 손익분배에 관한 사항을 정하도록 하고 있다(상법 제86조의3 제7호). 특별한 규정이 없는 경우에는 민법을 준용하도록 되어 있기 때문에, 민법상 조합 규정에 따르면 될 것이다.

3. 준용규정

상법 제86조의8은 준용규정이다. 제1항은 합자조합에 대하여, 제2항은 업무집행조합원에 대하여, 제3항은 합자회사의 유한책임조합원에 대하여 상법 일부 규정의 준용하도록 하고 있다.

1) 합자조합 관련 사항

본점의 이전등기(상법 제182조 제1항), 해산의 등기(상법 제228조), 청산인의 등기(상법 제253조), 청산종결의 등기(상법 제264조), 새로운 사원을 가입시켜 회사를 계속에 대한 합자회사의 규정(상법 제285조)을 준용토록 하고 있다.

2) 업무집행조합원 관련 사항

업무집행조합원에 대하여는 합명회사 업무집행사원의 규정을 준용토록 하고 있다. 업무집행정지 가처분의 등기(상법 제183조의2), 사원의 경업의 금지(상법 제198조), 사원의 자기거래의 금지(상법 제199조), 직무대행자의 권한(상법 제200조의2), 수동대표(상법 제208조 제2항), 대표사원의 권한(상법 제209조), 사원의 책임(상법 제212조), 청산인의 선임(상법 제287조) 등의 규정이 준용된다.

3) 합자회사의 유한책임조합원

조합규정에 다른 규정이 없으면 유한책임조합원에 대하여 합자회사의 유한책임사원의 규정을 준용한다. 자기거래의 금지(상법 제199조), 유한책임사원의 출자(상법 제272조), 경업의 자유(상법 제275조), 유한책임사원의 감시권(상법 제277조), 유한책임사원의 업무집행 회사대표의 금지(상법 제278조), 유한책임사원의 사망과 상속(상법 제283조), 유한책임사원의 성년후견개시(상법 제284조) 등이 있다.

4) 민법상 조합 규정의 준용

합자조합에 대한 규정이 존재하지 않으면 민법상 조합에 관한 규정을 준용한다. 다만, 조합원에 대한 채권자의 권리행사(민법 제712조) 및 자력 없는 조합원의 채무와 다른 조합원의 변제책임(민법 제713조)에 대하여는 준용하지 아니한다.

V. 외부관계

1. 조합의 독립성

합자조합은 인적단체로서 조합재산이 존재할 수 있다. 그러나 법인이 아니기 때문에 조합재산은 독립된 재산의 모습을 갖지 못한다. 조합재산은 조합원이 공동사업을 위해 출자한 재산의 의미이고, 재산의 형태는 합유에 해당한다.

2. 조합의 대리

업무집행조합원은 각자 합자조합의 업무를 집행하고 대리할 권리와 의무가 있다(상법 제86조의5). 업무집행권은 무한책임조합원만이 가지고 있는 것이 원칙이므로, 무한책임조합원 중 일부에게 업무집행을 위임했다고 한다면(상법 제86조의3 제10호), 그 자들이 대리권을 행사하게 된다.

업무집행은 업무집행조합원이 수인이더라도 각자가 조합업무를 대리한다(상법 제86조의5 제1항). 그러나 업무집행조합원이 둘 이상의 수로서 공동으로 조합의 업무를 집행하거나 대리할 수 있다(상법 제86조의3 제9호). 제3자가 합자조합원 가운데 1인에 대한 의사표시는 효력이 있다(상법 제86조의8 제2항, 상법 제208조 제2항).

3. 책임

업무집행조합원에 대한 책임은 합명회사 사원의 책임을 규정하고 있는 상법 제212조를 준용한다. 유한책임조합원은 조합계약에서 정한 출자가액에서 이미 이행한 부분을 공제하고 조합채무를 변제할 책임이 있다(상법 제86조의6 제1항). 합자조합에 이익이 없음에도 불구하고 유한책임조합원이 배당을 받은 경우에는 그 배당받은 금액을 변제책임의 한도액에 더하여 계산한다(상법 제86조의6 제2항). 한편, 유한책임조합원에 대하여는 민법 제713조를 준용하지 아니함을 규정하고 있다. 유한책임조합원의 책임은 분할책임이다. 다른 조합원이 무자력이 된다 할지라도 연대책임을 부담하지 아니한다.

VI. 조합의 해산

특별한 규정이 없으면 민법상 조합의 규정이 준용되기 때문에, 일부 합자회사의 규정을 적용하되 해당 규정이 존재하지 않으면 민법상 조합 규정을 적용할 수밖에 없다.

해산사유에 대하여는 조합계약에서 정할 수 있다(상법 제86조의3 제12호). 물론, 조합계약에는 존속기간을 둘 수도 있다. 조합계약에서 정하지 않았더라도 조합원 전원의 동의로 해산은 가능하다고 할 것이다. 조합의 목적을 달성하였거나 조합의 목적을 달성하지 못하는 경우에도 해산사유가 된다. 조합의 성질을 반영하지 못하는 경우, 즉 조합원이 한 명으로 남아 있는 경우도 해산사유가 된다(상법 제86조의8 제1항, 제285조 제1항). 합자조합의 존속요건을 충족시키지 못하기 때문이다. 부득이한 사유가 있는 경우 각 조합원은 조합의 해산을 청구할 수 있다(상법 제86조의8 제4항, 민법 제720조).

합자회사의 경우 무한책임사원 또는 유한책임사원의 전원이 퇴사한 때에는 해산되지만(상법 제285조 제1항), 잔존한 무한책임사원 또는 유한책임사원은 전원의 동의로 새로 유한책임사원 또는 무한책임사원을 가입시켜 회사를 계속할 수 있다(상법 제285조 제2항). 합자조합은 합자회사의 동 규정을 준용한다. 그러므로 업무집행조합원 전원이 탈퇴하여 해산하거나 유한책임조합원 전원이 탈퇴하여 해산한 경우에는 잔존한 유한책임조합원 전원 또는 업무집행조합원 전원의 동의로 새로 업무집행조합원 또는 유한책임조합원을 가입시켜 조합을 계속할 수 있다(상법 제86조의8 제1항, 제285조의 2항).

VII. 청산

합자회사의 청산인은 무한책임사원과반수의 결의로 선임하고, 이를 선임하지 아니한 때에는 업무집행사원이 청산인이 된다(상법 제287조). 합자조합이 해산하는 경우에 합자회사의 청산인 규정이 준용된다. 그러므로 합자조합이 해산하는 경우에는 업무집행조합원의 과반수로 청산인을 선임하고, 이를 선임하지 않을 때에는 업무집행조합원이 청산인이 된다(상법 제86조의8 제2항, 상법 제287조). 기타 청산절차에 대하여는 민법상 조합의 규정이 따른다.

제3장
상행위 각론

제1절 대리상

I. 의의

기업의 규모가 확대됨에 따라 광범위한 지역에서 상인은 영업을 하고자 한다. 상인이 영업활동을 지역적으로 확장시키기 위한 방법으로 지점 또는 출장소나 영업소를 설치하는 방안이 있다. 그러나 영업소를 설치하면 설치에 따른 시설비에 대한 부담이 발생한다. 상업사용인이나 외무사원을 고용하는 방법을 생각해볼 수 있다. 상업사용인을 선임하는 경우 고정비용을 부담해야 하는 단점과 그를 관리하고 감독해야 하는 불편함이 있다. 외무사원을 선임하게 되면 비용 측면이나 관리 및 감독 측면에서는 유리한 점이 있으나 상인이 요구하는 업무에 대한 규칙성이나 일관성 등을 도모하기에는 불편함 점이 발생할 수 있다. 영업소를 설치하지 아니하고, 상업사용인을 두지 않으면서 영업활동을 확장하는 방안으로 등장하는 것이 바로 대리상제도이다. 대리상은 상업사용인이 아니면서 상인을 위하여 대리업무를 수행하는 자이다. 대리상 외에도 중개상, 위탁매매인 등은 상인의 지위에 있으면서 또 다른 상인을 보조하는 기능을 담당하게 된다.

대리상의 경우 본인과 대리상 간의 이해의 조종이 중점을 이루나, 중개인의 경우 쌍방의 거래당사자를 보호하기 위해 중개된 거래의 원만한 이행을 확보하는 데 중점이 주어진다.

반면, 위탁매매인은 실질적인 계산의 주체는 위탁자이지만 위탁매매의 형식적 당사자는 위탁매매인이 된다. 위탁매매인은 법률관계의 분열이 생기므로 거래의 안전과 아울러 위탁자의 이익을 보호하는 데 중점을 두고 있다.

II. 대리상 개념

상법 제87조는 "일정한 상인을 위하여 상업사용인이 아니면서 상시 그 영업부류에 속하는 거래의 대리 또는 중개를 영업으로 하는 자를 대리상이라고 한다."고 규정한다. 이를 하나하나 구분하여 그 용어가 담고 있는 의미를 분석하기로 한다.

1. 일정한 상인을 위하여

'일정한 상인을 위하여'라는 말은 특정된 상인을 위하여 영업을 보조한다는 의미를 담고 있다. 이때 상인을 본인이라 한다. 상인은 1인이어야 할 필요는 없기 때문에 2인 이상이 되어도 무방하다. 그러나 그 상인은 반드시 특정되어야 한다. 본인은 반드시 상인이어야 하며 소상인이어도 관계없다. 대리상은 자기 스스로 완성된 영업을 하는 것이 아니다. 특히, 대리상은 다른 상인의 영업거래를 대리 또는 중개하는 방법으로 상인의 영업에 일조하게 된다.

실무에서 발생하는 사건에는 대리상 여부를 결정해야 하는 사건들이 있었다. 대법원은 대리점계약을 체결하였다고 하여 곧바로 상법 제87조의 대리상이 되는 것은 아니라는 입장을 취하고 있다.

대법원 1999. 2. 5. 선고 97다26593 판결

"어떤 자가 제조회사와 대리점 총판 계약이라고 하는 명칭의 계약을 체결하였다고 하여 곧바로 상법 제87조의 대리상으로 되는 것은 아니고, 그 계약 내용을 실질적으로 살펴 대리상인지의 여부를 판단하여야 하는바, 원심이 적법하게 확정한 사실에 의하면 원고 회사는 피고 회사로부터 이 사건 스토어를 매입하여 원고 회사 스스로 10여 종의 주변기기를 부착하여 노래방기기 세트의 판매가격을 결정하여 위 노래방기기 세트를 소비자에게 판매하였다는 것이므로 원고 회사를 피고 회사의 상법상의 대리상으로 볼 수 없다 할 것이고,

또한 피고 회사가 국제 신문에 피고 회사 제품의 전문취급점 및 A/S센터 전국총판으로 원고 회사를 기재한 광고를 한 번 실었다고 하더라도, 전문취급점이나 전국총판의 실질적인 법률관계는 대리상인 경우도 있고 특약점인 경우도 있으며 위탁매매업인 경우도 있기 때문에, 위 광고를 곧 피고 회사가

제3자에 대하여 원고 회사에게 피고 회사 제품의 판매에 관한 대리권을 수여함을 표시한 것이라고 보기 어렵고, 더욱이 원고 강호요, 성현엽이 위 광고를 보았고 바로 그 광고로 인하여 원고 회사가 피고 회사의 대리인인 것으로 믿게 되어 위 노래방 기기 세트를 매수하였다는 점이 기록상 인정되지 않는 점 등에 비추어 원고 강호요, 성현엽이 원고 회사를 피고 회사의 대리인이라고 믿을 정당한 사유가 있었다고도 할 수 없다."고 판시하고 있다.

대법원 2012. 7. 16. 자 2009마461 결정

대법원은 "선박대리점이 선박소유자 등을 대리하여 선박의 항해에 필요한 계약을 체결하는 것은 통상 상법 제87조 소정의 대리상의 지위에서 하는 것이다. 그러나 선박대리점은 선박소유자 등의 상업사용인이 아니라 독자적으로 영리를 추구하는 독립한 상인으로서 자신의 명의로 영업을 영위하는 것으로서, 선박대리점이 선박소유자 등과 사이에 그러한 계약으로부터 발생한 채무를 선박소유자 등을 대신하여 자신의 재산을 출연하여 변제하기로 한 경우 그 법적 성질은 특별한 사정이 없는 한 이행인수약정으로 보아야 한다. 그리고 선박대리점이 이러한 이행인수약정에 따라 자신의 재산을 출연하여 한 변제는 선박소유자 등의 대리인으로서 한다는 점을 밝히는 등 본인의 변제라고 평가되어야 할 만한 사정이 없는 한 민법 제469조에서 정하는 '제3자의 변제'에 해당한다고 봄이 상당하다."고 판시하고 있다.

2. 상업사용인이 아니면서

상업사용인은 상인의 지배하에 있으면서 지시와 감독을 받게 된다. 지시와 통제를 받는다고 하는 것은 독립성이 결여되어 있음을 의미한다. 그러므로 '상업사용인이 아니면서'라는 말은 상인의 지시와 통제로부터 자유롭다는 의미로 이해될 수 있다. 대리상은 상인의 통제로부터 자유로운 독립된 상인으로서, 대리상 계약에 따른 의무 이외에 따로 상인의 지휘·감독을 받지 아니하며 독자적인 계획과 계산에 따라 영업을 한다.

상업사용인과 대리상은 상인을 보조하는 보조자라는 점에서 동일하다. 실제로 상업사용인과 대리상을 구분하는 것은 그리 쉬운 일이 아니다. 대법원의 판결이 있다.

대법원 1962. 7. 5. 선고 62다255 판결

대법원은 "화재보험회사와의 사이에 일정한 지역에 지점을 설치·운영하기로 하는 내용의 화재보험 도급계약을 체결한 경우에 계약서의 전체의 기재로 보아 지점 설치·운영자가 회사의 단순한 상업사용인에 불과한 때에는 순보험료 중 일부를 지점 설치자에게 지급하기로 하고 그 지점 운영과 경비를 설치자가 부담하기로 하는 약정이 있었다 하여 곧 지점 설치·운영자와 보험회사의 관계가 고용관계가 아니고 대리상관계라고 단정할 수 없다."라고 판시한 바 있다.

3. 상시

'상시'라는 용어는 영업의 계속성을 의미한다. '상시'라는 개념 속에는 보조행위가 계속적·반복적이 되어야 함을 뜻한다. 현실의 행위가 계속·반복되지 아니하더라도, 즉 1회의 행위이더라도 앞으로 계속 반복될 것임이 예상되면, 그것으로 족하다고 하겠다.

4. 그 영업부류에 속한 거래

'그 영업부류에 속한 거래'라고 하는 말은 상인의 영업부류에 속한 거래를 의미한다. 영업부류라 함은 상인의 기본적인 영업활동을 의미한다. 그러므로 매매업을 하는 상인을 위하여 금융거래를 대리 또는 중개하는 경우처럼 보조적 상행위를 대리 또는 중개하는 때에는 상법상의 대리상이 아니다.

5. 거래의 대리 또는 중개

거래의 대리를 하는 대리상을 체약대리상이라고 하고 거래의 중개를 하는 대리상을 중개대리상이라고 한다. 1인이 양자를 겸하는 것도 가능하다. 손해보험대리점은 대부분 체약대리상이다. 체약대리상의 경우 계약체결권이 있고, 보험계약자로부터 고지 수령권한과 보험료 수령권한이 있다. 체약대리상은 보험계약자에 대한 보험약관의 설명의무가 있다.

6. 거래의 대리 또는 중개를 영업으로 하는 자

대리상은 거래의 대리 또는 중개의 인수를 영업으로 하는(상법 제46조 제10호, 제11호) 기본적 상행위를 하는 상인이다. 대리상은 본인인 상인의 영업부류에 속하는 거래를 대리 또는 중개하는 자이다. 법문에서 상인성을 엿볼 수 있다. 대리상의 상인성은 대리상이 본인에게 종속되지 아니하고 자신의 독자적인 계획과 계산에 따라 영업을 한다는 점이다.

대리상의 영업은 거래의 대리 또는 중개를 하는 행위 그 자체가 아니라, 그러한 대리 또는 중개의 인수, 즉 특정상인과 그를 위해 대리 또는 중개를 하기로 계약을 하는 것이다. 그러므로 정작 대리 또는 중개행위는 그 계약의 이행에 지나지 않으며, 이는 대리상의 보조적 상행위(상법 제47조 제1항)가 된다. 대리상은 상행위의 대리의 인수(상법 제46조 제10호) 또는 중개에 관한 행위의 인수(상법 제46조 제11호)를 영업으로 함으로써(기본적 상행위), 당연상인의 자격을 취득하여 독립한 상인이 된다(상법 제4조). 따라서 대리상이 이렇게 인수한 행위를 제3자와 구체적으로 실시하는 거래의 대리 또는 중개는 보조적 상행위가 된다.

중개는 하나의 사실행위이다. 중개인은 중개를 업으로 한다. 중개라고 함은 추진 중인 계약의 당사자 쌍방과 교섭하여 그들 간의 계약이 체결되도록 조력하는 행위이다. 상인을 대리하여 계약을 하는 체약대리상이나 타인의 위탁을 받아 제3자와 자기의 이름으로 계약을 하는 위탁매매인과 다르다. 중개를 하는 점에서 흡사하지만 중개인은 특정 상인을 위해 상시 중개하는 것이 아니라는 점에서 중개대리상과 다르다. 중개는 계약이 체결되도록 당사자 쌍방과 교섭하는 활동을 말한다.

7. 대리상 여부

제조자나 공급자와 대리점계약이라는 명칭의 계약을 체결한 자가 곧바로 상법 제87조가 규정하고 있는 대리상의 지위를 갖는가에 대한 대법원의 판결이 있었다.

> **대법원 2013. 2. 14. 선고 2011다28342 판결**
>
> 대법원은 "원고와 피고는 이 사건 메가대리점계약을 체결하면서, 피고가 원고에게 제품을 공급하면 원고는 피고에게 해당 제품의 대금을 지급하고 제품 공급 이후 제품과 관련된 일체의 위험과 비용을 부담하여 자신의 거래처에 제품을 재판매하기로 약정한 후, 실제 피고가 기준가격에서 일정한 할인율을 적용하여 제품을 원고에게 매도하면, 원고가 자신의 판단 아래 거래처에 대한 판매가격을 정하여 자신의 명의와 계산으로 제품을 판매하였다는 것이므로, 원고가 피고의 상법상의 대리상에 해당하는 것으로 볼 수 없다."고 판시하였다.

III. 대리상의 권리와 의무

1. 대리상의 권리

1) 보수청구권

대리상은 대리상계약 시 약정보수를 청구할 수 있다. 보수에 관한 약정이 없다고 할지라도 상인은 상법 제61조에 따라 상당한 보수를 청구할 수 있다. 다만, 당사자 사이에서 이를 배제하는 특약이 있는 경우에는 그 적용이 없다.[1] '상당한 보수'라 함은 동종거래의 관습과

---

1   대법원 2007. 9. 20. 선고 2006다15816 판결.

사회통념에 의하여 결정된다. 상법은 보수와 관련하여 그 밖의 사항에 대하여는 규정을 두고 있지 않다.

2) 독일 상법의 경우

독일의 경우 보수청구권의 기간(독일 상법 제87a조), 범위(제87b조) 및 보수에 대한 상각(제87c조) 등에서 자세하게 규정하고 있다. 간략한 사항에 대해서만 고찰하기로 한다.[2]

(1) 보수의 지급시기

보수의 지급시기에 관한 합의가 없을 경우, 대리상은 보수는 본인이 행위를 완료한 경우에만 보수를 청구할 수 있다.[3] 다른 합의가 가능하지만, 대리상은 본인을 통한 이행의 완료와 동시에 늦어도 만기가 되는 익월 마지막 날에 적절한 선급을 청구할 수 있는 권리를 갖는다.[4] 그러나 합의사항과 상관없이, 대리상은 제3자가 이행을 종료하는 때에는 즉시 보수청구구권을 갖는다.[5] 제3자가 이행하지 않은 것이 명확히 밝혀진 경우에는, 보수청구권은 행사할 수 없고, 이미 받은 금액은 반환되어야 한다.[6] 본인이 이행을 완전히 하지 않았거나 부분적으로 하지 않은 경우 또는 합의된 대로 이행되지 않은 경우라 할지라도 역시 대리상은 보수청구권을 행사할 수 있다.[7] 그러나 본인이 이행할 수 없는 사유로 인하여 이행하지 못한 경우라면, 청구권 행사는 할 수 없다.[8]

(2) 보수의 범위

대리상의 보수금액을 정하지 않았다고 한다면, 통상적인 비율이 합의된 것으로 본다.[9] 제3자나 본인이 이행한 금액에 대하여는 보수와 상쇄할 수 있다.[10]

---

2 자세히는 독일 상법 대리상의 보수청구권 범위(제87b조) 및 보수에 대한 상각(제87c조)을 참고하기 바란다.
3 독일 상법 제87a조 제1항 제1문.
4 독일 상법 제87a조 제1항 제2문.
5 독일 상법 제87a조 제1항 제3문.
6 독일 상법 제87a조 제2항 제1문, 제2문.
7 독일 상법 제87a조 제3항 제1문.
8 독일 상법 제87a조 제3항 제2문.
9 독일 상법 제87b조 제1항.
10 독일 상법 제87b조 제2항.

3) 보상청구권

(1) 법규

대리상이 활동으로 본인이 새로운 고객을 획득하거나 영업상의 거래가 현저하게 증가하고 이로 인하여 계약의 종료 후에도 본인이 이익을 얻고 있는 경우에는 대리상은 본인에 대하여 상당한 보상을 청구할 수 있다. 다만 계약의 종료가 대리상의 책임 있는 사유로 인한 경우에는 그러하지 아니하다(상법 제92조의2 제1항). 보상금액은 계약의 종료 전 5년간의 평균연보수액을 초과할 수 없고, 계약의 존속기간이 5년 미만인 경우에는 그 기간의 평균연보수액을 기준으로 한다(상법 제92조의2 제2항). 보상청구권은 계약이 종료한 날부터 6월을 경과하면 소멸한다(상법 제92조의2 제3항).

(2) 취지

대리상이 열심히 노력하여 새로운 고객을 획득하였거나 종래의 고객과의 거래규모가 현저하게 증가한 후에 본인이 대리상관계를 종료시키고 직접 고객과 거래를 하는 경우가 종종 있다. 이러한 경우에는 대리상의 노력, 즉 시장개척의 이연효과에 대한 응분의 대가를 지급함으로써 대리상을 보호할 필요성이 있게 된 것이다. 보상청구권에 대한 규정은 대리상을 보호하고 본인과 대리상 간의 형평을 꾀하려는 목적을 갖는다. 대리상의 보상청구권 제도는, 대규모 제조업체와 거래하면서 경제적인 힘이 열등하여 적정한 보상을 받지 못하는 영세대리상의 보호에 대한 호소를 받아들여 제정된 독일 상법 제89b조(보상청구권)(Ausgleichsanspruch)를 1995년 상법 개정 시 받아들인 것이다.

(3) 법적 성질

대리상이 행상하는 보상청구권의 법적 성질에 대하여는 계약적 보수청구권,[11] 손해배상청구권이나 부당이득반환청구권설[12] 또는 대리상을 위한 생계비급여청구권설[13] 등 견해의 대립이 있다.[14] 대리상계약이 종료된 후 대리상의 활동으로 획득한 고객과의 거래로 인하여 본인이 이익을 얻고 있는 상황에서 대리상계약이 종료됨에 따라 본인은 대리상에게 보수를

---

[11] BGHZ 41, 292 (296).
[12] LG Hamburg MDR 1955, 44.
[13] BGH NJW 1958, 1966 (1967).
[14] 김정호, 상법총칙·상행위법, 법문사, 2008, 271면.

지급할 필요가 없게 된다. 대리상을 통하여 획득된 본인의 이익을 대리상에게 지급하여 형평을 도모하고자 하는 목적에서 등장한 것이 바로 대리상의 보상청구권이라 하겠다. 보상을 청구하는 의미를 갖게 하는 명칭과 달리, 보상청구권은 대리상계약에 따른 원래의 보수에 부수하여 발생하는 계약상 청구권으로 보아야 할 것이다.[15]

(4) 발생요건

대리상의 보상청구권이 발생되기 위해서는 첫째, 대리상계약관계가 종료되어야 한다. 다만, 대리상의 책임 있는 사유로 인하여 계약이 종료되는 것은 아니어야 한다(상법 제92조의2 제1항 제2문). 계약기간의 만료, 해제조건의 도래, 영업주와 대리상 간의 합의해제, 계약해지권의 행사, 대리상의 사망이나 영업자의 도산 등 모든 종료사유가 해당될 수 있다. 둘째, 본인의 현저한 이익의 획득이 있어야 한다. 대리상의 활동으로 인하여 새로운 고객의 획득이나 거래가 현저하게 증가하여 본인에게 상당한 이익이 제공되었어야 한다. 셋째, 영업주와 대리상 간의 계약관계가 종료되어 계약기간 시 기대할 수 있는 보수청구권을 행사할 수 없었어야 한다. 이는 사후적인 예측에 따라야만 할 것이다.

(5) 효과

상기의 요건이 충족되면 계약기간의 종료 후에도 보상청구권을 행사할 수 있다. 보상의 최고한도는 대리상계약의 종료 후 5년간의 평균연보수액이다(상법 제92조의2 제2항 제1문). 계약의 존속기간이 5년 미만인 경우에는 그 기간의 평균연보수액을 넘을 수 없다(상법 제92조의2 제2항 제2문). 대리상의 보상청구권은 대리상계약 종료한 날부터 6개월의 제척기간을 갖는다. 단기로 청구권행사기간을 둔 것은 본인과 대리상 사이의 법률관계를 신속하게 종결시키기 위한 목적이 있다. 그럼에도 불구하고, 대리상의 책임 있는 사유로 대리상계약관계가 종료되는 경우에는, 대리상의 보상청구권이 행사될 수 없다(상법 제92조의2 제1항 제2문).

(6) 보상청구권의 유추 적용 가능성

대법원이 상법 제92조의2에서 대리상의 보상청구권을 인정하는 취지 및 제조자나 공급

---

15 이철송, 상법총칙·상행위법, 제13판, 박영사, 2015, 468면; 김정호, 상법총칙·상행위법, 법문사, 2008, 272면.

자에게서 제품을 구매하여 자기의 이름과 계산으로 판매하는 영업을 하는 자에게 대리상의 보상청구권에 관한 상법 제92조의2를 유추 적용할 수 있는가에 대하여 판시하였다.

대법원 2013. 2. 14. 선고 2011다28342 판결

대법원은 "대리상의 보상청구권에 관한 위와 같은 입법 취지 및 목적 등을 고려할 때, 제조자나 공급자로부터 제품을 구매하여 그 제품을 자기의 이름과 계산으로 판매하는 영업을 하는 자에게도, ① 예를 들어 특정한 판매구역에서 제품에 관한 독점판매권을 가지면서 제품판매를 촉진할 의무와 더불어 제조자나 공급자의 판매활동에 관한 지침이나 지시에 따를 의무 등을 부담하는 경우처럼 계약을 통하여 사실상 제조자나 공급자의 판매조직에 편입됨으로써 대리상과 동일하거나 유사한 업무를 수행하였고, ② 자신이 획득하거나 거래를 현저히 증가시킨 고객에 관한 정보를 제조자나 공급자가 알 수 있도록 하는 등 고객관계를 이전하여 제조자나 공급자가 계약 종료 후에도 곧바로 그러한 고객관계를 이용할 수 있게 할 계약상 의무를 부담하였으며, ③ 아울러 계약체결 경위, 영업을 위하여 투입한 자본과 그 회수 규모 및 영업 현황 등 제반 사정에 비추어 대리상과 마찬가지의 보호필요성이 인정된다는 요건을 모두 충족하는 때에는, 상법상 대리상이 아니더라도 대리상의 보상청구권에 관한 상법 제92조의2를 유추 적용할 수 있다고 보아야 한다.

그런데 이 사건에서는 원고가 이 사건 메가대리점계약을 통하여 일정한 판매구역에서 피고의 제품에 관한 독점판매권을 가지면서 제품판매를 촉진할 의무와 더불어 피고의 판매활동에 관한 지침이나 지시에 따를 의무를 부담하는 등 사실상 피고의 판매조직에 편입되었다거나 또는 원고가 획득하거나 거래를 현저히 증가시킨 고객에 관한 정보를 피고가 알 수 있도록 하는 등 고객관계를 이전하여 피고가 계약 종료 후에도 곧바로 그러한 고객관계를 이용할 수 있게 할 계약상 의무를 부담하였다는 점을 인정할 자료가 없기 때문에, 피고로부터 제품을 구매하여 그 제품을 자기의 이름과 계산으로 판매하는 영업을 하는 원고에 대하여 대리상의 보상청구권에 관한 상법 제92조의2를 유추 적용할 수는 없다고 보아야 한다."고 판시하고 있다.

위 사건은 재판매업자에의 유추적용 여부가 문제되었던 것이다. 제조자·공급자로부터 제품을 구매하여 그 제품을 자기의 이름과 계산으로 판매하는 영업을 하는 자(이른바 특약점 또는 총판)는 대리상은 아니다. 이들은 대리·중개 서비스에 대한 수수료가 아니라 매입가격과 판매가격의 차이(판매마진)를 수익원으로 한다. 그러나 이들도 특정 상인에 대한 종속성이 큰 경우에는 대리상과 유사하게 보호해 줄 필요가 있다. 대법원은 다음과 같은 요건이 충족되면 유추적용할 수 있다고 판단한다. 첫째, 계약을 통하여 사실상 제조자·공급자의 판매조직에 편입됨으로써 대리상과 동일하거나 유사한 업무를 수행하였을 것. 둘째, 자신이 획득하거나 거래를 현저히 증가시킨 고객에 관한 정보를 제조자나 공급자가 알 수 있도록 하는 등 제조자·공급자에게 고객관계를 이전할 계약상 의무를 부담하였을 것. 셋째, 계약체결 경위, 영업을 위하여 투입한 자본과 그 회수 규모 및 영업 현황 등 제반 사정에 비추어 대리상과 마찬가지의 보호필요성이 인정될 것 등이다. 대리상보다는 특약점 등 재판매업자가 현실적으로 다수를 점하고, 다수 판례가 등장하고 있다. 대법원은 일반적으로 위와 같은 엄격한 요건이 충족되면 유추적용을 인정하였지만, 동 사건에서는 그러한 요건이 충족되지 았다는 이유로 부정하였다.

4) 유치권

(1) 의의

대리상은 거래의 대리 또는 중개로 인한 채권이 변제기에 있는 때에는 그 변제를 받을 때까지 본인을 위하여 점유하는 물건 또는 유가증권을 유치할 수 있다(상법 제91조). 대리상의 유치권은 민사유치권(민법 제320조 제1항)과 일반상사유치권(상법 제58조)과는 별도로 인정한 것으로 다른 유치권과의 선택적 행사가 가능하다. 약정에 의한 배제도 가능하다(상법 제91조 단서).

(2) 특징

대리상과 본인은 계속적인 관계이므로 대리상의 유치권은 피담보채권과 목적물 사이에 견련관계를 요구하고 있지 않다. 이 점 민법상의 유치권과 차이가 있다(민법 제320조 제1항). 견련관계를 요구하지 않는 일반상사유치권과는 같다(상법 제58조).

유치의 목적물은 물건 또는 유가증권을 본인을 위하여 적법하게 점유하고 있는 것이면 유치할 수 있다. 반드시 채무자 소유의 물건 또는 유가증권일 필요가 없는 것이며, 채무자와의 상행위로 인하여 점유하는 것이 아니라도 된다는 점에서 일반상사유치권과 차이가 있고, 민법상의 유치권과 같다. 일반상사유치권을 행사하기 위해서는 유치의 목적물은 당사자 간의 상행위로 인하여 채권자의 점유취득이 필요하고, 채무자의 소유에 속하는 것을 요건으로 하고 있다. 결국 대리상의 유치권은 민법상의 유치권이나 일반 상사유치권보다 강력하다고 할 수 있다.

(3) 취지

대리상에게 유치권을 행사할 수 있는 권리를 부여하고 있는 것은 그가 본인에 대해 가지고 있는 보수청구권(상법 제61조), 체당반환청구권(상법 제55조 제2항) 등의 이행을 확보하기 위한 것이다. 대리상의 유치권에 관한 상법 제91조는 일반적인 상사유치권에 관한 제58조의 특칙이라 할 수 있다. 이 같은 특칙을 상법이 규정하고 있는 이유는 첫째, 대리상의 채권은 주로 보수청구권이고, 이는 대리상의 기업유지의 기초를 이루므로 그 이행을 확보해줄 필요가 더욱 크다는 점이다. 둘째, 대리상이 본인을 위하여 점유하는 물건은 대체로 대리상의 채권과 견련성이 있으므로 이를 입법적으로 추정하여 목적물의 소유에 구애받지 않더라도 형평에 어긋나지 않기 때문이다.

대리상의 유치권은 대리상을 특히 보호하기 위한 것이므로 당사자 간의 특약으로 이를 배제하거나 위와 다른 내용으로 합의할 수 있다(상법 제91조 단서).

2. 대리상의 의무

1) 선관주의의무

위임계약이기 때문에 위임의 성질에 따라 선량한 관리자의 주의로써 계약의 내용에 따라 본인을 위하여 거래의 대리 또는 중개를 하여야 한다(민법 제681조). 본인이 지시한 계약조건의 준수, 거래상대방의 선택 등에서 특별한 주의를 하여야 한다. 더 나아가 본인의 이익을 도모하기 위하여 시장정보에 관한 사항, 즉 시장관계의 변동, 고객의 취향변화, 새로운 시장참가에 따른 경쟁관계 등을 조사하여 통지하고 본인의 영업비밀을 누설하여서는 안 된다. 건설기계 생산자로부터 고가 중장비 판매를 위임받은 대리상이 민법 제681조에 따라 매수인과 연대보증인의 변제 자력에 대한 조사 및 담보확보의 선량한 관리자의 주의의무를 부담하는지 여부에 대한 대법원 판결이 있다.

대법원 2003. 4. 22. 선고 2000다55775 판결

대법원은 "2억 원 이상의 중장비를 할부판매하면서 선수율이 현금 30% 미만인 경우에는 중기근저당권을 설정하는 외에 재산세 합계액이 미수채권액의 0.2% 이상인 보증인 3명 이상의 연대보증이 필요하고 부동산 근저당설정 등은 권장사항으로 되어 있는데, 피고가 원고 회사로 하여금 이러한 기준을 엄격하게 적용하도록 조치한 것으로 보이지는 않지만, 중장비를 장기간의 할부로 판매하는 경우에는 감가상각의 정도가 심하여 판매된 중장비 자체에 관한 근저당권 설정만으로는 미수채권의 회수가

충분히 담보되지 못하므로, 이와 같이 피고로부터 2억 원 이상의 고가 중장비 판매를 위임받은 대리상인 원고 회사로서는 적어도 민법 제681조의 규정 취지에 따라 그 매수인과 연대보증인들의 변제자력을 면밀히 조사하여 계약을 체결함과 동시에 필요한 경우 충분한 담보를 확보함으로써 위임자인 피고의 이익을 해하지 않을 선량한 관리자의 주의의무를 부담한다."고 판시하고 있다.

2) 통지의무

상법 제88조에서는 대리상이 거래의 대리 또는 중개를 한 때에는 지체 없이 본인에게 그 통지를 발송하여야 한다고 하여 대리상에게 민법 제683조의 수임인의 보고의무와 다른 통지의무를 규정하고 있다.

본인과 계속적 계약관계에 있는 대리상이 거래의 대리를 하였을 때에는 물론 중개를 하였을 경우에도 계약내용을 확인하고 대리상과 본인의 법률관계를 명확히 하기 위하여 상법이 특별히 규정하고 있는 대리상에게 부여된 엄격한 의무이다.

통지할 사항은 대리 또는 중개가 이루어진 사실과 거래의 중요내용이며, 통지는 발송만 하면 되는 발신주의를 택하고 있다. 대리상이 통지의무를 게을리하여 손해가 발생하면 손해배상책임을 부담한다.

3) 경업금지의무

상법 제89조 제1항은 "대리상은 본인의 허락 없이 자기나 제3자의 계산으로 본인의 영업부류에 속한 거래를 하거나 동종영업을 목적으로 하는 회사의 무한책임사원 또는 이사가 되지 못한다."라고 대리상의 경업금지의무를 규정하여 대리상과 본인의 이익조정을 꾀하고 있다.

상법 제17조 제2항 내지 제4항의 규정은 대리상이 제1항의 규정에 위반한 경우에 준용한다(상법 제89조 제2항). 즉, 대리상이 경업피지의무를 위반하는 것에 대한 법적 효과는 상업사용인의 경업금지의무를 위반한 경우와 같다. 그러므로 본인은 대리상계약을 해지할 수 있고 손해배상청구권을 행사할 수 있으며(상법 제89조 제2항, 제17조 제3항), 본인의 개입권행사도 가능하다(상법 제89조 제2항, 제17조 제2항). 개입권의 제척기간은 본인이 그 거래를 안 날로부터 2주간, 거래가 있은 날로부터 1년이다(상법 제17조 제4항).

4) 영업비밀 준수의무

대리상이 대리상관계에 기하여 본인의 영업에 관하여 지득한 비밀은 대리관계가 존속중은 물론 그것이 종료된 뒤에도 이를 누설하여서는 아니 된다. 이는 본인을 보호하기 위한 것이다. 독일 상법 제90조에서는 이를 규정하고 있고,[16] 우리의 1995년 개정상법에서도 명시적으로 규정하였다. 즉 대리상은 계약의 종료 후에도 계약과 관련하여 알게 된 본인의 영업상의 비밀을 준수하여야 한다.

대리상이 계약과 관련하여 알게 된 본인의 영업상의 비밀을 스스로 이용하거나 제3자에게 누설하는 경우에는 본인의 영업에 손해를 가할 염려가 있다. 그리하여 대리상은 대리상 계약이 존속하는 경우는 물론 그 계약이 종료된 뒤에도 계약과 관련하여 알게 된 본인의 영업상의 비밀은 이를 준수하지 않으면 안 되는 의무를 부과한 것이다.

5) 이행담보책임 여부

상법은 대리상에 대하여 이행담보책임을 명시적으로 규정하고 있지 않다. 실무에서 대리상의 이행담보책임을 부과하도록 하는 약관조항이 타당한가에 대한 물음이 제기되었다. 대법원은 건설기계 판매대리계약 중 대리상에 불과한 판매 회사에게 미회수 매매대금에 관한 무조건의 이행담보책임을 지우는 조항이 약관의 규제에 관한 법률에 의하여 무효인가에 대한 판단을 한 것이다.

대법원 2003. 4. 22. 선고 2000다55775 판결

"원고 대우중장비서울중부판매 주식회사(이하 '원고 회사'라고 한다)는 1996년 4월 1일 피고와 사이에, 피고가 생산하는 콘크리트펌프트럭 등 중장비를 원고 회사가 대리하여 판매하고 그 매수인에 대한 사후봉사(A/S)도 담당하되, 그 대가로 피고로부터 일정한 수수료를 받기로 하는 내용의 "제품 판매대리, 아프터서비스에 관한 계약"(이하 '이 사건 계약이라 한다)을 체결하였고, 원고 이오상, 서홍국은 원고 회사가 이 사건 계약과 관련하여 피고에게 부담하게 되는 일체의 채무를 담보하기 위하여 피고에게 위 원고들 소유의 이 사건 각 부동산에 관하여 근저당권설정등기를 마쳐준 사실, 원고 회사는

---

16 § 90 Handelsgesetzbuch (Geschäftsund Betriebsgeheimnisse) Der Handelsvertreter darf Geschäftsund Betriebsgeheimnisse, die ihm anvertraut oder solcher durch seine Tätigkeit für den Unternehmer bekanntgeworden sind, auch nach Beendigung des Vertragsverhältnisses nicht verwerten oder anderen mitteilen, soweit dies nach den gesamten Umstände der Berufsauffassung eines ordentlichen Kaufmannes widersprechen würde.

이 사건 계약 체결 이후 1996년 4월 15일부터 1997년 4월 30일까지 사이에 피고를 대리하여 총 29대의 중장비를 판매하였으나, 피고와 사이에 수수료 계산 방법에 관하여 다툼이 생기게 되자 1997년 7월 1일 이 사건 계약에 기초한 사업운영권을 피고에게 반납하면서 그 날부터 이미 판매된 부분에 대한 사후봉사 업무를 중단하였고, 피고는 위 날짜 이후의 사후봉사 업무를 대신하여 오다가 1997년 10월 1일 원고 회사에게 이 사건 계약을 해지한다는 통보를 보낸 사실이 있다."

대법원은 "건설기계 판매대리계약 중 대리상에 불과한 판매 회사에게 미회수 매매대금에 관한 무조건의 이행담보책임을 지우는 조항은 판매 회사가 수령하는 수수료의 액수에 비하여 고객의 무자력으로 인한 위험부담이 너무 커서 판매 회사에 부당하게 불리할 뿐만 아니라, 건설기계 생산자가 미리 매매대금을 리스금융회사로부터 수령하고 나름대로의 채권확보책을 가지고 있음에도 판매 회사에게 금융비용까지 합한 할부금 전액에 대하여 이행담보책임을 지우는 것은 상당한 이유 없이 건설기계 생산자가 부담하여야 할 책임을 판매 회사에게 이전시키는 것이라고 보아야 하므로 약관의 규제에 관한 법률에 의하여 무효"라고 판단하였다.

IV. 대리상과 제3자와의 관계

상법은 물건의 판매나 그 중개를 위탁받은 대리상은 매매목적물의 하자 또는 수량부족 기타 매매의 이행에 관한 통지를 받을 권한이 있음을 규정하고 있다(상법 제90조). 제3자로부터 대리상은 통지를 수령할 수 있는 권한만을 가지고 있는 것이다. 거래상대방은 대리상에 대한 통지로써 본인에게 대항할 수 있다. 상법이 매매의 이행에 관한 통지에 국한하여 규정하고 있기 때문에, 매매계약 자체의 무효·취소·해제 등에 따른 통지는 직접 본인에게 하지 않으면 아니 될 것이다.

대리상의 통지수령권한은 법정의 권한에 해당하므로 체약대리상이나 중개대리상 모두에게 적용된다. 그러나 체약대리상은 본조가 없더라도 대리의 일반원칙에 따라 통지의 수령권한이 있다고 해석되므로, 본조는 중개대리상에게 통지수령권한을 부여하였다는 점에 그 의의가 있다고 하겠다.

V. 종료

1. 일반적인 종료사유

대리상계약은 위임의 종료사유인 위임인의 사망, 파산, 수임인의 사망이나 파산 및 성년후견 등에 의하여 종료된다(민법 제690조). 대리상계약에 존속기간이 주어져 있는 경우에는 그 기간의 만료로 종료한다. 그러나 존속기간이 종료되기 전이라도 본인이나 대리상이 영업을 폐지하면 그 계약은 종료한다.

2. 법정종료사유

민법상 위임계약은 언제든지 위임인이나 수임인이 계약을 해지할 수 있다(민법 제689조 제1항). 그러나 동 규정을 적용하게 되면, 대리상계약이 유지되지 못하는 결과를 초래하게 된다. 그러므로 상법은 특칙을 두고 영업이 중단되는 사태를 예방하고자 한다. 존속기간을 정하지 아니한 경우에, 각 당사자는 계약해지권을 인정하지만 2월 전에 해지예고를 통지하도록 하고 있다(상법 제92조 제1항). 다만, 부득이한 사정이 있는 경우에는, 해지예고제도를 배제하여 언제든지 계약을 해지할 수 있는 권리를 각 당사자에게 부여하고 있다(상법 제92조 제2항).

제2절 중개업

I. 의의

상인이 영업행위를 하고자 하는 경우에, 상인 그 자신이 거래의 상대방을 구하기 어려운 분야가 있다. 이 경우 전문가의 조력을 필요로 하게 된다. 이때 위탁자나 상인을 보조하여 공급과 수요 사이의 적절한 거래조건을 창출하여 계약체결을 신속하고도 용이하게 처리해주는 자가 바로 중개인이다. 중개인은 불특정한 상인에게 조력을 하면서 상응하는 대가인 보수를 받는 상인이다.

중개인은 시장시세와 상대방의 신용상태 등을 탐지하고 상품의 감정, 유가증권의 진위, 보험료의 고저, 선박의 성질 등 전문적 자료를 준비하고서 위탁자에게 조언한다. 때로는 당사자에게 상대방을 알리지 않음으로써 거래를 원활하게 하는 기능을 하기도 한다. 중개인은 상거래에 익숙하면서도 전문성을 갖추고 있어야 한다. 반면, 자력이 없기 때문에 자신의 전문성을 살려 상품별로 세분화되어 있는 고도산업사회에서 그 자신의 이용도를 높여야 할 필요성이 있다. 가령, 증권 등의 매매나 금융거래, 운송 및 보험거래 등이 중개인이 전문화할 수 있는 업종에 속한다.

II. 법적 성질

1. 구분

중개를 의뢰한 위탁자와 중개인 사이에 체결되는 중개계약은 보통 비법률행위적 사무인 중개의 위탁과 이의 인수로써 성립하는 위임계약에 해당한다(민법 제680조).[17] 중개계약은 일방적 중개계약과 쌍방적 중개계약이 있다. 전자는 상행위의 중개를 위탁하는 자가 계약의 일방당사자인 경우로서 수탁자인 중개인이 적극적으로 중개할 의무는 없고, 계약이 성립하면 보수를 청구할 수 있는 계약에 해당한다. 반면, 후자는 계약의 양 당사자가 각각 중개를 위탁한 것으로서 수탁자는 적극적으로 중개할 의무를 부담하는 계약에 해당한다. 후자의 법적 성질에 대하여는 위임계약으로 보는 것이 통설이지만, 전자에 대하여는 의견의 대립이 심각하게 발생하고 있다.

2. 도급계약설

도급계약은 민법 제664조에 규정되어 있다. 도급계약이란 당사자 일방이 어느 일을 완성할 것을 약정하고 상대방은 그 일의 결과에 대하여 보수를 지급할 것을 약정함으로써 발생하게 된다.

중개계약은 원칙으로 위임이나 일방적 중개계약은 중개인의 계약의 성립에 전력하여야 할 의무는 없으므로, 위임이 아니고 중개인에 의한 계약의 성립이라는 일의 완성을 목적으로 하고 계약의 성립이라는 결과가 초래될 때 보수를 청구할 수 있다는 점에서 '도급계약에 준하는 계약'으로 보는 입장[18]이 있고, '도급과 유사한 독자적인 계약'으로 보는 입장[19]이 있다. 또한 중개인이 계약의 성립에 진력하여야 할 의무가 있든 없든 간에 계약의 성립에는 위탁자의 협력이라는 면도 있으므로 중개계약은 구분 없이 '도급계약에 유사한 특수계약'이라는 주장[20] 및 '위임에 유사한 특수한 계약'으로 보는 입장[21]도 있다.

17   정찬형, 상법강의(상), 제18판, 박영사, 2015, 294면.
18   서돈각·정완용, 상법강의(상), 제4전정, 법문사, 1999, 190면.
19   손주찬, 상법(상), 박영사, 제15증보판, 2004, 303면.
20   임홍근, 상행위법, 법문사, 1989, 623면.
21   정동윤, 상법총칙·상행위법, 개정판, 법문사, 1996, 458면.

3. 위임계약설

중개계약을 도급계약으로 보는 것은 무리가 있다. 도급은 일의 완성을 목적으로 하고 그 일이 완성되었을 때 보수를 받게 된다. 중개인이 중개의 위탁을 받는다고 할지라도 적극적인 중개의무가 발생하는 것은 아니다. 그런 측면에서 중개인은 중개를 위탁한 자로부터 일정한 사무의 처리를 위탁받은 위임으로 보아 중개계약은 위임계약으로 보는 입장[22]이 타당하다.

III. 중개인의 의무

1. 선관주의의무

중개계약의 법적 성질은 위임이므로 중개인은 중개위탁에 대하여 수탁자로서 선량한 관리자로서의 주의의무를 진다. 중개인에게 적극적으로 중개를 해야 할 의무가 있는 것은 아니다. 그러므로 중개를 하지 아니하거나 중개한 대로 계약이 이루어지지 않았다고 해서 선관주의의무를 게을리한 것은 아니다. 그러나 중개를 위해 상대방을 선택함에 있어 그의 신용을 조사한다거나 위탁에 관한 비밀을 준수해야 하는 등 위탁자의 이익을 해하지 말아야 한다. 또한 중개기회의 회피 등으로 위탁자 손해가 발생하지 않도록 해야 한다. 만약 수탁자로서 선관주의의무를 위반함으로써 손해를 야기한 경우에 중개인은 손해배상책임을 부담해야 한다. 이 경우 위탁자는 보수의 지급을 거절할 수 있다.

2. 중립유지의무

중개인은 위탁자뿐만 아니라 그의 상대방과의 사이에도 중개계약관계에 있게 된다. 중개인은 이해가 상반된 당사자들을 중개해야 하는 위치에 있는 것이다. 그러므로 어느 일방의 이익이 돌아가도록 치중해서는 아니 되므로, 중개인은 중립적인 지위에서 객관적으로 중개행위를 하여야 한다. 이를 중개인의 '중립성의 원칙'이라고 한다.

---

22 김정호, 상법총칙·상행위법, 법문사, 2009, 279면 이하; 이철송, 상법총칙·상행위법, 제13판, 박영사, 2015, 482면; 이기수·최병규, 상법총칙·상행위법(상법강의 I), 제7판, 박영사, 2010, 397면.

3. 견품보관의무

중개인이 그 중개한 행위와 관련하여 견품을 받은 때에는 그 행위가 완료될 때까지 이를 보관하여야 한다(상법 제95조). 법문에서 '행위가 완료될 때'에서 '완료'라 함은 중개행위가 완료되거나 계약이 이행된 때를 의미하는 것이 아니라, 매도인의 담보책임이 소멸되는 때를 의미한다고 보아야 할 것이다.[23] 이 의무는 견품에 의하여 목적물을 정하고 그 품질을 담보하는 견품매매의 경우에만 발생한다. 상법이 중개인에게 견품보관의무를 부담하도록 하는 이유는 견품매매의 경우 대등한 품질로 이행될 것을 담보하는 기능과 분쟁이 발생하는 경우 증거를 보전하고자 하는 기능이 있다. 그러나 견품매매가 아닌 경우에는 비록 중개인이 견품을 받았다 하더라도 중개인은 견품보관의무를 지지 않는다.

4. 결약서 교부의무

1) 결약서

중개에 의해 계약이 성립한 때에는 중개인은 지체 없이 각 당사자의 성명 또는 상호(일방 당사자가 표시제외 요구 시는 제외(상법 제98조), 계약연월일 및 그 요령을 기재한 서면을 작성하여 기명날인한 후 각 당사자에게 교부하여야 하는데(상법 제96조 제1항) 이 서면을 결약서(Schchlußnote)라 한다. 법문에서 '계약요령'은 계약의 목적물이나 대가 및 이행시기 등 분쟁이 발생할 가능성이 있는 사실을 증빙할 수 있도록 구체적으로 기재할 필요가 있다.

2) 입법취지

상법이 결약서를 작성·교부하도록 하는 것은 중개인이 중개한 계약의 성립사실 및 그 내용에 관하여 증거를 보전하여 당사자 간의 분쟁의 예방과 신속한 해결을 위한 취지에서 하는 것이다. 그러나 결약서는 당사자 간에 계약이 성립한 후 중개인이 작성한 것이므로, 계약 성립에 관한 내용을 담고 있는 계약서와는 차이가 있다. 단지 합의사항의 증명을 용이하게 하는 단순한 증거서류에 해당한다.[24] 결약서 교부의무는 견품보관의무를 부담시키는 제95조와 같은 목적을 가진다.

---

23 이철송, 상법총칙·상행위법, 제13판, 박영사, 2015, 483면.
24 정찬형, 상법강의(상), 제18판, 박영사, 2015, 296면.

3) 교부의무

당사자가 즉시 이행을 하여야 하는 경우를 제외하고 중개인은 각 당사자로 하여금 결약서에 기명날인 또는 서명하게 한 후 그 상대방에게 교부해야 한다(상법 제96조 제2항). 동 규정은 이행기가 후일로 정해짐으로 인해 결약 시와 시간적인 간격이 생길 경우 각 당사자의 이율배반적인 주장을 예방하고자 하는 의도가 있다.

4) 통지의무

당사자 일방이 서면의 수령을 거부하거나 기명날인 또는 서명하지 아니한 때에는 중개인은 지체 없이 상대방에게 통지를 발송하도록 하여(상법 제96조 제3항), 분쟁이 발생할 경우 상대방이 이를 대비하기 위한 목적이 있다.

5. 일기장작성의무

중개인은 계약당사자의 성명 또는 상호, 계약연월일과 그 요령을 장부에 기재하여야 한다(상법 제97조 제1항). 이를 중개인의 일기장(Tagebuch)이라 한다. 중개인은 일기장을 작성함에 있어 계약이 성립된 연월일을 기준으로 순서에 따라 기재하여야 하며, 당사자의 일방이 자기의 성명 또는 상호를 상대방에게 묵비할 것을 요구한 때에도 일기장에는 이를 기재하여야 한다(상법 제98조 반대해석). 중개인의 일기장은 결약서 묶음으로 이해하면 될 것이다.

6. 등본교부의무

중개인은 각 당사자의 청구가 있을 때에는 장부의 관계부분의 등본을 교부하여야 한다(상법 제97조 제2항). 당사자가 그 성명 또는 상호를 상대방에게 묵비할 것을 요구한 때에는 그의 성명 또는 상호를 등본에 기재하지 못한다(상법 제98조). 등본교부 청구를 거절한 때에는 그로 인하여 당사자가 입은 손해를 배상할 책임이 있다.

7. 성명 또는 상호묵비의무

당사자의 일방이 자신의 이익을 위하여 그 성명 또는 상호를 상대방에게 표시하지 아니할 것을 중개인에게 요구한 때에는 그 상대방에게 교부하는 결약서와 중개인일기장 등본에 그 성명 또는 상호를 기재하지 못한다(상법 제98조). 당사자가 자신의 성명 또는 상호를 상대방에게 알리지 아니하고 중개인으로 하여금 교섭에 임하게 하는 것이 거래에 유리한 경우가 흔히 있기에 이 규정의 존재가치가 있다. 또 상대방도 거래의 당사자가 누구인지 알 필요가 없는 경우에 묵비청구가 이용된다. 상거래에서는 당사자의 개성이 중요한 의미를 부여하지 않는다. 당사자가 드러나지 않는다 할지라도 무방하다는 취지에서 중개인의 묵비의무를 부여한 것이라 하겠다. 상법 제98조의 반대해석상 중개인의 일기장에는 기재하여야 한다.

8. 개입의무

중개인이 임의로 또는 당사자의 요구에 의하여 당사자 일방의 성명 또는 상호를 상대방에게 표시하지 아니한 때에는 상대방은 중개인에 대하여 이행을 청구할 수 있다(상법 제99조). 이 경우에는 중개인 자신이 이행할 책임이 있는데 이를 중개인의 개입의무라고 한다. 중개인이 일방당사자의 성명이나 상호를 묵비한 경우에 상대방은 이행을 청구할 상대방을 알지 못하는 경우가 발생할 수 있다. 이 경우에는 중개인의 신용을 근거로 하여 계약이 체결된 것이라 할 수 있으므로 중개인에게 이행책임을 지운 것이라 하겠다.

IV. 중개인의 권리

1. 보수청구권

중개인은 위탁자와의 사이에 아무런 특약이 없는 경우에도 중개에 대한 일정한 보수를 청구할 수 있다(상법 제61조). 그러나 보수청구권을 행사하기 위해서는 다음의 요건이 충족되어야 한다.

1) 발생요건

(1) 계약의 성립

중개당사자 간에 계약이 성립되어야 한다. 계약이 성립되지 않으면 중개인의 수고가 아무리 크다 하더라도 보수청구권은 발생하지 않는다. 계약이 성립한 이상 이행의 유무는 묻지 않는다. 그 이행 여부는 당사자들이 위험을 부담해야 문제인 것이다. 그러므로 채무불이행을 이유로 계약이 해제되더라도 보수청구권은 소멸하지 않는다. 다만, 실무상 계약의 이행을 조건으로 중개료를 지급하기로 하는 특약을 하거나 그러한 관습이 있다면, 이러한 특약이나 관습은 유효한 것으로 보아야 한다.

(2) 인과관계

당사자 간에 성립한 계약은 당사자가 그 중개를 중개인에게 위탁한 것이고 중개인의 중개에 의해 그 계약이 성립한 것이어야 한다. 그러므로 중개를 하였다 하더라도 계약이 유효하게 성립하지 않았다면 중개인의 보수청구권은 발생하지 않음이 원칙이다. 그러나 중개인이 계약의 성립에 결정적인 역할을 하였지만 중개행위가 중개인의 책임 없는 사유로 중단되어 당사자 간의 계약이 당시에는 성립되지 않았지만, 다시 중개인 없이 당사자들이 만나 전의 계약과 거의 동일한 내용의 계약을 체결한 경우라면, 중개인의 노력에 상응하는 보수청구권을 인정하는 것이 타당하다.[25]

관련 사례

독일의 수출업자가 독일제 부엌칼을 한국시장에 진출하고자 하였다. 그는 한국에 있는 수입업체를 소개받기를 원하였다. 수입업체를 중개해줄 중개상 병에게 부탁을 하였다. 그러나 중개상 병은 한국의 수입업체를 물색하는 것에 진력을 기울이지 않았다. 5년이 지난 우연한 기회에 한국의 수입상 을이 독일의 부엌칼을 수입하고 싶다는 사실을 알게 되어, 수출업자 갑은 한국의 수입상 을과 매매계약을 체결하게 되었다. 이러한 사실을 알게 된 중개상 병은 자신에 의하여 갑과 을이 매매계약이 체결된 것이므로, 병은 갑에게 보수청구권을 행사한다. 그의 보수청구권 행사의 타당성에 대한 의문이 제기된다.

상기 사례와 관련하여 중요한 사항은 위탁자와 중개상 사이에 중개계약이 명확하게 체결되었는가의 문제와 중개행위로 인하여 매매계약이 체결되었는가에 대한 문제로 귀결된다. 계약당사자의 청약과 승낙의 의사표시가 명백하게 합치를 이루고 있었다고 한다면, 당연히 중개계약은 성립되었다. 그러나 본 사례에서 동 계약이 성립되었는가는 명확치 않다. 계약이 성립되었다고 한다면, 중개인은 자신이 할 수 있는 한 수입상을 찾아보았어야 한다. 하지만 중개를 위한 노력을 기울인 중개인의 흔적은 볼 수 없다. 또한 중개계약의 체결과 매매계약 사이에 인과관계가 있는가에 대하여도 명백하게 밝혀져야 할 부분이다. 중개계약이 성립되었음에도 불구하고 5년이 지나도록 그는 수입상을 찾아내지도 못하였다. 5년이 지난 후 독일 수출업자가 한국의 수입상을 알게 되어 체결된 매매계약에 대하여, 중개인 자신이 노력한 대가로 양자의 계약이 체결되었다고 주장하면서 보수청구권을 행사하는 것은 석연

---

25 부산지법 2007. 1. 25. 선고 2005나10743 판결.

치 않다. 중개인의 중개행위로 인하여 당사자 사이의 계약이 체결되었다는 인과관계를 입증하지 못한다면, 그의 보수청구권 행사는 인정받지 못할 것이다.

(3) 결약서 작성교부의 완료

중개인이 보수를 청구하기 위해서는 결약서교부절차를 완료하여야 한다(상법 제100조). 이를 요건으로 한 것은 중개인으로 하여금 신중하게 중개를 시키기 위함이다. 당사자 간의 계약이 징지조건부로 성립된 경우에는 그 조건이 성취된 때에 보수청구권이 발생하며, 해제조건부인 경우에는 즉시 보수청구권이 발생하고 그 조건이 성취되더라도 특별한 사정이 존재하지 않는 한 반환의무는 없다.

2) 보수비율

당사자 쌍방으로부터 중개의 위탁을 받아 중개행위를 통하여 보수청구권을 행사할 수 있는 요건이 충족되면, 중개인은 특약이나 관습이 없는 한 당사자 쌍방에게 보수인 중개료를 균분하여 청구할 수 있다(상법 제100조 제2항). 중개인은 보수를 균분하여 청구할 수 있는 권리만이 있으므로, 당사자 일방이 그 채무를 이행하지 않더라도 다른 상대방에게 그 부분의 지급을 청구할 수 없다.[26]

2. 비용상환청구권 여부

계약이 성립한 때에는 중개인의 보수 내의 중개비용이 포함되어 있다고 본다. 그러므로 중개인이 중개행위를 함에 있어 신문광고를 활용하느라 비용을 지출한 경우라든가, 원거리 교통비를 지급한 경우라 할지라도 특약이나 관습이 없는 한 그 비용에 대한 상환을 청구할 수 없다고 하겠다. 계약이 성립하지 아니하여 보수청구권이 발생하지 아니한 경우에, 중개인이 당사자의 특별한 지시에 의한 것이 아닌 한, 비록 비용이 발생하였다 할지라도 중개계약의 성질상 비용상환청구는 불가능하다고 하겠다.

---

26 이기수·최병규, 상법총칙·상행위법(상법강의 I), 제7판, 박영사, 2010, 388면; 정동윤, 상법총칙·상행위법, 개정판, 법문사, 1996, 468면; 정찬형, 상법강의(상), 제18판, 박영사, 2015, 300면.

3. 급여수령대리권 여부

중개인은 단지 타인 간의 상행위를 중개할 뿐이다. 그러므로 자신이 행위의 당사자나 당사자의 대리인이 아니므로 특별한 약정이나 관습이 있는 경우가 아니면 당사자를 위한 지급이나 기타의 이행을 받을 권한이 없다(상법 제94조). 그러므로 당사자 일방이 중개인에게 지급 기타 이행을 하더라도 그 이행을 가지고 상대방에게 대항할 수 없다.

한편, 당사자의 일방이 그 성명이나 상호의 묵비를 요구한 때에 그 당사자는 중개인에게 급여수령권을 부여하는 묵시의 의사표시를 한 것으로 볼 수 있는가에 대한 물음이 제기될 수 있다. 다수의 학자들은 해석론으로 가능하다는 입장[27]을 취하지만, 성명이나 상호의 묵비의무를 요구하고 있는 이유는 거래의 유리함과 상거래의 개성을 중시하지 않는다는 의미를 갖는 것이지, 성명이나 상호의 묵비가 급여수령권을 중개인에게 부여한 것으로까지 확대 해석하는 태도는 입법자의 의사를 고려하지 않는 사고라 하겠다.

V. 중개계약의 종료

중개계약은 계약법에서 인정하고 있는 중개위탁의 실현에 의해 종료한다. 그밖에 중개인의 사망, 위탁자의 재산에 대한 파산, 중개인의 해제의 의사표시 등으로도 계약관계는 종료된다. 위탁자가 중개계약을 철회할 수 있다고 한다면, 철회에 의해서도 중개계약은 종료된다.

제3절 위탁매매업

I. 의의

위탁매매인은 자기명의와 타인계산의 성질을 가지고 있다. 이중의 법률관계를 가지고 있는 것이 바로 위탁매매이고, 위탁매매계약은 물건이나 유가증권의 매매를 주선하기로 하는 계약이다. 위탁매매인은 권리와 의무의 귀속주체가 되는 자기명의로서 경제적 효과는 위탁자에게 귀속하게 한다. 민법상의 대리가 직접대리의 경향이 짙다고 한다면, 상법에서 인정

---

27 이기수·최병규, 상법총칙·상행위법(상법강의 I), 제7판, 박영사, 2010, 389면; 정동윤, 상법총칙·상행위법, 개정판, 법문사, 1996, 469면; 정찬형, 상법강의(상), 제18판, 박영사, 2015, 300면; 이철송, 상법총칙·상행위법, 제13판, 박영사, 2015, 488면.

되고 있는 위탁매매업은 간접대리의 전형적인 모습을 가지고 있다.

　기업이 지점을 설치하거나 대리상을 이용하는 경우와 같이 기업 활동의 범위를 확대하는 수단으로 이용된다. 지점설치의 경우보다 경비가 절약되고 대리상을 이용하는 경우보다 권한남용의 위험이 적다. 위탁자는 위탁매매인의 신용과 그의 영업수완을 이용할 수도 있으며, 위탁매매인을 통해 금융편의를 기대할 수 있다. 위탁매매인의 상대방으로서는 거래상대방의 자력, 신용상태, 대리인의 대리권의 유무와 그 범위 등을 조사할 필요가 없어 거래의 신속을 기할 수 있다. 위탁자가 거래상 노출을 회피하려 할 경우에도 적합한 제도이다. 위탁매매인은 기능면에서 자기명의로 자기의 계산으로 영업을 하는 상인과 타인명의로 타인의 계산으로 계약을 체결하는 체약대리상의 중간에 위치하고 있다. 또 공급자와 수요자를 간접적으로 연결시켜주는 중개인의 성격도 갖고 있다.

II. 위탁매매인의 개념

　상법 제101조에 의하면 위탁매매인은 자기명의로 타인의 계산으로 물건 또는 유가증권의 매매를 영업으로 하는 자이다.

1. 자기명의

　'자기명의'라는 개념은 법률적 형식으로 당연상인에서 등장하였다. 법률행위를 하고자 하는 자기 자신이 제3자에 대한 관계에서 법률상 권리의무의 주체가 된다는 의미이다. 위탁매매의 경우 위탁매매인 그 자신이 매매계약의 당사자가 되는 것을 뜻한다. 이 점에서 중개상·중개대리상과 차이가 있다. 이들은 당사자 간에 계약이 성립하도록 매매의 중개를 하는 것에 불과하다. 위탁매매인은 실질적으로 위탁자를 위하여 매매의 중개를 하는 기능을 수행하는 것이다. 또한 위탁매매인은 위탁매매인 자신의 명의로 제3자와 거래를 한다. 위탁매매인 그 자신이 아닌 상인인 본인의 명의로 제3자와 거래하는 체약대리상이나 본인의 대리인과는 차이가 있다.

2. 경제적 효과

　경제적 효과와 명의가 분리된다는 점이 위탁매매의 특색이다. 위탁매매인은 자기명의로 법률행위를 하지만 경제적 효과는 타인으로 돌아간다. 즉, '타인의 계산'이란 그 거래에서 발생하는 손익이 모두 타인에게 귀속된다는 의미이다. 그러므로 위탁매매인은 법률상 제3자와 법률행위를 하지만 실질적으로 경제적 효과는 모두 위탁자에게 귀속하게 된다. 간접대리의 모습을 띠고 있다.

3. 물건 또는 유가증권

위탁매매인이 주선하는 목적은 물건이나 유가증권의 매매이다. 대상과 관련하여 무체재산권과 채권은 위탁매매의 목적물에 해당하지 않는다. 물건 가운데 부동산도 포함되는가에 대한 다툼이 있다.

1) 부정설

다음과 같은 이유를 들어 부동산은 위탁매매인의 물건에 포함시키지 말아야 한다고 주장한다.[28] 첫째, 상법은 운송업·운송주선업·창고업 등의 규정에서도 물건의 운송·물건운송의 주선이나 물건의 보관이라는 용어를 사용하고 있는데, 이 경우의 물건에는 당연히 부동산을 제외하고 있다는 점을 든다. 둘째, 위탁매매인이 자기명의로 부동산을 매도하거나 매수하는 경우에는 등기이전의 복잡한 문제가 발생할 수 있고 위탁자의 이익을 해할 염려가 있다는 점을 든다.

2) 긍정설

물건이란 민법에 의하면 동산뿐만 아니라 부동산도 포함되는 것이므로 이 경우에도 부동산이 포함된다는 입장[29]이 긍정설이다. 법문이 명시적으로 물건이라고 제시하고 있는 한, 물건에서 부동산을 제외하여야 할 법적인 근거는 없다는 점을 든다.

3) 사견

물건에 부동산을 포함할 것인가의 물음은 법문의 유기적인 해석이 필요한 사항이다. 물건에 부동산이 포함되며, 상법 제101조가 명시적으로 물건에서 부동산을 제외하지 않는 한 위탁매매인의 주선행위에 물건의 개념에 부동산을 포함해야 한다는 입장은 문리적인 해석

---

28 최기원·김동민, 상법학신론(상), 제20판, 박영사, 2014, 305면; 이기수·최병규, 상법총칙·상행위법(상법강의 I), 제7판, 박영사, 2010, 392면.
29 정동윤, 상법총칙·상행위법, 개정판, 법문사, 1996, 473면; 임홍근, 상행위법, 법문사, 1989, 707면.

을 중시하는 입장으로 볼 수 있다. 그러나 상법 제101조와 상법 제103조와의 유기적인 적용의 필요성이 제기된다. 상법 제103조는 위탁매매인이 위탁자로부터 받은 물건 또는 위탁매매로 취득한 물건은 위탁자, 위탁매매인, 그리고 위탁매매인 채권자 사이에서는 위탁자에게 귀속한 것으로 보고 있다. 부동산의 소유권이 등기부상에 위탁매매인으로 되어 있다면, 상법 제103조의 적용과는 배치되는 결과가 초래하게 된다. 그러므로 상법 제101조의 물건에는 부동산을 배제시키는 것이 타당하다. 다툼을 제거하기 위하여 독일 상법이 '상품이나 유가증권'으로 규정하고 있는 것[30]이나 스위스 채무법이 '동산 또는 유가증권'으로 규정하고 있는 점을 고려하여 상법 제101조를 개정하는 방안이 마련되어야 한다.

4. 주선행위의 인수

법문은 "물건 또는 유가증권의 매매를 영업으로 하는 자"라고 표현하고 있으나 위탁매매인이 상인자격을 취득하는 것은 '주선행위의 인수'를 영업으로 하고 있기 때문이다(상법 제46조 제12호). 위탁매매인의 매매행위는 위탁업무의 이행행위에 해당한다. 그러므로 위탁매매인의 행위는 '영업적 상행위'에 해당하는 것이 아니라 '영업을 위하여' 하는 보조적 상행위에 해당한다.

5. 주선행위의 목적

위탁매매인은 주선의 목적물이 '물건이나 유가증권의 매매'라는 점에서, 주선의 목적이 '운송의 인수'인 운송주선인(상법 제114조)과 다르며 주선의 목적이 물건 또는 유가증권의 매매 이외의 것인 준위탁매매인(상법 제113조)과도 차이가 있다.

III. 위탁자와 위탁매매인의 관계(내부관계)

1. 위탁매매계약

1) 의의

위탁매매인이 자기명의로써 위탁자의 계산으로 물건 또는 유가증권의 매매를 주선하기로 하는 계약이다. 이 계약은 낙성계약이므로 당사자 간의 합의로 효력이 발생하고, 매도위

---

30 독일 상법 제383조 제1항에서는 "Waren oder Wertpapier", 스위스 채무법 제425조 제1항에서는 "bewegliche Sache oder Wertpapier"라는 개념을 사용하고 있다.

탁에 있어서 목적물의 인도와 매수위탁에 있어서의 대금의 수수 등이 동시에 이루어져야 하는 것은 아니다. 대법원 역시 이와 같은 고려하여 고객과 증권회사 사이의 채권매매거래 위탁계약의 성립 시기를 판단하고 있다.

대법원 1997. 2. 14. 선고 95다19140 판결

고객이 주식이나 채권의 매매를 증권회사에게 위탁하고 맡긴 위탁증거금을 계약을 담당하는 임직원이 유용하거나 횡령한 사건과 관련하여 대법원은 "채권매매거래의 위탁계약의 성립 시기는 위탁금이나 위탁채권을 받을 직무상의 권한이 있는 직원이 채권매매거래를 위탁한다는 의사로 이를 위탁하는 고객으로부터 금원이나 채권을 수령하면 곧바로 위탁계약이 성립하고, 그 이후에 그 직원의 금원 수납에 관한 처리는 계약의 성립에 영향이 없다."고 판단하였다.

대법원 1980. 5. 27. 선고 80다418 판결

대법원은 "원고들은 피고 회사의 영업부장 겸 지배인으로서 피고 회사에 갈음하여 그 영업상 제반 행위를 할 수 있는 박황을 통하여 피고 회사에게 원고들을 위한 주식의 위탁매매나 그 대리를 하게하는 등 하여 주식투자를 하기로 하고 유망한 종목의 주식을 적당한 시기에 적당한 양을 매입 매도하여 이득금을 남기도록 하여 달라고 부탁하면서 주식매수대금 명목의 그 판시금액을 위 박황에게 지급함으로써 원고들과 피고 회사 사이에 증권매매거래의 위탁약정이 성립되고 주식매매를 위한 대금이 수수되었다는 원심 인정사실을 인정하지 못할 바 아니고 여기에 증거 없이 또는 채증법칙과 경험칙에 위배하여 사실을 오인한 위법이 있다고 할 수 없다."고 판시하고 있다.

대법원 1994. 4. 29. 선고 94다2688 판결

"소외인이 피고 회사의 논현지점장으로 근무하면서 원고 박세종에게 주식투자를 권유하여 위 원고가 구좌개설에 응하게 되자, 위 원고 몰래 주식을 임의로 매매하고 또 위 원고의 계좌에서 주식과 예탁금을 임의로 인출하여 타에 전용할 것을 마음먹고, 1989년 2월 13일 위 논현지점의 지점장실에서 위 원고로 하여금 매매거래설정약정서를 작성하게 하고 위 원고로부터 예탁금으로 금 62,000,000원을 받은 후, 위 원고가 돌아가자마자 바로 위 약정서를 폐기하고 위 원고 명의의 인장을 위조하여 위와 동일한 내용의 약정서를 작성하고 피고 회사에서 보관하는 계좌관리대장에도 위조된 인감을 날인함으로써 피고 회사에 신고된 인감이 위조된 인감인 것처럼 조작을 하였으며 그 후 위 원고로부터 판시 주식 3,159주를 예탁받아 위 위조된 인장을 이용하여 판시와 같이 임의로 운용하여 오다가 위 원고의 계좌에 있던 예탁금 총 164,000,000원을 인출하여 미국으로 도피한 사실을 인정한 다음, 이에 의하면, 피고 회사의 피용자인 소외인은 위 원고로부터 위 예탁금과 주식을 위탁받는 것처럼 위 원고를 기망하여 위 예탁금과 주식을 편취한" 사건에서 대법원은 "증권매매거래의 위탁계약의 성립시기는 위탁금이나 위탁증권을 받을 직무상 권한이 있는 직원이 증권매매거래를 위탁한다는 의사로 이를 위탁하는 고객으로부터 금원이나 주식을 수령하면 곧바로 위탁계약이 성립한다고 할 것이고, 그 이후에 그 직원의 금원수납에 관한 처리는 위 계약의 성립에 영향이 없다."고 판시하였다.

대법원 1993. 12. 28. 선고 93다26632 판결

"피고는 1989년 8월 4일경 원고 회사 여수지점에 유가증권위탁매매계좌 및 신용거래계좌를 개설하고 금 30,000,000원을 예탁하고, 소외 서종탁에게 주식거래를 일임하여 포괄적인 위임을 하였고 위 서종탁은 원고(반소피고, 이하 원고라고만 한다)회사 직원인 소외 유진석에게 럭키소재주식회사의 주식을 매입하거나 청약하여 줄 것을 위임하여 위 유진석이 위 예탁금과 신용융자금으로 판시 주식을 매입하거나 유상 청약한" 사건에서, 대법원은 "고객이 증권회사와 체결하는 매매거래계좌설정계약은 고객과 증권회사간의 계속적인 거래관계에 적용될 기본계약에 불과하므로 특별한 사정이 없는 한 그에 의하여 바로 매매거래에 관한 위탁계약이 이루어지는 것이 아니고, 매매거래계좌설정계약을 토대로 하여 고객이 매수주문을 할 때 비로소 매매거래에 관한 위탁이 이루어지는 것이라고 보아야 한다."고 판시하였다.

당사자의 약정이나 관습에서 특별한 형식을 정하지 않은 이상 위탁매매계약은 일정한 방식을 요구하지 않는다. 그러나 실거래에서는 대부분 서면이 작성된다. 위탁매매계약의 내용은 매도·매수위탁인지의 여부, 매매목적물의 가격, 매매 시기 등에 관한 것이나 그 전부 또는 일부를 위탁매매인에게 일임하는 이른바 일임매매의 위탁도 가능하다.

자본시장법은 일임매매를 금지하고 있다. 즉, 투자자로부터 금융투자상품에 대한 투자판단의 전부 또는 일부를 일임 받아 투자자별로 구분하여 금융투자상품을 취득·처분, 그 밖의 방법으로 운용하는 행위 등에 대하여는 위탁자를 보호하기 위하여 불건전 영업행위로서 금지하고 있다(자본시장법 제71조 제6호 단서).

2) 위탁매매계약의 법적 성질

위탁자와 위탁매매인 사이에 체결되는 위탁매매계약은 매매의 주선을 내용으로 하는 유상의 위임계약이다. 민법의 위임계약에 관한 규정이 적용됨은 당연하다. 상법 제112조는 그것을 명시적으로 규정하고 있다. 다만, 상법은 특수한 사정을 고려하여 위탁자와 위탁매매인 간의 법률관계를 명시적으로 정하기는 하지만, 그러한 규정을 정하지 않은 경우에는 민법 위임에 관한 규정을 적용하도록 하고 있다.

3) 상인의 매수위탁계약

상인인 위탁자가 그 영업에 관하여 물건의 매수를 위탁한 경우에 위탁자와 위탁매매인의 관계에는 상사매매에 있어서의 상법 제68조~제71조의 규정을 준용한다(상법 제110조). 즉, 위탁자를 매수인으로 위탁매매인을 매도인으로 보고 이 규정들을 준용한다. 위탁자와 위탁매매인의 관계는 상사매매에서의 매수인과 매도인의 관계와 유사하고 위탁자가 상인인 경우에는 상인 간의 매매에서와 같이 위탁매매인을 매도인과 보호해 줄 필요가 있기 때문이다.

2. 위탁매매인의 의무

1) 선관주의의무

위탁매매계약은 위임이므로 위탁매매인은 수임인으로서 선관주의의무를 진다(상법 제112조, 민법 제681조). 그 결과 위탁매매를 주선함에 있어서 위탁자의 지시를 준수하고 매입물건의 하자 유무를 조사하여야 하고 하자가 있을 때에는 담보책임을 추궁하고 위탁자에게서 받았거나 그에게 이전하여야 할 물건 또는 유가증권을 선량한 관리자의 주의로써 보관하여야 한다.

2) 통지의무와 계산서 제출의무

위탁받은 매매를 한 때에는 지체 없이 위탁자에 대하여 그 계약의 요령과 상대방의 주소, 성명의 통지를 발송하여야 하며 계산서를 제출하여야 한다(상법 제104조). 민법에서 위임인의 청구가 있는 때에는 위탁사무의 처리상황을 보고하도록 수임인의 보고의무를 규정하고 있는 것(민법 제683조)과는 달리 특칙을 둔 것이다. 즉, 위탁자의 청구가 없더라도 지체 없이 통지하도록 한 것은 상거래상 신속성의 요청에서 위탁자가 그 결과를 알게 함으로써 적당한 지시와 계획을 수립할 수 있도록 하기 위함이다.

3) 이행담보책임

(1) 의의

위탁매매인은 위탁자를 위한 매매에 관하여 상대방이 채무를 이행하지 아니하는 경우에는 위탁자에 대하여 이를 이행할 책임이 있다(상법 제105조 본문). 이를 위탁매매인의 이행담보책임(Delkrederehaftung)이라고 한다. 상대방의 불이행으로 인한 손해가 결국 위탁자에게 귀속된다는 점에서 위탁매매인에게 이행담보책임을 묻도록 한 것이다.

(2) 보증채무와 비교

이 책임은 위탁자와 상대방 사이에는 아무런 직접적인 법률관계가 존재하지 아니하므로 위탁매매인의 신용보호와 위탁자의 보호를 위하여 법이 인정한 특별책임에 해당한다. 과실을 요구하고 있지 않다는 점에서 무과실책임에 해당하며 보증채무와 비슷한 성질을 갖는다. 그러나 상대방과 위탁자 사이에 주된 채무가 없고 위탁매매인이 최고 및 검색의 항변권을 가지고 있지 않다는 점에서 보증채무와는 차이가 있다. 위탁매매인이 이행담보책임을 이행함으로써 발생하는 손해는 매매상대방에 대하여 손해배상청구권을 행사할 수 있는 경우가 대부분이므로, 위탁자에 대하여 불리한 제도라 할 수는 없을 것이다. 다만, 다른 약정이 있거나 관습이 있으면 이행담보책임은 배제될 수 있다(상법 제105조 단서). 위탁매매인이 이행담보책임을 이행함으로 인해 입는 손해는 매매 상대방에 대하여 손해배상으로 청구할 수 있는 경우가 대부분일 것이다. 그러므로 위탁자와의 관계에서 위탁매매인의 이행담보책임은 그리 불리한 제도는 아니라는 주장[31]은 일리가 없는 것은 아니다. 그러나 다른 국가의 입법체계와 비교하는 것은 의미가 있다.

(3) 독일의 경우

우리 상법이 이행담보책임을 원칙으로 하면서 당사자 간의 특약이나 관습이 있는 한 이를 배제할 수 있음을 규정하고 있는 것과 달리, 독일 상법은 당사자 간의 약정(Delkredereabrede)이나 상관습(Handelsbrauch)이 있는 경우에만 이행담보책임이 있는 것으로 규정하고 있다(독일 상법 제394조 참조)는 점에서 양자의 차이점이 있다. 이에 근거하여 우리 상법 규정에 대한 비판[32]은 의미 있는 지적이다. 거래의 주선을 하면서 저렴한 수수료를 받는 경제적인 약자인 위탁매매인에게 과도한 이행담보책임을 부과하도록 하는 것은, 우선 이행능력에 있어서 문제점이 발생될 수 있다. 둘째, 과도한 담보책임은 수수료청구권에 담보수수료를 위탁자에게 부담토록 함으로써 본 제도를 기피하게 되는 역효과를 야기할 수 있다. 이런

---

31 이철송, 상법총칙·상행위법, 제13판, 박영사, 2015, 502면.
32 김정호, 상법총칙·상행위법, 법문사, 2009, 293면; 이기수·최병규, 상법총칙·상행위법(상법강의 I), 제7판, 박영사, 2010, 412면.

사항을 고려해보건대, 독일 상법이 규정하는 바와 같이 특약이나 관습이 있는 경우에 이 책임을 인정하도록 하는 것이 타당하다.

4) 지정가액준수의무

(1) 의의

위탁자가 매매를 위탁하는 경우에 그 가액의 결정까지 위탁매매인에게 위임하는 경우도 있다. 그러나 일반적으로 위탁자는 가액을 지정하게 되는데, 이 경우 위탁매매인은 위임의 본지에 따라 그 지정가의 의한 매매가 이루어지도록 하여야 한다. 위탁자가 가액을 지정하지 않은 경우에는 위탁매매인이 가격을 결정해야 하는 상황이 발생하는데, 이 경우 가격을 결정함에 있어 위탁매매인은 위임의 본지에 따라 선량한 관리자의 주의의무로써 위탁자에게 이익이 되도록 결정해야 한다(민법 제681조).

(2) 염가매도와 고가매수

위탁자가 매도 또는 매수가액을 지정한 때에는 위탁매매인은 이에 따라야 하며, 위탁자에게 그 지정가액보다 불리한 가액으로 매매를 하여서는 안 된다. 위탁자가 위탁매매인에게 가액을 지정하여 매도나 매수를 위탁하였음에도 불구하고, 위탁매매인이 염가로 매도하거나 고가로 매수한 경우가 발생할 수 있다. 이 경우에 발생하는 차익은 위탁자의 이익으로, 불리한 차익은 위탁매매인의 부담으로 해야 한다(상법 제106조 제1항). 법문에서 "그 매매는 위탁자에 대하여 효력이 있다."라는 용어를 사용하고 있는데, 이는 위탁자가 그 매매를 자기계산으로 할 것을 부인할 수 있음을 의미하는 것이지, 위탁매매인과 제3자의 매매계약이 무효가 되는 것을 뜻하는 것은 아니다. 결국 매매의 효과는 위탁자에게 귀속시키는 것이 불가능한 것은 아니지만, 지정가의 미준수로 인한 위탁자의 다른 손실은 별도로 전보되어야 한다.

(3) 고가매도와 염가매수

위탁자가 지정한 가액보다 고가로 매도하거나 염가로 매수한 경우에 그 차액은 위탁자의 이익으로 하는 것이 원칙이다(상법 제106조 제2항). 다만, 다른 약정이 있으면 그 약정에 따르게 된다. 위탁매매의 법적 효과는 타인의 경제적 효과로 한다는 취지에서 알 수 있듯이, 그 거래로 생긴 이익은 위탁자에게 귀속되어야 한다.

5) 위탁물에 대한 통지 및 처분의무

(1) 의의

위탁매매의 목적물을 인도받은 후에 그 물건의 훼손 또는 하자를 발견하거나 그 물건이 부패할 염려가 있을 때 또는 가격저락의 상황을 안 때에는 지체 없이 위탁자에게 그 통지를 발송하여야 한다(상법 제108조 제1항). 이러한 경우에 위탁자의 지시를 받을 수 없거나 그 지시가 지연되는 때에는 위탁매매인은 위탁자의 이익을 위하여 적당한 처분을 할 수 있다(상법 제108조 제2항). 이는 매도위탁이건 매수위탁이건 상관없이 동 규정이 적용되며, 위탁매매인의 선관주의의무를 구체화한 것이라고 하는 것이 일반적인 입장이다.[33]

(2) 비교

민법은 위임계약에서 위임의 본지에 따라 수임인은 선관주의의무를 부담해야 한다(민법 제681조). 반면, 상법은 "물건의 훼손"이나 "하자가 발견된 경우", 또는 "물건이 부패할 염려가 있을 때"는 위탁물에 대한 위탁매매인의 통지 및 처분의무를 부과하도록 하고 있고, 더 나아가 "가격저락의 상황을 안 때"에도 위탁자에게 통지 및 처분해야 할 의무를 부과하고 있다. 우리 상법과 달리 독일 상법을 보면, 단지 물건의 훼손이나 하자가 발견된 경우에 대하여 통지의무를 부과하고 있고(독일 상법 제388조 제1항), 물건이 부패할 염려가 있거나 시간이 지나 물건의 가치에 변형(또는 변모)이 시작되고 있고, 위탁자의 처분을 받을 수 없거나 그 지시가 지연되고 있는 경우에는, 위탁매매인은 상법 제373조(상사매매)에 따라 물건의 처분을 할 수 있음을 규정하고 있다(독일 상법 제388조 제2항).

(3) 사견

물건의 훼손 또는 하자가 발견되거나 부패할 염려가 있는 경우 통지나 처분을 해야 할 의무는 일반적인 수임인의 선관주의의무로부터 도출될 수 있지만, 상법 제108조는 보다 더 구체적으로 분석해볼 필요가 있다. 위탁매매인은 목적물을 인도받은 후 훼손이나 하자가 있고 그것이 인식 가능한 경우에는 위임인(예를 들면 운송인이나 선주)의 권리를 보장하기 위하여 지체 없이 통보해야 할 것이다. 이러한 의무를 이행하지 않아 손해가 발생한 경우라

---

33 이기수·최병규, 상법총칙·상행위법(상법강의 I), 제7판, 박영사, 2010, 414면; 정찬형, 상법강의(상), 제18판, 박영사, 2015, 309면.

면, 그는 손해배상책임을 부담해야 할 것이다(독일 상법 제388조 제1항). 그러나 물건에 부패상태에 있거나 시간이 지나 물건에 변형이 개시되었고, 그 가치가 퇴색될 우려가 있으며, 또한 위탁자의 지시를 받을 여유가 없거나 그 처분이 지연되는 경우라면, 독일 상법 제373조(상사매매)가 규정하는 바와 같이,[34] 위탁매매인은 물건의 처분(매매를 포함한 공탁, 경매 등을 의미한다)을 할 수 있도록 하는 것이 타당할 것이다.[35] 우리 상법 제108조 제2항이 "위탁자의 이익을 위하여 적당한 처분을 할 수 있다."는 의미는 상법 제67조의 규정을 준용하는 모습으로 이해되어야 할 것이다(독일 상법 제389조 참조).

한편, '가격저락의 상황을 알고 통지나 처분'이 의미하는 바가 무엇인지를 살펴볼 필요가 있다. 입법자는 법문에서 가격저락의 대상이 무엇인가에 대하여 명확히 밝히고 있지 않고 있다. 이에 대하여 '가격저락의 상황을 알고 통지·처분하는 것'까지 일반적인 수임인의 주의의무로 보기 어렵고, 위탁자의 영리성을 존중하여 위탁매매인이 상인인 경우에만 적용해야 한다는 주장[36]은 일면 타당성을 갖는다. 그러나 상법 제108조는 민법 제681조의 선관주의의무를 부담하는 것은 당연하거니와, 민법의 선관주의의무에서 포함되지 않는 부분까지 수임인인 위탁매매인에게 의무를 지우고자 하는 입법자의 의도가 있다고 보아야 할 것이다. 그런 면에서 본다면, 위탁매매인의 의무는 비상인과 상인 사이의 관계는 민법의 위임관계가 준용되겠지만, 상인과 상인 사이에서는 상사매매의 규정이 준용되는 것으로 보아야 할 것이고, 상법 제108조는 민법 제681조를 주의적으로 규정한 것으로 보고자 하는 입장[37]에는 동조하기 어렵다고 할 것이고, 특히 독일 상법 제388조에서 명시적으로 제시하지 않고, 우리 상법에 법문에만 제시되고 있는 '가격저락의 상황을 알고 통지·처분하는 것'은 양자가 상인인 경우에만 적용되는 것으로 보아야 할 것이다. 다만, 이것은 유가증권에만 한정되는 것은 아니고, 양자가 상인인 경우라면 물건이나 유가증권 모두 적용되는 것으로 보아야 한다.

---

34 독일 상법 제373조는 상사매매에서 매수인의 이행거절에 관한 내용을 규정하고 있다. 우리 상법 제67조와 비교할 만한 규정이다.

35 이기수·최병규, 상법총칙·상행위법(상법강의 I), 제7판, 박영사, 2010, 414면.

36 이철송, 상법총칙·상행위법, 제13판, 박영사, 2015, 502면. 유가증권의 예를 들면서 양자의 상인성을 요구하고 있다.

37 손주찬, 상법(상), 제15보정판, 박영사, 2004, 324면; 임홍근, 상법총칙·상행위법, 법문사, 2001, 735면.

3. 위탁매매인의 권리

1) 보수청구권

독립된 상인이므로 보수의 특약이 없어도 당연히 상당한 보수를 청구할 수 있다(상법 제61조). 위탁매매인이 개입권을 행사한 경우에도 보수를 청구할 수 있다(상법 제107조 제2항). 위탁매매인의 책임 없는 사유로 그 위탁의 실행이 완료되지 못한 때에도 이미 이행한 비율에 따라 보수를 청구할 수 있다(민법 제686조 제3항).

위탁자의 귀책사유로 거래가 이행되지 못한 때에는 보수의 전액을 청구할 수 있으며, 그 입증책임은 위탁매매인에게 있다. 위탁매매계약이 무효이거나 위탁자가 매매행위의 실행 이전에 위탁계약을 해지한 때에는 특약이나 관습이 없는 한 보수를 청구하지 못한다.

2) 비용선급청구권

위탁매매인이 위탁자에게 비용이 필요한 경우에는, 수임인인 위탁매매인은 위임인인 위탁자에게 그 비용의 선급을 청구할 수 있다(민법 제687조). 필요한 비용을 위탁매매인이 체당할 의무가 없기 때문에, 위탁매매인이 그 비용의 선급이 있을 때까지 그 위탁의 실행을 거절할 수 있다.

3) 비용상환청구권

특약 또는 관습이 없는 한 체당할 의무가 없는 위탁매매인이 위임사무의 처리를 위하여, 필요한 비용을 체당한 때에는, 그는 그 체당금과 체당한 날 이후의 법정이자를 청구할 수 있다(민법 제688조 제1항, 상법 제55조 제2항). 비용이라 함은 제3자에게 지급한 체당금에 한한다. 사용인에 대한 비용이나 잡비는 이미 보수에 포함되어 있으므로 제외된다.

4) 유치권

위탁매매인은 대리상과 같은 유치권을 행사할 수 있다. 위탁매매인은 특별한 약정이 없는 한 위탁자를 위한 물건의 매매로 인하여 생긴 채권이 변제기에 있는 때에는 그 변제를 받을 때까지 위탁자를 위하여 점유하고 있는 물건 또는 유가증권을 유치할 수 있다(상법 제111조, 상법 제91조). 특별준용규정의 취지는 위탁자가 비상인 경우에도 유치권을 행사할 수 있도록 하기 위함이다.

위탁매매인이 유치권을 행사하기 위해서는 위탁매매인의 채권이 물건 또는 유가증권의 매매에 의하여 생겨야 하고, 유치목적물은 주선행위와 견련관계가 없어도 유치할 수 있다는 점에서 민사유치권과 다르다.

5) 유치물의 공탁·경매권

위탁매매인은 매수의 위탁자가 매수한 물건의 수령을 거부하거나 이를 수령할 수 없는 때에는 상인 간의 매매의 경우와 같이 그 물건의 공탁 또는 경매를 할 수 있다. 이는 상법 제109조에서 제67조를 명시적으로 준용함으로써 인정된다. 위탁매매인이 위탁자에게 매수물을 이전하는 단계에서는 상사매매에서의 매도인과 유사한 경제적 상황에 처해지므로 위탁매매인으로 하여금 신속하게 매도인의 책임으로부터 벗어나도록 해야 할 필요성이 있고, 또한 위탁매매인이 상인이라는 점을 고려하여 영업자금을 회전할 수 있도록 배려한 것이라 하겠다. 이때 위탁자가 상인이 아닌 경우에도 공탁경매권을 행사할 수 있다는 점에서 상사매매와 차이가 있다.

6) 개입권

(1) 개념

위탁매매인은 위탁자의 위임을 받아 매매상대방을 찾아야 하고, 위탁매매인이 매매상대방이 될 수 없는 것이 원칙이다. 이 점은 자기대리를 제한하는 것을 원칙으로 하고 있는 민법에서도 그 모습을 볼 수 있다. 그러나 상법은 위탁자가 거래소의 시세 있는 물건에 대하여 위탁매매인이 매매의 위탁을 받은 경우에는 자신이 직접 매수인이나 매도인이 될 수 있음을 인정한다(상법 제107조 제1항). 이를 위탁매매인의 개입권(Selbstei ntrittsrecht)이라 한다.

(2) 취지

위탁매매인이 위탁자로부터 매도 또는 매수위탁을 받은 경우에 자신이 직접 거래당사자로 등장함에 따라 양자의 위탁을 동시에 실행할 수 있고 계산이나 보고의 비용을 줄일 수 있는 이점이 있다. 또한 거래의 신속함과 위탁자의 위탁매매인에 대한 직접이행청구권 행사 등의 장점도 발생한다. 위탁매매의 경우 매매행위만 공정하다면 위탁자가 바라는 목적을 달성할 수 있다는 점을 고려하여 상법이 일정한 경우에 한하여 위탁매매인의 개입권을 인정한 것이다.

(3) 요건

첫째, 거래소의 시세가 있어야 한다. 가액을 명확히 할 수 있는 경우에 위탁자의 이익을 해할 우려가 없다. 그런 면에서 상법은 거래소의 시세가 있는 경우에만 개입권을 인정하고자 한다. '거래소의 시세'는 위탁자가 매매를 하여야 할 곳을 지정한 때에는 그 곳의 거래소의 시세이고, 기타의 경우에는 위탁매매인의 영업소가 있는 거래소의 시세를 의미한다.

둘째, 개입금지특약이 존재하지 말아야 한다. 금융투자회사가 고객으로부터 금융투자상품의 매매를 위탁받은 경우에는 개입권행사가 금지된다. 위탁매매의 경우 투기의 소지가 많기 때문에 위탁자에게 개입금지를 할 수 있도록 한 것이지만, 위탁자의 이익을 침해하지 않는 경우라면 굳이 개입금지를 할 필요성이 없다는 점을 고려한 것이다.

셋째, 위탁매매인이 아직 실행행위를 하지 말았어야 한다. 이미 위탁매매인이 위탁의 실행으로 제3자와 매매계약을 체결한 때에는 내부관계에서 모든 권리가 위탁자에게 귀속되므로 위탁매매인이 개입권을 행사할 여지가 없고, 매매실행 후의 개입권 행사를 인정하게 되면 위탁자의 이익이 침해할 우려가 있다는 점이 있기 때문이다.

(4) 효과

위탁매매인이 개입권을 행사하면, 법정의 효력으로 인하여 위탁매매인은 위탁자에 대하여 매도인 또는 매수인의 지위에 서게 된다. 이 경우 매매계약이 성립하는 것으로 볼 수도 있겠지만, 계약이 성립하기 위해서는 당사자 사이의 합의를 요구한다는 점과 개입권 행사는 위탁매매인의 일방적 의사표시에 의하여 그 효과가 발생하고 위탁자의 의사를 묻지 않는다는 점에서, 위탁매매인과 위탁자 사이에 매매계약이 체결하는 것으로 볼 수는 없을 것이다.[38] 그러므로 당사자 간에는 매매계약과 관련된 민법 제537조, 제538조나 상법 제67조 이하의 규정들이 적용된다. 위탁매매인이 개입권을 행사한 경우에도, 그는 위탁자에 대하여 당연히 보수나 비용 등을 청구할 수 있다(상법 제107조 제2항). 위탁매매인이 개입권을 행사한다 할지라도 수임인으로서 주의의무가 배제되는 것은 아니다. 이 경우에도 위탁매매인은 위탁자와 신뢰관계를 유지하면서 선량한 관리자의 주의의무를 다해야 할 것이다.

---

38 정찬형, 상법강의(상), 제18판, 박영사, 2015, 312면 이하.

IV. 위탁매도인 및 위탁자 제3자의 관계

1. 위탁매매인과 제3자와의 관계

위탁자의 위임을 받아 위탁매매인은 제3자와 법률관계를 맺게 된다. 제3자는 위탁매매인이 위탁을 실행하는 그 상대방을 의미한다. 위탁매매인은 자기의 명의로 제3자와 매매계약을 체결하는 것이므로 위탁매매인 자신이 제3자에 대하여 직접 권리를 취득하고 의무를 부담한다. 위탁매매인이 실행하는 매매가 위탁매매임을 상대방이 아는가의 여부는 문제가 되지 아니한다. 매매계약의 성립에 영향을 미치는 상황(예: 행위능력, 의사표시의 하자 등)은 위탁매매인과 제3자의 매매행위자체를 기준으로 하여 결정되며, 위탁자와 위탁매매인 사이의 내부관계나 매매의 양 당사자가 위탁자에 대하여 갖는 관계는 매매의 효력을 미치지 않는다.

2. 위탁자와 제3자의 관계

1) 법적관계 부존재

내용 특약이 없는 한 위탁자와 제3자의 사이에는 직접의 법률관계가 생기기 않는다. 그러므로 위탁자는 위탁매매인으로부터 제3자에 대한 채권을 양수 또는 채무를 인수하는 특약이 없는 한 직접 그 제3자에 대하여 권리를 취득하거나 의무를 부담하지 않는다(상법 제102조의 반대해석). 또한 위탁자에게 발생한 사유는 매매에 영향을 주지 아니하며 위탁자는 제3자에 대하여 가지고 있는 반대채권을 가지고 매매로 인한 채무와 상계하지 못한다.

2) 내부적 관계

위탁매매인의 상대방이 계약을 이행하지 않은 경우에는 위탁매매인이 위탁자에 대하여 이를 이행할 책임이 있다(상법 제105조 본문). 상대방이 계약을 이행하지 않음에 따라, 위탁매매인이 위탁자에게 채무를 이행하게 되면 위탁매매인 측에 손해가 발생하게 될 것이다. 그러므로 위탁매매인은 상대방에 대하여 손해배상청구권을 행사할 수 있다고 하겠다. 또한 위탁자가 채무를 이행하지 않아 제3자에게 손해가 발생하게 되면 위탁매매인은 제3자에 대하여 손해배상책임을 부담해야 할 것이다. 발생한 손해에 대하여, 위탁매매인은 위탁자에게 책임을 추궁하게 될 것이다. 결국, 위탁자와 위탁매매인의 상대방인 제3자와는 아무런 직접적인 법률관계가 존재하지 않기 때문에, 발생되는 문제는 위탁매매인을 매개로 하여 해결할 수밖에 없을 것이다.

3. 위탁물의 귀속

1) 귀속주체

위탁매매인이 위탁자로부터 받은 물건 또는 유가증권이나 위탁매매로 인하여 취득한 물건, 유가증권 또는 채권은 위탁자와 위탁매매인 또는 위탁매매인의 채권자 간의 관계에서는 이를 위탁자의 소유 또는 채권으로 본다(상법 제103조). 이는 위탁물의 귀속에 관한 특별규정이다. 위탁매매로 인하여 취득한 물건, 유가증권 또는 채권은 위탁매매인의 이전행위 없이 위탁자에게 귀속하도록 의제한 것이다.

2) 위탁매매와 횡령죄

매수위탁을 받은 위탁매매인이 물건의 매수를 위하여 위탁자로부터 받은 금전을 자신의 필요에 따라 사용한 경우나 위탁매매인이 주식의 매수위탁을 위하여 받은 대금으로 주식을 매수하여 위탁자에게 인도하지 않고 이를 처분한 경우에 업무상 횡령죄가 성립할 수 있다.

대법원 1982. 2. 23. 선고 81도2619 판결

"피고인과 고소인 이점호 간의 본 건 거래의 내용을 기록에 의하여 판단하여 보면, 피고인이 고소인으로부터 포장용 비닐을 공급받아 축산진흥회에 납품하되 축산진흥회로부터 대금을 수령하면 그 판매로 인한 이익의 존부에 관계없이 피고인은 고소인에게 그 대금 387만 원만 지급하기로 하고 고소인으로부터 비닐 506롤을 수차에 걸쳐 공급받아 포장용에 적합하도록 피고인이 가공한 연후에 피고인 이름으로 경쟁입찰에 참가하여 납품하고 그 대금을 모두 수령한" 사건에서 대법원은 "위탁판매에 있어서는 위탁품의 소유권은 위임자에게 속하고, 그 판매대금은 다른 특약이나 특별한 사정이 없는 한 이를 수령함과 동시에 위탁자에 귀속한다 할 것이므로 이를 사용, 소비한 때에는 횡령죄가 구성된다."고 판시하고 있다.

3) 위탁매매인이 위탁매매로 취득한 채권을 자신이 제3자에게 부담하는 채무를 담보하기 위해 양도한 경우와 그 효력

대법원 2011. 7. 14. 선고 2011다31645 판결

대법원은 "위탁매매인이 그가 제3자에 대하여 부담하는 채무를 담보하기 위하여 그 채권자에게 위탁매매로 취득한 채권을 양도한 경우에 위탁매매인은 위탁자에 대한 관계에서는 위탁자에 속하는 채권을 무권리자로서 양도한 것이고, 따라서 그 채권양도는 무권리자의 처분 일반에서와 마찬가지로 양수인이 그 채권을 선의취득하였다는 등의 특별한 사정이 없는 한 위탁자에 대하여 효력이 없다. 이는 채권양수인이 양도의 목적이 된 채권의 귀속 등에 대하여 선의였다거나 그 진정한 귀속을 알지 못하였다는 점에 관하여 과실이 없다는 것만으로 달라지지 아니한다."고 판시하고 있다.

4) 환취권 행사 여부

(1) 매도위탁의 경우

위탁매매인의 채권자가 위탁물에 대하여 강제집행을 하는 때에 위탁자가 자기소유임을 이유로 제3자이의의 소를 제기할 수 있다(민사집행법 제48조). 민사집행법은 강제집행시 집행관은 그 목적물이 채무자에게 실제로 속하는지를 심사할 의무가 없으므로 채무자의 점유에 있는 제3자 소유의 물건에 대해서도 강제집행할 수 있는데, 이때 그 제3자가 채권자에 대해 그 목적물에 대한 강제집행이 부적합함을 선고해 달라고 제기하는 제3자이의의 소를 규정하고 있다.

매도위탁의 경우 위탁매매인이 물건 또는 유가증권을 매도하기 전에 파산선고를 받은 때에는 위탁자는 환취권을 행사할 수 있다(채무자 회생 및 파산에 관한 법률 제407조). 환취권이라 함은 파산재단에 속하지 않는 제3자의 특정재산을 파산관재인이 파산재다능로 편입하여 관리하고 있을 때 그 재산의 실제소유자인 제3자가 그 반환이나 인도를 요구할 수 있는 권리를 의미한다.

(2) 매수위탁의 경우

환취권은 매수위탁의 경우에도 발생할 수 있다. 위탁매매인이 위탁자로부터 매수자금을 미리 받았거나 물건 또는 유가증권을 매수한 후에 파산선고를 받을 때에는 위탁자가 그 자금이나 그 물건 또는 유가증권에 대해서 환취권을 행사할 수 있다.

대법원 2008. 5. 29. 선고 2005다6297 판결

대법원은 "위탁매매인이 위탁자로부터 받은 물건 또는 유가증권이나 위탁매매로 인하여 취득한 물건, 유가증권 또는 채권은 위탁자와 위탁매매인 또는 위탁매매인의 채권자 간의 관계에서는 이를 위탁자의 소유 또는 채권으로 보므로(상법 제103조), 위탁매매인이 위탁자로부터 물건 또는 유가증권을 받은 후 파산한 경우에는 위탁자는 구 파산법(2005. 3. 31. 법률 제7428호 채무자 회생 및 파산에 관한 법률 부칙 제2조로 폐지) 제79조에 의하여 위 물건 또는 유가증권을 환취할 권리가 있고, 위탁매매의 반대급부로 위탁매매인이 취득한 물건, 유가증권 또는 채권에 대하여는 구 파산법 제83조 제1항에 의하여 대상적 환취권(대체적 환취권)으로 그 이전을 구할 수 있다."고 판시하였다.

V. 종료

위탁매매계약은 위임계약의 일종에 해당한다. 그러므로 위임의 종료사유가 발생하면 동 계약은 종료하게 된다. 위임계약의 종료사유인 당사자 한쪽의 사망이나 파산으로도 종료될 수 있고(민법 제690조 본문), 수임인이 성년후견개시의 심판을 받은 경우에도 마찬가지이다(민법 제690조 단서). 또한 위탁매매의 목적을 달성한 경우에 종료하게 된다.

한편, 대법원은 위탁판매계약에 있어서 수탁판매인의 영업점포의 상호 변경이나 영업장소의 변경 등이 그 계약의 해지 사유가 되는지 여부에 대하여 판단하였다.

> ### 대법원 1995. 12. 22. 선고 95다16660 판결
>
> "원심은 그 판결에서 인용한 증거들을 종합하여, 원고 회사는 1992년 10월 23일 춘천시 효자3동 643의 12에서 광장오토바이센터라는 상호로 오토바이 판매영업을 하던 소외 서재호와 기간을 3년으로 하여 원고 회사가 만든 오토바이의 위탁판매 계약을 체결하였는데, 피고들은 그날 서재호가 위탁판매 거래로 원고에게 부담하게 될 일체의 민사상 채무를 연대보증한 사실, 서재호는 1993년 3월경 위 광장오토바이센터의 점포를 소외 김기연에게 양도하고 자신은 그 무렵 위 위탁판매 계약은 그대로 두고 추가로 원고 회사와 부품대리점 계약을 체결한 다음 춘천시 석사동 25의 1에서 태양오토바이부속이라는 상호로 새로운 사업자등록으로 오토바이 부품을 판매하면서 위 위탁판매 계약에 기하여 원고 회사로부터 종전과 같이 오토바이도 공급받아 왔던 사실, 위 위탁판매 거래가 종료된 1993년 12월 17일경 서재호가 그 거래와 관련하여 원고 회사에 부담한 채무액은 91,900,000원이고, 원고가 그중 30,000,000원을 변제받은 사실을 인정한 다음, 원고의 청구 중 금 61,900,000원 부분을 인용함에 있어서, 위 위탁판매 계약이 1993년 3월 해지되었으며 그렇지 않다고 하여도 피고들의 연대보증은 상호와 영업장소 변경 후 거래에는 미치지 않는다는 피고의 항변을 소외 서재호가 그 점포의 상호를 변경하였거나 영업장소를 이전하였다는 사유만으로 위 위탁판매 계약이 해지되었다거나 점포 이전 이후의 채무가 보증대상에서 제외된다고 볼 수 없다는 취지로 배척하고 있다."
>
> 대법원은 "위탁판매 계약이 수탁 판매인의 영업점포의 상호 변경이나 영업장소의 변경으로 당연히 해지된다고 볼 수 없고, 또한 위탁판매점 계약에서 상품 전시시설이 계약의 중요 요소가 된다고 볼 수 있는 것도 아니므로 소외 서재호가 영업장소를 이전한 태양오토바이부속이라는 상호의 점포에 전시시설이 있는지를 심리하여야 한다거나 그 유무에 따라 계약의 해지 여부에 관한 판단이 달라진다고 볼 수 없다."고 판시하고 있다.

제4절 준위탁매매인

I. 의의

주선에 관한 행위를 영업으로 함으로써 상인이 되는 자(상법 제46조 제12호)에 상법은 물건이나 유가증권의 매매를 주선하는 위탁매매인(상법 제101조 이하)과 물건운송을 주선하는 운송주선인(상법 제114조 이하)을 규정하고 있다. 또한 '자기명의로써 타인의 계산으로 매매 아닌 행위를 영업을 하는 자'를 준위탁매매인이라 하여 위탁매매인을 규정하고 있는 장에 준하여 적용토록 하고 있다(상법 제113조).

II. 준위탁매매인의 영역

매매의 주선 이외의 영역이 준위탁매매인에 해당한다. 출판, 광고, 보험, 임치, 여객, 임대차 및 금융에 관한 위탁거래, 증권의 모집·매출의 인수(자본시장법 제9조 제12항) 등을 하는 자가 여기에 속한다. 어떠한 계약이 준위탁매매인지는 계약의 명칭 또는 형식적인 문언을 떠나 그 실질을 중시하여 판단하여야 한다.

> ### 대법원 2008. 7. 10. 선고 2006두9337 판결
> 대법원은 "원고와 전담광고대행사 및 종합광고대행사(이하 양자를 모두 포함하여 '광고대행사'라 한다) 사이에 체결된 광고대행계약의 내용, 이 사건 광고용역의 제공경위, 광고료 및 광고대행수수료의 지급방법, 세금계산서의 발행·교부 방식, 회계처리의 내용 등 제반 사정을 종합하면, 광고대행사는 자기 명의로 원고의 계산에 의하여 광고용역을 제공하는 것을 영업으로 하는 준위탁매매인에 해당한다."고 판시하고 있다.

III. 준위탁매매계약 기준

어떠한 계약이 일반 매매계약인지 위탁매매계약인지를 판단하는 방법 및 이른바 '준위탁매매'의 경우에도 위와 같은 방법으로 판단하여야 하는지 여부에 대하여 대법원의 판시가 있었다. 대법원은 "위탁매매란 자기의 명의로 타인의 계산에 의하여 물품을 매수 또는 매도하고 보수를 받는 것으로서 명의와 계산의 분리를 본질로 한다. 그리고 어떠한 계약이 일반의 매매계약인지 위탁매매계약인지는 계약의 명칭 또는 형식적인 문언을 떠나 그 실질을 중시하여 판단하여야 한다. 이는 자기 명의로써, 그러나 타인의 계산으로 매매 아닌 행위를 영업으로 하는 이른바 준위탁매매(상법 제113조)에 있어서도 마찬가지이다."라고 판시하고 있다.[39]

대법원 2011. 7. 14. 선고 2011다31645 판결

원심은 "원고와 주식회사 스튜디오이쩜영(이하 '스튜디오이쩜영'이라고 한다) 사이에 체결된 이 사건 영화에 관한 국내배급대행계약(이하 '이 사건 배급대행계약'이라고 한다)이 준매매위탁계약의 성질을 가지는지 여하에 관하여, 제1심판결을 인용하여 이 사건에서 인정되는 다음과 같은 사정 등을 고려하여 보면 스튜디오이쩜영은 이 사건 배급대행계약에 따라 원고의 계산으로 자신의 명의로 각 극장들과 사이에 영화상영계약을 체결하였다고 봄이 상당하므로 스튜디오이쩜영은 준위탁매매인의 지위에 있다고 판단하였다. 즉 ① 이 사건 배급대행계약서 제1조, 제2조에서 원고가 국내에서 독점적으로 판권을 소유하는 이 사건 영화에 관하여 그 국내배급을 스튜디오이쩜영에게 대행하게 하는 계약을 체결하는 것이라고 명확하게 하고 있듯이, 스튜디오이쩜영은 원고로부터 이 사건 영화의 판권을 매입한 후 배급하는 것이 아니라, 판권을 가지는 원고를 대행하여 이 사건 영화를 배급하기로 하는 배급대행계약을 체결한 것인 점, ② 스튜디오이쩜영이 원고로부터 이 사건 영화의 판권을 일정 가격에 매입한 후 배급하는 경우라면 이 사건 영화의 흥행 결과에 따른 이른바 '부금'의 액수에 따라 손실이 나거나 이익을 볼 수 있을 것이나, 이 사건 배급대행계약에 의하면, 스튜디오이쩜영은 원고를 대행하여 이 사건 영화의 상영계약을 체결하고 부금(이는 개략적으로 말하면 영화를 상영한 극장이 그 상영의 대가로 그가 얻은 입장료 수입의 일정 비율을 배급대행사에 지급하기로 약정한 돈으로서, 배급대행사는 거기서 일정 비율의 배급수수료를 공제한 것을 영화 판권사에 지급하게 된다)을 정산하는 등의 업무를 처리한 후 원고로부터 미리 정하여진 수수료를 지급받음에 그치는 반면, 원고는 이 사건 영화의 판권을 소유하면서 자신의 비용과 책임 아래 영화의 선전활동을 진행한 후 그 흥행의 결과에 따른 부금의 액수에 따라 수익과 손실을 부담하는 점, ③ 스튜디오이쩜영은 선급금으로 5억 원을 지급하였으나 이는 이후 원고에게 지급할 부금에서 공제할 것이어서, 위 선급금은 스튜디오이쩜영의 부금정산 의무 등을 담보하기 위하여 원고가 지급받아둔 것에 불과하고, 또한 스튜디오이쩜영이 프린트대금으로 3억 원을 미리 지급하였지만 이 역시 원고에게 지급할 부금에서 공제할 것이며, 스튜디오이쩜영이 배급을 진행하는 데 필요한 경비도 배급수수료와 별도로 집행할 수 있되 이를 500만 원으로 책정하여 원고에게 지급할 부금에서 공제하기로 하였으므로, 결국 위 돈들은 모두 원고의 부담이 되는 점, ④ 이 사건 영화의 배급방식은 기본적으로 스튜디오이쩜영이 시행하고 있는 방식을 채택하기로 하였으나, 이는 스튜디오이쩜영이 배급대행을 함에 있어서 통상 취하는 방식에 따라 업무를 수행하겠다는 정도의 의미에 불과하며, 오히려 스튜디오이쩜영은 이 사건 영화의 배급에 최선을 다하고, 배급시기 및 방법 등과 관련하여 원고와 협의하고, 이 사건 영화의 개봉 스코어를 매일 집계하여 원고에게 통보하며, 메가박스 코엑스 종영 후 60일 이내에 부금에 관하여 정산한 후 원고에게 정산서를 제출할 의무가 있는데, 이는 상법 제113조, 제104조 소정의 준위탁매매인의 통지의무, 계산서제출의무에 해당하는 점, ⑤ 스튜디오이쩜영이 각 극장들로부터 부금계산서 및 세금계산서를 받아 처리하도록 하고

---

39 대법원 2011. 7. 14. 선고 2011다31645 판결.

있으나, 준위탁매매의 경우에는 준위탁매매인이 자신의 명의로 상대방과 계약을 체결하여 계약상대방에 대하여 직접 권리를 취득하고 의무를 부담하게 되는 결과 상대방으로부터 직접 세금계산서 등을 받게 될 수 있다고 할 것이므로, 스튜디오이쩜영이 직접 각 극장들로부터 부금계산서 및 스튜디오이쩜영이 공급자로 표시된 세금계산서를 받는다는 점을 들어 스튜디오이쩜영이 자신의 계산으로 영화상영계약을 체결한 것이라고 할 수 없는 점, ⑥ 상법 제113조, 제105조는 준위탁매매에 있어서 거래행위의 법적 효과가 오직 준위탁매매인에게만 귀속되고 위탁자는 거래상대방에 대하여 직접적인 법률관계에 서지 못하므로 거래상대방으로 하여금 이행을 시키기 위하여는 준위탁매매인을 통하여 이행을 최고하거나 준위탁매매인으로부터 채권을 양도받아 최고를 할 수밖에 없는 점을 참작하여 위탁자를 보호하기 위하여 준위탁매매인에게 이행담보책임을 지울 필요를 인정하여, 준위탁매매인은 위탁자를 위한 계약에 관하여 상대방이 채무를 이행하지 아니하는 경우에는 위탁자에 대하여 이를 이행할 책임이 있다고 규정하고 있는데, 스튜디오이쩜영이 원고에게 부금의 최종 수금 책임을 지고 각 극장들로부터 부금을 지급받지 못하더라도 부금 상당의 돈을 지급하기로 약정한 것 역시 위와 같은 이행담보책임의 한 형태라고 볼 수 있으므로 이 점을 들어 준위탁매매가 아니라거나 스튜디오이쩜영이 자신의 계산으로 영화상영계약을 체결한 것이라고 할 수 없는 점 등이다."라고 판시하였다.

대법원은 '갑 주식회사가 국내에서 독점적으로 판권을 보유하고 있는 영화에 관하여 갑 회사와 국내배급대행계약을 체결한 을 주식회사가 배급대행계약의 이행으로 극장운영자인 병 주식회사와 영화상영계약을 체결하고 그 계약에 따라 병 회사에 대하여 가지게 된 부금채권을 자신의 채권자인 정에게 채권 담보를 위해 양도한 사안'에서, 채권양도가 준위탁매매계약상 위탁자의 지위에 있는 갑 회사에 효력이 없다고 본 원심판단을 정당하다고 하였다.

제5절 운송주선업

I. 의의

운송이라 함은 물건이나 사람 또는 서신을 장소적으로 이동시키는 행위를 말하고, 운송업이 이러한 운송의 인수를 전문으로 하는 영업을 말한다고 한다면, 운송주선업(Speditionsgeschäft)은 송하인의 위탁을 받아 운송계약을 체결하는 등 물건운송의 주선을 하는 영업을 말한다. 보통 운송주선인은 자신은 운송수단을 구비하지 않고 운송인, 운송노선, 운송 등에 관한 전문적인 정보를 가지고 운송의 주선을 하게 된다. 송하인은 운송주선인을 이용함으로써 보다 효율적인 운송을 하게 되며, 운송인도 운송물을 확보하기 위한 비용을 절감하고 운송에 전념하게 된다.

화물 자체가 복잡하면서도 대량화됨에 따라 운송수단 역시 복잡하면서 다양한 수단이 나타났다. 물건을 보내고자 하는 송하인은 운송인에 대한 정확한 정보를 가지고 있지 않다고 한다면, 특정한 물건을 목적지에 송부함에 많은 어려움을 겪게 될 것이다. 적절한 운송수단이 무엇인지, 어떤 운송이 가장 합당한지, 어느 정도가 적절한 운임인지 등 다양한 문제들에 봉착할 가능성이 있게 된다. 여기에 자신의 이름으로 운송인과 운송계약을 체결하면서 운송에 관한 송하인과 운송인의 수급을 연결해주는 역할을 하는 자가 바로 운송주선인이다. 운송주선인은 자본은 없지만 운송노선이라든가 운송물의 공급시장에 관한 전문적인 정보를 습득하고 활용하여 영리활동을 하는 상인에 해당한다.

II. 운송주선인 개념 및 적용법규

1. 개념 및 적용법규

대법원은 1987년 판결에서 '운송주선계약에 대한 적용법규', '위탁자의 이름으로 운송계약을 체결하는 경우에도 운송주선인인지 여부'를 밝혔다.

대법원 1987. 10. 13. 선고 85다카1080 판결

"상법 제46조 제12호, 제114조에 의하여 자기의 명의로 물건운송의 주선을 영업으로 하는 상인을 운송주선인이라고 하는바, 여기서 주선이라 함은 자기의 이름으로 타인의 계산아래 법률행위를 하는 것을 의미하는 것이므로 운송주선계약은 운송주선인이 그 상대방인 위탁자를 위하여 물건운송계약을 체결할 것 등의 위탁을 인수하는 계약으로 민법상의 위임의 일종이기 때문에 운송주선업에 관한 상법의 규정이 적용되는 외에 민법의 위임에 관한 규정이 보충 적용된다. …… 그런데 운송주선인은 위탁자를 위하여 물건운송의 주선을 하는 것이기 때문에 운송인과의 사이에 물건운송계약을 체결했을 때에는 상법 제123조, 제104조에 의하여 그 구체적 내용에 관한 통지를 해야 하고 이 경우에는 위탁자와의 내부관계에 있어서는 운송주선인이 체결한 운송계약상의 권리의무는 주선인에 의한 양도 등 특별한 이전절차 없이도 위탁자에 귀속되는 것이지만 위탁자가 그 권리를 운송인에게 주장할 수 있기 위하여는 민법 제450조 내지 제452조에 따른 채권양도의 통지가 필요하고 다만 지시식이나 무기명식의 선하증권이 발행되어 있을 때에는 민법 제508조, 제523조에 의하여 운송주선인이 이를 위탁자에게 배서 또는 교부함으로써 그러한 절차를 이행하는 것이 된다 하겠다."고 판시하고 있다.

2. 운송주선인의 기능

운송주선인은 자기의 이름으로 주선행위를 하는 것을 영업으로 하는 것이지만 하주나 운송인의 대리인이 되기도 하고 실제에 있어서도 위탁자의 이름으로 운송계약을 체결하는 일이 많은 것도 사실이며, 이와 같은 경우에도 운송주선인임에는 변함이 없다. 원래 이러한 운송주선업은 운송의 거리가 육해공 삼면에 걸쳐 길어지고 운송수단도 다양할 뿐만 아니라 공간적 이동이 필요불가피한 화물도 복잡다양화, 대형 다량화되어 짐에 따라 송하인과 운송인이 적당한 상대방을 적기에 선택하여 이와 운송계약을 체결하기 어렵게 되었으므로 송하인과 운송인의 중간에서 가장 확실하고 안전 신속한 운송로와 시기를 선택하여 운송의 주선을 하는 운송주선업이 필요하게 되어 점차 긴요한 수단으로서 발달하게 된 것인바, 운송주선인은 위탁자를 위하여 물건운송계약을 체결할 것 등의 위탁을 인수하는 것을 본래적인 영업의 목적으로 하는 것이기는 하나 이러한 운송주선인이 다른 사람의 운송목적의 실현에 도움을 주는 부수적 업무를 담당할 수도 있는 것이어서 상품의 통관절차, 운송물의 검수, 보관, 부보, 운송물의 수령인도 등의 업무를 담당하고 있는 것이 상례에 속하고 오히려 순수한 운송주선업만을 영업으로 하는 것은 드물고, 이와 같은 부수업무 외에도 운송수단까지 갖추어 거기에 알맞은 운송영업까지 겸하여 수행하고 있는 것이 많은 형편이다.

3. 자격요건

운송영업을 겸하는 운송주선인에 대하여는 그 역할수행의 물적 보장을 위하여 여러 가지의 법령에 의하여 시설기준 등을 정해놓고 있다. 특별한 자력이나 시설을 요하지 않는 운송주선업자는 자유영업이 원칙이다. 그러나 운송인과 송하인 사이에 운송질서를 좌우하는 지위에 있기 때문에 송하인의 이익을 부당하게 침해할 여지가 있다는 점을 고려하여 운송주선업을 하기 위해서는 일정한 면허나 허가를 얻도록 하고 있다. 자동차운송알선사업을 하고자 하거나 항공운송주선업을 하고자 하면 자동차운수사업법 제49조나 항공법 제139조에 따라 국토해양수산부장관에게 등록을 해야 한다. 또한 해상화물운송주선업을 영위하고자 한다면 해운업법 제4조에 따라 해운항만청장에게 등록을 해야 한다.

III. 운송주선인의 의의

1. 주선의 영업

운송주선인(Spediteur)은 자기의 명의로 타인의 계산으로 운송계약을 체결하는 자이다. 따라서 운송주선인은 운송인과 운송계약을 체결함으로써 권리와 의무의 주체가 된다. 이 점에서 운송계약의 대리를 하는 운송대리인 또는 운송대리상과 다르고, 운송계약의 중개를 하는 운송중개인과도 다르다. 다만, 실무에서는 운송주선인은 운송주선을 하면서 위탁자의 명의로 운송계약을 체결하는 대리가 동시에 이루어진다.

한편, 개정된 독일 상법은 운송주선인에 대하여 "운송주선인은 운송주선계약에 따라 물건운송을 취급할 의무를 부담한다(독일 상법 제453조 제1항)."고 하면서 자기의 명의와 타인의 계산으로 행위를 할 것을 명시적으로 규정하지 않고, 운송주선인 업무범위를 포괄적으로 규정하는 방식을 택하였다. 이는 운송주선인의 실무를 반영한 것이라 하겠다. 독일의 입법형식을 따르게 된다면, 운송주선인의 영업내용에 물건운송 외에 대리 또는 중개도 포함시켜야 한다는 주장[40]은 그 의미를 갖게 될 것이다. 우리 대법원은 이와 유사한 입장을 견지하고 있다.

---

40 정동윤, 상법총칙·상행위법, 개정판, 법문사, 1996, 590면.

"상법 제114조에서 정한 '주선'의 의미 및 운송주선인이 하주나 운송인의 대리인, 위탁자의 이름으로 운송계약을 체결하고 주선행위를 한 경우, 운송주선인의 지위를 상실하는지 여부와 관련하여, 대법원은 "원고가 미국에 수출하는 이 사건 제1운송물이 부산항에서 선적될 당시, 국제적인 운송업체인 단자스 그룹 계열의 선사인 단마르 라인즈 리미티드(Danmar Lines Ltd, 이하 '단마르'라고만 한다)가 운송인으로 기재된 선하증권에, 단자스 그룹의 서울 소재 현지 법인인 피고가 '단마르'의 대리인으로서 서명한 다음, 이를 원고에게 교부한 사실을 알 수 있는바, 위와 같이 피고가 '단마르'의 대리인으로서 발행한 선하증권은, 위에서 본 상법 규정상의 개입권 행사의 적법조건이 되는 '운송주선인이 작성한 증권'으로 볼 수 없으므로, 피고에게는 개입권을 행사한 운송주선인으로서의 손해배상책임도 없다."고 하면서, 대법원은 "상법 제114조는 "자기의 명의로 물건운송의 주선을 영업으로 하는 자를 운송주선인이라 한다."고 규정하고 있는바, 여기서 '주선'이라 함은 자기의 이름으로 타인의 계산 아래 법률행위를 하는 것을 말하므로, 운송주선인은 자기의 이름으로 주선행위를 하는 것이 원칙이지만, 실제로 주선행위를 하였다면 하주나 운송인의 대리인, 위탁자의 이름으로 운송계약을 체결하는 경우에도 운송주선인으로서의 지위를 상실하지 않는다. 한편, 해상운송주선인이 위탁자의 청구에 의하여 선하증권을 작성한 때에는 상법 제116조에서 정한 개입권을 행사하였다고 볼 것이나, 해상운송주선인이 타인을 대리하여 그 명의로 작성한 선하증권은 특별한 사정이 없는 한 상법 제116조에서 정한 개입권 행사의 적법조건이 되는 '운송주선인이 작성한 증권'으로 볼 수 없다."고 판시하고 있다.

2. 물건운송의 주선

1) 주선 대상

운송주선인의 주선의 대상은 물건운송이다. 물건운송의 주선이라는 점에서 여객운송의 주선을 하는 것과는 차이가 있다. 이는 운송주선인이 아니라 준위탁매매인에 해당한다(상법 제113조). 물건의 운송에 대한 객체는 모든 물건이 될 수 있겠지만, 부동산은 제외된다. 물건의 운송을 주선함으로써 운송주선인에 속하는 것이 충분하다. 운송수단에는 제한이 없다. 육상운송의 주선뿐만 아니라 해상운송, 항공운송의 주선을 하는 자도 운송주선인에 해당한다.

2) 부수적 업무

물건운송의 인수가 주된 업무영역이라고 볼 수 있겠지만, 운송이나 철도 등 운송기관이 하는 운송을 위하여 선행이나 후행 행위의 물건운송과 같이 운송주선인의 성질상 부수적인 행위나 운송기관을 하수형식으로 이용하여 물건운송을 인수하는 등의 이용운송 등은 부수적인 업무로써 그 성질이 허용하는 한 운송주선인에 관한 규정이 준용되어야 할 것이다.

3. 상인성

운송주선인은 운송의 주선을 영업으로 하는 자에 해당하므로 독립한 상인이다(상법 제4조, 제46조 제12호). 운송주선인은 영업으로 하는 것은 운송의 주선이며, 운송인과 운송계약을 체결하는 것은 위탁계약의 이행행위에 지나지 아니한다.

IV. 운송주선인의 법적 관계

1. 운송주선인의 의무

1) 선관주의의무

운송주선인은 운송의 주선계약에 따라 민법상의 선관주의의무로서 운송의 주선계약을 이행하여야 한다(상법 제123조, 제112조, 민법 제681조). 주선계약의 이행이라 함은 운송계약의 체결을 포함하여, 운송물의 수령·보관·인도 및 각종 서류의 작성 기타 주선계약에서 정해진 사항과 상관습상 운송주선인의 임무에 속하는 사항을 의미한다(상법 제115조 참조).

2) 손해배상책임

(1) 내용

운송주선인은 자기나 그 사용인이 운송물의 수령이나 인도 및 보관, 운송인이나 다른 운송주선인의 선택 기타 운송에 관하여 주의를 게을리하지 않았음을 증명하지 아니하면 운송물의 멸실, 훼손 또는 연착으로 인한 손해를 배상할 책임을 면하지 못한다(상법 제115조). 손해배상책임을 면하기 위해서는 운송주선인이 증명책임을 부담한다.

대법원 2007. 4. 27. 선고 2007다4943 판결

"운송주선인은 상법 제115조에 따라 자기나 그 사용인이 운송물의 수령, 인도, 보관, 운송인이나 다른 운송주선인의 선택 기타 운송에 관하여 주의를 게을리 하지 않았음을 증명한 경우에는 운송물의 멸실로 인한 손해를 배상할 책임이 없다."라고 하면서 대법원은 "이 사건 화물은 그 성질상 영하 18도의 냉동상태로 보관되어야 하는 것인데도, 실제 운송인인 고려해운이 양하 및 화물의 장치업무를 하는 피고 한국허치슨터미널 주식회사(이하 '허치슨터미널'이라고만 한다)에게 화물을 인도하면서 그와 같은 사항을 고지하지 아니하였고, 실제 운송인과의 용역계약에 따라 화물을 인도받아 보세장치장에 보관하고 있던 피고 허치슨터미널이 그 냉동컨테이너의 위험물관리코드를 제대로 살피지 아니한 채 이를 상온에 방치함으로써 자연발화하여 소훼된 것이므로, 이러한 사실관계에 비추어 피고 유피에스 코리아는 자기나 그 사용인이 운송물의 수령, 인도, 보관, 운송인이나 다른 운송주선인의 선택 기타 운송에 관하여 주의를 게을리 하지 않았음이 증명되었다고 할 것이어서 상법 제115조에 따른 손해배상책임을 지지 아니한다고 할 것이다."라고 판시하였다. 더 나아가 "선박대리점은 해상운송사업을 영위하는 자를 위하여 그 사업에 속하는 거래의 대리를 업무로 하는 자로서 운송인과의 계약에 따라 화물의 교부와 관련한 일체의 업무를 수행하는 것인데, 이러한 업무를 수행하는 선박대리점이 운송물에 대한 점유를 이전받기 이전에 실제 운송인 및 터미널 운영업자의 과실로 인하여 화물이 소훼되었다면, 선박대리점에게 운송물의 멸실에 대한 불법행위책임을 물을 수는 없다고 할 것이다."라고 판시하였다.

(2) 성질

운송주선인의 손해배상책임은 채무불이행책임의 일종으로 보아야 하고 과실에 대한 책임에 해당한다.

(3) 손해의 유형

손해의 형태로는 운송물의 멸실이나 훼손 또는 연착 등으로 발생한 것을 의미한다. 상법은 단지 몇 가지 예시를 들고 있지만 그 외에 다양한 손해의 형태를 포함할 수 있을 것이다.

(4) 책임의 범위

운송주선인이 운송인이나 운송주선인을 선택함에 있어 과실이 있는 경우에, 그는 손해배상책임을 부담해야 한다. 운송인의 선택에 과실이 있다고 함은 운송인의 운송물, 운송수단, 운송노선별 전문성, 운송인의 경험, 업계에서의 평판 등을 고려하지 아니하고 당해 운송에 부적당한 운송인을 선정하여 운송계약을 체결한 것을 의미한다.[41]

운송주선인이나 자신의 사용인이 운송물을 수령하거나 인도, 보관 등에 관하여 주의를 해태하지 아니하였음을 증명하지 아니하면 발생한 손해를 운송주선인이 배상책임을 부담해야 한다. 그러나 운송인은 운송주선인의 사용인에 해당하지 아니하므로, 운송인의 과실에 대하여는 책임을 부담하지 아니한다. 운송주선인이 손해배상을 함에 있어서 배상의 범위에 대하여는, 운송인의 손해배상의 액을 규정하고 있는 것(상법 제137조)과 달리 정형화하고 있지 않다. 그러므로 민법의 일반원칙에 따라 상당인과관계 있는 범위 내의 전손해액

---

41 이철송, 상법총칙·상행위법, 제13판, 박영사, 2015, 567면.

에 미친다고 보아야 할 것이다(민법 제393조 제1항).[42] 그러나 운송인의 손해배상의 액과 운송주선인의 그것을 달리 규정할 실익이 있는지에 대하여는 의문이다.

(5) 불법행위책임과의 관계

운송주선인의 과실은 주선계약상의 채무불이행(상법 제115조)과 동시에 불법행위를 구성할 수가 있다. 이 경우에 위탁자는 운송주선인에 대하여 채무불이행과 불법행위를 이유로 하는 두 개의 청구권을 가지고 그중 어느 하나를 선택적으로 행사할 수 있다는 청구권경합설[43]과 채무불이행책임은 불법행위책임의 특수한 형태이므로 위탁자는 운송주선인에 대하여 채무불이행에 기한 손해배상청구권만을 갖는다고 보는 법조경합설[44]의 대립이 있다. 채무불이행책임과 불법행위책임은 그 요건과 효과가 다르고 두 개의 청구권은 별개의 권리행사에 해당한다. 위탁자 보호 측면에서 본다면 청구권경합설이 보다 더 우위성을 갖는다고 하겠다. 대법원도 같은 입장이다. 운송약관 및 상법상의 단기소멸시효 등 규정과 불법행위로 인한 손해배상책임과의 경합에서 대법원은 다음과 같이 판시하였다.

> **대법원 1977. 12. 13. 선고 75다107 판결**
>
> "하송인이 동시에 그 화물의 소유자인 경우 그 화물이 운송인의 고의나 과실로 인하여 멸실훼손된 때에는 그 운송계약상의 채무불이행책임과 소유자에 대한 불법행위책임이 동시에 성립 병존하는 것이며 그때 권리자는 그 어느 쪽의 청구권도 이를 행사할 수 있는 것이라고 전제한 다음, 상법소정의 1년의 단기 소멸시효나 고가물 불고지에 따른 면책 또는 선박소유자의 유한책임 한도에 관한 각 규정들은 운송계약 불이행으로 인한 손해배상청구권에만 적용되고, 선박소유자인 피고의 일반불법행위로 인한 손해배상을 구하는 이건에 있어서는 적용이 없는 것이며, 피고가 내세운 이건운송약관은 원 피고간의 운송계약상의 채무불이행으로 인한 청구에만 적용될 것이라고 보아야 할 것이므로 피고의 불법행위로 인한 손해배상을 구하는 이 사건에 있어서는 그 주장의 약관을 들어 책임을 면할 수는 없다."고 하면서, 대법원은 "운송약관상의 채무불이행 책임과 불법행위로 인한 책임이 병존하는 경우에 상법상 소정의 단기소멸시효나 고가물 불고지에 따른 면책 등의 규정 또는 운송약관규정은 운송계약상의 채무불이행으로 인한 청구에만 적용되고 불법행위로 인한 손해배상청구에는 그 적용이 없다."고 판시하고 있다.

---

42 정찬형, 상법강의(상), 제18판, 박영사, 2015, 320면.

43 정동윤, 상법총칙·상행위법, 개정판, 법문사, 1996, 598면; 이기수·최병규, 상법총칙·상행위법(상법강의 I), 제7판, 박영사, 2010, 417면.

44 정희철, 상법학(상), 박영사, 1989, 207면.

(6) 고가물에 대한 특칙

화폐·유가증권 기타의 고가물에 대하여 위탁자가 운송의 주선을 위탁함에 있어 그 종류와 가액을 임치하지 아니하면 운송주선인은 손해배상책임을 부담하지 아니한다(상법 제124조, 제136조). 고가물에 대한 특칙은 임치인이 고가물의 종류와 가액을 명시하지 않음으로써 고가물에 상당하는 보수의 지급을 면하고자 하는 의도를 배제하는 기능을 부여하고, 고가물에 대한 임치와 운송주선인의 주의의무를 통하여 손해발생을 방지하는 효과를 갖게 한다.

(7) 소멸시효

운송주선인의 책임은 수하인이 운송물을 수령한 날로부터 1년의 소멸시효기간을 갖는다(상법 제121조 제1항). 상행위로 인한 채무는 상사채무에 해당하므로 일반적으로 5년의 시효를 갖게 된다(상법 제64조). 그러나 증거의 인멸이 쉽고 무수한 운송물을 다루고 있기 때문에 증거를 보전하기가 곤란하다는 측면을 고려하여, 운송주선인의 책임의 시효는 1년으로 하고 있다. 1년의 시효는 "원칙적으로 수하인이 운송물을 수령한 날"의 다음 날부터 기산하게 된다(상법 제121조 제1항, 민법 제157조 본문). 그러나 운송물이 전부 멸실된 경우에는 예외적으로 "그 운송물을 인도할 날"로부터 기산하게 된다(상법 제121조 제2항, 민법 제157조 본문). 다만, 운송주선인이나 그 사용인이 악의인 경우에는 적용하지 아니한다.

(8) 수하인에 대한 책임

상법 제124조는 운송인에 관한 규정 중 수하인의 지위에 관한 규정(제140조)과 수하인의 의무에 관한 규정(제141조)을 운송주선에 준용하고 있다. 그러므로 수하인과 운송인의 관계는 수하인과 운송주선인의 관계로 대치될 수 있다.

운송물이 도착지에 도착한 때에는 운송주선계약상 수하인으로 된 자도 송하인과 동일한 권리를 취득하게 된다(상법 제124조, 제140조 제1항). 그러므로 운송주선인은 수하인에 대하여 운송주선계약상 의무를 부담해야 하고, 의무위반 시 책임을 부담해야 한다.

운송주선인의 국내 대리점이 항공화물운송장 등 운송서류를 수하인이나 통지처가 아닌 제3자에게 임의 교부한 경우, 수하인에 대한 불법행위 성립 여부에 대한 대법원의 판결이 있다.

대법원은 "운송주선인의 국내 대리점인 운송취급인이 수하인용 항공화물운송장 등 운송서류를 수하인이나 통지처가 아닌 제3자(실수입업자)에게 임의 교부한 경우, 수하인에게 그 운송장 등을 교부하고 수입 물품을 인도할 의무가 있는 운송취급인으로서는 제3자에게 통관에 필요한 운송장 등을 교부하면 제3자가 이를 이용하여 수입 물품에 대한 통관절차를 마치고 수하인의 승낙 없이 이를 보세창고에서 반출하여 감으로써 수하인이 갖고 있는 수입 물품의 인도청구권을 침해하는 결과가 발생할 수 있음을 인식할 수 있었고 만약 그 결과의 발생을 인식하지 못하였다면 그와 같이 인식하지 못하게 된 점에 대하여 운송취급인으로서의 주의의무를 결여한 과실이 있으며, 제3자가 운송취급인으로부터 교부받은 운송장 등을 이용하여 통관절차를 마치고 수입 물품을 반출하여 간 이상, 그 운송장 등의 교부로써 운송취급인이 제3자에게 수입 물품을 인도한 법적 효력이 발생하였는지 여부와는 상관없이 그와 같은 운송취급인의 과실행위는 수하인의 수입 물품에 대한 인도청구권을 침해한 불법행위가 된다."고 판시하고 있다.

3) 지정가액준수의무

상법 제123조, 제106조에 따라 운송주선인은 지정가액준수의무를 부담한다. 운송주선인의 본질적인 업무가 주선이기 때문에 운송주선인의 업무는 위탁매매인과 유사하다. '지정가액'은 송하인이 정한 운임이다. 송하인이 지정한 운임보다 고가로 운송계약을 체결한 때에는 그 차액을 운송주선인이 부담하는 때에 한하여 운송계약의 효력을 송하인에게 주장할 수 있다(상법 제123조, 제106조 제1항). 반면, 송하인의 지정가보다 저가로 운송계약을 체결한 때에는 그 차액은 다른 약정이 없으면 송하인의 이익으로 한다(상법 제123조, 제106조 제2항). 결국, 유리한 차액은 위탁자의 이익으로 하고, 불리한 차액은 위탁매매인의 부담으로 한다는 의미이다.

2. 운송주선인의 권리

1) 보수청구권

운송주선인은 상인에 해당한다. 운송주선계약에 따라 운송계약을 체결하고 운송인에게 운송물을 인도하였을 때에는 주선계약의 이행을 완료한 것이므로 보수를 청구할 수 있다(상법 제119조 제1항). 운송주선인의 책임 없는 사유로 운송물을 인도할 수 없는 경우에는, 운송물의 인도 없이 보수를 청구할 수 있다(민법 제686조 제3항). 보수의 지급시기에 대하여는 당사자가 약정을 할 수 있다. 운송주선계약에서 운송에 대한 운임까지 정하는 수가 있다. 이 경우 다른 약정이 없으면 운송주선인은 따로 보수를 청구하지 못한다(상법 제119 조 제2항).

2) 비용상환청구권

운송인에게 운임 기타 운송을 위한 비용을 지급한 운송주선인은 위탁자에게 그 상환을 청구할 수 있다(상법 제123조, 제112조, 제688조). 운송주선인은 운송주선계약을 이행하게 되면 별도의 보수청구권을 행사할 수 있다. 그러므로 이 비용에서 이익을 얻을 수는 없다.

3) 유치권

운송물에 관하여 받을 보수, 운임 기타 위탁자인 송하인을 위한 체당금이나 선대금에 관하여만 운송물을 유치할 수 있는 권리를 운송주선인에게 부여하고 있다(상법 제120조). 유치권의 목적물이 운송물로 한정되어 있다는 점에서 운송주선인의 유치권은 민법상의 유치권(민법 제320조 제1항)이나 상법상의 일반유치권(상법 제58조)과 차이가 있다. 그러나 피담보채권과 목적물의 견련성을 요구하고 있고, 유치목적물의 소유권의 소재 여하·점유취득 원인이 상행위인지 여부를 묻지 않고 있다는 점에서 일반 상사유치권과 차이가 있고, 오히려 민사유치권과는 유사한 면이 있다.

4) 개입권

(1) 의의

운송주선인이 직접 운송할 수 있는 권리를 개입권이라 한다. 상법은 운송주선인은 다른 약정이 없으면 자신이 운송인이 되어 직접 운송할 수 있음을 규정하고 있다(제116조 제1항). 운송주선인이 운송을 담당하더라도 위탁자에게 손해가 발생되지 않을 수도 있다. 이 경우 운송주선인은 운송단계에서 생기는 부가가치를 자신이 차지할 수 있는 이익도 있고, 저렴한 운임으로 인하여 위탁자에게도 이익이 발생할 수 있다는 측면에서 인정의 실익이 있다.

(2) 요건

운송주선인의 개입권은 단지 개입금지의 특약이나 지시가 없으면 가능하다. 운송주선계약의 성립만으로 충분하다는 의미이다. 운송주선인이 운송물의 종류에 따라 적합한 운송수단을 갖추고 있으면 개입권을 행사할 수 있다. 위탁매매인과 달리 운송주선인의 개입권 행사에 아무런 제한을 두고 있지 않은 이유는 운임이나 운송방법이 정형화되어 있기 때문이다.

(3) 행사방법

상법은 운송주선인이 위탁자의 청구에 의하여 화물상환증을 작성한 때에는 직접 운송한 것으로 보고 있다(제116조 제2항). 화물상환증은 운송인이 발행할 수 있다. 그러므로 송하인이 운송주선인에게 화물상환증의 발행을 청구한 것은 개입을 권유한 것으로 볼 수 있고, 운송주선인이 화물상환증을 발행하는 것은 개입한다는 묵시의 의사표시가 있는 것으로 볼 수 있다. 운송주선인이 일단 개입권을 행사하게 되면, 개입권은 형성권이기 때문에, 위탁자는 개입을 금지하지 못한다.

(4) 개입의 효과

운송주선인이 개입권을 행사하게 되면, 운송주선인은 운송주선인으로서의 지위와 운송인으로서의 지위를 동시에 갖게 되므로, 운송인이 행사할 수 있는 권리와 의무가 있다(상법 제116조 제1항 후단). 운송주선인은 보수와 비용뿐만 아니라 운임도 청구할 수 있다.

(5) 소멸시효

운송주선인의 채권은 단기시효인 1년으로 하고 있다(상법 제122조). 이 단기시효는 운송주선인의 보수청구권과 비용상환청구권에도 적용된다. 운송주선인의 채권에 대한 1년의 소멸시효는 운송물의 멸실·훼손·연착으로 인한 손해배상책임이 1년의 단기소멸시효에 상응하고 있다.

V. 순차운송주선에 대한 특칙

1. 의의

동일운송물을 수인이 순차로 운송하는 경우를 순차운송이라 한다. 장거리 운송에서 구간별로 지역 또는 운송수단에 따라 전문성이 요구되는 경우, 각 구간별로 수인의 전문운송인이 요구되는 경우에 순차운송이 발생한다. 순차운송주선은 다음과 같은 형태가 있다.

1) 하수운송주선

최초의 운송주선인이 모든 구간에 걸쳐 운송주선을 인수하고, 그 전부 또는 일부를 다른 운송주선인으로 하여금 주선하게 하는 것을 하수운송주선이라고 한다. 이 경우는 위탁자와의 관계에서 최초의 운송주선인만이 주선계약의 당사자가 되고, 다른 운송주선인들은 최초 운송주선인의 이행보조자에 해당한다. 최초의 운송주선인을 원수운송주선인이라고 하고, 이행보조자인 운송주선인을 하수운송주선인이라고 한다. 하수운송주선인은 원수운송주선 인에 대하여 법적 관계가 있지만, 송하인에 대하여는 직접적인 법적 관계를 갖지 아니한다.

2) 부분운송주선

중계운송을 요하는 운송물의 송하인이 각 구간마다 운송주선인과 개별적으로 운송주선 계약을 체결하는 운송주선을 부분운송주선이라 한다. 이 경우에는 각 운송주선인별로 송하 인과 직접적인 주선계약을 체결하게 되므로 특별한 법적 문제가 발생하지 않는다.

3) 중간운송주선

발송지의 제1의 운송주선인이 송하인의 위탁에 따라 최초 구간의 운송주선을 인수하고, 다음 구간에 대해서는 자기의 이름으로 위탁자의 계산으로 제2의 운송주선인에게 운송주선 을 위탁하는 것을 말한다. 제2이하의 운송주선인을 중간운송주선인이라고 한다. 이 경우 발송지의 운송주선인은 위탁자로부터 운송물을 수령하여 운송인에게 운송물을 인도할 때 까지의 사무를 담당하고, 도착지의 운송주선인은 도착한 운송물을 수령하여 수하인에게 인 도할 때까지의 사무를 맡으며, 중계지의 운송주선인은 중간지점에서 운송인이 교체될 때의 운송중계를 맡게 된다.

2. 순차운송주선의 법률관계

순차운송에 관하여 상법은 제117조와 제118조를 두고 있다. 순차운송주선에서 후자는 전 자에 갈음하여 그 권리를 행사할 의무를 부담하도록 하고 있다(상법 제117조 제1항). 즉, 중간운송주선인은 자기의 위탁자인 운송주선인 및 그 이전 단계의 운송주선인이 행사하는 보수나 비용청구권 및 이를 위한 유치권 등의 권리를 행사할 의무를 갖는다.

후자가 전자에게 변제한 경우에는 전자의 권리를 취득할 수 있도록 하고 있다(상법 제117

조 제2항). 전자라 함은 자기의 직접적인 전자뿐 아니라 그 이전 단계의 운송주선인까지 포함한다.

운송주선인이 운송인에게 변제한 경우에는 운송인이 가지고 있는 권리인 운임이나 비용 상환청구권 등을 취득하게 된다(상법 제118조). 여기서 운송주선인이라 함은 운송인에게 운송을 위탁한 운송주선인을 뜻하는 것이 아니라 그 다음 단계의 운송주선인을 의미한다.

제6절 운송업

I. 의의

재화가 만들어지면, 그 재화를 만든 자가 사용하기도 하지만 교환의 대상으로 사용되기도 한다. 운송업은 창고업과 더불어 재화의 수급조절에 중대한 기능을 하고 있다. 특히 운송업은 재화의 교환가치에 대한 시간적·공간적 차이를 이용하여 이윤을 획득하게 된다. 운송은 재산적 가치가 있는 물건에만 한정되어 대상으로 하고 있는 것이 아니라 인간의 귀중한 생명을 다루는 영역에 해당한다. 특히 오늘날의 운송은 정형적이면서도 대량화되어 가는 추세에 있으므로 운송인과 고객과의 법률관계를 정형적이면서 획일적으로 처리해야 할 필요성도 있다.

II. 운송의 기능

운송이란 물건, 사람 또는 통신을 장소적으로 이동시키는 행위를 말한다. 특히 기업거래의 범위가 확대되면서 재화의 장소적 이전은 상거래에 있어서 중요한 의미를 부여한다. 물건이나 상품의 초기 운송수단은 주로 해상운송이었으며, 이 시기에는 상품을 매매하는 상인이 동시에 직접 운송을 담당하였다. 경제생활이 발전하고 상품이나 재화가 다양하게 발전하게 됨에 따라, 해상운송에서부터 시작된 운송은 이제 철도나 자동차 및 비행기 등에 의한 여러 가지 수단을 통하여 공간적 장애를 극복하면서 국가 간 상품의 공급과 수요에 매우 중요한 역할을 하게 되었다.

III. 운송의 종류

무엇을 운송하느냐에 따라 운송을 분류하는 방법과 어떠한 방식에 의하여 운송하는가에 따른 분류방법으로 구분할 수 있다.

1. 객체

물건운송, 여객운송 및 통신운송으로 분류할 수 있다. 물건을 장소적으로 이동하는 것을 물건운송이라 하고, 사람을 장소적으로 이동하는 것은 여객운송이라 한다. 상법은 영업으로 하는 물건 또는 여객의 운송의 인수를 기본적 상행위로 규정하고 있다(상법 제46조 제13호). 서신의 운송을 목적으로 하는 통신운송은 국가가 독점한다(우편법 제2조 제1항). 과거 통신운송은 국가의 독점사업으로 행하여져 왔기 때문에 상거래의 성질이 없다고 볼 수 있지만, 현재에는 상사서류 및 상품견적의 전달을 목적으로 하는 민간통신영업이 발달하고 있다. 우리나라는 민간통신영업(상업서류운송업)을 예외적으로 인정하고 있다(우편법 제2조 제2항 단서).

2. 수단

수단에 따라 육상운송, 해상운송 및 공중운송으로 분류된다. 육상운송은 상행위 편에서 규정하고 있고(상법 제125조 내지 제150조), 해상운송은 해상편(상법 제780조 내지 831조)에서 규정하고 있다. 상법은 공중운송에 대하여 규정하고 있지 않다. 다만, 항공법에서 행정단속적인 목적에 의하여 항공운송업을 규율하고 있고, 항공운송에 관한 사법적 규율은 항공운송업자가 정하는 약관에 의존하고 있다. 이러한 측면을 고려하여 보건대, 상법에서 운송이라 함은 육상운송영업을 말하는 것으로, 육상 또는 호천·항만에 있어서 물품 또는 여객의 운송을 하는 것을 영업으로 한다는 의미로 이해될 수 있다.

IV. 운송계약의 성질

운송계약이 사무처리도 내용으로 하고 있다는 점에서 도급계약임과 동시에 위임계약이라는 주장이 제기될 수 있지만, 운송의 개념이 일의 완성을 목적으로 한다는 점에서 도급계약에 해당한다.[45] 도급계약이기는 하지만 운송에 대한 규정은 상법에 상세하게 마련되어 있으므로 민법 도급의 규정은 준용될 여지는 그리 많지 않다.

운송계약은 불요식의 낙성계약이다. 운송장·화물상환증의 작성교부나 여객운송장의 승차권·승선권·항공권 등의 어떠한 서면의 작성도 계약 성립의 요건이 아니다. 운송물의 인도도 계약요건에 해당사항이 없다. 한편, 운송계약은 유상계약이므로 민법의 매매계약의 규정(민법 제567조 이하)이 적용된다.

V. 물건운송

1. 계약당사자

운송계약은 운송을 인수하는 운송인, 운송인에게 운송을 위탁하는 송하인 및 운송물이 목적지에 도착하면 운송물을 인도받을 수하인 등 세 당사자가 필요하다. 운송계약의 당사자는 송하인과 운송인이다. 수하인은 계약당사자가 아니다.

2. 계약 형태

운송계약은 수하인이 송하인 그 자신일 경우도 있고, 제3자일 경우가 있다. 전자는 자신이 계약을 체결하고 자신이 계약에 대한 일정한 권리를 갖게 된다. 그러나 수하인이 송하인이 아닌 자로 계약이 체결되는 경우에는 계약당사자가 아닌 제3자가 운송계약상의 권리를 취득한다는 점에서 민법상 제3자를 위한 계약의 형식을 띠게 된다(민법 제539조).

3. 계약요소

도급계약으로서 운송계약은 운송물, 발송지와 도착지, 수하인, 운임 등은 운송계약의 요

---

45 이철송, 상법총칙·상행위법(상법강의 I), 제13판, 박영사, 2015, 512면; 정찬형, 상법강의(상), 제18판, 박영사, 2015, 335면; 이기수·최병규, 상법총칙·상행위법(상법강의 I), 제7판, 박영사, 2010, 449면.

소에 해당한다. 운송수단 역시 계약의 요소에 해당하는 것으로 보아야 할 것이다.

4. 화물명세서

1) 의의

화물명세서(Frachtbrief)는 운송물 등 운송에 관한 주요사항을 기재한다. 운송인의 청구에 의하여 송하인이 작성하고 교부한다(상법 제126조 제1항). 화물명세서는 단지 운송계약의 성립과 내용을 증명하기 위한 증거서면에 해당한다. 그러므로 재산권을 표창하는 유가증권도 아니고, 계약과 동시에 작성하는 계약서도 아니다.

2) 기능

운송물의 내용을 잘 알고 있는 송하인으로 하여금 그 내용을 운송인에게 고지하는 서류가 바로 화물명세서이다. 화물명세서에 근거하여 화물상환증이 발행된다. 화물명세서는 일반적으로 송하인에 의하여 운송물과 함께 수하인에게 송부한다. 수하인은 운송물의 도착 후 운송물과 화물명세서를 비교 대조하여 동일성 여부를 확인하게 된다.

3) 기재사항

상법 제126조 제2항은 화물명세서에 기재해야 할 사항을 규정하고 있다. 1) 운송물의 종류, 중량 또는 용적, 포장의 종별, 개수와 기호, 2) 도착지, 3) 수하인과 운송인의 성명 또는 상호, 영업소 또는 주소, 4) 운임과 그 선급 또는 착급의 구별, 5) 화물명세서의 작성지와 작성연월일을 기재하고 송하인이 기명날인 또는 서명하여야 한다. 화물명세서에 송하인의 기명날인은 운송인에게 화물명세서의 진정성립을 추정하는 효과를 부여하게 된다(민사소송법 제358조).

4) 책임

송하인이 화물명세서에 허위 또는 부정확한 기재를 한 때에는 운송인에 대하여 이로 인한 손해를 배상할 책임이 있다(상법 제127조 제1항). 그러나 운송인이 악의인 경우에는 이를 보호할 필요가 없으므로 손해가 나더라도 송하인이 배상할 책임이 없다(상법 제127조 제2항).

5. 운송인의 의무

1) 기본적인 의무

운송계약이 성립하게 되면 운송인은 운송물을 수령하고, 그 물건을 보관하게 된다. 운송물을 인도받아 목적물을 목적지에 인도함에 있어서 운송인은 선량한 관리자의 주의의무를 부담한다(상법 제135조). 물건을 인도할 때까지 점유해야 하는 상황에 있으므로 운송물의 보관의무도 발생한다(민법 제374조).

2) 화물상환증 교부의무

운송인은 송하인의 청구에 의하여 화물상환증을 교부해야 한다(상법 제128조 제1항). 송하인으로 하여금 운송 중에 있는 물건을 교환할 수 있는 가치를 부여하기 위함이다. 화물상환증의 발행은 송하인의 재산적 이익에 관련되므로, 운송인이 이를 게을리한 경우에는 손해배상책임을 부담한다. 화물상환증은 해상운송에서 이용되는 선하증권을 육상운송에 응용한 것이다. 상법은 화물상환증에 대한 상세한 규정을 두고 선하증권에 이를 준용하고 있다(상법 제861조).

3) 운송물의 처분의무

송하인 또는 화물상환증 소지인은 운송 도중에 또는 수하인이 권리행사를 하기 전에 운송인에 대하여 운송의 중지, 운송물의 반환 기타의 처분을 청구할 수 있도록 하고 있다(상법 제139조 제1항 제1문). 송하인 또는 화물상환증소지인의 처분권 또는 지시권이라 한다. 운송인 또는 화물상환증소지인에게 이러한 권리를 부여하고 또 운송인으로 하여금 처분의무를 부담하도록 하고 있는 이유는 시장의 변동이나 매수인의 신용상태 변화에 따라 운송물을 처분해야 하는 긴급한 사정이 발생할 수 있기 때문이다.

운송인이 송하인의 지시에 따라 운송물을 처분한 경우에는 운송인은 이미 운송한 비율에 따라 운임·체당금 및 처분비용 등의 지급을 청구할 수 있다(상법 제139조 제1항 후단).

4) 운송물 인도의무

운송인의 운송물인도의무라 함은 운송물을 수하인의 점유, 즉 사실상의 지배하에 옮겨주어야 하는 것을 말한다. 동 의무는 화물상환증을 발행한 경우와 발행하지 아니한 경우를 구분한다.

(1) 화물상환증이 발행된 경우

운송물이 도착지에 도착한 때에는 수하인은 송하인과 동일한 권리를 취득한다(상법 제140조). 수하인은 운송인에 대하여 운송물을 청구할 수 있게 된다. 한편, 화물상환증이 발행된 경우에는, 이 증권의 소지인에게 운송물을 인도하여야 한다. 상법은 "화물상환증이 발행된 경우에는 이와 상환하지 아니하면 운송물의 인도를 청구할 수 없다."고 하면서 상환증권성을 명시적으로 규정하고 있다(상법 제129조). 또한 화물상환증이 발행된 경우에는 운송물에 대한 처분도 화물상환증으로 하여야 하고(처분증권성)(상법 제132조), 운송인과 동증권의 소지인 간의 운송에 관한 사항은 화물상환증에 기재된 바에 따르게 된다(문언증권성)(상법 제131조).

화물상환증이 발행된 경우에는 화물상환증을 소지하고 있는 소지인이 배타적으로 운송물인도청구권을 갖는다. 화물상환증은 운송물인도청구권을 표창하는 유가증권이므로 화물상환증이 발행되고 그것을 소지하고 있다고 한다면, 소지인은 운송계약으로 따라 수하인이 정해져 있다고 할지라도 운송물인도를 요구할 수 있는 배타적인 권리를 행사하게 되는 것이다.

운송인은 화물상환증의 정당한 소지인에게 운송물을 인도하여야 면책되는 것이 원칙이고, 만약 화물상환증을 소지하고 있지 않은 자에게 운송물을 인도한 경우에는, 동 증권소지인에 대하여 손해배상책임을 부담한다. 그러나 동 증권의 형식적 자격을 가진 소지인에게 인도하였지만, 그가 실질적 자격을 가지고 있지 않은 경우가 발생할 수 있다. 이 경우 운송인의 악의 또는 중대한 과실이 없다고 한다면, 예외적으로 운송인의 책임은 면제되는 것으로 본다(상법 제65조, 민법 제518조).

운송물 인도 시 운송인은 화물상환증과 상환하여야 하는 것이 원칙이지만, 운송인이 수하인을 신뢰하여 그에게 화물상환증과 상환하지 않고 운송물을 인도하는 경우(이를 가도(假渡) 또는 공도(空渡)라 한다), 또는 은행 기타 제3자의 보증서 수령 후 화물상환증과 상환하지 않고 운송물을 인도한 상관습이 있다(이를 보증도(保證渡)라 한다).

> ### 대법원 1974. 12. 10. 선고 74다376 판결
>
> 대법원은 "해상화물운송인은 상법 제129조, 제820조에 의하여 선하증권과 상환하여 화물을 인도하여야 할 것임은 소론과 같다 하더라도 이 사건의 경우에 있어서와 같이 그 선하증권상에 수하인으로 표시되어 있고, 이를 소지한 원고은행의 인도지시가 있는 경우에는 위 법조는 적용될 여지가 없다."고 판시하고 있다.

그러나 운송인의 보증도 또는 가도의 상관습이 있다 할지라도 화물상환증과 상환하지 않고 운송물을 인도한 경우에, 화물상환증의 정당한 소지인에 대한 운송인의 책임이 면제되는 것은 아니라는 것이 대법원의 입장이다.

> ### 대법원 1992. 2. 25. 선고 91다30026 판결
>
> '보증도'의 상관습과 '보증도'로 인하여 선하증권의 정당한 소지인의 운송물에 대한 권리를 침해한 경우 운송인 등에게 고의 또는 중과실에 의한 불법 행위 책임을 인정할 것인지 여부와 관련하여 대법원은 "'보증도'의 상관습은 운송인 또는 운송취급인의 정당한 선하증권 소지인에 대한 책임을 면제함을 목적으로 하는 것이 아니고 오히려 '보증도'로 인하여 정당한 선하증권 소지인이 손해를 입게 되는 경우 운송인 또는 운송취급인이 그 손해를 배상하는 것을 전제로 하고 있는 것이므로, 운송인 또는 운송취급인이 '보증도'를 한다고 하여 선하증권과 상환함이 없이 운송물을 인도함으로써 선하증권 소지인의 운송물에 대한 권리를 침해하는 행위가 정당한 행위로 된다거나 운송취급인의 주의의무가 경감 또는 면제된다고 할 수 없고, '보증도'로 인하여 선하증권의 정당한 소지인의 운송물에 대한 권리를 침해하였을 때에는 고의 또는 중대한 과실에 의한 불법행위의 책임을 진다."고 판시하였다.

> ### 대법원 1991.12.10. 선고 91다14123 판결
>
> 대법원은 "은행의 신용장개설에 따라 이루어진 격지 간의 상품매매에 따른 상품운송에 있어서 선하증권상에 수하인으로 되어 있어 장래 그 선하증권의 취득이 확실시되는 신용장개설은행의 보증 하에 그 명의의 화물선취보증장과 상환으로 선하증권과 상환함이 없이 그 선하증권상에 통지처로 되어 있는 실수요자에게 운송물을 인도하는 형태의 이른바 '보증도'가 국제해운업계에서 일반적으로 행하여지는 세계적인 상관습이나 이러한 '보증도'의 상관습은 운송인 또는 선박대리점의 정당한 선하증권 소지인에 대한 책임을 면제함을 직접목적으로 하는 것이 아니고 오히려 '보증도'로 인하여 정당한 선하증권 소지인이 손해를 입게 되는 경우 해상운송인 또는 선박대리점 등이 그 손해를 배상하는 것을 전제로 하고 있는 것으로서, 운송인 또는 운송취급인은 진정한 선하증권 소지인이 아닌 자에게 운송물을 인도하게 되면 선하증권 소지인의 운송물에 대한 권리를 침해하는 결과가 발생될 수 있음을 인식하고 있었다고 보아야 할 것이고 만약 그 결과의 발생을 인식하지 못하였다면 그와 같이 인식하지 못하게

된 점에 대하여 운송인 또는 운송취급인으로서의 주의의무를 현저히 결여한 중대한 과실이 있다고 볼 것이다."라고 판시하였다.

대법원 1992. 2. 14. 선고 91다13571 판결

대법원은 "화물이 이미 수입되어 '보증도'의 방법으로 실수요자에게 인도되었으나 수입업자가 그 대금의 추심을 위하여 새로이 위 화물의 수입을 위한 실수요자의 신용장 개설을 통한 대금 결제를 허용한 경우 실수요자가 '보증도'의 방법으로 화물을 인도받아 처분하고도 그 대금을 결제하지 못할 뿐 아니라 부채 과다로 신용장 개설조차 하지 못하는 형편에 있었고, 수입업자도 이러한 사정을 알고 있었다면 위 화물을 새로이 수입하는 것으로 하여 개설된 신용장이 정상적으로 결제되지 못할 가능성이 있다는 것을 예견하였다고 봄이 상당하고, 이는 수입업자 측의 채권추심방법으로서 용인될 수 있는 한계를 넘는 위법한 것으로서 선하증권 소지인이나 운송인 등에 대하여 불법행위를 구성하는 것"으로 판시하였다.

(2) 화물상환증이 발행되지 않은 경우

화물상환증이 발행되지 아니한 경우에는 운송물이 도착지에 도착하였을 때 수하인이 운송계약에 의하여 생긴 송하인과 동일한 권리를 취득하게 된다(상법 제140조 제1항). 또한 수하인이 그 운송물의 인도를 청구한 때에 수하인의 권리가 송하인의 권리보다 우선하므로(상법 제140조 제2항), 운송인은 수하인의 청구에 따라 운송물을 인도하여야 한다.

운송물이 도착지에 도착하기 전에는 수하인은 운송계약상 아무런 권리나 의무를 갖지 못한다. 송하인만이 운송계약상의 권리와 의무를 모두 갖는다. 그러나 운송물이 도착지에 도착한 후에는 수하인은 운송계약상의 송하인과 동일한 권리를 취득하고, 자기의 명의로 이를 행사할 수 있다(상법 제140조 제1항). 운송물이 도착지에 도착한 후 수하인이 그 인도를 청구하였을 때에는 수하인의 권리가 송하인의 권리에 우선한다(상법 제140조 제2항). 수하인이 운송물을 수령하였을 때에는 이것과 상환하여 수하인은 운임 기타 운송에 관한 비용과 체당금을 지급할 의무를 부담한다(상법 제141조).

수하인이 유보 없이 운송물을 수령하고 운임 등을 지급한 경우에는 운송인이 선의인 한 수하인의 운송인에 대한 운송물에 관한 권리(예를 들면 손해배상청구권)는 소멸한다(상법 제146조). 수하인의 운송인에 대한 그 이외의 권리는 운송인이 선의인 한 운송물을 수령한 날로부터 1년을 경과하면 소멸한다(상법 제147조, 제121조). 또한 수하인의 운송인에 대한 의무는 운송인이 1년간 행사하지 않으면 역시 소멸하게 된다(상법 제147조, 제122조).

5) 운송인의 손해배상책임

(1) 의의

물건운송인의 채무불이행으로 인하여 발생한 손해에 대하여는 손해배상책임이 있다(상법 제135조). 운송인의 손해배상책임은 전통적으로 결과책임주의 또는 무과실책임주의[46]를 인정하고 있었으나, 우리 상법은 운송에 대한 사회적 수요를 충족시키기 위해서는 운송인의 위험부담을 덜어줌으로써 운송인을 보호하고 육성해야 할 필요성 때문에 운송인의 책임을 완화하기 위한 목적에서 무과실책임에서 과실책임주의로 변경하였다(상법 제135조).

(2) 특징

운송인의 손해배상책임은 다음과 같은 특징이 있다. 첫째, 운송인의 손해배상책임에 관하여 과실책임주의를 취하고 있다. 둘째, 운송인 본인의 과실에 그치지 않고 이행보조자의 과실에 대해서도 책임을 묻고 있다. 셋째, 운송인 본인 및 이행보조자의 과실 유무에 대한 증명책임을 운송인에게 부담시키고 있다. 넷째, 손해의 원인을 운송물의 수령, 인도, 보관, 운송에 관한 주의해태로 나열하고, 손해의 유형을 운송물의 멸실, 훼손, 연착으로 나열하고 있다.

(3) 수령, 인도 관련 사례

운송인이 운송계약상의 의무에 위배하여 수하인이 아닌 수입상에게 직접 화물을 인도함으로써 운송의뢰인에게 수출대금에 대한 담보권을 상실하게 한 경우 형식적으로 수출대금채권이 존재할지라도 손해가 발생하였다 할 것인지 여부에 대한 대법원 판결이 있었다.

대법원 1993. 5. 27. 선고 92다32180 판결

"1955년 헤이그에서 개정된 바르샤바협약(이하 개정된 바르샤바협약이라 한다)상 운송인의 지위에 있는 피고 회사가 이사건 화물을 운송계약상의 수하인으로서 신용장 개설은행인 영국 소재 소외 미들랜드은행 리드지점에 인도하지 아니하고 수하인으로부터 권리이전절차도 취하지 아니한 수입상인 소외 인터클래드 무역회사에게 직접 인도한 사건"에서 대법원은 "운송인이 운송계약상의 의무에 위배하여 수하인이 아닌 수입상에게 직접 화물을 인도하여 운송의뢰인의 수출대금에 대한 담보권을 침해한 경우 수입상에 대한 수출대금채권이 형식적으로 존재한다고 할지라도 수입상이 화물에 하자 있음을 트집 잡아 대금을 지급하지 않고 있다면 담보권상실로 인하여 손해가 발생하였다."고 판시하고 있다.

---

46 Receptumhaftung(렙셉툼책임)으로 과실이 없다고 할지라도 책임을 부담할 수 있다는 점에서 과실책임에 비하여 엄격한 책임에 해당한다.

(4) 운송 관련 사례

철도편으로 탁송한 화물이 훼손된 경우에 철도운송인의 과실추정과 손해배상책임에 대한 대법원 판결이 있다.

대법원 1975. 10. 7. 선고 75다71 판결

대법원은 "철도편으로 탁송한 화물이 훼손된 경우에는 철도운송인에게 화물운송에 관하여 과실이 있다고 일응 추정되는 것이며 운송인은 화물운송에 관하여 주의를 해태하지 아니하였음을 증명하지 아니하면 운송화물의 훼손으로 인한 손해배상 책임을 면치 못한다."고 판시하였다.

6) 손해배상액

(1) 정액배상주의

운송인의 책임과 관련하여 상법은 운송물의 전부멸실 또는 연착된 경우의 손해배상액은 '인도할 날'의 도착지의 가격에 의하고(상법 제137조 제1항), 운송물의 멸실 또는 훼손된 경우의 손해배상액은 '인도한 날'의 도착지의 가격에 의하도록 하여(상법 제137조 제2항), 손해배상액을 제한하고 있다. 배상액의 제한은 상법 제135조에서 운송인의 책임발생원인을 과실책임으로 규정한 것에 상응하여 운송인을 보호하고자 하는 뜻이 있다.[47] 운송인은 다수의 송하인으로부터 다량의 물건운송을 위탁을 받게 된다. 만약 운송인의 손해배상액이 송하인별로 다르게 된다면, 그에 따라 개별적으로 손해를 증명해야 될 뿐만 아니라, 송하인과의 분쟁에 말려들어 운송인은 원만한 업무수행을 할 수 없는 상황이 직면할 수 있다. 입법자는 이러한 면을 고려하여, 정액배상의 특별한 규칙을 정한 것이라 하겠다.

(2) 특별규칙

운송인의 손해배상액을 규정한 상법 제137조는 민법에서 정하고 있는 채무자의 손해배상액을 규정하고 있는 민법 제393조에 대한 예외규정이다. 그러므로 운송물에 발생된 손해의 유형으로서 '운송물의 멸실이나 훼손 또는 연착'인 경우에는 상법 제137조가 적용되어야 하고, 그 이외의 손해유형에 대하여는 민법 제393조가 적용되어 운송인의 손해배상액이 정해지게 될 것이다.

---

[47] 정찬형, 상법강의(상), 제18판, 박영사, 2015, 344면.

(3) 고의 또는 중과실

운송물에 발생된 손해의 유형이 '운송물의 멸실·훼손 또는 연착'인 경우에도 그러한 손해가 운송인의 경과실로 인하여 발생된 경우에만 운송인의 책임이 제한된다. 반면, 손해가 운송인의 고의나 중과실로 인하여 발생된 경우에는 운송인의 책임이 제한되지 않는다(상법 제137조 제3항). 결국, 운송인의 고의 또는 중과실로 인하여 운송물의 멸실·훼손 또는 연착이 발생한 경우에는 운송인은 채무불이행과 상당인과관계에 있는 모든 손해를 부담하는 것이 원칙이다(민법 제393조 제1항). 다만, 예외적으로 특별손해에 대하여는 운송인은 그 사정을 알았거나 알 수 있었을 경우에 한하여 배상책임을 부담한다(민법 제393조 제2항).[48]

(4) 운임 기타 비용의 공제

운송인이 정액배상주의에 의하여 손해상액을 부담하는 경우에도 운송물의 멸실 또는 훼손으로 인하여 송하인이 지급을 요하지 않는 운임 기타 비용은 손해배상액에서 공제된다(상법 제137조 제4항). 이때 손해배상청구권자의 과실이 있는 경우에는 당연히 과실상계가 인정된다(민법 제396조).

7) 고가물에 대한 특칙

(1) 의의

상법 제136조는 고가물에 대한 책임을 규정하고 있다. 동 규정은 운송인의 손해배상책임에 관한 일반원칙의 예외에 해당한다. 운송인을 보호하고자 하는 측면과 송하인에 대하여 고가물에 대한 사전명시를 통하여 손해를 미연에 방지하고자 하는 목적이 있다.

(2) 송하인이 고가물 신고를 하지 않은 경우

송하인이 고가물을 신고하지 않았으나 운송인이 우연히 고가물임을 안 경우가 발생할 수 있다. 이 경우 운송인은 어느 정도의 주의의무를 부담해야 하는가에 대하여 다툼이 있다. '운송인은 보통물로서의 주의의무가 있고, 이를 게을리한 경우에는 고가물로서 책임을 진다'는 입장,[49] '운송인은 고가물로서의 주의의무가 있고, 이를 게을리한 경우에는 고가물로서의 책임을

---

48 특별손해라 함은 어떠한 상황에서 특별한 사유로 인해 발생한 확대손해를 의미한다. 통상의 손해는 채무자의 고의 또는 과실을 따지지 않고 손해를 배상하여야 한다. 특별손해는 채무자가 손해의 발생을 알았거나 알 수 있었을 경우에 한하여 배상책임이 있다.

진다'는 입장[50] 및 '대량의 물건을 다루는 운송인에게 우연히 알게 된 주관적 사정을 고려하는 것은 부당하고 또 고가물의 명시를 촉진하고자 하는 의미에서 운송인의 책임은 면해야 한다'는 입장[51] 등이 있다. 문리적인 해석방법에 따른다면 세 번째 의견이 타당성을 갖겠지만, 비록 송하인이 고가물을 신고하지 않았지만 운송인이 고가물임을 알았으면서도 주의의무를 부담하지 않도록 한다는 점도 인정하기 어렵다는 점에서, 첫 번째 입장이 타당성을 갖는다.

> **대법원 1991. 8. 23. 선고 91다15409 판결**
>
> 대법원은 "상법 제136조와 관련되는 고가물불고지로 인한 면책규정은 일반적으로 운송인의 운송계약상의 채무불이행으로 인한 청구에만 적용되고 불법행위로 인한 손해배상청구에는 그 적용이 없으므로 운송인의 운송이행업무를 보조하는 자가 운송과 관련하여 고의 또는 과실로 송하인에게 손해를 가한 경우 동인은 운송계약의 당사자가 아니어서 운송계약상의 채무불이행으로 인한 책임은 부담하지 아니하나 불법행위로 인한 손해배상책임을 부담하므로 위 면책규정은 적용될 여지가 없다."고 판시하고 있다.

8) 면책약관

(1) 면책 인정

운송인의 운송계약상 손해배상책임에 대하여 화물상환증 등에 면책약관이 있으면, 이 경우 운송인의 책임은 감경 또는 면제될 수 있는가에 대한 물음이 제기될 수 있다. 운송인의 책임에 관한 상법의 규정은 임의법규에 해당한다. 당사자의 특약으로 운송인의 책임을 감면하는 것은 가능하다고 하겠다. 면책약관이 신의 측에 반하지 않고 '약관의 규제에 관한 법률'에 저촉되지 않는 한 약관의 효력은 인정받을 수 있을 것이다.

(2) 불법행위의 감경 가능성

면책약관에 의하여 운송인의 불법행위책임이 면제될 수 있는가의 문제가 실무에서 크게 문제되었다. 청구권경합설을 취하면 운송인은 원칙적으로 불법행위책임이 감경 또는 면제

---

49 정동윤, 상법총칙·상행위법, 개정판, 법문사, 1996, 525면; 이기수·최병규, 상법총칙·상행위법(상법강의 I), 제7판, 박영사, 2010, 451면.

50 이철송, 상법총칙·상행위법, 제13판, 박영사, 2015, 412면 이하.

51 채이식, 상법강의(상), 개정판, 박영사, 1996, 299면.

될 수 없다. 그러나 법조경합설을 취하면 운송인은 불법행위책임이 감경 또는 면제될 수 있게 된다. 판례는 일치하지 않고 있다.

대법원 1999. 7. 13. 선고 99다8711 판결

"미국의 소외 퍼시픽 익스프레스사(PACIFIC EXPRESS INC.)의 국내 대리점으로서 운송취급인인 피고는 이 사건 각 화물이 김포공항에 도착하자 각 수하인용 항공화물운송장을 수하인인 원고에게 교부하지 아니하고 원고의 지시 없이 통지처인 소외 소외 1 주식회사(이하 '소외 1 주식회사'이라 한다)에게 교부하였으며, 소외 1 주식회사는 기존에 가지고 있던 업자용 수입승인서(IMPORT LICENSE : I/L)를 통관에 필요한 세관용 수입승인서로 변조하여, 이를 피고로부터 교부받은 위 각 수하인용 항공화물운송장과 함께 세관에 제출하여 통관절차를 마치고, 세관으로부터 받은 수입면장을 가지고 보세창고에서 이 사건 수입화물 모두를 반출한 사실을 인정한 다음, 위 인정 사실에 의하면, 피고는 고의 또는 중대한 과실에 의한 불법행위로 원고의 위 각 화물에 대한 인도청구권을 침해하였다 할 것이므로 원고에게 그로 인한 손해를 배상할 의무가 있다."고 하면서, 대법원은 "운송계약상의 채무불이행책임이나 불법행위로 인한 손해배상책임은 병존하고, 운송계약상의 면책특약은 일반적으로 이를 불법행위책임에도 적용하기로 하는 명시적 또는 묵시적 합의가 없는 한 당연히 불법행위책임에 적용되지 않는다."고 판시하였다.

대법원 1983. 3. 22. 선고 82다카1533 전원합의체 판결

대법원은 "운송계약상의 채무불이행 책임에 관하여 법률상 면책의 특칙이 있거나 또는 운송계약에 그와 같은 면책특약을 하였다고 하여도 일반적으로 이러한 특칙이나 특약은 이를 불법행위책임에도 적용하기로 하는 명시적 또는 묵시적 합의가 없는 한 당연히 불법행위 책임에 적용되지 않는 것이나, 운송물의 권리를 양수하여 선하증권을 교부받아 그 소지인이 된 자는 운송계약상의 권리를 취득함과 동시에 목적물의 점유를 인도받은 것이 되어 운송물의 소유권을 취득하여 운송인에 대하여 채무불이행 책임과 불법행위책임을 아울러 추궁할 수 있게 되는 점에 비추어볼 때 운송인이 선하증권에 기재한 면책약관은 채무불이행 책임만을 대상으로 한 것이고 당사자 사이에 불법행위 책임은 감수할 의도였다고 볼 수 없으므로 불법행위책임에 적용키로 하는 별도의 명시적. 묵시적 합의가 없더라도 당연히 불법행위 책임에도 그 효력이 미친다."고 판시하고 있다.

9) 손해배상책임의 소멸

운송인의 운송계약상 손해배상책임과 관련하여 상법은 특별소멸사유와 단기소멸사유를 규정하고 있다.

(1) 특별소멸사유

운송인의 책임은 수하인 또는 화물상환증소지인이 유보 없이 운송물을 수령하고 운임 기타의 비용을 지급한 때에는 소멸한다(상법 제146조 제1항 본문). 그러나 운송물에 즉시 발견할 수 없는 훼손 또는 일부 멸실이 있는 경우에는 수하인 또는 화물상환증소지인이 운송물을 수령한 날로부터 2주간 내에 운송인에게 그 통지를 발송한 때에는 운송인의 책임은 소멸하지 아니한다(상법 제146조 제1항 단서). 운송인 또는 그 사용인이 운송물의 멸실 또는 훼손된 사실을 알고 운송물을 인도한 경우에는 수하인 등이 유보 없이 수령한 경우에도 운송인은 그 책임을 면하지 못한다(상법 제146조 제2항).

대법원 2007. 4. 26. 선고 2005다5058 판결

상법 제811조는 "운송인의 용선자, 송하인 또는 수하인에 대한 채권 및 채무는 그 청구원인의 여하에 불구하고, 운송인이 수하인에게 운송물을 인도한 날 또는 인도할 날부터 1년 내에 재판상 청구가 없으면 소멸한다."고 규정하고 있다. 여기서 '운송물을 인도할 날'이라고 함은 통상 운송계약이 그 내용에 좇아 이행되었으면 인도가 행하여져야 했던 날을 말하는바(대법원 1997. 11. 28. 선고 97다28490 판결 참조), 운송물이 멸실되거나 운송인이 운송물의 인도를 거절하는 등의 사유로 운송물이 인도되지 않은 경우에는 '운송물을 인도할 날'을 기준으로 하여 위 제소기간이 도과하였는지 여부를 판단하여야 할 것이다.

대법원은 "운송물이 멸실되거나 운송물의 인도가 불가능하게 된 경우에는 '운송물을 인도할 날'을 기준으로 제척기간 도과 여부를 판단해야 한다."고 하면서, 여기서 '인도할 날'이란 통상 운송계약이 그 내용에 좇아 이행되었으면 인도가 행하여져야 했던 날을 의미함을 판단하고 있다.

또 다른 사안에서 대법원은 운송물이 멸실되거나 운송물의 인도가 불가능하게 된 경우, '운송물을 인도할 날'을 기준으로 상법 제814조 제1항의 제척기간이 도과하였는지를 판단하여야 하는지 여부 및 '운송물을 인도할 날'의 의미에 대하여 다음과 같이 판시하고 있다.

대법원 2019. 6. 13. 선고 2019다205947 판결

운송물이 멸실되거나 운송물의 인도가 불가능하게 된 경우에는 '운송물을 인도할 날'을 기준으로 제척기간이 도과하였는지를 판단하여야 한다. 여기서 '운송물을 인도할 날'이란 통상 운송계약이 그 내용에 좇아 이행되었으면 인도가 행하여져야 했던 날을 의미한다.

대법원은 여기서 해당 화물이 운송계약에서 정한 양륙항에 입항하였다는 것만으로는 '운송물의 인도'가 이루어진 것이 아니므로, 화물이 최종목적지에 도달할 수 없어 정당한 수하인에게 인도될 수 없는 때에는 '인도한 날'이 아니라 '인도할 날'을 기준으로 제척기간 도과 여부를 판단해야 할 것이라고 하였다.

(2) 단기소멸시효

운송인이 운송물의 인도 후에 손해배상책임을 부담하는 경우에도, 이 책임은 수하인 등이 운송물을 수령한 날로부터 1년이 경과하면 소멸시효가 완성된다(상법 제147조, 제121조 제1항, 제2항). 그러나 운송인이나 그 사용인이 악의인 경우에는 적용되지 않는다(상법 제147조, 제121조 제3항). 이 경우에는 일반상사시효기간인 5년이 적용된다(상법 제64조 본문).

6. 운송인의 권리

1) 운송물인도청구권

운송계약은 낙성계약에 해당하므로 운송인이 운송에 착수하기 위하여 송하인에게 운송할 물건의 인도를 요구할 권리가 있고, 송하인은 운송물을 인도해야 할 의무가 있다. 만약 송하인이 지체 없이 인도를 하지 않는다면 채권자지체의 책임을 부담해야 한다(민법 제400조 내지 제403조, 제538조). 운송이 완료된 후 수하인이 운송인에게 행사하는 운송물인도청구권과 달리, 운송인의 운송물인도청구권은 운송에 착수하기 전에 운송인이 운송계약에 기하여 송하인에게 운송할 물건의 인도를 청구하는 권리에 해당한다.

2) 화물명세서작성청구권

운송인은 송하인에게 화물명세서를 작성하여 교부해줄 것을 요구할 수 있다(상법 제126조 제1항). 화물명세서는 운송인의 청구에 의해 송하인이 작성하는 서면이다. 송장 또는 출하안내서라고도 한다. 화물명세서는 송하인에게는 자신이 작성하는 운송지시서면의 의미를 가지고 있고, 운송인에게는 운송계약의 내용에 비추어 추후 자신이 이행할 의무의 내용을 확인·증명하는 의미를 가지고 있으며, 수하인에게는 자신이 수령할 운송물과 운임 등의 사항을 확인할 수 있는 증거서면이 된다는 점에서 중요하다.[52]

3) 운임청구권

운임은 운송의 대가로서 운송인이 행사할 수 있는 권리이다. 상인으로서 운송인의 영리성이 이 운임에 의해 실현되므로 운임채권은 운송인의 가장 중요한 권리에 해당한다. 운임은 보통 운송계약에 의하여 정해지지만, 정해지지 않았다 하더라도 운송인은 상인으로서 보수청구권을 갖는다(상법 제61조). 이 경우 운임은 거래관행, 운송비용과 합리적인 이윤 등을 고려하여 그 금액을 정해야 한다.

4) 비용 및 체당금반환청구권

운송인은 운임 외에 운송에 관한 비용과 체당금을 청구할 수 있다(상법 제141조). '운송에 관한 비용'이라 함은 운송인이 운송물을 운반하기 위하여 소요된 비용을 말한다. 운송인이 운송물을 운반하기 위하여 소요된 비용(이른바 운송원가)을 말하는 것이 아니라, 통관비·보관료 및 수하인이 수령을 지연하여 생긴 보관료 등을 의미한다. 체당금은 상법 제55조 제2항의 의미와 동일하다.

5) 유치권
(1) 의의

운송인은 운임이나 비용 및 기타 위탁자를 위한 체당금이나 선대금에 관해서만 그 운송물을 유치할 수 있는 권리를 행사할 수 있다(상법 제147조, 제120조). 운송인의 유치권은 목적물을 "그 운송물"이라는 법문의 제시에서 알 수 있듯이, 채권과 유치물 사이에 견련관계를 필요로 하고 있다는 점에서 일반 상사유치권(상법 제58조)과 다르다. 그러나 목적물이 채무자소유임을 요하지 않는다는 점에서 민사유치권과 동일하다. 피담보채권이 목적물과 제한된 의미에서 견련성이 있는 채권에 국한된다는 점에서 민사유치권과 유사한 면이 있다.

(2) 취지

다음의 사안에서 상법 제147조, 제120조 소정의 운송인의 유치권에 관한 규정의 취지를 살펴볼 수 있다.

---

52   이기수·최병규, 상법총칙·상행위법(상법강의 I), 제7판, 박영사, 2010, 452면.

대법원 1993. 3. 12. 선고 92다32906 판결

"소외 아이코스 코리아 주식회사와 피고 사이에 1988년 4월 이래 매 1년 단위로 운송계약을 체결하여 피고가 소외 회사의 토건용 장비 등을 운송하여 오던 중 1990년 10월부터 1991년 3월까지의 피고의 소외 회사에 대한 운송료 채권이 합계 금 16,482,950원에 달한 사실, 소외 회사는 1991년 3월 21일 피고에게 화순야적장과 나주야적장에 야적되어 있던 원고 소유의 강철재 657,428.74킬로그램을 영산포야적장으로 운송하여 줄 것을 의뢰함에 따라 피고가 화순야적장에 야적된 강철재 16톤을 운송하여 영산포야적장에 도착하였으나 소외 회사의 부도소식을 듣고는 운임채권의 확보를 위하여 이를 유치하였고, 3월 23일에는 나주야적장에 야적된 24톤을 영산포야적장으로 운송 도중 유치한 사실을 각 인정한 다음, 피고의 상법 제147조, 제120조 소정 운송인의 유치권항변에 대하여, 위 규정의 운송인의 유치권은 운송인이 운송물에 관하여 받을 보수, 운임 등에 관하여 그 운송물을 유치할 때에만 성립한다 할 것인데, 피고와 소외 회사 사이에 1990년 10월부터 1991년 3월까지 이미 발생한 운임채권 금 16,482,950원은 피고가 유치한 강철재 40톤에 관하여 발생한 것이 아니므로 그 채권의 확보를 위하여는 위 유치권이 인정되지 아니하고, 뿐만 아니라 운임채권은 운송인이 운송물을 수하인에게 인도하여 운송을 마침으로써 비로소 발생한다 할 터인데 피고는 위 강철재 40톤을 운송 도중 또는 영산포야적장에 도착하였으나 수하인에게 인도하지 아니한 채 유치하였으므로 위 강철재 40톤에 관한 운임채권은 발생하지 아니하였다는 이유로 피고의 위 항변을 배척하였다." 동시에 대법원은 "상법 제147조, 제120조 소정의 운송인의 유치권에 관한 규정의 취지는, 운송실행에 의하여 생긴 운송인의 채권을 유치권행사를 통해 확보하도록 하는 동시에 송하인과 수하인이 반드시 동일인은 아니므로 수하인이 수령할 운송물과 관계가 없는 운송물에 관하여 생긴 채권 기타 송하인에 대한 그 운송물과는 관계가 없는 채권을 담보하기 위하여 그 운송물이 유치됨으로써 수하인이 뜻밖의 손해를 입지 않도록 하기 위하여 피담보채권의 범위를 제한한 것이다."라고 판시하고 있다.

(3) 피담보채권범위

동일한 기회에 동일한 수하인에게 운송하여 줄 것을 의뢰받은 운송인이 운송물의 일부를 유치한 경우 운송물 전체에 대한 운임채권이 피담보채권의 범위에 속하는지 여부에 대한 물음이 제기될 수 있다.

대법원 1993. 3. 12. 선고 92다32906 판결

대법원은 "동일한 기회에 동일한 수하인에게 운송하여 줄 것을 의뢰받은 운송인이 그 운송물의 일부를 유치한 경우 위 운송물 전체에 대한 운임채권은 동일한 법률관계에서 발생한 채권으로서 유치의 목적물과 견련관계를 인정하여 피담보채권의 범위에 속한다고 할 수 있을 것이고, 이와 같이 보는 것이 수하인의 보호와 아울러 운송인의 채권확보를 목적으로 한 위 상법규정의 취지에도 부합하는 것이라 할 것이다. 그리고 운임은 특약 또는 관습이 없는 한 상법이 인정하는 예외적인 경우를 제외하고는 운송을 완료함으로써 청구할 수 있는 것이고, 운송의 완료라 함은 운송물을 현실적으로 인도할 필요는 없으며, 운송물을 인도할 수 있는 상태를 갖추면 충분하다 할 것이다."라고 판시하고 있다.

6) 운송물의 공탁·경매권

(1) 공탁권

운송물이 목적지에 도착하면 수하인 등은 상당한 기간 내에 이를 수령해야 할 의무가 있다. 상당한 기간 내에 수하인 등이 이를 수령하기 아니하면, 수하인 등은 운송인에 대하여 채권자지체로서 수령지체의 책임을 부담해야 한다(민법 제400조 내지 제403조). 이를 방지하기 위하여 상법은 운송인이 수하인을 알 수 없는 때(상법 제142조 제1항) 또는 수하인이 운송물의 수령을 거부하거나 수령할 수 없는 때(상법 제143조 제1항)에는 운송물을 공탁할 수 권리를 행사할 수 있다. '수하인을 알 수 없는 때'라 함은 송하인이 수하인을 지정하였지만, 수하인을 특정할 수 없거나 소재가 불명한 경우 또는 화물상환증을 발행하였으나 화물상환증소지인이 누구인지 알 수 없는 때 등을 의미한다. '수령을 거부한 때'라 함은 수하인 또는 화물상환증소지인 등이 정당한 사유 없이 운송물의 수령을 거절한 때를 말한다. '수령할 수 없는 때'라 함은 수하인 또는 화물상환증소지인이 질병이나 여행 등으로 인한 주관적 사정 또는 천재지변 등으로 인한 객관적 사정이 발생하여 장기간 수령이 불가능한 경우를 말한다.

(2) 경매권

공탁의 사유가 있을 경우 운송인은 송하인에 대하여 상당한 기간을 정하여 운송물의 처분에 대한 지시를 최고하고, 그 기간 내에 지시를 받지 않은 경우에는 운송물을 경매할 수 있다(상법 제142조 제2항, 제143조 제1항). 수하인이나 화물상환증소지인이 수령을 거부하거나 수령할 수 없음을 이유로 하여 공탁하고자 할 경우(제143조 제1항)에는 경매를 하기 전에 상당한 기간을 정하여 운송물의 수령을 최고하여야 한다(제143조 제2항). 수하인이나 화물상환증소지인을 알 수 없어 경매하고자 하는 경우(상법 제142조 제2항)에는 수하인에게 최고가 불가능하므로 송하인에 대한 최고 후에 경매할 수 있다. 경매를 한 때에는 지체 없이 송하인에게 그 통지를 발송하여야 한다(상법 제142조 제3항).

VI. 화물상환증

1. 의의

송하인과 운송인 사이에 운송계약이 체결되면 운송인은 목적지에 운송물을 도달하도록 하는 동시에 물건을 수령해야 할 사람에게 인도해야 한다. 물건을 수령할 사람은 송하인이 되는 것이 원칙이겠지만 송하인의 대리인, 송하인으로부터 수하인으로 지정된 사람 또는 운송 중에 전매된 경우 당해 물선을 새로이 취득한 사람이 수하인의 지위를 얻게 된다. 이런 측면에서 운송인은 운송물을 인도해야 할 대상이 누구인가에 대한 곤란함이 발생할 수 있다. 운송계약에 기초하여 운송물을 수령하였다는 사실을 증명하고, 목적지에서 운송물을 증권을 소지하고 있는 자에게 인도할 것을 약속하는 유가증권을 발행한다면, 운송인의 고민은 사라지게 될 것이다. 이런 과정 속에서 발생된 것이 바로 해상물건운송에서는 선하증권이고, 육상물건에서는 화물상환증이다. 화물상환증(Ladesschein)은 유가증권의 일종이다. 운송인에 대한 운송물인도청구권을 표창하는 기능을 하는 화물상환증은 다양한 성질을 가지고 있다.

2. 기능

장소적 이동을 하게 되는 운송물은 운송기간 동안 가치가 동결되어 있는 것이 일반적이다. 특히 장기의 기간이 요구되는 재화의 왕래는 상인에게 있어서 그 물건을 활용할 수 있는 가능성이 배제되고 만다. 자금과 상품의 순환을 통하여 영리를 추구하고자 하는 상인의 입장에서는 비경제적인 면이 있다고 하겠다. 운송기간 동안 가치를 이용할 수 없는 상황에서 이를 활용할 수 있는 기회를 강구할 수 있다면, 그 매개체는 상인에게 상당한 매력으로 등장할 수 있을 것이다. 이런 기대 속에서 등장한 것이 바로 해상운송에서 발전한 선하증권이고, 이 선하증권을 육상운송에 응용된 것이 화물상환증이다. 송하인은 화물상환증을 발행 받은 후 이를 양도할 수도 있고 입질 등의 방법을 통하여 처분함으로써 운송물의 교환가치를 활용할 수 있게 된다.

3. 기재사항

1) 절대적 기재사항

상법 제128조 제2항은 화물상환증에 반드시 기재해야 할 사항을 규정하고 있다. ① 운송물의 종류, 중량 또는 용적, 포장의 종별, 개수와 기호 ② 도착지 ③ 수하인과 운송인의 성명 또는 상호, 영업소 또는 주소 ④ 송하인의 성명 또는 상호, 영업소 또는 주소 ⑤ 운임 기타 운송물에 관한 비용과 그 선급 또는 착급의 구별 ⑥ 화물상환증의 작성지와 작성연월일, 운송인의 기명날인 및 서명 등.

2) 임의적 기재사항

운송인과 송하인 사이의 합의사항을 기재할 수 있다.

4. 효력

화물상환증은 운송물반환청구권을 표창하는 채권적 효력을 갖는 유가증권이기도(상법 제131조) 하지만 운송물을 받을 자에게 이 화물상환증을 교부하면 운송물 위에 발생하는 권리에 관하여 운송물을 인도하는 것과 동일한 효력인 물권적 효력을 갖는 유가증권이다 (상법 제133조).

> **대법원 2003. 1. 10. 선고 2000다70064 판결**
>
> 대법원은 "선하증권은 해상운송인이 운송물을 수령한 것을 증명하고 양륙항에서 정당한 소지인에게 운송물을 인도할 채무를 부담하는 유가증권으로서, 운송인과 그 증권소지인 사이에는 증권 기재에 따라 운송계약상의 채권관계가 성립하는 채권적 효력이 발생하고, 운송물을 처분하는 당사자 사이에는 운송물에 관한 처분은 증권으로서 하여야 하며 운송물을 받을 수 있는 자에게 증권을 교부한 때에는 운송물 위에 행사하는 권리의 취득에 관하여 운송물을 인도한 것과 동일한 물권적 효력이 발생하므로 운송물의 권리를 양수한 수하인 또는 그 이후의 자는 선하증권을 교부받음으로써 그 채권적 효력으로 운송계약상의 권리를 취득함과 동시에 그 물권적 효력으로 양도 목적물의 점유를 인도받은 것이 되어 그 운송물의 소유권을 취득한다."고 하면서, 채권적 효력 및 물권적 효력이 발생함을 설시하고 있다.

1) 채권적 효력

(1) 문언증권성

화물상환증이 발행됨으로써 운송물인도청구권은 배타적으로 화물상환증을 소지하는 자에게 귀속된다. 이는 유가증권의 일반적 속성에 해당한다. 일단 화물상환증이 발행되면 운송인과 송하인 사이에 화물상환증에 적힌 대로 운송계약이 체결되고 운송물을 수령한 것으로 추정하게 된다(상법 제131조 제1항). 그러나 화물상환증은 운송계약에 따라 송하인 이외의 수하인 또는 제3자에게 교부될 것을 목적으로 하여 발행되는 것이 원칙이다. 이 경우 운송계약에 대한 사항을 제대로 모르는 제3자가 발생할 수 있다. 운송에 관하여 잘 알지 못하는 선의의 제3자로 하여금 증권에 기재된 내용대로 운송에 관한 사항이 결정된다면, 화물상환증을 소지하는 자는 증권의 문언에 따라 운송물인도청구권 등의 권리를 행사하게 된다(상법 제131조 제2항).

운송인과 화물상환증소지인의 운송에 관한 사항이 화물상환증권이 기재된 바에 따라 효력이 발생한다는 성질을 유가증권의 문언증권성이라 한다. 일단 화물상환증이 유통되면 송하인과 운송인 간의 운송계약관계 외에 증권소지인과 운송인 간의 운송계약관계가 발생하게 되고, 후자는 원칙적으로 전자를 절단하는 효과를 발생시키게 된다. 이러한 측면에서 화물상환증의 문언증권성은 채권적 효력을 가지고 있다고 하겠다.

(2) 요인증권성

운송인과 운송계약을 체결하는 자는 송하인이다. 운송인이 화물상환증을 발행하는 경우에 그 화물상환증은 운송계약에 원인을 두고 있다. 그러므로 화물상환증은 송하인과 운송인 사이의 운송계약 이상의 구속력이 있는 것이 아니고, 단지 운송계약에 의해 이미 발생한 권리를 표창할 뿐이다. 이를 요인증권성이라 한다. 그 권리의 내용도 실체적인 권리관계에 의하여 주어진다. 화물상환증이 발행된 경우에는 운송인과 송하인 사이에 화물상환증이 적힌 대로 운송계약이 체결되고 운송물을 수령한 것으로 추정한다(상법 제131조). 그러므로 운송계약의 내용과 화물상환증 사이에 상이한 사항이 기재되어 있는 경우에는 송하인이 이를 증명해야 한다. 송하인이 이를 증명하지 못하면, 운송인은 화물상환증에 기재되어 있는 대로 의무를 부담하면 된다.

2) 공권과 채권적 효력

운송인이 운송물을 수령하지 않고 화물상환증을 발행한 공권 발행의 경우와 운송인이 실제로 수령한 운송물과 그 증권에 기재된 운송물이 다른 경우가 있다. 대법원은 이를 무효로 하고 있다.

대법원 1982. 9. 14. 선고 80다1325 판결

대법원은 "선하증권은 운송물의 인도청구권을 포함하는 유가증권인바, 이는 운송계약에 기하여 작성되는 유인증권인 점, 선하증권은 운송물을 '수령한 후' 또는 '선적한 후'에 교부하도록 되어 있는 상법 제813조 제1, 2항, 선하증권에 운송물의 종류, 중량, 용적 등을 기재하도록 되어 있는 상법 제814조, 선하증권의 처분증권성, 그 교부의 물권적 효력에 관한 상법 제820조, 제132조, 제133조의 규정취지로 보아 상법은 운송인이 송하인으로부터 실제로 운송물을 수령 또는 선적하고 있는 것을 유효한 선하증권성립의 전제조건으로 삼고 있다고 보이는 점 등에 비추어볼 때, 위 운송물의 인도청구권은 운송인이 송하인으로부터 실제로 받은 운송물 즉, 특정물에 대한 것이고 따라서 운송물을 수령 또는 선적하지 아니하였음에도 불구하고 선하증권이 발행된 경우에는 그 선하증권은 원인과 요건을 구비하지 못하여 목적물의 흠결이 있는 것으로 이는 누구에 대하여도 무효라고 봄이 상당하다."고 판시하고 있다.

대법원 2005. 3. 24. 선고 2003다5535 판결

"이 사건 선하증권이 2000년 6월 9일 발행되었으나, 실제 선적일은 2000년 6월 24일이라는 사실은 당사자 사이에 다툼이 없고, 원심이 인용한 제1심이 채택한 갑 제9호 증의 1(확인서)에는 피고가 선적하였다고 주장하는 컨테이너(번호: CLHU8278828)가 소외 박현수의 공장에서 2000년 6월 14일 출고되었다고 기재되어 있어 이 사건 선하증권은 운송물을 수령하지 않고 발행된 것으로 볼 여지가 있으므로" …… 대법원은 "상법은 운송인이 송하인으로부터 실제로 운송물을 수령 또는 선적하고 있는 것을 유효한 선하증권 성립의 전제조건으로 삼고 있으므로 운송물을 수령 또는 선적하지 아니하였는데도 발행된 선하증권은 원인과 요건을 구비하지 못하여 목적물의 흠결이 있는 것으로서 무효라고 봄이 상당하다."고 판시하고 있다.

대법원 2008. 2. 14. 선고 2006다47585 판결

대법원은 "선하증권은 운송물의 인도청구권을 표창하는 유가증권인바, 이는 운송계약에 기하여 작성되는 유인증권으로 상법은 운송인이 송하인으로부터 실제로 운송물을 수령 또는 선적하고 있는 것을 유효한 선하증권 성립의 전제조건으로 삼고 있으므로 운송물을 수령 또는 선적하지 아니하였는데도 발행된 선하증권은 원인과 요건을 구비하지 못하여 목적물의 흠결이 있는 것으로서 무효라고 봄이 상당하다."고 판시하고 있다.

3) 물권적 효력

(1) 의의

화물상환증에 의하여 운송물을 받을 수 있는 자에게 화물상환증을 교부한 때에는 운송물 위에 행사하는 권리의 취득에 관하여 운송물을 인도한 것과 동일한 효과가 있다(상법 제133

조). 이를 화물상환증의 물권적 효력이라고 한다. 따라서 증권의 이전으로 운송물의 점유이전과 동등한 효력이 발생하고, 이 인도가 매매계약에 수반되면 증권의 취득은 운송물에 대한 소유권의 취득이 되고, 질권설정계약에 수반하면 증권인도로 질권설정은 효력을 발생하게 된다. 이런 측면에서 화물상환증을 '물권적 유가증권' 또는 '인도증권'이라고 한다.

(2) 발생요건

화물상환증의 물권적 효력이 발생하기 위해서는 다음과 같은 요건이 충족되어야 한다. 첫째, 운송인이 운송물을 인도받았어야 한다. 둘째, 운송물이 존재해야 한다. 따라서 운송물이 멸실된 경우에는 운송물을 점유할 수도 없고, 또 인도할 수도 없으므로 물권적 효력이 발생되지 않는다. 셋째, 화물상환증에 의하여 운송물을 받을 수 있는 자에게 이 증권이 교부되었어야 한다. 그러므로 화물상환증을 절취한 절취범에게는 물권적 효력이 발생하지 않으나, 화물상환증을 선의 취득한 자에는 물권적 효력이 발생한다(상법 제65조, 민법 제514조).

(3) 효과

화물상환증이 발행된 이상 운송물에 관한 처분은 화물상환증을 통하여 이루어지게 된다(상법 제132조). 이를 유가증권의 처분증권성이라 한다. 이러한 처분증권성은 화물상환증의 물권적 효력에 대응해서 인정한 것이라 하겠다.

대법원 1991. 4. 26. 선고 90다카8098 판결

"보증도 등으로 운송물이 멸실된 경우 채무불이행으로 인한 손해배상청구권은 물론 불법행위로 인한 손해배상청구권도 선하증권에 화체되어 선하증권이 양도됨에 따라 선하증권 소지인에게 이전되고, 가사 선하증권의 취득자가 운송물이 선하증권과 상환하지 아니하고 인도된 사실을 알고 있었다고 하더라도 손해배상청구권의 취득에 소장이 없다고 할 것이다."

대법원 2009. 10. 29. 선고 2007다23036 판결

"개설의뢰인은 개설은행으로부터 선하증권상의 권리를 양수받지 않는 한 운송인에 대하여 선하증권상의 권리를 행사할 수 없고, 여전히 개설은행이 대외적으로 완전한 선하증권의 정당한 소지인으로서 권리를 행사할 수 있으므로, 특별한 사정이 없는 한 운송인은 정당한 선하증권 소지인인 원고의 선하증권에 기한 손해배상청구에 대하여 원고가 담보권자에 불과하다거나 원고의 선하증권상 권리가 소멸하였다는 이유로 대항할 수 없다고 할 것이다."

또한 화물상환증에 의하지 않고는 운송물의 인도를 청구할 수 없고(상법 제129조), 또한 화물상환증을 소지하지 않고는 운송인에 대한 처분권을 행사할 수 없다(상법 제139조).

5. 기타사항

1) 지시증권성

화물상환증 소지인은 화물상환증의 양도에 의해 운송물에 관한 권리를 이전할 수 있다. 지시증권성의 성질을 갖는 화물상환증은 기명식으로 발행된 경우 배서에 의하여 양도가 가능하다(상법 제130조 본문). 화물상환증의 양도에 의하여 송하인 또는 그 이후의 소지인은 운송물을 환가하거나 처분할 수 있다. 단, 화물상환증에 배서를 금지하는 사항을 기재한 경우에는 배서에 의하여 양도가 불가능하다(상법 제130조 단서).

대법원 2001. 3. 27. 선고 99다17890 판결

대법원은 "선하증권은 기명식으로 발행된 경우에도 법률상 당연한 지시증권으로서 배서에 의하여 이를 양도할 수 있지만, 배서를 금지하는 뜻이 기재된 경우에는 배서에 의해서는 양도할 수 없고, 그러한 경우에는 일반 지명채권양도의 방법에 의하여서만 이를 양도할 수 있다 할 것이다."라고 판시하고 있다.

대법원 2003. 1. 10. 선고 2000다70064 판결

대법원은 "선하증권상에 특정인이 수하인으로 기재된 기명식 선하증권의 경우 그 증권상에 양도불능의 뜻 또는 배서를 금지한다는 취지의 기재가 없는 한 법률상 당연한 지시증권으로서 배서에 의하여 양도가 가능하다고 할 것이고, 그 증권의 소지인이 배서에 의하지 아니하고 권리를 취득한 경우에는 배서의 연속에 의하여 그 자격을 증명할 수 없으므로 다른 증거방법에 의하여 실질적 권리를 취득하였음을 입증하여 그 증권상의 권리를 행사할 수 있다고 할 것이며, 이러한 경우 운송물의 멸실이나 훼손 등으로 인하여 발생한 채무불이행으로 인한 손해배상청구권은 물론 불법행위로 인한 손해배상청구권도 선하증권에 화체되어 선하증권이 양도됨에 따라 선하증권 소지인에게 이전된다."고 판시하고 있다.

2) 요식증권성

화물상환증은 운송물에 관한 권리 그 자체와 같은 중요성을 가지고 유통될 수 있으므로 형식적 엄격성이 요구된다(요식증권성). 따라서 화물상환증은 법소정의 형식을 갖추어야 그 효력이 인정된다(상법 제128조 제2항).

3) 상환증권성

운송물이 인도된 후 실체적 권리가 소멸한 상태에서 화물상환증이 유통되는 것을 방지하기 위하여 운송물은 화물상환증과 상환하여 인도하도록 하고 있다(상환증권성)(상법 제129조).

대법원 1997. 6. 24. 선고 95다40953 판결

"해상운송인으로서는 운송물을 선하증권의 소지인에게 선하증권과 상환하여 인도하여야 함이 원칙이라 할 것이나, 해상운송인이 선하증권 소지인의 인도 지시 내지 승낙에 따라 운송물을 제3자에게 인도한 경우에는 그 제3자가 선하증권을 제시하지 않았다 하더라도 해상운송인이 그와 같은 인도 지시 내지 승낙을 한 선하증권 소지인에 대하여 운송물인도의무 불이행이나 불법행위로 인한 손해배상책임을 진다고 할 수 없다."

대법원 1999. 4. 23. 선고 98다13211 판결

"해상운송인 또는 선박대리점이 선하증권과 상환하지 아니하고 운송물을 선하증권 소지인 아닌 자에게 인도하는 것은 그로 인한 손해의 배상을 전제로 하는 것이어서, 그 결과 선하증권 소지인에게 운송물을 인도하지 못하게 되어 운송물에 대한 그의 권리를 침해하였을 때에는 고의 또는 중대한 과실에 의한 불법행위가 성립된다."

대법원 2007. 6. 28. 선고 2007다16113 판결

"운송인이 운송물을 선하증권과 상환하지 아니하고 타인에게 인도함으로써 선하증권 소지인이 입은 손해는 그 인도 당시의 운송물의 가액 및 이에 대한 지연손해금 상당의 금액이다."

대법원 2007. 8. 24. 선고 2007다25582 판결

"선하증권을 발행한 운송인이 선하증권과 상환하지 아니하고 운송물을 선하증권 소지인이 아닌 자에게 인도함으로써 선하증권 소지인의 운송물에 대한 권리의 행사가 일시적으로 어렵게 되었으나, 그 후에 선하증권의 소지인이 그 운송물의 점유를 취득하고 그 운송물에 대하여 선하증권 소지인으로서 가지는 권리를 행사한 경우에는 운송물의 멸실로 인한 손해를 입었다고 볼 수 없으므로 운송물의 가액 상당의 손해배상을 구할 수 없다."

VII. 여객운송

1. 개념

일반적으로 여객운송이라 함은 자동차·철도·선박 및 항공기 등에 의하여 사람을 일정한 장소에서 다른 장소로 운반하는 것을 의미한다. 그러나 상법은 여객운송에 대하여 "육상 또는 호천·항만에서 여객을 운송하는 것을 영업으로 하는 것"으로 하여 좁은 의미의 여객 운송만을 의미한다(상법 제125조). 여객운송은 여객운송계약에 의하여 이루어지게 된다. 상법은 여객운송계약에 대하여 세 개의 조문을 두고 있고, 민법이나 상법의 일반원칙과 약관의 적용을 받는다.

2. 법적 성질

여객운송계약은 형식을 요하지 않는 불요식계약에 해당한다. 청약과 승낙의 의사표시를 통하여 계약이 성립하는 낙성계약이고, 유상인 것이 원칙이지만 무상인 것도 있다. 여객운송계약은 도급계약에 해당되므로, 운송이 종료한 후에 운임을 지급하는 것이 원칙이다(민법 제664조). 그러나 실제 운영은 운송인이 운송을 개시하기 전에 운임을 미리 받고 여객에게 승차권을 교부하여 준다. 그러므로 여객운송계약은 일반적으로 '승차권 발행 시'에 성립한다고 보아야 할 것이다.

3. 여객운송인의 손해배상책임

1) 과실책임

입법자는 "여객운송인은 자기 또는 사용인이 운송에 관한 주의를 해태하지 아니하였음을 증명하지 아니하면 여객이 운송으로 인하여 받은 손해를 배상할 책임을 면하지 못한다(상법 제148조 제1항)."고 규정하여 물건운송인의 책임과 마찬가지로 과실에 따른 책임을 부과하는 방식을 취하고 있다.

2) 상법 제148조 제1항의 '손해'의 범위

상법 제148조 제1항 법문에서 나타나고 있는 "여객이 운송으로 인하여 받은 손해"는 포괄적인 범위로 사용된 것이다.[53] "여객이 사상으로 인한 손해"를 포함하여 "여객의 피복 등에 발생한 손해" 및 "연착으로 인하여 발생한 손해" 등이 포함될 수 있다. 여객이 사망한 경우 계약 당사자가 아닌 유족이 위자료청구권을 행사할 수 있는가에 대한 물음이 제기될 수 있다.

---

53 정찬형, 상법강의(상), 제18판, 박영사, 2015, 372면.

대법원 1982. 7. 13. 선고 82다카278 판결

"원심은 소외 하만탁은 서울역에서 부산행 새마을열차 승차권을 구입하여 위 열차에 탑승한 다음 청도군 소재 남성현터널을 통과할 즈음 객차 뒤편 승강구에서 추락 사망한 사실과 원고들은 위 망인의 처, 자녀인 사실을 인정한 다음, 피고는 그 산하 철도청에서 열차로 여객운송업을 독점하여 경영하는 여객운송인으로서 자기 또는 그 사용인이 그 운송에 관한 주의의무를 게을리 하지 아니하였음을 주장입증하지 아니하는 한 상법 제148조 1항의 규정에 따라 위 운송 도중 여객인 망인과 그 처, 자녀들인 원고들이 입게 된 손해를 배상할 책임이 있다고 전제한 후, 이건 사고는 소외 망인의 의도적 자살행위에 연유한 것이고 피고측에 과실이 없다는 피고의 면책항변을 배척하고, 도리어 위 열차 승무원들에게 추락사고의 위험성이 있는 계단막이 발판을 개방한 채 열차를 진행한 과실을 인정하고 이는 동시에 피고 나라의 불법행위 책임을 구성한다고 판단한 연후, 이건 사고로 인한 정신적 고통에 대한 위자료로 피고는 원고 주경애, 동 하태근에게 각금 1,000,000원, 나머지 원고들에게 각 금 500,000원을 지급할 의무가 있다고 판단하고 있다." 그러나 대법원은 "승객이 객차의 승강구에서 추락 사망한 경우 승객 아닌 그 망인의 처, 자녀들은 그로 인하여 정신적 고통을 받았다 하더라도 상법 제148조 제1항에 의하여 여객운송자에게 손해배상책임이 있음을 이유로 그들의 위자료를 청구할 수는 없다."고 판시하고 있다.

대법원 1974. 11. 12. 선고 74다997 판결

"망 소외 모창모는 안양역에서 이 사건 열차를 탄 후 바깥문이 열린 채 있던 제3번 객차 후문승강구에 매달려가다가 원판시 사고 지점에 이르러 위 열차가 속도를 조절하기 위하여 제동장치를 조작하는 순간 그 진동으로 실족 지상에 떨어져 안면 및 두부에 열창상을 입고 시립 영등포병원에 입원치료를 받다가 사망한 사실을 인정하여 피고의 여객운송인으로서의 손해배상의무를 확정한 후 이어서 이 사고 발생에 대하여 과실이 없다고 하는 피고의 주장에 대하여 철도공무원으로서는 열차 측면 등의 문이 닫혀 있는가를 확인한 다음 열차가 출발하도록 하여야 하고, 진행 중에도 위험한 승강구에 매달려가는 사람이 있는가를 확인하여 그러한 사람이 있으면 객실 안으로 유도하는 등 여객운송의 안전을 위한 모든 조치를 취하여야 할 주의의무가 있는데도 이러한 조치를 취하지 않고 가다가 이 사건 결과에 이른 사실을 인정하여 피고의 위 주장을 배척하였다." 동시에 대법원은 "여객운송계약의 당사자 아닌 사람(운송계약의 당사자의 상속인)이 여객운송계약을 이유로 하는 위자료청구를 아무런 근거 없이 인용한 것은 위법이다."라고 판시하고 있다.

3) 상법 제148조 제2항의 '손해'의 범위

상법 제148조 제2항은 법원은 피해자와 그 가족의 정상을 참작하여 손해배상의 액을 정하도록 하고 있는데, 여기서 손해는 '사상으로 인한 손해'만을 의미하는 것으로 보아야 할 것이다. 그러므로 여객의 피복 등에 발생한 손해나 여객의 연착으로 발생한 손해의 경우는, 상법 제148조 제1항과 달리, 민법의 일반원칙에 따라 운송인의 손해배상책임의 범위가 주어지게 될 것이다.

대법원 1982. 7. 13. 선고 82다카278 판결

대법원은 "여객운송인이 운송으로 인하여 사망한 여객이 있은 일실수익의 손해액을 산정함에 있어서 사망당시의 수익을 기준으로 함이 원칙이고 사망당시 직업이 없었다면 일반노동 임금을 기준으로 할 수 밖에 없으나, 사망 이전에 장차 일정한 직업에 종사하여 그에 상응한 수익을 얻게 될 것이라고 확실하게 예측할 만한 객관적 사정이 있을 때에는 장차 얻게 될 수익을 기준으로 그 손해액을 산정할 수 있다."고 판시하고 있다.

4) 책임 여부

여객운송인의 손해배상책임과 관련하여 대법원의 다양한 판례들이 있다. 몇 가지만 살펴보도록 한다.

대법원 1990. 5. 25. 선고 89다카9200 판결

"중간역에서 일정한 시간 정차한 다음 열차가 출발하는 경우에 발차신호를 보내는 역무원이 그 신호를 보내기에 앞서 열차의 앞뒤를 다니면서 홈에 남아 있는 모든 승객, 특히 열차를 등지고 서 있는 승객에게까지 일일이 승차 여부를 확인하거나, 열차출발 후에도 갑자기 승객이 뛰어서 승강대에 올라타려고 하는 돌발사태를 예상하여 이에 대한 안전조치까지 취하도록 기대할 수는 없다고 할 것인바, 열차의 승객이 야간에 불과 1분 동안 정차하는 중간역에서 술에 취한 상태에서 하차하였다가 열차가 출발하여 이미 40미터 정도 진행한 상태에 있었는데도 무모하게 위 열차에 올라타려고 달려가 승강대 손잡이를 뛰어서 잡으려다가 놓쳐 홈 밑으로 떨어지게 되어 부상한 경우에는 가사 역무원에게 다소의 과실이 인정된다 하더라도 승객의 과실에 비추어볼 때 위 사고로 인한 손해에 대하여는 열차를 운행하는 국가의 책임을 면하게 함이 상당하다."

대법원 1991. 7. 23. 선고 91다12165 판결

"소외 망 구상우가 1989년 12월 18일 10 : 20경 서울역에서 피고가 관리, 운행하는 여수행 제371호 통일호열차에 승차하여 순천방면으로 가던 중 같은 날 14 : 29경 위 열차가 전북 임실군 성수면 오류리 이리기점 58킬로미터 지점을 통과할 무렵 위 열차의 제일 뒷부분에 연결된 객차의 뒤쪽 승강구 맨 윗계단 위에 서 있다가 열차가 좌우로 흔들리자 몸의 균형을 잃고 주저앉으면서 문이 열려진 승강구의 계단 아래로 미끄러져 그 지점에 설치된 약 5미터 높이의 다리 아래로 추락하여 뇌진탕, 호흡부전 등으로 현장에서 사망한 이 사건에 있어서 위 사고는 위 열차의 여객전무인 소외 이만수가 열차의 운행 중에는 승강구의 문을 닫아 두어야 하고 수시로 열차 내를 순회하면서 승강구의 문이 열려져 있는 곳이 있는가를 확인하여야 하며 승강구 주위에 승객이 있을 경우 안전한 객차 내로 들어가도록 조치하여 사고발생을 방지하여야 할 주의의무가 있음에도 승강구의 문을 열어 놓은 채 위 열차가 운행되도록 하였고 위 열차를 순회중 위 구상우가 문이 열려진 위 승강구 부근에 서 있는 것을 보고도 단지 객차 내로 들어가도록 권유하였을 뿐 적극적으로 안전한 객차 내로 들어가도록 조치하지 아니한 과실과 위 구상우 역시 친구인 소외 안창욱과 맥주 1병을 나누어 마신 상태에서 위 이만수가 객차 내로 들어가 안전하게 여행하도록 권유했음에도 객차 안으로 들어가지 아니하고 운행 중 요동이 가장 심한 열차의 제일 뒷부분 객차의 승강구 맨 윗계단 부근에 서있었고 위 승강구의 문이 열려져 있어 객차의 요동으로 인한 추락의 위험성이 있었음에도 객차출입문의 손잡이를 잡는 등의 안전조치를 전혀 취하지 아니한 과실이 서로 경합하여 발생한 것이라고 인정한 다음 피고는 위 이만수의 사용자로서 위 이만수의 위와 같은 사무집행중의 과실로 발생한 이 사건 사고로 인한 손해배상책임을 면할 수 없고 한편 위 구상우의 과실도 피고의 손해배상책임을 면제할 정도에는 이르지 아니하므로 피고가 배상할 손해의 범위를 정함에 있어 이를 참작하기로 하되 쌍방의 과실 내용에 비추어 위 망인의 과실 비율은 전체의 50퍼센트로 보는 것이 상당하다고 판시하였다."

대법원 1991. 11. 8. 선고 91다20623 판결

"소외 망 곽순연이 1989년 3월 15일 09 : 50경 부산진역에서 피고 산하 철도청이 운행하는 열차를 타고 떠나는 며느리와 손자를 전송하고자 입장권을 구입하여 역구내로 들어가서, 1분간 정차했다가 출발하는 경주행 통일호 496열차의 1호 객차 내에 손자를 안고 올라가 전송을 마친 다음 위 열차가 출발하여 약 100여 미터 정도 진행하였을 때 열차에서 뛰어내리다가 승강장을 벗어난 철로변의 자갈밭에 넘어져 두개골골절, 출혈성뇌좌상 등을 입고 치료 중 같은 해 12월 1일 07 : 30 위 상해로 인한 심폐정지로 인하여 사망한 사안"에서, 대법원은 "입장권을 소지한 사람이 객차 안까지 들어가 전송을 한 다음 진행 중인 열차에서 뛰어 내리다가 사망한 사고에 있어 입장권 발매로써 여객운송계약이 체결되었다고 볼 수 없고 아울러 위 사고가 오로지 위 망인이 안내방송에 따라 우선 열차 내에 오르지 아니하여야 하고 승차한 경우라도 열차 출발 전에 조속히 하차하여야 하는 등 주의의무를 위반한 과실로 발생하였다 하여 국가(철도청)의 여객운송인으로서의 책임이나 사용자책임을 부정하였다."

대법원 1993. 2. 26. 선고 92다46684 판결

"원고가 1991년 1월 5일 22시 10분경 여수역에서 영등포역까지 가기 위하여 여수발 서울행 제158 무궁화호 열차 승차권을 구입하고 승차하여 가던 중 같은 달 6일 05 : 02 : 30경 영등포역에서 위 열차가 정차위치로부터 약 60미터 진행한 지점에 추락하여 판시와 같은 상해를 입었다." "위 열차의 승무원들은 여수역 출발 이후 매 정차역 발차시마다 열차운행 중 승강대승차 금지, 매달리기 금지, 뛰어

타고 뛰어내리기 금지, 객차 밖으로의 신체노출 금지 등의 안내방송을 실시하였고, 영등포역 도착 5분 전에는 도착예고 및 내릴 홈의 위치를 알리는 안내방송을 실시한 다음 자고 있는 여객이 깨어나도록 음악방송을 실시한 사실이 있다. 위 열차는 1991년 1월 6일 05 : 00 : 30경 영등포역에 도착하여 2분간 정차하였는데, 영등포역 역무원인 소외 임흥묵, 최정환이 3호객차와 6호객차 앞 플랫홈에 서서 하차하는 여객들을 유도안내하고 더 이상 하차하는 여객이 없는 것을 확인한 다음 열차 여객전무인 소외 이길철에게 발차하여도 좋다는 신호(발차신호)를 보냄에 따라 위 열차가 승강구 출입문이 폐쇄되지 않은 상태로 시속 약 20킬로미터로 출발한 사실이 있으며, 그런데 원고는 위 열차가 영등포역에 도착한 줄도 모르고 객실좌석에서 계속 잠을 자다가 정차시간 내에 하차하지 못하고 열차가 출발할 무렵 잠에서 깨어나 옆에 앉은 승객에게 물어보고 비로소 영등포역 도착사실을 알고는 황급히 객실 뒤쪽 승강구로 나가 이미 출발하여 서서히 진행 중인 열차의 열려있는 출입문 승강대 계단을 내려와 승강대 손잡이를 잡고 있다가 그대로 플랫홈으로 뛰어 내리는 바람에 위 열차와 플랫홈 사이에 다리가 빠지면서 다소 끌려가 위 열차의 정차위치로부터 약 60미터 진행한 지점에 추락한 사안에서", 대법원은 잠결에 하차하지 못한 피해자가 열차가 출발할 무렵 잠에서 깨어나 서서히 진행 중인 열차에서 뛰어내리다 추락한 사고에 대하여 운송인의 책임을 부정하였다.

4. 여객의 수하물에 대한 책임

1) 수하물

수하물이라 함은 여객이 여행을 함에 있어서 휴대하는 물건으로서 여행에 필요한 필수품 또는 사용품에 한하지 않고, 일정한 양의 휴대가 허용되는 때에는 상품도 포함한다.[54] 수하물에 대한 책임에 대하여 상법은 여객이 수하물을 운송인에게 맡기 경우와 여객이 직접 휴대하는 경우로 구분하고 있다.

2) 책임의 종류

(1) 탁송수하물

운송인은 여객으로부터 인도를 받은 수하물에 관하여는 운임을 받지 아니한 경우에도 물건운송인의 책임과 동일하다(상법 제149조 제1항). 인도를 받은 수하물에 대하여는 여객운송계약에 종속하는 채무로서 인정되고, 그 운송관계의 실질이 물건운송과 같고 여객운송운임에는 수하물운송의 대가도 포함되는 것으로 볼 수 있다.

---

[54] 최기원·김동민, 상법학신론(상), 제20판, 박영사, 2014, 389면.

수하물이 도착지에 도착한 날로부터 10일 내에 여객이 그 인도를 청구하지 아니한 때에는 상사매매를 규정하고 있는 제67조를 적용하게 된다(상법 제149조 제2항 본문). 주소 또는 거소를 알지 못하는 여객에 대하여는 최고와 통지를 요하지 않는다(상법 제149조 제2항 단서).

(2) 휴대수하물

여객운송인은 여객으로부터 인도받지 않은 수하물의 멸실 또는 훼손에 대하여는 자기 또는 사용인의 과실이 없으면 손해를 배상할 책임이 없다(상법 제150조). 운송인은 과실이 있는 경우에 책임을 진다는 점에서는 상법 제149조 제1항이 규정하고 있는 탁송수하물의 경우와 동일하지만, 휴대수하물의 경우 운송인 또는 사용인의 과실을 여객이 증명해야 한다는 점에서 차이가 있다. 인도를 받지 아니한 수하물은 과실책임의 일반원칙이 적용되어 소지인이 증명책임을 부담해야 하는 것이다.

5. 여객운송인의 권리

1) 보수청구권

여객운송인은 상인에 해당하므로(상법 제4조, 제46조 제13호), 당사자 간에 보수에 관한 특약이 없더라도 여객에 대하여 상당한 운임을 청구할 수 있다(상법 제61조). 운송계약의 법적 성질은 도급이므로 원칙적으로 운송인은 운송을 종료한 후에 운임을 청구할 수 있다(민법 제665조). 그러나 실제로 약관이나 상관습에 따라 승차권의 발행을 통하여 선급을 받는 것이 보통이다.

2) 유치권

운송인은 수하물과 여객의 운임에 대하여 수하물에 대한 유치권을 가지고 있다(상법 제147조, 제120조). 그러나 상법은 여객운송인에 대하여는 탁송수하물의 유치권을 규정하고 있지 않다. 상법이 규정하고 있지 않다는 것은 운송인이 여객으로부터 인도받아 직접 보관하면서 운송하는 탁송수하물에 대하여는 여객운송인이 운임채권 등을 확보하기 위하여 민법상의 유치권을 행사할 수 있다는 의미로 이해되어야 한다는 입장[55]이 있다. 그러나 탁송수하물에 대하여는 운임을 받지 않는 것이 일반적이고, 물건운송인과 동일한 책임을 부담하는 것으로 하고 있다. 결국 민법상 유치권을 인정하게 된다면 여객운송인의 유치권을 인정하지 못하는 결과를 초래하게 된다. 여객운송인의 운임채권을 보호하기 위하여 물건운송인의 특별상사유치권에 관한 규정을 유추 적용해야 한다는 주장은, 운송인을 보호하고자 하는 면을 고려한다면, 민법상 유치권을 적용해야 한다는 주장보다 타당성은 있을지 모르지만, 입법자의 의도를 간과하고 있다는 비판에 직면하게 된다. 입법론적인 해결이 요구된다.

6. 손해배상책임의 소멸

여객운송인의 손해배상책임의 시효는 상사시효의 적용을 받는다(상법 제64조). 물건운송인의 책임과 달리 5년의 소멸시효의 완성으로 소멸하게 된다. 여객운송인의 여객 자신에 관한 손해배상책임은 특별단기소멸사유도 적용되지 않고, 단기소멸시효에 관한 특칙도 적용되지 않는다. 이는 물건운송인과 달리 운송인보다는 여객을 보호하고자 하는 면이 있다.

제7절 공중접객업

I. 의의

극장이나 여관, 음식점과 같이 일반 공중이 이용하는 시설을 제공하고 이용하게 함으로써 영업을 하는 자가 바로 공중접객업자이다. 이는 당연상인에 해당한다(상법 제151조, 제46조 제9호). 공중이 이용하는 시설이라 함은 불특정다수인이 특정한 목적을 위해 이용할 수 있도록 제공된 인적·물적 설비 및 장소를 뜻한다. 공중접객업을 운영하는 장소의 공통적인 특징은 다수의 고객이 부단히 출입하므로 고객의 휴대품의 안전이 위협받을 수 있다. 상법은 고객의 휴대품의 분실이나 도난 등의 사고에 대한 업무의 책임을 명확히 하는 동시에 고객 보호에도 노력을 기울이고 있다.

상법은 공중접객업에 관하여는 네 개의 규정을 두고 있다. 제151조가 공중접객업자에 대한 개념을 규정하고 있다. 공중접객업은 그 영업의 내용이 매우 다양하여 공중접객업 전부에 대하여 공통적으로 적용되는 규정을 두는 것은 불가능하다. 그러므로 상법은 객의 휴대

---

55 임홍근, 상행위법, 법문사, 1989, 895면.

물에 관하여 발생한 손해에 대한 책임만을 규정하고 있다. 제152조는 공중접객업자의 책임을 규정하고 있다. 제1항에는 임치 받은 물건에 대한 공중접객업자의 책임에 대한 내용을 규정되어 있고, 제2항에서는 임치 받지 않은 물건에 대한 내용, 제153조는 고가물에 대한 특칙을 규정하고 있다.

II. 공중접객업자에 대한 책임

상법에서 규정하고 있는 공중접객업자란 극장·여관·음식점 그 밖의 공중이 이용하는 시설에 의한 거래를 영업으로 하는 자를 말한다(상법 제151조).

> ### 대법원 2000. 11. 24. 선고 2000다38718 판결
>
> "공중접객업인 숙박업을 경영하는 자가 투숙객과 체결하는 숙박계약은 숙박업자가 고객에게 숙박을 할 수 있는 객실을 제공하여 고객으로 하여금 이를 사용할 수 있도록 하고 고객으로부터 그 대가를 받는 일종의 일시 사용을 위한 임대차계약으로서 객실 및 관련 시설은 오로지 숙박업자의 지배 아래 놓여 있는 것이므로 숙박업자는 통상의 임대차와 같이 단순히 여관 등의 객실 및 관련 시설을 제공하여 고객으로 하여금 이를 사용·수익하게 할 의무를 부담하는 것에서 한 걸음 더 나아가 고객에게 위험이 없는 안전하고 편안한 객실 및 관련 시설을 제공함으로써 고객의 안전을 배려하여야 할 보호의무를 부담하며 이러한 의무는 숙박계약의 특수성을 고려하여 신의칙상 인정되는 부수적인 의무로서 숙박업자가 이를 위반하여 고객의 생명·신체를 침해하여 투숙객에게 손해를 입힌 경우 불완전이행으로 인한 채무불이행책임을 부담하고, 이 경우 피해자로서는 구체적 보호의무의 존재와 그 위반 사실을 주장·입증하여야 하며 숙박업자로서는 통상의 채무불이행에 있어서와 마찬가지로 그 채무불이행에 관하여 자기에게 과실이 없음을 주장·입증하지 못하는 한 그 책임을 면할 수는 없다."

1. 임치한 물건에 대한 책임

1) 책임의 내용

공중접객업자는 자기 또는 그 사용인이 고객으로부터 임치를 받은 물건의 보관에 관하여 주의를 게을리하지 아니하였음을 증명하지 아니하면, 그 물건의 멸실 또는 훼손으로 인한 손해를 배상할 책임이 있다(상법 제152조 제1항). 2010년 개정 전 상법은 공중접객업자가 고객으로부터 임치 받은 물건이 멸실 또는 훼손된 경우 불가항력으로 인한 때에만 면책되는 것으로 하여 엄격한 책임을 두고 있었다. 그러나 2010년 상법 개정 시 공중접객업자의

책임에 대하여도 다른 업종과 같이 과실책임의 원칙에 따라 주의의무를 게을리하지 아니하였음을 증명하는 경우에는 면책되도록 하였다.

2) 임치계약

임치받은 물건에 대한 공중접객업자의 책임이 발생하기 위해서는 공중접객업자와 고객 사이의 물건보관에 대한 합의가 있어야 한다. 물건보관에 대한 합의는 명시적인 것이든 묵시적인 것이든 상관없다.

대법원 1998. 12. 8. 선고 98다37507 판결

"소외 서해석은 1996년 9월 5일 21 : 00경 피고가 경영하는 여관에 투숙하면서 여관 건물 바로 옆에 위치한 위 여관 부설주차장에 그가 운전하던 이 사건 차량을 주차시켜 놓은 사실, 위 주차장은 승용차 20대 이상이 주차할 수 있는 비교적 넓은 공간을 차지하고 있고, 그 입구에는 '동원장주차장'이라고 쓰여진 입간판이 설치되어 있으며 그 외부는 담장으로 둘러싸여 있었으나, 주차장의 일부를 감시할 수 있는 감시카메라가 설치되어 있는 외에는 출입문 등 차량 출입을 통제할 만한 시설이나 인원을 따로 두지는 않은 사실, 위 서해석은 투숙시 위 여관 관리인에게 위 주차사실을 알리거나 차량열쇠를 맡기지 않았고, 위 차량 주차 장소는 위 감시카메라의 감시영역 밖에 위치하였기 때문에 여관관리인 등 피고측으로서는 위 주차사실에 대하여 전혀 알 수가 없었는데, 위 차량은 위 주차장에서 주차되어 있는 동안 도난당한" 사안에서 대법원은 "공중접객업자와 객 사이에 임치관계가 성립하려면 그들 사이에 공중접객업자가 자기의 지배영역 내에 목적물 보관의 채무를 부담하기로 하는 명시적 또는 묵시적 합의가 있음을 필요로 한다고 할 것이고, 여관 부설주차장에 시정장치가 된 출입문이 설치되어 있거나 출입을 통제하는 관리인이 배치되어 있는 등 여관 측에서 그 주차장에의 출입과 주차시설을 통제하거나 확인할 수 있는 조치가 되어 있다면, 그러한 주차장에 여관투숙객이 주차한 차량에 관하여는 명시적인 위탁의 의사표시가 없어도 여관업자와 투숙객 사이에 임치의 합의가 있는 것으로 볼 수 있으나, 이 사건에 관하여는 피고측이 위 주차장의 출입차량을 통제하거나 감시할 수 있는 시설이 설치되어 있지도 않고 그러한 일을 하는 관리인도 따로 두지 않아 위 주차장은 단지 투숙객의 편의를 위하여 주차 장소로 제공된 것에 불과한 것으로 보여지므로, 그러한 주차장에 주차한 것만으로 여관업자인 피고와 위 서해석 사이에 이 사건 차량에 관하여 묵시적인 임치의 합의가 있었다고 볼 수 없다."고 판시하였다.

> **대법원 1992. 2. 11. 선고 91다21800 판결**
>
> "소외 최중성은 1990년 2월 5일 23：40부터 그 다음 날 08：40경까지 피고가 경영하는 국화장 여관에 투숙하면서 위 여관건물 정면 길(노폭 6미터) 건너편에 있는 주차장에 그 소유의 소나타 승용차를 주차시켜 놓았다가 도난당하였는데 투숙할 때에 여관 종업원에게 주차사실을 고지하지 않았던 사실, 위 주차장은 피고가 위 여관의 부대시설의 하나로 설치한 것으로서 그 출입구가 위 여관의 계산대에서 마주볼 수 있는 위치에 있기는 하나 시정장치가 부착된 출입문을 설치하거나 도난방지를 위한 특별한 시설을 하지 아니한 채 그 입구에 국화장주차장이라는 간판을 세우고, 그 외곽은 친으로 된 망을 쳐 놓고, 차를 세울 부분에 비와 눈에 대비한 지붕을 설치하여 만든 것에 불과한 것이고, 또한 위 주차장에 주차된 차량을 경비하는 일을 하는 종업원이 따로 있지도 아니한" 사안에서, 대법원은 "상법 제152조 제1항의 규정에 의한 임치가 성립하려면 우선 공중접객업자와 객 사이에 공중접객업자가 자기의 지배영역 내에서 목적물 보관의 채무를 부담하기로 하는 명시적 또는 묵시적 합의가 있음을 필요로 한다."고 판시하였다.

3) 책임의 성질

공중접객업자의 책임은 임치 받은 물건에 대하여 주의를 게을리 함으로써 발생한 통상의 과실책임이다. 점유하에 있는 물건에 대한 책임이라는 점에서, 책임을 면하기 위해서는 공중접객업자가 증명책임을 부담해야 한다(상법 제152조 제1항).

공중접객업자의 책임은 그 자신뿐만 아니라 자신의 종업원의 행위에 대해서도 발생한 손해에 대한 배상책임을 부담해야 한다. 또한 공중접객업자는 휴대품의 수치에 대하여 별도의 보수를 받지 아니하였다 하더라도 손해배상책임을 부담한다.

4) 고객의 범위

고객이란 공중접객업자의 시설을 이용하는 자와 시설의 이용을 위하여 대기 중인 자를 말한다. 그러므로 반드시 이용계약이 성립되지 않았다 하더라도 공중접객업자의 시설을 이용할 의사를 가지고 시설 내에 입장된 자를 포함한다. 또한 반드시 이용계약을 체결한 자만을 말하는 것이 아니므로, 고객의 동반자인 가족이나 수행원은 고객에 포함될 수 있다.[56]

---

56 최기원·김동민, 상법학신론(상), 제20판, 박영사, 2014, 394면.

2. 임치받지 않은 물건에 대한 책임

1) 책임의 내용

공중접객업자는 객으로부터 임치를 받지 아니한 경우에도 그 시설 내에 휴대한 물건이 자기 또는 그 사용인의 과실로 인하여 멸실 또는 훼손된 때에는 그 손해를 배상할 책임이 있다고 규정하고 있다(제152조 제2항). 수치하지 않은 물건에 대하여 책임을 인정한 것은 시설의 안전 기타의 관리는 공중접객업자의 책임에 해당되기 때문이다.

2) 책임의 성질

임치 받지 않았음에도 불구하고 공중접객업자에게 책임을 인정하고 있는 모습은 계약책임이나 불법행위책임이 아니라 공중접객업자와 고객 사이의 시설이용관계를 근거로 하여 상법이 인정한 법정책임에 해당한다.[57] 상법 제152조 제2항의 고객이 점유하고 있는 경우에까지 공중접객업자에게 책임을 부담시키는 것은 공중접객업자에게 가혹하다는 면이 없는 것은 아니지만, 시설이라고 하는 것이 공중접객업자의 지배하에 있다는 점을 고려하여 시설의 안전 및 질서를 유지하고자 하는 정책적인 면이 고려된 것이다. 다만, 공중접객업자의 과실에 대한 증명은 고객이 부담해야 한다.

3) 사용인의 범위

공중접객업자는 자신 뿐 아니라 그의 사용인의 과실에 대하여도 책임을 부담해야 한다. 사용인은 피용자에 한정되는 것이 아니라 널리 공중접객업자가 고객과 시설이용의 거래를 하기 위하여 사용하는 가족이나 친지 등이 포함된다.

3. 책임면제 게시한 경우

공중접객업자가 시설 내에서 고객의 휴대물에 대하여 책임이 없음을 게시한 경우에 그의 책임이 면제되는가에 대한 다툼이 제기될 수 있지만, 상법은 명시적으로 "고객의 휴대물에 대하여 책임이 없음을 알린 경우라 할지라도 공중접객업자는 이러한 책임을 면하지 못한다(상법 제152조 제3항)."고 규정하고 있다. 그러므로 공중접객업자의 그러한 게시는 일방적

---

57 이철송, 상법총칙·상행위법, 제13판, 박영사, 2015, 580면.

인 의사표시일 뿐 법적으로 아무런 효력을 발생시키지 못한다. 다만, 이러한 게시에도 불구하고 고객이 휴대물에 대한 주의를 게을리하여 손해가 발생한 경우에는 과실상계가 인정될 수 있다.

4. 고가물에 대한 특칙

1) 책임의 내용

화폐, 유가증권 기타의 고가물에 대하여는 객이 그 종류와 가액을 명시하여 임치하지 아니하면 공중접객업자는 그 물건의 멸실 또는 훼손으로 인한 손해를 배상할 책임이 없다(상법 제153조). 이것은 고가물에 대한 운송인의 책임과 동일한 것이다.

2) 고가물의 범위

상법을 고가물이 어떤 것인가에 대한 것을 규정하고 있지 않다. 일반적으로 고가물이라 함은 그 용적, 중량에 비하여 그 성질이나 가공정도, 연대 등의 이유로 고가인 것, 예를 들면 귀금속, 보석, 고급미술품, 골동품, 모피 등을 의미한다.[58]

> **대법원 1977. 2. 8. 선고 75다1732 판결**
>
> 대법원은 "결혼식장에서 선물로 교환된 물건이라고 하여서 반드시 가격을 밝힐 수 없다고도 할 수 없고, 부로바시계 1개 시가 64,000원 상당, 옥토시계 1개 시가 25,000원 상당, 백금부착 3푼짜리 다이아반지 1개 시가 150,000원 상당과 백금부착 1푼짜리 다이아 목걸이 1개 시가 70,000원 상당은 상법 제153조 소정의 고가물에 해당한다."고 판시하였다.

3) 사용자배상책임

공중접객업자와 관련하여 실무에서 자주 등장하는 사항은 사용자배상책임문제이다. 명시하지 않은 고가물이 공중접객업자 또는 그 사용인의 고의 또는 중과실로 인하여 멸실 또는 훼손된 경우에는 상법 제153조가 적용될 수 없다. 목욕탕에서 종업원의 과실에 대하여 목욕탕 주인에게 사용자배상책임을 인정한 사례가 있고,[59] 귀중품을 맡기지 않고 골프장 락

---

58 이기수·최병규, 상법총칙·상행위법(상법강의 I), 제7판, 박영사, 2010, 552면.
59 대구고법 1977. 4. 22. 선고76다665 판결.

카실 옷장에 넣어 두었다가 분실한 경우에 골프장주인에게 불법행위에 기한 손해배상책임을 인정하면서 과실상계로 문제를 해결한 바 있다.[60] 이러한 사례들은 고객이 고가물에 대하여 그 종류와 가액을 명시하여 임치하지 않은 경우에, 공중접객업자에게 계약상의 손해배상책임을 물을 수 없다. 이 경우에 고객은 공중접객업자나 그 사용인의 고의 또는 중과실로 인하여 고가물이 멸실되거나 훼손되는 경우에, 민법 제756조에 따라 사용자배상책임을 묻고자 한다.

5. 책임의 소멸

공중접객업자의 책임은 공중접객업자나 그 사용인에게 악의가 없는 한, 임치물을 반환하거나 고객이 휴대물을 가져간 후 6개월이 지나면 소멸시효가 완성된다(상법 제154조 제1항). 단기소멸시효가 적용됨을 알 수 있다. 이 기간은 임치물이 전부멸실한 경우에는 고객이 퇴거한 날부터 기산된다(상법 제154조 제2항).

공중접객업자 또는 그 사용인이 악의인 때에는 단기소멸시효가 적용되지 않고(상법 제154조 제3항), 공중접객업자의 책임은 5년의 일반상사소멸시효가 적용된다(상법 제64조). 악의라 함은 영업자나 사용인이 고의로 객의 물건을 멸실 또는 훼손되게 하였거나 멸실 또는 훼손의 사실을 고의로 은폐한 경우로 보는 입장과 단순히 멸실 또는 훼손을 알고 있었으면 악의라고 보는 입장이 있다.

제8절 창고업

I. 의의

타인을 위하여 창고에 물건을 보관함을 영업으로 하는 자가 바로 창고업자이다. 보관이라 함은 수치인 또는 창고업자가 목적물의 점유를 취득하여 자기의 지배하에 두면서 멸실이나 훼손을 방지하고 원상을 유지하는 기능을 말한다. 창고업은 창고에 물건의 보관을 영업으로 하는 것을 말한다. 창고업은 중세 유럽에서 여러 해항의 보세창고를 중심으로 발달

---

60 서울고법 1988. 9. 19(법률신문 제1785, 5).

하였고, 19세기 이후 거래의 대량화 및 국제화에 따라 더욱 발전하게 되었다. 특히 영국에서 가장 발달하였으며, 이것이 유럽대륙을 거쳐 오늘날 세계 각지로 전파되었다.

물품의 장소이동과 관련하여 장소를 이동함으로써 동적으로 상품거래에 봉사하는 것이 운송업의 영역이라고 한다면, 창고업은 시간적 정체에 개입하여 물품을 보관함으로써 상품의 가치를 유지함에 기여한다. 창고업이 주는 효용은 다음과 같다.[61]

1. 상인은 창고업자에게 상품을 보관시킴으로써 거래 시기를 임의로 선택할 수 있어 시세에 따라 상품을 처분할 수 있다.
2. 상품의 보관을 전문으로 하는 창고업자에게 상품을 보관시킴으로써 상인이 직접 물건을 보관하는 것보다 비용이 절감되고, 상품의 보관으로 인하여 발생할 수 있는 위험을 경감할 수 있다.
3. 위탁자는 보관중인 상품에 대하여 창고증권을 이용하여 처분이나 금융의 편의를 얻을 수 있다. 특히, 창고업에서 창고증권은 임치물의 교환가치를 유통될 수 있도록 하는 중요한 기능을 한다.

II. 창고업자의 개념

창고업자란 타인을 위하여 물건을 창고에 보관하는 것을 영업으로 하는 자를 의미한다 (상법 제155조).

1. 타인의 물건

"타인을 위하여 물건을"이라는 표현은 임치의 목적물이 타인의 물건임을 의미한다. 그러므로 자기물건이나 부동산 등은 여기서 제외된다. 보관의 목적물은 보관에 적합한 동산이어야 하고, 화폐나 유가증권 등과 같이 고가물이나 동물도 창고임치의 목적물이 될 수 있다.[62]

---

61 이기수·최병규, 상법총칙·상행위법(상법강의 I), 제7판, 박영사, 2010, 528면.
62 정찬형, 상법강의(상), 제18판, 박영사, 2015, 383면; 최기원·김동민, 상법학신론(상), 제20판, 박영사, 2014, 399면.

2. 창고와 보관

1) 창고

'창고'는 물건을 보관함에 있어서 이용·제공되는 설비를 말한다. 반드시 지붕이 있는 건물을 의미하는 것은 아니다. 그러므로 목재나 석재 등을 보관하는 야적창고, 자동차를 주차하기 위한 주차장시설 등도 창고에 해당된다. 창고는 반드시 창고업자의 소유임을 요구하지 않는다. 타인의 창고를 임차하여 사용하는 것도 가능하다.

2) 보관

'보관'이라 함은 물건을 창고에 임치하여 그 현 상태로 보관하고 유지하는 것을 말한다. 그러므로 보관 업무를 행하지 아니하고 단지 창고의 전부 또는 일부를 임대하여 영업하는 자는 창고업자에 해당될 수 없다. 수치인이 임치물에 대한 처분권을 갖는 민법상의 '소비임치'는 창고업자가 될 수 없다(민법 제702조). 그러나 수인의 임치인이 임치의 목적물을 혼합하여 보관할 것을 인수하는 혼장임치의 경우에는 창고업자가 될 수 있다.[63] 왜냐하면 임치물이 임치인들의 공유에 속하고, 수치인은 그 혼합물 중에서 임치인의 청구에 따라 출고의무를 부담하고 창고업자가 처분권을 취득하는 것이 아니기 때문이다.

3. 상인성

창고업자는 타인을 위하여 물건을 창고에 보관할 것을 인수하고, 이것을 영업으로 함으로써 상인이 된다(상법 제4조, 제46조 제14호). 따라서 수치인인 창고업자는 언제나 상인이지만, 임치인은 상인이든 비상인이든 무방하다. 창고업자는 임치의 인수를 영업으로 하는 자이다. 그러므로 임치의 주선을 영업으로 하는 준위탁매매인과는 차이가 있다(상법 제113조).

III. 창고임치계약

창고임치계약의 당사자는 창고업자와 임치인이다. 임치인은 임치물의 소유자임을 반드시 요하지 않는다. 창고임치계약은 민법상의 임치계약과 그 성질이 같다(민법 제693조). 낙

---

63 이기수·최병규, 상법총칙·상행위법(상법강의 I), 제7판, 박영사, 2010, 530면.

성계약이므로 물건의 인도는 계약의 요소에 해당되지 않는다. 쌍무계약인 동시에 유상계약이다. 형식을 요하지 않는 것이 원칙이지만, 대부분의 계약은 창고업자가 작성한 약관에 의하여 체결된다.

IV. 창고업자의 의무

1. 보관의무

창고업자는 임치물을 보관함에 있어서 유상이든 무상이든 선량한 관리자의 주의의무를 부담한다. 창고업자는 물건의 보관을 영업으로 하는 자이므로 민법상의 임치인보다 높은 수준의 주의의무를 부담해야 한다. 보관의무를 게을리하여 손해가 발생한 경우라면, 손해배상책임을 부담해야 한다.

보관기간에 대한 특약이 존재하면 그 특약에 의하고, 특약이 없으면 부득이한 경우를 제외하고 임치물을 받은 날로부터 6개월간 보관하여야 한다(상법 제163조, 제164조). 최소한의 기간을 정한 것은 임치인의 보호를 위한 규정으로서 민법 제699조의 예외에 속한다.

2. 검사 등의 의무

임치인이나 창고증권소지인이 임치물의 검사 또는 견품의 적취를 요구하거나 또는 그 보존에 필요한 처분을 하겠다고 요청하였을 때, 창고업자는 이러한 요구사항에 따라야 한다(상법 제161조). 다만, 임치인 등이 영업시간 내에 이 청구를 하였을 때로 한정된다. 임치물의 검사라 함은 임치물의 존부·품질·수량 등을 조사하는 것을 말하고, 견품적취란 임치물로부터 견품을 빼어내는 것을 말하며, 보존처분은 임치물의 멸실·훼손 등을 방지하기 위한 필요한 조치를 의미한다.

3. 반환의무

창고업자는 임치인의 청구가 있는 때에는 보관기간의 약정의 유무를 불문하고 임치물을 반환할 의무가 있다(상법 제163조, 제164조, 민법 제698조, 제699조). 창고증권이 발행된 때에는 그 소지인의 청구에 대하여서만 임치물을 반환할 의무를 가지며, 창고증권과 상환함으로써만 임치물을 반환할 수 있다(상법 제157조, 제129조).

4. 통지의무

창고업자는 임치물을 인도받은 후에 그 물건의 훼손 또는 하자를 발견하거나 그 물건이 부패될 염려가 있는 때에는 지체 없이 임치인에게 그 통지를 발송하여야 한다(상법 제168조, 제108조 제1항). 임치인의 지시를 받을 수 없거나 그 지시가 지연된 때에는 창고업자는 임차인의 이익을 위하여 적당한 처분을 할 수 있다(상법 제168조, 제108조 제2항).

5. 손해배상책임

1) 책임 내용

창고업자는 자기 또는 사용인이 임치물의 보관에 관하여 주의를 해태하지 아니하였음을 증명하지 아니하면 임치물의 멸실이나 훼손에 대한 손해배상책임을 면하지 못한다(상법 제160조). 창고업자는 자기 또는 그 사용인에 과실이 있어야 손해배상책임을 부담한다. 이 점에서 운송주선인(상법 제115조)이나 운송인(상법 제135조)의 그것과 같다.

> ### 대법원 1975. 4. 8. 선고 74다1213 판결
>
> 대법원은 "…… 피고 회사는 원고 양홍주 외의 원고들에게 이 사건 천일염이 완전히 침수 유실된 이후인 1972년 9월 21일에야 비로소 침수 사실을 통지한 사실들을 인정한 다음 피고 회사는 위와 같이 이 사건 천일염 보관에 관하여 그 주의를 다 하지 아니하여 이를 유실케 하였다고 보고 피고 회사에 대하여 이로 인한 손해배상책임을 인정하였다. 그러나 위 침수는 65년 전 또는 그 보다도 오랜 햇수 이래의 최대 강우에 인한 것으로서 그동안 위 보관장소인 용산역이 침수되었던 일이 없었음이 일건 기록상 분명하니 이러한 사정 하에서 원판시와 같이 장마가 시작되었다는 사실만 가지고서 피고 회사가 보관물을 이적하는 등 그때부터 미리 구출 준비를 하였어야 할 것이라고 기대하기는 어렵고 또 기록에 비추어 위 용산역이 원판시와 같이 침수하게 되었다는 사실은 이미 방송과 신문 등에 보도 되어 원고 양홍주 외의 원고들도 그때그때 이러한 사실을 알고 있었다고 볼 수 있으니 피고 회사가 이 사건 천일염이 완전 침수된 후에야 이 사실을 원고들에게 통지하였다는 사실만으로서 보관자로서의 주의의무를 해태하였다고 단정하기도 어렵다."고 판시하고 있다.

2) 멸실의 범위

임치물 멸실과 관련하여 창고업자가 손해배상책임을 부담해야 하는 상황은 물리적인 멸실만을 의미하는 것이 아니라 도난당한 경우 및 창고증권과 상환하지 않고 임치물을 권한

없는 자에게 반환함에 따라 임치인에게 반환할 수 없는 상황까지 포함된다.

> **대법원 1981. 12. 22. 선고 80다1609 판결**
>
> "피고 조합의 출장소장인 소외 1은 본건 생사를 양도담보권자인 원고의 동의를 받지 아니한 채 임치인이 이 건 소외 한남공업 주식회사에 무단 출고함으로써 원고로 하여금 담보물의 보전을 불가능하게 한" 사안에서, 대법원은 "상법 제166조 제1항에서 말하는 '멸실'은 물리적 멸실뿐만 아니라 수치인이 임치물을 권한 없는 자에게 무단 출고함으로써 임치인에게 이를 반환할 수 없게 된 경우를 포함한다."고 판시하고 있다.

3) 특칙의 부존재

창고업자에게 대하여는 손해배상에 관한 특칙(상법 제137조)이나 고가물에 대한 특칙(상법 제124조, 제136조, 제153조) 등의 규정이 없다. 창고업자에게도 상법 제136조를 적용하자는 주장[64]이 있으나, 손해배상의 일반원칙이나 임치계약에 따라 해결하는 방법이 타당하다.

4) 소멸시효

(1) 특별소멸원인

상법 제168조의 준용규정에 따라 운송인의 책임의 특별소멸사유에 관한 규정인 상법 제146조가 적용된다. 창고업자의 책임은 임치인이나 창고증권소지인이 임치물을 수령한 후 보관료 등을 지급하면 소멸하게 된다. 그러나 첫째, 임치물에 즉시 발견할 수 없는 훼손이나 일부멸실이 있는 경우로서 임치인 또는 증권소지인이 수령한 날로부터 2주간 내에 창고업자에게 그 통지를 발송하는 경우. 둘째, 창고업자 또는 그 사용인이 악의인 경우에는 소멸하지 않는다.

(2) 단기소멸사유

① 의의

임치물의 멸실 또는 훼손으로 인하여 생긴 창고업자의 책임은 그 물건을 출고한 날로부터 1년이 경과하면 소멸시효가 완성한다(상법 제166조 제1항). 이 기간은 임치물의 전부멸

---

64 최기원·김동민, 상법학신론(상), 제20판, 박영사, 2014, 404면.

실의 경우에는 창고업자가 임치인과 알고 있는 창고증권소지인에게 그 멸실의 통지를 발송한 날로부터 기산한다(상법 제166조 제2항). 다만, 단기소멸시효는 창고업자 또는 그 사용인이 악의인 경우에는 적용되지 않고(상법 제166조 제3항), 일반상사소멸시효 5년이 적용된다.

② 물건의 소유권자인 타인의 손해배상청구에 적용되는지 여부

> **대법원 2004. 2. 13. 선고 2001다75318 판결**
>
> 대법원은 "상법 제166조 소정의 창고업자의 책임에 관한 단기소멸시효는 창고업자의 계약상대방인 임치인의 청구에만 적용되며 임치물이 타인 소유의 물건인 경우에 소유권자인 타인의 청구에는 적용되지 아니한다."고 판시하고 있다.

6. 창고증권 교부의무

창고업자는 임치물을 수령한 후 임치인의 청구에 따라 창고증권을 교부할 의무를 부담한다(상법 제156조 제1항).

V. 창고업자의 권리

1. 임치물인도청구권

임치계약은 낙성계약이므로, 계약이 성립하면 창고업자는 임치인에 대하여 임치물인도청구권을 행사할 수 있다.

2. 보수청구권

창고업자는 특약으로 무상임치를 정한 경우 이외에는 보관료를 청구할 수 있다(상법 제61조). 보관료는 그 지급시기에 관하여 특약 또는 관습이 없는 한, 임치물을 출고할 때 청구할 수 있다(상법 제162조 제1항 본문). 그러나 보관기간 경과 후에는 출고 전이라도 이를 청구할 수 있다(상법 제162조 제1항 단서).

3. 비용상환청구권

창고업자는 임치물에 관한 체당금 기타 비용의 상환을 청구할 수 있다. 그 시기는 보관료 청구권과 같다(상법 제162조 제2항). 지급일 이후의 법정이자청구권도 가능하다(민법 제701조, 제686조 내지 688조). 일부 출고의 경우에는 그 비율에 따라 보관료 기타 비용을 청구할 수 있다(상법 제162조 제2항). '기타의 비용'이라 함은 통관세 기타의 세금, 운임이나 보험료, 수탁물보관에 따른 비용 및 경매비용 등이 포함될 수 있다. 한편, 일부출고의 경우에는 임치물이 동질물인 경우에는 그 비율에 따라 청구할 수 있지만, 그렇지 않은 경우에는 출고하는 임치물에 관하여 지급한 체당금과 비용은 그 전액의 상환을 청구할 수 있다.[65]

4. 유치권

창고업자에게 특별상사유치권이 인정되지 않는다. 그러므로 임치물에 관하여 민사유치권(민법 제320조)이 우선적으로 적용되어야 한다. 다만, 임치인이 상인인 경우에는 일반 상사유치권(상법 제58조)을 적용할 수 있다.

5. 공탁·경매권

창고업자의 공탁권과 경매권이 인정된다. 이 경우에는 지체 없이 임치인 등에 대하여 그 통지를 발송하여야 한다(상법 제165조, 제67조 제1항). 임치인 등에 대하여 최고를 할 수 없거나 목적물이 멸실·훼손될 염려가 있는 경우에는 최고 없이 그 통지를 발송하여야 한다(상법 제165조, 제67조 제2항). 임치물의 성질 또는 하자로 인하여 창고업자에게 손해가 발생한 경우, 임치인에 대한 손해배상청구권이 발생한다(민법 제69 7조).

VI. 채권의 소멸시효

채권의 소멸시효에 대하여는 상법 제167조에서 규정하고 있다. 창고업자의 임치인 또는 창고증권소지인에 대한 채권은 그 물건을 출고한 날부터 1년간 행사하지 아니하면 소멸시효가 완성된다.

---

65 최기원·김동민, 상법학신론(상), 제20판, 박영사, 2014, 406면.

VII. 창고증권

1. 의의

창고증권이란 창고업자가 임치물을 수령하였음을 확인하고 임치물의 반환청구권을 표창하는 유가증권이다. 물건을 창고에 임치하게 되면 상당기간 물건의 사용가치와 교환가치가 사장된다. 이 경우 창고증권을 발행하면, 임치인은 이 유가증권을 가지고 임치물을 양도하거나 담보를 제공하는 등의 방법을 통하여 재산상의 활용할 수 있게 된다. 그러한 측면에서 창고증권발행청구권은 임치인의 중요한 권리 가운데 하나에 해당하고, 창고업자는 임치인의 청구에 의하여 창고증권을 발행하고 또 교부하여야 한다(상법 제156조 제1항).

2. 성질

창고증권은 임치 중인 물건을 양도하거나 입질 등 담보제공을 하는 데 이용된다. 창고증권은 지시증권성(상법 제130조), 제시증권성(상법 제129조), 상환증권성(상법 제129조), 문언증권성(상법 제131조), 처분증권성(상법 제132조) 및 인도증권성(상법 제133조)을 가지고 있다(상법 제157조 참조). 창고증권은 요식증권성(상법 제156조 제2항)과 요인증권성(상법 제156조 제1항)을 가지고 있다.

3. 창고증권의 발행과 교부

1) 발행

창고업자는 임치물을 수령한 후 임치인의 청구에 의하여 창고증권이 발행되어야 한다(상법 제156조 제1항). 창고증권은 요인증권(상법 제156조 제2항)이므로 유효한 임치계약이 있어야 하고 임치물을 창고업자가 수령한 후에 발행하여야 한다. 만약 그 이전에 창고증권이 발행되었다면, 이는 무효로 보아야 할 것이지만, 창고증권의 발행 후 임치물을 수령한 후에는 무효가 치유되는 것으로 본다.[66]

---

66 이기수·최병규, 상법총칙·상행위법(상법강의 I), 제7판, 박영사, 2010, 533면.

2) 기재사항

창고증권에는 일정한 사항이 기재되어야 하고, 창고업자의 기명날인 또는 서명이 있어야 한다(상법 제156조 제2항). 첫째, 임치물의 종류·품질·수량·포장의 종별·개수와 기호. 둘째, 임치인의 성명 또는 상호, 영업소 또는 주소. 셋째, 보관 장소. 넷째, 보관료. 다섯째, 보관기간을 정한 때에는 그 기간. 여섯째, 임치물을 보험에 붙인 때에는 보험금액, 보험기간과 보험자의 성명 또는 상호, 영업소 또는 주소. 일곱째, 창고증권의 작성지와 작성연원일 등이 증권에 기재되어야 한다. 엄격한 요식성을 요구하는 어음이나 수표와 달리, 창고증권은 위 기재사항 중 비교적 중요하지 않은 것은 사실과 다르거나 기재하지 않았다 하더라도 그 증권이 효력에는 영향이 없다. 이것은 창고증권이 요인증권성을 가지고 있기 때문이다.

3) 교부

임치한 물건이 분할할 수 있는 물건일 경우가 있다. 창고증권소지인이 대량의 임치물을 분할하여 수인에게 양도하려고 하는 경우, 창고업자에게 그 증권을 반환하고 임치물을 분할하여 각 부분에 대한 창고증권의 교부를 청구할 수 있다(상법 제158조 제1항). 이 경우 임치물의 분할과 증권교부의 비용은 증권소지인이 부담해야 한다(상법 제158조 제2항).

4. 양도

창고증권은 법률상 당연한 지시증권이다(상법 제130조). 그러므로 기명식인 경우에도 배서금지의 기재가 없는 한 배서에 의하여 양도될 수 있다(상법 제157조, 제130조). 어음이나 수표와 달리, 창고증권은 배서에 권리이전적 효력과 자격수여적 효력은 있지만 담보적 효력은 없다.

5. 효력

1) 채권적 효력

창고업자와 창고증권소지인 사이의 '임치에 관한 사항'은 창고증권의 기재를 기준으로 한다는 점에서 채권적 효력이 있다(상법 제157조 제131조). 증권소지인은 증권과 상환하여만 임치물의 반환을 청구할 수 있고(상환증권성), 창고증권이 발행된 경우에는 이것만으로 임치물을 처분할 수 있다(처분증권성).

2) 물권적 효력

창고증권이 발행되면 다른 특별한 사정이 없는 한 그 임치물의 소유권은 증권의 발행일로부터 증권상의 명의인에게 귀속된다.[67] 그러므로 임치물을 수령할 자에게 창고증권을 교부한 때에는 임치물을 인도한 것과 같은 동일한 효과가 발생한다는 점에서 물권적 효력이 있다(상법 제157조, 제133조).

6. 입질과 일부출고

1) 원칙

창고증권소지인이 임치물을 입질하고자 한다면, 우선 채권자와 질권설정계약을 체결해야 하고 그 증권을 채권자에게 교부해야 한다. 그러므로 질권설정계약을 체결하게 되면 임치인은 채무변제 전에 임치물의 반환을 청구할 수 없는 것이 원칙이다.

2) 예외

임치인의 편의를 도모하기 위하여 상법은 창고증권으로 임치물을 입질한 경우에 질권자의 승낙이 있으면 임치인은 채권의 변제기 전이라도 임치물의 일부반환을 청구할 수 있도록 하였다(상법 제159조 제1문). 이 경우에는 창고업자는 반환한 임치물의 종류, 품질과 수량을 창고증권에 기재해야만 한다(상법 제159조 제2문). 창고증권의 기재는 구 증권을 회수해야 하는 번거로움과 신 증권의 발행이라는 절차를 간편하게 하는 기능을 한다.

VIII. 창고임치계약의 종료

1. 일반적인 해지사유

상법에 특별한 규정을 두고 있지 않으므로 민법의 일반원칙에 따라 창고임치계약은 종료한다. 계약기간의 만료, 목적물의 멸실과 같은 일반적인 계약의 종료사유에 의하여 종료하게 된다.

---

67 정찬형, 상법강의(상), 제18판, 박영사, 2015, 396면.

2. 특별한 해지사유

1) 임치인의 경우

임치인이나 창고증권소지인은 보관기간의 약정에 관계없이 언제든지 해지할 수 있다(민법 제698조 단서). 다만, 임치의 계약기간이 존재함에도 불구하고, 임치인의 해지로 인하여 창고업자에게 발생하는 손해에 대하여는 배상책임의 문제가 발생할 수 있다.

2) 창고업자의 경우

(1) 보관기간의 약정이 있는 경우

"보관기간의 약정이 있는 경우"는 부득이한 사유가 없는 한 그 기간 만료 전에 창고업자는 계약을 해지하지 못한다(민법 제698조 제1문). 부득이한 사유가 있는 경우에만 창고업자는 임치물을 반환할 수 있다.

(2) 보관기간의 약정이 없는 경우

"보관기간의 약정이 없는 경우"에는 수치인은 언제든지 계약을 해지할 수 있는 것이 일반적이다(민법 제699조). 그러나 창고업자는 임치기간을 정하지 않은 경우에도 임치물을 받은 후 6월을 경과한 후에야 이를 반환할 수 있고(상법 제163조 제1항), 더 나아가 2주간 전의 임치물 반환예고를 한 후에야 가능하다(상법 제163조 제2항). 그러나 부득이한 사유가 있는 경우에는 언제든지 창고업자는 임치물을 반환할 수 있다(상법 제164조).

제9절 금융리스업

I. 의의

어떤 물건의 소유가자 그 물건을 일정기간 다른 사람에게 사용하도록 하고 그 대가로 사용료를 받고자 할 수가 있다. 임대차와 유사한 성질을 가지고 있는 것이 바로 리스이다. 리스거래는 1950년대 미국에서 발생한 새로운 금융기법이다. 우리나라는 1972년 한국산업리스주식회사가 최초로 리스영업을 개시함으로써 리스산업이 시작되었다. 리스에 관한 우리나라의 최초의 입법은 1973년 12월 31일 제정된 '시설대여산업육성법'이다. 이 법은 그 후 '시설대여업법'으로 개칭되었고, 1997년 8월 28일 신용카드업·할부금융업 및 신기술사업금융업을 합하여 '여신전문금융업법'으로 통합되어 현재까지 이르고 있다. 동법은 리스업에 대한 행정 규제적 목적으로 입법된 것이므로 리스의 사법적 측면에서 발생하는 문제점에 기여하고 있지 못한 면이 있다. 실제로 리스계약은 리스업자가 일방적으로 계약모형으로 정해 놓은 약관을 통하여 이루어지고 있는 모습이었다. 1995년 상법 개정 시 금융리스는 '물융'이라는 명칭으로 기본적 상행위의 하나로 신설되었다(상법 제46조 제19호). 2010년 5월 상법 개정 시 드디어 상법 제2편 상행위에 제12장을 추가하여, 다양한 법률관계를 규율하기에는 부족함이 없는 것은 아니지만, 다행스럽게도 금융리스업에 대한 네 개의 조문을 입법하게 되었다.

II. 금융리스의 개념과 분류

1. 개념

여신전문금융법은 리스(시설대여)에 대한 개념을 정하고 있다. 리스란 시설대여업자가 대통령령으로 정하는 물건을 새로이 취득하거나 대여 받아 거래상대방(대여시설이용자)에게 대통령령으로 정하는 일정기간 이상 사용하게 하고, 그 사용기간 동안 일정한 대가를 정기적으로 나누어 지급받으며, 그 사용기간이 끝난 후 물건이 처분에 관하여는 당사자 간의 약정으로 정하는 방식의 금융을 말한다(여신전문금융업법 제2조 제10호, 동법 시행령 제2조 제1항, 제4항). 시설대여업이란 이러한 시설대여를 업으로 하는 것을 말한다(여신전문금융업법 제2조 제9호). 상법은 금융리스라는 제목으로 당사자 간의 법적관계를 다루고 있는 모습이다. 2010년 상법 개정 이전에는 "기계·시설 기타 재산의 물융에 관한 행위"라고 하였으나, 2010년 상법을 개정하면서 "기계·시설·그 밖의 재산의 금융리스에 관한 행위"라고 개정하였다. 그러나 상법의 "금융리스"의 의미는 2010년 개정 전에 사용하였던 "물융"이나 여신전문금융업법의 "시설대여"와 큰 차이는 없다.

상법에서 정의하고 있는 '금융리스'라 함은 "금융리스이용자가 선정한 기계·시설·그 밖의 재산을 금융리스업자가 제3자로부터 취득하거나 대여 받아 그 금융리스물건에 대한 직접적인 유지·관리책임을 부담하지 아니하면서 금융리스이용자에게 일정기간 이상 사용하게 하고, 그 기간에 걸쳐 일정한 대가를 정기적으로 분할하여 지급받는 금융"으로 정의할 수 있다.

2. 리스의 분류

리스는 크게 금융리스와 운용리스, 두 가지 종류로 구분된다.[68]

1) 금융리스

금융리스는 기계나 설비 등이 필요한 리스이용자를 위하여 리스회사가 구입자금을 리스이용자에게 제공하는 방법 대신에 리스물건을 직접을 구입하여 그 물건을 대여하는 방식을 말한다. 금융리스는 형식적으로 보면 물건의, 임대차이지만 실질적으로 보면 자금의 대여에 해당한다.

> **대법원 1997. 11. 28. 선고 97다26098 판결**
>
> 대법원은 "시설대여(금융리스, Finance Lease)는 시설대여회사(리스회사)가 대여시설이용자(리스이용자)가 선정한 특정 물건을 새로이 취득하거나 대여 받아 그 리스물건에 대한 직접적인 유지, 관리 책임을 지지 아니하면서 리스이용자에게 일정 기간 사용하게 하고 그 대여기간 중 지급받는 리스료에 의하여 리스물건에 대한 취득 자금과 그 이자, 기타 비용을 회수하는 거래관계로서, 그 본질적 기능은 리스이용자에게 리스물건의 취득 자금에 대한 금융 편의를 제공하는 데에 있다."고 판시하고 있다.

2) 운용리스

금융리스 이외의 리스를 총칭하는 것을 운용리스라고 할 수 있다. 리스물건 자체의 이용에 목적이 있는 리스를 말한다. 이용자가 원하는 물건을 리스업자가 조달하여 리스업자의 유지·관리책임 아래 일정기간 정기적인 대가를 받기로 하고, 이용자로 하여금 동 물건을 이용하게 하도록 하는 거래가 바로 운용리스이다. 운용리스는 이 점에서 금융의 성격은 거의 없고, 단지 물건에 대한 서비스제공의 성격을 가지고 있다.

3. 양자의 차이

금융리스와 운용리스는 다음과 같은 점에서 차이가 있다.[69] 금융리스에서 금융리스기간

---

68 이기수·최병규, 상법총칙·상행위법(상법강의 I), 제7판, 박영사, 2010, 559면 이하.
69 정동윤, 상법총칙·상행위법, 개정판, 법문사, 1996, 659면 이하; 정찬형, 상법강의(상), 제19판, 박영사, 2015, 399면 이하.

은 보통 금융리스물건의 내용연수이고, 금융리스이용자는 금융리스기간 중 금융리스계약을 해지할 수 없는 것이 원칙이다. 금융리스비용은 금융리스물건의 구입대금, 부대비용 및 금융리스업자의 이윤 등을 합한 금액이고, 금융리스물건에 대한 유지와 관리책임은 금융리스이용자가 부담한다. 반면, 운용리스는 리스기간은 보통 리스물건의 내용연수의 일부에 해당한다. 리스이용자는 리스기간 중 리스계약을 해지할 수 있고, 리스비용은 리스물건의 구입가격의 일부에 해당한다. 리스물건에 대한 유지 및 관리책임은 리스업자가 부담한다.

III. 금융리스계약의 법적 성질

리스는 금융리스와 운용리스로 구분되고 있지만, 상법은 금융리스에 대한 법적 관계만을 규정하고 있다. 그러므로 금융리스를 중심으로 법적 문제를 다루도록 한다.

1. 임대차계약설

리스회사가 리스이용자게에 일정한 물건을 유상으로 사용·수익하게 한다는 형식적인 측면을 고려하여 민법상의 "임대차계약"으로 보는 견해[70]도 있지만, 전형적인 임대차와는 다른 성질을 가지고 있다는 점에서 "특수한 임대차계약"을 주장하기도 한다.

2. 무명계약설

금융리스계약의 실질적인 면인 물적 금융의 성격인 금융기능과 신용기능을 고려하여 민법상의 임대차계약과는 차이가 있는 무영계약이라고 주장한다. 금융리스업자는 자산의 소유보다는 자본의 효율적인 이용에 중점을 두고 있고, 금융리스료는 금융리스물건의, 사용대가가 아니라 물건대금 및 이에 대한 이자의 분할상환금이며, 여신전문금융업법 및 동법시행령에 의해서도 리스는 물적 금융이라는 점을 전제로 하여 규정하고 있다는 점을 고려하여, 무명계약설이 타당하다고 한다.[71]

---

70 정희철, 상법학(상), 박영사, 1989, 72면.
71 이철송, 상법총칙·상행위법, 제13판, 박영사, 2015, 602면 이하.

3. 판례

대법원은 금융리스에 대하여 임대차계약으로 보지 않고 비전형계약임을 지속적으로 판결하고 있다.

대법원 1994. 11. 8. 선고 94다23388 판결

대법원은 "시설대여(리스)는 시설대여회사가 대여시설이용자가 선정한 특정 물건을 새로이 취득하거나 대여 받아 그 물건에 대한 직접적인 유지·관리책임을 지지 아니하면서 대여시설이용자에게 일정기간 사용하게 하고 그 기간종료 후에 물건의 처분에 관하여는 당사자 간의 약정으로 정하는 계약으로서, 형식에서는 임대차계약과 유사하나 그 실질은 물적 금융이며 임대차계약과는 여러 가지 다른 특질이 있기 때문에 시설대여(리스)계약은 비전형계약(무명계약)이고, 따라서 이에 대하여는 민법의 임대차에 관한 규정이 바로 적용되지 아니한다."고 판시하고 있다.

대법원 1986. 8. 19. 선고84다카503·504판결

"피고(반소원고, 이하 피고라고만 한다) 한국개발리스주식회사(이하 '개발리스'라고 줄여 쓴다)는 피고 주식회사 중외상사(종전 상호는 대한중외상사주식회사였으나 1982년 11월 20일 이와 같이 변경되었다. 이하 중외상사라고 줄여 쓴다)의 소개로 의료기구인 그 판시 전자주사형 초음파단층기(이하 이 사건 물건이라고 한다)를 수입해서 원고(반소피고, 이하 원고라고만 한다)에게 시설대여하기로 하여 1980년 4월 26일 원고와 시설대여기간을 차수증 발급일로부터 60개월로 정하고 피고개발리스 소정의 계약약관에 의하여 이 사건 물건에 대한 시설대여(리스) 계약을 체결하고, 같은 해 11월 3일경 이 사건 물건을 통관하여 원고에게 인도하고 같은 해 11월 25일자로 원고로부터 차수증을 발급받은 후 같은 날짜로 계약보증금은 금 1,615,000원, 시설대여료는 매월 선급으로 미화 537불 및 금 139,900원씩 지급하기로 시설대여변경계약을 체결하고 원고로부터 계약보증금 전액을 지급받은" 사안에서, 대법원은 "형식에서는 임대차계약과 유사하나 그 실질은 물적 금융(한문생략)이고 임대차계약과는 여러 가지 다른 특질이 있기 때문에 시설대여(리스)계약은 비전형 계약(무명계약)이고 따라서 이에 대하여는 민법의 임대차에 관한 규정이 바로 적용되지는 아니한다."고 판시하고 있다.

대법원 1987. 11. 24. 선고 86다카2799·2800 판결

"피고는 도자기제조업을 경영하던 소외 원산공업주식회사(이하 원산공업이라 한다)로부터 리스요청을 받고 도자기제조에 쓰이는 까스로 1대외 6개 품목인 이 사건 리스물품을 일본으로 수입하여 이를 위 원산공업에 리스하여 주었던 바, 그 후 위 원산공업은 경영난으로 도산하고 소외 주식회사 한주요업(이하 한주요업이라 한다)이 1982년 9월 3일경 위 원산공업의 부동산과 시설물을 양수받아 여기에서 도자기제조업을 하기 위하여 피고에게 위 원산공업에 리스하였던 위 리스물품에 대한 재리스를 희망함에 따라, 피고는 1983년 1월 15일 위 한주요업과의 사이에 위 물품들에 대한 재리스계약을 하면서, 그 취득원가는 금 6,800만 원, 보증금은 금 476만 원, 리스료는 매월 172만 원, 리스기간은 차수증 발급일로부터 58개월로 정함과 아울러, 위 한주요업은 1983년 4월 15일까지 위 물품의 차수증을 발급하며 동 차수증을 발급한 날로부터 위 물품을 사용하고, 위 물품의 현실인도를 받은 후 차수증을 발급할 때까지는 선량한 관리자로서의 보관책임을 지기로 하되, 한주요업이 계약을 위반하면 판시와 같은 손해배상책임을 지기로 약정을 하였는데, 위 한주요업은 1983년 2월 24일경 한국상업은행으로부터 위 매수한 공장시설 등을 인수하면서 이건 리스목적물도 함께 현실인도를 받고서도 그 계약보증금(잔액 금 238만 원)이나 차수증발급을 약정기한이 지나도록 이행하지 아니하고 또 차수증발급전에는 위 물품을 보관만 하고 이를 사용하지 말아야 할 의무에 위반하여 1983년 6월 30일 무렵부터는 공장을 가동하면서 위 물품을 수시 사용하여 왔으므로, 피고는 여러 차례에 걸쳐 그 차수증발급 등 계약의 이행을 독촉하다가 1984년 6월에 이르러 계약위반을 이유로 리스계약의 해제통고를 하고 위 리스물품을 다른 회사에 재리스한" 사례에서, 대법원은 금융리스는 임대차계약과 여러 가지 특질이 있기 때문에 민법의 임대차에 관한 규정이 바로 적용되지 않는다고 하였다.

4. 사견

금융리스는 리스이용자가 리스를 이용하는 목적이 금융에 있는 것으로서 물융에 해당한다. 그러므로 금융리스의 법적 성질은 순수한 임대차로 보아서는 아니 되고 무명계약으로 보아야 한다. 다만, 운용리스의 경우 리스이용자가 리스를 이용하는 목적이 물건 자체의 사용에 있다는 점을 고려하면, 운용리스의 법적 성질은 임대차계약으로 볼 수 있다. 그러므로 운용리스에 대하여는 상법 제46조 제2호가 적용된다. 결국, 이러한 점을 고려하여 상법은 제46조 제19호에 금융리스만을 규정하고 있다고 하겠다.

IV. 법률관계

2010년 5월 개정 상법은 금융리스업에 대하여, 5개의 조문을 두어 법률적인 문제를 규율하고 있다.

1. 금융리스업자

1) 개념

금융리스업자란 '금융리스이용자가 선정한 기계·시설·그 밖의 재산(이른바 금융리스물건)을 제3자인 공급자로부터 취득하거나 대여 받아 금융리스이용자에게 이용하게 하는 것을 영업으로 하는 자를 의미한다(상법 제168조의2). 금융리스업자는 여신전문금융업법상 시설대여업자로서 이러한 시설대여업을 영위하거나 영위하고자 하는 자는 금융위원회에 등록하여야 한다(여신전문금융업법 제3조 제2항).

2) 의무

금융리스업자는 두 가지 중요한 의무를 부담해야 한다. 첫째, 금융리스이용자가 금융리스물건을 수령할 수 있도록 할 의무이다(상법 제168조의2 제1항). 금융리스물건을 금융리스이용자에게 인도해야 할 의무를 부담하는 자는 형식적으로 공급자이다. 그러나 실질적으로 공급해야 할 자는 리스업자라는 점을 고려하여 상법은 금융리스업자에게 이러한 의무를 부과한 것이다. 한편, 상법 제168조의2 제1항 법문에서 "적합한 금융리스물건을 수령할 수 있도록"이라고 하는 표현은 금융리스업자가 금융리스물건에 대한 담보책임을 부담해야 하는 것으로 이해될 수 있다. 둘째, 금융리스이용자의 공급자에 대한 손해배상청구권 행사의 협력의무이다. 금융리스이용자는 공급계약에서 정한 시기와 내용에 따라 금융리스물건을 공급받아야 한다. 만약 그렇지 아니하면, 금융리스이용자는 공급자에게 손해배상청구권이나 공급계약의 내용에 적합한 금융리스물건의 인도를 청구할 수 있다(상법 제168조의4 제2항). 이때 금융리스업자는 금융리스이용자가 이러한 권리를 행사할 수 있도록 필요한 협력을 해야 할 의무가 있다(상법 제168조의4 제3항).

금융리스계약은 금융리스업자가 금융리스이용자가 선정한 기계, 시설 등 금융리스물건을 공급자로부터 취득하거나 대여받아 금융리스이용자에게 일정 기간 이용하게 하고 그 기간 종료 후 물건의 처분에 관하여는 당사자 사이의 약정으로 정하는 계약이다(상법 제168조의2). 금융리스계약은 금융리스업자가 금융리스이용자에게 금융리스물건을 취득 또는 대여하는 데 소요되는 자금에 관한 금융의 편의를 제공하는 것을 본질적 내용으로 한다(대법원 1996. 8. 23. 선고 95다51915 판결 참조). 금융리스업자는 금융리스이용자가 금융리스계약에서 정한 시기에 금융리스계약에 적합한 금융리스물건을 수령할 수 있도록 하여야 하고(상법 제168조의3 제1항), 금융리스이용자가 금융리스물건수령증을 발급한 경우에는 금융리스업자와 사이에 적합한 금융리스물건이 수령된 것으로 추정한다(상법 제168조의3 제3항).

리스업자의 리스물건 인도·검사·확인의무의 여부와 관련하여 대법원은 다음과 같은 판단을 하였다.[72] 대법원은 "금융리스계약의 법적 성격에 비추어 보면, 금융리스계약 당사자 사이에 금융리스업자가 직접 물건의 공급을 담보하기로 약정하는 등의 특별한 사정이 없는 한, 금융리스업자는 금융리스이용자가 공급자로부터 상법 제168조의3 제1항에 따라 적합한 금융리스물건을 수령할 수 있도록 협력할 의무를 부담할 뿐이고, 이와 별도로 독자적인 금융리스물건 인도의무 또는 검사·확인의무를 부담한다고 볼 수는 없다."고 하였다.[73]

3) 권리

금융리스업자는 금융리스이용자에게 금융리스료를 지급청구권을 행사할 수 있다(상법 제168조의3 제2항). 금융리스이용자는 금융리스물건의 수령 후 금융리스료를 부담하는 것이 원칙이지만, 금융리스물건 수령증의 발급 전에 금융리스물건이 공급된 경우라면, 금융리스업자가 금융리스이용자에게 금융리스료 지급을 청구할 수 있는가에 대한 물음이 제기될 수 있다.

> **대법원 1998. 4. 14. 선고 98다6565 판결**
>
> 대법원은 "리스회사는 이용자로부터 물건수령증서를 발급받으면 물건대금을 지급하기로 하는 것이 일반적이라 할 것인바, 이처럼 리스회사가 이용자로부터 물건수령증을 발급받는 이유는 이용자와의 관계에서는 리스기간의 개시 시점을 명확히 하고자 하는 것이고 공급자와의 관계에서는 그 물건을 인도받기로 되어 있는 이용자로부터 물건의 공급에 관한 계약에 따른 물건의 공급이 제대로 이행되었음을 증명받고자 함에 있으므로, 리스회사는 비록 물건수령증의 교부가 없다 하여도 물건이 공급되었다는 것과 이용자가 정당한 사유 없이 물건수령증을 교부하지 않고 있다는 것을 알고 있다면, 공평의 관념과 신의칙에 비추어 물건수령증의 교부가 없음을 들어 공급된 물건대금의 지급을 거절할 수 없다."고 판시하고 있다.

2. 금융리스이용자

1) 의무

(1) 금융리스물건 수령증 발급의무

금융리스이용자는 금융리스계약에서 정한 시기와 동 계약에 적합한 금융리스물건을 수령해야 한다. 물건을 수령한 때에는 금융리스업자에게 물건을 수령하였다는 수령증을 발급

---

72 대법원 2021. 1. 14. 선고 2019다301128 판결.
73 대법원 2019. 2. 14. 선고 2016다245418, 245425, 245432 판결 참조.

해주어야 한다. 금융리스물건수령증을 발급한 경우에는 금융리스계약 당사자 사이에 적합한 금융리스물건이 수령된 것으로 추정한다(상법 제168조의3 제3항).

대법원 1995. 5. 12. 선고 94다2862 판결

대법원은 "리스이용자의 계약상 채무불이행으로 인한 손해의 보상을 목적으로 한 보증보험계약에서 '리스물건 인도전에 피담보자가 입은 손해에 대하여는 담보책임을 부담하지 않는다'는 내용의 특약을 한 때에는 리스물건수령증서가 발급되었다고 하여도 아직 리스물건이 인도되기 전에 발생한 손해에 대하여는 보험자는 보증보험금을 지급할 책임이 없다고 보아야 하고, 그 보증보험의 당사자 사이에서는 그 특약상의 '리스물건 인도'를 '리스물건수령증 발급'과 같은 뜻으로 볼 수는 없다."고 판시하고 있다.

대법원 1995. 7. 14. 선고 94다10511 판결

대법원은 "리스보증보험은 보험금액의 한도 내에서 리스이용자의 채무불이행으로 인한 손해를 담보하는 것으로서 보증에 갈음하는 기능을 가지고 있어 보험자의 보상책임은 본질적으로 보증책임과 같은 것이고, 리스계약 당사자 사이의 거래에 있어서는 리스의 금융적 성격으로 말미암아 리스물건의 현실적 인도보다도 리스물건수령증서 발급에 보다 큰 의미가 부여되고 리스기간의 개시나 리스채무의 이행시기가 리스물건수령증서 발급을 기준으로 정해지며 일단 리스물건수령증서가 발급된 뒤에는 리스이용자는 특단의 사정이 없는 한 물건인도가 없다는 이유로 채무이행을 거부할 수 없게 되어 있다고 하더라도, 보증보험의 당사자 사이에서는 주된 채무자인 리스이용자의 채무불이행으로 인한 손해 중 리스물건 인도전에 발생한 손해(이른바 공리스의 경우에 발생한 손해)에 대하여는 이를 보증대상에서 제외하는 뜻의 특약을 둘 수 있다."고 판시하고 있다.

---

(2) 금융리스료 지급의무

금융리스물건을 수령한 금융리스이용자는 금융리스료를 금융리스업자에게 지급하여야 한다(상법 제168조의3 제2항). 금융리스료 지급채무의 소멸시효기간은 3년으로 한다(민법 제163조 제1호). 금융리스이용자는 금융리스물건을 수령증을 발급한 때로부터 금융리스료를 지급하는 것이 원칙이다. 그러나 강행규정으로 볼 수 없으므로 금융리스계약의 당사자는 금융리스물건의 수령 전에도 금융리스료를 지급할 것을 약정할 수 있다.

리스료는 리스물건에 대한 사용·수익에 대한 대가가 아니라 리스회사가 제공한 금융에 대한 대가로 보아야 한다. 즉, 금융리스업자가 금융리스이용자에게 제공하는 취득자금의 금융편의에 대한 원금, 이자 및 비용 등을 변제하게 하는 기능을 갖는 것은 물론 그 외에도 금융리스업자가 금융리스이용자에게 제공하는 이용의 편익을 포함하여 거래관계 전체에 대한 대가로서의 의미를 갖는다고 보아야 할 것이다.

> **대법원 2004. 9. 13. 선고 2003다57208 판결**
>
> 대법원은 "이 사건 할부판매계약과 같은 금융리스에 있어서 할부료(리스료)는 리스회사가 리스이용자에게 제공하는 취득자금의 금융편의에 대한 원금의 분할변제 및 이자·비용 등의 변제의 기능을 갖는 것은 물론이고 그 외에도 리스회사가 리스이용자에게 제공하는 이용상의 편익을 포함하여 거래관계 전체에 대한 대가로서의 의미를 갖는다."고 판시하고 있다.

(3) 금융리스물건의 유지 및 관리의무

금융리스이용자는 금융리스물건을 수령한 이후에는 선량한 관리자의 주의로 금융리스물건을 유지하고 또 관리해야 한다(상법 제168조의3 제4항). 반면, 임대차계약은 임대인이 임대차계약의 존속 중 목적물의 사용·수익에 필요한 상태를 유지해야 할 의무를 부담해야 한다(민법 제623조). 이 점이 금융리스계약이 임대차계약과 다른 점이다.

2) 권리

공급자는 금융리스물건을 공급해야 하는데, 금융리스물건이 공급계약에서 정한 시기와 내용에 따라 공급되지 아니한 경우에, 금융리스이용자는 공급자에게 직접 손해배상을 청구하거나 공급계약의 내용에 적합한 금융리스물건의 인도를 청구할 수 있다(상법 제168조의4 제2항). 이는 금융리스이용자를 보호하기 위하여 법이 인정한 권리이다.

3. 공급자

1) 의무

금융리스물건의 공급자는 공급계약에서 정한 시기에 그 물건을 금융리스이용자에게 인도하여야 한다(상법 제168조의4 제1항). 금융리스이용자와 공급자는 공급계약상 당사자는 아니다. 공급계약은 금융리스업자와 공급자 간에 체결되는 계약이고, 물건의 인도시기 등도 그 계약에서 정해지는 것이 일반적이다. 그럼에도 불구하고 법문은 공급자가 금융리스이용자에게 금융리스물건을 인도하도록 하고 있다. 동시에 금융리스물건이 공급계약에서 정한 시기와 내용에 따라 공급되지 아니한 경우에는, 금융리스이용자는 공급자에 대하여 직접 손해배상을 청구하거나 공급계약에 적합한 금융리스물건의 인도를 청구할 수 있다. 정책적인 면을 고려하여, 법이 인정한 공급자의 의무이자 금융리스이용자의 권리로 볼 수밖에 없다.

2) 권리

공급업자는 리스계약의 직접당사자는 아니지만, 금융리스업자와의 금융리스물건에 대한 매매계약의 당사자에 해당한다. 그러므로 금융리스업자가 금융리스이용자로부터 차수증을 교부받은 후 금융리스물건에 대한 대금지급청구권이 발생하게 된다.

> **대법원 1998. 4. 14. 선고 98다6565 판결**
> "시설대여의 경우, 리스이용자가 물건의 공급자와 직접 교섭하여 물건의 기종, 규격, 수량, 가격, 납기 등의 계약조건을 결정하면 리스회사는 위와 같이 결정된 계약조건에 따라 공급자와 사이에 매매계약 등 물건의 공급에 관한 계약을 체결하고, 그 계약에서 공급자는 물건을 직접 이용자에게 인도하기로 하여, 리스회사는 이용자로부터 물건수령증서를 발급받으면 물건대금을 지급하기로 하는 것이 일반적이다."

V. 종료

1. 금융리스업자의 해지

원칙상 금융리스이용자는 리스기간 중 리스계약을 해지할 수 없다. 그러나 금융리스이용자의 책임 있는 사유로 금융리스계약을 해지하는 경우가 발생할 수 있다. 이 경우에 금융리스업자는 잔존 금융리스료 상당액의 일시 지급 또는 금융리스물건의 반환을 청구할 수 있다(상법 제168조의5 제1항). 이 권리를 행사하는 것과 별도로 금융리스업자는 손해배상청구권도 행사 가능하다(상법 제168조의5 제2항). 법문에서 "책임 있는 사유"라 함은 금융리스이용자가 금융리스료를 지급하지 않는 것과 같은 채무불이행이 있는 경우를 의미한다.

2. 금융리스이용자의 해지

금융리스이용자는 중대한 사정변경으로 인하여 금융리스물건을 계속 사용할 수 없는 경우에는 3개월 전에 예고하고 금융리스계약을 해지할 수 있다(상법 제168조의5 제3항 본문). 이 경우 금융리스이용자는 계약의 해지 인하여 금융리스업자에게 발생한 손해를 배상하여야 한다.

제10절 가맹업

I. 의의

가맹업은 프랜차이즈(franchise)라는 이름으로 불러지기도 한다. 프랜차이즈라는 용어는 권리·권한·면책 및 특권 등의 의미를 가지고 있다.[74] 원래 공법관계에서 프랜차이즈는 군주의 특권 또는 허가에 의하여 '특정한 신민에게 부여된 특권'이라는 의미를 가지고 있었는데, 점차 시간이 흐르면서 사법관계에서 '타인에게 일정한 권리를 부여하는 경우'에까지 확대된 것이다. 프랜차이즈가 발전한 것은 1900년경 미국의 석유 및 자동차 재벌 등에 의하여 발전된 것으로 알려져 있으나, 1920년대와 1930년대에 즉석 식품업계와 청량 음료업체가 가담하면서 비약적인 보급이 이루어졌다.

1995년 상법 개정 시 제46조 제20호를 신설하여 "상호, 상표 등의 사용허락에 의한 영업에 관한 행위"로 기본적 상행위로 신설하였다. 다만, 이 당시에는 가맹업에 대한 법적 관계를 규율하지 않은 채, 상행위의 하나의 종류로서 실정법에 들어온 것으로 그 의미를 가질 수밖에 없었다. 시간이 지나 2010년 5월 상법이 개정되면서 상행위 편 제13장에 '가맹업'이라는 제목으로 다섯 개의 조문을 신설하여 기본적인 법률관계를 명시적으로 규정하게 되었다. 그러나 복잡다기한 가맹업에 관한 법률관계를 다섯 개의 조문으로 해결하기에는 역부족이고, 현재 상당 부분 약관을 통하여 해결하고 있는 상황이다.

II. 가맹업자와 가맹상

1. 상법상 정의

상법은 가맹업자와 가맹상의 정의를 다음과 같이 제시하고 있다. 가맹업자(franchisor)라 함은 자신의 상호·상표 등을 제공하는 것을 영업으로 하는 자를 말하고, 가맹업자로부터 그의 상호 등을 사용할 것을 허락받아 가맹업자가 지정하는 품질기준이나 영업방식에 따라 영업을 하는 자를 가맹상(franchisee)이라고 한다(상법 제168조의6). 가맹업자의 이러한 영업을 가맹업이라고 한다.

---

[74] 이기수·최병규, 상법총칙·상행위법(상법강의 I), 제7판, 박영사, 2010, 590면.

2. 공정화법상 개념

가맹사업거래의 공정화에 관한 법률(이하 '가맹사업법'이라 한다)은 가맹사업(franchise)을 "가맹본보(가맹업자)가 가맹점사업자(가맹상)로 하여금 자기의 상표·서비스표·상호·간판 그 밖의 영업표지를 사용하여 일정한 품질기준이나 영업방식에 따라 상품 또는 용역을 판매하도록 함과 아울러 이에 따른 경영 및 영업활동 등에 대한 지원·교육의 대가로 가맹본부에 가맹금액을 지급하는 계속적인 거래관계"로 정의하고 있다(동법 제2조 제1호).

3. 구분

가맹업은 가맹상이 가맹업자의 상호 등을 사용하고 그가 지정하는 품질기준이나 영업방식에 따라 영업을 하게 된다. 이 점에서 상품의 제조자로부터 상품을 계속적으로 공급받아 자기의 상호를 사용하여 독립적으로 판매하는 '특약점'과는 차이가 있다. 단순히 상호 등을 타인에게 사용 허락하는 것이 라이선스계약이라면, 가맹계약은 가맹상에 대하여 품질기준이나 영업방식에 관하여 통제를 한다는 점에서 역시 차이가 있다. 또한 가맹업은 가맹상이 자신의 명의로 거래하는 상인인 반면에, 대리상은 본인의 명의로 거래하는 형태이고, 위탁매매인은 자기명의·타인의 계산으로 영업을 한다는 점에서 차이가 있다.

III. 가맹계약의 요소와 법적 성질

1. 요소

1) 가맹업자 상호 등의 사용

가맹거래는 고객으로 하여금 가맹상의 영업을 가맹업자의 영업과 동일한 것으로 인식하도록 하는 것을 목적으로 하므로 가맹업자 상호 등을 가맹상이 사용해야 한다. 법문에 "상호 등"이라는 의미는 공정화법에서 제시하고 있는 "상표·서비스표·상호·간판 그 밖의 영업표지" 등을 의미하는 것으로 보아야 한다.

2) 품질기준의 균등성

가맹상은 가맹업자와의 동일성을 표방하고 있다. 상품이나 용역 등도 가맹업자가 제공하는 정도에 상응해야 한다. 양자가 제공하는 상품이나 용역의 동등성을 제공하기 위하여 가맹업자는 가맹상에게 품질이나 영업방식에 따르도록 강제하고 있다.

3) 영업방식의 통제

가맹업자는 가맹상에게 자신이 지정하는 영업방식에 따라 영업을 할 것을 요구한다. 영업방식의 지정이란 가맹업자가 가맹상의 경영 및 영업활동을 지원하고 교육하는 것을 뜻한다.[75] 가맹업자와 가맹상의 영업에 대한 일체성을 유지하고자 하는 방안이다.

대법원 2005. 6. 9. 선고 2003두7484 판결

대법원은 "가맹사업에서는 가맹사업의 통일성과 가맹본부의 명성을 유지하기 위하여 합리적으로 필요한 범위 내에서 가맹점사업자가 판매하는 상품 및 용역에 대하여 가맹점사업자로 하여금 가맹본부가 제시하는 품질기준을 준수하도록 요구하고, 그러한 품질기준의 준수를 위하여 필요한 경우 가맹본부가 제공하는 상품 또는 용역을 사용하도록 요구할 수 있다고 봄이 상당하다."고 하면서, "가맹사업은 가맹본부가 가맹점사업자로 하여금 자기의 상표·서비스표·상호·간판 그 밖의 영업표지를 사용하여 일정한 품질기준에 따라 상품(원재료 및 부재료를 포함한다) 또는 용역을 판매하도록 함과 아울러 이에 따른 경영 및 영업활동 등에 대한 지원·교육과 통제를 하고, 가맹점사업자는 영업표지 등의 사용과 경영 및 영업활동 등에 대한 지원·교육의 대가로 가맹본부에 가맹금을 지급하는 계속적인 거래관계를 말하므로, 가맹사업은 가맹본부와 가맹점사업자 사이의 상호의존적 사업방식으로서 신뢰관계를 바탕으로 가맹점사업자의 개별적인 이익보호와 가맹점사업자를 포함한 전체적인 가맹조직의 유지발전이라는 공동의 이해관계를 가지고 있으며, 가맹사업에 있어서의 판매촉진행사는 비록 전국적인 것이라고 하더라도 1차적으로는 가맹점사업자의 매출증가를 통한 가맹점사업자의 이익향상에 목적이 있고, 그로 인하여 가맹점사업자에게 공급하는 원·부재료의 매출증가에 따른 가맹본부의 이익 역시 증가하게 되어 가맹본부와 가맹점사업자가 모두 이익을 얻게 되므로, 가맹점계약에서 가맹본부와 가맹점사업자 사이에 판매촉진행사에 소요된 비용을 합리적인 방법으로 분담하도록 약정하고 있다면, 비록 가맹본부가 판매촉진행사의 시행과 집행에 대하여 가맹점사업자와 미리 협의하도록 되어 있지 않더라도 그러한 내용의 조항이 약관의 규제에 관한 법률 제6조 제2항 제1호 소정의 고객에 대하여 부당하게 불리한 조항에 해당한다고 할 수는 없다."고 판시하였다.

---

4) 가맹금

가맹업은 기본적 상행위에 해당하므로 당연히 유상거래이다. 가맹금은 가맹업자가 가맹

75　이철송, 상법총칙·상행위법, 제13판, 박영사, 2015, 616면.

상에게 자기의 상호 등의 사용허락, 경영의 지원 등의 대가에 해당된다.

2. 법적 성질

가맹계약의 법적 성질은 상호·상표 등의 영업표지에 대한 사용권의 설정과 영업상의 통제, 조력을 내용을 한다는 점에서 비전형의 계속적인 유상, 쌍무계약에 해당하며, 동시에 복합계약에 해당한다고 하겠다. 왜냐하면 가맹계약은 영업표지의 사용허가계약과 더불어 상품이나 서비스의 공급계약, 그리고 영업을 지도하고 통제하는 것을 내용으로 하는 복합적인 성격을 띠고 있기 때문이다. 그런 측면에서 가맹계약은 비전형계약인 동시에 상법상 인정되는 특수한 계약으로 볼 수 있다.

IV. 가맹거래의 법적관계

1. 내부관계

1) 가맹업자의 의무

(1) 지원의무

가맹업자는 가맹상의 영업을 위하여 필요한 지원을 하여야 한다(상법 제168조의7 제1항). 상호 등의 허락은 가맹상이 상호 사용하는 것을 수인하는 것에 그치지 아니하고, 가맹상이 가맹업자와 마찬가지로 자신의 영업을 위하여 사용할 수 있도록 협력해야 한다. '필요한 지원'의 범위로는 '상호 등의 사용허락' 등을 포함하여 가맹계약에서 정해는 원재료의 공급이나 교육, 경영지도 등의 다양한 지원사항 및 그에 부수되는 사항이 포함될 것이다.[76]

(2) 경업피지의무

가맹업자는 다른 약정이 없으면 가맹상의 영업지역 내에서 동일 또는 유사한 업종의 영업을 하거나, 동일 또는 유사한 업종의 가맹계약을 체결하지 못하도록 하고 있다(상법 제168조의7 제2항). 영업권의 독점은 가맹상의 권리에 해당한다. 가맹사업법 제5조 제6호도 유사한 내용을 규정하고 있다.

---

76 자세히는 가맹사업법 제5조를 참조.

2) 가맹상의 의무

(1) 권리침해금지의무

가맹상은 가맹업자의 영업에 관한 권리가 침해되지 아니하도록 할 의무가 있다(상법 제168조의8 제1항). 상법은 권리가 침해되지 아니하는 것이 무엇인가에 대하여 명시적으로 규정하고 있지 않다. 가맹사업법 제6조는 "가맹업의 통일성 및 가맹업자의 명성을 유지하기 위하여 노력해야 할 의무" 등 여러 가지 사항을 규율하고 있는바, 이를 참조할 필요가 있다.

대법원 2005. 6. 9. 선고 2003두7484 판결

"원고의 가맹점사업자인 별빛점 대표 소외인이 원고로부터 수차례에 걸쳐 지도 및 경고를 받았음에도 불구하고 원고가 공급하는 양배추샐러드와 치킨박스(Box)를 사용하지 않고 다른 업체로부터 구입한 백깍두기와 치킨박스를 사용한 행위는 가맹점계약 제6조 제3항 제3호, 제1항에 의한 물류중단사유에 해당함과 아울러 가맹점계약 제9조 제1, 3, 4, 6항, 제6조 제1항에 의한 가맹점계약의 해지사유에 해당하고, 이는 가맹점계약상의 가맹점사업자로서의 의무를 위반한 것으로서 소외인의 귀책사유로 인하여 가맹사업의 거래관계를 지속하기 어려운 중대한 사정에 해당한다."고 하면서, 대법원은 "소외인의 그와 같은 일련의 행위로 인하여 가맹본부인 원고와 가맹점사업자인 소외인 사이의 신뢰관계는 이미 붕괴되었다 할 것이고, 위와 같은 소외인의 행위를 이유로 한 원고의 물류중단조치나 가맹점계약의 해지행위가 단지 소외인의 사업활동을 곤란하게 할 의도로 남용된 것이라거나 양배추샐러드의 일방적인 공급행위를 통한 구입강제, 광고전단지 비용의 일방적인 전가행위를 통한 불이익제공행위, 구속조건부거래행위 등의 목적달성을 위하여 그 실효성을 확보하기 위한 수단으로 부당하게 행하여진 것으로 볼 수도 없으므로, 불공정거래행위로서의 거래거절에 해당한다고 할 수 없다."고 판시하였다.

---

(2) 영업비밀 준수의무

가맹상은 계약이 종료된 후에도 가맹계약과 관련하여 알게 된 가맹업자의 영업상의 비밀을 준수해야 할 의무가 있다(상법 제168조의8 제2항). 가맹계약이 종료한다고 할지라도 가맹상은 가맹계약의 존속 중의 기득한 가맹업자의 영업비밀을 보유하고 있으므로, 이를 자기나 제3자의 이익을 위하여 활용하거나 누설하지 말아야 하는 것이다. 법문에서도 알 수 있듯이, 영업비밀 준수의무는 가맹계약기간의 만료 외에도 가맹계약기간 중이라도 중도해지 등으로 계약관계가 소멸되는 경우를 포함한다.

(3) 가맹상의 영업양도

가맹상은 가맹업자의 동의를 받아 그 영업을 양도할 수 있다(상법 제168조의9 제1항). 가맹업자는 특별한 사유가 없으면 가맹상의 영업양도에 동의하여야 한다(상법 제168조의9 제2항). 가맹업자와 가맹상 간의 가맹계약관계는 고도의 신뢰를 기초로 하는 계속적 계약관계이고, 또한 가맹상은 가맹업자의 영업을 독자적으로 수행할 수 있는 능력이 있어야 하므로 가맹상이 그 영업을 양도하기 위해서는 가맹업자의 동의를 받도록 한 것이다.[77] 또한 가맹성의 투자금의 회수가 부당하게 세한되는 것을 방지하기 위하여 가맹업자는 특별한 사유가 없는 한 가맹상의 영업양도에 동의하도록 한 것이다.[78]

(4) 가맹계약의 해지

가맹계약상 존속기간에 대한 약정의 유무와 관계없이 부득이한 사정이 있으면, 각 당사자는 상당한 기간을 정하여 예고한 후 가맹계약을 해지할 수 있다(상법 제168조의10). 부득이한 사정이라 함은 해지하고자 하는 당사자의 입장에서 가맹계약을 유지할 수 없는 사정을 의미한다.[79] 가맹상이 질병으로 영업이 불가능한 경우라든가, 가맹업자의 경영파탄 또는 외부적 요인으로 가맹상에게 필요한 물건을 공급할 수 없는 경우가 여기에 해당될 수 있을 것이다.

2. 외부관계

1) 원칙

가맹상은 독립적 상인으로서 제3자와 독자적인 법률거래를 한다. 가맹상의 법률행위에 대하여 가맹업자가 책임을 부담해야 하는가의 문제가 제기될 수 있다. 독립된 상인으로서 인정되므로 제3자에 대한 가맹업자의 책임은 배제되는 것이 원칙이다.

2) 예외

제3자가 가맹상의 기업을 가맹업자의 기업으로 신뢰하고 있었으며, 가맹상이 가맹업자

---

77 정찬형, 상법강의(상), 제18판, 박영사, 2015, 416면.
78 최영홍, "프랜차이즈 관련 상법개정안의 고찰", 상사법연구, 제28권 제2호, 2009, 86면 이하.
79 이철송, 상법총칙·상행위법, 제13판, 박영사, 2015, 628면.

가 지정하는 품질기준이나 영업방식에 따라 영업을 하여야 하는데, 가맹업자가 가맹상에 대하여 이러한 통제를 게을리한 경우에는 제3자를 보호할 필요성이 있다.[80] 다음과 같은 사항이 고려될 수 있다.[81] 첫째, 가맹업자의 명의대여책임의 경우이다(상법 제24조). 둘째, 표현대리의 책임이 발생하는 경우이다(민법 제125조, 제126조, 제129). 셋째, 사용자배상책임이 발생하는 경우이다(민법 제756조). 넷째, 제조물책임이 발생하는 경우 등이 있다. 특히, 가맹상의 영업이 제조물책임법의 적용을 받는 제조물을 판매하는 것이고 그 제조물이 가맹업자에 의해 제조·가공되거나, 그 제조물에 성명·상호·상표 기타 식별 가능한 기호 등을 사용하여 가맹업자의 제조·가공물로 오인시킬 수 있는 표시가 있는 경우에는 가맹업자는 제조물의 결함으로 인한 생명·신체·재산상의 손해를 배상하여야 한다(동법 제2조 제3호, 제3조 제1항).

제11절 채권매입업

I. 의의

채권매입업은 중세 영국 또는 식민시대의 미국에서 그 기원을 찾기도 하지만, 현재와 같은 채권매입업은 20세기 초 미국에서 발달하였고, 현재 세계 각국에서 매우 활발하게 이용되고 있다. 채권매입업은 1980년에 종합금융회사가 처음으로 담당하였는데, 현재는 여신전문금융업법에 의해 금융위원회의 허가를 받은 신용카드회사와 소정의 등록을 한 기타 여신전문금융회사 및 은행 등이 영위하고 있다.

2010년 개정 상법 이전에는 상법 제46조 제21호에 "영업상 채권의 매입·회수 등에 관한 행위"만을 규정하여 채권매입업이 기본적 상행위가 된다는 점만을 규정하였다. 그러나 당사자 간의 약정이나 약관을 통한 법률관계는 다양한 문제가 발생할 소지가 있었다. 발생할 수 있는 분쟁의 소지를 줄이고 채권매입업의 법적 관계를 명확히 하기 위하여 2010년 개정 상법은 제2편 제14장에 채권매입업을 신설하여 사법상 법률관계를 규정하게 되었다.

---

80 정찬형, 상법강의(상), 제18판, 박영사, 2015, 417면.
81 이철송, 상법총칙·상행위법, 제13판, 박영사, 2015, 626면.

II. 상법의 체계

1. 정의

상법은 채권매입업에 대하여 두 개의 조문만을 가지고 있다. 상법 제168조의11은 "영업채권"과 "채권매입업자"를 정의하고 있다. "영업채권"이라 함은 타인이 물건이나 유가증권의 판매, 용역의 제공 등에 의하여 취득하였거나 취득할 영업상의 채권을 말한다. "채권매입업자"라 함은 영업채권을 매입하여 회수하는 것을 영업으로 하는 자를 말한다.

2. 채권매입업자의 상환청구

영업채권의 채무자가 그 채무를 이행하지 아니하는 경우 채권매입업자는 채권매입계약의 채무자에게 그 영업채권액의 상환을 청구할 수 있다(상법 제168조의12).

III. 채권매입거래

1. 기본구조

채권매입거래는 채권매입업자, 판매상인 및 채무자(고객) 세 당사자가 등장한다. 판매상인은 상거래로 인하여 채권이 발생하게 된다. 발생한 매출채권의 채권자가 바로 판매상인이다. 판매상인은 이 매출채권을 채권매입업자에게 양도한다. 채권매입업자는 상인에 갈음하여 장부를 작성하고 상인의 채권을 추심하는 역할을 한다. 채권매입업자는 채무자로부터 채권을 회수하고 난 후 거래상인에게 채권대금을 지급하게 된다.

개별적인 팩토링거래는 불특정다수의 상인과 채권매입업자 사이에 일회적으로 이루어지는 것이 아니라, 양자 사이에 사전에 일정기간 발생하는 외상채권을 매입할 것을 약속하는 계약을 체결하고, 이 계약에서 앞으로 행하여질 채권매입거래상 발생하는 수수료, 이율 및 위험부담 등을 약정하게 된다. 이 기본계약은 계속적 계약이라는 점에서, 예외 없이 채권매입업자가 작성한 보통거래약관을 통하여 체결된다.

2. 팩토링금융

일반적인 채권매입거래의 기본구조와 달리, 판매상인이 매출채권을 양도하면서 바로 자금을 사용하고자 하는 경우가 있다. 이 경우 채권의 회수대금을 담보로 하여 채권매입업자로부터 판매대금에 상응하는 금액을 차입한다. 이를 팩토링금융이라고 한다.

3. 법적 성질

채권매입계약은 채권매입거래의 기본계약에 해당한다. 이 기본계약은 계속적 채권계약의 관계를 갖는다. 선급채권매입의 경우는 소비대차의 성질을 가지고 있고, 채권매입업자가 거래기업에 대하여 여러 가지 서비스를 제공하는 점에서는 위임계약적인 요소도 있다. 그런 측면에서 채권매입계약의 법적 성질은 특수한 혼합계약으로 보는 것이 타당하다.

제3편

어음·수표법

제1장
어음·수표법의 기초사항

제1절 어음법과 수표법의 체계

I. 의의

어음법과 수표법은 유가증권법에 해당한다. 어음법과 수표법이 상법의 영역에 밀접하게 관련을 가지고 있는가, 아니면 민법에 보다 더 관련을 가지고 있는가에 대한 의문이 제기될 수 있다. 우리나라는 어음과 수표가 주로 상거래에서 현금을 대신하는 결제수단으로 이용하고 있다는 측면을 고려하여 상법에 보다 더 가까운 영역으로 보고 있다. 그러나 법률적인 관계에 있어서는 그 성질상 상법과 큰 차이를 보이고 있을 뿐만 아니라, 어음법과 수표법이 상법의 규정을 원용하고 있는 것은 그리 많지 않다. 한편 전자적 수단으로 발행·유통되는 전자어음을 위한 특별법으로서, 우리나라는 '전자어음의 발행 및 유통에 관한 법률'을 제정한 바 있다.

II. 어음법의 체계

어음법은 어음이라고 하는 유가증권을 소유하거나, 또 그것을 양도하는 사항에 대한 이해관계자의 법률관계를 다루고 있다. 어음관계 당사자들의 의사표시를 요소로 하는 법률행위를 '어음행위'라고 한다. 어음법은 크게 보면 두 가지 형식의 어음인 환어음과 약속어음에 대한 내용을 규정하고 있다. 어음법 입법자는 총 78개의 조문을 두면서 환어음에 대한 사항을 치중하여 입법하면서, 약속어음에 대하여는 환어음을 준용하면서 특수한 사항에 대해서만 몇 개의 조문을 두는 형식을 취하고 있다.

1. 환어음

어음법 제1편은 환어음을 다루고 있다. 제1장 제1조 내지 제10조는 환어음의 발행에 대한 내용을 다루고 있다. 제2장 제11조 내지 제20조는 환어음의 배서에 대하여, 제3장 제21조 내지 제29조는 환어음의 인수에 대하여, 제4장 제30조 내지 제32조는 환어음의 보증에 대한 사항을 규정하고 있다. 제6장 제38조 내지 제42조는 환어음의 지급에 대한 사항이다. 어음이 발행되어 어음을 소지한 자는 어음금이 지급됨으로써 생명을 다하게 된다. 어음에 대한 이해를 가지고 있는 자들도 이러한 기대를 가지고 취득하고 양도하게 된다. 이를 위하여 어음법은 지급에 관한 법률적 문제들을 해결하고자 한다. 제7장 제43조 내지 제54조는 인수거절 또는 지급거절로 인한 상환청구에 대한 내용을 규정하고 있다. 제8장에서는 참가제도에 관해 규정하고 있는데, 참가인수(제56조 내지 제58조)와 참가지급(제59조 내지 제63조)에 대한 사항이다. 이는 인수·지급이 거절될 경우를 대비하기 위한 제도이다. 제9장 제64조~제68조는 어음의 복본과 등본을 작성할 경우의 효력을 규정하고 있다. 제8장과 제9장은 실무상 이용도가 그리 많지 않은 것으로 알려져 있다. 제10장 제69조는 어음변조에 대한 사항이고, 제11장 제70조 내지 제71조는 어음채무의 종류별로 소멸시효를 정하고 있다. 제12장 제72조 내지 제74조는 어음에 사용되는 기한과 기간에 대한 내용을 규정하고 있다.

2. 약속어음

환어음과 달리 약속어음에 대하여 입법자는 그리 많은 규정을 두고 있지 않다. 약속어음은 환어음과 달리 지급인이 별도로 존재하지 않는다는 점에 그 특징이 있다. 환어음의 경우 발행인, 소지인 및 지급인이 존재하는 3면 관계를 가지고 있다면, 약속어음은 발행인과 소지인이라고 하는 2면 관계로 이루어져 있다. 지급인에 대한 규정을 제외하고, 약속어음은 환어음과 큰 차이가 없다.

어음법 제2편은 약속어음에 관한 내용을 규정하고 있다. 제2편 제75조 내지 제78조가 바로 약속어음이다. 어음법 제3장 제21조 내지 제29조에 규정되어 있는 인수 등 지급인의 존재함을 전제로 한 규정은 약속어음에 규정되어 있지 않다. 그 나머지는 모두 약속어음을 준용하고 있다. 제79조 내지 제85조는 어음법 부칙이다. 이득상황청구권에 관한 제79조와 소송고지에 관한 제80조는 성격상 부칙이라 할 수 없다. 어음에 관한 실체법적 규정이라 할 수 있다. 제81조는 휴일의 의의에 관한 규정이다.

III. 수표법의 체계

수표법의 체계는 어음법 중 제1편에 규정되어 있는 환어음과 대체로 같다. 무엇보다도 발행인, 소지인 및 지급인이라고 하는 3면 관계를 가지고 있다는 점에서 그 유사성을 갖는다. 또한 내용에 있어서도 환어음의 규정에 중복되는 것이 많다. 제1장 제1조 내지 제13조는 수표의 발행과 방식을 규정하고 있다. 제2장 제14조 내지 제24조는 양도에 대하여, 제3장 제25조 내지 제27조는 보증에 대하여, 제4장 제28조 내지 제36조는 제시와 지급에 대하여, 제5장 제37조 내지 제38조는 횡선수표에 대하여, 제6장 제39조 내지 제47조는 지급거절로 인한 소구에 대하여, 제7장 제48조 내지 제49조는 복본에 대하여, 제8장 제50조는 수표의 변조에 대하여, 제9장 제51조 내지 제52조는 수표의 시효에 대하여, 제10장 제53조 내지 제58조는 지급보증에 대하여, 제11장 제59조 내지 제62조 통칙 그리고 부칙의 체계로 구성되어 있다.

IV. 어음법과 수표법의 비교

1. 환어음과 수표의 동이

수표도 지급인이 따로 있어 환어음과 구조가 비슷하다. 그러나 어음과 달리 수표는 지급에 있어서 상당히 큰 차이가 있다. 어음은 일람출금, 일람 후 정기출금, 발행일자 후 정기출급 및 확정일출급이라고 하는 네 가지 종류의 지급방식을 가지고 있다(어음법 제33조 제1항). 그러나 수표의 경우에는 수표를 제시하면 바로 지급해야 하는 일람출급의 지급방식을 가지고 있다. 그런 측면에서 수표법은 어음법의 형식과 체계를 대체로 따르고 있지만, 다음과 같은 점에서 약간의 차이가 있다.[1]

---

1   이철송, 어음·수표법, 제12판, 박영사, 2012, 12면 이하.

양자가 모두 3면성을 가지고 있기 때문에 제1장은 환어음의 발행과 방식을 따라 수표의 발행과 방식을 규정하고 있고, 제2장은 환어음의 배서체계를 따라서 수표의 양도에 대한 사항을 규정하고 있다. 다만, 수표가 일람출급의 성질을 가지고 있기 때문에 일부가 수정되고 있다. 수표는 소지인출급식이 많으므로 소지인출급식 수표와 관련된 특별한 규정이 수표법에 존재한다. 제3장 보증(제25조~제27조), 제4장 제시와 지급(제28조~제36조), 제6장 소구(제39조~제47조) 제8장 변조(제50조), 제9장 시효(제51조~52조), 제11장 통칙(제59조~제62조)은 각각 어음법 제1편 제4장 보증, 제6장 지급, 제7장 소구, 제10장 변조, 제11장 시효, 제12장 통칙 등은 어음법의 체계와 거의 유사한 방식이다.

2. 수표의 특이성

어음법은 제1편 제5장에 어음의 만기에 대한 사항을 규정하고 있고, 제1편 제3장에는 인수에 관한 내용을 규정하고 있다. 이는 어음이 만기에 대한 네 가지 방식을 가지고 있다는 점에서 자연스럽게 따라오게 되는 성질이다. 그러나 수표는 일람출급성으로 인해 어음법에 존재하는 '만기'라든가 '인수'라는 개념이 존재하지 않는다. 다만, 인수와 유사한 기능을 하게 되는 수표법 제10장에 있는 지급은행의 지급보증제도를 인정하고 있다. 또한 수표는 횡선수표라고 하는 제도를 인정하고 있는데, 이는 수표가 소지인출급식을 인정함에 따라 수표의 분실 시 권리상실의 위험을 예방하기 위한 특별한 제도라고 할 수 있다.

제2절 어음과 수표의 분류

I. 어음의 분류

1. 환어음과 약속어음

1) 환어음

어음을 작성하는 발행인이 지급인에 대하여 증권상 기재된 금액을 일정한 기일에 증권상 권리자인 수취인에게 지급해줄 것을 위탁하는 지급위탁증권이 환어음이다. 지급을 위탁하고 있기 때문에, 환어음의 경우 발행인이 직접 금액을 지급하지 않고 제3자에게 그 지급을 의뢰하는 형식을 띤다. 환어음에는 기본적으로 발행인, 수취인 및 지급인이라고 하는 3면 관계가 요구된다.

```
                              환어음

                   서울특별시 서초구 반포동 000번지
                              병 귀하
                         금액: 일백만 원
                 위 금액을 이 환어음과 상환하여 을 또는
                   그 지시인에게 지급하여 주십시오.

   지급기일  2015년 12월 31일        발행일  2015년 9월 30일
   지급지   서울특별시 강남구         발행지  서초구 반포동
   지급장소  ○○은행 강남지점
                                       발행인  갑 (인)
```

2) 약속어음

　어음을 작성하는 발행인이 어음의 수취인에게 일정한 기일에 증권상 기재된 금액을 지급할 것을 약속하는 지급약속증권이 바로 약속어음이다. 약속어음에서 발행인은 주채무자에 해당하고, 수취인은 어음상 권리자에 해당한다. 지급인이 존재하지 않는 약속어음은 어음의 발행인과 수취인으로 이루어진 2면 관계를 가지고 있다. 2005년부터 약속어음의 일종으로 전자어음이 사용되고 있다.

```
                              약속어음

                   서울특별시 서초구 반포동 000번지
                              을 귀하
                         금액: 일백만 원
                 위 금액을 귀하 또는 지시인에게 이 약속어음과
                      상환하여 지급하겠습니다.

   지급기일  2015년 12월 31일        발행일  2015년 9월 30일
   지급지   서울특별시 강남구         발행지  서초구 반포동
   지급장소  ○○은행 강남지점
                                       발행인  갑 (인)
```

2. 상업어음과 융통어음

1) 상업어음

상업어음이라 함은 기업이 물품이나 용역을 구매하고 그 대금을 지급하는 수단으로 발행하는 어음을 말한다. 일반적으로 매매계약을 체결하게 되면 매도인은 매매목적물을 양도하고 금전을 받고자 할 것이고, 매수인은 그 목적물을 인도받은 후 바로 금전을 지급해야 할 의무가 발생한다. 그러나 매수인 입장에서 즉시 현금을 지불할 수 없는 상황에 직면해 있을 수 있다. 이때 매수인은 해당대금을 일정한 기일에 지급하겠다고 약속하는 어음을 발행하게 되는데, 이 어음이 바로 약속어음이면서 상업어음에 해당한다. 상업어음은 경제생활에서 가장 대표적인 어음의 기본적인 형태에 속한다. 가장 건전한 동기에서 발행된다고 하는 의미에서 '진성어음'이라고도 한다.

2) 융통어음

융통어음은 두 가지 관점에서 접근이 가능하다.[2] 기업이 자금을 조달하고자 한다. 기업은 금융기관으로부터 대출을 통한 자본조달의 방법도 가능하지만, 그것이 여의치 않을 경우 어음을 발행하여 자금을 조달하는 방법을 모색하게 된다. 이때 발행하는 어음이 바로 융통어음이다. 또 다른 측면에서 융통어음은 자본조달과 유사하기는 하지만, 지인이나 친인척 사이에서 호의적으로 발행하는 경우도 있다. 예를 들면, 특별한 원인관계가 존재하지 않음에도 불구하고 작은 아버지가 조카의 자금사정을 호의적으로 지원해주기 위하여 발행해주는 어음이 바로 융통어음이다. 이는 판례에서 인정되고 있는 개념이다.

3. 화환어음과 신용장

1) 화환어음

화환어음이라 함은 운송중인 화물을 담보로 하여 발행된 어음으로서 일종의 담보부어음에 해당한다. 격지매매의 매도인이 대금청구를 위하여 발행한 환어음의 담보로서 매매의 목적물에 의한 화물상환증이나 선하증권 등 운송증권을 첨부하여 어음의 할인을 받는 방법이 화환어음이다. 예를 들면, 해외에 있는 매수인 수입업자 앞으로 상품을 운송함과 동시에

---

2   이철송, 어음·수표법, 제12판, 박영사, 2012, 26면.

현금이 필요한 경우에 매도인인 수출업자가 자신을 수취인으로 하고 매수인인 수입업자를 지급인으로 하여 자기지시의 환어음(어음법 제3조 제1항)을 발행하면서, 여기에 운송물에 관한 운송증권(선하증권)을 담보로 첨부하여, 일반적으로 매도인인 수출업자는 이 어음을 선하증권과 함께 주거래은행에 교부하게 된다. 수출업자의 주거래은행은 수입업자의 주거래은행에 이 어음과 선하증권을 송부하고 추심을 위임하게 된다. 이는 어음의 추심을 위임한 경우에 해당한다. 반면 어음을 할인할 수도 있다. 즉, 운송물에 관한 운송증권을 담보로 첨부하여 금융기관에 매각하는 경우가 여기에 해당한다.

2) 신용장

신용장이라 함은 수입업자의 거래은행이 수출업자에게 자신을 지급인으로 하여 발행된 증서를 말한다. 이는 은행이 거래처의 요청으로 신용을 보증하기 위하여 발행하는 것이다. 수입업자는 거래은행에 의뢰하여 자신의 신용을 보증하는 증서를 작성하게 하고, 이를 상대국 수출업자에게 보내어 그것에 의거 어음을 발행하게 하면 신용장 발행은행이 그 수입업자의 신용을 보증하고 있으므로 수출지의 은행은 안심하고 어음을 매입할 수 있다. 수출업자는 이 신용장을 수령하고 소지함으로써, 수입업자의 신용상태를 직접 조사하거나 확인하지 않는다고 할지라도 확실하게 대금을 받을 수 있게 된다.

4. 기업어음

1) 기업어음의 개념

기업어음은 만기 1년 미만의 단기자금 조달을 위한 방법으로 운용된다(자본시장법 제360조 제1항). 기업이 단기의 자금조달을 위하여 발행하는 정액화되어 있는 약속어음이 바로 기업어음이다. 이 기업어음을 발행한 기업이 단기금융회사에 매각을 의뢰하면 단기금융회사가 무담보배서를 하여 투자자에게 매각하고 그 대금을 발행기업에 준다.

2) 기업어음과 회사채

기업들이 자금을 조달하기 위한 또 하나의 방법은 회사채를 발행하는 것이다. 기업이 안정적인 장기 자금을 조달하기 위해 발행되는 채권이 바로 회사채이다. 기업이 오랫동안 자금을 빌리는 방법으로 회사채를 선호할 것 같지만, 반드시 그런 것은 아니다. 회사채도 기업어음처럼 주로 신용으로 발행되는데, 만기가 길다 보니 돈을 빌려주는 입장에서는 기업어음보다 발행회사에 대해서 더 많은 것을 따져보려고 한다. 3년이 넘는 오랜 기간 동안 돈을 빌려주면 그 사이에 회사가 망할 가능성이 없는지, 이자는 꼬박꼬박 지급할 것인지 등에 대해 신중한 고민이 필요하다. 이런 고민들이 반영되기 때문에 기업이 회사채를 발행할 때에는 여러 가지 절차와 비용이 따르게 된다. 금융당국에 회사채 발행에 관한 신고서도 제출해야 하고, 자금을 들여 증권사로부터 기업실사를 받아야 되는 것이다.

반면 기업어음은 단기 자금을 빌리기 위하여 발행되기 때문에 자금을 빌려주는 입장에서 회사채보다 부담이 덜하다. 그래서 기업어음은 회사채에 비해 발행절차가 간편하고 발행비용도 낮다. 기업어음을 매입하는 쪽도 그리 나쁜 것은 아니다. 기관투자가나 개인들은 기업어음을 단기 투자수단으로 활용할 수 있다. 짧은 기간에 자금을 투자하고 싶을 때 비교적 높은 수익률을 제공하기 때문이다. 보통 은행예금보다는 기업어음의 수익률이 다소 높은 편이다.

3) 기업어음과 사기

기업어음은 많은 장점을 가진 기업의 자금조달 수단이다. 그럼에도 불구하고 기업어음과 관련된 사건들이 종종 등장하고 있다. 재무적으로 어려움에 처한 회사가 대규모로 기업어음을 발행한 후 파산에 이르게 되는 상황이다. 2011년 법정관리를 신청한 LIG 그룹의 경우와 얼마 전 법정관리를 신청한 극동건설과 웅진홀딩스도 여기에 해당하는 사례이다. 동양증권의 기업어음 판매사건도 빼놓을 수 없다.

기업의 부도 사태가 기업어음과 맞물리는 것은 사실 기업어음이라는 상품 특성에서 기인한다. 어떤 회사의 경영상태가 나빠져서 자금 사정이 좋지 않다는 소문이 돌고 있다고 상상을 해보자. 재무상태 개선을 위해 장기의 안정적인 자금을 확보하고자 회사채를 발행하려 한다면 자금을 빌려주는 기관은 소문의 신빙성을 확인하고자 할 것이다. 이 경우 기업 실사나 신용평가를 더욱 꼼꼼히 할 것이며, 대개 회사채 발행 가능성은 크게 떨어지게 될 것이다. 은행 대출도 마찬가지이다. 대출 심사가 강화돼 추가 대출을 받기가 어렵게 된다. 반면 단기 자금을 조달하고자 하는 목적으로 하는 기업어음은 회사채 발행이나 은행대출이 막히는 상황에서도 발행이 가능한 경우가 종종 발생한다. 해당 기업의 기업어음이 얼마만큼 발행되고 있는지에 관한 정보도 회사채 시장에 비해서는 부족한 편이다. 따라서 발행기업이 이런 점을 악용한다면 투자자에게 큰 손실을 입힐 수 있다. 만기가 돌아오는 은행 대출과 회사채 상환을 기업어음 발행을 통해 메우다가 결국은 무너지게 되는 것이다. 이러한 피해를 최소화하기 위해선 시장의 투명성을 높이는 것이 급선무이다. 기업어음이 가진 장점을 살리면서 투명성을 강화해 투자자를 보호하는 지혜가 필요하다.

5. 은행도어음

약속어음을 발행하고자 하는 자가 특정 은행과 약정을 맺어 그 은행을 자신이 발행하는 어음의 지급담당자로 기재하고 그 은행이 어음금의 지급사무를 처리해주는 경우가 있는데, 이때 발행되는 어음을 은행도어음이라고 한다. 은행도어음의 경우 당좌거래를 개시함에 있어 그 거래처에 대한 신용조사를 철저히 하기 때문에, 거래계에서는 신용을 인정받게 된다. 어음이 부도되는 경우 어음교환소가 발행인에 대하여 거래정지처분을 하고 당좌계정을 강제로 해지하게 되며, 향후 2년간 새로운 당좌계정을 개설할 수 없게 된다. 그러므로 발행인은 사업상 신용에 치명적인 타격을 받지 않도록 하기 위하여 지급에 대한 노력을 기울일 수밖에 없어 지급이 보장되는 것이다.

II. 수표의 분류

1. 당좌수표

은행에 당좌예금을 가진 자가 은행을 지급인으로 하여 일정한 금액의 지급을 위탁하는 증권이 바로 수표이다. 수표는 발행인이 제3자인 지급인이나 은행에게 일정한 금액을 수표상의 권리자에게 무조건 지급하여 줄 것을 위탁하는 유가증권이라는 점에서, 그 구조상 환어음과 유사하다. 수표를 발행하기 위해서는 해당 은행을 지급인으로 하여 수표를 발행할 수 있다는 수표계약이 있어야 한다. 수표계약에 따라 발행인은 해당 은행에 일정한 금액을 보관해야만 한다. 즉, 발행인이 은행에 당좌예금을 개설하고 수표자금의 범위 내에서 수표를 발행하게 된다. 은행과 발행인은 예금잔액을 초과해 일정한도까지 수표를 발행할 수 있도록 당좌대월 한도액을 정하게 된다. 보통 법인이나 사업자등록증을 가지고 있는 개인이 개설할 수 있다.

```
┌─────────────────────────────────────────────────────┐
│                        수표                          │
│                                                       │
│              서울특별시 서초구 반포동 OOO번지          │
│                     병(은행) 귀하                     │
│                   금액: 일백만 원                     │
│            위 금액을 OOO 또는 그 지시인에게 상환하여   │
│                   지급하여 주십시오.                  │
│                                                       │
│   지급지  서울특별시 강남구        발행일  2015년 9월30일│
│                                    발행지  서초구 반포동│
│                                    발행인  갑 (인)     │
└─────────────────────────────────────────────────────┘
```

2. 가계수표

 가계수표를 발행하고자 하는 자는 일정한 은행을 지급인으로 하여 가계수표를 발행한다고 하는 약정이 있어야 한다는 점에서 기본적으로 당좌수표와 유사하다. 다만, 개설할 수 있는 자와 발행금액의 한도에서 차이가 있다. 가계수표는 봉급생활자, 연금수급권자 및 자영업자 등 개인이 발행하는 수표이다. 기업이 아닌 개인이 수표발행의 주체가 된다는 점에서 당좌수표와 차이가 있는 것이다. 일반가계수표의 경우 장당 발행한도가 개인 100만 원, 자영업자는 500만 원으로 알려지고 있다.

3. 자기앞수표

 수표의 지급인이 바로 발행인과 동일인인 경우를 자기앞수표라고 한다(수표법 제6조 제3항). 자기앞수표의 경우 거의 현금과 같은 신용을 부여하므로 가장 빈번하게 이용되고 있다. 이러한 형식은 어음에도 적용된다. 발행인이 자기를 지급인으로 환어음의 경우는 자기앞환어음이 되는 것이다(어음법 제3조 제2항). 자기앞환어음은 타지방에 있는 자기의 지점을 지급인으로 지정하기 위하여 필요하게 된다. 송금을 의뢰받은 은행이 본점이 아닌 지점을 지급인으로 하여 환어음을 발행하는 경우가 여기에 해당한다.

제3절 어음과 수표의 기본 개념

I. 무인성

어음의 발행은 일반적으로 매매계약이나 도급계약 등 다양한 계약관계라고 하는 원인관계에서 발생하는 채무의 이행수단으로 발생하게 된다. 그러나 어음의 발행이 반드시 원인관계를 매개로 하는 것은 아니다. 환어음의 경우 지급인이 지급을 인수하는 것은 지급인과 발행인 사이의 자금관계를 통하여 지급채무가 이행되는 것이다. 원인관계나 자금관계를 통하여 어음행위가 발생하는 것을 알 수 있다. 어음법과 수표법에서 중요한 사항은 원인관계이든 자금관계이든 어떠한 이유로 그 관계가 무효가 되었다든지, 아니면 취소 또는 해제가되는 경우라 어음행위에는 영향을 미치지 않게 된다는 점이다. 원인관계나 자금관계의 흠이 발생한다고 할지라도 어음행위는 영향을 받지 않고 계속해서 유효한 행위로 남아 있다는 점이다. 어음법과 수표법에서 어음행위의 무인성(또는 추상성이라고도 한다)이 지켜지고 있기 때문이다.

II. 어음의 실질관계

1. 자금관계

환어음과 수표의 경우에, 발행인이 지급인을 정하게 되는 수가 있다. 발행인이 지급인을 정하는 것은 발행인이 지급인에게 금전채권이 있는 경우가 가장 일반적인 상황일 것이다. 그러나 그 외에도 지급인이 어음수취인에게 일정한 기일에 일정한 어음금액이나 수표금액을 지급해준다고 하면, 추후에 발행인에게 지급인에게 보상하기로 약속을 할 수 있다(보상관계). 이러한 관계가 바로 자금관계에 해당한다. 이 경우 발행인과 지급인 사이에 합의가 있는 것이 일반적이지만, 비록 없다고 할지라도 유가증권에 대한 효력은 인정된다.

2. 원인관계

특정인이 어떤 물건('자동차'라고 하자)에 대한 청약의 의사표시를 하였다. 상대방의 의사표시를 통하여 계약이 성립하게 된다. 계약으로 성립으로 양 당사자는 이행의 의무를 발생시킨다. 채무자이자 매수인이 현금으로 채무를 이행해야 하나, 여의치 않아 약속어음을 발행하였다. 만기가 되기 전 수령한 물건에 하자가 발생하였다는 것을 매수인이 알게 되었다. 동 계약에 대한 해제권을 행사하였다. 해제권 행사와 함께 동 계약은 소급해서 무효가 되었다. 여기서 매매계약이 바로 어음행위의 원인관계에 해당한다.

3. 실질관계

매수인이 매도인에게 어음이나 수표를 발행한 경우, 매수인이 매도인으로부터 자동차를 샀으므로 그 대금을 지급해야 하는 것, 발행인과 수취인 사이의 채무관계를 원인관계라고 하는 것이다. 원인관계 외에 발행인과 지급인 사이에서 지급이나 인수의 기초가 되는 것이 바로 자금관계이다. 이 원인관계와 자금관계를 포함하여 어음의 실질관계를 이루게 된다.

III. 인수

인수라 함은 환어음의 지급인이 어음금액을 지급할 채무의 부담을 목적으로 하는 어음행위를 말한다. 인수의 성질은 어음채무의 부담을 목적으로 하는 단독행위이다. 인수는 어음소지인과 지급인 사이의 어음 밖에서의 계약이 아니라는 것은 물론이고, 발행인의 지급위탁 청약에 대한 지급인의 승낙도 아니다. 그러므로 소지인 또는 발행인의 무능력이나 대리권의 흠결 등은 인수의 효력에 영향이 없다. 지급인의 지급의사를 보다 일찍 확정하여 지급채무를 지급인에게 귀속시키고자 하는 것이 바로 인수의 목적이다. 만약 지급인이 지급할 의사가 없다면 소지인은 가능한 빨리 발행인이나 배서인을 상대로 소구할 수 있는 길이 모색되어야 할 것이다. 이러한 목적에서 마련된 것이 인수이다.

IV. 배서

어음이나 수표는 발행되면 유가증권이므로 양도의 가능성이 주어진다. 어음을 수취하고 있는 자는 당연히 수령한 어음이나 수표를 양도하고자 할 상황에 직면하게 될 것이다. 이 경우 어음법과 수표법은 양도의 방법으로 배서를 인정하고 있다. 어음수취인은 어음이나 수표를 양도할 수 있고, 그 양수인도 수령한 유가증권을 다시 같은 방법으로 양도할 수 있다(어음법 제11조, 수표법 제14조).

V. 지급

어음은 만기에, 그리고 수표는 발행 후 제시와 동시에 어음금이나 수표금이 지급되어야한다. 그러므로 어음금이나 수표금의 지급은 어음이나 수표관계를 최종적으로 종료하는 법률사실에 해당한다. 지급인은 지급인에 의해(약속어음의 경우에는 발행인에 의해) 행해지는 변제로서 기본적인 법리는 민법상의 변제와 다를 바 없다. 그러나 어음과 수표라고 하는유가증권은 민법과 달리 다수인 간에 유통되어야 하는 유통성을 강하게 띠고 있다. 어음이나 수표가 유통되는 과정에서 분실되거나 도난당하여 진실한 권리자 아님에도 불구하고 그자가 어음금을 청구하는 수가 있다. 이 경우를 대비하여 어음법과 수표법은 지급인의 조사의무, 그리고 권리 없는 자에게 지급되었을 경우의 위험부담의 안배 등을 규정하고 있다(어음법 제40조, 수표법 제35조).

VI. 소구

환어음·수표의 경우에는 지급인에게, 약속어음의 경우에는 발행인에게 어음·수표를 제시하여 어음·수표금의 지급을 청구하는 것이 원칙이다. 그런데 이들이 지급을 거절할 경우소지인은 다른 어음·수표행위자들을 상대로 어음·수표금의 지급을 청구할 수 있도록 하고있다. 주채무자 이외의 자에 대하여 청구권을 행사하는 것을 소구라고 한다. 다른 말로 상환청구라고도 한다(어음법 제43조 이하, 수표법 제39조 이하). 어음의 신용도를 높이고, 유통성을 강화하기 위하여 인정된 제도이다. 소구할 수 있는 요건으로는 만기일자에 지급인이 지급거절을 하는 어음부도의 경우 외에 만기 전이라도 환어음에 대한 인수의 전부 또는일부의 거절이 있는 경우, 지급인 또는 약속어음 발행인의 무자력(無資力) 상태가 발생한경우 등에 인정된다. 이 같은 소구원인이 있더라도 일정한 형식적인 절차인 보전절차를 밟지 않고서는 소구권을 행사할 수 없다. 그러므로 소구권을 행사하기 위해서는 적법한 지급·인수제시와 지급·거절 증서에 의한 증명이 요구된다. 상환을 한 소구의무자는 자기의전자를 상대로 재소구를 할 수 있다.

VII. 보증

어음법상 보증을 이해하고자 한다면, 민법에서 인정하고 있는 보증과의 차이를 이해해야한다. 보증이라 함은 채무자가 채무를 이행하지 않는 경우에 타인이 대신하여 이행해야 할 종된 채무를 부담하는 것을 말한다(민법 제428조 1항). 특히 보증채무는 보증인과 채권자 간의 계약인 보증계약에 의하여 성립한다. 주된 채무가 무효가 되거나 취소가 되는 등으로 존재하지 않는 것으로 되는 때에는, 보증채무는 성립하지 않으며(부종성), 보증채무는 주채무자가 변제하지 않을 때 비로소 변제하는 종된 채무에 해당한다(보충성). 또한 민법상 보증인은 최고의 항변권과 검색의 항변권을 가진다(민법 제437조, 제438조). 그러나 연대보증에서는 보충성이 없으므로 연대보증인은 이러한 항변권을 갖지 못한다.

환어음의 인수인과 약속어음의 발행인의 경우 어음금 지급에 관한 주채무자가 된다. 환어음과 수표의 발행인 및 배서인들은 소구의무를 부담함으로써 어음이나 수표의 신용을 강화한다. 그러나 이러한 의무는 기본적으로 각자에게 자력이 있어야 이행할 수 있다. 만약 자력이 없다고 한다면, 어음채권자 입장에서는 아무런 의미를 갖지 못하게 된다. 이들의 책임을 이행하지 못할 경우를 대비하여 제3자가 대신 이행할 책임을 부담하는 것을 어음보증 또는 수표보증이라고 한다(어음법 제30조 이하, 수표법 제25조 이하). 보증에 의해 어음과 수표의 신용도는 더욱 강화된다. 어음·수표의 보증은 민법상의 보증과 달리 부종성이 제한되고 보증인의 최고·검색의 항변권이 인정되지 않는 등 책임이 크게 강화되어 있다.

제2장
어음요건의 기재사항

제1절 어음요건으로서 어음금액

I. 어음에 기재되어야 할 형식적 요건

1. 의의

기본적 어음행위인 발행에 의하여 작성되고 모든 어음관계에 기초가 되는 어음이 바로 기본어음이다. 기본어음에 반드시 기재되어야 하는 사항이 어음요건이다. 한편 어음과 수표로서 효력이 발생하기 위해서는 반드시 기재해야 할 사항이 있는데, 이를 발행요건이라고 한다. 발행인이 어음과 수표를 발행하기 위해서는 증권에 법으로 정한 사항을 기재하고 기명날인을 해야 한다(어음법 제1조, 제75조, 수표법 제1조). 이는 어음과 수표가 요식증권 및 문언증권이라고 하는 성질을 가지고 있기 때문이다.

1) 요식증권

요식증권이라 함은 증권에 기재되어야 할 사항과 기타 방식이 법률로 규정되어 있는 유가증권을 말한다. 반면 기재사항 등이 법정되어 있지 않은 경우를 불요식증권이라 한다. 원래 유가증권은 유통을 생명으로 하는 것이기 때문에, 그 권리관계가 증권상에 명시되어 있어야 한다. 그러한 측면에서 유가증권의 대부분은 요식증권의 성질을 갖는다. 그러나 엄격한 의미에서 요식증권은 어음이나 수표의 경우를 들 수 있다. 어음이나 수표의 경우 법정사항의 하나만 결하여도 증권자체가 무효가 되는 것으로 되어 있기 때문이다(어음법 제2조, 제76조, 수표법 제2조). 반면 화물상환증이나 창고증권 또는 선하증권 등은 반드시 기재되어야 할 사항 이외의 법정사항을 결하였다고 하더라도 무효로 하지 않고 있다. 엄격하게 구분하고자 한다면, 이들은 불요식증권의 성질을 가지고 있다고 하겠다.

2) 문언증권

증권에 기재되어 있는 권리의 내용이 증권의 문언에 의해서만 결정되고, 당사자가 증권 이외의 입증방법으로 그 문언을 변경하거나 보충할 수 없는 유가증권이 바로 문언증권이다. 그러므로 문언증권은 증권을 선의로 취득하게 되면, 그 자는 증권에 기재된 문언대로 권리를 취득하게 되고 증권에 기재되지 않은 사실을 가지고 대항하지 못한다. 어음과 수표는 대표적인 문언증권인 것이다. 그 외에도 화물상환증, 창고증권, 선하증권 역시 문언증권에 해당한다(상법 제131조, 제157조, 제797조, 제799조). 기재된 대로 반드시 결정적인 의미를 갖지 않는 주권에 대립하는 개념으로서, 유통성이 강한 증권의 경우에 선의취득자를 보호하기 위하여 인정된 개념으로 보아야 할 것이다.

II. 어음요건

1. 환어음

어음은 당연히 서면형식을 요한다. 그리고 환어음의 경우 다음과 같은 형식요건이 요구된다(어음법 제1조). 첫째, 어음임을 표시하는 문자(어음문구). 둘째, 일정한 금액을 지급할 뜻의 무조건의 위탁. 셋째, 지급인의 명칭. 넷째, 수취인. 다섯째, 발행인의 기명날인 또는 서명. 여섯째, 발행일. 일곱째, 만기의 표시. 여덟째, 발행지. 아홉째, 지급지 등이 기재되어야 한다.

2. 약속어음

약속어음의 경우 다음과 같은 형식요건을 요구한다(어음법 제75조). 첫째, 어음을 표시하는 문자(어음문구). 둘째, 일정한 금액을 지급할 뜻의 무조건의 약속. 셋째, 만기의 표시. 넷째, 지급지. 다섯째, 수취인. 여섯째, 발행일 및 발행지. 일곱째, 발행인의 기명날인 또는 서명을 요한다.

III. 어음문구

환어음과 약속어음은 그 증권의 본문에 그 증권을 작성함에 있어서 각각 환어음 또는 약속어음이라는 글자를 표시해야 한다(어음법 제1조 제1호, 제75조 제1호). 증권을 작성할 때에는 반드시 국어를 사용해야 한다. 증권에 '환어음'이나 '약속어음'이라는 문구를 기재하지 않고 단순하게 어음이라는 문구만 기재되어 있다면, 그 어음은 어음으로서 효력이 없다. 그러나 '환어음증권'이나 '약속어음증권'으로 기재하는 것은 문제가 없다.

IV. 어음에 기재된 어음금액

1. 금액기재

환어음은 일정금액을 무조건 지급할 것을 위탁하는 뜻이 기재되어야 하고(어음법 제1조 제2호), 약속어음은 "무조건 일정금액을 지급할 뜻의 약속"이 기재되어야 한다(어음법 제75조 제2호). 어음은 금전의 지급을 목적으로 하는 유가증권에 해당한다. 지급위탁이나 지급약속의 대상은 일정금액이다. 여기서 금액은 강제통용력이 있음을 조건으로 한다. 어음에 금액을 표시하는 방식은 제한을 받지 않는다. 문자를 사용해도 되고, 숫자를 사용하는 것도 가능하다. 어음금액은 모든 당사자에게 확정되고 단일한 의미를 갖도록 해야 한다. 상한 또는 하한의 방식으로 기재되거나 선택적 기재를 하는 것은 무효로 본다. 이는 어음법에서 의미하는 "일정한 금액"이라는 표현을 벗어나고 있다. 또한 이 방식은 어음금의 불확정을 야기할 가능성이 있다. 어음을 실제로 사용함에 있어서는 아라비아숫자나 한문자로 기재하도록 하고 있다.

2. 금액의 지급

약속어음의 경우에 발행인이, 환어음(수표)의 경우에는 지급인이 소지인에게 어음금액을 지급하는 것이 어음금액의 지급이다. 민법상 지급은 채무변제의 대표적인 행위에 해당한다. 채무의 변제에 의하여 어음상 권리가 소멸하게 된다. 즉, 지급을 통하여 어음(수표 역시 마찬가지이다)은 그 목적을 완성하고 자신의 생명을 다하게 된다. 지급의 넓은 의미로 소구의무자가 소구권자에게 소구의무를 이행하는 것도 지급으로 본다.

3. 지급의 목적

1) 어음채권의 지급화폐

어음채권은 금전채권이다. 그러므로 지급할 화폐는 강제통용력을 가지고 있어야 한다. 지급의 경우 민법의 일반원칙이 적용된다. 민법 제376조는 "채권의 목적이 어느 종류의 통화로 지급할 것인 경우에 그 통화가 변제기에 강제통용력을 잃은 때에는 채무자는 다른 통화로 변제하여야 한다."고 규정하고 있다. 이는 지급인이 그 선택에 따라 각종의 통화로 변제할 수 있음을 의미한다.

2) 외화표시어음의 경우

외화표시어음(수표)에 관하여는 특칙이 있다(어음법 제41조 제1항, 제2항, 제3항: 수표법 제36조 제1항, 제2항, 제3항). 외국통화의 가격은 지급지의 관습에 의하여 정한다. 그러나 발행인은 어음(수표)에 정한 환산율에 의하여 지급금액을 계산할 뜻을 어음·수표에 기재할 수 있다(어음법 제41조 제2항, 수표법 제36조 제2항). 발행인이 특종의 통화로만 지급할 뜻(외국통화현실지급문구)을 기재한 경우에는 반드시 그 지정된 통화로 지급을 하여야 한다(어음법 제41조 제3항, 제77조 제1항 제3호, 수표법 제36조 제3항).

발행국과 지급국에서 동명이가를 가진 통화가 있음에도 불구하고(가령 스위스 프랑과 프랑스 프랑) 특정의 통화를 지정하지 않은 채 어음·수표의 금액을 정한 때에는 지급지의 통화에 의하여 정한 것으로 추정한다(어음법 제41조 제4항, 제77조 제1항, 수표법 제36조 제4항). 어음(수표금)은 모든 어음(수표) 이해관계인 사이에서 획일적으로 확정될 수 있어야 한다.

4. 금액기재와 일부의 지급

어음금액은 문자로 표시하든 숫자로 표시하든 하등의 상관이 없다. 다만 실제에 있어서는 변조를 방지하거나 오류를 피하기 위해 어음금액을 여러 곳에 문자와 숫자로 중복 기재하는 경우가 많다. 이 중복기재의 문자와 숫자가 서로 다른 경우 이 어음을 무효로 할 것이 아니라 유효한 것으로 하기 위하여 어음법은 구제규정을 두고 있다. 즉, 어음의 금액을 문자와 숫자로 기재한 경우에 그 금액에 차이가 있는 때에는 문자로 기재한 금액을 어음금액으로 본다. 또 문자와 문자, 숫자와 숫자가 다른 금액일 경우에는 그중 소액을 어음금액으로 보고 있다(어음법 제6조, 제77조 제2항, 수표법 제9조).

환어음의 경우 발행인인 지급인이 어음(수표금)의 일부를 지급하는 경우에도 소지인은 이를 거절할 수 없다(어음법 제39조 제2항, 수표법 제34조 제2항). 비록 어음(수표)금액의 일부이지만 소지인이 이를 수령하여도 그로 인하여 소지인에게 어떤 손해가 발생하는 것이 아니기 때문이다. 일부지급이 있으면 소지인은 나머지 금액에 한하여 지급거절로 인한 소구권을 갖는다. 이러한 권리를 행사하기 위하여 소지인은 계속 어음(수표)을 소지하고 있어야 하므로, 지급인은 그 어음(수표)의 반환을 청구할 수 없다. 대신 지급한 뜻을 어음(수표)에 기재하고 영수증을 교부할 것을 요구할 수 있다(어음법 제39조 제3항, 수표법 제34조 제3항).

제2절 어음요건으로서 지급인

I. 환어음요건

환어음의 경우 환어음문구와 지급위탁문구는 반드시 기재되어야 한다. 어음에는 어음상의 세 당사자가 기재되어 있어야 한다. 이를 환어음의 인적 3면관계라고도 한다. 세 당사자라 함은 지급인, 수취인 및 발행인을 의미한다. 어음법에서 보는 바와 같이 환어음은 지급인이라고 하는 자의 명칭이 반드시 기재되어 있어야 한다(어음법 제1조 제3호). 어음의 발행과 지급과 관련하여 그 방식인 시간과 장소가 기재되어야 한다.

II. 어음법상 어음요건의 보완

1. 어음요건 보완

어음법에서 요구하는 기재사항이 모두 기재된 어음을 기본어음이라고 한다. 원칙적으로 기본어음에 해당하는 어음요건이 모두 기재되어야 하지만, 이 중에서 일정사항은 기재하지 않아도 증권이 무효로 되지 않는 경우가 있다. 만기, 지급지 및 발행지에 대한 사항이 그것이다.

어음법은 만기의 기재가 없으면 그 어음은 일람출급어음으로 본다(어음법 제2조 제1호). 장소에 관한 사항 역시 대체될 수 있는 가능성을 부여한다. 지급지나 발행지의 기재가 없는 때에는 지급인에 부기된 장소를 지급지, 발행인에 부기된 장소를 발행지로 본다(어음법 제2조 제2호, 제3호).

2. 판례의 입장

지급지나 발행지와 관련하여 대법원은 "어음법 제75조 소정의 기재 사항 중 하나라도 그 기재가 없으면 특별한 규정에 의하여 구제되지 아니하는 한 어음으로서의 효력을 발생할 수 없다."고 판시하고 있다.[1] 그러나 국내어음과 수표의 경우에 명백하게 발행지 기재가 없다고 할지라도 유효성을 잃지 않는다고 하였다.[2] 이는 국내어음의 발행지의 경우 어음요건으로서 중요성이 거의 없다고 보이는 경우에는, 이를 보충하지 않았다고 하더라도 무효의 어음이라고 보는 것은 지나친 형식논리에 치우친 해석이라고 보며, 이를 무효의 어음으로 보지 않는 것이다. 국내어음과 수표에 대한 각각 대법원 판결을 제시한다.

대법원 1998. 4. 23. 선고 95다36466 판결(전원합의체)

대법원은 "어음의 발행지란 실제로 발행행위를 한 장소가 아니라 어음상의 효과를 발생시킬 것을 의욕하는 장소를 말하는 것으로, 어음의 발행지에 관련된 어음법 제37조, 제77조 제1항 제2호, 제41조 제4항, 제77조 제1항 제3호, 제76조 제3호 등과 섭외사법의 관련규정들을 살펴보면, 어음에 있어서 발행지의 기재는 발행지와 지급지가 국토를 달리하거나 세력을 달리하는 어음 기타 국제어음에 있어서는 어음행위의 중요한 해석기준이 되는 것이지만, 국내에서 발행되고 지급되는 이른바 국내어음에 있어서는 별다른 의미를 가지지 못한다고 할 것이다."

"이 사건 각 약속어음은 국내금융기관인 부산은행이 교부한 용지에 의하여 작성된 것으로, 지급지는 양산군, 지급장소는 부산은행 양산지점장으로 되어 있으며, 그 발행인과 수취인은 국내의 법인과 자연인이고, 어음금액은 원화로 표시되어 있으며, 어음문구 등 어음면상의 문자가 국한문혼용으로 표기되어 있을 뿐만 아니라, 어음표면 우측 상단에 어음용지를 교부한 은행점포를 관할하는 어음교환소명으로 "부산"이라 기재되어 있는 점 등에 비추어볼 때, 이 사건 각 약속어음은 국내에서 발행되고 지급되는 국내어음임이 명백하고, 따라서 그 어음면상 발행지의 기재가 없다고 하여 이를 무효의 어음으로 볼 수 없다고 할 것이므로, 위 각 어음에 대한 지급제시가 비록 발행지의 기재 없이 이루어졌다고 하더라도 이는 적법하게 지급제시된 것이라고 할 것이다."라고 판시하였다.

대법원 1999. 8. 19. 선고 99다23383 판결(전원합의체)

대법원은 발행지가 없는 국내수표도 유효한 수표로 인정된다고 하면서, "수표면의 기재 자체로 보아 국내수표로 인정되는 경우에 있어서는 발행지의 기재는 별다른 의미가 없는 것이고, 발행지의 기재가 없는 수표도 완전한 수표와 마찬가지로 유통·결제되고 있는 거래의 실정 등에 비추어, 그 수표면상 발행지의 기재가 없는 경우라 할지라도 이를 무효의 수표로 볼 수는 없다."고 판시하고 있다.

---

1   대법원 1967. 9. 5. 선고 67다1471 판결.
2   대법원 1998. 4. 23. 선고 95다36466 판결.

3. 어음요건 관련 헌법재판소 결정

어음에 있어서 수취인이나 발행일 기재와 관련하여 발행지와는 달리 이들을 어음요건으로 하고 있는 현행법이 헌법상 문제가 있는가에 대한 결정을 내렸다.

헌법재판소 2000. 2. 24. 97헌바 41 결정

헌법재판소는 "입법자가 입법목적에 비추어 어음관계자의 이해와 공익적 필요 등을 비교형량하고 조정하여 이 사건 법률조항들에서 발행일과 수취인을 어음의 필요적 기재사항으로 함과 동시에 그 기재를 흠결하는 경우, 어음의 효력이 없다고 규정하도라도 그것은 입법형성권의 범위 내이지 입법형성권의 한계를 일탈한 것이라고 할 수 없다. 따라서 이 사건에서 문제된 법률조항들은 헌법 제23조 제1항에 위반된다고 할 수 없다."고 하였다. "그 밖에 이 사건 법률조항들은 기본권제한의 한계를 정한 헌법 제37조 제2항에도 위반되지 않는다. 어음제도나 이 사건 법률조항들을 포함한 어음법은 사유재산권을 부인한 것이 아니며, 헌법 제23조 제1항 제2문에 의거 어음상의 권리의 득실·변경·행사 등에 관한 내용과 한계를 법률로서 정하여 형성한 것이다. 그 결과 이 사건 법률조항들에서 규정한 수취인과 발행일의 기재를 누락하여 소지인이 어음요건 흠결로 배서인에 대한 소구권을 상실한다 하더라도 이는 기본권의 제한을 정한 규정이라 할 수 없다."고 하였다.

III. 어음요건으로서 지급인

1. 지급인의 동의 여부

약속어음과 달리 환어음에는 지급인이 존재한다. 환어음을 발행함에 있어 발행인은 지급인과 자금관계에 의한 지급에 대한 합의에 의하여 지급인이 기재되는 것이 일반적이다. 그러나 지급인 기재는 발행인과 지급인 간의 자금관계가 존재하지 않는다 할지라도 발행인이 일방적으로 기재할 수 있도록 되어 있다. 그렇기 때문에, 아무런 이유 없이 지급인이 어음소지인으로부터 지급청구를 받을 가능성이 없는 것은 아니다. 그러나 지급인으로 기재되어 있다고 할지라도 지급인이 인수하지 않는다고 하면, 어음상의 책임을 부담하지 않는다.

2. 지급인 실제성

발행인이 제3자에게 지급을 위탁하는 환어음의 경우, 지급인은 어음상 반드시 기재되어 있어야 한다. 만약 지급인이 기재되어 있지 않다고 한다면, 그 어음은 무효로 보아야 한다. 여기서 제기되는 질문은 만약 지급인이 실제로 존재하지 않는 경우라면 어떻게 보아야 할 것인가의 물음이다. 어음상 지급인은 형식적으로 기재되어 있기만 하면 어음요건을 충족한 것이므로, 비록 사망한 자라 할지라도 효력에는 영향을 미치지 않는 것으로 본다. 다만, 지급인은 반드시 사람임을 요건으로 하므로, 사람이 아닌 명칭을 기재한 경우라면, 이 경우 무효로 보아야 한다.

3. 지급인의 자격과 기재방법

지급인의 자격에는 제한이 없다. 권리능력이 있는 사단이나 단체이면 모두 지급인이 될 수 있다. 권리능력 없는 사단이나 민법상 조합의 경우에 이를 지급인으로 기재한 경우 적법한가에 대한 물음이 제기될 수 있다. 다수설은 이 경우에도 유효한 어음으로 본다.

지급인의 명칭은 지급인의 동일성을 인식할 수 있는 정도로 기재하면 된다. 따라서 자연인이라면 그의 성명 외에도 아호·별명·예명 역시 지급인의 명칭이 될 수 있다. 상인이라면 그의 상호를 기재해도 상관없다. 법인을 지급인으로 할 때에는 법인의 명칭만 기재하면 충분하고 그 대표자의 성명을 기재할 필요는 없다.

4. 지급인의 복수기재

환어음의 지급인에 대하여 단수가 아닌 복수로 기재하는 경우에, 그 어음을 유효로 볼 수 있는 것인가에 대한 물음이다. 지급인을 복수로 기재하는 방법은 여러 가지 방식으로 나타날 수 있다.

첫째, 지급인을 중첩적으로 기재하는 경우(병 및 을)
둘째, 지급인을 선택적으로 기재하는 경우(병 또는 을)
셋째, 지급인을 순차적으로 기재하는 경우(병이 지급하지 않을 경우 을) 등이 그것이다.

지급인을 중첩적으로 기재한 경우에는, 발행인이 모든 지급인에게 지급할 권한이 있는 것으로 판단하여, 동 방법의 기재는 인정된다. 중첩적으로 기재된 경우에는 그 지급인 전원에게 제시하고 전원이 지급을 거절해야만 소구권이 발생하나, 인수제시는 그중 1인에게 하면 족하고 그 1인이 거절하면 바로 소구권이 발생한다고 한다(통설). 반면, 지급인을 선택적으로 기재한 경우, 다수설은 선택 전에 지급인이 확정되지 아니하여 어음관계의 단순성을 해친다는 이유로 그것을 인정하지 않는다.[3] 이에 대하여, 선택적 기재를 무효라고 해야 할 이유는 없다는 주장도 있다.[4] 병 또는 을을 선택적으로 기재한 경우, 발행인의 의사는 병과 을 가운데 누구든 소지인이 편리한 자를 택해 인수제시 또는 지급제시를 하고 거절되면 소구책임을 지겠다는 뜻으로 해석이 가능하다는 이유를 제시한다. 그렇게 해석하는 한 소지인의 지위를 불리하거나 불안하게 할 우려가 없다는 것이다. 한편 순차적 기재의 경우에는, 제1지급인을 지급인으로 하고 제2지급인은 예비적인 지급인으로 보아, 기재의 형식을 유효한 것으로 본다.

5. 자격의 겸병

환어음은 발행인, 수취인 및 지급인이라고 하는 세 명의 당사자가 요구된다. 세 당사자는 모두 별개의 사람이 되는 것이 원칙이다. 그러나 어음법은 동일인이 두 자격이 될 수 있음을 규정하고 있다. 발행인 자격과 수취인 자격이 동일한 경우를 자기지시환어음이라고 하고(어음법 제3조 제1항), 발행인 자격과 지급인 자격이 동일한 경우를 자기앞 환어음(어음법 제3조 제2항)이라고 한다. 이와 같이 자격의 겸병을 인정하고 있는 이유는 첫째, 어음관계의 당사자 사이에 이해 상반하는 관계가 없다는 점을 든다. 둘째, 어음금액의 지급에 대한 실익과 유통성 확보를 가능하게 한다는 점을 들 수 있다. 발행인이 다른 지역에 본점과 지점 등 두 개 이상의 영업소나 거소를 가지고 있는 경우나, 발행지와 다른 곳에 있는 영업소나 거소에서 어음금을 지급하고자 하는 경우에 그 이용의 실익이 있다.[5]

제3절 어음요건으로서 지급지

I. 지급지

지급지라 함은 어음금이 지급될 지역을 말한다. 지급지는 어음금액이 만기에 지급될 지역이 될 뿐만 아니라, 인수 또는 지급을 위한 제시, 전자에 대한 상환청구권보전절차, 인수

---

3 정찬형, 상법강의(하), 제15판, 박영사, 2012, 207면; 이기수·최병규, 어음·수표법(상법강의), 제7판, 박영사, 2009, 71면.

4 이철송, 어음·수표법, 제12판, 박영사, 2012, 232면.

5 서울의 본점이 부산의 지점을 지급인으로 하여 환어음을 발행하는 것과 같다. 이러한 어음은 그 실질이 약속어음과 같다고 할 수 있다. 특히 서울의 본점에서 부산지점을 지급장소로 하여 약속어음을 발행한다면 자기앞환어음과 똑같은 목적을 달성할 수 있다.

인의 채무이행 등의 지역이 된다. 어음법은 환어음이든 약속어음이든 간에 어음에 지급지를 기재하여야 한다(어음법 제1조 제5호). 지급지는 지급제시기간 중에만 의미를 갖는다. 왜냐하면 지급이 거절되어 어음소지인이 소구권을 행사하거나 제시기간이 경과한 후에 주채무자에게 청구할 때에는, 각 채무자의 주소에서 청구해야 하기 때문이다.

1. 실체법상 의미

어음소지인은 환어음의 경우 지급인에게, 약속어음의 경우 발행인에게 어음금에 대한 지급을 청구하게 되는데, 그 지역은 어음상에 기재된 지급지에서 해야만 한다. 인수 또는 약속어음의 발행인이 지급채무를 이행해야 하는 지역도 역시 지급지이다. 지급지는 어음상의 채무가 이행되는 지역이라는 점에서 지급청구하거나 채무를 이행함에 있어서 중요한 의미를 가지고 있다.

2. 절차법상 의미

어음상의 소송이 발생하는 경우에도 지급지는 중요한 의미를 갖는다. 어음상의 법적 다툼이 발생한 경우에 어음소지인이 소송을 제기함에 있어서 관할지역은 어음채무자 주소지의 법원으로 하는 것도 가능하다(민사소송법 제2조, 제3조). 그러나 민사소송법 제9조는 어음과 수표 지급지의 '특별재판적'을 인정하고 있다. 그러므로 어음과 수표에 관한 소송을 제기하는 경우에는 지급지의 법원에 제기할 수 있는 것이다.

대법원 1980. 7. 22. 선고 80마208 결정

대법원은 "약속어음은 그 어음에 표시된 지급지가 의무이행지이고, 그 의무이행을 구하는 소송의 토지관할권은 지급지를 관할하는 법원에 있고, 채권자의 주소지를 관할하는 법원에 있는 것은 아니다."라고 판시하고 있다.

3. 소결

어음에 있어서 지급지는, 앞에서 본 바와 같이, 어음상의 권리행사에 있어 실체법상의 의미를 가지고 있을 뿐만 아니라 절차법상 중요한 뜻을 가지고 있기 때문에, 어음법은 어음요건의 하나로 규정하고 있는 것이다. 결국 이를 기재하지 않은 어음은 무효가 된다.

II. 지급장소와의 구별

1. 지급장소

지급지와 지급장소는 다르다. 지급장소는 지급지에 있으면서 지급이 행하여질 특정한 장소를 의미한다(어음법 제4조, 제27조 제2항).[6] 지급지는 어음요건에 해당한다. 실제로 어음을 거래함에 있어서 지급장소가 기재되는 것이 일반적이지만, 지급장소는 어음요건에 해당하지 않는다. 지급장소는 단지 '유익적 기재사항'에 속한다. 지급장소가 기재되어 있지 아니한 경우에도 지급인(또는 약속어음의 발행인)의 주소에서 지급되어야 한다. 지급장소는 어음요건이 아니므로 기재된 지급장소가 지급지와 모순되는 경우(예: 지급지는 포항시인데, 지급장소는 서울특별시의 어느 지점인 경우)에도 어음의 효력에는 영향이 없다.[7] 다만 지급장소만 무효가 될 뿐이다.

2. 어음상의 사적 자치

어음요건은 어음상의 권리를 정형화하고 가시화하기 위해 최소한 필요하다고 인정되는 사항을 법으로 기재하도록 하고 있다. 그러나 어음요건 이외에도 어음거래를 하는 자들이 상호 합의할 가능성이 있다. 즉, 어음금을 지급할 장소에 관련된 어음요건은 지급지뿐이지만 어음관계자들은 어음금을 주고받을 보다 구체적인 지점을 원할 수도 있다. 그러므로 어음법에서는 사적 자치의 원칙에 입각하여 어음당사자들이 어음요건 이외에 상호 법적 구속을 가하고자 원하는 추가적인 사항이 있을 경우 이를 어음에 반영할 수 있는 예를 인정한다.

3. 유익적 기재사항과 무익적 기재사항

어음의 발행단계에서 어음요건은 아니나 어음법적 효력을 발휘할 수 있는 사항들을 기재할 수 있다. 이를 '유익적 기재사항'이라고 하고, 이 외에도 '무익적 기재사항'과 '유해적 기재사항'이 있다.

전자는 발행인인 기재하더라도 기재내용의 효력을 인정하지 않고 그 존재를 무시하는 것

---

6   '서울특별시'는 지급지로서 어음에 기재할 만한 것이고, '서울특별시 중구 소공동 1번지 1호' 또는 '국민은행 명동지점'은 지급장소로서 적당하다.
7   대법원 1970. 7. 24. 선고 70다965 판결.

이다. 발행인이 확정일출금어음에 이자를 지급할 뜻을 기재한 경우, 그 이자문구는 무익적 기재사항이 된다(어음법 제5조 제1항 후문). 이는 이자지급을 허용하지 않는다는 뜻이다. 즉, 기재하더라도 아무 의미가 없는 것이다.

4. 유해적 기재사항

어떤 사항을 기재하면 그 기재를 무시하는데 그치지 않고 적극적으로 어음발행의 효력을 부정하는 것이 방식이다. 이를 '유해적 기재사항'이라고 한다. 어음금의 지급에 조건을 붙이는 경우, 그 조건만 무효가 되는 것이 아니라 어음 전체를 무효로 한다. 대표적인 유해적 기재사항에 해당한다.

III. 기재방법

1. 기재요건

지급지는 단일성과 실제성이 갖추어져 있어야 한다. 지급지의 단일성은 지급지가 중첩적으로 기재되어 있다든가 또는 선택적으로 기재되어서는 안 된다는 것을 의미한다. 지급지의 복수기재는, 소지인이 지급청구를 함에 있어서 지급제시와 변제의 제공 여부에 관한 다툼이 발생할 가능성이 있다는 점에서 인정하지 않는다.[8] 실제성이라 함은 지급지가 실제로 존재하는 지역이어야 함을 의미한다. 그러므로 이어도와 같은 지역은 지급지로서 효력이 없다. 최소한 하나의 생활권을 이루는 지역이어야 한다.

지급지는 지급장소를 찾는 지리적 출발점이라고 볼 수 있다. 그러므로 발행지를 포함한 지급지 등에서 '지'는 독립한 최소행정구역을 의미하므로 특별시·광역시·시·군과 같은 것을 말한다. 대법원도 '서울특별시'의 경우 '서울' 정도만 표시하면 충분하고 구까지 표시할 필요는 없다고 판시한 바 있다.[9] 또한 대법원은 지급장소만 기재하였다 하더라도 지급지를 기재한 것으로 판단하고 있다.[10]

---

8 이철송, 어음·수표법, 제12판, 박영사, 2012, 231면.
9 대법원 1981. 12. 8. 선고 80다863 판결.
10 대법원 2001. 11. 30. 선고 2000다7387 판결.

2. 지급지 보충가능성

지급장소가 지급지를 보충할 수 있는가에 대한 물음에서, 대법원은 지급장소가 지급지를 보충할 수 있다고 판시하였다. 그러나 지급지란에 '삼진기계'와 같이 무명의 사업체의 상호가 표시되어 있다면 이는 지급지의 장소적 개념이 표현된 것으로 볼 수 없다고 한다.[11]

IV. 동지출급과 타지출급

지급지와 환어음의 지급인(약속어음의 발행인)의 주소지가 같은 어음을 동지출급어음이라 하고, 양자의 주소지가 다른 어음을 타지출급어음이라 한다. 특히 환어음의 타지출급의 경우에 주의해야 한다. 타지출급의 환어음의 경우에는 지급인이 지급지를 알지 못하므로 지급제시에 대비하지 못하는 경우가 발생할 수 있다. 그러므로 인수제시가 상당히 큰 의미를 갖게 된다. 어음법은 환어음에 대하여 인수제시를 자유롭게 인정하고 있지만(어음법 제

---

11 대법원 1991. 7. 23. 선고 91다8975 판결.

21조), 타지출급의 경우에는 반드시 인수제시를 하도록 하고 있다(어음법 제22조 제2항). 이는 지급인이 이것을 알게 해주기 위함이다.

V. 제3자방 지급

1. 의의

약속어음의 발행인이나 환어음의 지급인 그 자신이 그 주소지에서 지급을 하는 것이 아니라, 제3자방에서 지급하는 것을 말하고, 이러한 어음을 제3자방 지급어음이라고 한다(어음법 제4조, 제27조, 제77조 제2항, 수표법 제8조). 이는 지급담당자와 지급장소를 포함한 개념에 해당한다. 제3자방이라 함은 지급인이나 약속어음의 발행인을 위해 지급사무를 대행해줄 제3자인 지급담당자를 뜻하기도 하고, 지급이 이루어질 구체적인 지점(지급장소)을 뜻하기도 한다. 제3자방은 제3자에 의하여 제3자의 주소에서 지급되는 것이 원칙이나, 지급인 그 자신이 제3자의 주소에 가서 지급을 하는 것은 가능하다. 다만, 환어음의 지급인의 경우 발행인이 아직 제3자방 지급문구를 기재하지 않았거나 어음지급인의 주소에서 지급될 것인 때에는 인수를 함에 있어서 제3자방 지급의 기재를 할 수 있다(어음법 제27조).

2. 기능

원래 어음금은 환어음의 경우 지급인 또는 약속어음의 발행인의 주소나 영업소에서 지급하는 것이 원칙이다. 그러나 환어음의 지급인이나 약속어음의 발행인이 자신의 일반생활과 어음거래를 구분해서 다루고자 하는 경우에 제3자방 지급어음은 그 이용가치가 있다. 다량의 어음을 거래하는 자가 지급사무를 집중적으로 처리하고자 할 때에도, 자신을 위해 어음의 결제를 전담하는 사람 또는 장소를 정해둘 필요가 있는데, 이 경우에도 제3자방 지급의 효용가치가 있다. 특히 환어음의 지급인 또는 약속어음의 발행인의 거래은행을 지급담당자로 하면 지급이 용이하게 되고, 또 부도 시 거래정지처분이 내려지므로 어음의 지급을 확실하게 한다.[12] 기업거래에서 발행하는 어음은 실제로 예외 없이 은행과의 약정하에 은행을 제3자방으로 기재하고 있는 '은행도어음'을 사용하고 있다.

---

12 이기수·최병규, 어음·수표법, 제7판, 박영사, 2009, 83면.

3. 기재권자

제3자방 지급의 문언을 기재할 수 있는 권한을 가진 자는 원칙적으로 발행인이다. 어음법은 환어음과 약속어음에 대하여 이 같은 사항을 규정하고 있다. 환어음의 경우 발행인이 제3자방을 자유롭게 기재할 수 있다(어음법 제4조). 약속어음의 경우에도 발행인은 자신이 어음금을 지급할 것이므로 제3자방을 자유롭게 정할 수 있다(어음법 제77조 제2항, 제4조). 제3자방이 지급인의 주소지에 있거나 다른 지역에 있든 관계없이 제3자방에서 지급하는 것으로 할 수 있다(어음법 제4조). 그러나 지급지 내에 있는 장소라야 한다. 다만, 제3자방을 정한 경우에는 지급인이 사정을 알고 있어야 지급에 대비할 것이므로 발행인이 인수제시를 금지하지 못하도록 하고 있다(어음법 제22조 제2항). 제3자방을 기재하면 어음소지인은 어음에 기재된 지급담당자에게 또는 지급장소에서 지급제시를 하게 된다.

제4절 어음요건의 만기

I. 지급기일

1. 의의

만기의 기재는 어음의 유효요건에 해당하지 않는다. 어음법은 만기 기재가 없는 어음에 대하여 일람출급어음으로 본다(어음법 제2조 제1호). 만기와 관련하여 구별해야 할 사항이 있다. "지급을 할 날"(어음법 제38조 제1항, 어음법 제44조 제3항)과 "지급하는 날"(제41조 제1항)이 그것이다. "지급을 할 날"은 어음법상 지급제시가 가능한 최초의 날을 의미한다. "지급을 할 날"은 보통은 만기와 일치한다. 그러나 만기가 법정휴일인 때에는 이에 이은 제1의 거래일이 지급을 할 날이 된다(어음법 제72조 제1항). 양자가 달라질 수 있음을 보여준다. "지급하는 날"은 어음금을 실제 지급한 날을 뜻한다. 어음소지인이 지급을 할 날에 제시하고 그날 지급이 이루어지면 "지급하는 날"이 지급을 할 날과 일치하게 된다. 그러나 지급을 할 날의 다음 날에 제시하거나, 지급을 할 날에 제시했다 하더라도 지급인 또는 약속어음의 발행인이 그날 지급하지 못하고 수 일이 지나서 지급하면 "지급을 할 날"과 "지급의 날"이 불일치하게 된다.

2. 요건

1) 확정성

만기는 어음소지인이 권리행사를 할 수 있는 날에 해당한다. 어음소지인은 만기에 지급제시하는 것이 소구권보전의 요건이 된다. 그러므로 만기는 객관적으로 그 날짜가 확정되어 있어야 한다.

대법원 1997. 5. 7. 선고 97다4517 판결

대법원은 "어음의 만기는 확정이 가능하여야 하므로 어음 자체에 의하여 알 수 있는 날이어야 하고 어음 이외의 사정에 의하여 좌우될 수 있는 불확정한 날을 만기로 정할 수 없다고 할 것이니 불확정한 날을 만기로 정한 어음은 무효라고 할 것이다."라고 판시한 바 있다. 본 사례의 사실관계와 관련하여 대법원은 "소외 우성특수조경 주식회사가 원고에게 공사대금조로 발행·교부 한 어음이 부도되자 소외 우성특수조경 주식회사의 이사인 피고는 1992년 9월 24일 원고에게 미변제된 부도어음금 35,550,000원을 액면으로 하고, 지급기일을 '용마산현장 준공 후'라고 기재한 약속어음을 발행한 사실이 있다. 약속어음은 유통증권, 문언증권으로서 어음법이 요구하는 만기 등 어음요건의 구비는 원칙적으로 어음문면 그 자체에 의하여 판단할 것이지 원인관계상의 사정을 고려하여서는 아니 된다고 할 것이므로 이 사건 어음의 지급기일은 부적법하므로 이 사건 어음은 무효이다."라고 판시하고 있다.

2) 현실 가능성

만기는 실제로 달력에 있는 날짜로 존재하는 것이 타당하다. 그러나 달력에 없는 날을 만기로 하는 경우에, 이를 무효로 보아야 하는가의 문제가 제기될 수 있는데, 통설과 판례는 이를 무효로 보지 않는다. 또한 발행일 이전의 날짜를 만기로 한 어음의 경우에 이를 무효로 볼 것인가의 물음이 제기된다. 대법원은 다음과 같은 요지로 판시하고 있다.

대법원 2000. 4. 25. 선고 98다59682 판결

대법원은 "어음요건의 기재가 그 자체로 불가능한 것이거나 각 어음요건이 서로 명백히 모순되어 함께 존립할 수 없게 되는 경우에는 그와 같은 어음은 무효라고 봄이 상당하고, 한편 약속어음의 발행일은 어음요건의 하나로서 그 기재가 없는 상태에서는 어음의 권리가 적법하게 성립할 수 없는 것이므로(대법원 1994. 9. 9 선고 95다12098, 94다12104 판결), 확정된 날을 만기로 하는 확정일출급 약속어음의 경우에 있어서 만기의 일자가 발행일보다 앞선 일자로 기재되어 있다면 그 약속어음은 어음요건의 기재가 서로 모순되는 것으로서 무효라고 해석하여야 할 것이다."라고 판시하고 있다. 그리고

"피고가 소외 김창현에게 액면금 30,000,000원, 발행일 1995. 10. 2., 지급기일 1995. 1. 17.로 된 약속 어음 1매를 발행하고, 위 감창현은 원고에게 위 어음을 배서양도한 사실, 위 약속어음은 그 지급기일이 발행일 이전의 날이어서 어음요건을 갖추지 못하여 무효이다."라고 하였다.

II. 만기의 종류

어음의 만기는 다음 네 가지 방식이 인정되고 있다. 일람출급식(어음법 제33조 제1항 제1호), 일람후 정기출급식(어음법 제33조 제1항 제2호), 발행일자후 정기출급식(어음법 제33조 제1항 제3호) 및 확정일출급식(어음법 제33조 제1항 제4호)이 있다.

1. 일람출급어음

일람출급어음은 어음소지인이 지급을 위한 제시를 한 날을 만기로 하는 만기의 형식이다. '일람 시' 또는 '제시 즉지 지급함'이라는 용어를 어음면에 표기하게 된다.

일람출급어음은 이 어음이 제시되는 때에 만기가 된다(어음법 제34조 제1항 제1문). 그러나 일정한 기일 전에는 어음을 지급인에게 지급제시 할 수 없도록 하는 것도 가능하다(어음법 제34조 제2항 제1문). 이 경우에는 발행일로부터 1년의 기간 이내에 지급을 위하여 어음을 제시하여야 한다(어음법 제34조 제1항 제2문). 이는 어음채무자를 장기간 불안정한 상태에 두지 않기 위한 목적을 가지고 있다. 발행인은 이 기간을 연장 또는 단축할 수 있고, 제시인은 이 기간을 단축할 수 있을 뿐이다(어음법 제34조 제1항 제3문).

2. 일람후 정기출급어음

일람후 정기출급어음은 일람에 의하여 만기가 되는 것이 아니라, 일람의 날이 환어음의 경우 인수를 위해 제시가 있었던 날이 된다. 그러므로 이러한 제시가 있고 일정한 기간이 지난 후에 비로소 만기가 된다. 예를 들면 '일람후 5일이 지난 날' 등으로 표시될 수 있다. 지급인이 일람후 5일이 경과한 날에야 비로소 지급하는 경우에는 어음이 인수의 목적으로 지급인에게 제시되기 때문에 지급인은 어음을 '일람'하게 된다. 따라서 만기는 인수제시의 기간과 일정기간에 따라 결정된다. 인수제시기간은 발행일자로부터 1년이다(어음법 제23조 제1항). 일람출급어음과 마찬가지로 발행인은 이 기간을 단축·연장할 수 있으며, 배서인은 이를 단축할 수 있다. 이 형식의 어음이 실무상 이용가능성이 높다.

3. 확정일출급어음

만기는 반드시 숫자로 기재되어야만 하는 것은 아니다. 예를 들면 특정한 날, 세력에 의하여 정확하게 정해질 수 있는 날을 만기로 정했다고 한다면, 그러한 어음은 유효한 것으로 볼 수 있다. '5월 중순', '6월 말'의 경우, 정확하게 정해진 날은 아니지만, 어음법은 각각 5월 15일, 6월 30일이 되는 것으로 하고 있다(어음법 제36조 제3항). 연도가 결여되어 있다면 발행일 이후의 날 중에서 가장 상응하는 날을 만기로 본다. 휴일이 만기로 되어 있는 경우, 어느 일을 만기로 보아야 하는가의 문제가 발생할 수 있다. 이 경우 만기의 기재로서 충분하지 않다고 볼 수도 있으나, 휴일에 이은 제1거래일에 청구가 가능하므로 유효하다고 해야 할 것이다(어음법 제72조 제1항 제1문).

4. 발행일자후 정기출급어음

'발행일로부터 15일 후'이라는 형식을 띠는 어음이 발행일자후 정기출급어음이다. 발행 후 일정한 기간이 경과한 날이 만기가 되는 어음인 것이다. 어음채무자가 어음금을 마련할 수 있는 기간을 제공받을 수 있다는 점에서 그 이점이 있다.

III. 분할지급 등 기타사항

어음법은 만기에 대하여 일람출급어음, 일람후 정기출급어음, 발행일자후 정기출급어음, 확정일출급어음 등 네 가지 형식만이 인정된다. 그 밖의 날짜를 만기로 하는 어음은 무효라고 본다(어음법 제33조 제2항). 어음의 만기일이 어음법에서 인정하고 있는 방식(어음법 제33조) 이외의 형식으로 기재된 어음은 무효이다(어음법 제33조 제2항).

어음의 만기를 분할출급으로 하는 경우가 발생할 수 있다. 이 경우 어음의 유효성을 인정할 것인가의 문제가 제기된다. 영미법의 경우 분할출급을 인정하고 있는 반면에, 우리 어음법은 어음금액의 분할이행을 위하여 여러 개의 만기가 기재된 어음의 발행을 인정하고 있지 않다(어음법 제33조 제2항). 이는 무효인 어음이 된다. 또한 만기가 확정되지 않는 외부적인 사건, 즉 외부적인 행사에 의하여 만기가 정해지는 어음 역시 효력을 인정하지 않고 있다.

제3장
어음의 법률관계

제1절 융통어음 소지인의 권리

I. 융통어음의 의의

상거래가 원인이 되어 발행되는 어음이 상업어음은 기업이 물품이나 용역을 구매하고 그 대금을 지급하는 수단으로 발행하게 된다. 어음 가운데 가장 진정한 동기에서 발행한다고 의미에서 진성어음이라고도 하는 것이다. 반면 융통어음은 일반적으로 두 가지 형식의 자금융통 기능을 가지고 있다.[1] 어음발행의 원인에 현실적인 상거래가 없이 오직 자금융통의 목적을 위하여 발행하는 방법과 기업이 약속어음을 발행하여 사채업자나 금융기관에 할인의 방법으로 어음을 매각하여 자금을 조달하는 방법이 그것이다.

1. 개인적 자금융통

갑은 을로부터 목적물을 매입하였다. 현금을 지급하지 못하는 채무자 갑은 그의 작은 아버지 병에게 부탁하여 어음발행을 요청하였다. 다급한 조카를 위하여 작은 아버지 병은 어

---

1   이철송, 어음법·수표법, 제12판, 박영사, 2012, 26면.

음을 발행하였고, 그 어음을 받은 갑은 채권자 을에게 교부하여 주었다. 전형적인 융통어음의 모습이다.

만기가 되기 전 갑은 사업을 잘 운영하여 수익을 내서 채권자 을에게 채무금액을 지급하고, 교부하였던 융통어음을 상환하게 된다. 상거래 없이 갑의 자금융통을 위하여 작은 아버지에 의해 발행된 이 어음은 일시적인 자금사정에 중요한 역할을 하게 되는 것이다.

2. 기업의 자금융통

상거래를 수반하지 않으면서 자금을 융통하기 위한 목적으로 기업이 발행하는 어음이 융통어음이다. 특히 기업에서 융통어음은 자금사정이 어려운 경우에 발행하게 된다. 다만, 이 경우 어음발행은 남발되기 쉽고 발행된 어음이 부도될 가능성이 높다. 금융기관은 단기금융시장을 통한 어음할인은 대부분 융통어음을 매개로 하여 이루어지고 있다.

II. 지명채권의 양도와 어음항변

1. 지명채권 양도

일반적인 채권양도는 민법 제449조 이하가 적용된다. 채권양도라 함은 구채권자인 양도인과 신채권자인 양수인 사이에 채권을 그 동일성을 유지하면서 전자로부터 후자에게로 이전시킬 것을 목적으로 하는 계약을 말한다. 지명채권의 양도는 양도인이 채무자에게 통지하거나 채무자가 승낙하지 아니하면 채무자 기타 제3자에게 대항하지 못하도록 하고 있다 (민법 제450조 제1항). 이를 반대로 해석하면, 지명채권이 양도될 경우 채무자는 양도인인 채권자에 대해 가지고 있는 항변을 가지고 양수인에게 대항할 수 있는 것이 원칙이다.

2. 어음항변

어음과 수표의 양도에 대해서도 민법상 적용되고 있는 채권양도의 효력을 인정한다면, 유통성에 있어서 상당한 어려움이 발생한다. 어음과 수표를 취득하려는 자는 미리 자신의 양도인 및 그 이전에 어음과 수표를 취득하려는 자가 미리 자신의 양도인 및 그 이전에 어음이나 수표행위를 한 자들 상호 간의 항변권의 유무를 조사하지 않으면 아니 된다. 이러한 상황은 어음이나 수표가 유통성을 생명으로 하고 있고, 그 유통성을 보장하고자 하는 목적에 아무런 기여를 하지 못하게 된다.

어음과 수표의 입법자들은 이러한 점을 고려하여 어음이나 수표채무자들이 종전의 소지인에 대해 인적 관계로 인해 갖고 있던 항변권을 가지고 현재의 소지인에게 대항할 수 없도록 하였다(어음법 제17조, 수표법 제22조). 이를 인적 항변의 절단이라 한다. 어음이나 수표를 취득하는 자는 자신에게 양도하는 자가 어음·수표에 대해 갖고 있는 형식적 자격만을 조사하여 이상이 없음을 확인하면 된다. 어음이나 수표를 취득하게 되면 그것의 문언성에 따라 어음양수인은 어음에 대한 완전한 권리를 취득하게 되는 것이다.

III. 융통자와 피융통자의 관계

1. 양자의 합의

아무런 권리관계를 가지고 있지 않으면서 단순히 자금의 융통을 목적으로 발행되는 융통어음은 융통자와 피융통자의 관계에서 발생한다. 어음을 발행해주는 자인 융통자는 융통어음을 발행받는 자인 피융통자에게 자신의 신용을 이용하여 금융을 얻게 할 목적으로 어음을 발행하게 된다. 양자의 관계는 상당히 긴밀한 관계를 가지고 있는 상태에 있고, 융통어음은 내부적인 합의에 의하여 발행되는 것이다.

> **대법원 1999. 10. 22. 선고 98다51398 판결**
>
> 대법원은 "융통어음은 융통자와 피융통자 사이의 내부관계에 있어서는 피융통자가 어음금의 결제를 책임지는 것을 당연한 전제로 하여 수수되는 것이므로, 융통어음의 수수 당시 당사자 사이에서는 어음의 만기가 도래하기 이전에 피융통자가 어음을 회수하여 융통자에게 반환하거나, 융통어음의 결제자금으로 그 액면금에 상당한 금액을 융통자에게 지급하기로 하는 약정이 있었던 것으로 봄이 상당하다."고 판시하고 있다.

2. 융통어음에 대한 판단

제기되는 질문이 있다. 발행된 어떠한 어음이 융통인지 여부에 대한 사항이다. 대법원은 다음과 같은 요지로 판단하고 있다.

> **대법원 1996. 5. 14. 선고 96다3449 판결**
>
> 대법원은 "융통어음이라 함은 타인으로 하여금 어음에 의하여 제3자로부터 금융을 얻게 할 목적으로 수수되는 어음을 말하는 것이고, 이러한 융통어음에 관한 항변은 그 어음을 양수한 제3자에 대하여는 선의·악의를 불문하고 대항할 수 없는 것이므로 어떠한 어음이 위에서 말하는 융통어음에 해당하는지 여부는 당사자의 주장만에 의할 것은 아니고 구체적 사실관계에 따라 판단하여야 하는데, 어음의 발행인이 할인을 의뢰하면서 어음을 교부한 경우, 이는 원인관계 없이 교부된 어음에 불과할 뿐이고, 악의의 항변에 의한 대항을 인정하지 아니하는 이른바 융통어음이라고 할 수는 없다."고 판시하고 있다.

즉, 어떠한 어음이 융통어음에 해당하는지 여부는 어음거래 당사자의 주장에 의할 것만이 아니고 구체적인 사실관계에 따라 판단하여야 한다는 대법원의 결론이다. 융통어음이라는 사실에 대한 입증의 문제는 다음과 같이 판시하고 있다.

3. 융통어음에 대한 입증

> **대법원 2001. 8. 24. 선고 2001다28176 판결**
>
> 대법원은 "융통어음의 발행자는 피융통자로부터 그 어음을 양수한 제3자에 대하여는 선의이거나 악의이거나, 또한 그 취득이 기한 후 배서에 의한 것이라 하더라도 대가 없이 발행된 융통어음이라는 항변으로 대항할 수 없으나, 피융통자에 대하여는 어음상의 책임을 부담하지 아니한다 할 것이고, 약속어음금 청구에 있어 어음의 발행인이 그 어음이 융통어음이므로 피융통자에 대하여 어음상의 책임을 부담하지 아니한다고 항변하는 경우 융통어음이라는 점에 대한 입증책임은 어음의 발행자가 부담한다."고 판시하고 있다.

4. 융통어음의 보증인 지위

융통자가 피융통자에 대하여 보증인 지위를 갖는가에 대한 물음이 제기될 수 있는데, 대법원은 다음과 같은 요지로 판시하고 있다.

IV. 융통어음의 항변

1. 의의

융통어음이 발행된 경우 어음수취인이 융통어음을 발행한 발행인에 대하여 어음금을 청구한다고 하면, 발행인은 그 어음금지급의 거절에 대한 항변을 주장할 수 있다. 어음항변이라 함은 어음채무자가 어음상의 채무이행을 거절하기 위하여 어음소지인에 대하여 제출할 수 있는 모든 방어방법을 말한다. 어음은 유통성이 생명인 유가증권이다. 융통어음이라 할지라도 그것은 마찬가지이다. 어음수취인이 아닌 어음소지인이 어음을 가지고 있다가 만기에 어음발행인에게 어음금지급 청구를 하게 되면, 이 경우 어음수취인에 대하여 어음금지급을 거절할 수 있는 발행인이, 어음소지인에 대하여도 어음수취인과 마찬가지로 항변을 거절할 수 있는가의 물음이 제기될 수 있다.

2. 항변 근거

어음수취인과 달리 어음을 소지하고 있는 자에 대하여는 항변을 인정하지 않는 것이 일반적이다. 다음과 같이 대립되는 두 개의 주장이 제시된다.

---

2   대법원 1994. 12. 9. 선고 94다38106 판결.

1) 첫 번째 주장

융통어음의 항변을 어음법 제17조 인적 항변에 해당하는 것으로 본다. 그러나 융통어음이 제3자에게 양도된 경우에는 제3자가 융통어음임을 알았고 하더라도 어음법 제17조 단서에 규정되어 있는 '어음채무자를 해할 것을 알고' 취득한 것이라고 볼 수 없기 때문에 채무자는 지급을 거절할 수 없다고 한다.[3] 특히 어음소지인의 경우에 그가 융통어음이라는 사실을 알았다 하더라도 해의가 없는 한 발행인은 그 자에게 대항하지 못하도록 하고 있는 것이다.

2) 두 번째 주장

융통어음은 발행인이 어음채무를 부담하려는 의사에서 발행한 것이므로 융통어음의 항변은 성질상 처음부터 제3자에 대한 관계에 있어서는 선의라든가 악의를 불문하고 대항할 수 없는 항변이고 아예 절단이나 배제가 논의될 수 없는 항변이라고 한다.[4]

3) 사견

양자의 의견은 어음법에서 그 근거로 찾고 있는 첫 번째 입장과 융통어음의 성질에서부터 그 근거를 제시하는 입장이라고 볼 수 있다. 융통어음은 피융통자로 하여금 금전을 융통하도록 하는 목적을 가지고 있으므로 본래, 피융통자로부터 제3자에게 양도되는 것이 자연스러운 일이다. 그러므로 제3자가 동 어음이 융통어음이라고 하는 사실을 알고서 취득하였다고 한다면 발행자는 제3자에게 어음금을 지급하는 것은 당연하다 하겠다. 어음법 제17조를 근거로 하는 첫 번째 의견이 보다 더 타당성을 갖는다.

V. 대법원의 판단

1. 융통어음의 항변

대법원은 1979년 10월 30일 "타인의 금융 또는 채무담보를 위하여 융통어음을 발행한 자는 피융통자에 대하여 어음상의 책임을 부담하지 아니하지만, 그 어음을 양수한 제3자에

---

3 최기원, 어음·수표법, 제5보정판, 박영사, 2003, 567면; 양승규, 어음·수표법, 삼지원, 2001, 180면.

4 강위두·임재호, 상법강의(하), 전정판, 형설출판사, 2010, 167면; 정동윤, 어음·수표법, 법문사, 2011, 176면; 채이식, 상법강의(하), 개정판, 박영사, 2003, 313면.

대하여는 달리 특별한 사정이 없는 한 선의나 악의를 묻지 아니하고 대가 없이 발행된 융통어음이었다는 항변으로 대항할 수 없다."고 판시한 바 있다.[5]

2. 융통계약

융통어음을 수수하는 당사자 간에 융통계약이 체결된다. 두 가지 합의가 전제된다.[6] 첫째, 융통의 합의이다. 이는 만기까지 어음을 융통목적에 이용하게 한다는 합의가 있어야 한다. 둘째, 자금의 합의이다. 피융통자가 융통자로부터 융통을 받게 되면 어음의 지급기일 또는 그 이전의 일정기일까지 피융통자는 융통자에게 어음의 결제자금을 마련하여 제공하거나 또는 피융통자가 직접 어음을 회수하여 융통자에게 반환한다는 합의를 말한다. 이와 관련하여 피융통자가 이를 위반한 경우에 발생하는 '융통계약위반의 항변' 문제가 제기된다. 중요한 의미를 갖는 다음의 대법원 판결들이 있다.

대법원 2010. 1. 14. 선고 2006다17201 판결

대법원은 "채무자가 어음할인대출을 위하여 채권자에게 배서양도한 어음이 융통어음인 경우 융통어음을 발행한 융통자는 피융통자에 대하여 어음상의 책임을 부담하지 아니하지만, 그 어음을 담보로 취득한 채권자에 대하여는 채권자의 선의·악의를 묻지 아니하고 대가 없이 발행된 융통어음이었다는 항변으로 대항할 수 없으므로 융통어음의 담보권으로서의 가치는 의연히 존재하고, 따라서 채무자 자신이 융통자에 대하여 융통어음의 항변 때문에 어음상 권리를 주장할 수 없다고 하더라도 이러한 어음상 권리가 파산재단에 속하지 않는 것이라고 할 수는 없고, 여전히 채권자가 파산재단에 속하는 재산에 대하여 담보권을 설정한 것으로 보아야 한다."고 판시하고 있다. 즉, 대법원은 교환어음이나 담보어음이 제3자에게 양도되어 제3자인 소지인이 융통어음인 것을 알고 취득하더라도, 어음법 제17조 단서의 해의로 취득한 것으로 볼 수 없다는 것이다.

---

3. 융통계약위반의 항변

앞의 판결과 달리 다음의 판결은 또 다른 의미를 주고 있다.

---

5 대법원 1979. 10. 30. 선고 79다479 판결; 대법원 1995. 1. 20. 선고 94다50489 판결; 대법원 1995. 9. 15. 선고 94다54856 판결.
6 김문재, 어음·수표법, 동방문화사, 2013, 387면 이하.

대법원 1995. 1. 20. 선고 94다50489 판결

대법원은 "피융통자가 융통어음과 교환하여 그 액면금과 같은 금액의 약속어음을 융통자에게 담보로 교부한 경우에 있어서는 융통어음을 양수한 제3자가 양수 당시 그 어음이 융통어음으로 발행되었고 이와 교환으로 교부된 담보어음이 지급 거절되었다는 사정을 알고 있었다면, 융통어음의 발행자는 그 제3자에 대하여도 융통어음의 항변으로 대항할 수 있다."고 판시하고 있다. 대법원은 어음의 교부 시에 당사자 간의 융통계약에 위반한 사실이 존재한다는 것을 제3자가 알고 위 어음을 취득한 경우에는 어음법 제17조 단서의 해의가 아니라 일반적인 악의 어음을 취득한 것으로 보고 있다. 이는 융통어음의 항변과 구별되는 것으로 보아야 할 것이다.[7] 이는 융통계약위반의 항변이라고 하는데, 이는 신의측 위반이나 권리남용의 법리로 따라 어음이나 수표금의 지급을 거절하는 것으로 보아야 할 것이다.

대법원 2001. 12. 11. 선고 2000다38596 판결

대법원은 "융통인이 피융통인에게 신용을 제공할 목적으로 수표에 배서한 경우, 특별한 사정이 없는 한 융통인과 피융통인 사이에 당해 수표에 의하여 자금융통의 목적을 달성한 때에는 피융통인이 융통인에게 지급자금을 제공하든가 혹은 당해 수표를 회수하여 융통인의 배서를 말소하기로 합의한 것이라고 보아야 할 것이므로, 피융통인이 당해 수표를 사용하여 금융의 목적을 달성한 다음 이를 반환받은 때에는 위 합의에 효력에 의하여 피융통인은 융통인에 대하여 융통인의 배서를 말소할 의무를 부담하고, 이것을 다시 금융의 목적을 위하여 제3자에게 사용한 경우, 융통인이 당해 수표가 융통수표이었고 제3자가 그것이 이미 사용되어 그 목적을 달성한 이후 다시 사용되는 것이라는 점에 관하여 알고 있었다는 것을 입증하면, 융통인이 피융통인에 대하여 그 재사용을 허락하였다고 볼 만한 사정이 없는 한, 융통인은 위 융통수표 재도사용의 항변으로 제3자에 대하여 대항할 수 있다."고 판시하고 있다.

제2절 어음항변

I. 개념

1. 민법상 항변

실체법상 항변권은 청구권 행사의 효력을 연기적 또는 영구적으로 저지하는 권리를 말한다.[8] 연기적 항변권으로는 청구권을 일시적으로 저지하는 권리로서 동시이행의 항변권(민

---

7 김문재, 어음·수표법, 동방문화사, 2013, 388면.
8 이영준, 민법총칙, 박영사, 2007, 55면; 곽윤직, 민법총칙(민법강의 I), 제7판, 박영사, 2005, 54면.

법 제536조), 보증인이 가지는 최고 및 검색의 항변권(민법 제437조) 등이 있다. 영구적 항변권으로는 상속인의 한정승인의 항변권(민법 제1028조) 등이 있다. 이들은 모두 실체법 상의 항변권에 속한다.

소송법상 항변은 실체법과 차이가 있다. 소송법상 항변은 실체상 항변과 소송상 항변으로 구분된다.[9] 실체상 항변이라 함은 원고가 주장하는 법률효과의 발생을 방해(통정허위표시나 착오 등)하거나 한 번 발생한 효과를 소멸시키거나(변제, 경개, 해제조건의 성취 등) 또는 최고나 검색의 항변권(민법 제437조)이나 동시이행의 항변권(민법 제536조) 또는 유치권(민법 제320조 이하) 등의 권리를 진술하는 것을 말한다. 반면 소송상 항변에는 소송요건 흠결의 항변과 증거항변이 있다. 전자로는 담보제공의 항변을 들 수 있고(민사소송법 제119조), 후자로는 증거신청의 부적법이나 증거조사절차의 위법 등을 주장하는 것을 들 수 있다.

2. 어음법상 항변

어음항변이란 어음채무자가 어음소지인의 권리행사에 대해 일정한 사유를 들어 채무의 이행을 거절할 수 있는 모든 주장을 말한다. 어음법 제17조(어음법 제77조 제1항 제1호)에서 어음항변에 관한 규정을 두고 있으며, 수표법 제22조에도 같은 취지의 규정을 두고 있다. 어음항변은 어음채무자가 제출한다. 주채무자 또는 발행인이나 배서인 또는 보증인 등과 같은 상환의무자가 어음에 의해 청구를 하는 자에 대하여 갖는 권리가 어음항변이다. 그런 측면에서 어음채무자가 아닌 환어음의 지급인이나 지급담당자 또는 수표의 지급은행이 소지인에게 형식적 자격 또는 실질적 권리가 없다는 것을 주장하거나 또는 어음 자금이 없다는 것을 이유로 지급거절의 주장을 하는 것은 어음항변이라 할 수 없다.[10]

II. 어음항변의 종류

1. 의의

어음항변은 크게 '인적 항변'과 '물적 항변'으로 구분된다.[11] 달리 구분하는 방법도 있지

---

9   이시윤, 신민사소송법, 제3판, 박영사, 2006, 344면 이하.
10   최준선, 어음·수표법, 삼영사, 2012, 177면.
11   이철송, 어음·수표법, 제12판, 박영사, 2012, 155면.

만, 여기에서는 통설에 따라 설명하기로 한다.[12] 어음법과 수표법은 '인적 항변'의 절단을 인정하고 있다(어음법 제17조, 제77조 제1항 제1호, 수표법 제22조). 어음이 양도되면 양수인에게 대항할 수 없는 항변인 '인적 항변'을 규정한 것이다. "대항하지 못한다."고 함은 어음채무자는 어음소지인에 대하여 어음금채무를 이행하지 않겠다고 주장해서는 안 된다는 의미이다. '인적 항변'과 대립하는 개념으로 '물적 항변'이 있다. '인적 항변'이 일정한 영역에서 대항할 수 없는 반면에, '물적 항변'은 어음 양도와 관계없이 모두에게 대항할 수 있다. 항변의 원칙적인 보습은 '물적 항변'이라 하겠지만, 어음이나 수표라는 유가증권의 유통성을 강화하기 위하여 어음법과 수표법은 '인적 항변'에 대한 절단을 명문으로 규정하고 있는 것이다. 항변은 물적 항변 사유와 인적 항변 사유로 구분된다.

2. 물적 항변 사유

'물적 항변'은 어음상 채권이나 채무의 효력을 다투는 항변에 해당한다. 어음채무의 불성립이나 소멸을 주장하기도 하고, 어음상 권리를 제한하는 주장도 가능하다. '물적 항변'의 특징은 절단이 불가능한 항변으로서, 모든 사람에게 어음채무자는 대항할 수 있다. '물적 항변'은 증권상 항변과 비증권 항변으로 구분될 수 있다.[13]

1) 증권상 항변

증권상 항변은 증권이라고 하는 어음의 기재로부터 발생하는 항변에 해당한다. 어음면에 명백하게 나타나기 때문에, 이를 물적 항변사유로 한다. 기본어음의 요건(어음법 제2조 제1항, 수표법 제2조 제1항)에 흠결이 있는 경우라든가 소멸시효의 완성(어음법 제70조, 수표법 제51조)의 시효 등은 대표적인 '물적 항변' 사례에 해당한다. 그 밖에 만기미도래의 항변, 배서불연속의 항변(어음법 제16조 제1항, 수표법 제19조), 어음면상 명백한 지급필이나 일부지급의 항변(어음법 제39조 제1항과 제3항, 수표법 제34조 제1항과 제3항), 무담보문언이 있다는 항변(어음법 제9조 제2항, 제15조 제1항, 수표법 제18조 제1항) 또는 소구권보전절차 흠결의 항변(어음법 제44조, 수표법 제39조) 등이 있다.

---

12 통설을 비판하면서 신항변이론에 대하여는 정동윤, 어음 수표법, 제4판, 법문사, 2011, 171면.
13 정찬형, 상법강의(하), 제15판, 박영사, 2013, 375면 이하; 이기수·최병규, 어음·수표법, 제7판, 박영사, 2009, 245면 이하.

2) 비증권상 항변

어음행위의 효력에 관한 항변이다. 비증권상 항변은 어음채무자를 보호하기 위하여 인정된 항변이다. 다음과 같은 사항들이 있다. 첫째, 의사무능력이나 행위무능력의 항변이다(민법 제5조 제2항, 제10조, 제13조 등 참조). 의사무능력자의 어음행위는 그 행위가 무효가되고, 행위무능력자의 어음행위는 취소가 가능하다. 그러므로 어음채무에 대한 항변이 가능하다. 둘째, 어음의 위조와 변조의 경우이다(어음법 제69조, 제77조 제1항 제7호, 수표법 제50조). 셋째, 무권대리의 항변(민법 제130조). 넷째, 제권판결의 항변(민사소송법 제496조). 다섯째, 공탁의 항변(어음법 제42조, 제77조 제1항 제3호). 여섯째, 법령위반의 항변등을 들 수 있다. 해당하는 사례로는 "농업협동조합법에 위반하여 특수농업협동조합이 중앙회 또는 군조합으로부터 자금을 차입하지 않고 개인으로부터 자금을 차입하고 이의 지급을 확보하기 위하여 약속어음을 발행한 경우"가 있다.[14] 다만, 법령위반의 항변과 관련하여, 해당 법령이 단속규정이면 동 규정을 위반하였다고 할지라도 사법상의 효력을 인정해야 한다. 이는 어음항변과 관련이 없는 사안이기 때문이다.

> **대법원 1995. 9. 15. 선고 94다54856 판결**
>
> 대법원은 "융통어음의 할인을 금하고 있는 상호신용금고업무운용준칙이나 상호신용금고의 대출 및 어음할인규정의 각 규정은 모두 단속규정에 지나지 아니하고 효력규정이라고 볼 수 없으므로, 그 규정에 위반하였다고 하여 약속어음 취득의 사법적 효력까지 부인할 수 없다."고 판시하고 있다.

3) 선의의 제3자 보호

의사무능력으로 인한 무효, 행위무능력으로 인한 취소, 무권대리의 무효는 물적항변사유이다. 그 외에도 비진의표시(민법 제107조)나 허위표시(민법 제108조)로 인한 무효, 착오(민법 제109조), 사기나 강박(민법 제110조)으로 인한 취소도 어음행위 효력을 상실시키므로 물적 항변사유에 해당한다. 다만, 이들 사유는 과실 없는 선의의 제3자에게 대항하지 못하도록 규정되어 있다. 선의의 소지인이 보호받아야 하는 점을 알 수 있다.

---

[14] 대법원 1982. 6. 8. 선고 82다150 판결.

3. 인적 항변 사유

인적 항변이라 함은 특정 또는 모든 어음채무자가 특정의 어음소지인에 대하여 어음채무를 거절할 수 있는 항변을 의미한다.

상업어음은 매매계약이나 도급 기타 법률관계인 원인채무를 변제하는 수단으로 교부된다. 만약 원인채무가 무효가 되거나 취소 또는 해제되는 경우에는 그 계약은 소급해서 무효가 되므로 어음을 발행한 어음채무자는 어음금을 지급해야 할 의무가 없다. 만약 소지인이 어음금을 청구한다 할지라도 어음금지급을 거절하는 것은 당연한 일이라고 할 수 있다. 그러나 '어음행위의 무인성'에 대한 사항이 고려되지 않으면 아니 된다. 원인관계에 의하여 어음행위가 발생하는 것이고, 원인행위와 어음행위는 무관한 것이고, 원인행위의 효력과 어음행위의 효력은 독립적으로 발생하는 것이다. 다만, 어음행위채무자는 인적 항변을 주장하면서 어음금채무를 거절할 수 있다.

여기 발행된 환어음이 있다. 지급인은 발행인으로부터 만기 전에 합의한 금액을 지급하겠다는 약속을 받은 후 환어음이 발행하게 된다. 발행인은 약속된 금액을 만기 전에 지급인에게 지급하면, 지급인은 어음소지인으로부터 환어음을 수령하는 동시에 발행인으로부터 받은 금액을 소지인에게 지급함으로써 어음의 생명은 끝이 나는 것이다. 만약 발행인이 지급인(인수인)에게 어음금의 지급청구를 하게 되면, 지급인은 인적 항변을 주장하게 될 것이다. 자금관계로 인한 인수인의 항변은 발행인에 대하여 인적 항변을 주장할 수 있는 것이다.

III. 인적 항변의 절단

1. 일반 채권양도

채무자가 의무이행을 거절할 수 있는 사유를 가지고 있다면, 채권양도가 발생된다고 할지라도, 채무자는 채권자에 대한 항변권을 가지고 채권의 양수인에게 대항할 수 있는 것이 원칙이다. 민법은 채권양도가 발생하는 경우에 그것에 대한 대항요건을 규정하고 있다. 채권양도의 사실을 채무자에게 통지하거나 채무자의 승낙을 받아야 하고(민법 제450조 제1항), 채무자가 이의를 보류하지 않고 채권양도를 승인한 경우를 제외하고는(민법 제451조 제1항), 채권자에게 대항할 수 있는 사유로 채무자는 양수인에게도 대항할 수 있도록 하고 있다.

2. 문제점

민법에서 적용되고 있는 채권양도의 원칙을 어음에도 적용하게 된다면, 어음거래는 유통에 있어서 상당히 어려움을 갖게 될 것이다. 그러므로 일반 채권양도와 달리, 어음법은 어음 양도 시 채무자에 대하여 통지를 하거나 또는 채무자의 승낙을 요구하는 것을 배제하도록 하였다. 그 결과 어음양수인은 어음채무자가 어음양도인에게 가지고 있는 항변사유에 상관없이 그의 권리를 행사할 수 있게 된다. 만약 어음채무자가 자신의 상대방에 대해 가진 항변사유로 어음의 양수인에게 대항할 수 있음을 인정한다면, 어음양수인 입장에서는 자신의 전 단계에서 이루어진 모든 어음행위에 관련된 당사자들의 거래관계를 일일이 조사해야 하는 어려움이 있다. 이는 어음과 수표의 생명력이라고 할 수 있는 유통성을 크게 저해하는 요소로 작용하게 된다.

3. 절단의 취지

어음이나 수표라고 하는 유가증권에 대하여는, 일반 채권양도와 달리 대항요건을 요구하지 않도록 함으로써 유통성을 크게 강화하고자 하는 의도가 있다. 어음법이나 수표법은, 만약 거래의 안전보다도 더 높은 가치를 가지는 사항이 있다고 한다면, 인적 항변을 인정할 수도 있겠지만, 그것이 아니라면 거래의 안전과 유통성 확보를 위하여 인적 항변의 경우에는, 그것을 절단시키고 있다.

IV. 자금관계로 인한 인수인의 항변

자금관계로 인한 인수인의 항변은 발행인에 대해서만 주장할 수 있다. 그러한 의미에서 인적인 항변은 인정된다. 다만, 자금관계에서 발생하는 인수인의 항변은 다른 인적 항변과 차이가 있다. 다른 인적 항변은 악의의 취득자에 대해서는 주장할 수 있지만(어음법 제17조 단서), 자금관계의 경우에는 악의의 취득자에 대해서도 항변을 주장할 수 없다. 어음을 인수한 후 발행인이 자금을 공급하지 않았다는 점을 알고 어음을 취득한 자에 대해서도 인수인은 지급을 거절할 수 없다. 이는 인수인의 책임은 인수라는 행위를 통해 완결적으로 발생한다는 특성에서 비롯된 것이라 하겠다.

제3절 어음행위의 무인성과 인적 항변의 절단

I. 어음행위의 무인성

1. 의의

어음이나 수표는 지급수단으로 발행되는 동시에 지급의 수단으로 이용된다. 어음행위나 수표행위는 매매계약이나 도급계약 기타의 실질관계를 원인으로 하여 그 수단이 행하여지는 것이 보통이다. 즉, 어음행위나 수표행위는 당사자 사이에서 발생하는 원인관계상의 권리관계가 본질적인 것이고 채무를 이행하는 수단으로 발생하는 것이다. 여기서 어음행위의 유인성과 무인성이 논해진다.

1) 유인성

어음행위의 원인관계, 즉 매매계약이나 도급계약 등이 무효 또는 취소되는 경우 어음이나 수표가 효력을 잃는 것은 당연하고, 또 그것을 받아들이는 것이 일반적일 것이다. 또한 원인관계에 의하여 지급해야 할 급부의 내용과 그 원인관계를 통하여 발생하는 어음이나·수표의 기재내용이 상이하다면, 원인관계에 따른 금액기재가 우선하는 것이 타당할 것이다. 어음이나 수표에 있어서 이러한 효과를 인정하게 된다면, 우리는 이것을 '어음이나 수표의 유인성'이라고 한다.

2) 무인성

다른 유가증권도 마찬가지겠지만, 어음이나 수표라고 하는 유가증권은 채권자와 채무자 사이의 지급수단으로만 기능이 멈춰있는 것이 아니라 유통성을 생명으로 한다. 그러므로 만약 어음이나 수표에게 유인성을 인정하게 된다면, 원인관계의 무효나 취소로 인하여 어음행위까지 무효로 되는 경우를 초래하게 되어 유통성을 상당히 곤란하게 하는 역할을 하게 된다. 어음법과 수표법은 이 점을 고려하여 어음의 원인관계에 의하여 영향을 받지 않고 독립적인 효과를 발생토록 하고 있다. 이를 어음행위의 무인성이라 한다. 또한 추상성이라는 용어를 사용하기도 하고, 무색적 성질 또는 중성적 성질이라는 개념을 사용하기도 한다.

3) 법적 근거

어음행위의 무인성은 어음법제 1조와 제75조에서 볼 수 있다. 어음법은 엄격한 요식성을 요구하고 있으면서, 어음의 효력의 원인관계에 의존하는 것을 금지하고 있다. 어음법 제26조는 어음의 인수는 무조건이어야 한다고 규정하고 있고, 이를 위반한 인수에 대하여는 무효로 하고 있다. 이러한 규정들에서 어음행위의 무인성을 찾아볼 수 있다. 어음법 제12조 제1항은 배서에 조건을 붙이는 것을 허용하고 있지 않는다. 만약 배서에 조건을 붙인 경우에는 그 조건을 붙이지 아니한 것으로 본다. 이득상환청구권을 인정하고 있는 어음법 제79조 역시 어음행위의 무인성을 인정하고자 하는 실정법을 제시할 수 있다. 이들 규정은 무인성의 실정법적 근거라고 할 수 있다.

4) 기능

무인성은 어음관계가 원인관계로부터 영향을 받지 않는다. 원인행위가 무효가 되거나 취소 또는 소멸에 의하여 어음상의 권리가 그 영향을 받지 않는다. 영향을 받지 않는다고 하는 것은 원인관계가 무효가 된다고 할지라도 어음관계는 독립적인 효력을 발생한다는 의미이다. 이는 어음거래의 안전을 꾀하고 어음의 유통성을 강화시키는 데 기여를 하게 된다.

어음행위의 무인성은 원인관계와 상관없이 어음행위가 유효하게 존재하게 되므로, 어음상의 권리자는 그 어음채권의 원인관계가 유효하다는 것을 주장하거나 입증할 필요가 없다. 오히려 어음채무자는 원인관계가 하자가 있다는 점을 주장하고 입증해야 하는 부담을 지게 된다. 어음행위에서 무인성을 인정한다고 하는 것은 당사자 간의 입증책임을 전환하는 기능을 하게 된다.

5) 무인성과 인적 항변

무인성과 인적 항변은 어떠한 관련성이 있는지를 살펴본다. 발행인과 수취인 사이에서는 인적 항변이 허용되므로, 어음의 무인성을 인정하게 되면 어음채권을 행사함에 있어서 입증책임을 전환하는 기능으로 한정된다. 그러나 어음은 유통성을 생명으로 하는 것이다. 제3자에게 양도되었을 경우 어음법은 인적 항변의 절단을 인정함으로써 어음의 피지급성을 더 확보하도록 한다. 이는 곧 어음의 유통성을 보다 더 강화시키는 기능을 하고 있는 것이다.

II. 인적 항변의 절단

1. 원칙

어음법 제17조는 인적 항변의 절단을 규정하고 있다. 어음채무자는 그가 특정의 어음소지인에게 대해서만 대항할 수 있다는 주장을 가지고, 어음을 소지하고 있는 어음채권자에 대하여 대항하지 못하도록 하고 있다. 여기에 해당하는 항변으로는 실질관계에 관한 항변, 무권리나 무자격에 대한 항변, 어음행위의 성립의 하자에 관한 항변 등으로 특정의 소지인에 항변할 수 있는 사유로써 어음소지인에게 대항하지 못하도록 하고 있는 것이다. 이를 인적 항변의 절단, 인적 항변의 제한 등의 용어로 표현되고 있다. 어음법 제77조 제1항 제1호에서 이를 약속어음에서 준용하고 있다. 어음법이 인적 항변의 절단을 인정하고 있는 이유는 무엇보다도 어음의 유통성을 확보하고자 하는 데에 있다. 다만, 소지인이 어음채무자를 해할 것을 알고 어음을 취득한 경우에는 인적 항변의 절단을 인정하지 않는다.

2. 예외

1) 어음소지인의 해의

인적 항변은 어음의 원인관계 또는 어음 외의 특약으로부터 발생하는 항변을 가리킨다. 예를 들면, 원인관계의 무효, 취소, 부존재 및 지급유예의 특약 등이 여기에 속한다. 그러나

---

15 대법원 1984. 1. 24. 선고 82다카1405 판결.

인적 항변의 경우에는 어음소지인이 채무자를 해할 것을 알고 어음을 취득한 경우에는 항변할 수 있다. 이는 어음소지인이 항변사실의 존재를 아는 것만으로는 부족하고, 자기가 어음을 취득함으로써 어음채무자가 항변의 절단을 받아 손해를 입는다는 사실까지 알아야만 어음채무자는 항변이 가능하다. "채무자를 해할 것을 알고 어음을 취득하였을 때"라 함은 단지 항변사유의 존재를 아는 것만으로는 부족하고 자기가 어음을 취득함으로써 항변이 단절되고 채무자가 손해를 입게 될 사정이 객관적으로 존재한다는 사실까지 충분히 알아야 하는 것으로 보아야 할 것이다.

2) 유통성 확보와 무관

인적 항변을 절단시키는 이유는 어음의 유통성을 확보하고자 하는 데 있다. 그러므로 상속이나 합병과 같은 포괄승계에 의하여 어음이 이전되는 경우라든가, 판결에 의하여 어음이 이전되는 경우에는 인적 항변의 절단이 인정되지 않는다.[16] 이는 어음의 유통성과 관련하여 어음이 이전되는 경우에 해당되지 않으므로 항변절단의 주장이 가능하지 않다고 하겠다.

3) 어음소지인의 정당한 권한 부재

대법원은 인적 항변의 절단이 인정되지 않는 사례에 대하여, 다음과 같은 내용으로 판시하고 있다.

> ### 대법원 1996. 5. 28. 선고 96다7120 판결
>
> 인적 항변의 절단과 제3자의 항변과 관련하여, 대법원은 "어음에 의하여 청구를 받은 자는 종전의 소지인에 대한 인적 관계로 인한 항변으로서 소지인에게 대항하지 못하는 것이 원칙이지만, 이와 같이 인적 항변을 제한하는 법의 취지는 어음거래의 안전을 위하여 어음취득자의 이익을 보호하기 위한 것이므로 자기에 대한 배서의 원인관계가 흠결됨으로써 어음소지인이 그 어음을 소지할 정당한 권원이 없어지고 어음금의 지급을 구할 경제적 이익이 없게 된 경우에는 인적 항변 절단의 이익을 향유할 지위에 있지 아니하다고 보아야 할 것이다."고 판시하고 있다.

---

16 이철송, 어음·수표법, 제12판, 박영사, 2012, 156면.

제4절 어음행위의 대리

I. 의의

어음행위나 수표행위의 대리에 있어서 어음법과 수표법은 그리 많은 규정을 두고 있지 않다. 어음법이나 수표법이 어음행위의 대리가능성을 전제로 하고 있으나, 어음법 제8조(제77조 제2항)와 수표법 제11조에서 어음행위의 무권대리의 효과만을 규정하고 있다. 그 나머지에 대하여는 민법의 일반원칙에 의하여 해결하도록 하고 있다. 다만, 민법과 달리 어음법과 수표법은 어음과 수표가 유가증권이라고 하는 사실을 고려하여 대리행위의 공시를 중요시하고 있다. 이는 어음과 수표의 유통성 확보를 고려하고 있음을 알 수 있다.[17]

어음법과 수표법은 "대리권 없이 타인의 대리인으로 환어음(약속어음, 수표)에 기명날인하거나 서명한 자는 그 어음에 의하여 의무를 부담한다."고 하면서, 대리인 자신은 무권대리에 관한 본인의 추인이 없는 경우 무권대리인 스스로 어음상 또는 수표상 책임을 부담하도록 하고 있다. 반면 민법 제135조는 무권대리행위에 있어서 상대방에게 이행청구나 손해배상청구를 선택적으로 허용하고 있다. 이 점에서 어음법 제8조(어음법 제77조 제2항, 수표법 제11조)는 민법 제135조에 대한 특칙에 해당한다.[18] 어음법과 수표법은 상대방의 선택을 기다리지 않고 이행청구로 한정시키면서, 무권대리인을 마치 자신의 이름으로 기명날인한 어음행위자로 동일하게 취급하고 있다. 이는 무권대리인에게 어음행위를 한 자와 같은 책임을 부담시킴으로써 어음의 신용을 높이고자 하는 목적이 있다고 하겠다.

II. 어음법과 수표법상 현명의 엄격성

1. 민법상 현명

민법은 대리인은 대리행위를 함에 있어서 그 행위가 본인을 위한 것임을 표시하여야 한다(민법 제114조 제1항). "본인을 위한 것"이라고 하는 것은 '본인의 이름으로' 법률행위를 하여야 한다는 의미이다. 만약 본인을 위한 것이 아닐 경우에는 본인에 대하여 효력이 없다. 민법상 인정되고 있는 현명원칙이다. 동시에 민법은 "대리인이 본인을 위한 것임을 표

---

17 이철송, 어음·수표법, 제12판, 박영사, 2012, 101면.
18 김정호, 어음·수표법, 법문사, 2010, 75면 이하.

시하지 않았더라도 상대방이 대리행위임을 알았거나 알 수 있었을 경우에는 대리행위로서의 효력이 있음"을 인정하고 있다(민법 제115조 단서). 거래 상대방을 보호하기 위하여 예외적으로 대리행위에 대한 법적 효력을 본인에게 귀속시키고 있는 것을 알 수 있다. 이러한 측면에서 민법상 현명은 상대적 현명주의라고 할 수 있다.

2. 상법상 현명

상법은 민법과 달리 현명의 원칙이 적용되지 않는다. 즉, 상행위의 대리인이 본인을 위한 것임을 표시하지 아니하여도 그 행위는 본인에 대하여 효력이 있다(상법 제48조). 이 특칙에 의하여 상대방은 본인에 대하여 책임을 물을 수 있게 된다. 그러므로 만약 점포 분양행위가 상행위에 해당한다면, 분양대리인이 본인을 위한 것임을 표시하지 않았다 할지라도 체결한 분양계약은 본인에게 효력이 발생하게 된다.[19] 일반적인 법률행위와 달리 상행위에 있어서는 간단하고 신속하게 하고자 하는 목적이 있다.

3. 어음·수표법상 현명

사법은 대리행위에 있어서 현명을 원칙으로 하고 있다. 민법의 경우 일정한 경우에 예외적으로 현명의 예외를 인정하고 있고, 상거래에 있어서 상법은 그 특성을 고려하여 현명에 대한 예외를 규정하고 있다. 이는 공히 거래의 안전 또는 상대방 보호라는 관점을 우리 실정법이 수용한 것이라 하겠다.

어음의 대리에는 이 원칙을 적용할 수 없다. 민법이나 상법에서 적용되는 거래와 달리, 어음과 수표는 유통성을 목적으로 하는 바 다수인이 당사자로 관여하게 된다. 만약 어음이나 수표의 거래에 있어서 비현명한 대리행위의 상대방이 대리행위임을 알았다고 하더라도 그 이후의 취득자 역시 그러한 사실을 모두 알고 있다고 단정하기는 어려운 점이 있다. 그러므로 어음행위의 효과를 본인에게 귀속시키려면 그 본인을 어음 위에 밝히지 않으면 아니 된다. 어음이나 수표가 지니고 있는 문언성이나 서면성을 근거로 하여, 어음법과 수표법이 엄격하면서도 절대적인 현명의 원칙이 적용되고 있음을 알 수 있다. 다만, 어음행위의 현명주의는 발행이나 배서 등 어음행위에서 적용된다. 타인으로부터 어음을 교부받을 때에

---

19 대법원 1996. 10. 25. 선고 94다41935·41942 판결.

는 적용되지 않는다.[20]

III. 자기행위의 적용가능성

1. 민법상 자기행위 규정

자기대리와 쌍방대리를 자기행위라고 한다. 민법 제124조는 본인과 대리인 사이 이익의 충돌을 예방하기 위하여 대리인의 본인과의 법률행위를 금지하고 있다(자기대리). 또한 당사자 쌍방에 대하여 동일한 법률행위를 하지 못하도록 하고 있다(쌍방대리). 다만, 본인의 허락이 있는 경우에는 가능하다. 어음행위에도 자기계약 또는 쌍방대리가 있을 수 있다. 대리인이 본인을 대리하면서 본인에게 어음을 발행하는 경우에는 자기계약에 해당하게 된다. 대리인이 쌍방의 대리인 지위에 있으면서 한 당사자의 어음을 발행하여 다른 당사자에게 어음을 발행하는 경우가 쌍방대리에 해당할 수 있다. 민법 제124조의 적용 여부에 대한 다툼이 제기된다.[21]

어음행위와 수표행위에 대하여는 민법 제124조가 적용되지 않는 주장이 있다. 이는 본인의 허락이 없다고 할지라도 추상성을 가지고 있으며 지급에 불과한 수단이므로 본인의 허락을 받지 않고 대리인이 어음행위를 한다고 할지라도 채무 이행행위로 보아 민법 제124조는 적용되지 않는다고 주장한다.[22] 하지만 어음행위는 원인관계상의 채무보다 더 엄격하게 채무를 부담해야 하므로 민법 제124조에 규정되어 있는 자기행위의 금지가 타당하다.[23] 또한 민법 제124조 단서가 적용되는, 본인에게 채무를 부담시키는 행위가 아닌 어음행위나

---

20 대법원 1976. 12. 14. 선고 76다2191 판결.
21 이철송, 어음·수표법, 제12판, 박영사, 2012, 102면 이하; 최준선, 어음·수표법, 제8판, 법문사, 2012, 121면 이하; 김정호, 어음·수표법, 2010, 71면 이하; 정찬형, 상법강의(하), 제15판, 박영사, 2012, 91면 이하; 이기수·최병규, 어음·수표법, 제7판, 박영사, 2009, 144면 이하.
22 서돈각·정완용, 상법강의(하), 제4전정판, 법문사, 1996, 79면.
23 이철송, 어음·수표법, 제12판, 박영사, 2012, 103면.

수표행위는 무효가 되지 않는다. 대리인이 본인에 대한 채무를 이행하기 위하여 어음을 발행하는 경우가 여기에 해당한다.

2. 단체법상 자기행위 규정

본인의 이익을 보호하기 위하여 민법 제124조를 통하여 자기계약과 쌍방대리를 금지하고 있는 것과 마찬가지로 상법 제398조 역시 회사의 이익보호를 위한 규정이다. 민법 제124조가 적용되는 것에 상응하여 어음행위에도 상법 제398조가 적용되어야 한다. 어음행위는 추상적이므로 원인관계에서 이사회의 승인을 받은 이상 원인채무의 지급수단에 불과한 어음행위에 대하여 상법 제398조를 적용시킬 필요가 없다는 적용부정설도 있지만, 어음행위는 원인채무의 변제수단에 그치지 않고 원인채무보다 엄격한 채무부담행위에 해당하므로 상법 제398조의 적용을 받아들여야 할 것이다.

IV. 표현대리의 적용가능성

1. 민법상 표현대리

민법은 표현대리에 대하여 세 개의 조문을 가지고 있다. 대리권이 없는 자가 법률행위를 한 경우에, 제3자의 입장에서 보았을 때 행위를 하는 자에게 대리권이 있다고 믿을 만한 정당한 이유가 있다고 한다면, 그 행위는 대리행위가 있는 것과 마찬가지로 인정하여 본인의 책임으로 귀속시키는 제도가 표현대리이다. 거래의 안전 및 상대방 보호를 위하여 예외적으로 인정된 제도이다. 우리 민법은 본인이 제3자에 대하여 타인에게 어음행위의 대리권을 수여하였음을 표시하였으나 사실은 타인에게 어음행위의 대리권을 수여하지 않은 경우에 '대리권수여의 표시에 의한 표현대리'라 하여 본인에게 책임을 인정하고 있다(민법 제125조). 또한 대리인이 권한을 넘은 표현대리(민법 제126조) 및 대리권소멸 후의 표현대리(민법 제129조)를 명문으로 인정하고 있다.

2. 상법상 외관주의

상법은 상거래의 특성상 외관주의 법리를 토대로 민법의 영역에서 인정하고 있는 것 보다 훨씬 상대방을 보호하고자 하는 면을 띤다. 이는 거래의 안전을 도모하고자 하는 목적이 있다. 민법상 표현대리가 명문으로 발현된 것으로는 표현지배인이다. 본점이나 지점에서 지배인으로 오인할 만한 명칭을 사용하여 영업주를 대리한 자의 경우라면, 이를 표현지배인으로 보아 영업주는 책임을 부담해야 한다(상법 제14조 제1항). 표현대표이사의 경우에도 마찬가지이다(상법 제395조).

3. 어음과 수표에 있어서 표현대리

민법과 상법에 적용되는 표현대리제도는 어음행위에도 적용된다. 어떤 자가 본인의 대리인이라고 주장하면서 본인의 이름으로 상대방에게 어음을 발행하거나 배서를 하는 경우가 발생할 수 있다. 이 경우 그 자의 행위에 대하여 상대방이 그 자에게 대리권이 있다고 믿을 만한 정당한 사유가 있다고 한다면, 본인은 그 자의 어음행위로 인하여 발생한 책임을 면치 못하게 된다. 어음행위에 있어서 표현대리를 적용하고자 한다면, 민법에서 요구되고 있는 전제조건들이 충족되어야 한다. 무엇보다도 상대방이 표현대리의 법리(민법 제125조, 제126조 또는 제129조)를 적용하기 위해서는 표현대리인의 대리권이 없다는 사실에 대한 선의와 본인의 귀책사유가 반드시 요구된다. 그러한 요건이 충족되지 않는다면, 표현대리의 법리는 적용가능성이 없다.

> **대법원 1969. 12. 23. 선고 68다2186 판결**
> 대법원은 "소외 김소암이가 약 10년 전부터 피고 회사의 생산물의 매매 및 원료의 구입을 알선하여 왔고 1966년 6월경부터 피고 회사의 수표장과 대표이사 우창래의 실인을 보관하고 원료구입에 있어 수표발행의 필요가 있을 때에는 피고 회사명의 수표를 발행하여 왔는바, 동 김소암은 1966년 10월 중순경부터 본건 수표를 피고 회사의 승낙 없이 발부하여 소외 최봉린에게 교부하였으나, 동 소외인은 김소암에게 피고 회사를 대리하여 수표를 발행할 대리권이 있다고 믿을 정당한 이유가 있다는 전제아래 동 소외인의 수표발행행위가 민법 제126조의 권한을 넘은 표현대리로서 법률상 유효하다."고 판단하였다.

그러나 상대방에게 대리권이 없음을 인정한 사례도 있다. 대법원의 다음 판결을 살펴볼 필요가 있다.

> **대법원 1990. 4. 10. 선고 89다카19184 판결**
> 대법원은 "건설회사의 명의를 빌어 공사를 수주하고 회사에는 소정의 명의대여료를 납부하는, 소위 부금상무가 공사계약을 위해 보관하던 건설회사 대표이사의 인장을 이용해 같은 업계의 동업자에게 어음을 발행한 경우에 상대방은 부금상무에게 어음발행의 대리권 없음을 알고 있다고 추정해야 한다."고 판시한 바 있다.

4. 기명날인의 대행

1) 구분

기명날인하는 방식에는 다음 두 가지로 이행된다. 을이 '갑의 대리인 을(을의 인)'의 형식으로 어음행위를 하는 경우이다. 이 방식은 본인 갑의 수권행위하에 대리인이 자신이 기명날인하는 모습을 띠게 된다. 반면 을이 본인 갑의 도장을 날인하는 경우이다. '갑(갑의 인)'의 형식을 취하는 것은 후자의 모습이다. 이는 기명날인의 대행이라고 볼 수 있다. 서명은 대행이 인정되지 않는다. 또한 권한을 수여받지 않은 채 기명날인을 대행하는 것은 어음의 위조에 해당한다.

2) 법적 성질

대행의 법적 성질은 기명날인의 법적 성질을 어떻게 보는가에 따라 다르다. 기명날인을 법률행위로 보는 견해도 있지만, 이는 사실행위로 보아야 할 것이다. 대리는 사실행위에 친하지 않는다. 그러므로 대행은 대리를 가지고 설명하기에는 어려운 점이 있다. 기명날인의 대행은 대리로 보아서는 아니 되고, 일종의 표시기관에 의한 본인 자신의 기명날인으로 보는 것이 타당하다(우리나라의 통설).[24]

3) 구분

기명날인의 대행은 대리인이 직접 본인을 위하여 본인이 이름을 기재하고 본인의 날인을 하는 것을 말한다.[25] 기명날인의 대행에는 고유의 대행과 대리적 대행으로 구분될 수 있다.

(1) 고유의 대행

본인이 지시하는 대로만 하는 형식이 바로 고유의 대행이다. 대행자는 본인의 표시기관이나 수족에 해당하고, 그 자가 결정할 수 있는 권한은 전무하다. 그러므로 본인의 지시에 따라 단순히 본인을 대신하여 기계적으로 기명날인하는 것이 고유의 대행이다. 민법상 인정되고 있는 '표시기관으로서 사자'에 해당한다고 하겠다. 대행자의 행위는 본인의 행위로 당연히 귀속된다.

---

24 최병규, 상법연습, 문영사, 2006, 396면.
25 최준선, 어음·수표법, 제8판, 삼영사, 2012, 119면.

(2) 대리적 대행

본인으로부터 일정한 범위의 기본적인 권한은 수여받는다. 그 범위에서 어음행위를 함에 있어서 그 자 스스로 결정할 수 있는 권한이 있다. 일정한 영역에서 결정하고 또 기명날인할 수 있다는 점에서, '고유의 대행'과 차이가 있다. 이 방식은 어음행위의 대리이지만, 어음면상 대리인의 표시가 없으므로 본인의 기명날인으로 보아야 할 것이다.

4) 요건

(1) 형식적 요건

본인의 기명날인이 있으면 된다. 법인의 법률행위는 반드시 대표기관이 대표하거나 또는 그의 수권에 의하여 대리인이 하여야 한다.[26] 법인의 어음행위 역시 법인의 대표자가 이사의 자격을 표시하고, 자신의 기명날인이 있어야 한다. 법인의 대리인이 대리자격을 표시하고 기명날인을 하는 방식 역시 가능하다.[27] 법인의 기명날인을 대행하는 예는 대표기관 이외의 자가 대표기관의 기명날인을 대행하는 경우이다. 가령 '갑 주식회사 대표이사 을(을의 인)'의 형식으로 을 이외의 자가 하는 경우이다.

(2) 실질적 요건

대행권의 존재는 실질적 요건사항이다. 고유의 대행과 대리적 대행으로 구분하여 설명이 가능하다. 전자는 대행행위를 할 수 있는 지시를 받았어야 하고, 대리적 대행의 경우에는 수권범위 내의 행위임을 요한다. 만약 대행자가 본인으로부터 지시받지 않은 행위를 본인 명의로 하거나 수권범위 외의 행위를 본인명의로 하였다고 한다면, 그 행위는 대리권 없는 대행에 해당하고 위조의 문제가 발생하게 된다.

5) 효과

(1) 사용자 배상책임

대리권 있는 대행이라고 하면 본인자신의 어음행위가 되어 본인이 당연히 어음상의 책임을 부담한다. 그러나 대리권이 없는 대행의 경우라면 이는 위조의 법적 문제로 전개된다.

---

26 대법원 1999. 3. 9. 선고 97다7745 판결.
27 대법원 1964. 10. 31. 선고 63다1168 판결.

본인은 위조를 당한 피위조자로서 원칙적으로 어음상 책임을 부담하지 않는다. 다만, 불법행위로 인한 사용자배상책임이 문제될 수 있다(민법 제756조).

(2) 표현대리 유추 적용가능성

표현대리의 유추 적용가능성도 있다. 이 경우 본인의 책임가능성은 남아 있다. 유추 적용을 부인한 대법원의 다음의 판례를 살펴본다.

대법원 2000. 2. 11. 선고 99다47525 판결

대법원은 "액면금 30억 원의 위조어음의 발행인 인영 부분에 인영 전사 수법으로 종종 사용되는 스카치테이프가 붙어 있고 어음용지책에서 어음용지를 떼어낼 때 통상적으로 하는 이른바 꼭지간인이 되어 있지 않았음에도 발행인에게 아무런 확인을 하지 않은 경우, 위조어음이 진정한 것이라고 믿은 데에 정당한 사유가 있다고 할 수 없어 민법상 표현대의 규정의 유추 적용되지 않는다."고 판시하였다.

---

(3) 거래통념에 맞지 않는 경우

대리권이 있음을 믿은 것에 대하여, 거래통념상 매우 이례적인 경우에 해당한다면, 대법원은 표현대리의 법리를 인정하고 있지 않다.

대법원 1980. 8. 12. 선고 80다901 판결

대법원은 "문제된 수표 4매 도합 35,000,000원을 피고 은행 진주지점 관내 남부 간이예금취급소장이던 소외 구판진이 지급보증을 하게 된 경위와 위 예금취급소장의 권한과 업무한계 등을 설명한 후 비록 원고나 원고의 대리인이 소외 박규창이 위 소외인의 행위가 피고 은행의 정상적인 업무라고 믿었다 하더라도 그로서는 이른바 권한유월에 의한 표현대리가 될 수는 없다."고 판시하고 있다. 이 경우 피고 은행에 대하여 본인으로서 책임을 추궁하는 것은 어렵다고 하겠다. 사실관계와 관련하여 대법원은, "지방은행의 예금취급소장이 그 자격을 사용하여 액면이 거액인 개인의 지급수표를 지급보증한다는 것은 이례에 속한다 할 것이므로 원고가 논지에서 말하는 바와 같이 초등학교밖에 나오지 않은 사람이라고 해서 그 이례에 속하는 것을 당연한 것으로 믿었다 함은 이유 없다."고 판시한 바, 은행의 지방예금취급소장이 은행을 대리하여 거액의 보증을 하는 경우에, 설사 상대방이 대리권이 있음을 믿었다 할지라도 대리권을 인정하지 않았다.

제5절 어음의 상환청구제도

I. 어음거래와 상환청구

　어음법상 상환청구는 어음금 지급이 거절되거나 환어음의 인수가 거절되는 등 어음금 지급을 기대하기 어려운 사유가 있을 경우 어음소지인이 자신의 이전 어음행위자에 대해 어음금 지급을 청구하는 제도를 말한다. 어음의 지급증권으로서의 신뢰성을 높이기 위해 환어음의 발행인 및 배서인과 같이 어음의 주채무자가 아닌 어음행위자들에게도 어음금 지급의 담보책임을 부과하고 있다(어음법 제9조 제1항, 제15조 제1항).

II. 상환청구의 당사자

1. 상환청구권자

　최초의 상환청구권자는 어음의 최후 소지인이다. 상환청구권자에게 상환의무를 이행한 자가 다시 그 이전의 어음행위자에게 상환을 청구할 수 있다(재상환청구).

2. 상환의무가 있는 자

　상환의무자는 주채무자 이외의 어음행위자이다. 여기에 해당되는 자로는 환어음의 발행인과 배서인, 약속어음의 배서인, 이들의 보증인 및 무권대리인 등이 상환의무자에 해당한다.

3. 상환의무가 없는 자

1) 어음행위를 하지 않은 자

　어음행위를 하지 않은 자는 상환의무가 없다. 백지식 배서를 받아 교부에 의해 어음을 양도한 자, 백지식 배서의 어음을 취득하여 다시 교부에 의해 양도한 자 및 수취인이 백지인 어음을 교부에 의해 양도한 자는 상환책임을 부담하지 않는다. 또한 상환의무를 배제하거나 제한한 경우에도 상환의무가 발생하지 않는다.

2) 인수담보책임을 배제 또는 제한한 경우

　환어음의 발행인이 인수담보책임을 배제한 경우(어음법 제9조 제2항), 배서인이 인수담보책임과 지급담보책임을 전부 배제한 경우(어음법 제15조 제1항) 및 담보책임의 상대방을 직접 피배서인으로 제한한 경우(어음법 제15조 제2항)에는 상환책임이 없다.

III. 상환청구의 요건

1. 만기 상환청구

어음소지인이 적법한 제시기간 내에 지급 제시하였으나 지급이 거절된 경우이다.

1) 어음소지인

최후의 피배서인 또는 그로부터 추심위임을 받은 자이다. 환어음 점유자의 인수제시와 달리 지급제시는 어음소지인만 할 수 있다.

2) 적법한 기간 내 지급제시

확정일출급, 발행일자후정기출급 또는 일람후정기출급의 환어음 소지인은 지급을 할 날 또는 그날 이후의 2거래일 내에 지급을 받기 위한 제시를 하여야 한다(어음법 제38조 제1항). 상대방이 지급거절의 의사를 표명하거나 거절증서 작성이 면제된 어음이라 하더라도 지급제시를 하여야 한다.

3) 제시가능한 어음

만기에 이르지 않은 어음이나 보충하지 않은 백지어음은 제시하더라도 효과가 없으므로 상환청구권이 발생하지 않는다. 지급제시의 상대방은 지급인, 지급담당자가 있을 경우 지급담당자, 약속어음의 경우 발행인에게 제시하여야 한다.

2. 만기전 상환청구

원칙적으로 만기에 이르러 지급이 거절된 경우 상환청구할 수 있으나 만기 전이라도 지급가능성이 현저히 희박해졌을 경우에도 상환청구가 허용된다.

1) 인수의 전부 또는 일부의 거절이 있는 경우

지급인이 인수를 거절할 경우 그 어음은 유통성을 상실하므로 더 이상 지급수단이 될 수 없다. 소지인이 만기까지 기다리지 않고 적기에 권리를 확보할 수 있도록 인수거절을 상환청구 사유로 하고 있다.

2) 인수인·지급인의 파산, 지급정지, 강제집행이 주효하지 않은 경우

음소지인이 만기가 되더라도 지급을 기대하기 어려우므로 만기 전에 상환청구할 수 있다. 이 경우 지급정지란 채무자가 변제기에 있는 채무를 자력의 결핍으로 인하여 일반적, 계속적으로 변제할 수 없다는 것을 명시적, 묵시적으로 외부에 표시하는 것을 말한다(회파 305조2항, 391조).

3) 인수제시를 금지한 어음의 발행인이 파산한 경우

발행인이 인수제시를 금한 경우 인수제하여 거절되더라도 상환청구가 불가능하므로 발행인의 신용에 의존하여 유통된다. 발행인이 파산한다면 신용이 없어지므로 상환청구를 인정한 것이다.

4) 약속어음의 발행인이 파산한 경우

약속어음의 경우 환어음의 경우와 같은 만기 전 상환청구에 관한 규정을 두고 있지 않으나 약속어음에 있어서도 발행인의 파산이나 지급정지 기타 그 자력을 불확실케 하는 사유로 말미암아 만기에 지급거절이 될 것이 예상되는 경우 만기 전의 상환청구가 가능하다고 보아야 한다(통설·판례의 입장).

> ### 대법원 1984. 7. 10. 선고 84다카424, 84다카425 판결
>
> 어음법은 약속어음의 경우에 환어음의 경우와 같은 만기 전 소구에 관한 정을 두고 있지 않으나 약속어음에 있어서도 발행인의 파산이나 지급정지 기타 그 자력을 불확실케 하는 사유로 말미암아 만기에 지급거절이 될 것이 예상되는 경우에는 만기 전의 소구가 가능하다고 보아야 할 것인 바 이 사건 약속어음과 동일인 발행명의의 다른 약속어음이 모두 부도가 된 상황이라면 특별한 사정이 없는 한 이 사건 약속어음도 만기에 지급거절이 될 것이 예상된다고 하겠으므로 그 소지인은 만기 전이라고 할지라도 일단 지급제시를 한 후 배서인에게 소구권을 행사할 수 있다.

제6절 어음의 위조

I. 의의

어음이나 수표는 서면성과 문언성에 따라 일정한 요건과 형식에 따라 발행되고 또 양도되기 마련이다. 특히 어음의 발행 시 대리인을 통하여 발생하기도 한다. 그런데 아무런 권한 없이 본인의 서명을 도용하거나 어음이나 수표에 기재되어 있는 금액을 본인의 의도와 달리 변경을 가하여 유통되는 경우가 발생할 수 있다. 여기에 어음 위조와 변조(변조는 따로 후술하기로 한다)의 법률적 문제가 제기된다. 특히 어음의 위조는 어음소지인이 어음면에 기재된 대로 권리를 행사할 것으로 예상하여 해당 어음을 수령한다. 반면, 어음을 발행한 발행인이나 지급인은 어음채무자로서 자신이 지급해야 할 금액이 달리 기재되어 있다고 한다면, 당연히 이를 부정하고자 할 것이다. 어음의 위조와 관련하여 어음법은 이러한 문제를 법률적으로 해결하고자 한다.[28] 어음의 생명인 유통성을 확보해야 하는 면과 어음채무자의 보호에 대한 이익조정이 어음법이 가지고 있는 하나의 과제에 해당한다.

II. 어음위조와의 구별

1. 어음의 위조

1) 개념

어음의 위조를 설명하고자 한다면, 어음의 변조를 동시에 이해하면서 고찰하는 방법이 보다 더 타당성을 갖는다. 어음의 위조라 함은 아무런 권한을 가지고 있지 않은 자가 타인의 이름으로 어음행위를 하는 것을 말한다. 즉, 타인의 명칭을 도용하여 그 타인이 어음행위를 한 것과 같은 외관을 야기하는 행위가 바로 어음위조이다. 결국 위조라고 하는 것은 명의상의 어음행위자의 의사가 존재하고 있지 않다는 것에 그 본질이 있다.

2) 형식

어음의 위조는 어음행위가 아니고 사실행위에 해당한다. 또한 위조행위에 있어서 위조자의 고의나 과실은 요구되지 않는다. 위조는 서면행위에서만 있을 수 있으므로 어음행위에

---

28 이철송, 어음·수표법, 제12판, 박영사, 2012, 124면.

한하여 발생하게 된다. 따라서 인수제시나 지급제시를 하면서 타인의 성명을 사칭하는 경우라면 위조에 해당하지 않는다.

3) 구분

이미 행하여진 타인의 기명날인의 기재를 변경하여 종전의 어음행위자가 아닌 자가 어음행위를 한 것과 같은 외관을 야기한 경우라면 위조에 해당한다. 그러나 대법원은 어음행위 후에 어음행위자의 상호가 변경되어 소지인이 그 기명날인 중 '기명' 부분에 표시된 구 상호를 지우고 새 상호를 기재하는 경우에는, 어음행위자의 동일성에 변동이 없는 기명의 변경에 해당하기 때문에 위조가 아니라고 판단하고 있다.[29]

2. 어음의 변조

어음의 변조는 이미 발행된 어음의 내용을 타인의 권한을 수령하지 아니하고 변경하는 것을 말한다. 특히 어음행위 내용 중 기명날인이나 서명 이외의 부분을 권한 없이 변경을 가하는 것을 의미하게 된다. 어음의 위조나 변조는 어음이 진실한 권리관계를 야기하고 있지 못하고 있다는 점에서는 동일하다. 그러나 어음변조가 어음행위의 내용을 위작하는 것은 어음의 변조에 있다고 한다면, 어음위조는 어음행위의 주체를 위작하고 있다는 점에서 차이가 있다.[30]

3. 무권대리

타인의 권한 없이 어음행위를 한다는 점에서 어음의 위조와 무권대리는 동일하다. 하지만 행위방식에 있어서 차이가 있다. 통설은 다음과 같이 구분한다.[31]

타인이 어음상에 대리관계를 표시하여 어음행위를 하는 경우를 대리방식이라 하는데, 대리방식의 경우에 대리인인 타인이 대리권이 없는 때가 무권대리이다. 반면, 타인이 직접 본인의 명의로 기명날인하는 경우를 기관방식이라 하는데, 이 기관방식에 의하여 경우에

---

29 대법원 1996. 10. 11. 선고 94다55163 판결.

30 김정호, 어음·수표법, 법문사, 2010, 88면.

31 이기수·최병규, 어음·수표법, 제7판, 박영사, 2009, 158면; 김정호, 어음·수표법, 법문사, 2010, 88면; 최준선, 어음·수표법, 제8판, 삼영사, 2012, 135면.

대행자가 권한이 없다고 한다면 위조에 해당한다.

III. 피위조자 책임

1. 원칙

위조를 당한 피위조자는 어음행위를 한 사실이 없다. 위조의 항변은 물적 항변사유에 해당하므로, 원칙상 누구에 대해서도 어음상의 책임을 부담하지 않는다. 어음소지인의 선의 또는 악의를 묻지 아니한다.[32] 외관법리상으로도 책임의 가능성이 존재하지 않는다. 왜냐하면 피위조자가 어음행위자라고 하는 외관을 야기하였고, 어음소지자의 선의가 있다 할지라도 피위조자에 대한 귀책가능성이 존재하지 않기 때문이다.

> **대법원 1965. 10. 10. 선고 65다1726 판결**
>
> 대법원은 "약속어음을 다른 사람이 그 기명날인을 위조하여 발행한 경우에 있어서는 그 발행인으로서 표시된 사람은 그 약속어음의 발행인으로서의 의무를 부담하지 않는다."고 판시하였다.

2. 예외

어음의 위조에 경우에 원칙상 피위조자의 책임이 배제되지만, 예외적으로 그가 어음상의 책임을 부담하는 경우도 발생한다.

1) 피위조자의 추인

피위조자가 위조된 어음행위를 추인할 수 있다. 그것에 대한 근거로 무권대리의 추인에 관한 규정을 제시한다(민법 제130조 유추 적용). 이는 위조자를 권한이 없는 사자로 본 것이다. 그러나 기명날인의 대행이 그 권한을 부여 받는다면 유효하다는 점에서, 사후적인 추인이 있다면 그 권한의 흠결은 보충되어 유효하게 된다.[33] 추인은 위조자 또는 어음소지인을 상대로 한다. 추인은 어음관계자 전원에게 효력을 발생시킨다. 추인은 특별한 방식을 요하지 않는다. 묵시적인 의사표시로도 가능하다. 다만, 효력발생의 시점에 있어서 차이가 있다.

---

32 대법원 1965. 10. 10. 선고 65다1726 판결.
33 김정호, 어음·수표법, 법문사, 2010, 89면.

(1) 추인시설

위조는 어음행위는 절대적으로 무효인 것이므로 나중에 추인한다 할지라도 그 어음은 유효한 것으로 볼 수 없다는 입장이다. 다만, 추인을 하게 되면 새로운 어음행위를 한 것으로 보아 추인한 때로부터 그 효력을 인정하고자 한다. 민법 제139조를 유추 적용하는 입장이다. 종래의 통설이었다.

(2) 어음행위시설

어음이 위조된 경우에도 피위조자는 무권대리를 추인할 수 있는 것과 마찬가지로 위조된 기명날인을 추인함으로써 처음부터 유효한 것으로 할 수 있다고 한다. 독일 통설과 판례의 입장이며 현재 우리나라 다수설이다. 추인의 법적 근거로는 민법 제133조가 제시된다. 위조는 어음채무를 부담할 의사를 표명하기 아니한 자에게 어음채무를 귀속시키는 외관을 창출하기 때문에 무권대리 규정의 적용가능성을 제시한다.[34] 또한 위조에 해당하는 기명날인의 표현대행을 표현대리로 보는 것이 판례의 입장과 통임을 감안할 때, 위조의 경우 무권대리의 규정을 적용하는 것은 무리가 없다고 한다.

(3) 사견

종래 통설은 위조의 경우에 무권대리와 달리 효력발생의 미확정상태가 존재하지 않고, 추인의 대상이 되어야 하는 자의 어음행위도 존재하지 않다는 점과, 위조는 비윤리적인 행위이므로 추인의 인정이 위조의 폐해를 야기한다는 점을 들어 위조의 소급적용을 부인하였다. 그러나 위조의 추인에 소급효를 인정한다고 할지라도 불이익을 받는 사람은 존재하지 않으므로 거래의 안정을 위해 추인의 소급효를 인정하는 것이 타당하다.

2) 외관책임

위조행위의 상대방이 위조자가 피위조자의 기명날인을 적법하게 서명대리 또는 대행을 하는 것으로 믿었고 또 이 믿음에 정당한 이유가 있다고 한다면, 이를 표현대리의 일종으로 보아 피위조자에게 책임을 귀속시킬 수 있게 된다. 다음의 대법원 판례는 그러한 면을 엿볼 수 있다.

---

34 이철송, 어음·수표법, 제12판, 박영사, 2012, 131면.

대법원 1969. 9. 30. 선고 69다964 판결

대법원은 "다른 사람이 권한 없이 직접 본인명의로 기명날인하여 어음행위를 한 경우에도 제3자가 그 다른 사람에게 그와 같은 어음행위를 할 수 있는 권한이 있는 것이라고 믿을 만한 사유가 있고, 본인에게 책임을 질 만한 사유가 있는 경우에는 거래의 안전을 위하여 표현대리에 있어서와 같이 본인에게 책임이 있다고 해석하여야 할 것이다."라고 하면서 표현대리의 법리를 가지고 본인의 책임을 귀속시키고 있는 판결을 지속적으로 내리고 있다.[35]

대법원은 "표현대리의 규정"이라는 용어를 사용하는 대신에 "해석하여야 한다."라든가 "표현대리에 있어서와 같이"라는 용어를 판결문에 사용하고 있다. 이는 기명날인의 대행이 정식의 '대리방식'이 아니라 직접 본인의 기명날인을 하는 '대행방식'으로 하는 것이기 때문이다.[36] 그러므로 정확하게 말한다면, 표현대리의 규정을 유추적용하고 있다고 하는 것이 타당할 것이다.

대법원 2000. 3. 23. 선고 99다50385 판결

대법원은 "다른 사람이 본인을 위하여 한다는 대리문구를 어음상에 기재하지 않고 직접 본인명의로 기명날인하여 어음행위를 하는 이른바 기관방식 또는 서명대리방식의 어음행위가 권한 없는 자에 의하여 행해졌다면 이는 어음행위의 무권대리가 아니라 어음의 위조에 해당하는 것이기는 하나, 그 경우에도 제3자가 어음행위를 실제로 한 자에게 그와 같은 어음행이를 할 수 있는 권한이 있다고 믿을 만한 사유가 있고, 본인에게 책임을 질 만한 사유가 있는 때에는 대리방식에 의한 어음행위의 경우와 마찬가지로 민법상의 표현대리 규정을 유추 적용하여 본인에게 그 책임을 물을 수 있다."고 판시하고 있다.

3) 신의성실의 원칙 적용

우리 민법은 제2조 제1항에 "권리의 행사와 의무의 이행은 신의에 좇아 성실히 하여야 한다."고 규정하고 있다. 신의성실의 원칙을 명시적으로 밝히 규정이면서, 신의칙에 위배되는 권리를 행사하고자 하는 경우에는 허용되지 않는다는 의미를 담고 있다. 권리남용과 관련하여 다양한 유형들이 제시될 수 있다.[37]

어음소지인의 피위조자에 대한 어음금 청구 시, 피위조자는 어음이 위조되었음을 이유로 하여 지급에 대한 항변을 주장할 수 있다. 그러나 피위조자가 책임 있는 사유로 어음이나 수표의 위조에 원인을 제공한 바가 있고, 제3자가 대가를 지급하고 과실 없이 그 어음이나

---

35 대법원 1971. 5. 24. 선고 71다471 판결; 대법원 1981. 3. 24. 선고 81다4 판결; 대법원 1988. 10. 25. 선고 86다카1228 판결; 대법원 1989. 3. 28. 선고 87다카2152·2153 판결; 대법원 1991. 6. 11. 선고 91다3994 판결.

36 김문재, 어음·수표법(이론과 실무), 동방문화사, 2013, 107면.

37 이영준, 민법총칙, 박영사, 2007, 88면 이하.

수표를 취득하였을 경우에 해당하는 경우라면, 신의칙에서 인정된 권리남용의 유형으로서 "선행행위와 모순되는 행위의 금지"를 통하여 어음소지인은 피위조자에게 책임을 추궁할 수 있다.[38] 또한 피위조자가 위조한 사항을 알면서 동일한 위조자에 대하여 위조된 어음의 어음금을 지속적으로 지급하였다고 한다면, 동일한 적용이 가능하다. 이는 독일 판례에서 인정되고 있다.[39] 동 원칙은 외관책임을 인정하는 것보다 폭 넓게 적용할 수 있다는 점에서 유익한 점이 있다.[40] 민법상 인정된 표현대리의 적용에 한계에 봉착하는 경우에, 민법 제2조를 근거로 하여 어음소지인은 어음금지급청구권을 행사하게 된다.

4) 사용자배상책임

(1) 의의

어음 위조의 경우에 피위조자에 대한 사용자배상 책임을 물을 수도 있다. 회사에 근무하는 직원이 자신의 개인적인 채무를 변제하기 위하여 대표이사의 기명날인을 도용하여 어음을 발행하거나 배서하는 경우가 여기에 해당한다. 다만, 사용자에게 배상책임을 묻기 위해서는 다음의 요건이 충족되어야 한다.[41] 첫째, 피위조자와 위조자 간에 '사실상 지휘와 감독을 받는' 사용자와 피용자의 관계가 있어야 한다. 둘째, 위조자가 피위조자의 사용인으로서 사무의 집행에 관하여 어음이나 수표를 위조하였어야 한다. 셋째, 제3자에게 손해가 발생하였어야 한다. 넷째, 제3자에게 악의 또는 중대한 과실이 없어야 한다.

(2) 판례의 경향

대법원은 '위조된 어음에 대하여 어음소지인이 피위조자에게 어음금을 청구하기 위해서는, 어음소지인이 상환청구권 보전절차를 취하는 등의 요건을 갖추어야 피위조자의 어음상 책임을 물을 수 있다.'고 판시하고 있었다.[42]

---

38 최준선, 어음·수표법, 제8판, 삼영사, 2012, 141면.
39 RGZ 126, 223 (225); BGHZ 47, 110.
40 이철송, 어음·수표법, 제12판, 박영사, 2012, 132면.
41 최준선, 어음·수표법, 제8판, 삼영사, 2012, 141면 이하.
42 대법원 1974. 12. 24. 선고 74다808 판결; 대법원 1990. 4. 10. 선고 89다카17331 판결.

대법원 1990. 4. 10. 선고 89다카17331 판결

"배서가 위조된 어음의 소지인이 위조자의 사기 등에 의하여 위조배서를 진정한 것으로 믿고 그 어음을 취득하기 위하여 금원을 출연함으로써 손해를 입었다고 하더라도 그 손해는 결국 배서인에게 상환의무를 구할 수 없는 어음을 취득함으로써 입은 손해라 할 것이므로 어음소지인으로서는 그 상환책임을 물을 수 있는 범위 내에서만 손해를 주장할 수 있는 것이다. 따라서 어음소지인이 지급제시기간의 도과로 상환청구권을 상실하여 어음상의 권리를 상환할 수 없으면, 배서명의인(피위조자)인 피고회사에 대하여 손해를 물을 수 없는 것이다."

그러나 '어음배서가 위조된 경우, 소지인의 적법한 지급제시가 배서위조로 인한 사용자책임을 묻기 위한 요건이 될 수 없다.'는 요지로, 기존 판례를 변경하는 전원합의체 판결이 있다.

대법원 1994. 11. 8. 선고 93다21514 판결(전원합의체 판결)

대법원은 "어음소지인으로서는 위조된 배서를 진정한 것으로 믿고 할인금을 지급하는 즉시 그 어음 액면금이 아닌 그 지급한 할인금 상당의 손해를 입었다고 할 것이므로 그 후 어음소지인이 현실적으로 지급제시를 하여 지급거절을 당하였는지의 여부가 어음배서의 위조로 인한 손해배상책임을 묻기 위하여 필요한 요건이라고 할 수 없고, 어음소지인이 적법한 지급제시기간 내에 지급제시를 하지 아니하여 소구권 보전의 절차를 밟지 않았다고 하더라도 이는 어음소지인이 이미 발생한 위조자의 사용자에 대한 불법행위책임을 묻는 것에 장애가 되는 사유라고 할 수 없다."고 판시하고 있다.

IV. 위조자의 책임

1. 부정설

어음을 위조한 자는 민사상 책임을 부담해야 할 뿐만 아니라 형사상 책임을 면치 못한다. 그러나 어음에 자신의 명의로 기명날인 또는 서명을 한 바 없기 때문에, 그는 어음행위자에 해당하지 않고 또 어음상 책임을 물을 수도 없는 상황이다. 그러므로 부정설은 1) 위조자는 타인의 성명을 모용하고 있고 어음상에 자기의 성명을 표시하여 어음행위를 한 것이 아니므로 어음의 문언증권성에 비추어 어음채무를 부담시킬 수 있는 기초가 없다는 점, 2) 실제에 있어서도 위조자는 어음상에 표시되어 있지 않으므로 제3자가 그것을 신뢰하는 일도 없다고 하여, 위조자의 어음상의 책임을 부정한다.[43]

---

43   강위두·임재호, 상법강의(하), 전정판, 형설출판사, 2010, 123면.

2. 긍정설

어음소지인의 보호를 위하여 위조자도 어음이나 수표상의 책임을 부담해야 한다는 입장이 진다고 보는 입장이다.[44] 그 근거에 대한 설명으로는 다음과 같은 두 가지 이론을 제시한다.

1) 무권대리설

어음행위의 무권대리를 규정하고 있는 어음법 제8조나 수표법 제11조를 통하여 위조자의 책임을 묻고자 하는 입장이다. 동 규정은 무권대리인에 대하여 본인을 채무자로 표시한 데 대한 책임을 묻는 내용을 담고 있다. 위조자는 명의인인 본인이 책임을 부담하는 것처럼 표시를 위조한 자이다. 그 자는 비록 그 자신이 어음상에 기명날인 또는 서명을 하지 않았다 할지라도 어음법 제8조를 유추 적용하여 책임을 묻고자 한다.

2) 위조자행위설

위조자는 피위조자의 명칭을 자기를 표시하는 명칭으로 삼아 어음행위를 한 것이라는 점에 주목하며, 타인명의에 의한 어음행위를 한 것과 마찬가지로 어음상 기명날인이나 서명을 한 것이므로 기명날인을 한 자나 서명자 자신을 행위를 한 이상, 그 행위에 대한 책임을 물어야 한다는 주장이다.

3) 정리

무권대리는 대리권을 거짓으로 하는 행위임에 반하여 위조는 인격을 거짓으로 하고 있다는 점에서 차이가 있다. 무권대리설이 어음법 제8조를 적용하고자 하는 것은 한계가 있다는 지적과 위조자는 타인의 명칭을 자기를 표시하기 위하여 사용하고 있다는 점에도 불구하고 자신이 책임을 부담해야 하는 지적이 제기되고 있지만,[45] 위조자에게 책임을 묻지 않는다면, 이 또한 타당하지 않다는 점에서 책임을 인정해야 한다는 점에서는 동의하지만 그 법적 근거를 명확하게 제시하는 것은 쉽지 않다.

---

44 정찬형, 상법강의(하), 제15판, 박영사, 2012, 118면.
45 비판사항에 대하여는 이기수·최병규, 어음·수표법(상법강의 III), 제7판, 박영사, 2009, 167면.

V. 위조어음에 기명날인(또는 서명)한 자의 책임

위조된 어음에 새로이 어음행위를 한 자에 대하여는 어음법 제7조가 규정하고 있다. 이른바 어음행위독립의 원칙에 따라 위조어음 위에 기명날인 또는 서명한 자는 어음소지인에게 어음채무를 부담해야 한다. 위조어음에 배서한 자 역시 어음행위독립의 원칙에 의해 자신의 어음행위의 내용에 따라 책임을 부담해야 한다.

VI. 위조어음 지급인의 책임

1. 법적 근거

피위조자와 지급인(은행) 간의 계약으로 피위조자의 계산으로 지급인이 위조어음을 지급한 경우에 지급인은 피위조자에 대하여 어떠한 책임을 부담한가에 대한 물음이다. 어음법 제40조는 '지급의 시기 및 지급인의 조사의무'에 관한 내용을 규정하고 있다. 특히 제3항은 "만기에 지급하는 지급인은 사기 또는 중대한 과실이 없으면 그 책임을 면한다."고 규정하고 있다. 어음법 제40조 제3항(어음법 제77조 제1항 제3호, 수표법 제35조)를 근거로 하여 지급인이 위조어음을 지급한 경우에 그의 면책 여부를 결정할 수도 있지만, 대법원은 특별법규라든가 면책약관 또는 상관습 등을 근거로 하여 지급인의 면책 여부를 결정하는 것이 타당하다는 입장을 취하고 있다.[46]

> **대법원 1971. 3. 9. 선고 70다2895 판결**
>
> 대법원은 "피고은행 인천지점에서 제시를 받은 이 사건수표는 소외 2가 판시 소외 1의 인감을 위조하여 작성한 위조수표로서 무효이고, 이러한 무효의 수표에 의한 변제가 유효로 되는 것은 특별법규, 면책약관 또는 상관습이 있는 경우에 한한다 할 것이고, 채권의 준점유자에 대한 변제의 법리는 적용될 수 없다."고 판시하고 있다.

어음법 제40조 제3항을 적용하고자 한다면, 진정한 어음의 소지인이 무권리자임을 전제로 하고 있는 반면에, 발행위조의 경우에는 어음상의 권리자인 위조어음의 소지인에게 지급하는 경우 어음법 제40조 제3항을 근거로 하여 지급인의 면책 여부를 결정하기에는 어려움

---

46 대법원 1971. 3. 9. 선고 70다2895 판결.

이 있다.[47] 은행 등의 면책약관에는 은행이 주의의무를 다하였다고 한다면 "예금을 지급하였을 때에는 인감이나 서명의 위조·변조 또는 도용이나 그 밖의 다른 사고로 인하여 거래처에 손해가 생겨도 그 책임을 지지 않는다."고 하고 있다.[48] 그러므로 이에 관한 특별법규나 면책약관 또는 상관습 등을 근거로 하여 지급인의 면책유무를 결정하는 것이 일반적이고, 또 그 타당성을 갖게 된다. 이 경우 채권의 준점유자에 대한 변제의 법리는 적용되지 않게 된다.

2. 지급인의 주의의무

지급인인 은행이 은행기본거래약관 등에서 면책규정을 두고 있다고 할지라도 은행이 부담해야 하는 주의의무에 대한 논의가 실제로 문제되고 있다. 원고는 피고은행의 직원이 예금주가 발행한 수표금액에 관한 지급사무를 처리함에 있어서 마땅히 기울였어야 할 주의의무를 게을리한 과실로 수표금을 지급하였으므로 그 지급은 무효이고, 따라서 그 지급된 금액에서 원고가 실제 발행한 금액 50,000원을 제한 나머지 금액 1,150,000원의 예금채권이 잔존한다고 주장한다. 반면 피고는 '예금주는 수표에 사용할 서명과 인감 또는 명판을 미리 은행에 제출하여야 하며, 그 인감과 대조하여 취급상 보통의 주의로써 상위 없음을 인정하고 지급한 수표는 인감 또는 수표용지의 도용, 위조, 변도 등 기타의 사유로 인하여 손해가 생길지라도 은행은 그 책임을 지지 아니한다.'는 면책약관을 들어 위 수표의 지급에 있어서 취급상 보통의 주의의무를 다하였다고 주장한다.

> **대법원 1971. 3. 9. 선고 70다2895 판결**
>
> 대법원은 "당좌계정약정서의 면책약관에 표시된 보통의 주의의무란 수표 등을 취급하는 은행으로서 지녀야 할 통상적 주의를 뜻하는 것으로서 그 내용은 다만 육안으로 식별하는 데 그칠 것이 아니고 은행이 보편적으로 간편하게 사용할 수 있는 기기 등을 이용하는 등 성실한 업무처리로 그 진위의 식별에 임하여야 할 주의의무를 뜻하는 것이므로 이를 중과실이 있을 경우에만 은행측이 책임을 진다는 취지로 이해할 수 없다."고 하면서 변조된 어음을 지급한 은행에 과실책임을 인정한 바 있다.

한편 면책약관은 '보통의 주의'라는 용어를 사용하고 있는데, 주의의 정도와 관련하여 대

---

47 정찬형, 상법강의(하), 제15판, 박영사, 2012, 119면.
48 한국외환은행 예금거래기본약관 제16조 제1항 참조.

법원은 경과실도 없어야 함을 의미하며,[49] 조사를 함에 있어서 '신고된 인장에 국한하지 않고 어음금액 등을 포함하는 것'으로 보고 있다.[50]

3. 손실부담의 배분

면책약관에 따라, 지급인이 선의이면서 무과실로 지급을 한 경우 지급에 대한 책임은 없기 때문에, 지급인은 피위조자에게 손실에 대한 부담을 하지 않아도 될 것이다. 그러나 만약 지급인이 은행이 아니고 위조어음 지급과 관련하여 면책약관이나 상관습도 없으며, 지급인이나 피위조자에게 고의나 과실이 없는 경우에 책임을 누가 부담해야 하는가의 문제가 제기된다. 일단 지급한 이상 그 손실을 전가할 다른 특별한 사유가 없다고 할 것이므로 지급인이 책임을 져야 할 것이다.[51] 부당이득반환과 관련하여 다음과 같은 판결이 있다.

대법원 1992. 7. 28. 선고 92다189535 판결

대법원은, "소외 영호건설주식회사가 발행하고 원고가 배서한 것으로 되어 있는 판시 약속어음을 피고가 소지하고 있다가 원고를 상대로 위 약속어음 등의 소송을 제기하여 그 소송 진행 중 원고는 위 약속어음의 배서부분이 위조된 것이었는데도 이를 알지 못하고 얼핏 진정하게 이루어 진 것으로 오인한 나머지 1989년 12월 1일 피고에게 위 약속어음금 합계금 3,000만 원과 그에 대한 이자 명목으로 금 400만 원을 지급하기로 약정하고 그날 현금 400만 원을 지급한 후 나머지 3,000만 원에 대하여는 그 지급을 위하여 판시 수표를 발행해주고 위 약속어음을 반환받은 사실과 1989년 12월 5일에 이르러 비로소 위 약속어음 등의 배서부분이 위조된 것을 알고 위 수표가 부도되면 행사책임을 질 것을 우려하여 어쩔 수 없이 위 수표금을 결재한 사실을 인정한 다음 결국 피고는 아무런 원인 없이 이득을 보았고 그 때문에 피해를 입은 사람은 원고이므로 피고에게 그로 인한 부당이득반환의무가 있다."고 판단하였다.

---

49 대법원 1975. 3. 11. 선고 74다53 판결.
50 대법원 1969. 10. 14. 선고 69다1237 판결.
51 김문재, 어음·수표법(이론과 실무), 동방문화사, 2013, 137면 이하.

제7절 위조의 입증책임

I. 의의

어음채무자가 어음소지인으로부터 어음상의 청구를 받고 자신의 기명날인이 위조되었다고 주장하면서 항변을 하는 경우가 발생한다. 이때 증명책임을 어음채무자가 부담해야 하는가, 아니면 어음소지인이 부담하는 것이 타당한가에 대한 물음이다. 어음의 위조에 대한 입증문제는 종래 학설들이 나뉘어 있었고, 판례 역시 변경이 있었다.

II. 위조의 증명책임

1. 판례의 경향

다음에 제시하는 두 개의 판례에서 대법원은 피위조자가 증명책임을 부담한다고 판단하였다.

> **대법원 1974. 9. 24. 선고 74다902 판결**
> 대법원은 "약속어음의 배서가 위조된 경우에도 배서의 연속이 흠결된 것이라고 할 수 없으므로 피배서인은 배서가 위조되었는지의 여부에 관계없이 배서의 연속이 있는 약속어음의 적법한 소지인으로 추정되며, 다만 발행인은 소지인이 악의 또는 중대한 과실로 취득한 사실을 주장 입증하여 발행인으로서의 어음채무를 면할 수 있을 뿐이다."라고 판시하였다.

> **대법원 1987. 7. 7. 선고 86다카2154 판결**
> 대법원은 "약속어음의 배서가 형식적으로 연속되어 있으면 그 소지인은 정당한 권리자로 추정되고, 배서가 위조된 경우에도 이를 주장하는 사람이 그 위조사실 및 소지인이 선의취득을 하지 아니한 사실을 입증하여야 한다."고 판단하였다.

두 개의 판결에서 대법원은 피위조자가 위조되었다는 사실을 증명해야 한다는 사실을 알 수 있다. 그러나 대법원은 배서위조의 입증책임은 어음소지인에게 있다고 하면서 판례의 변경을 가하게 된다. 이는 전원합의체 판결에 해당한다.

대법원 1993. 8. 24. 선고 93다4151 판결

사실관계

"소외 한미건산주식회사는 1992년 1월 20일 액면 2천만 원, 지급기일 1992년 4월 20일, 지급장소는 주택은행우 갈월동 지점으로 된 약속어음 1매를 발행하여, 소외 홍효조에게 교부하였고, 홍효조는 이를 소외 전도일에게, 전도일은 소외 이장숙에게, 이장숙은 이 사건의 피고인 안종옥에게, 안종옥은 이 사건의 원고인 정갑채에게 각각 순차 배서하였다. 정갑채는 발행인인 한미건산이 거래정지처분된 사실을 알고 만기 전인 1992년 2월 25일 어음의 지급을 구하기 위하여 어음을 은행에 지급제시하였으나, 은행은 위 한미건산의 거래정지처분으로 인한 무거래를 이유로 지급을 거절하였다. 따라서 정갑채는 피고 안종옥에게 상환청구하였다. 피고는 위 어음채무는 피고가 경영하는 백광금속의 종전 경영주인 소외 주구석과 원고 정갑채와의 거래상의 채무일 뿐 피고와 무관한데도 피고의 경리사원 소외 김태염이 피고의 지시·승낙 없이 피고의 명판을 사용하여 배서해준 것이므로 위조된 배서라 주장하면서 원고의 청구는 부당하고, 피고로서는 책임이 없다고 항변하였다."

판결요지

대법원은 "어음에 어음채무자로 기재되어 있는 사람이 자신의 기명날인이 위조된 것이라고 주장하는 경우에는 그 사람에 대하여 어음채무의 이행을 청구하는 어음의 소지인이 그 기명날인이 진정한 것임을 증명하지 않으면 안 된다. 또한 배서의 자격수여적 효력에 관하여 규정한 어음법 제16조 제1항은 어음상의 권리가 적법하게 발생한 것을 전제로 그 권리의 귀속을 추정할 따름이고 그 권리의 발생 자체를 추정하는 것이 아니라고 해석되므로, 위 법조항의 '적법한 소지인으로 추정한다'는 취지는 피위조자를 제외한 어음채무자에 대하여 어음상의 권리를 행사할 수 있는 권리자로 추정한다는 의미에 불과하고 자신의 기명날인이 위조되었다고 주장하는 자에 대해서까지 어음채무의 발생을 추정하는 것은 아니다. 그렇다면 어음에 어음채무자로 기재된 자가 자기 자신의 기명날인이 위조된 것이라고 주장하는 경우에는 그에 대하여 어음상의 권리를 행사하는 어음소지인이 그 기명날인이 진정하다는 것을 입증하지 않으면 안 되는 것이다."라고 판시하였다.

III. 학설

1. 피위조자가 부담해야 한다는 입장

어음이 위조된 경우 증명은 피위조자가 부담해야 한다는 입장이다. 소수설에 속한다. 주장에 대한 근거는 다음과 같다.[52]

---

52 채이식, 상법강의(하), 박영사, 2003, 267면; 서돈각·정완용, 상법강의(하), 제4전정판, 법문사, 1996, 89면.

첫째, 특별한 명문 규정이 없으므로 민사소송의 일반원칙에 따라야 한다는 것이다. 어음이 위조되었다는 사실을 주장하고자 하는 자가 피위조자이기 때문에, 그가 위조라는 주장에 대한 증명을 부담해야 한다는 것이다.

둘째, 어음법 제16조 제1항을 법적 근거로 제시한다. 어음법 제16조 제1항은 "환어음의 점유자가 배서의 연속에 의하여 그 권리를 증명할 때에는 그를 적법한 소지인으로 추정한다."고 규정되어 있다. 적법한 소지인이라고 하는 추정을 깨기 위해서는 피위조자가 증명하지 않으면 아니 된다는 것이다.

셋째, 증명자료가 피위조자 측에 가까이 있어서 실제적인 문제로 입증자료에의 접근용이성이라는 견지에서 보면 피위조자가 입증책임을 져야 한다고 한다. 특히 피용자가 위조한 경우 위조자체는 피위조자인 사용인의 위험영역에 있다고 볼 수 있어서 피위조자 측에서 입증책임을 부담하는 것이 합리적일 것이다.

2. 어음소지인이 증명책임이 있다는 입장

피위조자가 어음의 위조를 증명해야 한다는 입장에 반대하며, 다음과 같은 주장을 한다.[53]

첫째, 피위조자가 증명책임을 부담한다고 하면서 어음법 제16조 제1항을 제시하는 입장에 대하여, 동 규정은 어음채무가 존재하는 사실을 추정하는 것이 아니라 혹시 어음상 권리가 있으면 그 권리는 소지인에게 귀속하게 된다는 점에 대한 추정규정에 해당한다고 주장한다. 그러므로 어음소지인이 피위조자의 기명날인 또는 서명이 진정함을 입증하여야 한다고 한다.

둘째, 피위조자에게 증명책임을 지우면 위조당한 것도 억울한데 입증책임까지 지우는 것은 문제이므로 증명책임은 어음소지인 측에 있다고 보아야 한다고 주장한다. 그러므로 어음소지인은 기명날인 또는 서명이 진정함을 입증하지 못하면, 피위조자에게 어음상의 책임을 물을 수 없다고 한다.

셋째, 증명책임의 분배에 관한 일반원칙을 적용해야 한다고 주장한다. 권리를 주장하는 자에게 증명책임이 있는 것이므로 어음위조의 책임도 권리를 주장하는 어음소지인이 부담하는 것이 타당하다고 한다.

---

[53] 손주찬, 상법(하), 제11증정보판, 박영사, 2002, 92면; 정동윤, 어음·수표법, 제5판, 법문사, 2004, 143면; 이철송, 어음·수표법, 제12판, 박영사, 2012, 130면.

IV. 사견

어음소지인이 어음의 위조사실을 증명해야 한다고 하는 입장에 따르면, 소지인이 위조가 어떠한 과정을 통하여 발생하였는가를 알아내기가 어렵다는 사정이 있다. 또한 어음을 교부받을 때마다 어음이 위조된 것인지 아닌지를 매번 확인해야 하는 번거로움이 있다. 어음은 유통성을 생명으로 하고 있는데, 어음소지인에게 증명책임을 부담하도록 하는 것은 무리가 있지 않나 하는 생각이 우선적으로 든다. 어음소지인에게 증명책임을 부담하도록 하는 입장은 유통성에 장애가 되는 것은 사실이다. 그러나 피위조자가 입증책임을 부담해야 한다는 입장 역시 억울한 면이 없는 것이 아니다. 위조에 가담한 사항이 아무 것도 없음에도 불구하고 위조되었다는 사실을 증명하라고 하는 것도 일면 수용하기 어려운 면이 있다. 대법원이 1993년 8월 24일 전원합의체판결로 어음소지인에게 증명책임을 부담하도록 하였지만, 이를 일률적으로 획일화하여 판단하는 것은 무리가 있다는 생각이 든다.[54] 그런 측면에서 보았을 때, 구체적인 사안에 따라 피위조자의 귀책사유 여부와 과책의 정도, 증명의 난이도 등을 고려하여 사안에 따라 판단하는 것이 보다 더 합리적이라 생각된다. 어음이라고 하는 유가증권은 생명력은 유통성을 저해하지 않으면서, 아무 행위도 하지 않은 자가 선의의 피해를 입는 상황은 발생되지 말아야 하기 때문이다.

제8절 어음의 변조

I. 변조의 개념

1. 의의

어음과 수표의 변조에 대해 어음법 제69조(어음법 제77조 제1항 제7호)와 수표법 제50조)에 "환어음의 문구가 변조된 경우에는 그 변조 후에 기명날인하거나 서명한 자는 변조된 문구에 따라 책임을 지고 변조 전에 기명날인하거나 서명한 자는 원래 문구에 따라 책임을 진다."고 규정되어 있다. 어음법과 수표법은 모두 변조 전에 기명날인 또는 서명한 자의 책임과 변조 후에 기명날인 또는 서명한 자의 책임을 구분하고 있는 것이다. 입법자는 진실을

---

54 최준선, 어음·수표법, 제8판, 삼영사, 2012, 148면.

존중하여 변조 전에 기명날인 또는 서명한 자의 보호해야 한다는 면과 외관을 존중하여 어음소지인을 보호하고자 하는 면의 조화를 꾀하고 있다고 하겠다.

2. 정의

어음과 수표의 변조는 권한 없는 자가 원칙적으로 완성된 어음에 대하여 그 내용을 변경하는 것이다. 기명날인 이외의 어음과 수표에 기재되어 있는 내용에 변경을 가하는 것이 바로 변조에 해당한다. 권한 없는 자가 어음상 기재내용을 변경하는 것이 변조이기 때문에, 권한 있는 자가 변경하는 것은 변조에 해당하지 않고 변경으로 본다. 이미 어음상의 다른 권리 또는 의무를 가진 자가 있는 경우에는 이러한 자의 동의를 받지 않고 기재내용을 변경하는 것은 변조가 된다.

대법원 1981. 10. 13. 선고 81다카90 판결

"소외 전원개발 주식회사의 대표이사인 소외 이길상은 1979년 9월 29일 소외 한국에이스 주식회사를 수취인으로 기재하여 작성한 이 사건 약속어음에 피고로부터 발행인을 위한 어음보증을 받은 다음, 피고의 동의 없이 멋대로 수취인난의 기재를 삭제하고 원고에게 이를 교부하여 원고가 그 수취인난에 자신의 이름을 써 넣었다는 것이므로 위와 같은 약속어음의 수취인난 기재변경은 피고에 대한 관계에 있어서 어음의 변조에 해당한다." 대법원은 어음발행인이 자기 수중에 있는 어음의 기재내용에 어떠한 변경을 가하여도 이는 통상 권리자의 변경행위로서 변조가 되지 않는 것이나, 다만 그 어음상에 다른 권리 또는 의무를 가진 자가 있을 때에는 이러한 자의 동의를 받지 아니한 변경은 변조에 해당한다고 보고 있다.

대법원 1989. 10. 24. 선고 88다카20774 판결

"배서금지어음상의 권리를 양도함에 있어 어음보증인의 동의를 얻지 않고 수취인 명의를 변경 기재하였다면 어음보증인에 대한 관계에 있어서는 어음의 변조에 해당하고, 그 어음보증인은 변경 기재된 수취인에 대하여 어음보증의 책임은 없는 것이나, 그 변경 기재된 수취인이 어음상의 권리를 지명채권양도의 방법으로 양수하여 대항요건을 갖춘 경우에는 보증채무의 수반성에 따라 보증채무를 지게 된다."

어음상에 기명날인 또는 서명한 자의 일부의 자에 대해서만 동의를 얻은 경우에도 변조가 된다. 다만, 대법원은 다음의 사례에서 변조에 해당하지 않은 것으로 판단하고 있다.

대법원 1995. 5. 9. 선고 94다40659 판결

"발행인이 어음의 수취인란을 공란으로 하여 발행·교부한 경우에 동 어음을 제1배서인으로부터 배서양도받은 어음소지인이 수취인을 보충한 후 다시 이를 정정하는 것은 발행인인 피고나 제1배서인인 소외 회사 등 어음행위자들이 당초의 어음행위의 목적에 부합하고, 그로 말미암아 어음의 효력이나 어음관계자의 권리의무의 내용에 영향을 미치지 않으므로, 이는 단순히 착오로 기재된 것을 정정한 것에 불과하고 어음을 변조한 경우에 해당한다고 볼 수 없다."

대법원 1996. 10. 11. 선고 94다55163 판결

수표행위와 관련하여 대법원은 "무권리자가 수표발행인 회사의 상호가 변경된 후에 임의로 그 회사가 상호변경 전에 적법하게 발행하였던 백지수표의 발행인란의 기명부분만을 사선으로 지우고 그 밑에 변경 후의 상호를 써넣은 경우, 그 변경 전후의 기명은 모두 동일한 회사를 가리키는 것이어서 객관적으로 볼 때 그 백지수표의 발행인란의 기명날인은 그 동일성이 유지되어 있고 그 백지수표의 다른 기재사항에는 아무런 변경도 없으므로, 그와 같은 발행인란의 기명의 변경에 의하여 수표면에 부진정한 기명날인이 나타나게 되었다거나 새로운 수표행위가 있을 것과 같은 외관이 작출되었다고 볼 수는 없으므로 이를 수표법상 수표의 위조에 해당한다고 할 수는 없고, 또한 그 백지수표의 발행인란의 기재를 그와 같이 변경함으로 말미암아 그 백지수표의 효력이나 그 수표관계자의 권리의무의 내용에 영향을 미친 것은 아니므로 이를 수표법상 수표의 변조에 해당한다고 할 수도 없다."고 판단하고 있다.

변조의 대상은 반드시 필요적 기재사항에 제한되지 아니하고, 유익적 기재사항도 포함될 수 있다. 변조의 방법에는 제한이 없다. 그러므로 기존의 기재사항을 제거하거나 말소, 변개 또는 신문언을 첨가하는 것 등이 변조방법으로 등장할 수 있다. 변조는 위조와 마찬가지로 어음행위가 아니고 '사실행위'이므로 변조자의 고의·과실을 요하지 아니한다. 백지어음을 부당으로 보충하는 경우에 변조에 해당하는가에 대한 물음에서 대법원은 이를 인정하고 있지 않다.

대법원 1978. 3. 14. 선고 77다2020 판결

대법원은 어음에 관하여 부여된 보충권의 한도액이 금 136,000원을 초과하여 금액란에 3,500,000원으로 부당보충이 된 것과 관련하여, "금액란이 부당보충된 본건의 경우에는 어음법상 보충권의 남용에 해당하도 어음법상의 어음의 위조에 해당하는 것이 아니다."라고 하면서, "왜냐하면 어음의 위조라고 하는 것은 어음행위자의 명의를 조작하는 것을 말하는데, 백지어음의 부당보충의 경우에는 그 보충으로 인하여 완성된 어음행위의 주체는 의연히 당초의 어음행위가 그대로이고 다만 합의된 내용과 상이한 기재가 이루어진 것에 불과한 것이어서 어음의 위조와 보충권의 남용은 그 개념이 서로 다르기 때문이다."라고 판시하고 있다.

3. 대상

변조는 필요적 기재사항뿐만 아니라 임의적 기재사항에 대하여도 발생할 수 있다. 무익적 기재사항을 권한 없이 변경하는 것은 어음의 효력에 아무런 영향을 미치지 않으므로 변조가 아니다. 다만, 유해적 기재사항을 변경하는 것도 그러한 변경 전후에 완전한 어음으로 존재하는 것이 아니므로 변조라고 볼 수 없다는 주장과 유해적 기재사항을 삽입, 말소하는 것(예를 들면, 어음의 발행에 조건을 붙이거나 삭제하는 것 등)은 변조에 해당된다는 주장도 있다. 변조의 대상은 어음금액이 가장 많고 그 밖에 만기, 지급지 또는 지급장소, 수취인, 배서금지문구 등에서 발생가능성이 있다. 변조는 기재된 사항을 말소하거나 기재된 사항의 내용을 변경하는 것 또는 새로운 사항을 추가하는 것 등이 해당된다. 기재사항 위에 인지를 붙여 기재내용을 알 수 없게 한 사안에서, 대법원은 변조에 해당된다고 판시하고 있다.

> **대법원 1980. 3. 25. 선고 80다202 판결**
> 대법원은, 약속어음 표면에 지시금지의 문구가 기재된 것이라고 인정한 자체에서 원고 주장의 그 문구 위에 100원짜리 수입인지를 붙여서 그것을 받은 사람으로 하여금 내용을 알 수 없게 한 사례에서, "인지의 첨부가 그 어음을 발행한 피고에 의하여 저질러진 것이 아니고 권한 없는 제3자에 의하여 지시금지의 문구를 고의로 가리게 하기 위한 것이었다면 이는 어음의 기재내용을 일부 변조한 것"이라고 판단하고 있다.

II. 변조와 구별

1. 보충권 남용

변조와 보충권의 남용은 구별되어야 한다. 변조는 이미 기재되어 있는 어음의 기재사항을 부당히 변경하는 것을 의미하는 반면에 백지어음의 부당보충은 아직 기재되어 있지 아니한 어음의 기재사항을 부당하게 기입하는 것을 말한다. 어음의 기재사항이 이미 기재되어 있는가의 여부에 따라 차이가 있는 것이다.

변조의 대상은 어음상의 모든 기재사항이나 보충권의 남용의 대상은 백지부분에 한정된다는 점에서도 차이가 있다. 변조는 물적 항변사유이나 보충권의 남용은 인적 항변사유이다. 어음의 변조는 물적 항변사유에 해당하므로, 이를 기재한 자에게 변조에 대하여 귀책사유가 있어야 어음상의 책임을 물을 수 있다. 반면 보충권의 남용은 인적 항변사유이므로 어음취득자의 악의 또는 중과실을 입증하지 못하면, 어음채무자는 보충된 문언에 따라서 책임을 부담하여야 한다(어음법 제10조, 제77조 제2항, 수표법 제13조).

2. 어음의 말소 또는 훼멸

어음의 변조는 변조 후에도 어음요건이 구비되어 유효한 어음으로 존재하게 된다. 어음이 변조되었다 할지라도 어음 그 자체는 유효한 것으로 인정된다. 그러나 어음이 말소되거나 훼손된 경우라 한다면, 어음의 내용을 변경한 후에 어음요건이 결여되어 있는 것이므로 어음으로서 효력을 상실하게 된다. 그러므로 어음변조로 인하여 어음요건이 흠결되어 있다고 한다면, 그것은 변조가 아니라 어음의 말소 또는 훼손으로 보아 어음변조와 구별하여야 한다.[55]

III. 변조의 법적 효과

변조에 대한 법적 효과는 변조 전에 기명날인하거나 서명한 자의 책임과 변조 후에 기명날인 또는 서명한 자의 책임으로 구분하여 설명하도록 한다.

1. 변조 전 기명날인 또는 서명한 자의 책임

1) 원칙

어음의 변조는 물적 항변사유에 해당한다. 그러므로 피변조자는 변조 후의 문언에 대한 책임을 부담하지 않는 것이 원칙이다. 어음법과 수표법은 변조에 대한 어음행위자의 책임을 규정하고 있다(어음법 제69조, 제77조 제1항 제7호, 수표법 제50조). 법문에 따르면, 어음이나 수표의 문구가 변조된 경우에는 변조 전에 기명날인 또는 서명한 자는 원칙적으로 원 문언에 따라 어음상의 책임을 부담한다.

대법원 1987. 3. 24. 선고 86다카37 판결
대법원은 "어음발행인이라 하더라도 어음상의 권리의무를 가진 자가 있는 경우에 이러한 자의 동의를 받지 아니하고 어음의 기재내용에 변경을 가하였다면 이는 변조에 해당할 것이고 약속어음을 배서인이 있는 경우 배서인은 어음행위를 할 당시의 문언에 따라 어음상의 책임을 지는 것이고 그 변조된 문언에 의한 책임을 질 수는 없는 것이다."라고 판시하고 있다.

---

55 최병규, 상법연습, 문영사, 2006, 416면.

변조로 인하여 어음상의 책임이 면제되지 않고 또 원칙적으로 변조된 문언에 따라 책임을 부담하지도 않는다. 원 문언이 변조 후의 문언보다 무겁거나 또는 변조의 결과 어음이 훼멸된 경우에도 원 문언에 따라 어음상의 책임을 부담한다. 만기가 변조된 경우, 소지인이 변조 전의 채무자에게 상환청구를 하기 위해서는 변조 전의 만기에 따른 지급제시가 있어야 한다고 판시한 바 있다.[56]

대법원 1996. 2. 23. 선고 95다49936 판결

대법원은 "약속어음의 문언에 변개가 있는 경우 변개 전에 기명날인 또는 서명한 자는 그 변개에 동의를 하지 아니한 이상 변개 후의 문언에 따른 책임을 지지는 아니한다고 하더라도, 변개 전의 원문언에 따른 책임을 지게 된다. 약속어음의 최종소지인이 배서인에 대하여 변개 전의 원문언에 따른 상환의무자로서의 책임을 묻기 위해서는 소지인이 변개 전의 원문언에 따른 적법한 지급제시를 하였음이 인정되어야 할 것인바, 소지인이 약속어음이 변개된 후에야 비로소 그 어음을 취득하였고 변개 전의 원문언에 따른 지급제시기간 내에 그 약속어음을 지급제시하지 않은 경우, 그 최종소지인의 배서인에 대한 상환청구권은 요건 흠결로 상실되어 배서인에 대하여 변개 전의 원문언에 따른 책임도 물을 수 없다."고 판시하고 있다.

2) 예외

변조 전의 기명날인자가 어음면의 기재변경에 대하여 사전에 동의하거나 사후에 추인한 경우라면, 변조 후의 문언에 따라 어음상의 책임을 부담한다. 동의 등의 상대방은 변조어음을 취득한 자기의 후자 및 어음소지인이다. 이러한 자가 수인인 경우 그 전원에 대하여 동의한 경우에는 변조가 되지 않지만 그 일부에 대하여만 동의한 경우에는 일단 변조로 본다. 이 경우 동의한 상대방에 대하여는 변조 후의 문언에 따라 책임을 부담한다.

변조 전의 기명날인 또는 서명자에게 변조에 대하여 귀책사유가 있다면, 변조 전의 기명날인 또는 서명자는 변조 후의 문언에 따라 책임을 진다. 책임을 부담하게 되는 법적 근거로는 표현대리에 의한 책임, 민법 제756조의 사용자배상책임, 신의성실원칙에 따른 책임 및 법정 추인으로 인한 책임 등이 제시될 수 있다. 특히 대법원은, 은행 직원이 어음의 보관·관리를 소홀히 하여 어음이 변조됨으로써 부도 처리되게 하고, 그 후에도 당시의 특수한 상황에 의해 요구되던 어음소지인의 보호를 위한 업무 처리를 소홀히 한 사안에 대하

---

56 대법원 1996. 2. 23. 선고 95다49936 판결.

여 다음과 같은 요지로 어음소지인이 어음금을 지급받을 수 없다고 판시하였다.

변조 전에 기명날인 또는 서명한 자가 변조하기 용이하도록 부주의하게 기재한 경우에도 예외적으로 책임을 지는 경우가 발생할 수 있다.[57] 변조 전의 기명날인 또는 서명자가 변조되기 쉽게 어음을 작성하거나(원과 금액 사이를 띄운 경우) 변조되어도 흔적이 남지 않도록 한 경우(연필로 기재한 경우)에는 귀책사유가 있는 것으로 볼 수 있다. 이때 변조어음을 취득한 자가 변조에 대하여 악의 또는 중과실이 없어야 변조 전의 기명날인 또는 서명자는 변조 후의 문언에 따라 어음상의 책임을 진다.[58]

2. 변조 후에 기명날인 또는 서명한 자의 책임

어음법은 변조 후에 기명날인 또는 서명을 한 자는 변조 후의 문언에 따라서 어음상의 책임을 지는 것으로 하고 있다(어음법 제69조, 제77조 제1항 제7호, 수표법 제50조). 어음 채무부담의 문언성이나 어음행위독립의 원칙이 적용된다. 변조 후에 기명날인 또는 서명자는 변조 후 어음의 문언을 자기의 어음행위의 내용으로 보아 변조 후의 문언에 따라 책임을 부담해야 하는 것이다. 변조 후 기명날인 또는 서명한 자가 변조 후의 문언에 따라 어음상의 책임을 지는 것은 변조 후의 기명날인 또는 서명자가 변조의 사실에 대하여 선의·악의

---

57 김문재, 어음·수표법(이론과 실무), 동방문화사, 2013, 142면.
58 최병규, 상법연습, 문영사, 2006, 418면.

인지를 불문하고 인정되며 변조어음의 취득자의 선의·악의를 불문한다.[59] 변조어음의 취득자는 변조어음을 악의 또는 중과실로 취득하더라도 변조 후의 기명날인 또는 서명자에 대하여는 변조 후의 문언에 따른 어음상의 권리를 취득한다.

3. 변조자의 책임

어음이나 수표가 변조된 경우, 변조자가 어음상에 기명날인 또는 서명을 하였다면, 변조 후의 기명날인이나 서명을 한 자로서 변조 후의 문언에 따라 책임을 부담하게 된다. 그러나 변조행위를 하였지만 기명날인이나 서명을 하지 않은 경우, 발생하는 법적 효과에 대하여는 다툼이 있다. 기명날인이나 서명이 없는 이상 어음상 책임을 부담하지 않는다는 입장[60]과 어음법 제8조나 민법에 규정되어 있는 무권대리를 유추 적용하여 새 문언에 따라 책임을 져야 한다는 입장[61]이 있다. 특히 어음법 제8조를 유추 적용해야 한다는 입장[62]에 따르면, 변조 전 기명날인한 자라도 변조가 용이하게 이루어지도록 방치한 경우 외관법리에 따라 변조 후 문언에 따른 책임을 질 수 있다는 점, 변조의 추인도 가능하다는 점 및 변조가 피용자인 경우 사용하는 사용자책임(민법 제756조)이나 기관책임(민법 제35조)을 부담할 수 있다는 점을 고려하여, 위조의 경우와 같이 변조자에게도 어음상 책임의 인정필요성이 있다고 한다. 생각건대, 위조와 경우와 상응하여 변조의 경우에도 변조자에게 책임을 물어야 할 타당성이 있다. 다만, 어음법상 변조자의 책임에 대한 법적 근거를 제시하는 것은 그리 용이하지 않아 보인다.

4. 변조어음 지급인의 책임

위조어음의 지급인과 같은 책임이 발생한다고 하겠다. 지급인의 고의나 과실이 없다면, 지급인은 특별법규나 면책약관 또는 상관습에 따라 책임을 면하게 될 것이다. 그러나 지급인의 과실로 그가 초과지급하게 됨으로써 변조 전 기명날인자나 서명자에게 손해가 발생한 경우에는, 변조 전의 기명날인자나 서명자는 손해배상청구권을 행사할 수 있다.[63]

---

59 최준선, 어음·수표법, 제8판, 삼영사, 2012, 152면.
60 강위두·임재호, 상법강의(하), 형설출판사, 2010, 133면; 최준선, 어음·수표법, 제8판, 삼영사, 2012, 150면.
61 김정호, 어음·수표법, 법문사, 2010, 104면; 이기수·최병규, 어음·수표법(상법강의 III), 제7판, 박영사, 2009, 174면.
62 김정호, 어음·수표법, 법문사, 2010, 104면.
63 김문재, 어음·수표법(이론과 실무), 동방문화사, 2013, 142면.

5. 부당이득반환

변조된 약속어음과 관련하여 1992년 4월 28일 판결에서 대법원은 '약속어음의 액면금액이 변조된 경우 발행인의 책임범위', '약속어음의 지급인인 은행이 과실로 액면금액의 변조사실을 알지 못하고 변조된 액면금 전액을 지급한 경우 발행인이 은행에 대하여 초과지급부분에 대한 배상을 구하는 등의 방법이 있다 하여 어음금 수령인에게 부당이득금의 반환을 구하는 데 장애가 되는지 여부'의 문제와 '어음금 수령인이 변조자로부터 일부는 채무변제조로 나머지 금액은 약속어음을 교부하고 어음을 배서양도 받은 것이라고 하여 발행인에 대한 관계에서 부당이득이 아니라고 할 수 있는지 여부'에 대하여 다음과 같이 설시하고 있다.

> ### 대법원 1992. 4. 28. 선고 92다4802 판결
>
> 우선 대법원은 "약속어음 발행 후 액면금액이 변조된 경우, 발행인은 발행 당시의 액면금액의 범위 내에서만 어음채무를 부담하고, 그 액면금액이 변조된 뒤에 위 어음을 취득한 자는 발행인에 대하여 변조 전의 액면금액의 범위 내에서만 어음상의 권리를 취득하고 이를 초과하는 부분에 관하여는 아무런 권리도 취득하지 못한다."고 하였다. 두 번째 물음과 관련하여 "약속어음의 지급인인 은행이 소지인에게 어음금을 지급함에 있어 그 액면금이 변조되었는지 여부를 조사하였더라면 쉽게 변조사실을 알 수 있었을 터인데 이를 소홀히 한 채 변조된 액면금 전액을 지급한 경우 어음의 발행인이 은행에 대하여 위와 같은 과실을 이유로 초과지급된 부분에 대한 배상을 구하는 방법 등에 의하여 그 손실을 보전할 수 있다 하더라도, 발행인이 어음금 수령인에게 부당이득금의 반환을 청구하는 데 장애가 된다고 할 수 없다."고 판단하고 있다. 또한 세 번째 물음에서 "어음금 수령인이 변조자로부터 일부는 채무변제조로, 나머지 금액은 약속어음을 교부하고 어음을 배서양도받은 것이라고 하여도 이는 배서인과 피배서인과의 관계에 지나지 아니한 것으로서 이것 때문에 소지인이 발행인에게 변조된 액면대로의 어음금의 지급을 청구할 권리를 가진다고 할 수 없고, 소지인이 변조된 액면금액의 지급을 청구할 권리가 없다면 은행에서 정당한 액면금액을 초과한 돈을 지급받은 범위 안에서는 이를 부당이득한 것이라고 아니할 수 없으며, 어음금 수령인이 이 돈을 은행으로부터 교부받은 이상 그의 자산은 그만큼 증가하는 것이므로 이를 이득한 것이라고 아니할 수 없고, 어음금 수령인이 배서인으로부터 유상으로 위 약속어음을 배서양도받은 것이라고 하여 발행인에 대한 관계에 있어서 그 이득이 현존하지 아니한다고 할 수 없다."고 판시하고 있다.

IV. 변조의 증명책임

1. 판례의 입장

변조의 증명책임과 관련하여 대법원은 일관된 모습을 보이고 있지 않다. 변조사실이 명

백한 경우에도 어음채무에게 증명책임을 부담시킨 사례가 있는가 하면, 어음소지인에 입증을 해야 한다는 사례도 있다. 또 변조사실이 명백하지 아니한 경우에 어음채무자에게 증명책임을 부담시킨 사례도 있다.

1) 변조사실 명백한 경우: 어음채무자 증명책임 부담

약속어음의 변조사실에 대한 입증책임과 관련하여 대법원은 어음법 제77조, 제69조의 규정에 의하여 약속어음의 문언에 변조가 있는 경우에는 그 변조 후에 기명날인한 자는 변조된 문언에 따라 책임을 지고 변조 전에 기명날인한 자는 원문언에 따라 책임을 지게 되는 것이므로 약속어음변조의 법률효과를 주장하는 자는 그 약속어음이 변조된 사실, 즉 그 약속어음에 서명날인할 당시의 어음문언에 관하여 입증책임을 진다.

대법원 1985. 11. 12. 선고 85다카131 판결

대법원은, "원심은 원고는 1983년 8월 29일 소외 박명수로부터 소외 밀양무역주식회사가 발행하고, 그 이면에 피고가 최초의 배서인으로 지급거절작성을 면제하고, 서명날인한 발행일 1983년 7월 20일 액면 금 4,867,600원, 지급기일은 1983년 9월 15일에서 1983년 10월 16일로 변경되어 있고, 지급지와 발행지 모두 서울특별시, 지급장소 주식회사 조흥은행 관악지점, 수취인 피고로 된 약속어음 1매를 배서양도 받아 위 어음의 소지인으로서 위 변경된 지급기일 다음 날인 1983년 10월 17일 지급장소에 지급을 위하여 제시하였으나 지급거절당한 사실을 인정한 후, 피고의 항변 즉 피고는 발행인으로부터 지급기일이 1983년 9월 15일로 된 위 약속어음을 발행교부 받아 최초의 배서인으로서 배서한 다음 위 어음을 환금하려 하였으나 되지 않아서 1983년 8월 10일 발행인에게 반환하였는데, 그 후 발행인이 임의로 지급기일을 1983년 10월 16일로 변경하여 다시 유통시킨 것이므로 피고에게는 위 변조된 어음에 대한 책임이 없다는 항변에 대하여 어음의 외형상 기재사항이 변경된 경우에는 어음소지인이 그 변경후의 문언에 따라 청구하기 위하여는 그 기명날인 이 변경 후에 있는 것 또는 기명날인자가 변경에 동의한 사실을 입증하여야 할 것이므로 이를 입증하지 못하고 있는 원고는 피고에 대하여 위 지급기일 변경전의 원문언에 따른 어음상의 청구만을 할 수 있는 것인데, 위 지급기일 변경전의 약속어음 문언에 따라 청구할 수 있는 소구권은 그 보전절차의 흠결로 인하여 소멸하였다고 판단하고 있다." 하면서, "그러나 어음법 제77조, 제69조의 규정에 의하여, 약속어음의 문언에 변조가 있는 경우에는 그 변조 후에 기명날인한 자는 변조된 문언에 따라 책임을 지고 변조 전에 기명날인한 자는 원문언에 따라 책임을 지게 되는 것이므로 약속어음변조의 법률효과를 주장하는 자는 그 약속어음이 변조된 사실, 즉 그 약속어음에 서명날인할 당시의 어음 문언에 관하여 입증책임을 진다고 해석함이 상당할 것이다."라고 판시하고 있다.

2) 변조사실이 명백한 경우: 어음소지인 증명책임 부담

대법원은 어음의 변개가 있은 경우 배서인 등에게 책임을 지우기 위한 요건 및 입증 책임과 관련하여, "어음의 문언에 변개(개서)가 되었음이 명백한 경우에 어음소지인이 기명날인자(배서인 등)에게 그 변개후의 문언에 따른 책임을 지우자면 그 기명날인이 변개 후에 있은 것 또는 기명날인자가 그 변개에 동의하였다는 것을 입증하여야 하고 그 입증을 다하지 못하면 그 불이익은 어음소지인이 입어야 한다."고 판단하였다.

> ### 대법원 1987. 3. 24. 선고 86다카37 판결
>
> 대법원은 "문언을 보면, 소외 이상만이 발행하여 소외 홍재락, 피고 김은환, 피고 서진석, 소외 주식회사 상호무역, 소외 박일선을 거쳐 원고 앞으로 배서연속이 되어 있으나 그 어음전면 지급기일이 1984년 7월 20일에서 9월 20일로 변개(개서)되고 여기에 발행인인 위 이상만의 정정인만이 날인되어 있음이 명백하므로 이러한 경우 어음소지인인 원고가 배서인인 피고들에게 위 변개된 문언에 따른 책임을 구하기 위하여는 피고들의 배서가 위 변개 후에 되었거나 또는 피고들이 그 변개를 동의하였다는 점을 입증해야 할 것이고, 원고가 그 입증을 다하지 못하면 그 불이익은 원고가 입어야 할 것이다."라고 하였다.

동 사례에서 대법원은 어음의 문언에 변개(개서)가 되었음이 명백한 경우에 어음소지인이 기명날인자(배서인 등)에게 그 변개 후의 문언에 따라 책임을 지우자면 그 기명날인이 변개 후에 있은 것, 또는 기명날인자가 그 변개에 동의하였다는 것을 입증하여야 한다고 판시한 것이다.

3) 변조사실 명백하지 아니한 경우: 어음채무자 증명책임 부담

약속어음의 액면금과 관련하여, 대법원은 "통설어음의 액면금액을 변조하는 경우에는 원래 기재되어 있는 숫자를 이용하려는 것이 통상이므로, 어음의 발행인이 어음액면부분의 변조를 주장하려면 자기가 발행할 때에 어떤 방법(필기냐, 타자냐)으로 어떤 문자(국한문이냐, 아라비아 숫자냐)로 써주었다는 점을 밝혀야 할 터인데 이 사건 피고는 그저 어음액면이 40만 원이었는데 9,845,004원으로 변조되었다고 추상적인 주장을 할 뿐 그 구체적인 해명이 없을 뿐 아니라, 원심감정인의 감정소견에 의하면 이 사건 어음의 액면기재가 화학약품으로 원래의 기재를 지우고 다시 쓴 것이 아니고 그 액면기재는 변조된 것이 아니라고

함에 있음에도, 원심법원이 피고의 위 주장에 관하여 좀 더 석명하지 아니한 채 증인의 증언만을 취신하여 어음면상의 기재와 다른 어음금액을 인정한 것은 심리를 다하지 아니하고 불확실한 증거에 의하여 사실을 인정한 위법이 있다 할 것이다."라고 하면서 외형상 변조의 사실이 명백하지 아니한 경우 변조 전의 기명날인자 또는 서명을 한 자가 변조된 어음임을 입증하여야 한다고 판시하고 있다.

2. 변조사실의 명백한 경우와 명백하지 아니한 경우의 구분

변조의 입증책임에 대하여 통설은 다음과 같이 사안을 나누어서 파악하고 있다.[64]

1) 변조의 사실이 어음면상 명백한 경우: 어음소지인 증명책임

변조의 사실이 어음면상에 명백하게 나타나는 경우에는, 어음소지인이 입증책임을 부담하는 것으로 한다. 1987년 3월 24일 대법원 판결의 입장이다.[65] 따라서 어음소지인이 변조 전의 문언에 따른 책임을 주장하자면 피고의 기명날인 또는 서명이 변조 전에 있었다는 것과 원 문언을 입증하여야 한하고, 어음소지인이 변조 후의 문언에 따른 책임을 주장하자면 피고의 기명날인 또는 서명이 변조 후에 있는 것 또는 변조에 동의했거나 변조에 귀책사유가 있음을 입증하여야 한다.

2) 변조의 사실이 어음면상 명백하지 않은 경우: 어음채무자 증명책임

변조의 사실이 어음면상 명백하지 아니한 경우에는, 변조의 사실을 주장하는 측이 입증책임을 부담한다. 1985년 11월 22일 대법원 판결의 입장이다.[66] 따라서 변조 전의 기명날인 또는 서명자는 변조사실 및 변조 전의 기명날인 또는 서명과 원 문언을 입증한 경우에만 변조 전의 문언에 따라서 책임을 부담한다.

---

64 최준선, 어음·수표법, 제8판, 삼영사, 2012, 153면 이하; 이기수·최병규, 어음·수표법(상법강의 III), 제7판, 박영사, 2009, 174면.
65 대법원 1987. 3. 24. 선고 86다카37 판결.
66 대법원 1985. 11. 22. 선고 85다카131 판결.

3. 어음채무자 입증책임 부담

어음채무자가 소지인에 대하여 어음이 변조된 것이라고 주장하는 것은 소송법상 채무분담의 간접부인에 해당한다. 이 점을 고려하여 변조의 사실이 어음면상 명백한가 아닌가를 구분하지 아니하고, 부담할 채무에 대한 입증책임은 채무자가 부담해야 한다는 입장이다. 이는 곧 채무자인 어음소지인이 증명책임을 부담해야 한다는 것이다.[67]

제9절 백지어음

I. 의의

1. 개념

어음은 어음요건을 최소의 형식 요건으로 한다. 그러므로 어느 사항이라도 누락하면 유효한 어음이 될 수 없다. 나중에 어음의 소지인으로 하여금 어음요건의 전부 또는 일부를 보충시킬 의사로써, 이를 기재하지 않고 백지 그대로 기명날인 또는 서명을 하여 교부한 미완성의 어음을 백지어음이라고 한다. 백지어음은 어음요건의 일부가 기재되지 아니하였다고 하더라도 어음의 효력이 유보된 채 유효하게 발행·유통될 수 있게 된다. 어음법은 백지어음에 대한 규정을 두고 있다. 그러나 백지어음에 대한 개념을 정의하고 있지는 않고 있다. 어음법 제10조는 미완성으로 발행한 환어음에 미리 합의한 사항과 다른 내용을 보충한 경우에는 그 합의의 위반을 이유로 소지인에게 대항하지 못한다고 규정하고 있다. 백지어음의 유효성을 전제로 하여 백지어음외 보충권 남용에 관한 내용을 다루고 있는 규정이다.

2. 예시

어음을 발행할 때 예외적으로 원인관계가 확정되지 아니한 상태에서 어음을 발행해야 하는 경우도 있다. 확정되지 아니한 사항을 백지로 하여 발행한 후 나중에 원인관계가 확정되는 대로 어음을 소지하고 있는 자가 보충하도록 하는 것이다. 다음의 예시는 백지어음을 보다 명확하게 이해할 수 있게 해준다.[68] 주유소 갑이 정유회사 을로부터 3개월 후를 만기

---

67 정동윤, 어음·수표법, 제5판, 법문사, 2004, 148면.
68 이철송, 어음·수표법, 제12판, 박영사, 2012, 259면.

로 하는 어음으로 지급하는 조건으로 석유를 구입하되 대금은 3개월 후의 석유의 시가로 지급하기로 한다. 3개월 후의 시가를 알 수 없으니 어음금액을 기재할 수 없다. 일단 어음 금액을 공란으로 하여 발행하고 3개월 후 을로 하여금 시가에 따라 어음금액을 기재하여 청구할 수 있게 한다. 소지인인 을이 자신의 권한으로 어음금액을 완성시킬 수 있는 어음이 바로 백지어음이다.

3. 기능

1) 경제상 필요

백지어음은 실제로 널리 실무에서 활용되고 있다. 대표적인 기능으로는 백지보증과 백지 인수를 들 수 있다.[69] 전자는 발행인에 대하여 수취인이 지급받을 채권액이 아직 미정이지 만 어음보증을 즉시 해야 할 필요성이 있는 경우이다. 후자는 은행이 우선 인수를 하고 그 백지어음을 고객이 필요에 따라 이용할 수 있도록 하고서 나중에 어음금액과 같은 일정한 사항을 보충하도록 위임하는 경우이다. 그 외에도 백지발행, 백지배서 등이 있다. 어쨌든 백지어음은 미확정된 원인관계상의 채권을 증권화하여 유통 가능하게 하는 편리함이 있는 것이다. 어음법 제10조(어음법 제77조 제2항, 수표법 제13조)는 백지어음이 유효하다는 점 을 전제로 하고 있다.

2) 한계

백지어음은 통상의 어음에 비하여 분쟁을 야기할 수 있는 소지를 보다 많이 갖고 있다는 점에서 그 한계를 지적할 수 있다.[70] 그러므로 백지어음은 다음과 상황이 발생할 수 있다.

첫째, 발행된 어음이 백지어음인지 아닌지에 관한 다툼이 발생할 수 있다. 발행인은 보충 권을 부여한 사실이 없고 따라서 어음요건을 결여한 무효인 어음이라고 주장할 수 있다. 반면 수취인은 보충권이 수여된 적법한 백지어음이라고 주장하는 경우에 발생하게 되는 상 황이다.

둘째, 수취인이 보충권행사를 남용할 수 있다는 점이다. 백지어음에는 보충권 수여의 사 실은 나타나지 않는다. 이는 수취인이 임의대로 보충권을 행사할 수 있다는 점을 의미한다.

---

69 이기수·최병규, 어음·수표법(상법강의 III), 제7판, 박영사, 2009, ·86면.
70 이철송, 어음·수표법, 제12판, 박영사, 2012, 259면 이하.

그러므로 백지어음은 발행인과 수취인 사이의 강한 신뢰성 동반의 필요성이 있다. 그러나 만약 발행인과 수취인 사이에 신뢰감이 상실된다면, 어음상 권리관계에서 양자의 다툼을 야기할 가능성이 늘 존재하는 것이다.

셋째, 백지어음이 유통되는 경우를 상상해볼 수 있다. 발행인과 수취인 사이의 문제는 그래도 쉽게 해결가능성이 있지만, 발행인과 어음소지인 사이에 발생하는 문제는 어음의 유통성과 관련하여 보다 복잡한 분쟁가능성이 발생할 수 있다.

II. 백지어음의 성질

백지어음의 법적 성질에 대한 다툼이 있다. 일종의 어음이라고 보는 입장도 있고, 특수한 유가증권이라는 견해도 있다. 일단 백지어음은 어음요건을 완비하지 못하였으므로 어음으로 보기는 어려울 것이다. 어음법도 "미완성으로 발행한" 어음이라고 하면서 어음이 아님을 밝히고 있다(어음법 제10조 본문). 이는 백지어음인 상태에서는 지급제시나 소구와 같은 어음상의 권리를 행사할 수 없음을 의미하는 동시에 어음상의 권리행사를 제외한 권리이전에 관한 사항은 어음의 법리가 적용되는 것을 의미한다. 그러므로 백지어음의 법적 성질은 백지보충을 정지조건으로 하는 어음이 아닌 특수한 유가증권으로 보는 것이 타당하다(통설).

III. 백지어음의 요건

백지어음은 어음법에 요구하고 있는 기본어음의 어음요건의 일부가 기재되어 있지 않다. 어음소지인은 어음에 기재되어 있지 않은 사항을 기재할 수 있는 보충권을 갖게 된다. 백지어음이 되기 위해서는 다음과 같은 요건이 필요하다.

1. 기명날인이나 서명의 존재

백지어음이 되기 위해서는 한 개의 기명날인 또는 서명이 존재해야 한다. 기명날인의 존재는 발행인의 그것은 물론 배서인, 보증인 또는 인수인의 것이라도 상관이 없다는 게 통설의 입장이다. 백지어음은 발행인이 미완성어음을 발행하는 '백지발행'이 일반적이지만, 배서인이 미리 어음이 될 용지에 기명날인 또는 서명을 하는 '배서인의 백지기명날인', 인수인이 기명날인 또는 서명을 한 '백지인수', 보증인이 기명날인 또는 서명이 있는 '백지보증' 등도 존재하기 때문에 백지어음행위자의 기명날인 또는 서명이 존재해야 한다.

그러나 다른 어음행위가 선행할 수 있다고 보더라도 발행인의 기명날인 또는 서명이 있기까지는 백지어음으로 볼 수 없다는 주장도 있다.[71] 백지어음이란 발행인이 어음소지인에게 보충권을 수여한 어음인데, 발행인의 기명날인 또는 서명이 있기 전에는 이 보충권의 수여가 있을 수 없다는 이유를 제시한다.

2. 어음요건의 흠결

1) 만기 흠결의 경우

백지어음이 되기 위해서는 어음요건의 전부 또는 일부의 기재에 흠결이 있어야 한다(어음법 제1조). 흠결된 어음요건의 종류나 정도에는 제한이 없다. 어음금액, 어음문구, 수취인, 만기, 발행지 등을 백지로 할 수 있고, 은행이 교부한 어음용지에 단순히 인수의 기명날인 또는 서명만 기재되어 있다고 할지라도 백지어음이 되는 것에는 문제가 없다.[72] 실무에서 문제가 되었던 사항은 만기의 기재가 없는 경우이다. 대법원은 만기의 기재가 없는 경우에, 그 어음을 바로 일람출급어음으로 보는 것이 아니라 백지어음으로 추정한다는 입장이다.[73]

> **대법원 1976. 3. 9. 선고 75다784 판결**
>
> 대법원은 "지급기일을 공란으로 발행한 약속어음은 특별한 사정이 없는 한 일람출급의 약속어음으로 볼 것이 아니라 백지어음으로 보아야 할 것이고, 후일 그 소지인으로 하여금 임의로 그 지급기일의 기재를 보충시킬 의사로 교부한 것이라고 추정함이 옳다."고 판단하였다.

2) 통설에 대한 비판사항

불기재의 정도를 대하여 하등의 문제가 없다는 통설에 대한 비판이 있다.[74] 묻지 아니한다. 따라서 극단적으로 기명날인(또는 서명) 이외에 아무것도 기재되지 아니한 서면도 백지어음으로 인정하게 된다. 그러나 이는 백지어음의 기능적 한계를 무시한 설명이라고 한다. 단순히 기명날인이나 서명만 되어 있는 서면이라고 한다면, 어음의 종류도 특정되지 않을

---

71 이철송, 어음·수표법, 제12판, 박영사, 2012, 261면.
72 최준선, 어음·수표법, 제8판, 삼영사, 2012, 272면.
73 대법원 1976. 3. 9. 선고 75다784 판결.
74 이철송, 어음·수표법, 제12판, 박영사, 2012, 261면.

뿐더러 다른 유가증권이나 증거증권과도 구별되지 아니한다고 한다. 그럼에도 불구하고 통설처럼 불기재의 정도를 무시한다면 위 증서를 놓고 작성자와 소지인 간에 약속어음이라거나, 수표라거나 혹은 차용증서로 만든 서면이라는 등의 다양한 주장이 제기될 것이고, 이는 어음법이 해결할 수 있는 한계를 넘어서는 분쟁이다.

백지어음의 유통과 관련하여, 법률적용을 함에 있어서 해결을 할 수 없는 상황에 직면하게 될 것이라는 비판도 제기된다. 단지 기명날인(또는 서명)만 있는 백지어음을 발행하였다면, 이 유가증권이 환어음인지 약속어음인지 아니면 수표인지를 알 수 없다는 것이다. 이는 어음발행의 의사 자체가 흠결되었다는 뜻이므로 유효한 어음발행행위로 볼 수 없다고 한다. 더 나아가 이러한 상태에서 증서유통이 이루어지고 이러한 증서를 취득한 자를 어음의 취득자로 보고 보호할 수는 없다고 한다. 그러므로 백지어음은 적어도 어음(또는 수표)의 종류만은 특정할 수 있는 범위에서 발행되어야 한다고 한다.

3. 보충권의 수여

백지어음은 발행인에 의하여 백지를 보충할 권한이 수여된 어음이다. 보충권은 발행인의 의사에 의해 수취인에게 수여되는 것이다. 그러므로 백지어음이 되기 위해서는 나중에 타인으로 하여금 기재하지 아니한 요건을 보충시키기 위한 백지보충권이 수여되었어야 한다.

어음이 백지어음에 해당하지 여부에 관해서는, 어음의 발행인과 수취인 사이에 실제 보충권이 주어졌느냐의 여부를 가지고 결정하게 된다. 그러나 어음이 유통되어 발행인과 제3의 소지인 사이에 같은 분쟁이 생긴 경우에는 입증책임의 분배만으로 해결하기 어려운 측면이 있다. 어음소지인은 발행인의 직접의 상대방이 아닌 만큼 보충권을 직접 수여받은 바 없으므로 그 입증의 어려움이 있다. 그러므로 백지어음 여부를 해결하기 위해서 백지어음의 판단기준이 제시되어야 한다.

IV. 백지어음의 판단기준

백지어음은 보충권에 대한 합의가 존재해야 한다. 만약 백지보충권이 없다고 한다면, 이는 무효인 불완전어음에 해당한다. 백지어음을 판단하는 기준에 대하여 다음과 같은 상이한 의견들이 제시된다. 먼저 판례의 입장을 살펴본다.

1. 판례의 입장

대법원은 "요건흠결의 백지어음을 발행하거나 유통시킨 때에는 백지어음으로 추정하고, 이를 불완전어음으로 주장하려면 이를 주장하는 자가 그 사실을 스스로 입증하여야 한다."고 판시하고 있다.[75] 또한 "백지약속어음의 경우 발행인이 수취인 또는 그 소지인으로 하여금 백지부분을 보충케 하려는 보충권을 줄 의사로서 발행하였는가 여부의 점에 대하여는 발행인에게 보충권을 줄 의사로 발행한 것이 아니라는 점, 즉 백지어음이 아니고 불완전어음으로서 무효라는 점에 관한 입증책임이 있다."고 판시하거나,[76] 또 다른 판결에서 "이 사건 약속어음을 발행할 당시 '피고들은 장차 어음금 상당액을 벌어서 이를 지급하기로 하고 그 발행일과 지급기일을 기재하지 않았던 것이므로 이 사건 약속어음의 지급기일은 아직 도래하지 아니하였다'는 피고들의 주장을 인정할 증거가 없다 하여 이를 배척하고, 피고들이 원고에게 액면금을 제외한 나머지 기재사항을 백지로 하여 이 사건 약속어음을 발행 교부한 이상 원고에게 그 백지부분의 보충에 관한 권한도 수여하였다고 봄이 상당하다."고 판시하면서, "백지약속어음의 경우 발행인이 수취인 또는 그 소지인으로 하여금 백지부분을 보충케 하려는 보충권을 줄 의사로서 발행하였는지의 여부에 관하여는 발행인에게 보충권을 줄 의사로 발행한 것이 아니라는 점, 즉 백지어음이 아니고 불완전어음으로서 무효라는 점에 관한 입증책임이 있다."라고 하고 있다. 대법원이 "요건흠결의 백지어음을 일단 백지어음으로 추정한다."라든가, "백지어음이 아니고 불완전어음으로서 무효라는 점에 관한 입증책임이 발행인에게 있다."라고 하는 사항을 유념해볼 필요가 있다.

2. 주관설

1) 특징

주관설은 보충권의 존재유무를 결정하는 표준은 기명날인자 또는 서명자의 의사를 표준으로 백지를 보충시킬 의사가 있으면 백지어음으로 보고자 한다. 이는 백지어음은 발행인으로부터 보충권이 수여된 어음이라는 원론에 충실하다는 장점이 있다(일본의 통설. 우리의 소수설). 주관설에 따르게 되면, 백지어음 여부의 다툼 시 입증의 문제가 발생한다. 이

---

[75] 대법원 1966. 10. 11. 선고 66다1646 판결; 대법원 1976. 3. 9. 선고 75다984 판결.
[76] 대법원 1984. 5. 22. 선고 83다카1585 판결.

경우 보충권 증명에 대하여, 백지어음을 주장하는 자가 증명을 해야 하는가, 아니면 백지어음임을 부정하는 자가 보충권의 부존재를 증명해야 하느냐의 문제가 제기될 것이다.

2) 한계

주관설 입장의 약점으로는, 어음이 유통될 경우 전득자와의 관계에서까지 제3자가 알기 어려운 발행인의 의사만으로 백지어음인지의 여부를 결정하게 되어 거래의 안전에 도움이 되지 못한다.

3. 객관설

1) 특징

객관설은 기명날인자나 서명자의 보충권수여의사와 관계없이 어음의 외관이라고 하는 객관성을 고려하여 보충이 예정되어 있는가의 여부를 파악하고자 한다. 주관설에서 발생하는 문제점을 해소하는 장점이 있다. 그러나 어음 외관상 보충을 예상할 수 없다고 한다면, 발행인이 보충권을 부여하였더라도 어음요건이 흠결된 어음으로 보게 된다. 주관설과 달리, 객관설은 어음의 유통 시 발행인의 보충의사를 직접 확인할 필요가 어음취득자에게 요구되지 않게 된다. 어음의 외관만을 신뢰하고 취득하면 되기 때문에, 거래의 안전에 기여하게 된다.

2) 한계

객관설은 어음의 외관만을 기준으로 하기 때문에 거래의 안전에 기여하기는 하지만, 인쇄된 어음용지에 일부요건을 기재하지 않은 것은 모두 백지어음으로 간주될 우려가 있다. 또한 발행인이 어음용지가 아닌 백지에 기명날인 또는 서명만 하고 다른 모든 어음요건을 보충시킬 의사로 교부한 경우 백지어음으로 인정되지 않게 되는 결과를 초래하게 된다. 즉, 객관설은 거래의 안전은 보장될지 모르지만 기명날인이나 서명을 한 자의 의사를 전혀 고려하지 않게 된다는 점에서 한계가 있다.

4. 절충설

주관설을 기본으로 하면서 표현법리라든가 권리외관을 통하여 주관설의 미비점을 보완하고자 한다는 측면에서 절충설이라 한다. 원칙적으로는 발행인의 보충권수여를 요구하지만 보충권의 수여가 없다고 할지라도 어음의 외관상 보충권이 예정된 것으로 볼 수 있다면 외관주의에 의해 선의 취득자에 대해서는 발행인이 보충권이 없는 어음임을 항변할 수 없도록 하는 것이다. 절충설은 백지어음의 본질과 거래안전을 조화시키고자 하는 입장에 해당한다.

제10절 보충권 행사와 남용

I. 보충권의 의의

1. 개념

미완성 어음으로 백지어음은 보충권을 존재를 필수조건으로 하고 있다. 어음에 기재되지 아니한 어음요건을 기재하여 백지어음을 완성어음으로 변화시킬 수 있는 권리를 백지보충권이라 한다. 백지보충은 어음의 본지에 이를 행사하여야 한다. 만약 어음이 아닌 별지나 어음의 사본에 기재하게 되면, 이는 백지어음의 보충이라고 볼 수 없다.[77] 어음흠결이 있으면서 그것에 대한 보충권의 수여가 없는 무효의 불완전어음이 있다. 무효의 불완전어음은 보충권이 존재하지 않는다는 점에서, 백지어음과 차이가 있다.

2. 기능

백지보충권은 다음과 같은 기능을 가지고 있다.[78] 첫째, 백지보충권은 백지어음을 유효하도록 한다. 만약 백지보충권이 없다고 한다면, 그 어음은 불완전어음으로서 효력을 인정받기 어렵다. 둘째, 백지보충권은 그 행위를 통하여 미완성 상태로 남아 있는 어음을 완성어음으로 전환시키는 기능을 한다. 셋째, 백지보충권은 보충이라는 사실행위를 통하여 어음채무자의 채무를 구체적으로 확정시키는 기능을 한다. 이를 달리 표현하면, 어음소지인이 그의 권리를 행사할 수 있도록 한다.

---

[77] 최준선, 어음·수표법, 제8판, 삼영사, 2012, 285면.
[78] 김문재, 어음·수표법(이론과 실무), 동방문화사, 2013, 262면.

II. 보충권의 법적 성질

1. 형성권설

백지어음의 소지인이 일방적으로 백지어음에 보충을 행하여 어음을 완성시킨다는 점에서 백지보충권의 법적 성질은 형성권이라고 한다.[79] 독일의 통설이다. 이는 백지어음행위자가 어음관계 이외의 일반사법상의 계약에 의하여 이를 상대방에게 수여하고 기명날인 또는 서명함으로써 생기는 권리라는 점을 고려한 것이다. 형성권설에 따르면, 동 권리는 소멸시효가 아니라 제척기간의 적용을 받게 된다.

2. 대리권설

독일 통설인 형성권을 비판하면서 백지보충권의 법적 성질을 대리권으로 보고자 하는 입장이 있다.[80] 형성권은 권리자와 상대방 사이에서 법률효과를 발생시키는 권리이다. 그러나 백지보충권은 보충자와 보충권을 부여한자 사이에서 아무런 법률효과를 발생시키지 않으며, 보충권을 수여한 자와 어음소지인 사이에서 법률효과를 발생시킨다는 점에서 형성권은 타당하지 않다고 한다.

3. 수권설

어음소지인이 백지를 보충할 수 있는 보충권은 백지어음행위자의 수권에 의한 것이라는 점에서 수권설이라고 한다.[81] 그런 측면에서 보충권은 백지어음이라고 하는 미완성어음을 완성어음으로 성립시킬 수 있는 하나의 권능 또는 자격이라고 말할 수 있다.

4. 특수권한설

특수권한설은 백지보충권을 기존 제도에서 이해하기보다 백지보충권을 독자적 형태의 특수한 권한으로 보고자 하는 입장이다.[82]

---

79 서돈각·정완용, 상법강의(하), 제4전정판, 법문사, 1996, 174면; 손주찬, 상법강의(하), 제11전정판, 박영사, 2002, 212면; 채이식, 상법강의(하), 박영사, 2003, 94면.

80 BGH NJW 1957, 1837.

81 BGH WM 1972, 994.

82 이기수·최병규, 어음·수표법(상법강의 III), 제9판, 박영사, 2009, 93면.

5. 정리

형성권설의 한계는 대리권설에서 제기되었다. 그 외에도 형성권은 소멸시효의 적용을 받지 않는데, 보충권의 소멸시효를 인정하는 한, 보충권을 형성권으로 보기에는 문제점이 있다. 대리권설은 형성권을 대체하는 논거로써 발전한 것이라 볼 수 있다. 형성권설을 인정할 수 없는 논거를 제시한 점에서는 성공적이라 할 수 있지만, 보충권 행사 시 어음대리에서 현명주의원칙에 의하지 않는 이유를 설명하지 못한다. 또한 대리권은 본인을 위하여 의사표시를 하거나 받게 되는데, 보충권은 본인보다 오히려 자신을 위하여 행사한다는 점에서, 보충권을 대리권으로 보기에는 무리가 있다고 하겠다. 수권설 역시 문제가 있다. 일반적으로 수권의 개념에는 의무를 동반하지 않는다. 그런데 보충권수여의 경우에는 보충권자는 오직 보충권수여계약에서 정한 범위 내에서만 보충할 의무를 부담하므로 타당치 않은 면이 있다. 수권설이 의무를 부담하는 수권의 존재를 법리상 충분히 설명할 수 없다는 점에서 한계가 있다.

III. 백지보충권 발생의 근거

백지보충권의 발생근거에 대하여 학설의 다툼이 있다. 한 입장은 보충권의 성립을 계약으로 보면서 이론을 구성하고 있고, 또 다른 입장은 단독행위로 설명하고 있다.

1. 어음외계약설

1) 의의

보충권은 어음행위자와 그 상대방 사이 합의를 통하여 보충권이 발생한다고 한다. 어음계약설은 어음관계 이외의 일반사법상 계약을 통하여, 상대방에게 수여함으로 생기는 권리가 바로 보충권이라고 하는 것이다.[83] 우리의 통설이다. 그러므로 보충권의 내용은 그 계약에 의하여 한정된 구체적인 권리에 해당한다.

어음법 제10조는 "미완성으로 발행한 환어음에 미리 합의한 사항과 다른 내용을 보충한 경우에는 그 합의의 위반을 이유로 소지인에게 대항하지 못한다."고 규정하고 있다. 이는

---

83 서돈각·정완용, 상법강의(하), 제4전정판, 법문사, 1996, 174면; 손주찬, 상법강의(하), 제11전정판, 박영사, 2002, 230면; 정동윤, 어음·수표법, 제5판, 법문사, 2004, 313면; 채이식, 상법강의(하), 박영사, 2003, 97면.

어음거래의 안전을 위하여 그러한 제한의 합의는 악의 또는 중과실이 없는 제3자에게 대항할 수 없도록 규정한 것이라 설명한다.

2) 장단점

어음외계약설은 어음행위자의 의사에 합당하게 보충권의 발생근거를 제시하고 있다는 점에서 그 타당성이 인정되지만, 보충권이 백지어음에 표창되는 시기와 그 방법에 대한 설명이 충분치 않다는 단점이 제기된다.[84]

2. 백지어음행위설

1) 의의

백지어음행위설에 따르면 백지보충권은 백지어음행위자와 상대방 간의 어음외의 약정과는 단절된 무인행위에 의한 권리라고 하면서, 발행인이 어음을 작성한 때에 보충권이 발생하고 발행인이 수취인에게 어음을 교부한 때에 이 보충권은 수취인에게 이전하게 된다고 설명한다.[85] 이때 당사자 간의 약정은 단지 인적 항변사유에 불과하다고 하면서, 어음법 제10조가 이를 규정한 것이라고 한다.

2) 장단점

백지어음이 보충권을 표창하고 있다는 점과 보충권이 이전한다고 하는 설명에는 논리적이면서 설득력이 인정된다. 그러나 백지어음행위자가 기명날인 또는 서명 후 교부 전에 이미 보충권을 가지고 있다는 점에 대한 설명의 어려움도 있지만, 보충권이 발행인에게 먼저 발생하고 그 다음에 수취인에게 이전되는 두 단계의 과정을 거쳐야 한다고 설명을 하는 경우, 보충권 효력이 문제될 기회가 두 번이나 발생, 수취인을 불안하게 한다는 점 역시 문제점으로 지적된다.[86]

3. 정리

보충권은 백지어음행위자와 상대방 간의 어음 외의 보충권수여계약에 의하여 상대방에

---

84 이기수·최병규, 어음·수표법(상법강의 III), 제7판, 박영사, 2009, 92면.
85 강위두·임재호, 상법강의(하), 형설출판사, 2010, 315면.
86 이철송, 어음·수표법, 제12판, 박영사, 2012, 272면.

게 발생하고, 이렇게 상대방에게 발생한 보충권이 백지어음에 화체되어 이전되는 것으로 보는 통설이 타당하다.

IV. 백지보충권의 내용

1. 보충권자

보충권은 어음에 화체된 권리이고 어음에 일정사항을 기재하는 방식으로 행사된다. 보충권은 백지어음행위자로부터 직접 보충권을 수여받은 자가 행사할 뿐만 아니라, 현재의 소지인이 직접 보충하여 행사할 수도 있고 타인으로 하여금 자기의 이름을 기재하여 보충하게 할 수도 있다.[87] 명시적인 수권을 가지고 있지 않다면 보충권을 대리할 권한이 없다고 보는 것이 일반적이다. 그러나 대법원은 백지어음을 가지고 권리행사를 할 것을 위임받은 자(예를 들면 '소송대리인'이 여기에 해당한다)는 별도의 수권이 없다고 할지라도 보충권을 행사할 수 있다고 본다.[88] 소송대리인은 소송에 관한 일체의 공격방어수단을 강구할 권한이 있기 때문에 백지어음을 보충할 권한이 있는 것으로 보아야 할 것이다.

2. 보충의 방법

보충권은 백지어음이라고 하는 미완성의 어음을 완성된 어음으로 만들기 위한 것이다. 그러므로 보충권은 아직 기재되지 않은 어음요건이 기재되어야 한다. 만약 어음이 아닌 별지나 어음의 사본에 기재하였다면, 이는 백지어음의 보충이라고 볼 수 없다.

3. 보충권 행사기간

1) 의의

일반적으로 권리는 시효로 소멸하기 전까지 행사할 수 있는 것이 원칙이다. 그러나 백지보충권의 법적 성질을 형성권으로 보는 경우 시효기간이 적용되지 않는다.[89] 형성권을 행사하면 새로운 법률관계가 창설되므로 권리의 불행사라는 소멸시효의 요건이 성립될 여지가

---

87 대법원 1966. 4. 6. 선고 66다276 판결.
88 대법원 1959. 8. 6. 4291민상 382.
89 김정호, 어음·수표법, 법문사, 2010, 246면; 이철송, 어음·수표법, 제12판, 박영사, 2012, 276면.

없는 것이다. 그러므로 만약 형성권에 행시기간이 예정되어 있다면 제척기간으로 보는 것이 타당할 것이다.

보충권을 행사할 수 있는 기간에 대한 당사자의 합의가 있는 경우와 없는 경우가 발생할 수 있다. 당사자의 합의가 있는 경우에는 그 합의에 따르면 되나, 그 합의가 없는 경우에는 만기가 기재된 경우와 만기가 기재되어 있지 않은 경우로 구분하여 설명의 필요성이 있다. 한편, 수표에 있어서 보충권 행사기간에 대하여도 논의의 필요성이 있다.

2) 만기 기재가 있는 백지어음

만기의 기재가 있는 백지어음의 경우에는 보충권의 시효나 제척기간을 인정할 필요성이 없다. 어음상 청구권을 행사할 수 있는 기간 내에는 언제든지 보충권을 행사할 수 있다.

대법원 2010. 5. 20. 선고 2009다48312 판결

대법원은 "만기가 기재된 백지어음은 일반적인 조건부 권리와는 달리 그 백지 부분이 보충되지 않은 미완성어음인 상태에서도 만기의 날로부터 어음상의 청구권에 대하여 소멸시효가 진행한다. 따라서 만기는 기재되어 있으나 지급지, 지급을 받을 자 등과 같은 어음요건이 백지인 약속어음의 소지인은 그 백지 부분을 보충하지 않은 상태에서 시효가 진행함에 대응하여 발행인을 상대로 어음상의 청구권에 대한 시효진행을 중단시킬 수 있는 조치를 취할 수 있다고 봄이 상당하다."고 하면서, "원심이 원고가 지급지 및 지급을 받을 자 부분이 각 백지로 된 액면 490,000,000원의 약속어음을 소지하고 있다가 그 지급기일인 2004년 10월 1일부터 3년이 경과한 2008년 6월 23일경에 이르러 위 각 백지 부분을 보충하여 2008년 7월 8일경 발행인인 피고에게 지급제시를 하였으나, 원고가 위 약속어음의 지급기일로부터 3년의 소멸시효기간이 완성되기 전인 2007년 9월 7일 그 어음금을 청구하는 이 사건 소를 제기한 이상, 이로써 위 약속어음상의 청구권의 소멸시효는 중단되었다는 취지로 판단한 것은 정당하다."고 판시하고 있다.

대법원의 판시에서 보는 바와 같이, 백지어음에 만기 기재가 있는 경우라면 완성어음에 의한 권리행사의 시기가 이미 기재된 만기에 의하여 명백한 것이라 할 수 있다. 그러므로 백지보충권의 행사기간은 어음상 권리의 시효기간과 동일한 것이라 하겠다.[90] 한편 "백지에 대한 보충권은 그 행사에 의하여 어음상의 청구권을 완성시키는 것에 불과하여 그 보충권

---

90 김문재, 어음·수표법(이론과 실무), 동방문화사, 2013, 276면 이하.

이 어음상의 청구권과 별개로 독립하여 시효에 의하여 소멸한다고 볼 것은 아니므로 어음상의 청구권이 시효중단에 의하여 소멸하지 않고 존속하고 있는 한 이를 행사할 수 있다."고 하는 대법원의 판시사항은,[91] 백지보충권에 행사기간이 존재하고 있다고 할지라도 어음상 시효기간을 도과한 경우라면 그 보충권 행사는 여의치 않음을 표현한 것이라 하겠다.

어음법 제70조 제1항은 "인수인에 대한 환어음상의 청구권은 만기일부터 3년간 행사하지 아니하면 소멸시효가 완성한다."고 규정하고 있다. 그러므로 만기가 기재된 경우에 주채무자에 대해서는 만기로부터 어음채무의 소멸시효기간인 3년 이내에 보충을 하여 지급제시를 하여야 하고, 어음금청구의 소를 주채무자에 대하여 제기한 경우에는 변론종결시까지 보충하여야 한다. 상환의무자에게 상환청구권을 행사하기 위해서는 미리 상환청구권의 보전절차를 갖추어야 한다(어음법 제38조 제1항, 제44조 참조).[92] 상환의무자에 대하여는 상환청구권(소구권) 행사의 전제로서 완전한 어음을 필요로 하므로 지급을 할 날 또는 그에 이은 2거래일 이내에 보충하지 않으면 아니 된다.

3) 만기 기재가 없는 백지어음

만기가 백지인 어음, 즉 만기의 기재가 없는 어음인 경우에는 소멸시효의 기산점이 존재하지 않으므로 어음상의 권리가 어음시효로 소멸한다는 일이 없고, 백지보충권은 보충권 자체의 제척기간 내에 행사하여야 한다. 여기서 제기되는 문제는 백지보충권의 행사기간을 얼마로 할 것인가, 또 그 행사기간의 기산점을 어떻게 할 것인가의 문제가 제기된다.

(1) 판례의 입장

대법원 2003. 5. 30. 선고 2003다16214 판결

대법원은 "만기를 백지로 한 약속어음을 발행한 경우, 그 보충권의 소멸시효는 다른 특별한 사정이 없는 한 그 어음발행의 원인관계에 비추어 어음상의 권리를 행사하는 것이 법률적으로 가능하게 된 때부터 진행하고, 백지약속어음의 보충권 행사에 의하여 생기는 채권은 어음금 채권이며 어음법 제77조 제1항 제8호, 제70조 제1항, 제78조 제1항에 의하면 약속어음의 발행인에 대한 어음금 채권은 만기의 날로부터 3년간 행사하지 아니하면 소멸시효가 완성되는 점 등을 고려하면, 만기를 백지로 하여

---

91 대법원 2010. 5. 20. 선고 2009다48312 판결.
92 이철송, 어음·수표법, 제12판, 박영사, 2012, 277면; 이기수·최병규, 어음·수표법(상법강의 III), 제7판, 박영사, 2009, 94면.

발행된 약속어음의 백지보충권의 소멸시효기간은 백지보충권을 행사할 수 있는 때로부터 3년으로 보아야 한다. 만기 이외의 어음요건이 백지인 경우 그 백지보충권을 행사할 수 있는 시기는 다른 특별한 사정이 없는 한 만기를 기준으로 한다."고 판시하고 있다.

대법원은 주채무자에 대한 어음상 권리의 행사기간과 동일한 3년으로 보고 있고, 기산점에 있어서는, "다른 특별한 사정이 없는 한 그 어음발행의 원인관계에 비추어 어음상의 권리를 행사하는 것이 법률적으로 가능하게 된 때부터 진행한다."고 보고 있다.[93]

(2) 학설

보충권 시효기간에 대한 어음법 규정이 존재하지 않기 때문에 학자들 사이에 다양한 의견이 제시되고 있다. 첫째, 보충권을 형성권으로 보아 민법 제162조 제2항 재산권의 소멸시효기간과 동일하게 20년을 주장한다. 둘째, 보충권을 형성권으로 보면서 이를 채권과 동일시하여 10년으로 보고자 한다. 셋째, 보충권을 상행위로 인한 채권에 준하는 것으로 보아 5년을 주장한다. 넷째, 원인관계상 채권이 민사채권인지 상사채권인지에 따라 10년 또는 5년의 시효기간을 주장한다. 다섯째, 보충권과 백지어음상 잠재된 권리의 불가분적 관계를 고려하여 어음채권의 시효기간과 마찬가지로 3년을 주장한다. 여섯째, 만기가 백지인 어음을 일람출급어음으로 보아 일람을 위한 제시기간인 1년을 보충권의 소멸시효기간으로 보고자 한다.

보충권 자체의 제척기간이나 소멸시효를 부정하고 주채무자에 대한 어음상의 권리와 같이 3년의 소멸시효기간으로 보는 것이 다수설의 입장이다.[94]

4) 수표의 경우

대법원은 수표에 있어서 만기가 없는 어음과 마찬가지로 기산점과 백지보충권 행사기간을 인정하고 있다.[95]

---

93 대법원 2003. 5. 30. 선고 2003다16214 판결.
94 이철송, 어음·수표법, 제12판, 박영사, 2012, 278면; 이기수·최병규, 어음·수표법(상법강의 III), 제7판, 박영사, 2009, 95면; 강위두·임재호, 상법강의(하), 형설출판사, 2010, 346면.
95 대법원 2001. 10. 23. 선고 99다64018 판결.

'발행인을 피고로 하고 발행일을 백지로 하여 발행된 이 사건 당좌수표를 소외 김대율이 1992년 6월경 교부받아 1992년 10월경 소외 안영모에게 교부하였고 원고는 1992년 12월경 위 안영모로부터 부동산 매매대금의 지급을 위하여 교부받았으므로 특별한 사정이 없는 한 원고는 위 1992년 12월경부터 발행일의 보충권을 행사할 수 있었음에도 불구하고 그 때부터 6개월 내에 보충권을 행사하지 아니하다가 1997년 1월 7일에 서야 발행일의 보충권을 행사한 사건'에서, 대법원은 "백지수표의 보충권 행사에 의하여 생기는 채권은 수표금 채권이고, 수표법 제51조에 의하면 수표의 발행인에 대한 소구권은 제시기간 경과 후 6개월간 행사하지 아니하면 소멸시효가 완성되는 점 등을 고려하면 발행일을 백지로 하여 발행된 수표의 백지보충권의 소멸시효기간은 백지보충권을 행사할 수 있는 때로부터 6개월로 봄이 상당하다."고 판시하고 있다.

수표의 경우에 '백지보충권을 행사할 수 있는 날'을 기산점으로 보고 있음을 알 수 있고, 상환청구권의 시효와 마찬가지로 '백지보충권을 행사할 수 있는 날로부터 6개월 내에 행사할 수 있음'을 보여주고 있다.

V. 보충권의 남용

1. 의의

백지어음이 발행되는 경우에 보충권의 범위와 그 시기는 양 당사자의 합의를 통하여 발생하게 된다. 합의내용에 따라 어음수취인은 보충권을 기재하고 자신의 권리를 행사하게 된다. 만약 합의가 없는 경우에는 상관습이나 당사자의 거래관계에서 보아 예견되는 범위 내에서 보충되어야 한다. 백지어음의 소지인이 본래 합의한 사항을 위반하거나, 합의가 없는 경우 예상의 범위를 벗어나 백지를 보충하는 경우가 발생할 수 있다. 이를 부당보충 또는 보충권의 남용이라고 한다.[96]

2. 구분

1) 어음의 위조와 보충권 남용

대법원은 어음의 위조와 백지어음의 보충권 남용에 대하여 다음과 같이 구분하고 있다.[97]

---

[96] 김정호, 어음·수표법, 법문사, 2010, 252면; 최준선, 어음·수표법, 제8판, 삼영사, 2012, 288면.
[97] 대법원 1978. 3. 14. 선고 77다2020 판결.

대법원은 "금액란이 부당보충된 본건의 경우에는 어음법상 보충의이 남용에 해당되고 어음법상의 어음의 위조에 해당되는 것이 아니라도 판단한 원심의 조처도 정당하다."고 하면서, "어음의 위조라고 하는 것은 어음행위자의 명의를 조작하는 것을 말하는데 백지어음의 부당보충의 경우에는 그 보충으로 인하여 완성된 어음행위의 주체는 의연히 당초의 어음행위자 그대로이고 다만 합의된 내용과 상이한 기재가 이루어진 것에 불과한 것이어서 어음의 위조와 보충권의 남용은 그 개념이 서로 다르다."는 점을 제시하고 있다.

2) 어음의 변조와 보충권 남용

완성된 어음의 내용을 권한 없이 변경하는 것이 어음의 변조라고 한다면, 보충권의 남용은 미완성 어음에 미리 한 합의와 다르게 보충하는 것이라는 점에서 차이가 있다. 또한 어음의 변조에 대하여는 어음법 제69조가 적용되는 것에 반하여 보충권의 남용에는 어음법 제10조 본문이 적용된다. 그러므로 변조 전 기명날인자는 변조된 채 새 문언에 따라 책임을 부담하지 않게 되나, 보충권 남용 시에는 백지어음행위자가 선의의 어음취득자에 대하여 부당보충된 후의 문언에 따라 책임을 부담하게 된다.

3. 선의의 취득자 보호

백지어음이 부당 보충된 경우에 이러한 어음을 "부당 보충된 사실에 대하여 악의 또는 중과실 없이" 취득한 자는 어음법 제10조(제77조 제2항, 수표법 제13조)에 의하여 보충된 내용대로 권리를 취득하고 백지어음행위자는 어음소지인에게 부당보충의 항변을 주장하지 못한다. 즉, 보충된 어음을 다른 사람이 양수하는 경우에, 그 자가 선의이고 중과실이 없다고 한다면, 그 선의의 제3자인 취득자는 어음거래의 안전을 위하여 보호받을 필요성이 있다.

1) 악의 또는 중과실 여부

보당보충에 관하여 어음취득자가 악의 또는 중대한 과실이 있는 경우라고 한다면, 백지어음행위자는 문구에 있는 금액을 지급할 책임이 없다. '악의 또는 중대한 과실'이라 함은 소지인이 백지어음의 부당보충사실을 알고 있고, 이를 취득할 경우 어음채무자를 해하게 된다는 것을 인식하면서도 어음을 양수하거나, 조금만 주의를 기울였어도 백지어음의 부당보충사실을 알 수 있었음에도 불구하고, 만연히 부당보충된 어음을 취득하는 것을 의미한다.

대법원은 "어음법 제10조의 중대한 과실에 관하여 어음금액이 백지로 된 백지어음을 취득한 자가 그 어음의 발행인에게 보충권의 내용에 관하여 직접 조회하지 않았다면 특별한 사정이 없는 한 취득자에게 중대한 과실이 있는 것이라고 보아야 한다."고 판시하고 있다.

백지수표에 관하여도 동일한 사항이 적용된다. "피고·상고인 우복숙은 1994년 4월경 발행한도액이 '1,000,000원 이하'로 기재된 가계수표용지를 사용하여 발행일, 지급일, 지급지, 금액 등을 백지로 한 백지수표를 발행하여 소외 김정숙에게 교부하였고, 위 김정숙은 같은 달 18일경 위 가계수표를 원고·피상고인 김성남에게 교부하면서 할인을 부탁하였으며, 원고는 위 가계수표 중 백지로 된 부분에 발행일 1994년 7월 18일 액면 금 10,000,000원으로 보충한 다음 다시 소외 진오순에게 위 가계수표를 교부하고 동인으로부터 위 가계수표를 금 9,250,000원에 할인받아 위 금 9,250,000원을 위 김정숙에게 지급하였다. 위 진오순은 위 가계수표의 지급제시기간 내인 1994년 7월 20일 지급인인 위 조흥은행 시흥동지점에 지급제시하였으나 발행한도액 초과를 이유로 지급거절되자 원고에게 할인금을 반환받기로 약정하고 위 가계수표를 원고에게 교부하였으며, 원고는 위 가계수표의 발행인인 피고 우복숙에게 수표금 청구의 소를 제기한 사건"에서, 대법원은 1978년 3월 14일 판결(77다2020)을 제시하면서 다음과 같이 판시하였다.

"이 판결은(77다2020)은 비록 백지약속어음에 관한 것이기는 하지만, 백지수표에 관한 수표법 제13조의 규정과 백지어음에 관한 어음법 제10조의 규정은 백지수표와 백지어음의 보충권의 남용 내지 부당보충에 관하여 동일한 법리를 규정하고 있으므로, 백지어음의 부당보충에 관한 위 판결이 취하고 있는 견해는 백지수표에 관하여도 그대로 적용되어야 할 것이다."라고 판시하고 있다. 이는 수표금액이 백지인 경우 발행인에게 보충권의 내용에 관하여 직접 조회하지 않았다면 취득자에게 중대한 과실이 있음을 뜻한다. 어음이나 수표의 경우 그 범위를 정하는 것이 통상적이고 중요한 사항이라고 할 것인데, 만약 그 보충권의 범위에 관하여 백지어음발행인에게 확인하지도 않고 취득자가 단지 양도인의 말만 믿고 백지어음을 취득한 경우라고 한다면, 이는 중대한 과실이 있는 것으로 보아 부당보충의 항변을 할 수 있다고 할 것이다. 다만, 다음의 경우는 달리 보아야 한다.

대법원 1987. 6. 9. 선고 86다카2079 판결

"피고 삼성전관주식회사가 피고 최원태에게 발행교부한 1985년 3월 30일이 지급기일의 이 사건 약속어음에 관하여 위 수취인이 배서일자와 피배서인란을 백지로 한 배서를 해둔 상태에서 그해 2월 9일경 절취당하였는데 최명 미상자가 그 해 2월 16일 박호연 및 김기영의 소개로 원고에게 배서 없이 교부 양도함으로써 원고가 위 어음의 소지인이 되어 피고 최원태가 직접 그에게 배서양도한 것으로 백지식배서를 보충한 사실을 인정한 다음 원고와 최명 미상자와는 종전에 어음할인 등의 거래를 해온 일이 없고 친분관계가 있는 박호연등의 소개로 위 어음을 할인하여 주면서도 양도인의 인적사항을 확인하지 아니하였을 뿐 아니라 발행인 및 배서인 내지 지급은행 등에 조회하지도 아니하였으니 적어도 그 양도인이 무권리자 라는 사실을 모르는 데 대한 부주의의 정도가 현저한" 사례에서, 대법원은 "어음의 최종소지인이 외관상 연속된 배서에 의하여 어음상의 권리를 취득하였고 어음의 발행인은 누구나 신용을 인정할 만한 회사이며 할인의뢰인은 취득자와 오랫동안 어음할인거래를 해오던 사이라면 어음 취득자가 위 어음을 취득함에 있어 발행인 및 배서인 내지 지급은행에 확인조회를 하지 아니하였다 하여 중과실이 있었다고 볼 수는 없다."고 판시하였다.

대법원 1985. 5. 28. 선고 85다카192 판결

유통과정을 조사 및 확인을 하지 않고 최후의 배서가 백지식으로 된 어음을 취득한 경우에, 중과실이 있는가에 대한 물음에서, 대법원은 "최후의 배서가 백지식으로 된 어음은 단순한 교부만으로 양도가 가능한 것이므로 원고가 어음할인의 방법으로 이를 취득함에 있어서는 양도인의 실질적인 무권리성을 의심하게 할 만한 특별한 사정이 없는 이상 어음문면상의 최후배서인에게 연락을 취하여 누구에게 양도하였는지를 알아보는 등 그 유통과정을 조사확인하지 아니하였다 하여 이를 가지고 그 어음취득에 있어서 중대한 과실이 있다고 할 수 없고, 이는 원고가 사채업자라 하여도 또한 같다."고 판시한 바 있다.

2) 선의의 제3자 보호필요성 여부

보충전의 백지어음을 본래의 보충권의 범위보다 넓은 보충권이 있는 줄 믿고 취득한 자가 스스로 보충하여 어음상의 권리를 행사하였으나, 사실은 보충권의 범위를 벗어난 경우에 백지어음행위자가 부당보충의 항변을 할 수 있는가의 물음이 제기된다. 이는 어음법 제10조(제77조 제2항, 수표법 제13조)의 적용 여부에 따라 다툼이 발생한다.

(1) 적용설

어음법 제10조 및 수표법 제13조가 적용되어야 한다는 입장이다. 다음과 같은 근거를 제시한다. 첫째, 동 조문을 보충권 범위의 한정이 어음외의 인적 항변의 문제로 보고, 동 규정에 입각하여 어음취득자가 스스로 보충한 경우라도 선의자 보호의 필요성은 존재한다는 것이다.[98] 둘째, 외관법리를 근거로 하여 양도인의 보충권 행사나 양도인의 지시에 따라 양수인이 보충권을 행사하는 것은 별반 차이가 없다는 점을 제시한다. 그렇게 된다면, 양자 모두 어음취득자가 믿은 권리외관은 동일하므로 동 어음의 선의취득자는 보호받아야 한다는 것이다.[99] 셋째, 보충권의 범위와 관련하여 선의취득자를 보호하지 않게 된다면, 백지어음의 유통성에 크게 장애가 될 것이라고 하면서 백지어음행위자의 책임을 인정해야 한다고 주장한다.[100] 한편 독일 판례는 수취인이 백지어음을 보충하지 아니하고 양도한 경우에, 보충권은 양도한 것으로 추정하고 있다.[101]

(2) 부정설

백지어음에 아직 보충이 완료되지 않아 외관상 백지의 존재가 명백한 이상 어음법 제10조의 적용은 불가능하다는 입장이다. 일본에서 제기되고 있는 소수의 학설이다. 이 경우 그 취득자는 보호받지 못하고 스스로 부당보충항변의 위험을 부담하지 않으면 아니 된다. 어음법 제10조는 유통성을 확보할 가치가 있는 어음은 어디까지나 형식이 완비된 어음을 내포하고 있다고 한다. 그러므로 '보충된 어음을 보충된 내용 그대로 믿고 형식상 완전한 어음을 취득한 자'와 보충되지 않은 백지어음을 본래의 보충권의 범위보다 넓은 보충권이 있는 줄 믿고 취득한 자와는 구별되어야 한다고 한다.

(3) 판례의 입장

대법원은 백지어음행위자의 상대방이 이 백지어음을 제3자에게 양도하여 제3자로 하여금 보충권을 남용하게 한 사례에 대하여, 기본적으로 어음법 제10조를 적용하는 적용설의 입장을 취하고 있다. 그러나 금액이 백지인 경우에 대하여는 어음법 제10조 단서와 수표법 제13조 단서를 적용하여, 취득자에게 중대한 과실이 있다고 한다면 발행인은 어음취득자에게 대항할 수 있다고 판시한다.[102]

---

98 양승규, 어음법·수표법, 삼지원, 2001, 278면.
99 최준선, 어음·수표법, 제8판, 삼영사, 2012, 291면.
100 정동윤, 어음·수표법, 제5판, 법문사, 2004, 321면.
101 RGZ 129, 336; BGHZ 54, 1; BGH NJW 1969, 2050.
102 대법원 1966. 4. 6. 선고 66다276 판결; 대법원 1978. 3. 14. 선고 77다2020 판결; 대법원 1995. 8. 22. 선고 95다10945 판결.

(4) 정리

백지어음은 보충권의 존재를 위한 권리외관을 가지고 있다고 보아야 할 것이다. 그러므로 취득자 자신이 어음을 보충하는 경우까지도 보호 받아야 한다. 판례는 금액에 있어서 어음법 제10조 단서를 적용하여, 중대한 과실의 경우에는 어음발행인의 항변을 인정하고 있다. 하지만 중대한 과실에 해당하는지 여부를 판단함에 있어 일률적으로 판단하기 보다는, 기존의 거래관계라든가 금액의 다소 등을 고려하여 구체적인 검토 후 판단해야 할 것이다.

3) 기타사항

악의 또는 중과실은 백지어음의 취득 시 존재하지 않으면 되고, 보충 시에는 보충권남용을 알았다고 하더라도 무관하다고 보고, 악의 또는 중과실에 대한 증명책임과 보충권 남용의 사실에 대하여는 그것을 주장하는 어음행위자가 부담하는 것으로 보아야 할 것이다.[103] 부당보충의 항변에 따라 완성어음이 백지어음으로 다시 환원하는 것은 아니다. 일단 수여한 보충권의 범위 내에서 부당보충자나 선의의 취득자에 대하여 발생하는 책임을 부담한다.

대법원 1978. 3. 14. 선고 77다2020 판결

어음에 관하여 부여된 보충권의 한도액인 금 136,000원을 초과하여 3,500,000원으로 부당보충된 것으로, "피고로부터 백지어음부분에 대한 보충권한을 부여받은 위 김경열의 지시에 의하여(김경열이가 원고로 하여금 금액란을 보충하게 하여) 원고가 금액란을 3,500,000원으로 보충하였다. 피고의 항변내용은 다음과 같다. "원고는 고등교육을 받은 자로서 어음거래를 많이 하여 온 경험이 있고 피고가 발행한 유가증권을 위 김경열로부터 여러 차례 교부받아 그것이 결제되었었는데, 본건 어음과 같이 금액란이 백지로 발행된 적은 없었으며 본건 어음에 보충된 금액이 금 3,500,000원이나 되는 거액이고, 또 원·피고는 서로 아는 처지로서 본건 어음과 같은 경우에는 전화 등으로 백지어음이 발행된 사실과 금액의 보충한도를 쉽게 조회하여 확인할 수 있었음에도 불구하고 이를 하지 아니하고 원고가 본건 어음을 취득한 것은 중대한 과실에 인한 것이다."라는 하지만, 대법원은 "그런데 백지어음의 백지부분을 두 가지 유형으로 나누어보면 하나는 가장 중요한 사항인 어음금액에 관하여 또 그 범위가 한정되는 것이 통상적인 사항이 백지로 된 경우이고, 또 하나는 그다지 중요하지 아니한 사항으로서

---

103 최준선, 어음·수표법, 제8판, 삼영사, 2012, 289면 이하.

한정되지 않는 것이 통상적인 그 밖의 사항, 특히 수취인이 백지로 된 경우 등인바, 어음금액이 백지로 된 전자의 백지어음을 본건의 경우처럼 원고가 그를 취득할 당시에 위 김경열의 지시에 의하여 원고 자신이 본 건 어음금액란을 보충한 경우에 있어서 원고가 보충권의 내용에 관하여 본건 어음의 기명날인자(피고)에게 직접 조회하지 않았다면 특별한 사정이 없는 한 취득자인 원고에게 중대한 과실이 있는 것이라고 보아야 할 것이다.”라고 판시하고 있다.[104]

제11절 어음의 배서

I. 지명채권에 대한 이해

1. 민법상 지명채권

지명채권은 채권자와 양수인이 양도의 합의를 하고 채무자에 대하여 양도사실을 통지하거나 또는 채무자가 양도를 승낙해야 하는 요건이 필요하다. 그러나 지명채권의 공시방법은 채권의 소유가 누구인지, 채권의 이전 여부를 외부에서 인식하기에 상당한 어려움이 있다.[105] 채권의 양도에는 선의취득이 인정되지 않는다. 그 결과 채권은 채권자와 채무자 사이의 신뢰성을 동반한 관계에서만 유통의 가능성이 있다. 채권의 선의취득을 인정하지 않고 있다는 점 외에도 지명채권이 유통성을 저해하는 또 다른 요인은 민법 제451조에 있다. 민법 제451조는 채무자는 채권자에게 대항할 수 있는 모든 사유로써 양수인에게 대항할 수 있도록 하고 있다. 민법상 인정되고 있는 채권양도의 경우 양수인은 채권자와 채무자 사이의 권리관계를 명확히 인식하고 있지 않으면, 자신이 양수한 채권에 대한 완전한 권리를 행사하지 못할 가능성이 발생하게 된다. 유통성의 측면에서 본다면, 지명채권은 상당히 어려움을 내포하고 있다고 하겠다.

2. 지명채권 양도의 한계

어음(수표도 마찬가지)이라고 하는 유가증권은 누차 언급한 바와 같이, 유통성이 없다고 한다면 그 의미와 가치는 상당히 퇴색되고 만다. 또한 민법상 인정되고 있는 지명채권의

---

104 대법원 1995. 8. 22. 선고 95다10945 판결.
105 자세히는 이철송, 어음·수표법, 제12판, 박영사, 2012, 302면; 최준선, 어음·수표법, 제8판, 삼영사, 2012, 300면 이하.

양도와 별반 차이가 없다고 한다면, 실제로 어음이나 수표는 실무에서 그 이용가능성을 상상하기 어렵다고 할 것이다. 지명채권의 양도의 단점들을 제거하면서 등장한 것이 바로 어음의 배서제도이다. 배서는 어음의 뒷면에 배서인이 어음상의 권리를 피배서인에게 이전한다는 뜻을 기재하고, 어음을 피배서인에게 교부하여 어음에 표창된 모든 권리를 피배서인에게 이전하는 어음행위를 말한다.[106]

II. 배서의 의의

1. 배서의 개념

어음소지인은 만기 이전에 어음상 채권을 자유로이 타인에게 양도할 수 있다. 어음을 양도하는 경우에 어음의 뒷면에 양도한다는 뜻을 표시하고 기명날인하여 양수인에게 교부하게 된다. 이것을 어음의 배서라 한다. 즉, 어음의 배서는 어음상 권리의 양도를 목적으로 하는 하나의 어음행위를 의미하는 것이다. 어음양도의 양도의 경우에 양도인은 배서인이 되고 양수인은 피배서인이 된다. 어음상의 권리를 이전하는 것이 배서의 목적이고 중요한 효력에 해당한다. 그러나 어음의 유통성보호를 위해 어음법은 배서에 담보적 효력과 자격수여적 효력을 부여하고 있다. 배서는 어음행위이므로 어음행위 일반에 요구되는 요식성의 일환으로 일정한 방식을 구비하여야 한다. 그 방식은 지시문구를 기재하고 배서인이 기명날인 또는 서명을 하게 된다. 보통 어음의 뒷면에 하므로 어음법은 이를 배서라 표현하고 있다.

2. 배서의 성질

배서의 성질을 어떻게 보아야 할 것인가에 대하여는, 채권양도설로 보는 입장과 소유권취득설로 보는 입장이 있다.[107] 전자는 배서에 대하여 어음상 권리의 이전이라고 본다. 반면에 후자는 피배서인이 어음소유권을 취득함으로써 어음채권을 원시적으로 취득한다고 본다. 배서는 당사자 사이에서 어음상의 권리를 양도하는 있다는 측면과 어음법이 어음으로부터 생기는 모든 권리를 이전한다고 규정 등(어음법 제11조 제1항 및 제2항, 제14조 제1항, 제18조 제1항)을 고려한다면, 채권양도설이 타당성을 갖는다.

---

106 이기수·최병규, 어음·수표법, 제7판, 박영사, 2009, 183면.
107 최준선, 어음·수표법, 제8판, 삼영사, 2012, 305면 이하.

3. 배서의 기능

어음양도의 경우에 배서를 이용하게 되면, 민법상 지명채권의 양도에서 발생하는 여러 가지 단점들은 사라지게 된다.[108] 어음법상 배서제도를 이용하게 되면, 무엇보다도 어음의 양도절차가 매우 간편하고 신속하게 이루어지게 된다. 민법에서 요구되는 통지나 승낙 등의 요구조건들이 필요치 않기 때문이다. 둘째, 어음의 유통과정과 현재 권리의 소유관계가 명확하게 공시되어 권리취득의 확실성을 도모하는 기능을 한다. 셋째, 어음취득자는 어음의 유통과정에서 당사자들의 권리이전 이상 여부를 고려할 필요가 없게 된다. 이는 어음법 제16조 제2항에서 어음이 선의취득을 인정하고 있기 때문이다. 넷째, 어음거래에 있어서 원인관계에 영향을 받지 않기 때문에 거래안전에 기여를 하게 된다. 어음법 제17조 인적 항변의 절단을 인정하고 있는 모습은 적절한 예를 보여준다. 다섯째, 유통과정에서 배서인들의 어음금지급에 담보책임을 부여함으로써 어음소지인의 권리확보가 강화된다.

III. 배서의 종류

1. 의의

배서는 양도배서와 비양도배서로 구분된다. 양도배서는 어음의 수취인 또는 그 후자가 보통 어음의 뒷면에 피배서인에게 어음상의 권리를 양도한다는 뜻[109]을 기재하고 기명날인 또는 서명하여 이를 교부하는 형식으로 한다. 배서는 보통 양도를 목적으로 행하여지나, 어음상의 권리의 양도 이외의 목적으로 이용되기도 한다. 어음금을 추심하기 위한 대리권을 수여할 목적으로 하는 추심위임배서)와 질권설정을 목적으로 하는 입질배서가 있다.

2. 양도배서

보통의 양도배서(어음법 제14조), 무담보배서(어음법 제15조 제1항), 배서금지배서(어음법 제15조 제2항), 기한후배서(어음법 제20조 제1항 단서) 및 환배서(어음법 제11조 제3항) 등이 있다. 배서인은 반대의 문구가 없으면 인수와 지급을 담보한다. 이를 반대로 해석하면 반대의 문구를 기재하여 인수나 지급의 담보로부터 배제할 수 있게 된다. 인수나 지급, 도

---

108 이철송, 어음·수표법, 제12판, 박영사, 2012, 302면 이하.
109 보통 '앞면에 적은 금액을 지시인에게 지급하여 주십시오'라는 문구를 사용한다.

는 인수와 지급 모두를 담보하지 아니한다는 뜻을 부기한 배서를 무담보배서라고 한다. 배서금지배서는 그 배서 이후의 새로운 배서를 금지하는 문구를 기재하는 배서를 한다. 배서인이 배서를 금지한다고 해서 다시 배서할 수 없는 것은 아니지만, 배서금지배서를 한 배서인은 그 이후의 배서에 의한 피배서인에 대한 담보책임을 부담하지 아니한다. 기한후배서라 함은 지급거절증서가 작성된 후 또는 동 증서 작성기간이 지난 후에 행해진 배서를 말한다. 지급이 거절된 어음을 취득한 자는 그 어음에 지급수단으로 기능이 없다는 것을 알고 취득하는 것이다. 거절증서작성기간이 경과한 후에 어음을 취득한 자 역시 상환가능성에 대한 기대를 포기한 것이나 마찬가지이다. 이러한 경우 어음의 유통성을 강화시킬 줄 필요가 없다. 그러한 점을 고려하여 어음법은 기한후배서에 대하여 지명채권양도의 효력만을 인정하고 있다. 배서에 대하여 어음법은 어음을 인수한 지급인이나 인수하지 아니한 지급인, 어음의 발행인 그 밖의 어음채무자에 대하여 할 수 있다. 종전의 어음행자나 환어음의 지급인에 대한 배서를 환배서라고 한다.

3. 비양도목적의 배서

추심위임배서(어음법 제18조)와 입질배서가 있다. 추심위임배서는 어음소지인이 타인에게 어음상의 권리행사를 대리할 수 있는 권능을 부여한 배서이다. 어음법 제18조는 그 방식과 효과를 명문으로 규정하고 있다. 추심위임배서는 어음상의 권리행사에 관한 대리권의 수여방식을 정형화하여 대리권의 존재에 관한 입증을 용이하게 하고자 한다. 또한 어음채무자의 면책을 쉽게 하기 위한 목적도 가지고 있다. 입질배서라 함은 어음상의 권리에 질권을 설정할 목적으로 하는 배서를 말한다. 채권의 담보로 어음을 제공하는 경우에, 어음상의 권리에 질권설정을 할 수 있으며, 이 지루건설정의 방법으로서 입질배서를 하는 것이다.

IV. 배서의 방식

1. 당사자

배서를 하는 자를 배서인이라 한다. 배서인의 상대가 되어 어음상의 권리를 양수하는 자는 피배서인이 된다. 배서는 타인에게 어음과 더불어 어음상의 권리를 양도하는 행위이다. 그러므로 배서인은 어음상의 권리를 갖는 자, 즉 어음소지인이어야 한다. 어음이 수취인에게 발행되면 수취인이 최초의 배서인이 된다. 그가 다시 배서를 하고, 그의 피배서인이 다시 제2의 배서를 하는 식으로 연쇄적으로 배서가 이루어지는 것이다.

2. 요건

배서는 어음이나 이에 결합한 보전지에 하여야 한다(어음법 제13조 제1항). 어음의 앞면이나 뒷면의 어느 곳에 해도 무방하나, 기명날인 또는 서명만으로 하는 약식배서는 뒷면이나 보전지에 하여야 하고 앞면에 해서는 안 된다. 실제로 자주 이용되는 것은 아니지만 어음의 등본을 만들어 그 등본에 배서할 수도 있다(어음법 제67조 제3항).

수인의 배서가 있을 때 보통은 어음의 서면상 배서가 행해진 순서대로 하지만 반드시 그럴 필요는 없다. 배서는 무조건으로 하여야 하며, 조건을 붙인 경우에는 조건을 기재하지 아니한 것으로 보며(어음법 제12조 제1항) 이는 무익적 기재사항에 해당한다. 일부의 배서는 무효이다(어음법 제12조 제2항). 일부의 배서란 어음금액의 일부에 국한하여 배서양도하는 것이다. 일부의 배서양도를 인정하면 어음금액이 분할되어 권리자를 달리하게 된다. 어음은 불가분의 단일한 증권이므로, 권리자를 달리하는 두 개의 권리를 따로 표창할 방법이 없다.

V. 배서의 효력

1. 의의

배서의 주된 목적은 어음상의 권리가 이전한다는 사실이다. 이전 받은 권리자가 그 권리를 행사하고자 한다면, 정당한 권리자라고 하는 것을 증명해야 한다. 배서가 순차로 현재의 소지인에게 이르게 되는 것을 '배서의 연속'이라고 한다. '배서의 연속'이 있게 되면 어음을 소지한 자는 정당한 권리자로 추정받게 된다. 이는 민법상 인정되고 있는 지시증권의 배서에 의한 일반적인 효력에 해당한다(민법 제508조, 제513조). 더 나아가 어음법은 지급인 또는 발행인에 의해 어음소지인에게 어음금이 지급되지 않을 경우에는 부가적으로 배서인에게 어음금지급책임을 인정하고 있다. 이는 어음의 유통성 강화에 기여하게 된다.

2. 권리이전적 효력

배서가 갖는 효력 가운데 권리이전적 효력이라고 한다. 어음법은 배서는 어음에서 생기는 모든 권리는 이전한다고 규정하고 있다(어음법 제14조 제1항, 제77조 제1항 제1호, 수표법 제17조 제1항). 이와 같이 어음법은 배서의 권리이전적 효력에 대하여 명시적으로 규정하고 있지만, 민법은 지시채권의 배서에 있어서 자격수여적 효력만 규정하고 있지(민법 제513조), 권리이전적 효력에 대하여는 명시적으로 규정하고 있지 않다. 배서의 권리이전적 효력은 배서의 본질적인 효력이면서, 당사자 간에 의사표시상의 효력에 해당한다.[110] 배서에 의하여 이전되는 권리는 어음과 수표에 표창되어 있는 모든 어음과 수표상의 권리에 해당한다. 주채무자에 대한 어음금지급청구권(환어음의 인수인과 약속어음의 발행인)과 이에 갈음하는 상환청구권(환어음과 수표의 발행인, 어음과 수표의 배서인 등) 및 어음과 수표의 보증인에 대한 권리이다.[111]

민법상 인정되고 있는 지명채권의 양도와 어음의 배서가 어떠한 차이점을 가지고 있는가를 살펴볼 필요가 있다.[112] 민법상 지명채권의 양도에 있어서는 인적 항변의 절단이라는 개념이 존재하지 않는다(민법 제451조 제1항). 반면 어음법은 배서에 의한 권리이전이 이루어지는 경우에 인적 항변을 절단하고 있다(어음법 제17조). 또한 지명채권의 양도에는 선의취득이라는 개념이 존재하지 않는 반면에 어음법은 어음배서에 의한 선의취득을 인정하고 있다(어음법 제16조 제2항). 어음배서가 어음의 유통성을 강화시키는 기능을 하고 있음을 알 수 있다.

3. 자격수여적 효력

민법상 지명채권에서 채권양도 시 양수받은 권리행사자가 자신의 권리를 증명하도록 하고 있다. 어음법은 배서를 통하여 어음과 수표를 취득한 피배서인에게는 권리자로서의 형식적 자격인 적법한 소지인으로 추정되는 효력을 인정하고 있다(어음법 제16조 제1항 제1문, 제77조 제1항 제1호, 수표법 제19조 제1문). 이를 자격수여적 효력이라고 한다. 이는 배서의 연속을 이루어져 있음을 전제로 한다. 즉, 어음의 소지인은 어음의 외관상 흠 없는 상태에서 배서가 자신에 이르기까지 단절 없이 이루어진 것을 제시하면 진정한 권리자로 추정되는 것이다. 이와 같이 추정된다고 하는 것은 어음소지인에게 어음에 관한 실질적인 권리나 이익을 증명할 필요가 없다는 것을 의미한다.[113]

---

110 정찬형, 상법강의(하), 제15판, 박영사, 2012, 270면.
111 김문재, 어음·수표법(이론과 실무), 동방문화사, 2013, 185면.
112 이철송, 어음·수표법, 제12판, 박영사, 2012, 318면.
113 대법원 1998. 5. 22. 선고 96다52205 판결.

배서의 자격수여적 효력과 관련지어 논해야 할 사항이 바로 배서의 연속이다. '배서의 연속'이라 함은 어음에 행해진 배서에 의하여 수취인으로부터 소지인에 이르기까지 권리이전의 과정이 단절 없이 표현되는 것을 말한다. 배서의 연속은 형식적으로 존재해야 하고 또 형식적으로 존재하는 것으로 충분하다.

4. 담보적 효력

어음법과 수표법은 "반대의 문구가 없으면 배서인은 인수와 지급을 담보한다."고 규정하고 있다(어음법 제15조 제1항, 제77조 제1항, 수표법 제18조 제1항). 이와 같이 배서인은 인수와 지급을 담보해야 하므로 환어음 지급인이 인수나 지급을 거절하는 경우, 약속어음 발행인이 지급거절이 있는 경우, 배서인은 피배서인과 그 후자 전원에 대하여 어음금과 수표금의 지급을 담보해야 한다. 이를 배서의 담보적 효력이라고 한다. 이 역시 민법상 지명채권 양도와 상당한 차이를 보이고 있다.[114] 지명채권 양도의 경우 양수인이 변제를 받지 못하는 경우라 할지라도 특약이 없는 한 채권의 양도인은 양수인에게 담보책임을 지지 않는 것이 원칙이다(민법 제579조). 하지만 어음과 수표의 경우 유통성 강화와 지급기능의 확대를 위하여 양도인 자신과 거래한 바 없는 제2, 제3의 양수인에게 담보책임을 인정하고 있다.

VI. 배서의 말소

1. 의의

배서의 말소란 거래통념상 배서의 존재를 부정하는 뜻으로 판단될 수 있는 기재를 말한다. 기왕에 행해진 배서를 지워버리는 것을 말한다. 말소의 방법에는 제한이 없으므로 삭제 등 어느 것이라도 무방하다. 보통은 배서란 위에 X표를 하지만 어떠한 형태이든 통념상 배서를 부정하는 뜻의 표시이면 족하다. 배서를 하고 난 후 상황이 변하거나, 상환의무를 이행하고 어음과 수표를 환수받은 자가 자기의 후자의 배서를 지우는 경우에 주로 사용된다. 이때 말소된 배서는 배서연속에 관하여는 배서를 기재하지 아니한 것으로 본다(어음법 제16조 제1항 제3문, 제77조 제1항 제1호, 수표법 제19조 제3문).

> **대법원 1995. 2. 24. 선고 94다41973 판결**
> 대법원은 "공동피고 유기호가 1990년 12월 23일 피고 교회에게 이 사건 약속어음을 발행한 사실, 피고 교회의 장로인 위 이정호는 위 교회건물 신축사업의 건축위원장 직책을 맡고 있었던 관계로 피고 교회의 대표자인 소외 이재록으로부터 권한을 위임받아 피고 교회의 대리인의 지위에서 위 약속어음을 소외 신애복음선교회에 배서양도하였는데, 그 배서를 함에 있어서 피고 교회의 명칭 및 대표자인

---

[114] 이철송, 어음·수표법, 제12판, 박영사, 2012, 319면.

위 이재록이 표시된 명판을 찍고 이어 "건축위원장 이정호"라고 기재한 다음 위 이정호의 인장을 날인한 사실, 원고는 위 신애복음선교회로부터 위 약속어음을 배서양도 받았는데, 위 약속어음의 이면의 배서인란 중 당초의 제2배서인란 이하의 배서부분은 부전지를 붙이는 방식에 의하여 말소되어 있는 사실을 인정한 다음, 위 제1배서는 위 이정호가 피고 교회의 대리인으로서 본인인 피고 교회를 위하여 어음행위를 한다는 것을 인식할 수 있을 정도로 그 대리관계를 표시하였다고 볼 것이므로 수취인과 제1배서인 사이에는 배서의 연속이 있고, 또한 제1 피배서인과 제2배서인 사이에도 동일성도 인정되어 위 약속어음은 수취인인 피고 교회로부터 제2 피배서인인 원고에 이르기까지 그 배서가 연속되어 있다."고 하면서 "말소된 배서는, 그 말소가 권한 있는 자에 의하여 행하여진 것인지 여부나 그 방법 시기에 관계없이, 배서의 연속에 관하여는 존재하지 아니하는 것으로 보는 것이다."라고 판단하였다.

2. 효력

배서의 말소가 있으면 배서의 연속에 있어서 그 배서를 하지 않은 것으로 본다(어음법 제16조 제1항 제3문). 그 결과 배서의 말소에 의해 불연속의 배서가 연속되기도 하고 연속된 배서가 불연속 되는 경우가 발생하기도 한다. 말소가 권한 있는 자에 의해 행해진 것인지 여부, 그 방법·시기에 관계없이 배서가 존재하지 않는 것으로 본다.[115] 그러므로 설혹 어음의 절취자에 의해 말소되었더라도 배서가 없는 것으로 보는 효과는 여전하다. 다만, 이같이 권한 없는 자가 말소한 경우에는 정당한 이익을 갖는 자가 실질적 권리를 증명하여 권리를 회복할 수 있다. 언제 말소되었느냐는 것도 묻지 않는다. 거절증서작성기간 후에 말소했더라도 말소의 효과에 영향이 없다.[116] 배서의 말소는 배서의 자격수여적 효력의 전제요건인 배서의 연속이 없는 것이다. 형식적 자격에 관하여 배서의 기재가 없는 것으로 보기 때문에, 어음에 대한 실질적 권리에는 영향을 미치지 아니한다.

3. 일부의 말소

배서의 기재사항 중 일부가 말소되었을 때 배서 자체의 효력이 어떻게 되느냐의 문제가 있다. 실무상 피배서인의 성명이나 상호가 말소되는 경우, 또는 배서의 기재 가운데 일부가 말소되는 경우가 발생한다. 기명날인이나 서명이 부분이 말소되어 있는 경우라면, 비록 피

---

[115] 대법원 1995. 2. 24. 선고 94다41973 판결.
[116] 대법원 1964. 5. 12. 선고 63다55 판결.

배서인이나 배서문구가 완전하다고 할지라도, 배서 전부가 말소된 것으로 보아야 한다. 피배서인의 성명 이외의 배서문구가 말소된 경우에는 간략식 배서도 인정되는 취지에 비추어 배서에 영향이 없다고 본다(어음법 제13조 제2항 참조).

4. 피배서인 명칭의 말소

배서인의 기명날인이나 서명은 이상이 없는데, 피배서인의 명칭이 말소된 경우에는 다툼이 있다.[117]

1) 전부말소설

피배서인의 표시는 다음 권리자의 지정이라는 중요한 의미가 있다고 한다.[118] 배서를 백지식으로 할 수 있다고 해서 피배서인의 기재가 아무런 의미를 갖지 못하는 것이 아니며, 피배서인의 명칭이 일단 기재되면 그것은 기명날인과 일체가 되어 특정인에게 권리를 양도하는 단일의 의사표시를 구성하게 된다고 한다. 그러므로 피배서인의 성명을 말소한 것은 배서 전체를 철회하려는 의사로 보아야 한다고 주장한다.

2) 백지식배서설

기재사항의 일부가 말소되었으면 그 부분만 말소된 것으로 보는 것이 자연스러우며, 전부말소로 보아야 할 법적 근거가 없다는 점을 들어 백지식 배서로 보아야 한다고 주장한다.[119] 즉, 피배서인이 말소된 경우에는 배서의 연속에 관하여 말소권의 유무와 관계없이 말소된 부분만 기재가 없는 것으로 보아야 한다는 것이다.

3) 정리

피배서인이 말소된 어음은 일응 외관상 이상이 있는 것이므로 그러한 어음을 의심 없이 취득한 자를 정상적인 배서에 의해 어음을 취득한 자와 똑같이 보호하고자 하는 백지식배

---

117 최준선, 어음·수표법, 제8판, 삼영사, 2012, 329면; 이철송, 어음·수표법, 제12판, 박영사, 2012, 330면.
118 이철송, 어음·수표법, 제12판, 박영사, 2012, 310면.
119 강위두·임재호, 상법강의(하), 형설출판사, 2010, 372면; 정찬형, 상법강의(하), 제15판, 박영사, 2012, 276면; 최기원, 어음·수표법, 제5증보판, 박영사, 2008, 46면; 최준선, 어음·수표법, 제8판, 삼영사, 2012, 330면.

서설에 대하여 의문을 제기하는 학자도 있지만, 보통 피배서인의 성명이나 상호만이 말소할 때에는 새로운 피배서인을 기재하기 위하여 이를 말소하는 것이 합리적이고, 말소하는 자의 의사에도 합치된다는 점에서 백지식배서설이 타당하다고 하겠다.

제4장
수표의 법률관계

제1절 자기앞수표

I. 의의

1. 개념

수표는 은행을 지급인으로 하여 발행되는 지급증권이다(수표법 제3조). 발행인이 지급인을 겸하는 수표를 자기앞수표라고 하는데, 수표법은 자기앞수표를 규정하고 있는데, 발행인이 자기 자신을 지급인으로 발행하는 수표를 말한다(수표법 제6조 제3항). 수표의 지급인은 은행 기타 금융기관에 한정된다. 자기앞수표는 자신을 지급으로 하기 때문에 발행인 겸 지급인이 바로 은행이 된다. 자기앞수표는 지급인 자신이 발행한 수표이므로 은행이 파산하지 않는 이상 수표자금의 부족으로 지급을 거절하는 상황이 거의 발생하지 않는다. 즉, 발행인이 은행인 자기앞수표는 은행의 공신력 때문에 유통성이 강한 것이 확실하다.

2. 자기지시수표와 자기앞수표

자기앞수표는 발행인이 수취인을 겸하는 자기지시수표와 구별된다(수표법 제6조 제1항). 즉, 발행인 자신이 자신을 지급받을 자로 발행하는 어음을 지급지시수표라고 한다면, 발행인 자신이 지급인으로 발행하는 것이 바로 자기앞수표인 것이다. 자기앞수표는 은행이 지급보증한 보증수표와 다름이 없는 수표라는 점에서 '보증수표'라는 용어로 사용하기도 한다. 자기앞수표는 현금을 대신하여 제공하는 효과를 발생하게 되고, 자기앞수표를 제공하게 되면 채무의 내용에 좇은 이행을 제공하게 되는 것이다.

II. 지급보증과 자기앞수표

자기앞수표는 원래 지급인인 은행이 지급보증한 수표이다. 당좌수표의 소지인이 지급은행에 대하여 지급보증을 청구한 때에는 지급은행은 지급보증을 하는 대신에 수표발행인의 당좌계정으로부터 그 금액을 공제하고 지급은행의 자기앞수표를 발행하고 있다. 그 이유는 다음과 같다. 첫째, 발행인의 파산 등의 경우에 지급자금의 확보에 편리하다. 도산의 경우에도 대처할 수 있다. 둘째, 발행인이 작성한 수표용지에 지급보증을 한 경우에는 이 수표가 위조되거나 변조되기 용이하다는 점뿐만 아니라 이로 인하여 지급보증인이 수표채무를 부담해야 할 상황이 발생한다. 그러므로 우리나라는 당좌수표와 가계수표의 경우 은행에서 인쇄한 수표용지를 사용하고 있다.

III. 수표의 선의취득

1. 의의

수표는 발행인이 지급인인 은행에 대하여 수령인, 그 밖의 수표의 정당한 소지인에게 일정한 금액의 지급을 위탁하는 지급위탁증권이다. 수표는 현금의 지급수단으로 이용되는 지급증권이라는 점에서 그 유통성의 확보가 무엇보다도 요구된다. 수표의 유통과정에서 취득자가 비록 무권리자 등으로부터 수표를 취득하였다 하더라도 선의이고 중대한 과실 없이 취득하였을 때에는 그 취득자의 권리를 보호할 필요가 있다. 이것이 이른바 수표의 선의취득제도이다(수표법 제21조).

2. 동산의 선의취득

선의취득은 원래 동산의 거래에서 인정되었다. 우리 민법 제249조는 동산의 선의취득을 인정하고 있다. 평온, 공연하게 동산을 양수한 자는 선의이며 과실 없이 그 동산을 점유한 경우 양도인이 정당한 소유가가 아닌 경우에도 즉시 그 동산의 소유권을 취득한다. 상대방을 권리자로 믿고 거래했을 때 비록 양도인이 정당한 권리자가 아닐지라도 양수인은 그 동산에 대한 권리를 취득한 걸로 인정하는 것이다. 이는 동산거래의 안정과 신속을 위해 권리외관을 신뢰한 자를 보호하고자 하는 목적이 있다. 그러나 그 동산이 도품이나 유실물인 경우에는 피해자 또는 유실자는 도난 또는 유실한 날로부터 2년 내에 그 물건의 반환을 청구할 수 있다고 하면서 특별한 규칙을 규정하고 있다(민법 제250조).

3. 수표의 선의취득

동산과 달리 채권의 경우에는 선의취득을 인정하고 있지 않다. 그러나 어음법과 수표법이 선의취득제도를 인정하고 있는 이유는 지명채권과 달리, 어음채권은 어음의 유통성을 고려하여 동산의 인도와 같은 공신력을 인정하고 있는 것이다.[1] 어음과 마찬가지로 수표 역시 선의취득도를 인정하고 있다. 수표는 특히 현금의 지급결제를 위하여 이용되는 완전유가증권으로서 유통성의 확보라는 수표법의 이념을 실현하기 위하여, 동산거래에서의 선의취득요건보다는 훨씬 완화하여 취득자를 보호하고자 한다. 그러므로 악의 또는 중대한 과실이 없는 한 선의취득을 인정하고 그 밖의 제한을 두고 있지 않다.

4. 중과실 여부

자기앞수표의 경우 지급의 확실성 때문에 수표를 도난당하거나 분실한 경우에 유통과 관련하여 선의취득 문제가 발생하게 된다. 특히 수표분실자와 수표취득자 사이의 선의취득의 쟁점사안이다. 대법원은 몇 가지 중요한 판결을 하였다.

대법원 1987. 8. 18. 선고 86다카2502 판결

"피고 발행의 액면금 백만 원인 자기앞수표 4매를 피고 보조참고인이 소지하고 있다가 1984년 12월 21일 09시 30분경 안양시 7동 사무소에서 분실한 사실, 원고는 서울 영등포 소재 신세계백화점 영등포지점에서 귀금속 씨코너라는 상호로 귀금속상을 경영하고 있었는데 위 같은 날 12시 20분경 그 점포에서 부부로 보이는 50대 남녀에게 행운의 열쇠 등 순금제 패물 금 354만 원 상당을 팔고 그 대금으로

---

1 이철송, 어음·수표법, 제12판, 박영사, 2012, 335면.

위 수표 4매를 교부받은 다음 거스름돈 46만 원을 현금으로 내어준 사실, 위 수표를 대금으로 교부받고 그 자리에서 수표발행은행인 피고 은행 성동지점에 전화를 걸어 그중 수표 1매에 관하여 사고수표인지의 여부를 조회하여 위 지점의 행원으로부터 아무런 이상이 없는 수표라는 확인을 받은 다음 매입자에게 수표를 배서하여 줄 것을 요구하였더니 동인들은 이미 수표뒷면에 기재된 오계림 명의의 배서가 자기의 것이라고 하므로 그 배서를 믿고 더 이상의 신원확인을 하지 아니한 채 위 수표를 취득한 사실, 그리고 피고 보조참가인은 그 다음 날인 12월 22일에야 위 오계림 명의로 피고 은행 성동지점에 위 수표 4매에 관한 분실신고를 한 사실"을 인정하면서, 대법원은 "원고가 위 수표 4매를 취득하면서 동일자에 거의 연결된 번호로 발행된 같은 액면의 수표 중 1매를 골라 발행은행에 전화조회를 하여 정당한 수표임을 확인한 이상 수표를 제시하는 자의 주민등록증이나 연락처를 확인하지 아니하는 등 그 신분확인을 다소 소홀히 하였다 하더라도 이를 들어 수표취득과정에 악의 또는 중과실이 있다 할 수 없다."고 판시하고 있다.

대법원 1990. 11. 13. 선고 90다카23394 판결

"소외 한남동지점이 발행한 액면 금 1,000,000원의 자기앞수표를 교부받으면서 위 김해표의 주민등록증도 확인하지 아니한 채 위 수표의 이면에 위 김해표로 하여금 전화번호만을 기재하도록 한 사실, 그런데 위 전화번호는 결번으로 원고가 위 전화번호로 전화를 걸어 확인만 하였더라도 쉽게 위 김해표를 의심할 수 있었을 터인데도 원고를 이러한 조치를 하지 아니하고 당일 위 수표를 지급장소에 지급제시하여 그 수표금을 취득하게 되자 위 김해표를 신임하게 되었고, 그 후 같은 해 5월 24일 21시경 위 김해표로부터 주문한 물건의 잔대금조로 액면금 7,300,000원의 이 사건 자기앞수표를 교부받으면서도 아무런 의심 없이 동수표의 이면에 전화번호와 서명만을 기재하도록 하고는 역시 바로 그 전화번호로 전화를 걸어 확인하지 아니한 채 다음 19시 30분경에야 그 전화번호로 전화를 걸어보고 불통임을 알게 된 사실" 등에서 보건대, 대법원은 "위 수표에는 상단에 검은색 스탬프로 발행일자가 APR. 13. 89.로 날인되어 있고, 중간부분에는 붉은색 스탬프로 발행일자가 1989. 5. 24.로 중복 날인되어 있었으므로 원고가 위 수표를 조금만 자세히 살펴보았어도 이를 쉽게 발견하고 의심하기에 충분하였음에도 이를 유의하지 않은 채 위 수표를 취득한 사실"을 인정하면서, 이 경우 "원고는 이 사건 수표를 취득함에 있어 중대한 과실이 있다."고 판단하였다.

대법원 1990. 12. 21. 선고 90다카28023 판결

"원고는 1989년 4월 15일 평소 안면이 있는 사람으로 달구벌상회라는 상호로 잡화상을 경영하는 소외 김병기에게 금 8,158,000원 상당의 시계를 판매하고 그 대금조로 액면금 7,000,000원인 이 사건 자기앞수표와 현금 158,000원을 교부받은 사실, 원고는 위 수표들을 교부받을 당시 위 수표들이 진정한 것인지의 여부에 대하여는 별다른 확인절차를 거치지 아니한 채 위 수표들을 교부받은 후 판매한 위 시계들을 위 김병기가 경영하는 달구벌상회에 갖고 가서 김병기의 종업원으로부터 이 사건 수표의 이면에 김병기의 명판만을 압날해 받은 사실, 원고는 위 김병기와 수표거래가 처음이고 그 이전에는 소액의 현금

거래만 몇 차례 있었던 사실, 피고는 보조참가인 이경자는 이 사건 수표를 피고 은행에서 발행받아 나오던 중 도난당하여 그 날 대구 서부경찰서에 도난신고를 하여 놓은 사실"을 인정하면서, 대법원은 "어음수표를 취득함에 있어서 통상적인 거래기준으로 판단하여 볼 때 양도인이나 그 어음수표 자체에 의하여 양도인의 실질적인 무권리성을 의심하게 할 만한 사정이 있는데도 불구하고 이와 같은 의심할 만한 사정에 대하여 상당하다고 인정될 만한 조치를 하지 아니하고 만연히 양수한 경우에는 중대한 과실이 있다."고 판단하고 있다.

5. 정리

수표는 비록 자기앞수표라 하더라도 돈 자체가 아닌 지급증권이므로 수표거래에 있어서는 선의취득의 범위를 확대하여 거래의 안전성을 보호해야 할 필요성이 있다. 그러나 또 한편으로는 수표의 부정사용을 막기 위하여 수표취득자는 수표소지인의 신원 등을 확인하도록 하는 방안 역시 필요하다고 할 것이다.

제2절 공시최고와 제권판결

I. 의의

어음이나 수표 등 유가증권을 물리적으로 멸실하거나 도난, 또는 분실한 경우 등이 발생한다. 이를 어음이나 수표의 상실이라 한다. 전자를 절대적 멸실, 후자를 상대적 멸실이라고 한다. 그 외에도 어음의 상실에는 어음의 말소나 훼손으로 인하여 어음의 동일성을 해하는 경우도 해당된다.[2] 상대적 상실과 관련하여, 어음을 도난당하거나 분실한 경우에는 제3자가 선의 취득할 우려가 있다. 이와 같이 어음을 도난당하거나 상실한 경우에, 이에 대한 구제를 하기 위한 절차가 바로 공시최고와 제권판결이다.

---

2 김문재, 어음·수표법(이론과 실무), 동방출판사, 2013, 424면.

II. 공시최고

1. 의의

공시최고는 법률에서 정한 일정한 경우에 법원이 당사자의 신청에 의하여 공고의 방법으로 미지의 불분명한 이해관계인에게 실권의 경고를 함으로써 권리신고를 최고하고 아무도 권리신고를 하지 않을 때에 제권판결을 내리는 절차를 말한다. 민사소송법 제475조 이하에서 정한 바에 따른다. 어음법은 특별한 규정을 두고 있지 않다. 단순한 최고나 공고와 공시최고가 다른 점은 법원이 행하는 절차라는 점, 불특정 또는 불분명한 상대방에 대하여 하는 절차라는 점 및 실권의 경고를 붙여서 발한다는 점에 있다.

2. 대상

공시최고의 대상이 되는 것은 도난이나 멸실 또는 멸실된 증권과(민사소송법 제492조) 상법에 무효로 할 수 있음을 규정한 증서(상법 제360조, 민사소송법 제492조 제1항)이다. 기타 법률상 공시최고를 할 수 있음을 규정한 다른 증서도 가능하다(민사소송법 제492조 제2항). 증권을 소지한 자가, 만약 그가 증권의 현재 소지인을 알고 있는 경우에는 그에게 증권의 반환을 청구하여야 하고, 이에 대한 공시최고는 허용되지 않는다.[3] 한편 대법원은 증권 또는 증서의 전 소지인이 자기의 의사에 기하지 아니하고 증권 등의 소지를 상실한 사례에서 다음과 같은 판시를 하였다.[4]

> **대법원 2004. 11. 11. 선고 2004다4645 판결**
>
> 대법원은 "증권 또는 증서의 전 소지인이 자기의 의사에 기하지 아니하고 증권 등의 소지를 상실하였다 하더라도 그 후 증권 등을 특정인이 소지하고 있음이 판명된 경우에는 전 소지인은 현 소지인에 대하여 반환을 청구하여야 하고, 이에 대한 공시최고는 허용되지 않는다 할 것이고, 전 소지인이 증권 등의 소지인을 알면서도 소재를 모르는 것처럼 공시최고기일에 출석하여 신청의 원인과 제권판결을 구하는 취지를 진술하여 공시최고법원을 기망하고, 이에 속은 공시최고법원으로부터 제권판결을 받았다면 이는 민사소송법 제490조 제2항 제7호 소정의 '거짓 또는 부정한 방법으로 제권판결을 받은 때'에 해당한다."고 판결하고 있다.

---

3   대법원 1995. 2. 3. 선고 93다52334 판결.
4   대법원 2004. 11. 11. 선고 2004다4645 판결.

어음의 현재의 점유자를 알지 못하는 경우에 공시최고의 필요성이 인정되는 것이기 때문에, 자기의 의하였다 할지라도 현재의 점유자를 알고 있다고 한다면, 공시최고는 허용되지 않는다는 것사에 반하여 점유를 상실이 대법원 판결의 요지이다. 그러므로 이 경우 현재의 점유자를 상대로 하여 반환청구권을 행사해야 할 것이다. 대법원은 약속어음의 전소지인이 그 약속어음의 현소지인을 알면서도 그 소재를 모르는 것처럼 법원을 기망하여 제권판결을 받은 경우, 불법행위책임이 있는지에 대하여 다음과 같이 판시하고 있다.

> ### 대법원 1995. 2. 3. 선고 93다52334 판결
> "약속어음의 전소지인이 자기의 의사에 기하지 아니하고 그 약속어음의 소지를 상실하였다고 하더라도 그 후 그 약속어음을 특정인이 소지하고 있음이 판명된 경우에는 전소지인은 현소지인에 대하여 그 반환을 청구하여야 하고, 이에 대한 공시최고는 허용되지 아니하고, 전소지인이 그 약속어음의 소지인을 알면서도 그 소재를 모르는 것처럼 공시최고기일에 출석하여 그 신청의 원인과 제권판결을 구하는 취지를 진술하여 공시최고법원을 기망하고, 이에 속은 공시최고법원으로부터 제권판결을 얻었다면, 그 제권판결의 소극적 효과로서 그 약속어음은 무효가 되어 그 정당한 소지인은 그 약속어음상의 권리를 행사할 수 없게 되고 적법한 소지인임을 전제로 한 이득상환청구권도 발생하지 않게 된 손해를 입었다고 할 것이므로 전소지인은 그 약속어음의 정당한 소지인에게 불법행위로 인한 손해를 배상할 책임이 있다."

3. 신청권자

신청권자는 어음의 상실자이다. 만약 어음을 상실하지 않고 소지하고 있었더라면 어음의 소지 혹은 배서의 연속에 의해 적법한 권리자로서의 추정을 받음으로서(어음법 제16조, 제77조 제1항 제1호) 그 어음상의 권리를 행사할 수 있었을 형식적 자격자이다(민사소송법 제479조). 실질적 권리는 요구되지 않는다는 것이 통설의 입장이다.

민사소송법에 따르면, 무기명증권 또는 배서로 이전할 수 있거나 약식배서 있는 증권 또는 증서의 경우에는 '최종소지인'이, 기타 증서에 관하여는 그 증서에 의하여 '권리를 주장할 수 있는 자'가 공시최고절차의 신청이 가능하다(동법 제493조). 어음상 권리자는 아니지만 어음을 발행 후 교부 전에 어음을 상실한 경우에는 선의취득자에 대하여 의무를 부담해야 하기 때문에, 발행인 역시 신청이 가능하다고 하겠다. 한편 제권판결은 법률이 공시최고를 허용한 증권에 대해서만 인정된다.

4. 신청방법

어음기재의 지급지의 지방법원에 대하여 해야 한다(민사소송법 제476조 제1항, 제2항). 어음에 지급지의 기재가 없고 지급인인의 성명에 부기한 장소의 기재도 없을 경우에는 발행인이 보통재판적을 갖는 장소의 지방법원이 관할한다. 그 법원이 없을 때에는 발행인이 발행당시 보통재판적을 갖고 있었던 장소의 지방법원이 관할한다(민사소송법 제476조 제1항, 제3항). 공시최고신청서는 다음과 같은 형식을 띠고 있다.[5]

공시최고신청서

공시최고신청

신청인 유OO
주소 서울 서초구 반포동 321번지

신청취지
별지목록 기재증서에 대하여 공시최고를 신청하고, 기일 내에 권리신고가 없을 때에는 제권판결을 구합니다.

신청원인
1. 신청인은 별지목록 기재 수표의 최종 소지인이었는데, 2014. 2. 14. 서울 지하철 7호선 고속터미널역에서 옥수역 구간 사이에서 지갑과 함께 이를 분실하였습니다.
2. 신청인은 현재까지 위 증서를 발견하지 못하고 있으므로 공시최고 후 권리신고가 없을 때에는 위 증서에 대하여 무효선언의 제권판결을 구하기 위하여 이 사건 신청을 이르렀습니다.

첨부서류
1. 수표사본
1. 수표발행 및 미지급 증명서
1. 분실신고서

2014. 3. 31.
신청인 유 O O
서울지방법원 귀중

신청은 서면으로 하여야 한다(민사소송법 제477조 제2항). 신청의 증거로서 신청인은 자기가 실질적 권리자임을 증명할 필요는 없지만 증권의 동일성을 나타내기 위하여 어음의

---

5   변환철, 알기 쉬운 어음·수표 길라잡이, 가림 M&B, 2002, 219면 참조.

등본을 제출한다. 또는 어음의 중요한 취지 및 증서를 충분히 인지하는 데 필요한 사항을 개시하는 것 이외에 어음의 도난, 멸실 및 공시최고를 신청할 수 있는 이유를 소명하여야 한다(민사소송법 제479조). 이유가 되는 사실이라 함은 상실하기까지는 자신이 실질적 권리자였다고 하는 사실을 말한다. 구체적으로는 어음이나 수표에 대한 상실의 소명은 '도난신고증명서', '유실신고증명서', '소실신고증명서', '이의증명서' 등을 통하여 이행된다.

5. 최고의 내용

법원은 다음과 같은 내용의 공시최고를 한다. "문제의 어음에 관한 권리를 주장하는 자는 공시최고기일까지 권리를 법원에 신고하고 또한 증권을 제출하여야 할 뜻을 최고하고, 그 신고를 하지 않을 때에는 그 증권의 무효를 선언한다는 뜻을 경고한다."

6. 공고의 방법

어음을 공시최고하는 경우에는 어음의 최종소지인의 신청을 받아 법원이 허가 여부에 대한 재판을 결정으로 한다(민사소송법 제478조 제1항 본문). 허가하지 아니하는 결정에 대하여는 즉시항고를 할 수 있다(민사소송법 제478조 제1항 단서). 그러나 이를 허가하는 경우에는 대법원규칙이 정하는 바에 따라 공고하여야 한다(민사소송법 제480조, 민사소송규칙 제142조 제1항). 공시최고의 공고는 법원의 게시판에 게시하고 신문에 2회 이상 게재하여 공고하여야 한다. 다만, 소액의 증권 또는 증서에 관한 공시최고의 공고는 대법원규칙이 정하는 간이한 방법으로 공고할 수 있다(민사소송법 제480조). 공시최고기간은 공고가 끝난 날부터 3개월 뒤로 정해야 한다(민사소송법 제481조). 이 기간을 공시최고기간이라고 한다. 한편, 공시최고 서류는 다음과 같다.[6]

---

6 공시최고서류에 관한 예시로는 변환철, 알기 쉬운 어음·수표 길라잡이, 가림 M&B, 2002, 220면 참조.

공시최고(예시)

공시최고

사　건　2013카공 487
신청인　유 도 연
주　소　서울 서초구 반포동 321번지

　말미 기재 증서의 소지인은 공시최고기일인 2013년 10월 31일 18:00까지 이 법원에 권리의 신고나 청구를 하고 그 증서를 제출하시기 바랍니다.
　만일 이를 하지 아니하면 권리를 상실하여 증서의 무효가 선고될 수 있습니다.

2013. 7. 7.
서울 지방법원 판사 ○ ○ ○

증서의 표시
종　류: 자기앞수표
번　호: 아가 12345
금　액: 10,000,000
발행인: 국민은행 서래지점
발행일: 2013. 10. 14.
최후 소지인: 유 도 연

III. 제권판결

1. 의의

　제권판결이란 공시최고절차에서 공시최고신청인의 신청에 의하여 법원이 하는 실권선언을 의미한다. 만약 공시최고기간 내에 권리의 신고가 없는 경우 법원은 제권판결을 하게 된다. 증권을 무효화하여 증권과 권리가 결합되어 있는 것을 분리하는 절차가 바로 제권판결이라고 할 수 있다.[7] 제권판결을 선고하기 전에는 공시최고절차가 행하여지지 않으면 안된다. 공시최고절차는 당사자의 신청에 의하여 불특정 또는 행방불명의 이해관계인에 대하여 일정기간 내에 청구 또는 권리를 신고할 것을 최고하고, 신고가 없으면 실권한다는 뜻을 일정한 방법으로 공고하는 절차를 말한다(민사소송법 제479조, 제480조). 그러나 제권판결은 신고기간 내에 권리의 신고가 없어도 당연히 할 수 있는 것이 아니고, 공시최고의 신청인이 최고 중에 지정된 공시최고기일에 출두하여 제권판결의 신청을 하여야 하며(민사소송

7　최준선, 어음·수표법, 제8판, 삼영사, 2012, 206면.

법 제487조), 그것에 의하여 법원은 심리를 한 다음에 신청이 적법이고 이유 있는 경우에 제권판결을 하게 된다. 법률이 공시최고절차를 허용하고 제권판결을 하게 되는 경우는 유가증권(어음이나 수표)이 분실·도난·멸실하였을 때 그 증서를 무효로 하는 동시에 어음이나 수표를 상실한 어음이나 수표상의 권리자로 하여금 동 유가증권 없이 그 권리를 행사할 수 있도록 하는 제도가 제권판결이다.[8]

2. 절차

공시최고 신청인은 공시최고기일에 출석하여 그 신청을 하게 된 이유와 제권판결을 구하는 취지를 진술하여야 한다(민사소송법 제486조). 신청인이 출석하지 아니하거나 기일변경 신청을 하게 되면, 법원은 1회에 걸쳐 새 기일을 지정해주어야 한다(민사소송법 제483조 제1항). 새 기일은 공고는 필요하지 않지만, 공시최고기일로부터 2월을 넘기지 아니한다(민사소송법 제483조 제2항) 신청인이 신 기일에 출석하지 아니하면, 공시최고신청을 취하한 것으로 본다(민사소송법 제484조). 신청인의 진술이 이루어진 후 정당한 이유가 없다고 인정할 때에는 법원은 결정으로 신청을 각하하여야 한다. 그러나 이유가 있다고 판단한 때에는 제권판결을 선고하여야 한다(민사소송법 제487조 제1항). 제권판결을 위하여 법원은 직권으로 사실을 탐지할 수 있다(민사소송법 제487조 제2항). 법원은 제권판결의 요지를 대법원 규칙이 정하는 바에 따라 공고할 수 있다(민사소송법 제489조). 제권판결의 신청을 각하한 결정이나, 제권판결에 덧붙인 제한 또는 유보에 대하여는 즉시항고를 할 수 있다(민사소송법 제488조). 제권판결에 대하여는 불복소송을 제기할 수 없는 것이 원칙이지만(민사소송법 제490조 제1항), 예외적인 경우에는 최고법원에 불복할 수 있다(민사소송법 제490조 제2항).

3. 효력

공시최고의 기간이 종료할 때까지 권리신고가 없으면 제권판결을 하여야 하고(민사소송법 제485조), 제권판결에서는 그 대상이 된 어음의 무효를 선고해야 한다(민사소송법 제496조). 제권판결은 다음과 같은 두 가지 효력이 있다.

---

8 제권판결은 유가증권의 경우뿐만 아니라, 등기나 등록의무자가 행방불명일 때 등기나 등록의 말소를 하는 경우 등에도 이용된다.

1) 소극적 효력

　제권판결이 있으면 그 선고와 동시에 형식적으로 확정력이 발생하여 그 증권은 증권으로서 효력이 상실하게 된다(민사소송법 제496조). 이 효력을 제권판결의 소극적 효력이라고 한다. 이는 어음이 무효로 되는 효력으로서 이로써 어음상의 권리와 어음의 결합이 해소된다. 따라서 증권이 물리적으로 존재하고 있더라도 권리는 표창하지 않게 되어 단순한 지면에 불과하게 된다. 그러나 이 소극적 효력은 어음의 효력을 부정하는 것뿐이며, 어음상의 권리 자체를 무효로 하는 것은 아니다. 그러나 제권판결이 선고되었다고 한다면, 어음상 실질적 권리자는 제권판결의 효력을 소멸시키기 위하여 불복의 소를 제기하여 취소판결을 얻은 후에만 어음상의 권리를 주장할 수 있다.[9] 이와 유사하게 약속어음의 발행인의 신청에 의하여 제권판결이 선고된 경우에도 어음의 효력이 상실되는지 여부에 대하여 대법원은 다음과 같이 판시하고 있다.

대법원 1990. 4. 27. 선고 89다카16215 판결

　대법원은 "제권판결의 소극적 효력으로서 그 어음이 어음으로서의 효력을 상실하여 무효로 되는 이치가, 공시최고의 신청인이 발행인인 경우와 발행인이 아닌 소지인(어음상의 권리자)인 경우에 따라 구별되어 해석되어야 할 만한 아무런 합리적인 근거가 없으며, 도리어 약속어음의 발행인이 그 어음상의 채무를 면하기 위하여 어음의 도난, 분실 등을 이유로 공시최고의 신청을 할 수 있다고 해석하여야 할 것이므로, 어음 발행인의 신청에 의하여 제권판결이 선고된 경우에도 그 소극적 효력에 의해 그 어음이 효력을 상실하게 됨은 마찬가지이다."라고 판시하고 있다.

대법원 1993. 11. 9. 선고 93다32934 판결

　대법원은 "약속어음에 관한 제권판결의 효력은 그 판결 이후에 있어서 당해 어음을 무효로 하고, 공시최고신청인에게 어음을 소지함과 동일한 지위를 회복시키는 것에 그치는 것이고, 공시최고신청인이 실질상의 권리자임을 확정하는 것은 아나나 취득자가 소지하고 있는 약속어음은 제권판결의 소극적 효과로서 약속어음으로서의 효력이 상실되는 것이므로 약속어음의 소지인은 무효로 된 어음을 유효한 어음이라고 주장하여 어음금청구를 할 수 없다."고 판시한 바 있다.

9　대법원 1982. 10. 26. 선고 82다298 판결.

2) 적극적 효력

소극적 효력의 결과 신청인은 증권에 의해 의무를 부담하는 자에 대하여 증권 없이 증권상의 권리를 주장할 수 있게 된다(민사소송법 제497조). 이를 제권판결의 적극적 효력이라고 한다. 이 효력은 신청인이 증서 없이도 증서상의 권리를 행사할 수 있게 되며, 공시최고 신청인은 제권판결을 받음으로써 증권을 소지하는 것과 같은 동일한 지위를 얻게 되는 것을 의미하게 된다. 또한 제권판결을 얻은 자가 법률상 권리자로서 형식적 자격을 인정받는 것을 의미하기도 한다. 그러나 제권판결로 인하여 그 판결을 얻은 자가 실질적 권리를 부여받는 것은 아니다.

> **대법원 1965. 7. 27. 선고 65다1002 판결**
>
> 대법원은 "수표상실에 관한 제권판결의 효력은 그 판결 후에 있어 당해 수표를 무효로 하는 것이고, 공시최고신청 시에 소급하여 무효로 하는 것이 아니고, 또 신청인에게 수표를 소지함과 동일한 지위를 회복시키는 것에 그치고, 그 신청인이 실질상의 권리자임을 확정하는 것도 아니다."라고 판시하고 있다.

3) 선의취득과의 관계

제권판결 선고 후에 취득한 경우에는 이미 어음·수표가 무효가 된 상태이므로 선의취득이 성립하지 않고, 선의취득한 자가 공시최고기간 중에 권리신고를 한 경우에는 선의취득자가 우선한다. 하지만 제권판결 선고 전에 선의취득하였으나 권리신고를 하지 않은 경우에는 다툼이 발생할 수 있다. 이 경우 선의취득자가 우선한다는 견해와 제권판결 신청인이 우선한다는 견해가 대립될 수 있는데, '원고는 피고가 1992.9.30. 발행한 이 사건 약속어음을 소외 1로부터 배서양도받아 소지하고 있다가 그 지급기일인 1993.1.5. 이를 지급제시하였으나 지급거절되었고, 한편, 피고는 서울민사지방법원에 공시최고 및 제권판결신청을 하여 1993.6.5. 제권판결이 선고된 사안'에서 대법원은 다음과 같은 판시를 하고 있다.

> **대법원 1994. 10. 11. 선고 94다18614 판결**
>
> 약속어음에 관한 제권판결의 효력은 그 판결 이후에 있어서 당해 어음을 무효로 하고 공시최고 신청인에게 어음을 소지함과 동일한 지위를 회복시키는 것에 그치는 것이고, 공시최고 신청인이 실질상의 권리자임을 확정하는 것은 아니나, 취득자가 소지하고 있는 약속어음은 제권판결의 소극적 효과로서 약속어음으로서의 효력이 상실되는 것이므로 약속어음의 소지인은 무효로 된 어음을 유효한 어음이라고 주장하여 어음금을 청구할 수 없는 것이고, 이러한 이치는 공시최고의 신청인이 발행인인

경우와 발행인이 아닌 소지인(어음상의 권리자)인 경우에 따라 구별되어 해석되어야 할 만한 아무런 합리적인 근거가 없다(당원 1990.4.27.선고 89다카16215 판결; 1993.11.9.선고 93다32934 판결 등 참조). 따라서, 이와 같은 견해에 터잡아 원고의 이 사건 약속어음청구를 배척한 원심의 조처는 정당하고, 거기에 어음의 선의취득과 제권판결의 법리를 오해한 위법이 있다고 할 수 없고, 원고가 공시최고 전에 선의취득하였다고 하여달리 볼 것이 아니다(위 당원 1993.11.9.선고 93다32934 판결 참조).

4. 증권 재발행의 문제

1) 의의

상법은 제360조에 주권의 제권판결과 재발행에 관한 내용을 규정하고 있다. 주권은 공시 최고의 절차에 의하여 이를 무효로 할 수 있다(상법 제360조 제1항). 주권을 상실한 자는 제권판결을 얻지 아니하면, 회사에 대하여 주권의 재발행을 청구하지 못한다(상법 제360조 제2항). 이와 같이 상법은 주권에 관하여, 제권판결을 얻은 후에는 주권의 재발행을 청구할 수 있다고 하는 명문규정을 두고 있지만, 어음과 수표에 대하여는 아무런 규정을 두고 있지 않다. 다음과 같은 의견 대립이 발생하고 있다.

2) 부정설

주권은 계속적인 권리관계를 표창하고 있으므로 그 재발행이 인정되지만 어음과 수표는 1회적 내지 단기간의 권리관계를 표창함에 불과하므로 그 재발행은 허용할 수 없다고 주장한다. 또한 제권판결 자체에 의하여 어음상실자는 재발행을 인정하는 것과 같은 목적을 달성할 수 있을 뿐만 아니라, 실제로 재발행을 인정할 실익도 없다고 한다.[10]

3) 긍정설

제권판결 선고 후 명문의 규정은 없으나, 그 재발행을 인정하는 것이 타당하다는 견해이다.[11] 어음이나 수표가 비교적 단기간에 종료하는 권리관계를 표창하는 증권이기는 하지만, 그 재발행을 인정한다고 하여도 특별히 불합리한 것은 아니라고 한다. 이 입장은 상법 제360조를 예외규정으로 보는 것이 아니라 하나의 예시규정으로 보고 있다.

---

10 손주찬, 상법(하), 제11증정보판, 박영사, 2002, 138면; 강위두·임재호, 상법강의(하), 형설출판사, 2010, 194면.
11 정동윤, 어음·수표법, 제5판, 법문사, 2004, 211면; 최준선, 어음·수표법, 제8판, 삼영사, 2012, 208면.

제3절 횡선수표

I. 횡선수표의 의의

1. 개념

수표상에 두 줄의 평행선을 그은 수표로서 그 지급수령자격이 제한되도록 하는 경우를 볼 수 있다. 우리 법도 수표의 표면에 두 줄의 평행선을 그은 수표를 인정하고 있다(수표법 제37조 제1항). 수표는 일람출급성을 가지고 있으며, 소지인출급식이 일반적이다. 수표의 이러한 성질은 도난, 분실로 인한 피해의 가능성이 높다. 정당하지 못한 취득자가 어음금을 지급받을 위험이 존재하기 때문이다. 이러한 위험을 방지하기 위하여 수표법은 횡선수표에 대해 지급인은 은행 또는 자기의 거래처에게만 지급할 수 있도록 하고 있다(수표법 제38조 제1항). 또 은행은 자기의 거래처 또는 다른 은행으로부터만 이 수표를 취득할 수 있도록 하고 있다. 이에 따라 그 은행으로부터 지급을 받은 자를 쉽게 알 수 있게 된다. 무권리자에게 지급한 경우라도 그 수령자를 쉽게 알 수 있는 장점과 피해자가 용이하게 손해배상청구권을 행사할 수 있다. 동시에 수표의 부정취득에 의한 범죄를 방지할 수 있는 장점도 있다.

2. 계산수표

횡선수표가 영국에서 발전된 것이라고 한다면, 계산수표는 독일에서 사용되어왔다. 1931년 제네바 통일수표법조약에서는 양자를 모두 채택하고 각 나라마다 자유로이 이를 선택할 수 있도록 하였다. 계산수표는 발행인 또는 소지인이 수표면에 '계산을 위한'이라는 문자 또는 이와 동일한 의의가 있는 문언을 기재하고 현금의 지급을 금지한 수표이다.[12] 계산수표는 현금으로 지급할 수 없고, 이체나 상계 또는 어음교환 등이 기장계산방법에 의해서만 결제할 수 있다. 우리나라에서는 계산수표가 채용되고 있지 않다. 외국에서 발행하여 우리나라에서 지급할 계산수표의 경우, 일반횡선수표의 효력이 있다(수표법 제65조).

3. 지급수령자격의 제한

횡선은 수표의 발행인 또는 소지인이 수표의 지급인에 대하여 지급수령자격을 제한하는

---

12 이기수·최병규, 어음·수표법(상법강의 III), 제7판, 박영사, 2009, 460면.

표시에 해당한다. 횡선은 통상의 수표상에 표시된 지급수령자격제한에 지나지 않으므로 횡선수표라고 하더라도 기타의 법률관계, 가령 양도방법 등에 관하여는 통상의 수표와 다름이 없다.

II. 횡선수표의 종류

수표의 발행인이나 소지인이 발행하는 횡선수표는 일반횡선수표와 특정횡선수표로 구분할 수 있다(어음법 제37조 제2항).

1. 일반횡선수표

두 줄의 평행선 내에 아무런 지정을 하지 아니하거나 '은행 또는 이와 동일한 의의가 있는 문자'만을 기재한 횡선수표를 일반횡선수표라고 한다(수표법 제37조). 횡반횡선은 특정횡선으로 변경할 수 있지만, 특정횡선은 일반횡선으로 변경하지 못한다(어음법 제37조 제4항).

2. 특정횡선수표

특정횡선수표는 표면에 그은 횡선 안에 특정한 은행의 명칭을 기재한 것이다(수표법 제37조 제3항). 여러 개의 특정횡선이 있는 수표의 지급인은 이를 지급하지 못한다(수표법 제38조 제4항 본문). 특정횡선이 2개 이상 있으면 지급인이 어느 피지정은행에 대해 지급해야 하는가를 정할 수 없게 되어 소지인은 지급을 받지 못할 수가 있다. 그러므로 특정횡선은 원칙상 하나에 한정한다. 그러나 2개의 횡선이 있는 경우에 그 하나가 어음교환소에 제시하여 추심하게 하기 위한 것일 때에는 그러하지 아니하다(수표법 제38조 제4항 단서).

III. 횡선수표의 효력

1. 일반횡선수표

지급인인 은행은 다른 은행 또는 거래처로부터 지급제시가 있었던 경우에 한하여 지급을 할 수 있다(수표법 제38조 제1항). 따라서 은행 또는 지급인의 거래처가 아닌 자는 지급제시를 하지 못한다. 지급의 상대방이 제한되기 때문에 지급인에게 그 정체가 알려져 있는 거래처에 한한다. 부정한 소지인이라면 곧 포착되어 그러한 자에 대한 지급을 예방할 수 있다. 은행도 지급해서는 안 되지만, 미지의 자로부터 횡선수표를 취득하거나, 미지의 자로부터 횡선수표의 추심을 하여서도 안 된다(수표법 제38조 제3항). 은행에 의하여 자유로이 할인을 받을 수 있게 한다면 부정취득자는 용이하게 수표를 환금할 수가 있기 때문에, 수표법은 은행에 의한 수표의 취득에 관하여도 제한을 두고 있다.

수표법 제38조 제2항과 제3항에서 말하는 '거래처'라 함은 지급인인 은행과 다소 계속적인 거래관계가 있는 자를 말한다. 지급인이 거래처의 속성을 알고 있으므로 직접 지급하거나 취득 또는 추심을 받더라도 횡선제도의 취지를 반하지 않게 될 것이다. 당좌예금계약을 지속적으로 거래하고 있는 자라고 한다면 거래처라고 할 수 있다. 그러나 단순하게 거래처의 개념을 파악하기보다는 기타 예금거래·어음할인·어음대부 등 이른바 은행거래관계가 있는 경우에, 그 구좌수·빈도·예금액 등을 종합적으로 고려하여 판단하는 것이 타당하다.

2. 특정횡선수표

1) 일반적 효력

지급은행은 '평행선 내에 기재된 은행', 이른바 '피지정은행'에 대해서만 지급할 수 있다. '피지정은행'이 지급은행인 경우에는 자신의 거래처에 대해서만 지급할 수 있는 수표가 특정횡선수표이다(수표법 제38조 제2항). 이 수표의 소지인이 피지정은행의 거래처인 경우에는 그 피지정은행에 추심위임을 하여 피지정은행을 통하여 지급을 위한 제시를 하여 지급받을 수 있다. 소지인이 피지정은행의 거래처가 아닌 경우에는 자신의 거래은행에 추심을 위임하고 그 은행으로부터 다시 피지정은행에 추심위임을 하여 피지정은행으로부터 지급인에게 제시하여 받은 것으로 된다(수표법 제38조 제3항). 피지정은행으로서는 그 수표를 다른 은행에 추심위임배서를 함으로써 추심시킬 수 있다(수표법 제38조 제2항 단서). 더욱이 지정은행으로부터 추심위임이라는 점을 명백히 하기 위해 피지정은행은 소지인출금식 수표인 경우에도 추심위임배서를 할 필요가 있으며, 그렇지 않으면 추심을 의뢰한 은행은 지급인으로부터 지급을 받을 수 없다(수표법 제제38조 제2항 단서).

2) 취득·추심위임의 제한

특정횡선수표는 지급수령자격의 취지를 철저히 하기 위해 은행이 미지의 자로부터 횡선수표를 획득하거나 또는 미지의 자를 위하여 횡선수표의 추심을 하는 것을 금지하고 있다.

즉, 은행이 횡선수표를 취득하거나 추심위임을 받을 수 있는 상대방은 자기의 거래처 또는 다른 은행으로만 제한된다(수표법 제38조 제3항). 수 개의 특정횡선이 있는 수표의 지급인은 지급하지 못한다(수표법 제38조 제4항 본문). 그러나 그 하나가 어음교환소에 제시하여 추심하기 위한 것인 때에는 이를 지급할 수 있다(수표법 제38조 제4항 단서).

IV. 횡선수표의 작성자

발행인과 그 소지인이 수표에 횡선을 그을 수 있다(수표법 제37조 제1항). 추심위임을 위해 소지인출급식수표의 교부를 받은 은행도 숨은 추심위임의 수임자인 소지인으로서의 횡선을 그을 수 있다. 특정횡선의 피지정은행은 기타의 은행을 지정하여 추심위임의 특정횡선을 그을 수 있지만 제2의 특정횡선에는 '어음교환소에 있어서 추심을 위하여', '추심을 위하여' 등의 문언이 부가되어야 한다(수표법 제38조 제4항).

V. 기타사항

1. 변경

일반횡선을 특정횡선으로 변경하는 것은 가능하지만, 반대로 특정횡선을 일반횡선으로 변경하는 것은 인정되지 않는다(수표법 제37조 제4항). 횡선수표에서 그 자격을 엄격히 하는 것은 가능하지만, 이를 완화하는 것은 인정되지 않는 것이다.

2. 말소

횡선수표를 절취하거나 습득한 자가 기재사항을 변경하거나 말소하여 지급 받는 것을 방지하기 위하여, 횡선 또는 피지정은행의 명칭을 말소한 때에는 이를 하지 않은 것으로 본다(수표법 제37조 제5항). 따라서 수표의 발행인이나 소지인이 횡선을 그은 때에는 지급인에 대한 지급수령자격제한의 지시를 취소하지 못한다. 특정횡선수표의 특정은행명의 말소 역시 허용되지 않지만, 말소에 의해 수표 자체의 무효를 초래하는 것은 아니다(수표법 제37조 제5항). 단지, 말소를 하지 않은 것으로 본다. 이는 정당한 권한을 가진 자에 의한 말소의 경우에도 마찬가지이다.

3. 법적 효과

어음법 제38조 제1항 내지 제4항은 횡선의 효력을 규정하고 있다. 동 규정을 위반하여 수표를 지급하거나 또는 취득하는 것은 무효로 되는 것은 아니지만, 그 지급인 또는 은행은 이로 인해 발생한 손해에 대하여 수표금액의 한도 내에서 배상책임을 부담해야 한다(수표법 제38조 제5항). 이 손해배상책임은 수표법상 특별히 인정된 책임으로 무과실책임이다. 손해배상책임은 발행인, 정당한 소지인 등 제한위반에 의해 손해를 받은 모든 사람에 대하여 발생한다. 또 이 책임은 민법상 불법행위 기타 책임을 방해하지 않으며, 손해배상액을 수표금액의 범위에 제한하지도 않는다. 대법원은 횡선수표를 제시받은 지급인이 횡선의 가능성을 의심하고 이를 조사해야 함에도 불구하고, 그러지 아니하고 횡선수표를 거래처 아닌 자에게 지급한 경우 다음과 같은 책임을 인정하고 있다.[13]

> **대법원 1977. 8. 28. 선고 77다344 판결**
>
> "은행에서 액면 금 백만 원의 자기앞수표 1매를 발행한 것을 소지인이 그 수표의 표면 좌측상당 모서리 부분에 2조의 평행선을 그어 횡선수표를 만들어 원고에게 교부, 원고는 동 수표를 날치기당해 지급 제시된 동 수표는 면적 약 8분의 1에 해당되는 좌측상당 모서리와 좌측부분이 잘리워 나간 형태였음에도 불구하고 그제시를 받은 담당행원은 이상이 없다고 단정 일반수표로 처리하여 그 수표액면 금을 지급한 사실과 횡선을 긋는 부분이 잘려 나간 고액의 본건수표의 제시를 받은 은행원은 마땅히 사고수표일지 모르므로 일단 지급을 유보하거나 제시인이 횡선수표의 지급절차를 밟게 하던가 제시인의 신분을 파악한 다음 수표금을 지급할 의무가 있는데 이런 조치를 취하지 않고 수표금을 지급, 손해를 끼쳤으므로 동 은행은 사용자로서 배상책임이 있다."

4. 횡선효력배제특약

횡선의 효력을 배제할 필요성이 있기에 발행인이 은행과의 약정에 의하여 수표의 뒷면에 신고인감을 날인하여 발행하고 은행이 그 소지인에게 지급할 수 있게 하는 관행이 있다. 수표의 뒷면에 날인하는 것은 횡선의 효력을 배제하는 발행인과 은행 사이의 특약이다. 이 특약의 효력에 대하여는 발행인에 대한 관계에서도 효력이 있지만, 기타 수표권리자에 대해서는 효력이 없다. 따라서 발행인 이외의 수표권리자에 대하여 특약을 이유로 손해배상책임을 면하지 못할 것이다.

---

13   대법원 1977. 8. 28. 선고 77다344 판결.

제4절 선일자수표

I. 의의

수표는 지급증권이다. 일람출급에 한하고, 이에 위반하는 모든 기재는 기재하지 않은 것으로 보고 있다(수표법 제28조 제1항). 선일자수표란 발행의 일자를 현실의 발행일자보다 후일의 일자로 하는 수표를 말한다. 거래계에서는 연수표라고 한다. 선일자수표는 형식적으로는 보통의 수표와 동일하지만, 수표를 신용증권화하기 위하여 거래상 허용하고 있는 특수한 수표라고 할 수 있다(수표법 제28조 제2항). 한편, 현실의 발행일자보다 선일의 일자가 기재된 수표를 후일자수표라 한다. 동 수표는 발행일자의 기간까지 단기신용증권으로 이용된다.

II. 기능

선일자수표는 문언성과 추상성을 띠고 있는 수표의 형식적인 면에서 보면 유효한 것이나, 일람출급이라고 하는 실질적인 측면에서 보면 무효이다. 수표는 일람출급성을 가지고 있다. 발행일자를 후일로 하는 선일자수표를 발행하는 이유는 수표의 일람출급성을 회피하고자 하는 목적이 있다.[14] 수표는 발행하게 되면, 수표의 일람출급성 때문에 제시하는 대로 지급되어야 한다. 만약 수표자금이 없어 수표금액이 지급되지 않으면 상환청구가 발생하게 되고 부정수표단속법의 처벌을 받을 가능성이 있다. 그러므로 자금이 없는 자가 발행일을 늦게 함으로써, 소지인이 발행일 이후에 제시하도록 하는 동안, 자신은 자금을 마련하고자 하는 의도가 있다고 하겠다.[15] 물론 발행인과 수취인 사이의 합의가 있어야 한다.

III. 발행일자

선일자수표를 인정하게 되면, 수표에도 사실상 만기를 인정하게 되는 결과를 초래하므로, 수표의 일람출급성에 문제가 발생한다. 그러므로 수표법은 선일자수표의 유효를 전제로 하여 발행일자 전의 제시도 유효한 제시로서 지급인은 이를 지급하도록 하여 수표의 일람출급성을 관철하고 있다(수표법 제28조 제2항). 이때에 지급인이 지급을 하면 지급인은

---

14 이철송, 어음·수표법, 제12판, 박영사, 2012, 493면.
15 김문재, 어음·수표법(이론과 실무), 동방출판사, 2013, 525면.

그 경제적 효과를 발행인에게 돌릴 수 있다. 만약 지급인이 지급을 거절하면, 소지인은 전자에 대하여 소구할 수 있다(수표법 제39조).

선일자수표가 발행일자 전에도 지급받을 수 있도록 하고 있다(수표법 제28조 제2항). 이 경우 동 수표의 발행일자는 그 발행일자 이전에 지급제시가 허용된다는 점에 있어서는 별 의미가 없다. 그러나 지급제시기간의 기산점(수표법 제29조 제4항)이나 시효의 기산점(수표법 제51조 제1항)과 지급위탁취소기간의 기산점(수표법 제32조 제1항)을 정하는 표준으로서 기능을 갖게 된다.[16]

IV. 발행인과 수취인의 법률관계

수취인이 선일자수표의 발행에 관하여 발행인과 합의하였음에도 불구하고 수취인이 이러한 합의에 위반하여 동 수표를 발행일자 전에 지급제시하는 경우가 발생할 수 있다. 또는 동 수표를 제3자에게 양도하고 제3자가 발행일자 전에 지급 제시하여 부도가 되어 발행인이 상당한 손해를 입는 경우가 발생할 수 있다. 대법원은 "수취인은 수표예약의 채무불이행으로서 손해배상의 책임이 있음"을 인정하였다.[17]

대법원 1985. 5. 28. 선고 84다카2451 판결

"원고가 피고은행 면목동지점과 당좌거래를 하던 중 1983년 10월 19일 소외 황복만이 발행한 (가) 액면 10,000,000원, 발행일자 1983년 10월 23일 지급지 제주시, 지급장소 주식회사 제일은행 제주지점으로 된 선일자 수표 1매와, (나) 액면 10,000,000원 발행일자 1983년 10월 31일 지급지 및 지급장소는 위와 같은 선일자 수표 1매를 피고에게 추심의뢰를 하고 발행일자 전에 추심하지 말 것을 부탁한 사실, 피고는 위 수표 2매를 각 발행일이 지난 그해 11월 1일 지급장소에서 각 지급제시하였으나 예금부족으로 지급거절이 되었는데 위 수표의 발행인인 황 복만의 당좌거래은행인 위 제일은행 제주지점에서는 그해 10월 31일까지 지급 제시된 수표나 어음은 모두 결제된 사실을 확정한 다음, 발행일이 1983년 10월 31일인 위 (나)항 기재수표는 피고가 그 발행일자 다음 날에 지급제시를 하였으므로 추심을 위한 상당한 기간 내에 제시한 것으로서 위임의 본지에 따른 주의의무를 해태하였다고 볼 수 없으나, 발행일이 1983년 10월 23일인 위 (가)항 기재수표는 피고가 1983년 11월 1일에야 지급 제시한 것으로서 비록 제시기간 내라고 할지라도 통상의 추심을 위한 상당한 기간을 도과하여 제시한 것이라고 하겠고 이로 인하여 부도처리가 된 것이므로 피고는 위 수표금 상당의 손해를 배상할 의무가 있다."고 판단하였다.

---

16 최준선, 어음·수표법, 제8판, 삼영사, 2012, 457면; 최병규, 상법연습, 문영사, 2006, 497면.
17 대법원 1985. 5. 28. 선고 84다카2451 판결.

대법원은 지급제시기간 중이기는 하나 늦게 제시하여 수표가 지급 거절된 경우 수표의 추심을 위임받은 은행의 책임유무에 대하여도 판단하였는데, "수표소지인이 선일자수표의 추심을 위임하면서 발행일자 이전의 지급제시를 금하는 외에 별다른 조건을 붙이지 않았다면 그 위임을 받은 은행으로서는 그 수표의 지급제시기간 내에 지급을 위한 제시를 한 이상 수임인으로서 위임의 본지에 따라 위임사무를 처리한 것이라고 할 것이다. 이 사건에서와 같이 지급제시기간 중 일찍 제시를 하였더라면 지급을 받을 수 있었는데 늦게 제시를 하였기 때문에 그 사이에 발행인의 자금사정이 악화되어 예금부족으로 지급거절이 되었다고 하여도, 추심위임을 받은 피고은행이 위와 같은 자금사정의 악화로 인한 예금부족을 예견하거나 예견할 수 있었음에도 불구하고 늦게 제시를 하였다는 등 특별한 사정이 없는 한 지급제시기간 내에 제시한 피고은행에게 수임인으로서 선량한 관리자의 주의를 게을리한 책임이 있다고 몰아세울 수는 없다."고 판단하였다.

제5장
이득상환청구권

제1절 의의

이득상환청구권은 어음법과 수표법에 각각 규정되어 있다. 어음이나 수표상의 권리가 상환청구권보전절차의 흠결이나 시효완성 등으로 어음소지인이 그로 인하여 얻은 이익을 상환해 달라고 청구할 수 있는 권리를 말한다(어음법 제79조, 수표법 제63조). 환어음의 경우에는 보통 발행인과 인수인 사이에 자금의 공급 여부에 따라 발행인 또는 인수인이 이득을 얻는 자가 될 것이고, 약속어음과 수표의 경우에는 대부분 발행인이 이득을 얻는 자가 될 것이다. 이 경우 어음소지인이 최종적으로 이득을 얻은 자에 대하여 그 반환을 청구할 수 있는 권리가 바로 이득상환청구권에 해당한다.

제2절 입법 목적

어음법과 수표법이 어음 또는 수표채무의 무인성이라든가 인적 항변의 절단 등을 규정함으로써 어음채무자의 책임을 강화시키고자 한다. 이는 어음이나 수표가 가지고 있는 유통성을 고도로 보장하고자 하는 입법자의 뜻이 있다. 어음법과 수표법이 유통성을 고도로 보장하고자 하는 측면이 있기는 하지만, 또한 어음상의 법률관계를 신속하게 종결시키고자 일반채권에 비하여 단기소멸시효를 인정하고 있다.[1] 주지하다시피 어음과 수표는 실질적인 결제수단으로 이용된다. 만약 어음관계가 지급 이외의 원인으로 소멸하게 되면, 실질관계 상의 대가관계가 균형을 상실하게 되는 결과를 초래하게 된다. 이를 대비하기 위하여 어음 법과 수표법은 어음관계를 무효화시키지 않으면서 실질관계를 근거로 하여 어음관계자들 사이에 이익형평을 꾀하고자 이득상환청구권을 입법하게 된 것이다.[2]

제3절 법적 성질

이득상환청구권의 법적 성질과 관련하여, 1) 어음상 권리는 아니지만 실질관계에서 형 평을 도모하기 위하여 어음법이 특별히 인정하고 있는 지명채권이라고 보는 입장, 2) 부당 이득반환으로 보는 입장, 3) 손해배상청구권으로 보는 입장 등이 있다.[3] 또한 어음이나 수 표상 권리의 잔존물이나 변형물로 보는 입장도 있다. 통설은 어음의 형식적 엄격성을 완화 하기 위한 형평의 견지에서 어음법이 인정하고 있는 특수한 청구권, 즉 지명채권이라고 보고 있다.[4] 대법원 역시 같은 입장이다. 자기앞수표의 이득상환청구권을 양수하는 데 지 명채권양도 방법에 따른 절차가 필요한 경우에 해당하는가에 대하여, 대법원은 "정당한 수표소지인이 수표를 양도하는 것이 아니라, 수표상의 권리가 소멸할 당시의 정당한 소지 인이 누구인지를 가려볼 자료가 없는 수표를 제시기간 경과 후에 양수한 자는 지명채권양 도의 방법에 따른 절차를 밟음이 없는 한 이득상환청구권을 양도받았음을 발행인에게 주 장할 수 없다."고 하면서 지명채권양도설을 따르고 있다. 이전 판례 역시 지명채권양도설 을 따르고 있다.

1   정찬형, 상법강의(하), 제15판, 박영사, 2012, 402면.
2   이철송, 어음·수표법, 제12판, 박영사, 2012, 204면 이하.
3   최준선, 어음·수표법, 제8판, 삼영사, 2012, 218면.
4   대법원 1970. 3. 10. 선고 69다1370 판결.

> **대법원 1981. 6. 23. 선고 81다167 판결**
>
> "수표 중 액면 금 400,000원의 자기앞수표는 그 발행이 1980년 1월 15일이므로 원고가 이를 취득한 같은 달 26은 제시기간 경과 후임이 분명한바, 원래 수표금의 이득상환청구권이 있는 수표소지인이라 함은 그 수표상의 권리가 소멸할 당시의 정당한 소지인으로서 그 수표상의 권리를 행사할 수 있었던 자를 가리킨다 할 것이므로[5] 은행 또는 금융기관의 발행한 자기앞수표 소지인이 수표법상의 보전절차를 취함이 없이 제시기간을 도과하여 수표상의 권리가 소멸된 수표를 양도하는 경우에 특별한 사정이 없으면 수표상의 권리의 소멸로 인해서 소지인에게 발생한 이득상환청구권을 양도함과 동시에 그에 수반해서 이득을 한 발행인인 은행에 대하여 소지인을 대신해서 그 양도에 관한 통지를 할 수 있는 권능을 부여하는 것이라고[6] 할지라도 이는 정당한 수표소지인이 수표를 양도하는 경우에 한한다 할 것이다. 기록을 살펴보아도 위 수표의 제시기간 경과 당시의 소지인이 위 이원식 또는 그 처라는 여인 인지 혹은 다른 사람인지 알 수 없고 그 소지인이라는 위 이원식이나 위 여인 또는 어떤 소지인이 정당한 수표소지인인지를 가려볼 자료가 없는 본건에 있어 원고는 제시기간 경과 후의 본건 액면 금 400,000원의 자기앞수표의 양수에 관하여는 지명채권양도의 방법에 따른 절차를 밟음이 없는 한 이득 상환청구권을 양도받았음을 발행인인 피고에게 주장할 수 없다."고 판시하고 있다.

제4절 당사자

I. 청구권자

이득상환청구권자는 어음상의 권리가 소멸한 당시의 정당한 어음소지인이다.[7] 어음소지 인인 경우 어음상의 권리를 연속하는 배서에 의하여 취득하거나, 상속 등에 의하여 취득, 또는 배서인이 상환을 하고 어음을 환수하여 취득하는 자 등, 어음상의 권리가 소멸할 당시에 어음상의 권리를 행사할 수 있었던 자도 포함된다.[8] 다만, 지명채권 양도의 방법에 의하는 경우에는 그 대항요건 등 양도의 절차를 밟아야 한다.[9]

---

5   대법원 1978. 6. 12. 선고 78다568 판결.
6   대법원 1976. 1. 13. 선고 70다2462 판결.
7   대법원 1964. 7. 14. 선고 64다63 판결.
8   정찬형, 상법강의(하), 제15판, 박영사, 2012, 405면; 최준선, 어음·수표법, 제8판, 삼영사, 2012, 219면.
9   대법원 1970. 3. 10. 69마1370 결정.

> ### 대법원 1970. 3. 10. 69마1370 결정
>
> 대법원은 "이득상환청구권은 법률의 직접 규정에 의하여 어음의 효력소멸 당시의 소지인에게 부여된 지명채권에 속하므로 지명채권양도의 방법에 의하여 양도할 수 있는 것이고 약속어음상의 권리가 소멸된 이후에 배서양도만으로써는 양도의 효력이 없다고 할 것이다."라고 판시하고 있다.

II. 의무자

이득상환청구권에 대한 의무를 이행해야 하는 자는 어음상 권리소멸로 인하여 이익을 얻은 자이다(어음법 제79조, 수표법 제63조). 발행인, 인수인, 배서인 및 지급보증인이 여기에 해당한다. 보통 환어음의 인수인과 약속어음의 발행인은 이득상환의 의무자에 해당한다. 다만, 약속어음의 경우 실질관계에 따라 배서인이 의무자가 될 수도 있다.

제5절 발생요건

I. 어음상 권리의 소멸

유효하게 존재하고 있던 어음상의 권리가 보전절차의 흠결이나 시효로 인하여 소멸하였어야 한다. 어음상의 권리가 소멸하였어야 하므로 백지어음의 경우, 백지보충이 이루어지지 않는다면, 보충권의 시효나 기타 사유로 백지어음상의 권리가 소멸하더라도 이득상환청구권은 발생하지 않는다.[10]

> ### 대법원 1962. 12. 20. 선고 62다680 판결
>
> 약속어음과 관련된 사례에서 대법원은 "그 지급기일이 1958.6.30로부터 법정시효기간이 3년이 지난 1961.6.30 당시에도 아직 피고가 본건 어음의 이른바 수취인으로서 보충권을 행사하고 있지 않았던 사실이 명백하므로 피고는 필경 본건 어음에서 생긴 권리가 시효로 인하여 소멸할 당시에도 아직 어음상의 청구권을 가지고 있지 않았다 할 것이다. 그렇다면 본건 어음으로 인한 이득이 있건 없건 피고로서는 이득상환청구권을 행사할 수 있는 요건을 갖추고 있지 못하였다 할 것이다."라고 판시하고 있다.

---

10 대법원 1962. 12. 20. 선고 62다680 판결.

II. 다른 구제수단의 부존재

어음소지인이 이득상환청구권 외에 다른 구제수단이 없을 때 비로소 동 청구권을 행사할 수 있는 것으로 보아야 할 것이다. 대법원은 "어음상의 권리가 소멸된 뒤에도 원인채무가 존속하는 경우에는 이득상환청구권이 인정되지 않는다."고 하는 일관된 입장을 견지하고 있다.[11] 그러나 대법원은 기존채무를 담보하기 위하여 어음이 발행 또는 배서된 경우에는 이득상환청구권이 발생하지 않는다고 판시하고 있다.[12]

> ### 대법원 1992. 3. 31. 선고 91다40443 판결
>
> '원고 임대오는 도매로 식육점을 경영하면서 육류 도·소매업을 경영하는 피고 최길문에게 1979년 1월경부터 돼지고기를 외상으로 판매하여 왔다. 1981년 1월경 최길문은 대금 중 금 구백칠십만 원의 지급을 위하여 1981년 1월 23일 임대오에게 약속어음 9장을 발행하고 교부하였으나, 각 어음상의 권리가 소멸시효의 완성으로 소멸되었다. 이에 원고 임대오는 피고 최길문이 이득을 얻었다고 하여 어음상의 권리가 소멸할 당시의 어음소지인으로서 피고에 대하여 어음 액면 상당의 이득금의 상환을 청구한 사건에서', 대법원은 "원인관계에 있는 채권의 '지급을 위하여' 어음이 발행된 경우에는 어음채권이 시효로 인하여 소멸되었다고 하더라도 이득상환청구권이 발생하지 않는다. 이러한 이치는 어음채권이 소멸하기 전에 먼저 원인관계에 있는 채권이 시효 등의 원인으로 소멸한 경우에도 마찬가지이다."라고 판시하고 있다.

III. 지급을 담보하기 위한 어음이 아닐 것

원인관계에 있는 채권의 '지급을 위하여 담보하기 위하여' 또는 '지급을 확보하기 위하여' 어음이 발행되어서는 아니 된다. 이 경우 어음이 발행되고 어음채권이 시효로 소멸하였다고 하더라도 이득상환청구권이 발생하지 않게 된다.[13]

---

11 대법원 1959. 9. 10. 선고 4291민상 717; 대법원 1963. 5. 15. 선고 63다155 판결; 대법원 1970. 3. 10 선고 69다1370 판결; 대법원 1993. 3. 23. 선고 92다50942 판결.

12 대법원 1992. 3. 31. 선고 91다40443 판결.

13 대법원 2000. 5. 26. 선고 2000다10376 판결.

대법원은 "원인관계상의 채무를 담보하기 위하여 어음이 발행되거나 배서된 경우에는 어음채권이 시효로 소멸되었다고 하여도 발행인 또는 배서인에 대하여 이득상환청구권은 발생하지 않는다고 할 것인바, 이러한 이치는 그 원인관계상의 채권 또한 시효 등의 원인으로 소멸되고 그 시기가 어음채무의 소멸시기 이전이든지 이후이든지 관계없이 마찬가지이다."라고 판시하고 있다.

IV. 어음채무자의 이득 발생

어음채무자에게 이득이 발생하였어야 한다. 여기서 이득이라 함은 어음상의 권리가 소멸하여 그 지급을 면하게 된 것 자체를 의미하는 것이 아니라, 어음수수의 원인관계에서 그 대가로 재산상의 이익을 얻은 것을 말한다.[14]

대법원은 "어음법 제79조에서 말하는 '받은 이익'이라는 것은 어음채무자가 어음상의 권리의 소멸에 의하여 어음상의 채무를 면하는 것 자체를 말하는 것이 아니라 어음수수의 원인관계 등 실질관계(기본관계)에 있어서 현실로 받은 재산상의 이익을 말하는 것이다."라고 판시하고 있다.

제6절 지급제시기간 도과한 자기앞수표를 양도한 경우

자기앞수표에 있어서 지급제시기간 내에 지급제시를 하지 않아 수표소지인이 수표상의 권리를 상실하였다. 이 경우 발행인인 은행에 대하여 이득상환청구권을 행사할 수 있는 여지가 문제되는 것이다. 지급제시 기간을 도과한 자기앞수표를 양도한 경우의 법률관계를 검토하면서, 대법원은 다음과 내용을 적시하면서 이득상황청구권을 인정하고 있다.[15]

---

14 대법원 1993. 7. 13. 선고 93다10897 판결.
15 대법원 1981. 3. 10. 선고 81다220 판결.

대법원 1981. 3. 10. 선고 81다220 판결

"은행 기타 금융기관이 발행한 자기앞수표 소지인이 그 제시기간을 도과하여 수표상의 권리가 소멸한 수표를 양도하는 행위는 수표금액의 지급 수령권한과 아울러 특별한 사정이 없으면 수표상의 권리의 소멸로 인하여 소지인에게 발생한 이득상환청구권까지도 이를 양도하는 동시에 그에 수반하여 이득을 한 발행은행에 대하여 그 소지인을 대신하여 양도에 관한 통지를 할 수 있는 권능을 부여하는 것이라고 하여야 할 것"이라고 하면서, "이건 피고발행의 자기앞수표의 전 소지인인 원판시 성명불상 여인이 동 수표의 발행일인 1979.8.31로부터 지급 제시기간인 10일을 도과한 후인 1979.11.7에야 위 제시기간의 도과로 인하여 수표상의 권리가 소멸된 이건 자기앞수표를 원고에게 원판시와 같은 경위로 양도하였으므로 이는 수표금액의 지급 수령권한과 아울러 위 수표상의 권리의 소멸로 인하여 위 소지인에게 발생한 이득상환청구권까지 양도하는 동시에 피고은행에 대하여 위 소지인에 가름하여 양도에 관한 통지를 할 수 있는 권능을 부여하는 것이라고 보아야 하고 피고나 보조참가인이 이건 자기앞수표에 관하여 이와 다른 내용의 양도가 있었다고 볼만한 특별한 사정에 관한 주장 입증이 없는 이 사건에 있어서는 원고가 이건 수표를 피고은행에 지급 제시함으로서 이득상환청구권의 양도통지가 행하여진 것으로 보아야 할 것이다."라고 판시하고 있다.

참고문헌

〈상법총칙·상행위법〉

곽윤직, 민법총칙(민법강의 I), 박영사, 2002.

곽윤직, 채권각론, 박영사, 1992.

김용한, 민법총칙론, 박영사, 1983.

김정호, 상법총칙·상행위법, 법문사, 2008.

김정호, 어음·수표법, 법문사, 2010.

김증한·안이준, 신민법총칙(민법강의 I), 법문사, 1963.

서돈각·정완용, 상법강의(상), 제4전정, 법문사, 1999.

손주찬, 상법(상), 제15보정판, 박영사, 2004.

송옥렬, 상법강의, 제4판, 홍문사, 2014.

안강현, 상법총칙·상행위법, 제5판, 박영사, 2014.

이기수·최병규, 상법총칙·상행위법(상법강의 I), 제7판, 박영사, 2010.

이기수·최병규, 어음·수표법(상법강의 III), 제7판, 박영사, 2009.

이영준, 민법총칙, 박영사, 2007.

이철송, 상법총칙·상행위법, 제13판, 박영사, 2015.

이철송, 어음·수표법, 제12판, 박영사, 2012.

임홍근, 상법총칙·상행위, 법문사, 2001.

장경학, 민법총칙, 법문사, 1981.

정동윤, 상법총칙·상행위법, 개정판, 법문사, 1996.

정찬형, 상법강의(상), 제18판, 박영사, 2015.

정희철, 상법학(상), 박영사, 1989.

채이식, 상법강의(상), 개정판, 박영사, 1997.

최기원·김동민, 상법학신론(상), 제20판, 박영사, 2014.

〈어음·수표법〉

강위두·임재호, 상법강의(하), 전정판, 형설출판사, 2010.

곽윤직, 민법총칙(민법강의 I), 제7판, 박영사, 2002.

김문재, 어음·수표법(이론과 실무), 동방문화사, 2013.

김정호, 어음·수표법, 법문사, 2010.

변환철, 알기 쉬운 어음·수표 길라잡이, 가림 M&B, 2002.

서돈각·정완용, 상법강의(하), 제4전정판, 법문사, 1996.

손주찬, 상법(하), 제11증정보판, 박영사, 2002.

손진화, 상법강의, 제2판, 신조사, 2010.

양승규, 어음·수표법, 삼지원, 2001.

이기수·최병규, 어음·수표법, 제7판, 박영사, 2009.

이시윤, 신민사소송법, 제3판, 박영사, 2006.

이영준, 민법총칙, 박영사, 2007.

이철송, 어음·수표법, 제12판, 박영사, 2012.

정동윤, 상법(하), 제4판, 법문사, 2011.

정찬형, 상법강의(하), 제15판, 박영사, 2012.

채이식, 상법강의(하), 개정판, 박영사, 2003.

최기원, 어음·수표법, 제5보정판, 박영사, 2003.

최병규, 상법연습, 문영사, 2006.

최준선, 어음·수표법, 제8판, 삼영사, 2012.

찾아보기

저자 소개

유주선(俞周善) 교수

현) 강남대학교 정경대학(법학 담당)
   고려대학교 법과대학 졸업(법학학사)
   독일 마부르크대학교 졸업(법학석사)
   독일 마부르크대학교 졸업(법학박사)

▌학회활동

사)경제법학회 부회장
사)상사판례학회 부회장
사)경영법률학회 총무이사
사)보험법학회 총무이사
사)금융법학회 연구이사
사)상사법학회, 증권법학회 편집위원

▌경력사항

금융감독원 금융분쟁조정위원회 전문위원
국토교통부 자동차손해배상보장사업채권정리위원회 위원
국토교통부 분쟁조정위원회 조정위원
인터넷진흥원 블록체인사업평가위원회 위원

▌저서

《상법요해》, 제7판, 도서출판 정독, 2022. (5인 공저)
《기업법 II》, 씨아이알, 2022.
《핀테크와 법》, 제3판, 씨아이알, 2020. (3인 공저)
《보험중개사의 이해》, 씨아이알, 2020.
《인간과 인공지능》, 씨아이알, 2018. (3인 공저)
《보험법》, 씨아이알, 2018.
《민사소송법》, 제2판, 씨아이알, 2018. (2인 공저)

기업법 I(제2판)

초판 1쇄 발행   2018년 8월 30일
제2판 1쇄 발행 2022년 8월 30일

지은이 유주선
펴낸이 김성배

책임편집 최장미
디자인 문정민
제작 김문갑

발행처 도서출판 씨아이알
출판등록 제2-3285호(2001년 3월 19일)
주소 (04626) 서울특별시 중구 필동로8길 43(예장동 1-151)
전화 (02) 2275-8603(대표) | 팩스 (02) 2265-9394
홈페이지 www.circom.co.kr

ISBN 979-11-6856-090-1 (93360)